Franz Xaver Mozart, Sohn des großen Mozart, Pianist und Komponist, verlässt Wien in jungen Jahren, zieht nach Galizien, der östlichsten Provinz des Habsburgerreichs. Gelingt es ihm dort, aus dem Schatten des Vaters herauszukommen? Wird er sich nun von der übermächtigen Mutter lösen können? Wie gestaltet sich seine Beziehung zu einer verheirateten Gräfin? Wie verläuft seine Konzertreise durch Europa? Nähert er sich in Lemberg immer mehr dem Stillstand?

Vier Irokesen-Häuptlinge werden 1710 nach London gebracht. Sie sollen englische Zivilisation und Kultur bewundern lernen, sollen damit für den Grenzkampf gegen das französische Kanada motiviert werden. Zwei sehr unterschiedliche Kulturen stoßen aufeinander.

Ein Lüneburger Verlagsbuchhändler schreibt hartnäckig an Goethe, er möge einen Band mit Texten von E.T.A. Hoffmann zusammenstellen und einleiten – dies, obwohl der alte Goethe mit Hoffmanns Texten nichts anfangen kann. Führt eine Reise nach Weimar ans Ziel?

Dieter Kühn, 1935 geboren, lebt heute in Brühl bei Köln und in der Eifel. Für seine Romane, Erzählungen, Biographien und Hörspiele erhielt er zahlreiche Auszeichnungen, darunter den Hermann-Hesse-Preis und den Großen Literaturpreis der Bayerischen Akademie der Schönen Künste. Zu seinen Werken gehören das »Mittelalter-Quartett« (»Der Parzival des Wolfram von Eschenbach«, »Neidhart und das Reuental«, »Tristan und Isolde des Gottfried von Straßburg« und »Ich Wolkenstein«) und bedeutende Biographien wie »Clara Schumann, Klavier« und »Frau Merian!«. Zuletzt erschienen »Schillers Schreibtisch in Buchenwald« und der Roman »Geheimagent Marlowe«.

Unsere Adresse im Internet: www.fischerverlage.de

Dieter Kühn

Ein Mozart in Galizien

Erzählte Geschichte

Fischer Taschenbuch Verlag

Originalausgabe
Veröffentlicht im Fischer Taschenbuch Verlag,
einem Unternehmen der S. Fischer Verlag GmbH,
Frankfurt am Main, Mai 2008

© S. Fischer Verlag GmbH, Frankfurt am Main 2008
Satz: ottomedien, Darmstadt
Druck und Bindung: Clausen & Bosse, Leck
Printed in Germany
ISBN 978-3-596-17914-5

Inhalt

Festspiel für Rothäute

IM FRÜHJAHR 1710 brachten englische Offiziere vier Irokesenhäuptlinge von Nordamerika nach London, zu einem Staatsbesuch.

HÄUPTLING JOHN an einem Tisch, der zwischen zwei kleinen Schiffsfenstern hochgeklappt werden kann; er blättert in einem Buch, beschaut Kupferstiche über damaligen Schiffsbau, kippt den Kopf mal etwas nach rechts, mal ein bisschen nach links, er scheint räumlich zu sehen, versucht das wenigstens.

Häuptling Etoh sitzt am Rand einer doppelstöckigen Bettkoje, in der nesselgraue Laken liegen, dunkle Decken; Etoh muss den Oberkörper vorbeugen, die Ellbogen auf die Oberschenkel stützen, das Kinn in die Handmulden legen, denn ziemlich tief, in Nackennähe, ist der vordere Tragebalken der oberen Koje. Etoh kaut ohne zu schlucken, höchstens Speichel, gelegentlich; kauend hat er den Blick auf einen Punkt gerichtet, der sehr weit außerhalb der etwa fünf Schritt langen, vier Schritt tiefen und knapp kopfhohen Kajüte zu liegen scheint.

Der dritte Irokesenhäuptling, Hendrick, raucht eine Pfeife, deren Kopf ziemlich klobig ist, beschnitzt und bemalt mit groben Maisblatt-Ornamenten. Auf den Fersen hockend, mit dem Rücken an der Schiffswand, schnitzt er einen zweiten, womöglich noch größeren Pfeifenkopf, hält ihn mehrfach in Augenhöhe, prüfend, legt das Werkstück auf den Oberschenkel, zieht mit dem Messer eine vorerst nur geplante Linie, zieht sie mehrfach nach, bis die Bewegung sicher und fast schon selbständig geworden ist, setzt dann erst das Messer an.

Häuptling Brant am Klapptisch, dessen Fläche lang genug ist für die beinah schulterhohe Muskete, die er reinigt: auf dem Tisch der Ladestock, um den vorn ein Läppchen gewickelt ist. Brant reinigt den Lauf, die Zündpfanne, den Abzughebel, das Ziermetall, am Kolben aufgeschraubt; der Vorderlader sieht freilich so sauber aus, als wäre er in den fünf oder sechs Wochen Atlantiksegelei schon mehrfach gereinigt worden.

In diesen Wochen ist die Bemalung der Indianer blass geworden, verwischt. Die Kleidung macht sie kaum noch als Indianer erkennbar; nur zwei von ihnen tragen Hirschlederjacken, aber ohne bunten Besatz; ein Dritter hat einen englischen Pullover an, der Vierte eine sichtlich ausrangierte Offiziersjacke. Keiner von ihnen trägt Federschmuck, Ohrschmuck.

Die Häuptlinge unterhalten sich nicht – nur Schiffsholzknarren, fern Wellenschlag, dann in der Nähe ein Ruf, weitergegeben. Die Indianer achten nicht darauf – viele Rufe, meist Befehle, sind auf einem Schiff zu hören. So kaut Etoh weiterhin, und John blättert, Hendrick raucht und schnitzt, Brant fettet die Abzugmechanik ein. Natürlich hat er nicht als Einziger eine Schusswaffe mitgenommen: Musketen mit Gabelstöcken neben dem Spind. Und einige indianische Waffen, wahrscheinlich zu Vorführzwecken: Kriegsbeile, Bogen, Köcher, Pfeile.

AN DECK DER H. M. S. »RESERVE«, einem Kriegsschiff der vierten Kategorie mit 54 Kanonen, stehen Sir Francis Nicholson, Peter Schuyler, Samuel Vetch: die Begleitoffiziere der Irokesenhäuptlinge. Und Dolmetscher Pidgeon. Die vier Offiziere betrachten eine erste Andeutung von Land, betrachten sie offenbar schon seit einiger Zeit, die freudige Erregung des ersten Anblicks hat sich bereits verflüchtigt. Sie überlegen, welcher Zipfel Englands sich dort ankündigen mag: ist es Lizard Point oder Lands End, oder liegt Lands End nicht zu weit nördlich, und es handelt sich vielleicht schon um Start Point? Das können sie nicht entscheiden, sie wollen einen der Schiffsoffiziere fragen oder gleich Kapitän Teate, aber im Moment werden sie ihre Frage nicht los, kein Offizier in Sichtweite, und bei einem Matrosen wollen sie sich denn doch nicht erkundigen.

Sie überlegen, ob sie die »Rothäute« heraufholen sollen, um ihnen diese Andeutung der englischen Küste zu zeigen, gleichgültig, ob sie nun Lizard Point, Lands End oder Start Point markiert. Aber sieht diese Küste, so fragt Vetch, nicht noch etwas sehr dünn aus? Soll man nicht ein bisschen länger warten, zum Beispiel bis kurz vor Portsmouth, und dann erst führt man sie nach oben? Schon der erste Eindruck, sagt einer der Offiziere, beispielsweise Nicholson, schon der erste Eindruck sei verdammt wichtig.

DER REGIERUNG IHRER MAJESTÄT, Königin Anna, war der Staatsbesuch der vier Indianerhäuptlinge bedeutsam genug, um einen Master of Ceremonies freizustellen, Sir Charles Cotterel. Was er als Erstes vorbereitet, ist der Empfang im Hafen von Portsmouth.

Sir Cotterel erläutert seine Konzeption an einem Bühnenbildmodell: ein Kai und eine Häuserreihe. Cotterel zeigt dem Bürgermeister der Hafenstadt die Stelle des Kais, an der das Kriegsschiff vertäut wird: auf diesen Punkt hin müsse alles ausgerichtet werden. Von der Verwaltung sei dafür zu sorgen, dass an sämtlichen Häusern des Hafenbereichs geflaggt werde. Dass sich in den Fenstern, auf der Straße viele Zuschauer drängeln, dies müsse wohl nicht organisiert werden, die Neugier auf die »Indianerkönige« sei groß genug. Zu organisieren wäre wiederum – in Zusammenarbeit mit einem Verbindungsoffizier – die erste militärische Präsentation des Gastgeberlandes: Gardekompanien sollen am Kai aufgestellt werden; der Master of Ceremonies deutet die voraussichtliche Position der fünf Soldatenkarrees an, auch die der Militärkapelle, auch die der Kanonen, die Salut schießen werden. Zuletzt die Stelle des Herrn Bürgermeisters, der die Begrüßungsworte sprechen wird, im Namen der Stadt, im Namen des Landes, im Namen der Königin.

AUCH DIE INDIANERHÄUPTLINGE bereiten sich auf den festlichen Empfang vor: paarweise stehen sie in der Kajüte, nur mit einem Hosenschurz, einem Kilt, bekleidet; sie bemalen sich. Etoh ist bereits bis zur Nasenspitze bemalt, farbige Ornamente auf der Brusthaut. Er bemalt Hendrick. Auch Brant ist auf der Brust bemalt, aber noch nicht im Gesicht, er bemalt John: eine Schlängellinie vom linken Ohrläppchen über die Oberlippe zum rechten Ohrläppchen; eine zweite, tiefblaue Schlängellinie parallel darunter; Kinn und Kiefer gleichmäßig eingefärbt; Punkte, weiß ausgemalt; drei Schmuckhalbkreise mit sehnenförmigen Verbindungen am

Hals, großflächige Ornamente über den Schlüsselbeinen, weiß ausgesparte Kreuzmuster an den Schultern. Auf der Brust zwei Reihen Pfeilschäfte, senkrecht parallel. Dazwischen malt Brant einen etwa handgroßen Käfer in ornamenthafter Stilisierung: weitgeschwungene Fühler, nach oben gerichtet.

DER BÜRGERMEISTER von Portsmouth spricht – in festlicher Amtstracht, mit Siegelkette und Allongeperücke – von der Freude und vom Stolz, vom Vergnügen und von der Ehre, an diesem 7. April 1710 vier so angesehene Persönlichkeiten aus den Weiten des nordamerikanischen Kontinents begrüßen zu dürfen. Das übersetzt Major Pidgeon den Irokesen, die vor dem Schiff am Kai stehen. Ihre Haare sind glatt zurückgekämmt wie auf den Gemälden dieser Indianer aus dem Jahre 1710; Nackenknoten und Schmuckbänder halten die Haare zusammen. Vor den Ohren jeweils ein weißer Zierbömmel, der aussieht wie ein Puderkissen, wie ein dickes Wattebüschel für kosmetische Zwecke. Jeder der Häuptlinge trägt einen hemdartigen, knielangen, spitz und tief ausgeschnittenen Überwurf mit buntem Gürtel. Um die Schulter gelegt eine Decke, beispielsweise rot, mit Zierleisten. Die Beine nackt unter Überwurf und Decke; mehr als knöchelhoch die Mokassins mit großen Schleifen. Und die Begleitoffiziere tragen wie auf zeitgenössischen Bildern Schnallenschuhe, helle Strümpfe, Bundhosen, knielange Westen und Jacken; im angewinkelten rechten Arm jeweils der breitkrempige Hut; schulterlang die hellen Perücken.

Der Bürgermeister verliest die kompletten Namen der Indianer – das kann ihm hörbare Schwierigkeiten bereiten. Er begrüßt Yee Neen Ho Ga Prow oder Hendrick vom Wolfsclan. Begrüßt Sa Ga Yean Pra Ton oder John vom Wolfsclan. Begrüßt Etoh Oh Koam vom Schildkrötenclan. Begrüßt Oh Yee Yeath Ton No Prow oder Old Smoke Brant vom Bärenclan. Begrüßt in ihnen die Repräsentanten der fünf Indianernationen im Grenzgebiet von Neuengland und Neufrankreich.

Es fällt den Indianern schwer, der Übersetzung seiner Rede zu folgen: unruhig vor allem ihre Augen. Soldaten aufgereiht; Uniformtuch, Leder, Metall. Das Gesicht des Bürgermeisters. Dicht gedrängte Bevölkerung, auch in allen Fenstern. Fahnen. Militärmusiker mit polierten Instrumenten. Das festlich gekleidete Gefolge des Bürgermeisters. Die Salutkanonen. Die Fahnen. Die Zuschauer. Die aufgereihten Soldaten. Die polierten Instrumente. Die Fahnen. Die Salutkanonen.

Major Pidgeon tritt vor und verliest die »Rede der Indianer«. Hier ein (überlieferter) Ausschnitt: »Wir haben eine lange und nicht immer leichte Reise auf uns genommen, die keiner unserer Vorfahren zu unternehmen gewagt hätte. Was uns dazu antrieb, war das Verlangen, Ihrer Majestät, der Königin von England, über Fakten zu berichten, die von großer Bedeutung für Ihre Herrschaft sind – ebenso wie für uns, für Ihre Alliierten auf der anderen Seite des Großen Wassers. Gemeinsam mit Ihren Landsleuten führen wir einen langen und harten Kampf gegen die von Kanada her angreifenden Franzosen, einen Kampf, bei dem wir bereits etliche unserer besten Männer verloren haben. Um diesen Kampf gegen Franzosen und Jesuiten erfolgreich bestehen zu können, bedürfen wir der machtvollen Unterstützung durch England.«

AUS DEM GRENZKRIEG: Irokesen, ein Trupp von etwa zwanzig Mann, sie marschieren im »indian file« durch nass verschneites Gelände. Die Mokassins dick von Schlamm umpappt, die langen Lederhosen matschverkrustet, die Lederjacken durchnässt und eng anliegend; mehrere Indianer haben Decken umgehängt, die sind ebenfalls mit Nässe vollgesogen. Als Waffen tragen einige der Indianer Tomahawks, Bogen, Lanzen, die meisten sind mit Musketen bewaffnet. Die Irokesen gehen langsam, mühsam. Auch die drei oder vier englischen Soldaten, die sie begleiten, sind erschöpft und verdreckt: Stiefel schlammverpappt, Schmutzflecken auf hellen Hosen.

ENDE DES SIEBZEHNTEN JAHRHUNDERTS hatten sich fünf Indianerstämme, bis dahin durch Stammesfehden getrennt, im »Großen Frieden« zu einem Bund zusammengeschlossen: die Mohawk, die Oneida, die Onandaga, die Cayuga, die Seneca. Als Stifter des Friedensbundes wurde Prophet Deganawidah gefeiert: seine Vision von einem immergrünen Baum mit fünffacher Wurzel, dessen Krone bis ins »Reich des Meisters« hochragt.

Realer Grund zur Bildung des »Friedensbundes«: Schon in den dreißiger Jahren des siebzehnten Jahrhunderts waren Franzosen in den St.-Lorenz-Strom gesegelt, hatten hier erste Handelsniederlassungen gegründet, hatten sich mit den Indianerstämmen nördlich des Stromgebiets verbündet, vor allem mit den Algonkin, hatten gemeinsam mit ihnen den Pelzhandel ausgebaut, hatten immer weitere Gebiete erschlossen – so war es in den Grenzbereichen recht bald zu Auseinandersetzungen, zu Streitigkeiten, zu Scharmützeln, zu Gefechten, zu Kämpfen, zum Krieg gekommen. Hier waren von Anfang an die Irokesen beteiligt: die Nordgrenze ihres Bereichs war der St.-Lorenz-Strom, westlich reichte ihr Gebiet bis an den Ontariosee, den Eriesee, östlich bis New York.

Nach dem Zusammenschluss waren die fünf Stämme oder »Nationen« in einem gemeinsamen Rat vertreten, im Rat der Sachem: »Sachem« als Titel für einen Häuptling, der in diesem Rat Mitglied war. Normalerweise erlosch die »Amtszeit« eines Sachem erst mit seinem Tod. Da bei den Irokesen das Mutterrecht herrschte, wurde sein Nachfolger von der Matrone, vom weiblichen Oberhaupt seines Clans gewählt. Es gab acht Clans bei den Irokesen, jeweils gekennzeichnet durch ein Totemtier: der Wolf, die Schildkröte, der Bär, der Reiher, die Sumpfschnepfe, der Habicht, der Biber, der Hirsch.

Die Clanmatrone sprach sich meist mit den Frauen ihres Langhauses, ihrer Sippe, ab, schlug dann öffentlich und offiziell den Nachfolger des verstorbenen Sachem vor: fast immer wurde ihr Vorschlag von Sippe und Rat angenommen. Nach Beendigung der Trauerzeit trat der neue Sachem das Amt seines Vorgängers an, übernahm damit zugleich seinen Namen.

Auch nach der Amtsübernahme blieb das weibliche Oberhaupt eines Clans nicht ohne Einfluss; missbrauchte nach ihrer Meinung der Sachem sein Amt, so konnte sie eine Rüge, eine Verwarnung aussprechen. Nach drei Rügen forderte sie den Rat auf, diesen Sachem abzusetzen – das geschah denn auch in der Regel.

Der gesamte Rat der Sachem versammelte sich meist einmal im Jahr, im Sommer. Er fasste Beschlüsse vor allem über Krieg und

Frieden, griff aber nicht ein in Vorgänge innerhalb der Bündnis-stämme. Bei Konflikten oder Fehden zweier Stämme konnte der Rat freilich als Schiedsrichter fungieren.

Im Rat der Sachem waren die Stämme jeweils nach ihrer Größe vertreten: die Zahl variierte zwischen 14 und 9. Insgesamt bestand der Rat aus 50 Mitgliedern. Die Staatsbesucher waren also nur vier von fünfzig und hatten nicht mehr Rechte als die Kollegen im Rat. Nach welchen Kriterien hatte man sie ausgewählt?

DIE VIER HÄUPTLINGE werden in einer Kutsche nach London gefahren. Zwischen John und Hendrick eingequetscht Major Pidgeon; er hat die Arme verschränkt, macht ein Nickerchen. Denn was die Indianer durch die Kutschfenster beschauen, das erscheint ihm auch nach längerer Abwesenheit nicht sonderlich attraktiv.

Bei den schlechten Nachrichtenverbindungen jener Zeit war die Landbevölkerung zwischen Portsmouth und London über den Besuch der vier »Indianerkönige« wohl kaum informiert; also werden keine Zuschauer am Straßenrand warten, um zu gaffen, zu winken. Ein geschlossener Wagen wird auf dieser wichtigen Landstraße auch keine Seltenheit sein; also werden die Irokesen in den Dörfern und Weilern Vorgänge sehen, die vom vorbeifahrenden Gefährt kaum gestört oder unterbrochen werden. Etwa: ein Schmied beschlägt ein Pferd; ein Besoffener torkelt umher auf einem Marktplatz; eine Bauernfrau hackt einem Huhn den Kopf ab; ein Kind treibt eine völlig verdreckte Kuh vor sich her; ein Knecht schleppt auf einem Feld einen Steinbrocken zu einer entstehenden Heckenmauer; eine tote Kuh, an der ein Bauer steht, reglos; ein blatternarbiger Bettler, der ein Stück neben der Kutsche herläuft; ein Bauer peitscht einen Knecht aus dem Hof; Frauen, die an einem Bach Wäsche klopfen, rubbeln, walken; Kinder, die auf einem Feld hacken – weil eins von ihnen zu lang zur Kutsche starrt, kriegt es einen Schlag an den Hinterkopf.

SIR CHARLES COTTEREL bereitet den offiziellen Empfang der Staatsgäste in der Hauptstadt vor am Modell eines großen Saales mit festlichem Arrangement von Fahnen, von Repräsentantenfiguren auf dem Podest, von zahlreichen Zuschauerfiguren: Holz oder Zinn, bunt bemalt. Damit will Sir Cotterel dem Gesprächs- und Verhandlungspartner eine »ungefähre Vorstellung vom Gesamtbild vermitteln, das auf die Rothäute einwirken wird«.

Während des Einzugs der Indianerhäuptlinge soll ein Orchester spielen: festliche Ouvertüre. Danach wird der Bürgermeister die Indianer begrüßen, wird freundliche Grüße der Königin übermitteln, ihre Einladung zu einer Audienz, deren Termin noch bestimmt werden soll. In der Zwischenzeit, so wird der Bürgermeister hinzufügen, seien sie Gäste der Stadt London. Er wird die Hoffnung aussprechen, dass sie die Stadt und das Land bewundern und lieben lernen.

AUS DEM GRENZKRIEG: der Irokesentrupp arbeitet an einer Befestigungsanlage. Ein Graben wird ausgehoben mit Hacken und Schaufeln; der Boden nass und glitschig; die Arbeitslust der Indianer ist offenbar gering, sie werden von einem englischen Korporal angetrieben, der sich dabei auch mal einen Witz erlaubt: Schräg von hinten nähert er sich einem Indianer, der sich auf einen Schaufelstiel stützt; ein Tritt gegen das Holz, der Indianer kippt beinah in den Matsch; das findet der Korporal zum Totlachen. Auch ein zweiter Soldat, der zur Abwechslung ein bisschen mitschaufelt, kann sich kaum halten vor Lachen. Diese Art Humor geht den Irokesen offenbar ab, sie grinsen nicht mal, arbeiten weiter, zeigen dabei noch weniger Lust und Schwung.

Auch das Einrammen von Palisadenpfählen hinter dem Graben geschieht lustlos, schwunglos: von einem Holzgerüst aus treiben zwei Indianer mit abwechselnden Hammerschlägen einen zugespitzten, geglätteten Stamm in den Boden. Dabei scheint den Engländern ebenfalls Aufmunterung nötig: Ein Korporal schlägt mit dem Gewehrkolben gegen das Gerüst, wenn ihm die Hammerschläge zu lasch werden: Go on!

DIE VIER HÄUPTLINGE betreten ein Gasthofzimmer, geführt von einem Wirt, begleitet von Pidgeon, gefolgt von zwei Burschen mit den Reisebündeln. Musketen, Tomahawks, Bogen, Köcher tragen die Irokesen freilich selbst, stellen und legen sie, auf Anweisung von Pidgeon, in einer Raumecke ab. Der Wirt weist auf die Betten hin, zählt vor, dass es vier sind und dass sie zu viert sind, schlägt vorführend auf ein Kopfkissen, ein Federkissen. Die Indianer schauen ihm zu, ohne zu nicken, ohne über Pidgeon etwas zu erfragen. Sie werden von den Burschen begafft, die zwischen den abgelegten Reisebündeln stehen.

DIE OFFIZIERE Schuyler, Vetch, Nicholson (von den Irokesen Queder, Anadiafia und Anadagarjaux genannt) kamen in London mit diversen Organisationen und Institutionen zusammen, teils aus eigener Initiative, teils durch Einladungen.

Einer der ersten Kontakte ergab sich mit dem Vorstand der Society for the Propagation of the Gospel in Foreign Parts: eine Gründung der Society for Promoting Christian Knowledge; als einer ihrer aktivsten Männer galt Dr. Thomas Bray.

Er und seine Kollegen werden Informationen »aus erster Hand« wünschen über die derzeitige Lage in Nordamerika, besonders im Hinblick auf weitere Missionstätigkeit. So steht beispielsweise Peter Schuyler an einem Tisch, ein Blatt mit Notizen in der Hand, und neben ihm Nicholson, Vetch und rund um den Tisch würdig aussehende Herren vom Vorstand, dazu einige jüngere Männer, denen noch keine Amtswürde den Nacken steift. Und Schuyler betont, es handle sich bei den Auseinandersetzungen im Kern um ein religiöses Problem. Wie allen Anwesenden hier bekannt sei, dürften nach Neufrankreich nur Katholiken einwandern, darauf werde streng geachtet. Damit sei die Rolle der katholischen Kirche in der Nouvelle France schon angedeutet: als staatsbildende und staatserhaltende Macht. Und er berichtet weiterhin Folgendes?

Für das katholische Frankokanada sind die Siedler südlich des St.-Lorenz-Stroms nicht bloß Engländer, sondern primär Protestanten, seien sie nun Anglikaner, Puritaner oder Quäker. So versuchen die meist jesuitischen Missionare, den Machtanspruch, den Machtbereich der katholischen Kirche weiter nach Süden vorzuschieben, dies mit Hilfe der in ihrem Gebiet ansässigen Indianer,

systematisch missioniert und gleichzeitig in europäischen Kampf-
techniken ausgebildet als so genannte Christliche Truppe.

Die Stoßrichtung des katholischen Kanada richtet sich freilich
nicht nur südwärts, die Expansion erfolgt vor allem Richtung Westen. Mit dem Pelzhandel, vorangetrieben durch Waldläufer oder
Trapper, wird zugleich die Missionierung gefördert. Wobei die Jesuiten zum Teil auch direkt am Pelzhandel beteiligt sind, ebenso
am Handel mit Nahrungsmitteln; manche Missionsstelle zugleich
als Umschlagplatz für Waren.

Diesen Bericht abschließend, betont der Offizier, dass sich die
für England in mehrfacher Hinsicht gefährliche Entwicklung nicht
allein durch verstärkte Missionstätigkeit aufhalten lasse. »Wenn Sie
die Früchte Ihrer bisherigen Bemühungen sichern wollen, so müssen Sie mit uns auf eine erhöhte militärische Unterstützung vor
allem der Neuengland-Kolonien hinarbeiten, bei Hof, bei der Regierung.«

HÄUPTLING HENDRICK VOM WOLFSCLAN steht mit Dolmetscher
Pidgeon an einem Ladentisch, auf dem eine Reihe von Tabakspfei-
fen ausgelegt ist. Er interessiert sich vor allem für Pfeifen mit großem, durch Schnitzarbeit verziertem Kopf: den beklopft er mit
dem Zeigefingerknöchel.

Mit seinen Kollegen und zwei Begleitoffizieren besichtigt Hendrick einen Reitstall. Geführt werden sie von einem reich gekleideten Mann. Hendrick geht langsam von Box zu Box, beschaut prüfend die Pferde; dabei legt er mal ein Pferdegebiss frei, schlägt auf
Flanken, Nacken, Kruppen, prüft Geschlechtsorgane, macht dies
alles wie beiläufig: die Sicherheit dessen, der sich bei Pferden auskennt.

Hendrick in einem Tanzsaal: er lässt sich von einer Frau Tanz-
schritte beibringen. Natürlich tanzen Paare in ihrer Nähe sehr langsam, wiegen sich fast auf der Stelle, bleiben stehen, denn das wollen
sie sehen, genau: wie ein Indianer einen englischen Tanz erlernt,
wie er sich dabei anstellt. Und Hendrick erweist sich als gelehrig,
findet sich bald hinein in den Tanzschritt, seine Bewegungen freilich noch etwas zu sehr betont. Die Frau scheint mit ihm zufrieden,

Verständigung über Mimik und Gestik; weil er so sehr aufpasst, wischt er schon mal Schweiß von der Stirn.

Vor einem künstlichen Baumstamm und einigen zu einem Gebüsch zusammengesteckten Ästen steht Hendrick reglos, in Festkleidung und Festbemalung, seine fast schulterhohe Muskete auf dem Kolben abgesetzt, Hand am Lauf: Er wird gemalt. Einmal greift er, nachdem er kurz dem Maler zugenickt hat, hinter sich: auf einem Holzsäulchen, wohl zu Dekorationen verwendet (etwa, um malerisch den Ellbogen draufzustützen), steht eine Flasche, aus der er einen kräftigen Schluck trinkt; gleich stellt er sie zurück, wird wieder vorbildlich reglos.

Die vier Häuptlinge in einem Bordell; die Offiziere lassen es sich nicht nehmen, ihre Gäste in diesem Fall vollzählig zu begleiten. Die Kunden stehen vor einigen Frauen, auf einem Wartesofa gereiht. Pidgcon redet auf Hendrick ein, schiebt mit raschem Griff einer jungen Frau den Rock hoch: eins der damaligen Strumpfbänder. Hendrick greift gleich zu, zieht dran, und zwar kräftig.

Hendrick auf dem Gasthofbett, im Schneidersitz, er reiht helle und dunkle Holzkügelchen auf eine Schnur, in wechselndem Abstand. Lautlose Lippenbewegungen. Er nimmt eine bereits fertige Knüpfschnur, die neben ihm auf dem Bett liegt, tastet die Entfernung zwischen einigen der Kügelchen ab, lautlose Lippenbewegungen, legt die fertige Schnur wieder aufs Bett, knüpft und reiht weiter.

AUS DEM GRENZKRIEG: der Irokesentrupp umgibt in lockerem Kreis einen Baum, schaut hinauf in die Baumkrone – ein Mann, ein Weißer, sicher ein Franzose, sitzt im Geäst, hebt kurz die Hände, hält sich gleich wieder an Ästen fest, hebt nochmal kurz die Hände, um sich sogleich wieder festzuhalten. Die Indianer finden das offenbar lustig, einige von ihnen lachen, andere rufen etwas zu ihm hinauf, ein Irokese legt mit übertrieben deutlichen Bewegungen seine Muskete auf den Gabelstock, die Lunte brennt, er zielt in die Baumkrone, schießt aber doch nicht. Eine Flasche wird herumgereicht. Einer der Indianer zieht einen Pfeil aus dem Köcher, legt ihn in die Sehne ein, lässt den Schuss los, der Pfeil schnellt dicht am Mann vorbei. Die Indianer lachen ausführlich, winken dem Mann zu, er soll runterkommen, das tut er nicht. Einer der Irokesen schlägt nun mit dem Kolben an den Baumstamm; zwei andere Indianer beginnen sodann mit Kampfbeilen eine Kerbe in den Baum zu schlagen, abwechselnd, in sicherem Arbeitsrhythmus.

Der gefällte Baum: aus der Krone kriecht der Siedler, mühsam, lässt ein Bein nachschleifen. Einige Irokesen gehen auf ihn zu, rufen etwas zu ihm hinab, der Mann kriecht weiter, ein Indianer holt kräftig aus, tritt ihm in den Leib; Indianer und Engländer lachen. Nun stößt ein Irokese dem Verwundeten ein stumpfes Lanzenende in den Rücken, ein Dritter rammt ihm den Kolben zwischen die Rippen. Der Mann bleibt liegen, ein Indianer tritt ihm in den Hintern, der Mann kriecht weiter, wird wieder getreten; nach einem besonders brutalen Kolbenschlag bleibt er liegen, offenbar bewusstlos.

DEN INDIANERHÄUPTLINGEN wird eine gotische Kirche gezeigt. Eine Zeit lang stehen die Irokesen, der erläuternde Pfarrer und Major Pidgeon vor einer liegenden Grabfigur auf Sockel: ein aus Stein gehauener Ritter mit Helm, Kettenpanzer, Schwert und einem Schild, auf dem Embleme eingemeißelt sind. Etoh beugt sich vor, beschaut den Steinkopf im Profil, prüft den Steinhelm. Währenddes Orgelmusik.

Die Häuptlinge sodann hinter und neben dem Organisten. Mit raschen Seitenblicken versucht er die bunt bemalten, exotisch gekleideten Besucher zu mustern, es irritiert ihn hörbar beim Spielen. Die Indianer schauen zu, wie Finger die Tasten berühren, wie durch Druck und Zug Register bedient werden.

Mehr als die Musik interessiert die Indianer das grundierende Arbeitsgeräusch hinter der Orgel. Sie gehen, ermuntert durch den Pfarrer, um die Orgel herum, schauen dem Jungen zu, der sie anstarrt und noch entschiedener die Bälge tritt. Der Pfarrer erläutert, der Bub soll aufhören zu treten, alle hören zu, wie der Orgelklang abstirbt, winselnd. Dann beginnt der Junge wieder zu treten – nach einigen Balgtritten wächst der Pfeifenklang erneut an, die Choralvariationen werden fortgesetzt.

Die Indianer staunen. Etoh will auch mal die Bälge treten, hält sich an der hüfthohen Holzstange fest, tritt im Wechseltakt. Der

Bub begafft die Rothäute auf der Orgelempore. Davon wird er wohl noch als alter Mann erzählen: wie mich ein Indianerhäuptling beim Balgtreten ablöste! Etoh tritt immer schneller, sichtlich macht ihm das Spaß, er muss vom Priester gebeten, von Pidgeon aufgefordert werden, das Tempo etwas zurückzunehmen – er tritt langsamer, tritt ganz langsam, tritt gar nicht mehr, horcht mit offnem Mund, wie der Akkord winselnd abstirbt. Kurze Zeit Stille. Er beginnt wieder die Bälge zu treten, anschwellend wächst ein neuer Pfeifenton.

»AUCH IN DER DRITTEN NACHT erscheint der Geist, als Horatio mit auf der Wache ist. Horatio spricht ihn an, aber er antwortet nicht und verschwindet mit dem ersten Hahnenschrei.«

Die vier Irokesenhäuptlinge waren mehrfach im Theater, in der Oper – die Titel der Werke, die man ihnen vorführte, sind zum Teil überliefert. Shakespeares Hamlet beispielsweise gehörte dazu.

»Und alles lebt im Licht seiner Augen, die halbgeöffnet unheimlich blitzen.«

Entsprechen den Absichten der Gastgeber nicht am ehesten Texte aus Schauspielführern und Texte, die Imponiergebärden von Schauspielern beschreiben, und Texte, die selbst Imponiergebärden sind?

»Dieser schlanke Jüngling hat die Schmiegsamkeit einer Schlange und die Sprungkraft eines Panthers. Er steht und gleitet und fällt mit vollkommen prinzlicher Anmut.«

Und Pidgeon flüstert Hendrick etwas ins Ohr, und der nickt? Und Etoh schaut auf einen Punkt weit jenseits der Bühne, auf der sich Dramatisches ereignet? Und Brants Lippen bewegen sich, als würde er an einer Pfeife saugen?

»Und der weitere Verlauf der Rolle gibt dem Darsteller mit blitzartigen Leidenschaftsausbrüchen und aufschreiender Gewissensqual dann Gelegenheit genug, den unvergesslichen Eindruck zu befestigen.«

VOM ST.-LORENZ-STROM AUS errichteten die Frankokanadier westwärts eine Reihe von Forts: Frontenac, Niagara, Detroit, Ste. Marie. Ebenso reihten sie südwärts, mississippiabwärts, Befestigungsanlagen bis an den Golf von Mexiko: Fort Chartres, Fort Ste. Geneviève, Fort St. Louis, Fort Choctaw Bluff, Fort Biloxi.

Das hieß für die englischen Kolonisten: geplante Gebietserweiterungen nach Norden und Westen waren blockiert. Nicht nur das: Ziel der Franzosen war es, die Engländer in den Atlantik abzudrängen.

Die Begleiter der Indianer hatten – als verantwortliche Offiziere des neuenglischen Grenzbereichs – im Vorjahr von der Regierung die Genehmigung erhalten zu einem militärischen Vorstoß nach Kanada; es wurde ihnen Unterstützung durch Flotte und Landetruppen zugesagt. Gemeinsam mit den indianischen Verbündeten marschierten daraufhin Nicholson und Schuyler von der Grenzstadt Albany aus nach Norden; Vetch sollte von Boston aus in einer Flankenbewegung zu ihnen stoßen. So wollten sie auf breiter Front möglichst tief in Kanada eindringen, unterstützt von der Flotte, von Marinetruppen. Aber die Schiffe mit den Marinesoldaten blieben aus. Unter diesen Umständen waren Engländer und Irokesen den französischen Truppen unterlegen, sie mussten sich in ihre Ausgangsstellungen zurückziehen.

Man hatte den Irokesen die Vorstellung vermittelt von einem mächtigen England jenseits des Großen Wassers, einem England, das Frankreich weit überlegen sei – und nun war in entscheidender Situation die Unterstützung ausgeblieben. Das hatte deprimierende Rückwirkungen auf die Indianer, die den Hauptanteil der Angriffstruppe stellten: »Die Franzosen müssen uns jetzt für völlig unfähig halten, gegen sie Krieg zu führen.« Um wenigstens einigen der Häuptlinge zu demonstrieren, dass England nicht bloß ein fernes, schwaches Land ist, das seine Verbündeten im Stich lässt, hatten sich die Offiziere an Staatssekretär Earl of Sunderland gewendet, ihm den Staatsbesuch vorgeschlagen – von ihm war denn auch die offizielle Einladung ergangen.

DIE VIER HÄUPTLINGE vor Guckkasten-Panoramabildern: Soldaten-figürchen aus Blei, Zinn oder Holz, bunt bemalt. Major Pidgeon zeigt mit einem Stab Einzelheiten der figurenreichen Kampfdar-stellungen.

Beispielsweise bei einer Kampfszene an einem Fluss, den blaue Gipswellen darstellen, und über dem Fluss eine Pontonbrücke, wie es sie damals schon gab, und auf der Brücke ein Ochsengespann vor einem Karren, vier Ochsen hintereinander, und neben den Ochsen Männer, die Peitschen schwingen, in Metall erstarrt. Hin-ter dieser noch geordnet wirkenden Gruppe drängt es sich freilich überdicht auf die Brücke, denn von einem in schönster Ordnung aufmarschierenden Truppenkarree in englischen Uniformfarben ist der Zugang zur Brücke fast schon blockiert: wildes Drängeln auf die Pontonbohlen, Soldaten auf Pferden, Soldaten zu Fuß, Soldaten Hals über Kopf, schon werden Flüchtende ins blaue Flusswasser abgedrängt.

Sehr interessieren sich die Indianer auch für eine Enterszene zwi-schen einem Piratenschiff und einem Handelssegler, der einen üp-pig vergoldeten Heckspiegel mit Fenstern und sogar einem kleinen Balkon zeigt; am Bug eine ebenfalls vergoldete Galionsfigur. Wie-der weist Pidgeon mit einem Stab auf Details hin: das Handels-schiff lässt unter dem Mastkorb eine englische Fahne reglos flattern, das Piratenschiff hingegen mit zwei Fahnen: eine Piratenflagge, schwarz, mit Totenkopf, und eine französische Fahne, das Lilien-banner. Da nicken die Indianer. Vom Zeigestab wird weiter betont, wie sich zahlreiche Piraten an Seilen aus der Takelage hinüber-schwingen auf das englische Schiff, doch da weiß man sich offenbar zu wehren, da sind Dolche und Schwerter gezogen, da werden sogar Beidhänder geschwungen, zum Piratenhalbieren, da werden Pistolen und Musketen gezündet, selbst kleine zusätzliche Schiffs-kanonen auf dem Steuerdeck; etliche Figuren stellen bereits zusam-mengesunkene Piraten dar, ebenso sind da Gefallene, Verwundete unter den Verteidigern, doch die Zahl der liegenden oder fallenden Piraten übersteigt deutlich die Zahl der fallenden und liegenden Verteidiger.

AUS DEM GRENZKRIEG: der Irokesentrupp geht in sumpfigem, verschilftem Gelände vor, erreicht einen schmalen Wasserarm, über dem ein Baumstamm liegt, der Länge nach halbiert. Die Irokesen gebückt im Schilf, sie halten Ausschau: kein Feind in Sicht. Ein erster Irokese huscht zum Stamm, ein zweiter folgt; am Steg bleiben sie sichernd stehen, auch jetzt nichts Verdächtiges, da erheben sich weitere Irokesen, der erste betritt den Steg. Sobald drei von ihnen auf dem Stamm balancieren, werden sie beschossen: Zwei fallen ins Wasser, einer kann noch ins Wasser springen. Die anderen Irokesen gehen sofort in Deckung, schießen in die Richtung, aus der offenbar geschossen wurde. Der Irokese, der ins Wasser gesprungen war, schwimmt im Kugelschutz des Baumstamms zurück. Der zweite Irokese versucht zu schwimmen, ist aber offenbar verwundet, mühsames Plantschen – ein Indianer lässt sich ins Wasser gleiten, hilft ihm. Dem dritten Irokesen ist sichtlich nicht mehr zu helfen.

DIE HERREN Nicholson, Schuyler, Vetch sitzen in einem Vorzimmer des St.-James-Palastes. Goldstuckatur, Bilder. Vor einer Flügeltür ein Gardesoldat, reglos in strammer Haltung, blanker Säbel an der Schulter: die Anwesenheit von drei Offizieren wird ihm stärker als sonst das Rückgrat steifen.

Von draußen Schritte, der Gardesoldat öffnet einen Türflügel, herein kommt ein ziviler Hofbeamter. »Ihre Majestät bedauern, Sie jetzt nicht empfangen zu können. Die Königin befindet sich zur Zeit in einem schlechten Gesundheitszustand, sie muss auf Anraten ihres Arztes das Bett hüten. Sie werden selbstverständlich anlässlich der Audienz für die Indianerkönige eingeladen.« Nicholson geht zwei Schritt auf den Beamten zu, redet halblaut – damit der Gardesoldat nichts mitkriegt? Er bedankt sich für die Einladung, die schon seit einiger Zeit bestehe. »Bitte betonen Sie, dass uns sehr daran liegt, bereits vor der Audienz empfangen zu werden. Es ist unerlässlich, dass wir Ihrer Majestät zuvor einige vertrauliche Informationen übermitteln. Tragen Sie das Ihrer Majestät noch einmal vor, vielleicht ist wenigstens eine ganz kurze Besprechung möglich.«

Der Hofbeamte, der solche Aufforderungen sicher schon oft gehört hat, zeigt ein regloses Gesicht: Es sei leider nicht möglich, dieser Bitte nachzukommen, das Befinden Ihrer Majestät lasse zum gegenwärtigen Zeitpunkt auch ein kurzes Gespräch nicht zu. Die Herren könnten jedoch sicher sein, dass sie rechtzeitig über einen Termin in Kenntnis gesetzt würden.

ETOH BETRITT DIE KÜCHE des Gasthofs, in dem die Häuptlinge wohnen; der Koch und sein Gehilfe unterbrechen die Arbeit, starren ihn an. Etoh geht zum Herd, schaut in Töpfe und Pfannen, nimmt als Kostprobe einen Fleischbatzen, kaut erst prüfend, dann entschieden. Dem Gehilfen, der in seiner Nähe steht, ihn anglotzend, wirft Etoh ein Stück Fleisch zu, das muss er schnappen. Der Indianer lacht.

Etoh vor einer Laterna magica, deren Bildscheibe ein älterer Mann dreht: Lichtflickern im bemalten Indianergesicht. Etoh sieht eine Figur, die sich bewegt. Wiederholt will der Irokese den Bewegungsablauf dieser Figur sehen. Zwischendurch betrachtet er, sich aufrichtend, das Gerät, mustert es vor allem dort, wo die bewegte Figur zu sehen ist, schaut wieder in das Gerät hinein, kann sich offenbar nicht sattsehen an den Bewegungen der Figur.

In einem schmalen Gang des Gasthofs begegnet Etoh einem Zimmermädchen; es versucht, seitwärts auszuweichen, dieser Fluchtreflex fordert Etoh heraus, er springt auf das Mädchen zu, packt es, presst ihm eine Hand auf den Mund, drückt die nächste Tür auf, schiebt das Mädchen in den Raum.

In einer Schreinerwerkstatt arbeitet Etoh an einem Holzrahmen, gemeinsam mit einem Schreiner, dem er zwischendurch eine Schnapsflasche anbietet. Sobald der Rahmen fertig ist, beginnt Etoh Weinrebenstränge oder Seilstücke parallel aufzulegen, die Endstücke ragen jeweils über den Rahmen hinaus. Er verständigt sich mit dem Schreiner nur gestisch, aber das klappt offenbar; gemeinsam nageln sie Weinrebenstränge oder Seilstücke am Rahmen fest – ein grobes Netz entsteht, zum Fischen im Wildwasser.

Etoh probiert in einem Geschäft Hüte aus, beschaut sich jeweils ausführlich im Spiegel. Pidgeon bequem auf einem Stuhl, zuweilen vermittelnd. Der Ladenbesitzer legt neue Hüte vor, führt sie bei waagrechtem Oberarm und senkrecht hochgerecktem Unterarm auf der Faust vor, in Kopfhöhe. An einer Tür gaffen Lehrlinge. Offenbar gefallen Etoh am besten Hüte mit einer langen, schräg angesetzten Feder: die lässt er, vor dem Spiegel stehend, wippen, beschaut sich dabei von vorn, von der Seite.

Etoh auf einem Tisch, im Schneidersitz, in der linken Hand ein bunt verzierter Holzstab, in der rechten eine Klapper: ausgetrockneter Flaschenkürbis mit Steinen. Den Stab hält er mit steif gestrecktem Arm, die Klapper schüttelt er gleichmäßig. Ab und zu kippt er den Kopf in den Nacken, senkt den Kopf wieder, schüttelt die Klapper.

DIE IROKESEN in originalgetreu rekonstruierter englischer (Erzähl-) Umwelt des Jahres 1710? Beispielsweise als Besucher eines Hahnenkampfs? Und Engländer in der Kleidung jener Zeit, im Kreis die Kampffläche umgebend, den jeweils favorisierten Hahn mit Geschrei anspornend? Nach einem damaligen Bericht musste ein Fremder die Zuschauer eines Hahnenkampfs für glattweg verrückt halten – fast hysterische Parteinahme, gesteigert durch Wettleidenschaft.

Oder die Irokesen als Zuschauer bei einem Pferderennen? Das war im Besucherprogramm zumindest wahrscheinlich. Auch hier: würde originalgetreue Beschreibung nicht fiktiv wirken? Es war zu jener Zeit bei Pferderennen üblich, dass die Zuschauer, oft von weit her angeritten, nicht hinter Barrieren standen, sondern auf ihren Pferden dem Pulk von Rennreitern folgten, jeweils das Pferd anfeuernd, auf das sie gesetzt hatten. Also: vorn die Rennreiter, die gertenschwingend die Pferde antreiben; in dreißig oder fünfzig Yards Abstand die Kavalkade von berittenen Zuschauern, schreiend, sporentretend, winkend, gertenschlagend; und zwischen ihnen, sich nach vorn drängend, die Irokesenhäuptlinge, bunt bemalt, in flatterndem Festumhang, auch sie Gerten schwingend, auch sie schreiend?

»DIE BALLERINA erscheint, tanzt mit rhythmischen, offenen Bewegungen zur Rampe hin, dreht sich graziös und balanciert einen

Augenblick lang, da sie auf das Thema wartet, um von neuem zu beginnen. Nun wird ihr Tanz lebendig.«

Den Irokesenhäuptlingen wurden Krankenhäuser, ein Irrenhaus, ein mathematisch-physikalisches Kabinett gezeigt, man führte ihnen Kriegsschiffe, Dockanlagen, eine Parade, Opern, Schauspiele, Konzerte vor und selbstverständlich Ballett.

»Die Tänzerinnen in Gazekostümen mit wundervoll leuchtenden Farben vor einem blauen Vorhang, der dem Raum mit seiner Durchsichtigkeit etwas sehr Weites und etwas sehr Ungewöhnliches gibt.«

Die Irokesenhäuptlinge begleitet diesmal kein Dolmetscher: Bühnenbild, Tanz, Musik sollen direkt auf sie einwirken.

»Die Tänzer machen tiefe Verbeugungen, drehen sich immerfort um die eigene Achse.«

AUS DEM GRENZKRIEG: der Irokesentrupp vor einem Baum, an dem zwei Indianer, gleichfalls Irokesen, hängen, Füße nach oben, Schnitt- und Schlagspuren an den Oberkörpern, in den Gesichtern.

Die Irokesen schneiden die Leichen ab, legen sie auf den Boden, Gesichter nach unten, kämmen die Toten, schlingen die Haarknoten neu, stecken eigene Federn hinein. Auf Anweisung eines englischen Korporals beginnen zwei der Indianer mit ihren Kriegsbeilen den trocknen Boden aufzuhacken, nicht eben energisch – das mag auch am heißen Wetter liegen. Jedenfalls wischen sich die hackenden Indianer wiederholt über die Stirn, lassen sich abwechseln; die anderen sitzen und liegen im Schatten des Baums. Mit einem Tomahawk, den er sich ausleiht, schlägt ein Engländer einen Ast vom Baum, zerhackt ihn in ein längeres und ein kürzeres Stück.

MAJOR PIDGEON als Gast einer Salonrunde, die Tee trinkt, Gebäck knabbert. Zwischen den Gästen einige Hunde: Pidgeon wirft ihnen Kekse zu, erzählt dabei von seiner Tätigkeit als Dolmetscher – sicher ist er danach gefragt worden. Ja, es wird ihm etwas viel in diesen Tagen und Wochen, vor allem, weil es schwierig ist, stets Entsprechungen zu finden in der Irokesensprache. Einer der Herren erkundigt sich, ob die Rothäute denn noch immer nicht ausreichend Englisch sprechen – sie hätten eigentlich Gelegenheit gehabt, drüben so einiges zu lernen. Pidgeon lockt einen der Hunde an mit vorgehaltenem Keks, krault: Die Indianer lernen drüben vorwiegend militärische Begriffe, außerdem das Fluchen auf Englisch. Das erheitert die Gesellschaft. Pidgeon lässt den Hund nach seinen Fingern schnappen.

Eine Frau will nun wissen, ob die Rothäute (und man sagt in diesem Kreis nur »Rothäute«) hier in London auch mal auf Irokesisch fluchen. Pidgeon grinst, lässt den Hund weiterhin nach seinen Fingern schnappen: Das komme gelegentlich vor. Einer der Herren fordert ihn auf, mal waschecht irokesisch zu fluchen. Aber da winkt Pidgeon ab: Die verehrten Herrschaften könnten ja doch nicht realisieren, was er in dem Fall brüllt, vielleicht wären das gar keine Flüche, sondern Bewunderungsrufe für die Damen. Diese Äußerung finden einige der Damen, zumindest der jüngeren, recht charmant. Das muntert Pidgeon auf: Bewunderung auf Irokesisch, was Frauen betreffe, sei etwas anderes als Bewunderung im englischen Sinne, aber dazu möchte er sich nicht weiter äußern.

Um die erwachte Neugier der Frauen ein wenig zu neutralisieren, stellt einer der Herren die Frage, ob die Rothäute hier in England nicht ihren Wortschatz erweitern könnten? Pidgeon krault einen anderen Hund: Die Rothäute strengen sich in diesem Punkt kaum noch an; die hören gar nicht mehr richtig hin; die warten ab, bis er übersetzt. Und das hat einige Vorteile, fügt er hinzu, weiterkraulend. Welche Vorteile?, will jemand wissen. Der Major lächelt »vielsagend«. Das sagt der Runde nicht genug, er muss ausführlicher werden: Man will den Gästen einen möglichst guten Eindruck von England vermitteln, dabei lässt sich zuweilen durch geeignete Übersetzung nachhelfen. Nun lächeln einige in der Runde, beginnen zu verstehen. Pidgeon, dadurch ermuntert, wird deutlicher: Man müsse den Rothäuten nicht alles unter die Nase reiben; es sei auch schon mal nötig, etwas überhaupt nicht zu übersetzen oder denen irgendwas anderes vorzusetzen. Die Runde zeigt sich amüsiert. Pidgeon resümiert: Er findet es am besten so, dass die Indianer sich auf seine Übersetzung verlassen. Oder wäre etwa wünschenswert, wenn die sich selbständig in London umhören?

HÄUPTLING JOHN wird in den Essraum eines Waisenhauses geführt, von einigen Männern in würdig-dunkler Kleidung; als Dolmetscher diesmal Vetch. Die Kinder in Waisenhauskitteln, gleichförmig auch die Frisuren. So stehen sie aufgereiht, nach Körpergröße abgestuft, von zwei Erziehern flankiert.

John vom Wolfsclan bleibt mit den Begleitern stehen. Er ist frisch bemalt, hält in einer Hand den Bogen, in der andren den Tomahawk. Einer der Erzieher spricht zu den Kindern, die furchtsam und fasziniert den echten Indianerhäuptling in ausgerechnet ihrem Waisenhaus anstarren; sie werden kaum auf allgemeine Ausführungen des Erziehers achten. Dagegen passen sie auf, sobald der Offizier Kleidung und Bemalung des Indianers erläutert, auf die Mokassins zeigend, auf die Gürtelschärpe, auf den Bogen, den der Sachem anhebt, auf den Tomahawk, den er mal schwingen lässt, lustlos. Eins der Kinder könnte dennoch Angst kriegen, zu flennen anfangen – da wird es von einem Erzieher streng zurechtgewiesen. John schaut dieses Kind an ohne begütigendes oder beruhigendes Lächeln.

Er wird nun aufgefordert, einen Indianertanz vorzuführen. Dazu will er Bogen und Tomahawk auf den Boden legen, aber ein Erzieher zieht rasch einen Stuhl heran – in einem ordentlichen Waisenhaus wird nichts auf den Boden gelegt, auch nicht von einem Indianer. Mechanisch führt John einen Tanz vor, bricht ziemlich bald ab, nimmt das Kriegsgerät an sich. Eins der Kinder muss den Stuhl vom Esstisch zurücktragen.

Sobald die Kinder wieder vollzählig in der Reihe stehen, müssen sie – verschreckt vom Indianertanz oder zumindest sehr beeindruckt – dem Gast ein Lied vortragen, müssen sich anschließend an den Tisch stellen, auf dem sich Teller und Näpfe reihen. John wird an die Stirnseite der Tafel geleitet; größere Stühle für die Erwachsenen.

Ein Erzieher spricht ein Gebet, bei dem John ein wenig die Augenlider senkt und brav die Hände faltet. Dann setzen sich die Erwachsenen, nach ihnen die Kinder. Vier Mädchen, die Tischdienst haben, springen sogleich wieder auf, laufen hinaus, kommen mit Kannen zurück und mit Holzplatten, auf denen Kuchen liegen, bereits in Stücke geschnitten – puritanischer Streuselkuchen? Dem Gast aus dem fernen Amerika wird der Trinknapf mit Milch gefüllt, ein zweites Kind legt ihm ein Stück Kuchen auf den Teller; danach wird der Offizier, werden die Erzieher bedient. Die Kinder am Tisch glotzen den bunten Indianer an, der Bogen und Tomahawk hinter sich an die Wand gelehnt hat.

DIE IROKESEN unterschieden sich von einer Vielzahl nordamerikanischer Indianerstämme vor allem dadurch, dass sie vorwiegend sesshaft waren und Ackerbau trieben. Die Felder wurden von Männern urbar gemacht, von Frauen bestellt.

Die Dörfer der Irokesen waren meist von Pfahlzäunen oder Pfahlwällen umgeben. Das Langhaus herrschte vor, mit Ulmenrinde gedeckt; mehrere Familien der gleichen Sippe rückten hier zusammen – da muss es im Winter gequalmt, gestunken, gewimmelt haben. Die Gesellschaftsform der Irokesen ist gelegentlich idealisierend gerühmt worden: keine Polizei, kein Gericht, kein Adel.

Nördlich des St.-Lorenz-Stroms die Algonkin-Indianer: die betrieben nicht Ackerbau, die bauten keine Wehrdörfer, die zogen in Trupps durch ihre Jagdgründe, bewohnten Wigwams: kuppelförmige Holzgestelle, mit Rinde gedeckt oder mit Binsen.

Zwischen diesen gegensätzlichen Stämmen wiederholt Kriege. Die Franzosen verbündeten sich mit den Algonkin, die vorwiegend Gebiete durchstreiften, an denen Frankreich interessiert war.

Die Irokesen wurden erst von Holländern, dann von Engländern aufgefordert, nach Norden zu ziehen und die Algonkin samt Franzosen zu vertreiben. So griffen schon Mitte des siebzehnten Jahrhunderts Irokesentrupps, zum Teil bereits mit Feuerwaffen ausgerüstet, Siedlungen der Neufranzosen an. Die Situation wurde für die Frankokanadier so bedrohlich, dass Truppenverbände eingeschifft werden mussten. Rund tausend französische Soldaten landeten 1665 bei Quebec; zwei Jahre später musste der Irokesenstamm der Mohawk um Frieden bitten. Freilich war damit keine Waffenruhe gesichert: fortgesetzt Übergriffe, Geplänkel, Gefechte.

DIE INDIANERHÄUPTLINGE sitzen mit Samuel Vetch in einem Chocolate House, trinken Kakao, essen Kuchen. Damen und Herren an benachbarten Tischen schauen ihnen fast unaufhörlich zu; gelegentlich gehen Gäste dicht an ihrem Tisch vorbei.

Ein neuer Gast betritt das Chocolate House, ohne die Indianer zu bemerken. Er trägt einen auffällig hohen Hut, den er nun abnimmt; John neigt sich zu Hendrick hinüber, weist flüsternd hin auf das Hutphänomen. Hendrick fängt an zu lachen. Der Mann geht zu einer Hutablage: Hendrick beobachtet das, lacht noch heftiger. John muss den beiden anderen Indianern rasch erklären, was es da zu lachen gibt, gleich lachen sie mit. Gäste merken auf. Der Mann stellt den hohen Hut auf das Ablagebrett, schaut jetzt erst zu den Indianern. Die lachen noch heftiger. Der Mann geht zu einem Tisch, der möglichst weit von den lachenden Indianern entfernt ist.

AUS DEM GRENZKRIEG: der Irokesentrupp läuft auf eine Siedlung zu von drei oder vier Blockhäusern; an einem Mast die Lilienflagge. Einige der Indianer halten ein, schießen: Siedler versuchen, sich in die Häuser zu retten, rennend oder kriechend. Die englischen Begleiter laufen weiter mit ihrem Trupp, aber nicht an der Spitze.

Die Irokesen dringen in die Häuser ein, treiben Frauen und Kinder heraus, einen älteren Mann; offenbar sind die arbeitsfähigen Männer draußen beim Roden oder auf Jagd. Die Bewohner des Weilers werden auf dem Platz zwischen den Häusern zusammengetrieben, dabei stoßen Irokesen mit Kolben zu. Schon legen zwei Indianer den Fahnenmast um, unterstützt von einem Korporal, die Fahne wird zerfetzt. Die Franzosen müssen sich auf den Boden setzen, die Hände heben; ein Irokese hält Wache.

Und es kommen die ersten Plünderer aus den Häusern, bepackt mit Kleidungsstücken, Pelzen, einer größeren Uhr, einem Teppich und eventuell sogar einem Schaukelstuhl.

DIE INTENSITÄT UND DAS AUSMASS der Kampfhandlungen im kanadischen Grenzbereich war weitgehend abhängig vom jeweiligen Verhältnis der europäischen Großmächte Frankreich und England. Krieg von 1689 bis 1697, abgeschlossen durch den Friedensvertrag von Ryswick, es folgten fünf Friedensjahre, dann bereits der nächste, noch größere Krieg: der Spanische Erbfolgekrieg von 1702 bis 1713. Kampf um die europäische Vormachtstellung.

PETER SCHUYLER in einer Kneipe. Es wird hart getrunken und stark geraucht. Der Offizier schwadroniert, beherrscht die Runde. Er bezeichnet die Indianer als Hosenscheißer, Waschlappen, Schlappschwänze; die ließen sich andauernd von den Weibern kujonieren; die hätten das Sagen bei denen; die Weiber würden sogar bestimmen, wer Häuptling wird!

Das kann er nicht begreifen, das will er nicht verstehen. Wer sich so was bieten lässt, ist in seinen Augen eine halbe Portion. Hätte eigentlich nur noch gefehlt, dass so eine Stammes-Oma mitgekommen wäre, so eine Clan-Tante!

Die Runde muss laut und ausführlich lachen. Sobald das Gelächter etwas nachlässt, schwadroniert Schuyler weiter: Die Rothäute taugen nicht mal zur Arbeit! »Wenn die für uns wenigstens auf den Feldern arbeiten würden und Bäume fällen und so, aber mit denen ist überhaupt nichts zu machen in der Beziehung, die können bloß rumlungern und auf Jagd gehn, zum Arbeiten kriegst du die Rothäute nicht ums Verrecken!« Man müsse sich die Arbeitskräfte bereits aus Afrika beschaffen, besonders für Plantagen in südlichen Kolonien, dort würden alle naslang Schiffe anlaufen mit Negersklaven, bloß, weil man die Indianer nicht ans Arbeiten kriege, dieses stinkfaule Gesocks! Wirklich, er kann sie nicht ausstehn, und riechen kann er sie schon gar nicht: »Was meint ihr, was die oft stinken, so in freier Wildbahn! Unsere vier Rothäute, die stecken wir alle paar Tage in den Badezuber, damit die uns nicht alle Chancen versauen mit ihrem Indianergestank. Man kommt sich richtig wie eine Gouvernante vor oder wie ein Kindermädchen. Dass wir denen nicht auch noch den Arsch abwischen müssen, das ist aber schon alles!« Wieder Gelächter, er nickt bestätigend, trinkt noch einen kräftigen Schluck, redet laut in das Gelächter und Gegröle hinein, will die gute Stimmung am Tisch nicht abflauen lassen, sie trägt ihn: Wenn er, wie jetzt, nur normale Gesichter um sich sieht, ohne das Farbgeschmier, das ist eine riesige Erholung für ihn. Aber morgen, da muss er wieder so verdammt höflich zu denen sein, obwohl er sie alle am liebsten stundenlang in den Arsch treten würde und in die roten Eier noch dazu! Erneutes Bier- und Schnapsgelächter. Und das Verrückteste sei: Die Freundschaft mit den Rothäuten kann nicht für alle Ewigkeit sein, es muss unausweichlich zum Krach mit denen kommen, weil Landsleute immer mehr Land brauchen, da müssen die Rothäute eben weichen, ab in die Wälder!

Nun, zum ersten Mal, kann einer der Männer am Tisch eine Frage loswerden: Würden die Rothäute in dem Fall nicht Rache üben, mit Skalpieren und Kastrieren? Schuyler winkt großspurig ab: keine Gefahr in dieser Hinsicht! Bis das aufkocht, haben alle Siedler entsprechende Schusswaffen. Da sollen es die Rothäute mal wagen, wieder aus den Wäldern hervorzukommen, da kriegen die es auf den Pelz gebrannt! Und er berichtet, weiterhin lauthals, dass er diesbezüglich seinen Beitrag leisten will, er hat schon vorgefühlt, voriger Tage, bei einer Firma dieser Branche; er wird sich später selbständig machen, dann zieht er in den Grenzbereichen von Haus zu Hof, verkauft Musketen und Pistolen. Zwar ist in fast jedem Hause bereits eine Schusswaffe, aber die werden ja älter oder gehen kaputt, da bietet er denn neue Waffen an, sind inzwischen auch besser. Außerdem, zwei Musketen pro Haushalt, das wäre schon angemessen, dazu entsprechend Schwarzpulver und Bleikugeln. Wenn er da als ehemaliger Offizier auftrete, so würde man schon kaufen im Hinblick auf die Rothäute.

»DIESE PRUNKVOLLE VERHERRLICHUNG Venedigs stammt von Veronese.«

Die Indianerhäuptlinge in einer Gemäldeausstellung – die private Sammlung eines der Adligen, von denen die Irokesen eingeladen wurden. Der Gastgeber oder sein Hauslehrer vermitteln den Indianern europäisches Kulturgut.

»Für Caravaggio ist das Licht sozusagen die Hauptdarstellerin seiner Malerei; es enthüllt mit scharfen Umrissen die Realität.«

COFFEE UND CHOCOLATE HOUSES als Treffpunkte: die »beau monde« des damaligen London traf sich vor allem in White's Chocolate House, die konservativen Tories im Cacao Tree Chocolate House, die noch regierenden liberalen Whigs im St. James Coffee House. Bei Schriftstellern und Kritikern war Will's am Covent Garden in Mode gekommen.

Könnte nicht jemand den Offizieren geraten haben, mit »ihren« Indianern mal in dieses Kaffeehaus zu gehen, dort würden sich eventuell Kontakte ergeben, die eine größere Öffentlichkeitswirkung des Staatsbesuchs ermöglichen?

So betreten die Irokesenhäuptlinge das Kaffeehaus, begleitet diesmal von Nicholson. Alle Tische von kaffeetrinkenden, pfeiferauchenden, kartenspielenden, redenden, lesenden Personen besetzt; nur in einer Ecke, an einem großen Tisch, ist noch ein halbes Dutzend Stühle frei. Die Männer hier nicken den Indianern zu, laden sie gestisch ein, Platz zu nehmen; die Indianer nicken zurück, setzen sich, zwischen ihnen Nicholson. Der stellt die Indianer mit ihren englischen Namen vor, die Häuptlinge selbst nennen ihre Namen in der Irokesensprache. Das könnte einen der Männer am Tisch herausfordern, die Namen nachzusprechen – dabei lächelt er nicht schon im Voraus über die Unmöglichkeit, diese Klangfolgen wiederzugeben, ohne über die Zunge zu stolpern, er probiert es ernsthaft: Yee Neen Ho Ga Prow, Sa Ga Yean Pra Ton. Und die Indianer? Sie hören wohl nicht in der lächelnden Gewissheit zu, dass dieses Bleichgesicht es nie schaffen wird, sie zeigen sich eher hilfsbereit; wenn Namensteile richtig ausgesprochen sind, nicken sie.

Es könnte die Literaten am Tisch (und Kollegen an benachbarten Tischen) als Erstes interessieren, wie sich England in den Augen und Köpfen der Irokesen darstellt. Dabei ist man auf Auskünfte angewiesen, wie sie der Offizier wiedergibt – etwa so: »Hendrick ist ziemlich erstaunt über die Entschiedenheit, mit der hier die Sonntagsruhe eingehalten wird.« Hier könnte zustimmendes Lächeln der Zuhörer einsetzen, vielleicht sogar Gelächter, und man zeigt den Indianern durch Kopfnicken an, dass dies zustimmendes Gelächter ist, bitte nichts falsch verstehen. Nicholson übersetzt weiter, was Hendrick hinzufügt an Einzelheiten: Dass man am englischen Sonntag eigentlich nur spazieren gehen darf, etwa im St.

James Park, wo die Londoner denn überaus zahlreich anzutreffen sind, und kaum eine Kutsche fährt am Sonntag und kein Boot auf der Themse, und Spiele sind nicht erlaubt, kein Cricket, kein Fußball, nicht mal Musik darf man machen: John hatte vergangenen Sonntag im Gasthauszimmer ein bisschen getrommelt und gesungen, gleich kam jemand ins Zimmer – Musizieren am Sonntag bei Strafe verboten!

Nun ganz bestimmt Gelächter bei den Literaten, die am Tisch sitzen, an den Tisch herangerückt sind. Ja, die Sonntagsruhe ist vielfach reine Heuchelei; alle Welt weiß, dass Kaufleute den Sonntag für Rechnungslegung und Buchführung nutzen. Übersetzt das Nicholson? Immerhin ist die Kaufmannschaft eine repräsentative Bevölkerungsgruppe des England, von dem sie nur gute Eindrücke mitnehmen sollen. Redet sich Nicholson mit Übersetzungsschwierigkeiten heraus, er sei nicht der eigentliche Dolmetscher, der sei heute verhindert? Oder ist es tatsächlich nicht möglich, einen Begriff wie »Buchführung« in die Sprache der Irokesen zu übertragen, und sei es durch Umschreibung? Wahrscheinlich fasst Nicholson die kritische Bemerkung nur knapp zusammen: Einige Leute würden auch sonntags arbeiten, heimlich.

Um von den Indianern noch mehr zu hören, könnte eine weitere Frage gestellt werden: Was hat die Irokesen in London am meisten erstaunt oder befremdet? Da könnte Etoh von einem Mann am Pranger berichten; war festgekettet an die Mauer eines öffentlichen Gebäudes. Einer der Männer weiß, wen die Indianer gesehen haben: ein Name wird genannt, der den meisten bekannt scheint; eine öffentliche Äußerung wurde bestraft.

Nun können sich die Stellungnahmen im Kreise polarisieren. Einer mag betonen, unter Königin Anna sei endlich die Freiheit der Meinungsäußerung eingeführt, solche Fälle der Anprangerung wären Ausnahmen. Ein anderer Literat weist darauf hin, dass trotz der Pressefreiheit, von der er nur als »Pressefreiheit« spricht, mit hörbaren Anführungsstrichen: dass dennoch Meinungsäußerungen bestraft werden. Und er nennt Fälle, die nachgewiesen sind: Ein Schriftsteller, mehrfach am Pranger, hatte sich schließlich nach Frankreich abgesetzt. Einem Buchhändler, dem man vorwarf, er habe unsittliche Schriften verbreitet, wurden die Ohren abgeschnitten. Das könnte der Literat gestisch verdeutlichen, die Indianer sollen wissen, für welch ein England sie kämpfen: Mit rasch gegriffenem Löffelstiel führt er das Abschneiden von Ohren vor. Was gemeint ist, wird den Indianern sofort klar, nur muss ihnen noch der Grund für das Ohrabschneiden erläutert werden – wird das Nicholson tun? Wenn nicht, so wird er die Indianer schon gar nicht über den folgenden Fall informieren: Ein Schriftsteller, John Tutchin, zu sieben Jahren Gefängnis verurteilt, wird zusätzlich einmal im Jahr durch jeden Marktflecken von Dorsetshire gepeitscht.

DER SPANISCHE ERBFOLGEKRIEG auch als Kampf um Absatzmärkte, vor allem der Textilindustrie – ungefähr zwei Fünftel des englischen Exports waren Textilprodukte.

Als größter und wichtigster Absatzmarkt: die englischen Kolonien in Nordamerika. Die Eroberung des kalten Kanada als Zusatzwunsch vieler Textilhersteller.

Die Produktion war damals noch nicht industriell zusammengefasst: Man koordinierte Heimwerkstätten, Manufakturen. Also mussten die Irokesen – wollte man sie in dieser Branche von der Bedeutung englischer Güterproduktion, von der Qualität englischer Fertigwaren überzeugen – verschiedene Häuser und Gebäude besichtigen.

Die Arbeit am Spinnrad wurde von Frauen und Kindern ausgeführt; oft setzte man hier schon Kinder ab vier oder fünf Jahren ein. Selbstverständlich mussten auch alte Frauen mitarbeiten, solange sie den Faden halten konnten. Eine Arbeit, die kaum Zeit ließ, aufzuschauen, sich zu strecken: Handbewegungen selbständig geworden, wie losgelöst von den gekrümmten Körpern.

Sobald freilich die Häuptlinge und Dolmetscher Pidgeon den engen und niedrigen Raum solch einer Heimarbeitsstätte betreten, stoppt die Arbeit: Die Kinder vor allem glotzen die fremdartigen Gäste an. Nur eine alte, wahrscheinlich schwerhörige oder vielleicht schon taube Frau hat, auf Rocken und Rad fixiert, nichts bemerkt, sie muss angestupst werden. Geführt werden die Indianer von einem Mann, der opulent gekleidet ist: Manufaktur-Unternehmer Henderson. Die Frau muss den Indianern, die sich zu ihr ans Spinnrad stellen, den Arbeitsvorgang zeigen. Die Vorführung dauert freilich nicht lang – wahrscheinlich kennen die Indianer solche Arbeit schon, haben sie bei englischen Siedlern gesehen. Henderson fordert die Kinder und die alte Frau auf, weiterzumachen. Die Kinder können sich freilich nicht recht auf die Arbeit konzentrieren, blicken mehr zu den Indianern als auf Rocken, Faden, Rad – so müssen sie den Arbeitsvorgang schon mal unterbrechen, den Faden wieder aufnehmen. Dafür werden sie von Henderson gerügt: Pidgeon übersetzt das nicht.

Das Weben wurde von Männern übernommen. Sicher gab es damals schon Räume, in denen zwei bis drei Webstühle standen. Die werden den Indianern gezeigt; dabei müssen die Weber weiterarbeiten: Henderson zeigt das Zusammenführen von Kette und Schuss.

Danach die Besichtigung eines Lagerraums, in dem sich Stoffballen reihen und stapeln. Die Häuptlinge dürfen verschiedene Stoffe befühlen; auch werden Stoffe vor das Licht gehalten. Henderson kommentiert die Webmuster. Um die positive Einstellung der Gäste zu fördern, könnte er ihnen heiße Schokolade bringen lassen.

DIE AMERIKA-OFFIZIERE werden um eine Besprechung mit Herren der Londoner Heeresleitung bitten. Hier sieht man dem Termin gar nicht gern entgegen: Was soll man den Kollegen sagen?

Ein höherer Repräsentant der Heeresleitung, beispielsweise O'Brian, und Adjutant Powell könnten über das bevorstehende Treffen sprechen. Dabei könnte der Adjutant die voraussichtlichen Forderungen der Amerika-Offiziere formulieren; Gelegenheit für seinen Vorgesetzten, sich passende Argumente bereitzulegen.

Die Offiziere werden nach Powells Erwartung das Gespräch mit der Erklärung einleiten, in den Kolonien seien schutzwürdige Interessen des Mutterlandes zu verteidigen. Gleich hier könnte O'Brian emotional reagieren: Den Ausdruck »schutzwürdige Interessen« will er in dem Zusammenhang nicht hören, denn wessen Interessen würden drüben letztlich vertreten? Das seien erstens Interessen von Handelsgesellschaften, die neue Märkte suchen. Das seien zweitens Interessen von heruntergewirtschafteten Politikern, die sich durch Kolonialbesitz wieder aufmöbeln wollen. Das seien drittens Interessen religiöser Chargen verschiedenster Schattierungen. Am deutlichsten aber scheinen ihm die Handelsinteressen. Womöglich ist ihm schon »zu Ohren gekommen«, dass die Amerika-Offiziere Kontakt haben mit der Neu-York-Neuengland-Kaufmannschaft, und da fange die Sache an, alarmierend zu werden! Darauf werde er auch zu sprechen kommen, er werde den Herren in aller Klarheit sagen: »Die englische Armee ist keine Schutztruppe des Außenhandels!«

Im Rollenspiel könnte der Adjutant folgende Antwort der Amerika-Offiziere entwerfen: Die Bevölkerung drüben bestehe nicht nur aus Händlern beziehungsweise aus Personen, die am Handel direkt oder indirekt beteiligt seien; die Armee sei da zum Schutz aller englischen Siedler.

Diese Äußerung könnte die Gegenfrage herauslocken: »Und was sind das für Herrschaften?« Bei einem großen Teil der Auswanderer sei man doch froh, dass man sie quitt ist: vorwiegend Schuldner, Verbrecher, Versager oder auch Leute, die zu Hause Unruhe stifteten, religiös oder politisch. »Hat die Armee vielleicht die Aufgabe, solche Leute zu protegieren?«

Zusätzlich könnte O'Brian darauf hinweisen, dass man sich in diesen Kolonien schon reichlich selbständig aufführt. »Bei jedem neuen Gesetz, bei jeder Regierungsanweisung zeigen die Herrschaften drüben, dass sie sich nicht gern vom Mutterland dreinreden lassen. Warum nun plötzlich diese betonte Abhängigkeit? Wenn schon selbständig, dann bitte auch in Fragen der Verteidigung!«

Wahrscheinlich werden die Offiziere, so entwirft nun Powell, in diesem Punkt darauf hinweisen, dass England Truppen in den nordamerikanischen Kolonien stationiert hat. Und wenn man schon mal militärisch engagiert ist, so muss das in einem Umfang geschehen, dass positive Ergebnisse gewährleistet sind.

Hierzu könnte O'Brian eine Antwort geben, die auf eine (fast schon übliche) Rivalität zwischen Heer und Marine hinweist. Nach seiner Auffassung wird an der jüngsten Niederlage im kanadischen Grenzbereich die Marine schuld sein, »die mal wieder nicht rechtzeitig ihre Schiffe ins Kampfgebiet brachte«. Bei dieser Gelegenheit wird er auch betonen, dass die Marine finanziell weitaus stärker gefördert wird als das Heer – da soll sie für die so förderungswilligen und einflussreichen Herren der Geldwelt und vor allem des Überseehandels bitte auch solche Aufgaben übernehmen!

Dazu Powell: Die Marine wird kaum bereit sein, auf dem Land zu kämpfen; die Hauptlast der Kampftätigkeit wird also letztlich bei den Indianern liegen. Dass die Offiziere die Häuptlinge hergebracht haben, zeigt nach seiner Meinung bereits an, dass ein stärkerer Einsatz der Irokesen vorbereitet wird.

Bezüglich der Staatsbesucher will O'Brian die Amerika-Offiziere unterstützen, schon werde eine Parade vorbereitet. Selbstverständlich werde man generell auch dafür sorgen, dass die Irokesen besser mit Kriegsmaterial ausgerüstet würden. »Aber darüber hinaus – Zurückhaltung, unsererseits.«

Bei der schlechten Ausrüstung und Ausbildung der Irokesen, bei ihren geringen Erfahrungen im Kampf mit regulären Truppenverbänden, so mag Powell nun einwenden, darf man freilich nicht allzu große Hoffnungen auf den Einsatz indianischer Truppen setzen.

Dazu könnte O'Brian (»wir sind ja unter uns«) seine Meinung ohne Verschnörkelung klarlegen: »Was da an Kampfkraft fehlt, muss eben durch die Masse ausgeglichen werden. Es gibt ja, weißgott, genug von diesen Indianern!«

OLD SMOKE BRANT VOM BÄRENCLAN mit Peter Schuyler in einer Kneipe, an der Theke. In drei Gläser, die er aufreiht, lässt er verschiedene Schnapssorten gießen, leert das erste Glas, lässt genussvoll zögernd die Hand zwischen zweitem und drittem Glas pendeln, greift zum dritten Glas, kippt es, trinkt auch gleich das mittlere Glas leer, winkt mit schwungvoller Gebärde den Wirt heran. Der will diesmal zwei Gläschen mit der gleichen Schnapssorte füllen, aber da winkt Brant entschieden ab. Schuyler, auch schon angetrunken, lacht. Wieder lässt Brant die Hand zwischen den gefüllten Gläsern pendeln.

Brant mit einem Mädchen in einer Kammer. Keine Schönheit: aufgeschwemmt, mit pusteliger Haut, schmuddeligem Haar. Brant steht vor ihr, beschaut sie, sein Gesicht reglos; das Mädchen lächelt nicht. Der Indianer hält noch zögernde Distanz, geht um sie herum, nimmt seine Zierdecke ab, wirft sie dem Mädchen um die Schultern, fasst jetzt erst hin, dafür umso entschiedener.

Ein Wettschießen mit einem englischen Korporal: Häuptling Brant zielt kurz auf die Scheibe, schießt, geht beiseite, schüttet Pulver in den Lauf, stopft es fest mit dem Ladestock, spuckt in die hohle Hand eine der Kugeln, die er im Mund aufbewahrt, schaut kurz auf, wenn der Korporal schießt, lässt die Kugel in den Lauf rollen, legt die schwere Waffe auf den Gabelstock, zieht den Abzughebel. Er hat offenbar eine gute Trefferquote, das zeigen Reaktionen der umstehenden Soldaten.

Brant wieder in einer Kneipe, am Tresen, kein Offizier neben ihm; diesmal hat er nur zwei Trinkgefäße vor sich, gleicher Schnaps für beide. Die Mittrinker beobachten den Indianerhäuptling von der Seite, das scheint er nicht zu bemerken. Links von ihm ein angetrunkener Mann, er hat eine Art Lederhelm mit Abplattung auf, mit einem Nackentuch. Der Lastenträger beschaut grinsend den Indianer. Sobald der Wirt die Becher oder Gläser vor dem Häuptling wieder aufgefüllt hat, erlaubt sich der Lastenträger einen Scherz, nimmt eins der Gläser, prostet Brant grinsend zu. Der schlägt ihm sofort das Glas aus der Hand.

Durch einen Wald oder Park schlendert Brant, frühmorgens, er beschaut Bäume, geht um Bäume herum, den Stamm musternd, wählt einen mittelstarken Baum, blickt sich um, sieht niemand, zieht ein Messer, schält einen ungefähr drei Spannen breiten Rindenstreifen ab, ritzt mit der Messerspitze den Umriss eines maskenhaften »falschen Gesichts« ins Holz, beginnt zu schneiden. Schließlich erkennt man große, schräg stehende Augen, eine scharfkantige, bogenförmig vorspringende Nase und fast negroid dicke Lippen.

Brant liegt im Bett, im Gasthof: Kopfwickel, die Augen geschlossen. Ein Arzt zieht das Federbett bis zum Bauch herunter, legt ein hölzernes Hörrohr an die bemalte Brust, horcht besonders in der Herzregion. Die anderen Häuptlinge sitzen auf dem Boden, wiegen die Oberkörper, sehr gleichmäßig, murmeln mit halb geschlossenen Augen; es scheinen kurze Formeln zu sein, die sich wiederholen. Brant reißt zuweilen die Augen auf, wie erschreckt, lässt sie müde zusinken. Der Arzt deckt ihn wieder zu, öffnet eine Tasche, stellt Gläser und Töpfchen auf den Tisch, wird nun wohl ein Medikament mischen. Die drei Häuptlinge weiterhin auf dem Boden, gleichmäßig pendelnde Oberkörper, gleichförmig die Lippenbewegungen.

VORZIMMER IM ST.-JAMES-PALAST. Ein Gardesoldat an der Flügeltüre, lässig angelehnt. Auf einem der Stühle Dr. Thomas Bray; er trägt würdiges Schwarz.

Der Gardesoldat öffnet einen Türflügel, ein Hofbeamter tritt ein, Dr. Bray erhebt sich. »Ihre Majestät ist bereit, Sie zu empfangen. Sie bittet allerdings um Verständnis dafür, dass dieses Gespräch unter Konditionen stattfinden muss, unter denen sie sonst keine Unterredung gewährt. Bei Ihnen, als Geistlichem, sieht sie die Möglichkeit, eine Ausnahme zu machen.« Er geleitet Dr. Bray zur Flügeltür, berichtet – nach besorgter Frage –, die Königin habe vergangene Nacht fast überhaupt nicht geschlafen, so stark seien mal wieder die Gelenkschmerzen.

Ein Flur, eine Tür, neben der ein weiterer Gardesoldat auf einem Stuhl sitzt. Er steht auf, sobald die beiden Männer näher kommen, beschaut den Geistlichen ohne Neugier, klopft zweimal kurz. Die Tür wird geöffnet, Hofbeamter und Geistlicher treten ein. Der Gardesoldat hockt sich wieder hin, macht die Augen zu, wird wohl ein Nickerchen machen.

Dr. Bray folgt dem Wink des Hofbeamten, geht auf das Bett zu: ein großer Baldachin. Mit mehreren Kissen unter Kopf und Schultern die Königin: dicke Frau von etwa fünfzig. Sie streckt mit sichtlicher Anstrengung die Hand aus, Dr. Bray kniet nieder, küsst den Edelsteinring, spricht eine Grußformel. Königin Anna nickt, weist zum Stuhl neben dem Bett. Als hätte er noch kontrollieren wollen, ob das Zeremoniell auch unter diesen besonderen Umständen befolgt wird, verlässt der Hofbeamte nun erst das Schlafzimmer. In Fensternähe sitzt eine ältere Frau, sie schaut hinaus, will dem Besucher wohl zeigen, dass sie zwar anwesend sein muss, als Pflegerin und als Anstandsdame, dass dieses Gespräch für sie aber nicht statt-findet.

Mit dem Seelsorgerecht eines Geistlichen fragt Dr. Bray zuerst nach dem Befinden der Königin. Sie versucht, den rechten Arm in Kopfhöhe zu heben, das geschieht langsam und mühsam: Schon bei solch einer Bewegung hat sie das Gefühl, ihre Gelenke explodie-ren. »Können Sie mir sagen, wie ich dabei arbeiten soll?« Sie zeigt auf Aktenpacken neben ihr auf dem Bett. Solang sie zurückdenken kann, hat sie fast ständig Schmerzen gehabt, zurzeit ist es besonders arg. »Aber wir sollten nicht länger davon reden. Sie kommen ge-wiss wegen der amerikanischen Angelegenheit.«

Dr. Bray äußert nun die Befürchtung, die religiösen Aspekte könnten beim gegenwärtigen Staatsbesuch allzu sehr in den Hin-tergrund treten. Da nickt die Königin, die als fromme Frau gilt. Dr. Bray fährt fort: Man muss den vier Häuptlingen bewusst machen, welch zentrale Bedeutung die religiöse Frage beim Krieg gegen Neufrankreich hat; es geht darum, in jenem Bereich den Machtan-spruch der katholischen Kirche einzudämmen und die eigene Mis-sionsarbeit auszuweiten; hier habe die Irokesen-Liga eine wichtige Verantwortung zu tragen. Er hält es für notwendig, dass dies den Besuchern auch, ja vor allem von der Königin bewusst gemacht wird, anlässlich der geplanten Audienz. Anna schaut hinauf zum Baldachin. »Sie wollen also weitere Missionare rüberschicken?« Dazu, so antwortet Dr. Bray, ist die Bibel-Gesellschaft grundsätz-lich bereit; er betont jedoch, dass ohne verstärkten militärischen Einsatz die Sache der Hochkirche drüben bedroht oder zumindest erschwert sei. Sobald hingegen die Grenze nach Norden verscho-ben wird, sobald die eroberten Gebiete als gesichert gelten, kann die Zahl der Missionare entschieden erhöht und ihre Arbeit mit be-deutend größerer Aussicht auf Erfolg durchgeführt werden.

Die Königin schließt kurz die Augen. Sind die Schmerzen wie-der so stark, oder will sie sich zu diesem Punkt (noch) nicht äu-ßern? Angesichts ihres so schlechten Gesundheitszustands wird Dr. Bray sich damit begnügen müssen, dass die Königin vorerst ausweichend oder aufschiebend antwortet.

DIE INDIANER werden in einem Krankenhaus in einen Raum geführt, in dem drei Kriegsinvaliden aufstehen, jeder mit Holzbein.
Der Arzt lässt den ersten im Kreis gehen, um zu demonstrieren,
wie vorbildlich Kriegsverstümmelungen ausgeglichen werden. Freilich, der Amputierte hat Druckschmerzen, verzieht bei jedem
Schritt das Gesicht. Der Arzt sagt etwas, leise und eindringlich, der
Invalide reißt sich zusammen, geht angestrengt lächelnd im Kreis.
Gleich folgt der zweite Invalide, auch er ein ziemlich junger Mann,
er geht ein paarmal im Kreis, schon folgt der dritte Invalide, möglichst beschwingt. Unablässig redet der Arzt, zeigt wiederholt auf
die Prothesen, damals noch simple Holzstempel. Einer der Invaliden muss sich setzen, den Stumpf mit dem angeschnallten Holzbein hochrecken.

AUS DEM GRENZKRIEG: der Irokesentrupp zieht durch ein Waldgebiet.
Plötzlich gehen Indianer und Engländer in Deckung, spähen hierhin
und dorthin, wissen offenbar nicht, woher die Schüsse kamen.
Stämme, Äste, vom Gegner sieht man nichts. Ein Korporal weist
zwei, drei Irokesen eine Richtung an; geduckt huschen sie weg.
    Kurz darauf hastet einer der Indianer zurück, winkt aufgeregt:
einige Irokesen, zwei Engländer folgen ihm im Laufschritt. Der
vorlaufende Indianer bleibt stehen: ein Kampfgefährte hockt an
einer Fallgrube, schaut hinunter. Die Grube war mit Holzstangen
und Grasplatten abgedeckt, mit Laub bestreut; der größte Teil der
Abdeckung ist eingebrochen. Senkrechte Stöcke, scharf zugespitzt,
in regelmäßigem Abstand auf der gesamten Grubensohle, demnach
auch im Indianer steckend, von dem man nur den sich krümmen-
den Rücken sieht, die zuckenden Beine, die Hände, mit denen er
sich hochzudrücken versucht.

VETCH, IN »AUSGEHUNIFORM«, lässt sich mit einer Frau spazieren
fahren: Wanderungen, Ausritte, Wagenfahrten ins Grüne waren
schon damals bei der Londoner Bevölkerung beliebt; die bekann-
testen Ausflugsziele an der Themse.
    Der Offizier hat den rechten Arm um die Frau gelegt, die bei-
den lassen sich aneinanderschaukeln. Sobald die Frau den Kopf

auf seine Schulter legt, stellt Vetch eine Frage: »Willst du nicht doch mitkommen?« Die Frau gibt keine Antwort, lässt aber den Kopf auf seiner Schulter. »Komm, fahr mit uns rüber. Du wirst das bestimmt nicht bereun.« Auch jetzt, während sie antwortet, hebt die Frau den Kopf nicht von seiner Schulter: »Es ist alles so schwierig.« Nichts ist da schwierig, sagt er mit Nachdruck, überhaupt nichts.

Nach einer Pause, in der sie gucken, sich schaukeln lassen, erinnert sie ihn an etwas, das er ihr kürzlich noch erzählt hat: Dass es in den Kolonien zu wenig Frauen gibt, dass man weibliche Gefangene und Mädchen aus Waisenhäusern hinüberschickt, dort werden sie an Siedler vermittelt, zum Heiraten: »Und jetzt willst du mich direkt importieren?« Ja, das will er, sagt er, aber das hat nichts mit dem allgemeinen Frauenproblem zu tun, nur damit, dass er sie kennengelernt hat. Er will nicht irgendeine Frau mitnehmen, sondern sie speziell. Da lächelt sie – aber so, dass offenbleibt, ob es ein zustimmendes oder verlegenes Lächeln ist.

Vielleicht tippt Vetch nun den Kutscher an, er soll anhalten. Dazu kann eine Wiese einladen, die sich bis an den Fluss erstreckt. »Sollen wir mal dort runterspazieren?« Sie hat inzwischen den Kopf von seiner Schulter gehoben, schaut sich um, nickt. Der Offizier hilft ihr beim Aussteigen, sie schlendern über die Wiese: eine kleine, fast pummelige Frau in dunklem Kleid, eine Decke um die Schultern, weil es in diesem April noch nicht allzu warm ist.

Vetch zeigt auf den Fluss: Drüben, sagt er, gibt es auch so schöne Flüsse, oft noch breiter, dort kann man angeln gehen, an freien Tagen oder im Urlaub, man kann auch mit dem Boot fahren, sogar segeln. »Und wenn feindliche Indianer kommen?« Natürlich lächelt er nun, lacht. Sie würden selbstverständlich in einer Gegend wohnen, in die kein Franzosenindianer kommt, garantiert nicht. Und er meint, bei ihr bestünden in Wirklichkeit wohl ganz andere Bedenken und Befürchtungen, zum Beispiel, dass man drüben zu wenig Gesellschaft hat. Aber diese Sorge, sagt er, ist noch unbegründeter als die Angst vor Indianern. In den Garnisonstädten, die für sie in Frage kommen, gibt es durchaus Society: Beamte, Händler, Offizierskollegen. Auch spielt man hier und dort sogar Golf,

Gelände dazu ist reichlich vorhanden. Und im Winter ist Eislaufen beliebt, auf zugefrorenen Teichen und Seen.

Außerdem: wenn er erst mal Gouverneur ist, und das kann recht bald schon der Fall sein, da werden sie ein repräsentatives Wohngebäude mit ausreichend schwarzem Personal haben, das lässt sich in Boston leicht und rasch zusammenkaufen, in der Beakon Street, in der Summer Street, und sie werden in dieses Haus alle wichtigen und interessanten Leute der Stadt und der Umgebung einladen, sie werden gesellschaftlicher Mittelpunkt sein, werden einen Lebensstil entfalten, vor dem man sich selbst in London nicht zu schämen bräuchte.

Und er bleibt stehen, will eine Antwort hören. Aber sie möchte erst erfahren, ob tatsächlich Aussicht besteht auf das Gouverneursamt. Sogleich erzählt er, dass er in dieser Angelegenheit den bisherigen Londoner Aufenthalt gut genutzt hat, dass er mit einigen der zuständigen Herren in Verhandlung steht. Mit diesem Amt werde sich endlich auszahlen, dass man länger von Europa weg war, dass man diverse Unannehmlichkeiten, Entbehrungen, Gefahren auf sich nahm.

DIE VIER HÄUPTLINGE bei einem festlichen Diner der Neu-York-Neuengland-Kaufmannschaft. Livrierte Diener, Silbertabletts. Folgendes könnte angeboten werden: Wildbret-Püreesuppe; Oxtail-Suppe; Kabeljau mit Austern-Sauce; Zander-Filets à la Crème; sautierte Champignons; gedämpfte Hasen-Filets; braisierter Truthahn mit Sellerie-Sauce; gebratene Rebhühner; gebratene Enten mit Zitrone; Plumpudding; Backwerk, Konfekt.

Natürlich auch verschiedene Weine zu den Gängen: Das könnte man den Indianern bereits ansehen. Auch die begleitenden Offiziere werden nicht mehr mit klaren Augen dreinschauen. Mehrfach heben die Vertreter der Kaufmannschaft die Gläser, prosten den Irokesen zu. Und es wird weitergegessen. Vielleicht vermanschen die Indianer jeden Gang zu Brei: zerschneiden Fleisch, zerteilen Fisch, zerschnipseln Geflügel, vermischen mit Beilagen. Darüber würden die dinierenden Kaufleute hinwegsehen, im Interesse der Sache.

Natürlich steht auch mal einer der Herren auf, beispielsweise Henderson, klopft ans Glas, hält eine Tischrede. Während vor ungefähr zwei Jahrzehnten noch gut sieben Achtel des gesamten Nordamerika-Handels mit südlicheren Kolonien wie Virginia, Maryland, Carolina abgewickelt wurden, ist seither das Handelsvolumen zwischen dem Mutterland und den nördlichen Kolonien ständig gewachsen; vor diesem Hintergrund zunehmender Intensivierung der Handelsbeziehungen erscheint ihm diese Gelegenheit eines persönlichen Kennenlernens besonders erfreulich. Er möchte die Häuptlinge im Namen der Neu-York-Neuengland-Kaufmannschaft noch einmal recht herzlich willkommen heißen und gemeinsam mit ihnen das Glas erheben auf das Wohl Ihrer Majestät, der Königin.

DEN INDIANERN WIRD ein militärisches »Sandkastenspiel« vorgeführt: grob nachgebildete Landschaft mit Hügeln, Fluss, Dorf, Wald, Feldern sowie Artilleriestellungen mit zinnfigurenkleinen Soldaten; aufmarschierende Truppeneinheiten, in Schlachtordnung aufgestellte Truppeneinheiten, kämpfende Truppeneinheiten.

Die Häuptlinge sitzen an diesem »Sandkastentisch«, zwischen ihnen Pidgeon, der Erläuterungen eines hoch dekorierten Offiziers ausführlich übersetzt. Der zeigt mit einem Stab taktische Manöver an, die von Adjutanten ausgeführt werden: Eine Artilleriestellung wird verlagert, ein Truppenkarree zu einer Schützenlinie auseinandergezogen.

Einer der Indianer, John, könnte aufstehen, um einen der taktischen Züge besser verfolgen zu können, könnte eine Frage stellen, die bereitwillig weitergegeben und beantwortet wird. Vielleicht macht nun John, ermuntert durch den ranghohen Offizier, einen Vorschlag, der erörtert wird, oder die Adjutanten führen ihn sogleich aus, verändern die Position eines Trupps, stellen ihn an einem Waldrand auf.

»DAS MOTIV des ersten Taktes zieht sich erregend durch den ganzen Satz. Es geistert durch alle Stimmen und lässt sich nicht verscheuchen. Ein reizendes zweites Thema will die Stimmung ins Heitere wenden.«

Musiker mit weißen Perücken und blauen Livrees; Kerzen auf Notenpulten. Festlich kostümiertes Publikum, in der ersten Reihe die Irokesen. Die Begleitoffiziere werden sich für dieses Konzert entschuldigt haben, ein Dolmetscher ist (auch) in diesem Fall nicht nötig. Zwei offiziell ausschauende oder dreinschauende Herren rahmen die Gäste ein.

»Im zweiten Satz, einem Allegretto, ziehen Soldaten zu den Klängen eines Marsches ins Feld. Die schmissige Melodie wandert von Stimme zu Stimme. Und kräftig, gesund endet der Satz.«

AUS DEM GRENZKRIEG: der Irokesentrupp belagert ein großes Blockhaus, über der Tür ein Lilienbanner.

Ein Irokese tränkt ein Hanfbündel in einem Öltopf, wickelt den Hanf um eine Pfeilspitze, zündet sie an einem Feuerchen an, schießt den brennenden Pfeil auf das Dach, da fällt er wieder herunter. Ein weiterer Brandpfeil wird abgeschossen, bleibt auf dem Schindeldach liegen, dort beginnt es zu schwelen, zu brennen, aber von unten werden die Schindeln hoch- und weggestoßen.

Einer der Irokesen schießt. Während er sich aufrichtet, um die Muskete zu laden, wird er getroffen. Blutend, etwa aus dem Oberarm, kriecht er hinter eine Bodenwelle, wird von einem Irokesen verbunden. Ein Engländer hilft dabei.

Ein Karren, der zum Wirtschaftsgut des belagerten Hauses gehört, wird mit Brettern bepackt, von einem Schuppen abgerissen; zwei Irokesen stecken mehrere ölgetränkte Hanfbüschel zwischen die Bretter, zünden sie an. Robbend schiebt ein Irokese den Karren mit einer Stange auf das Haus zu: die Wagenladung in Flammen.

Das brennende Haus: ein Mann versucht, mit erhobenen Händen herauszukommen, wird aber von einigen an der Tür stehenden Irokesen mit Kolben und Lanzen zurückgestoßen.

Noch einmal versucht einer der Belagerten auszubrechen: ein älterer Mann, Kleidung angesengt, Gesicht geschwärzt, Hände erhoben, rennt heraus. Ein Irokese setzt ihm nach, schlägt ihm den Tomahawk in den Nacken.

DAS KAFFEEHAUS des Edward Lloyd in der Lombard Street war (während der Regierungszeit von Königin Anna) Treffpunkt der Übersee-Händler: Männer sitzen an Tischen, vor Kaffeetassen und Papieren, Männer gehen umher, stellen oder setzen sich zu Gesprächs- und Verhandlungspartnern.

Und nun die (zumindest wahrscheinliche) Einführung oder besser: Vorführung der Irokesenhäuptlinge. Als Erster tritt Sir Francis Nicholson ein, gefolgt von den Staatsbesuchern in voller Festkleidung und frischer Bemalung; abschließend Pidgeon.

An einem Tisch in der Nähe des Eingangs erheben sich Kaufherren und applaudieren. Schon stehen alle Kaufmänner auf, schließen sich dem Begrüßungsbeifall an. Pidgeon murmelt den Häuptlingen etwas zu, sie verneigen sich leicht, werden weiterhin beklatscht. Ein Livrierter geleitet Nicholson zu einem Tisch, der reserviert ist, die Indianer folgen im Gänsemarsch. Am Tisch bleiben sie stehen, weil sich der Beifall fortsetzt, sie verneigen sich nochmal leicht. Während der Beifall abflaut, spricht einer der Kaufherren mit Kollegen in seiner Nähe; sie bilden eine Delegation, gehen zum Gästetisch. Als Delegationsleiter ein reich gekleideter Kaufherr; offenbar machen ihn Spitzenumsätze zum Sprecher.

Er begrüßt die Häuptlinge im Namen der versammelten Übersee-Händler auf das herzlichste. Verleiht der allgemeinen Freude darüber Ausdruck, dass die Häuptlinge, als Repräsentanten der fünf Indianernationen, nicht länger nur Namensträger in Nachrichten und Berichten sind, sondern hier sind, in »Fleisch und Bein«. Er hofft, dass sich (nach ersten Kontakten mit dem Vorstand der Neu-York-Neuengland-Kaufmannschaft) auf breiterer Grundlage Kontakte ergeben, die sich für beide Seiten positiv auswirken werden. In diesem Sinne wiederholt er den Willkommensgruß.

Nicholson, der Brant eine Bemerkung zuflüstert, versichert den Herren, dass der überaus freundliche Empfang seine Wirkung auf die Gäste nicht verfehlen wird. Er hat den Besuch in Absprache mit dem Vorstand der Neu-York-Neuengland-Kaufmannschaft in die Wege geleitet, um den Gästen eine weitere und breitere Anschauung des Handelsbereichs und der in ihm Tätigen zu vermitteln. Dies geschah im beiderseitigen Bewusstsein, dass das Schicksal der Kolonien an der amerikanischen Ostküste untrennbar verbunden ist mit dem Handel: »Hier ist gleichsam die Nabelschnur, die das noch junge Wesen mit frischem Blut des Mutterlandes versorgt und am Leben erhält.«

Die Kaufherren applaudieren. Pidgeon flüstert den Indianern eine Bemerkung zu. Nicholson spricht weiter: Von der Entschiedenheit, mit der die Kaufmannschaft ihre Ziele verfolgt, hängt vor allem ab, in welchem Maße sich Organisationen und Institutionen des Landes für die Kolonien einsetzen – er will es bei dieser allgemeinen Formulierung belassen. Prompt einsetzender Beifall zeigt dem Offizier, dass man ihn verstanden hat. Der Delegationsleiter reicht Nicholson fast herzlich die Hand, schüttelt sie, während der Beifall anhält. Ein Handschlag sodann für jeden der »Indian Kings«.

HÄUPTLINGE wurden von Mitgliedern der Society auch privat eingeladen, einzeln. Da könnte der Gastgeber dem privaten Gast eine Sammlung zeigen, etwa von Kristallbildungen, Quarzen, Achaten. Und ein Punsch wird getrunken. Und der Hausherr führt den indianischen Gast durch seine Bibliothek, dann zu einem türkischen Bad. Könnte man eigentlich gleich mal benutzen, wie?

Der Irokese nackt im Dampf des Dampfbads, weil der Hausherr nackt das Dampfbad betritt. Das Sitzen im Dampf des Dampfbades, das Schwitzen im Dampf. Wahrscheinlich ein langsames Auflösen der Bemalung, die sich damit als nicht dampfbeständig erweist. Der Gastgeber macht das dem Gast sichtbar, indem er mit der Zeigefingerspitze am Schlüsselbein entlangstreicht, die eingefärbte Fingerkuppe hochhebt. Weitere Fingerkuppen könnte der Gastgeber einfärben: Im Dampfbad löst sich die Bemalung des Unterkiefers, löst sich das aufs Brustbein gemalte Totemtier, lösen sich die senkrecht aufgemalten Pfeilmuster. Vielleicht muntert der Gastgeber den Indianer auf, spaßhaft, sich auch mal selbst mit den Fingerkuppen die fettig ablösende Farbe abzustreifen, sie auf die weiße Haut aufzutragen, glitsch-leicht in den Dampfschweiß. Und er malt zurück. Es könnte zu einem katzbalgenden Bemalen, Beschmieren der Oberkörper im Dampfbaddampf kommen. Malt sich der Gastgeber, signalgebend, einen Wisch Indianerfarbe auf sein Glied?

Ein Indianerkörper könnte einem an Männern interessierten Mann besonders attraktiv erscheinen, weil es der Körper eines »Wilden« ist: Die haben ja noch eine »ungebrochene, unverbrauchte Vitalität«, nicht wahr?

Ähnliche Vorstellungen vielleicht auch bei einer Frau, etwa einer Schauspielerin, die es zu arrangieren weiß, dass sich ein Irokesenhäuptling nach einer Vorstellung mit ihr trifft: Fahrt in ihre Wohnung oder in einen am Stadtrand gelegenen Gasthof; das damals übliche Trinken von heißem Rotwein, der nachgezuckert wurde; Naschen von süßen Backwaren; gestische Versuche, sich ohne Dolmetscher zu verständigen, und mit den paar Englischbrocken, über die der Indianer inzwischen verfügt; ein fast zufälliges Berühren seiner Hand oder ein Vorbeugen im ausgeschnittenen Kleid; der Irokese wird auf dieses Spiel wohl noch nicht eingestellt sein, setzt die Reizsignale nicht um in Griffe, die von ihm erwartet werden. Also noch etwas Gebäck naschen und Rotwein trinken. Dann fordert die Frau den Indianer auf, sich umzudrehen. Das mag er falsch verstehen, er will hinausgehen, sie muss ihm nachhuschen, ihn festhalten, muss ihn so hinstellen, wie er stehen bleiben soll, und sie zieht sich rasch aus, hinter seinem Rücken, schaut mehrfach, ob er sich nicht umdreht: sie verhält sich so, wie sich zu jener Zeit eine Frau in ihrer Situation gewöhnlich verhält. Sobald sie nackt ins Bett geschlüpft ist, ruft sie dem Indianer etwas zu, winkt ihn heran. Er zieht wohl nur die Hose aus, wenn er zu ihr ins Bett steigt. Nun will diese Frau etwas Besonderes erleben, das erlebt sie vielleicht auch: ein oder zwei Reprisen mehr als bei einem Bleichgesicht im Bett. Oder aber sie wird enttäuscht, weil es bei diesem Indianer viel zu rasch geht, hartes, schnelles Stoßen, schon ist es vorbei – es gibt womöglich keinen indianischen Ehrgeiz nach mehrfacher Wiederholung?

Aber auch, wenn es bei einem Indianer nicht lang genug geht – die Wahrscheinlichkeit einer Infektion war damals hoch: der Bettindianer nimmt als Andenken einen Tripper mit, wird das deutlich aber erst auf dem Schiff merken. Kann ihn der Schiffsarzt nicht rechtzeitig mit Quecksilber kurieren, so wird dem Irokesen das Wasserlassen in den Wäldern Nordamerikas keinen Spaß mehr machen.

ALLEIN DIE NÖRDLICHEN ENGLISCHEN KOLONIEN hatten zu Beginn des achtzehnten Jahrhunderts ungefähr zehnmal so viele Einwohner wie das gesamte Frankokanada; zählt man die südlichen Kolonien hinzu, so war die englische Übermacht auf dem nordamerikanischen Kontinent noch größer – warum war es da nicht längst schon zu einer Entscheidung im Grenzkrieg gekommen?

Die Interessen und Lebensformen der dreizehn englischen Kolonien waren äußerst unterschiedlich, daraus ergaben sich Spannungen, Eifersüchteleien, Interessengegensätze, Rivalitäten. Allein schon die Organisations- und Regierungsformen: einige Kolonien von Handelsgesellschaften gegründet, andere Kolonien von privaten Eigentümern, dazu königliche Kolonien unter direkter Kontrolle des Throns. Dann die verschiedenen religiösen Gruppierungen: Anglikaner, Quäker, Puritaner, Presbyterianer. Und sehr unterschiedliche Lebensformen: in den nördlichen Kolonien vorherrschend die großen Handelsherren, in den südlichen die mächtigen Plantagenbesitzer. Außerdem technische Schwierigkeiten der Nachrichtenverbindung; die Entfernungen zwischen den Kolonien sehr groß, die Straßen miserabel: oft nur Pisten, fast überhaupt keine Brücken.

Da würde ein eventueller Aufruf zu gemeinsamer Aktion Wochen brauchen, ehe er die südlichen Kolonien erreicht; es würden wiederum Wochen vergehen, ehe die wahrscheinlich ausweichenden Antworten im Norden eintreffen; da würden ein oder zwei zusätzliche Monate vergehen, ehe ein erneuter, dringlicherer Aufruf die verschiedenen Kolonien erreicht. Aber wer könnte überhaupt solch einen Aufruf verfassen? Keine Kolonie, der eine Vormachtstellung eingeräumt wurde. Bei einem Aufruf etwa von Massachusetts hätte ein Tabakhändler in Virginia oder ein Plantagenbesitzer in South Carolina wohl bloß mit den Schultern gezuckt: sollen die puritanischen Kaufleute ihren Dreck doch alleine machen!

Eine gemeinsame militärische Aktion der dreizehn Kolonien gegen die Franzosen und die mit ihnen verbündeten Indianer war zum damaligen Zeitpunkt so gut wie ausgeschlossen. Das hieß letztlich: die nördlichen Kolonien mussten den Kampf gegen die Franzosen allein führen. Aber nicht einmal hier war gemeinsame Aktion möglich. Da waren beispielsweise die Quäker, die Krieg grundsätzlich ablehnten, also auch den Krieg gegen Neufrankreich. Da waren die Siedler, die sich nur um ihr eigenes Stück Land kümmerten: Bei einem Feldzug verliert man nur Zeit, die auf jeden Fall, man verliert vielleicht noch eins seiner Glieder, die man ja nun komplett braucht für die harte Pionierarbeit, und womöglich verliert man sein Leben – ist man dazu nach Amerika gekommen?

PETER SCHUYLER und die Irokesen an einem mit grünem Tuch bedeckten Tisch, auf dem ein Münzensammler die schönsten Exemplare seiner Sammlung vorlegt. Mit einer Federspitze betont er Einzelheiten – Schuyler freilich übersetzt die Erläuterungen nur auszugsweise. Die Häuptlinge schauen mit höflichem bis mäßigem Interesse zu. Brant massiert mit den Daumen seine Schläfen, presst dabei die Fingerspitzen über der Nasenwurzel an die Stirn. Lässt die Hände wieder sinken, schaut zu den vorgelegten Münzen, die Brauen angestrengt hochgezogen. Setzt sich nach kurzer Zeit die Daumen an den Backenknochen auf, massiert die Schläfen mit den Fingerspitzen, die Augen bis auf einen Spalt geschlossen.

WELCHE DETAILS machen ein Büro zu einem Kaufmannsbüro am Beginn des achtzehnten Jahrhunderts? Stehpulte? Eine Landkarte? Ein Regal mit Papierbündeln? Ein doppelter Schreibtisch in der Mitte? Da säße denn Henderson. Und ein zweiter Kaufmann namens Parker geht hin und her, geht um den Doppelschreibtisch herum, hat die Perücke abgelegt oder wirft sie schwungvoll ab, denn was er berichtet, das erregt, ja erhitzt ihn?

Er hat erfahren, dass sich in der Armeeleitung eine sehr deutliche Zurückhaltung in der Frage der militärischen Unterstützung der englischen Kolonien zeigt. Zwar seien entsprechende Äußerungen des O'Brian weder als offiziell noch als offiziös zu bewerten, würden offensichtlich aber die vorherrschende Einstellung der Heeresleitung signalisieren. Und die erscheint Parker unverständlich: Die

Armee ist da zum Schutz Englands und genauso zum Schutz der englischen Kolonien, hier wie dort steht man im Kampf mit Frankreich, und nun will die Heeresleitung nur noch auf dem europäischen Kriegsschauplatz kämpfen, und in Nordamerika soll das letztlich den Indianern überlassen bleiben?

Als ob das bloß irgendwelche Grenzkabbeleien wären ... Auseinandersetzungen zwischen französischen und englischen Pelzhändlern ... Ein Kampf um die Fischgründe von Neufundland ... In Amerika zeigen sich vielmehr Auswirkungen des Ringens um die militärische und wirtschaftliche Vorherrschaft in Europa. Was den Franzosen auf dem europäischen Festland verloren geht, das versuchen sie offenbar auf dem nordamerikanischen Kontinent wieder herauszuholen! Dem muss unter allen Umständen Einhalt geboten werden, im Interesse der gemeinsamen Sache, also ist ein entsprechender Einsatz des Militärs erforderlich!

Hier wird Henderson seinem Partner ohne weiteres zustimmen. Nicht so leicht wird Konsens zu finden sein in der Frage, wie man die berufsständischen Interessen am erfolgreichsten wahrt. Soll man Kontakt aufnehmen mit dem Ausschuss für Handel und Kolonialisierung, und beide Gruppen formulieren gemeinsam eine Denkschrift, die über das Handelsministerium an die Königin weitergeleitet wird?

Hierüber kann eine Zeit lang diskutiert werden, bis man sich darauf einigt, allein im Namen der Neu-York-Neuengland-Kaufmannschaft ein Memorandum auszuarbeiten, das Hof und Parlament vorgelegt wird. Außerdem, so schlägt Henderson vor, soll man schon vor dem Überreichen des Memorandums um ein Gespräch mit der Königin ersuchen, dies mit gebührendem Nachdruck.

EINE VERSCHLAMMTE STRASSE, Regen; angesoffene Viehtreiber zu Pferd hinter und neben einer Kuhherde, Regen; die Tiere schulterhoch matschverkrustet, schlammbespritzt; Regen. Solch einem Viehtrieb (in Richtung London) begegnen die Indianer, vielleicht von einem reichen Landherrn eingeladen zum Jagen oder Fischen oder einfach zum Fressen und Saufen. Die Indianer reiten im Schritt, haben Regenhüte auf, die Krempen schlapp, die Umhänge vollgesogen. Auch die beiden Offiziere tragen Wetterhüte, Wettermäntel. Trotz Regengrau, Regennässe dürfte zu erkennen sein, dass einige der Gesichter fremdartig bunt bemalt sind – wie wird ein angesoffener Viehtreiber auf diesen Anblick reagieren? Hält er ein, gafft den Reitern nach? Oder rotzt er, weiterreitend, in den Regen?

SIR FRANCIS NICHOLSON bei einer Partie Billard, als Gast eines Arztes, Dr. Jarrett: Weingläser auf einem Abstelltisch, auf dem auch Kreidestücke liegen. Sich als militärischer Laie bezeichnend, fragt der Gastgeber den Offizier, weshalb er und seine Kollegen sich auf eine so aussichtslos erscheinende Sache nicht bloß einlassen, sondern sich allenthalben noch mit solchem Nachdruck einsetzen.

Darauf wird Nicholson nicht sofort antworten, er simuliert einen Kontereffetstoß, führt ihn noch nicht aus, taxiert erst, in welchem Winkel der links gestoßene Ball rechts auf die Bande treffen wird, sagt dann, ohne den Blick von der Spielfläche zu lösen: »Ganz einfach, wir wollen alles tun, damit die Sache nicht mehr so aussichtslos ist.« Und der Kontereffetstoß; kein Punkt.

Jarrett visiert den Ball kurz an, Zentralstoß, ein Punkt, Linksmittelstoß, ein Punkt, Rechtshochstoß, ein Punkt; er zögert nun, richtet sich auf: Als Offizier brauche man doch wohl Erfolg, um weiterzukommen, militärischen Erfolg, und dazu bestehe im nordamerikanischen Krieg für die nächste Zeit kaum berechtigte Aussicht; warum versuche man in dem Fall nicht, hier in Europa zu bleiben, sich auf dem französischen Kriegsschauplatz auszuzeichnen? Und er beugt sich wieder vor: Effetstoß; kein Punkt mehr.

Nicholson reibt fast übertrieben sorgsam die Lederkuppe des Queue ein, es rieselt Kreidestaub. Einerseits, sagt er, müssen sie als Soldaten gehorchen, wenn man sie nach Amerika schickt. Andererseits haben sie noch nicht beantragt, nach Europa zurückversetzt zu werden. Und warum nicht?, fragt er im Namen des Gastgebers. Er zögert kreidereibend mit der Antwort, auch wenn es eine selbstgestellte Frage war: »Wahrscheinlich haben wir die Hoffnung, trotz allem, dass wir es drüben weiterbringen.«

Dass eine Unterstützung der Kolonisten durch ein Expeditionskorps zumindest diskutiert wird, ersieht er daraus, dass ihm der

Oberbefehl über solch einen Kampfverband in Aussicht gestellt wurde. Falls er mit diesem Trupp und den Einheiten der Irokesenliga einigermaßen Erfolg hat (dieser Erfolg, so mag er lächelnd hinzufügen, könnte ja mit der Entfernung wachsen), so wäre er seinem Ziel schon näher: endgültige Rückkehr nach England und eine angemessene Position in der hiesigen Armeeleitung.

»DIE FRANZOSEN SCHEUEN SICH NICHT, ihre unersättliche Mammonsgier mit dem Kreuz Christi zu weihen. Sie lieben es, sich wegen ihrer Christlichkeit und Kirchlichkeit vor allen anderen hervorzutun und herauszustreichen. Ihr Verhalten aber spricht allem Hohn, was man bisher als göttliche Sitten und Rechte gekannt und geachtet hat. Diesem Volk wurde seit Jahrhunderten nur die Tendenz eingeimpft: die Welt gewinnen.«

Empfang der Indianerhäuptlinge durch den Vorstand der Gesellschaft zur Verbreitung der Bibel. In zwei Halbkreisen stehen sich die feierlich dunkel gekleideten Vorstandsherren und die festlich bunten Irokesen gegenüber, mit Begleitoffizieren.

»Die Franzosen haben nur das eine Ziel, aus dem blutigen Verderben ganzer Völker, aus der furchtbaren Not ungezählter Menschen eine möglichst hohe Verzinsung ihres Kapitals herauszuschlagen und durch rohe Gewalttat den Wettbewerb Englands zu besiegen, den sie durch geistige Mittel nicht zu besiegen vermögen. Welch furchtbares Maß kaltberechnender Selbstsucht und Habsucht!«

Dr. Bray hält eine sicherlich nicht zu knappe Ansprache, die von Pidgeon übersetzt wird. Was Dr. Bray sagt, lässt sich hier (bei abgeänderten Ländernamen) wortgetreu aus kirchlichen Äußerungen der ersten Hälfte des zwanzigsten Jahrhunderts zusammensetzen.

»Nun hat uns aber der Ernst dieser Zeit wieder gelehrt, wie groß und unentbehrlich das Opfer für andere ist. Wir sehen wieder klar, dass das stellvertretende Leiden das Grundgesetz der sittlichen Welt ist, dass der, der unfähig ist, für andere mit der ganzen Person einzutreten, für sie zu tragen und zu leiden, nichts wert ist. Nur wer in Treue und Pflichterfüllung sein Leben einsetzt, der gehört Gott an, nur von dem können wir sagen, dass er auf der Spur des

Lebens geht und seinem Heiland nachfolgt in der großen Liebe, die ihr Leben lässt für die Brüder.«

Nach der Ansprache wird jedem Sachem feierlich eine in rotem Leder eingebundene Bibel überreicht – dass es Truthahnleder war, ist überliefert.

JOHN BESCHAUT wieder ein Buch mit Kupferstich-Illustrationen. Beispielsweise ist da eine Menschenfigur, die einen riesigen Fuß schattenspendend über den Kopf hält. John neigt den Kopf nach rechts, nach links, als könnte er so noch mehr erkennen, ihm erscheint das Bild offenbar plastisch. Dann zieht er einen Mokassin aus, geht im Gasthofzimmer, in dem er allein ist, zu einem Bett, macht einen Schulterstand, versucht dabei, mit dem nackten Fuß ein Kopfkissen hochzubalancieren. Das gelingt ihm auch; zufrieden beschaut er seinen kopfkissengroßen Fuß, der dem Umfang des Bildfußes so ziemlich entspricht.

John und Brant auf einem Streifzug im Grünen, beide mit Schusswaffen. Sie bleiben schon mal stehen, trinken aus einer Metallflasche, die Brant mit sich führt, streunen weiter, sehen schließlich Kühe auf einer Weide: John legt die Muskete an, schießt knapp über die Herde hinweg. Die Indianer registrieren amüsiert, wie die Kühe auseinanderstieben.

John an einem Marktstand mit Hühnern; er befühlt sie prüfend, wird dabei misstrauisch beäugt von der Marktfrau. Ein Mann drängelt sich heran, mustert den Indianer; besonderen Spaß scheint er zu haben an den weißen Zierbömmeln vor den Ohren, er fasst einen von ihnen an. John sagt etwas, drohend, der Mann aber deutet seiner Umgebung an, dass er so was nicht ernst nimmt, streckt nochmal die Hand nach dem Zierbömmel aus. Nun schreit ihn John an, schlägt zu, gleich mit dem Huhn, das er an den Läufen gepackt hat, schwingt es hoch, schlägt nochmal zu, der Mann weicht zurück, John folgt ihm, schlägt wieder mit dem Huhn zu, Federn stieben.

Brant und John im Gasthofzimmer, sie haben nur Lederkilts an. Brant frischt die Gesichts- und Brustbemalung von John auf; seine eigene Bemalung noch verblasst, verwischt. John glotzt vor sich hin, steckt dann seine Hände in Brants Lederschurz. Brant hört mit dem Schminken auf, packt ebenfalls zu, die Indianer beginnen sich wechselseitig zu masturbieren, dicht aneinander, wie im Kampf-clinch.

IM GLEICHSCHRITT eine Reihe Soldaten, im Gleichschritt eine Reihe Soldaten, im Gleichschritt eine Reihe Soldaten, eine Militärkapelle. Die Irokesenhäuptlinge mit frischer Bemalung, mit festlichen Um-hängen auf einem Podest. Im Gleichschritt Soldaten, im Gleich-schritt Soldaten, im Gleichschritt Soldaten, ein Offizier zu Pferd. Im Gleichschritt eine Reihe Soldaten, im Gleichschritt eine Reihe Soldaten, im Gleichschritt eine Reihe Soldaten, ein Fahnenträger. Neben und hinter den Häuptlingen stehen Offiziere, zum Beispiel O'Brian, und selbstverständlich Nicholson, Schuyler, Vetch, Pidgeon. Im Gleichschritt eine Reihe Soldaten, im Gleichschritt eine Reihe Soldaten, im Gleichschritt eine Reihe Soldaten, ein Offi-zier zu Pferd, mit dem Degen grüßend. Pidgeon und Schuyler re-den weitaus intensiver auf die Indianer ein als bei kulturellen Veran-staltungen: Namen, Bezeichnungen, Waffengattungen, Zahlen. Im Gleichschritt eine Reihe Soldaten, im Gleichschritt eine Reihe Sol-daten, im Gleichschritt eine Reihe Soldaten, im Gleichschritt Rei-hen von Soldaten.

AUS DEM GRENZKRIEG: ein Zeltlager des Irokesentrupps – Stangen und Äste geschrägt, mit Borke bedeckt, zum Teil mit Planen. Es regnet. Auf dem matschigen Platz zwischen den Zelten ein Feuer, das stark qualmt. Ein Irokese tapert betrunken umher, ein Englän-der packt ihn an der Jacke, zieht eine Flasche heraus. Der Indianer will sie ihm wieder entreißen, da geht der Engländer einen Schritt zurück, richtet die Radschlosspistole auf den Indianer, der gleich die Hände sinken lässt. Der Korporal schlägt mit dem Pistolenlauf den Flaschenhals ab, lässt die Flasche leergluckern, hebt nochmal die Pistole, weil der Indianer einen Rest des Fusels retten will.

DIE IROKESENHÄUPTLINGE IN EINEM SALON, in dem eine Gesell-schaft plaudert, trinkt, spielt. Zwei der Indianer bei einem Würfel-spiel; fast rituell schwenken sie die ledernen Becher. Ein dritter

Indianer bei einem Kartenspiel, das er offenbar von englischen Soldaten gelernt hat, er klatscht die Karten auf den Tisch. Einige Herren versuchen, dem vierten Indianer das Schachspiel beizubringen; zur Einübung führt man ihm jeweils mehrere mögliche Schachzüge vor. Wiederholt prostet man den Indianern zu, es wird zügig getrunken.

Die Gesellschaft später in einem anderen, größeren Raum: ein Kamin, Gemälde von Vorfahren. Der Gastgeber verhandelt mit den Irokesen; Pidgeon übersetzt. Hendrick raucht eine Pfeife mit geschnitztem Kopf, Etoh eine Zigarre. Ein livrierter Diener bringt eine Trommel, stellt sie vor den Indianern ab. Die Verhandlung wird fortgeführt, endlich probiert John die Trommel aus, schlägt Rhythmen an, mit bloßen Händen. Die Gäste stellen sich zum Zuschauen auf. Nun müssen die Indianer wohl tanzen. Sie stellen ihre Gläser, legen Pfeife und Zigarre ab, tanzen sich langsam ein. Diese Vorführung der Indianerhäuptlinge wird kein »mitreißender Tanz«: Bewegungen phasenweise verwackelt, weil man ihnen wieder mal zu viel Alkohol vorsetzte.

ZWEI GARDESOLDATEN reißen die Türflügel eines Saales im St.-James-Palast auf, nehmen besonders starre Haltung an. Königin Anna kommt herein, schwerleibig, links auf einen Stock gestützt, rechts von der älteren Frau am Ellbogen gepackt. Vier Herren folgen der Königin, unter ihnen der Hofbeamte, der mit den Offizieren verhandelt hatte. Die Kaufleute Henderson und Patrick verneigen sich sehr tief, dem Hofzeremoniell folgend. Die Königin nickt ihnen zu, tappt zum Sessel, setzt sich schwerfällig.

Nun tritt Henderson einige Schritte vor. Man hat seitens der Neu-York-Neuengland-Kaufmannschaft um dieses Gespräch gebeten, um rechtzeitig vor einer Entwicklung zu warnen, die für Englands Zukunft in verschiedener Hinsicht nachteilig sein könnte. Der Verband will in wenigen Tagen ein Memorandum überreichen mit wichtigen Beiträgen zur Beurteilung und Bewertung des Nordamerikahandels.

Er setzt neu an: In den letzten Tagen wurden Gerüchte laut, und nicht bloß Gerüchte, nach denen ein folgerichtiges militärisches

Engagement auf dem nordamerikanischen Kriegsschauplatz in Frage stehen könnte. Ihm wie seinen Freunden liege selbstverständlich sehr daran, dass dieser Krieg durch einen baldigen Friedensschluss beendigt werde; der berechtigte, zum Teil leider aber auch propagandistisch hochgespielte Wunsch nach Frieden dürfe freilich nicht dazu führen, dass man Englands Zukunft in diesen Gebieten gefährde. »Diejenigen, die für Zurückhaltung in der Frage des militärischen Einsatzes plädieren, vertreten in Wirklichkeit nicht die Sache Englands, sondern die Sache seiner Feinde.«

Er verneigt sich leicht, schweigt. Die Königin schaut an den Kaufherren vorbei. »Wir danken für Ihre Hinweise. Wir werden das angekündigte Memorandum prüfen und zu gegebenem Zeitpunkt dazu Stellung nehmen.«

SICHER FÜHRTE MAN die Indianer auch mal in den Zoo, damals am Tower: Vergnügen, auch Staunen, Befremden. Vergnügen etwa angesichts einer Giraffe, etwas derartig Langhalsiges haben sie noch nie gesehen. Erstaunen bei einem Nilpferd oder Nashorn. Interesse für Tiere wie Gnu oder Antilope.

Ein Mann der Zooleitung könnte einen Arbeiter heranwinken, der einen Korb Brotbrocken oder Möhren trägt; die Indianer dürfen ein Gnu oder eine Antilope füttern. Dabei drängelt sich Etoh vor; er schaut genau zu, wie das Tiermaul die Brotbrocken oder Möhren fasst und zermalmt. Und John ist nicht loszureißen vom Anblick besonders auffälliger Tiere wie Elefant, Giraffe, Nashorn; hier bleibt er stehen, während die anderen bereits weitergehen – Pidgeon muss umkehren, ihn holen. Vor einem Büffel oder Hirsch legt Brant pantomimisch eine Muskete an, erlegt das Tier durch »Blattschuss«, imitiert das Zusammenbrechen der gehörnten Tiermasse.

BEI DER BESPRECHUNG in der Londoner Heeresleitung wird Sir Francis Nicholson klar zu erkennen geben, dass Indianereinheiten letztlich kein Ersatz sein können für englische Truppen. Als Grund die zum Teil schlechtere Bewaffnung, außerdem die oft schwierige Koordination: Indianertrupps »entgleiten leicht der Führung«.

Und als weiterer Punkt: der »bekannte Alkoholmissbrauch« der Indianer, vor allem durch Rum.

Hier wird O'Brian darauf hinweisen, dass dieser Rum vor allem in den Neuengland-Kolonien hergestellt wird: immer zahlreicher die Brennereien! Und er wird fragen, wer denn nun diesen Rum an die Indianer verhökert – unsere Soldaten oder Krämer ohne Gewissen? Einerseits will die Zunft, dass Indianer die Absatzgebiete im Norden und Westen erweitern, andrerseits will man möglichst viel am Rumfusel verdienen. Sollen unsere Soldaten vielleicht einspringen, weil diese Kaufleute aus kurzsichtiger Gewinnsucht die Indianer dauernd unter Alkohol setzen?

ZWEI KUTSCHEN, die an einer möglichst großen Kirche vorfahren, etwa der Westminster-Abtei. Es steigen aus: die Häuptlinge, Major Pidgeon, zwei Herren in Schwarz mit Halskrausen – Passanten laufen zusammen, drängeln sich, glotzen. Ein Teil der Zuschauer wird der Gruppe in die Kathedrale folgen. Einer der geistlichen Begleiter gibt Erläuterungen, Pidgeon simuliert Übersetzen.

»Das stolze Langhaus scheint mit der Majestät eines Kriegsschiffes von West nach Ost zu ziehen.«

Die Indianer blicken nach oben: vom Geistlichen werden auch gestisch Länge und Weite des Gotteshauses betont.

»Und in glücklicher Stunde erwacht, was den Meistern der Dome das Wesentliche war.«

DIE IROKESEN WERDEN ERNEUT durch eine Gemäldesammlung geführt; der adlige Hausherr, der Sammler persönlich, erläutert eine Auswahl von Bildern, Einzelheiten mit Fingerzeigen betonend. Etoh freilich schaut nicht hin, er starrt auf den Boden. Als die Gruppe weitergeht, bleibt er stehen. Vetch kehrt um, muntert ihn freundlich auf, führt ihn am Oberarm zu den Irokesen, denen wieder Bilder erklärt werden; Major Pidgeon übersetzt auf entschieden verkürzende Weise.

Etoh folgt dem Grüppchen, sobald es zu einem weiteren Gemälde geleitet wird, bleibt jedoch außerhalb der Gruppe stehen. Wieder starrt er vor sich hin.

Der Hausherr führt die Indianerhäuptlinge quer über die Parkettfläche, will ein Bild an der Gegenwand zeigen. Etoh trottet hinterher, wird langsamer, bleibt in der Saalmitte stehen, hockt sich mit plötzlichem Entschluss hin. Der Sammler merkt das nicht, setzt seine Bilderklärungen fort. Vetch aber geht zum reglos dahockenden Indianer zurück; der glotzt auf den Boden, im Schneidersitz. Der Offizier beugt sich vor, redet auf Etoh ein; der Indianer bleibt stumm, reglos.

Nun dreht sich John um, schaut zu Etoh; kein Lächeln, auch kein Anzeichen von Unmut oder Missbilligung – er nimmt den Vorgang zur Kenntnis, schaut wieder zum Bild, sobald Pidgeon eine militärisch knappe Übersetzung der Bildbeschreibung gibt. Vetch geht in die Hocke, spricht weiter auf Etoh ein. Der dreht langsam, fast zeitlupenhaft den Kopf einmal nach rechts, einmal nach links, das ist die ganze Antwort. Der Offizier richtet sich auf, packt Etoh am Oberarm, doch der Indianer schüttelt die Hand ab.

Nun löst sich die Aufmerksamkeit der drei Indianer vollends von den Hinweisen – sie schauen zu Etoh, der mitten im Saal sitzt, auf dem Parkett. Major Pidgeon entschuldigt sich beim Hausherrn, geht zu Vetch, der neben dem Indianer steht und nicht weiß, was er tun soll. Auch Major Pidgeon beugt sich vor, redet auf Etoh ein, der weiterhin reglos sitzt, vor sich hinglotzt. Weil Pidgeon ebenfalls nichts erreicht, richtet er sich wieder auf; die beiden Offiziere verständigen sich kurz. Noch einmal will es Pidgeon versuchen, er redet auf Etoh ein, geht vor ihm in die Hocke, spricht auf ihn ein, und sehr langsam, fast wieder zeitlupenhaft dreht Etoh den Kopf nach links, nach rechts. Pidgeon bleibt in der Hocke, wartet darauf, dass der Indianer etwas sagt, ergänzend, doch Etoh bleibt stumm. Da richtet sich der Dolmetscher auf, die beiden Offiziere schauen auf Etohs Hinterkopf. Pidgeon ruft den Indianern eine Frage zu, aber Brant hebt nur die Hände, schwenkt sie.

So stehen kurze Zeit alle reglos im Bildersaal. Verwirrt vor allem der Hausherr. Die beiden Offiziere wollen Etoh unter die Achseln packen und hochziehen, aber da befreit sich der Indianer mit entschiedenen Drehbewegungen des Oberkörpers, wirft den Kopf in den Nacken, ruft etwas, senkt den Kopf. Die beiden Offiziere richten sich auf, stehen ratlos.

AUS DEM GRENZKRIEG: In einem Waldgebiet findet ein Gefecht statt zwischen dem Irokesen- und einem Algonkintrupp. Auch die englischen Soldaten beteiligen sich am Kampf, muntern zugleich mit Zurufen auf, dirigieren den Einsatz. Rücksichtslose Kampfführung der Irokesen, die bei den angrenzenden Indianerstämmen wegen ihrer Härte und Grausamkeit gefürchtet waren. Sie schlagen die »französischen« Indianer denn auch zurück, allerdings unter Verlusten: Drei Irokesen der Gruppe sind verwundet, einer taumelt, einer liegt reglos, einer krümmt sich.

Vielleicht ist es dieser Anblick, der die Irokesen zur Rache treibt; einer von ihnen winkt Kampfgenossen zu einem verwundeten Algonkin – und rasch ein Kreis, eine Gruppe, ein Klumpen von Irokesen, die den Verwundeten tottrampeln.

DIE KÖNIGIN sitzt fast völlig reglos; jede Bewegung steigert die Gelenkschmerzen. Die Reglosigkeit könnte aber auch signalisieren: Ich warte ab, ich bin vorsichtig, ich möchte nichts zu früh entscheiden, ich lasse den Besucher erst mal reden.

Und O'Brian redet von Forderungen nach einem stärkeren militärischen Engagement in Nordamerika, wie sie von verschiedenen Interessengruppen zurzeit erhoben, zum Teil auch direkt an die Heeresleitung herangetragen würden, wie man sie gewiss auch Ihrer Majestät unterbreite, beziehungsweise schon unterbreitet habe.

Weder nickt die Königin, noch schüttelt sie den Kopf. So spricht O'Brian weiter: Selbstverständlich sei die Armee von der Notwendigkeit der nordamerikanischen Kolonien für die Zukunft Englands überzeugt, und zwar in vollem Maße, die Armee sei demgemäß bereit, sich hier einzusetzen, beziehungsweise einsetzen zu lassen; es müsse jedoch gefragt werden, welche Form des Einsatzes am wirkungsvollsten und damit am sinnvollsten sei.

Und er berichtet über den gegenwärtigen Stand der Überlegungen in der Heeresleitung: Die Kämpfe in Nordamerika als Fernwirkung des Krieges hier in Europa; dieser Krieg wird von englischer Seite geführt, um den Anspruch Frankreichs auf eine europäische Vormachtstellung zurückzuweisen; wenn es gelingt, Frankreich in Frankreich zu besiegen, so wird das ganz von selbst Rückwirkungen haben auf die Situation in Nordamerika; auch unter diesem Gesichtspunkt muss man sich mit allen zur Verfügung stehenden Mitteln auf die Niederringung Frankreichs konzentrieren; man kann es sich deshalb in dieser Schlussphase des Krieges nicht leisten, Truppen von den französischen Grenzen abzuziehen und nach Nordamerika zu verschicken; in diesem Fall wären die entsprechenden Truppenverbände für zwei (Transport-)Monate aktionsunfähig, und gerade diese Zeit kann entscheidend sein, militärisch.

Aber da ist nun der Besuch der Indianerhäuptlinge und damit die Forderung nach stärkerem Truppeneinsatz im Nordbereich der neuenglischen Kolonien. O'Brian macht einen Vorschlag, der einen Kompromiss ermöglicht: Die Marine sei erstens in der gegenwärtigen Schlussphase des Landkrieges weitgehend entlastet, sei zweitens als Waffengattung grundsätzlich besser zum Kampf in Nordamerika geeignet, da dort vorwiegend im Küstenbereich und im Gebiet des St.-Lorenz-Stroms operiert werde. O'Brian bittet die Königin abschließend, diese Argumente in ihre Überlegungen einzubeziehen.

Solch eine Formel wird es ihr erlauben, ihn nun zu verabschieden, ohne eine Entscheidung andeuten zu müssen. Jedenfalls wird die Entlassung »huldvoll« sein: Lächeln und Nicken als Antwort auf seine militärische Ehrenbezeugung.

EIN BÜCHSENMACHER, der die Montage eines Musketen-Schlosses mit raschen, sicheren Griffen durchführt; nur zwischendurch mal ein Blick zu den Indianerhäuptlingen, die ihm zuschauen. Besonderes Interesse zeigt Brant, er nimmt bereitliegende Teile in die Hand, Pidgeon übersetzt die Erläuterungen eines Mannes in Zivil, der die Führung übernommen hat. Brant reicht dem Büchsenmacher den Abzughebel, kleines Lächeln, das Teil wird einmontiert.

Eine weite Brunnenanlage: mythologische Figuren in der Mitte. Aufsteigender Wasserstrahl; Licht eines späten Nachmittags. Die

Indianer am Sockelrand des Bassins. Auf einem Parkweg schlendern zwei der Offiziere und einige Herren.

John legt einen Pfeil auf den Bogen, den er wohl zum Vorführen mitbringen musste, verfolgt zielend einen Fisch, lässt den Pfeil abschnellen, trifft aber nicht. Er steigt ins Wasser, ohne die Mokassins auszuziehen, holt den schwimmenden Pfeil, legt ihn wieder auf, bleibt im Wasserbassin reglos stehen, wartet auf die Rückkehr der Fische, die unter Schutzsteine geschnellt sind. Bald schon gleitet wieder ein Fisch im Bassin umher. John zielt, lässt den Pfeil ins Wasser flitschen, trifft, rennt durch das aufspritzende, auffunkelnde Wasser, versucht den Fisch einzufangen, hat einige Mühe damit, kriegt ihn schließlich zu packen, geht zum Brunnenrand, wirft den Bogen ab, stößt dem Fisch ein Messer in die Kiemen.

NACH EINEM BERICHT der englischen Handelskammer betrug 1721 das Gesamtvolumen des Nordamerikahandels 2,4 Millionen Pfund – für rund 1,5 Millionen Import von Kolonialartikeln, für etwa 0,9 Millionen Export englischer Fertigwaren. Diese Zahlen dürften ungefähr auch schon für das Jahr 1710 zutreffen.

Weitere Angaben: rund ein Drittel des englischen Seehandelsvolumens im Nordamerikahandel. Und: die Kolonialartikel wurden von England aus vielfach an europäische Länder weiterverkauft, mit zum Teil sehr hohen Zwischengewinnen der englischen Handelshäuser. Und: der aktiven Handelsbilanz der Kolonien stand eine negative Zahlungsbilanz gegenüber; nur durch eine Ausweitung des Handels konnte gesichert werden, dass die Außenstände wieder eingetrieben wurden. Der Handel mit Pelz und Fisch galt als besonders zukunftsreich: getrockneter und gepökelter Fisch als Nahrungsmittel für weite Schichten der englischen Bevölkerung, vor allem im Winter; wachsender Markt für Pelzwaren. Hier setzte größeres Handelsvolumen wiederum Expansion in frankokanadische Gebiete voraus.

AUS DEM GRENZKRIEG: Angriff auf einen französischen Handelsposten. In einer Lichtung einige Blockhäuser, umgeben von einem Palisadenwall; an einem Fahnenmast das Lilienbanner. Jede Deckung ausnutzend, kämpft sich der Irokesentrupp vor; zwei oder drei Leitern werden mitgeschleift. Die englischen Soldaten geben Feuerschutz.

Verluste bei diesem Angriff: dichtes Verteidigungsfeuer von der Palisadenwand. Ein Irokese fällt, wälzt sich, krümmt sich, würgt Blut, schaumiges Blut.

Die Irokesen versuchen, die Palisadenwand mit den Leitern zu überwinden, einige der Angreifer werden von den Leitern heruntergeschossen, aber gleich setzen andere Irokesen nach.

AUF IHRER CHAISELONGUE KÖNIGIN ANNA, zwei große Kissen im Rücken, eine Decke auf Beinen und Bauch, die Arme und Hände reglos neben dem Körper, wie abgelegt. Sie starrt zur Zimmerdecke hoch, während sie spricht, dreht zwischendurch mal den Kopf zur älteren Frau, die ganz in ihrer Nähe sitzt. Anna wird wohl wieder über Schmerzen klagen, und dass sie zurzeit nicht einmal Akten bearbeiten kann, zu schwer sind die Arme, zu stark die Schmerzen in den Gelenken, auch ist da ein Schwappen und Kreiseln im Gehirn, sie kann sich nicht auf Geschriebenes konzentrieren.

Offenbar macht ihr auch das Reden Mühe, sie schweigt. Nach ein, zwei Minuten spricht sie wieder: Eigentlich müsste sie in dieser Zeit besonders intensiv arbeiten, wichtige Entscheidungen stehen an. Zum Beispiel liegt ein Memorandum der Übersee-Händler vor, das muss sie prüfen, auch hat die Armeeleitung schriftlich ein Konzept vorgelegt, und die Marine hat durch einen Repräsentanten um ein Gespräch gebeten. Manchmal, so sagt sie nach erneuter Pause, manchmal möchte sie von diesen Dingen nichts wissen, alles ist so unübersichtlich, eins hängt am andren, jeder hat eine andere Meinung, jeder stellt andere Forderungen, wie soll sie da entscheiden können?

Sie schweigt, schaut zur Zimmerdecke hoch. Die Pflegerin steht auf, gießt aus einer Flasche zähe Flüssigkeit in einen Löffel, reicht ihn der Königin. Die hebt den Kopf von den Kissen, lässt sich den Löffel in den Mund schieben, schluckt brav, erhält einen Belohnungsschluck aus einer Tasse, legt sich zurück, macht die Augen zu. Sie hat das Gefühl, sie komme nie mehr im Leben hoch, der

Körper schon viel zu schwer geworden, und je weniger sie sich bewegen kann, desto größer wird sein Gewicht. Und im Gehirn immer stärker das Schwappen, als wäre die Gehirnmasse lose, und mit
dem Schwappen ein Kreiseln, auch hinter geschlossenen Augen, im
dunklen Hirnraum. Sie lässt die Augen geschlossen. Sagt dann,
manchmal möchte sie überhaupt nicht mehr aufstehen, nicht allein
wegen der Schmerzen in den Armen, in den Beinen, deren Gelenke
zu explodieren scheinen – liegen bleiben, einfach liegen bleiben,
Augen zu, Ohren zu, keine Militärpolitik, keine Handelspolitik,
gar nichts, nur liegen, liegen bleiben. Aber da steht beispielsweise
die Audienz bevor, für die Indianer, daran möchte sie schon gar
nicht denken – was soll sie denen bloß sagen?

»SEIN AUFTRITTSGESANG inmitten der Meeres- und Volkswogen gelingt donnernd.«

Zwischen dem 10. April und dem 3. Mai 1710 sahen die Irokesenhäuptlinge eine Reihe von Schauspiel- und Opernaufführungen.
Unter den Theaterstücken: Hamlet, Macbeth, Das gerettete Venedig. Unter den Opern: Almahide, Hydaspes.

»Er lässt in seiner dunklen, edel gefärbten Stimme die Ahnung
einer höheren Welt lebendig werden.«

Die Irokesenhäuptlinge in einer Opernloge, in Festkleidung. Major Pidgeon, in Paradeuniform, sitzt hinter ihnen, er beugt sich freilich nur selten vor, gibt nur knappe Hinweise.

»Er besitzt ein gesundes Organ von seltener Durchschlagskraft.«

John vom Wolfsclan oder Sa Ga Yean Pra Ton – seine Bemalung
ist wieder aufgefrischt: Schlängellinien von Ohrläppchen zu Ohrläppchen, helle Punkte eingefärbt; am Hals Schmuckhalbkreise mit
sehnenförmigen Verbindungen; auf dem Brustbein ein handgroßer
Käfer, ornamenthaft vereinfacht, zwei weitgeschwungene Fühler
nach oben gerichtet.

»Die Länge ihres Trillers ist wahrhaft erstaunlich; sie lässt ihn
nach Belieben an- und abschwellen, während das Publikum unbe-
wusst den Atem anhält.«

Etoh Oh Koam vom Schildkrötenclan: sein Gesicht wie leerge-
sogen, seine Augen zuweilen nur in schmalem Lidspalt geöffnet.

Er legt den Kopf in den Nacken, öffnet den Mund, lautlos, hebt den Kopf wieder an, blickt zur Bühne hinab und zugleich auf einen Punkt weit jenseits der Bühne, auf der sich Buntes und Lautes ereignet.

»Er ist ein Schauspieler von unheimlicher Eindringlichkeit. Selbst ohne Stimme wäre er ein Beherrscher der Bühne.«

Yee Neen Ho Ga Prow oder Hendrick vom Wolfsclan sitzt vorgebeugt, reglos, starrt auf die Bühne. Nur seine Lippen bewegen sich, als würden sie ein Pfeifenmundstück umschließen, Rauch ansaugend – gleichmäßiges Nuckeln.

»In der Stretta legt er die hohen C nur so hin, mit offenkundiger Leichtigkeit, aber doch mit sicht- und hörbarem Besitzerstolz.«

Old Smoke Brant vom Bärenclan oder Oh Yee Yeath Ton No Prow presst seine Fingerspitzen über der Nasenwurzel auf die Stirn, massiert seine Schläfen mit den Daumen, lässt die Hände wieder sinken, schaut auf die Bühne, massiert die Schläfen mit den Fingerspitzen, die Daumen an den Backenknochen aufsetzend.

»Sie behext die Hörer wie keine andere. Eine hypnotische Kraft geht von ihr aus, die keine Erklärung kennt.«

ETOH IN EINER HÄNGEMATTE, er schaukelt lässig, Augen geschlossen. Hendrick und Pidgeon reden auf ihn ein, er gibt keine Antwort. Langsames Weiterschwingen.

Einen Steinwurf entfernt eine Kutsche, vor der bereits Brant steht, mit zwei Herren. Er ruft eine Frage hinüber zu den Häuptlingen an der Hängematte, John antwortet knapp. Weiterhin reden Pidgeon und Hendrick auf Etoh ein; der kippt nun sehr langsam den Kopf nach links, nach rechts, ohne die Augen zu öffnen, die Lippen zu bewegen. Brant geht auf die Gruppe zu, versucht ebenfalls auf Etoh einzuwirken, der aber gibt auch ihm keine Antwort, schaukelt weiter. Da beugt sich Brant vor, schreit ihn an – Etoh kippt langsam den Kopf nach rechts, nach links. Brant richtet sich auf, die Indianer und der Offizier stehen einen Moment ratlos an der langsam schwingenden Hängematte. Die beiden Herren kommen etwas näher. Der Kutscher auf dem Bock hält die Pferde ruhig.

Hendrick tritt mit der Mokassinspitze in die Hängematte: Etoh schlägt mit ausschlenkerndem Arm nach ihm, verschränkt gleich wieder die Arme, demonstrativ, macht demonstrativ die Augen zu. Pidgeon ermahnt den Häuptling, vergebens, auch Brant versucht es nochmal: Etoh kippt den Kopf langsam nach rechts, langsam nach links. Brant steht einen Moment reglos, zieht ein Messer, kappt am Fußende das Tragseil, Sturz, Etoh rappelt sich rasch auf, will auf Brant losgehn, der hat das Messer in der Hand. Etoh wechselt sofort das Angriffsziel, schlägt auf Hendrick ein, der hart zurückschlägt.

AUS DEM GRENZKRIEG: Irokesen in knietiefem Schnee, sie stapfen, paarweise gehend, eine Doppelspur. Schneetreiben. Ein englischer Korporal, Muskete auf der Schulter, Kolben nach oben. In der Doppelspur zwei Irokesen, die auf einer Schleife einen Verwundeten hinter sich herziehen: der Körper reglos in der Matte zwischen zwei armdicken Stangen. Irokesen hinter dieser Schleife; die ersten beiden müssen zupacken, wenn die Stangen zu tief einsinken, dann wird die Schleife einige Meter wie eine Bahre getragen. Schneetreiben. Ein Engländer, er geht mit beinah geschlossenen Augen, Arm in einer Schlinge. Zwei Irokesen mit einer Schleife, der Verwundete in der Matte hat die Knie fast bis ans Kinn hochgezogen, Oberschenkel und Hände auf die Bauchfläche gepresst. Irokesen hinter ihm, sie müssen zupacken, wenn die ziehenden Irokesen nicht weiterkommen. Schneetreiben. Zwei Engländer, Musketen auf den Schultern, Mündungen nach unten. Irokesen mit einer Schleife. Irokesen in Doppelreihe. Schneetreiben. In größerem Abstand ein weiterer Irokese, taumelnd.

EIN SAAL, weiter und festlicher als der Empfangssaal der Stadt London. Ein abgestuftes Podest an der Stirnseite; darauf, zentral, der Königsthron. Hinter der Königin ein halbes Dutzend Gardeoffiziere, selbstverständlich in Paradeuniform. An der Stirnseite mehrere Adjutanten mit Regimentsfahnen. Und eine Garde-Militärkapelle. Im Saal viele Zuschauer – nur ein Mittelgang ist frei – hier schreiten die vier Indianerhäuptlinge auf das Podest zu, mit ihren

Begleitoffizieren, bleiben an der vorgesehenen Stelle stehen, der zuständige Offizier verliest vor der Königin die bereits bekannte »Rede der Indianer«: Hinweise auf den gemeinsam mit England geführten Kampf; die hohen Verluste; die Bitte um möglichst wirkungsvolle militärische Unterstützung.

Darauf verliest die Königin eine kurze Antwort: Dank für die bisher bewährte Loyalität, für den oft vorbildlichen Kampfeinsatz; das Schicksal der Irokesen liege ihr am Herzen; die Häuptlinge sollen mit dem Bewusstsein zurückkehren, dass England den Irokesen verstärkte Unterstützung angedeihen lasse; ihr Kampf sei zugleich Englands Kampf; gemeinsam mit ihnen werde England in diesem Kampf obsiegen.

Hier setzt Beifall ein, Beifall des Audienzpublikums. Die Indianer schließen sich dem Beifall noch nicht oder höchstens mechanisch an, denn erst muss ihnen der Major den Schluss der Rede übersetzen. Nur zögernd klatschen die Begleitoffiziere: Die allgemeinen Formulierungen der Königin lassen nicht auf einen entscheidend verstärkten Einsatz englischer Truppen in Nordamerika schließen.

Die bunt bemalten Irokesengesichter reglos, während Pidgeon übersetzt, anhand von Notizen. Die bunt bemalten Irokesengesichter reglos, während festliche Musik der Garde-Militärkapelle einsetzt. Die bunt bemalten Irokesengesichter reglos, während sie zur Königin schauen, zu den Gardeoffizieren hinter dem Thron, zu Repräsentanten und Adjutanten, zu Emblemen und Fahnen. Die bunt bemalten Irokesengesichter reglos, wenn erneut Pidgeon vortritt, und er verliest eine Dankesformel der Repräsentanten der fünf Indianernationen. Die bunt bemalten Irokesengesichter reglos – wie auf Gemälden längst Verstorbener.

Hoffmannstropfen für Goethe

Erster Brief

JA, DER ANFANG ... Wie man weiß, der Anfang ... Bekanntlich der Anfang ... Berüchtigt der Anfang: gilt als besonders schwer. Es wäre freilich kein guter Anfang, würde ich wie folgt beginnen: »Sehr geehrter Herr Geheimrat von Goethe! Ich eröffne diesen Brief mit einer Bitte: Lesen Sie ihn.« Solch einen Brief würden Sie gleich beiseitelegen, falls er Ihnen vom jeweiligen Sekretär überhaupt vorgelegt würde. So muss ich wohl einen besseren Anfang suchen.

Und da könnte ich Ihnen denn, bevor ich zum Anlass dieses Schreibens komme, ein Bild vermitteln von der Konstellation, die zum voraussichtlich umfangreichen Brief aus Lüneburg führt.

Ich schreibe in einem Haus einer Straße mit dem poetischen Namen »Auf dem Meere«. Im Erdgeschoss ein Vorbau, daneben die Haustür, anschließend das Fenster meines Buchladens. Zwischen den fünf Fenstern des ersten und den drei Fenstern des zweiten Stockwerks: Wandnischen mit den Büsten des Paracelsus, des Plotin und des Hermes Trismegistos – das Haus war von einem Arzt erbaut worden, der seine Tätigkeit dem Patronat des »dreifach großen« Arztes, Philosophen, Zauberers Hermes unterstellt hatte. Hoch droben in der abgestuften Backsteinfront sodann ein Kranwindenbalken. Die Bücher meiner Verlagsbuchhandlung werden im rückwärtigen Anbau des Hauses gedruckt; der größte Teil der Pakete wird von einem Spediteur nach Leipzig verfrachtet, zur Präsentation auf der Oster- oder auf der Michaelismesse; die noch nicht expedierten Bücher werden mit der Winde hochgezogen zum Lagerraum im Speicher – um möglichst bald herabgelassen und an die Herren Mitbuchhändler verschickt zu werden.

Während ich dies niederschreibe, löst sich aus dem Himmel, der längst leergeschneit sein müsste, weiterhin Schnee. Kein festlicher Schneefall: fortgesetztes Herabsinken von winzigen Schneeflocken, von Nieselschnee aus dem Grau, das nicht nur auf Stadt und Heide lastet, sondern zugleich aus Stadt und Heide aufzusteigen scheint. Zwar sind Dächer, Straßen, Plätze weiß bedeckt, an den Dachkanten reihen sich Eiszapfen, diese Aufhellungen von Schnee und Eis kommen aber nicht an gegen das Grau-in-Grau mit dem Schnee-Geriesel, das eingemuldete Dach scheint immer schwerer auf dem Mauerwerk zu lasten: hohl der Rücken, dick der Bauch des Hauses ... Und hier gehe ich umher auf klappernden Steinplatten, knarrenden Bohlen.

Auf dem Meere ... Das Haus ... Das Arbeitszimmer ... Das Schreibpult, an dem ich, die Beine von einer Decke umhüllt, im Licht der Petroleumlampe sitze ... Und wieder einmal streichen die Katzen, die nur scheinbar aus der Nachbarschaft stammenden, nur scheinbar auf vertraute Namen hörenden Katzen im Zimmer umher, das Fell gesträubt, als säße ein Knisterfunke am Ende jedes Katzenhaars, erst recht an jedem Katzenschnurrbarthaar, Funken so groß wie Diamantsplitter, Schritt um Schritt mitschwingend, und grün phosphoreszierend die Augen. Schon ist eine von ihnen hochgesprungen, legt sich schnurrend-knisternd auf den Papierbogen, ich schreibe um die Katze herum, Sie sehen das am Schriftbild, schon bilden sich Fünkchen an den Fingergelenken meiner Schreibhand, springen knisternd über zu den Katzenhaaren, die sich meiner Hand entgegensträuben – aufgerichtet zugleich die wenigen Haare auf dem Handrücken ... Auch wenn die beiden anderen Katzen aneinander vorbeistreichen: hörbares Knistern, und die Augen phosphoreszieren noch intensiver, noch tiefer eingeschnitten die schwarzen Sehschlitze. Die Katzen springen auf Sessel, Büchertisch, Bücherschrank, ich verliere die Geduld, laufe in die Küche, hole einen frischen Birkenreiserbesen, stippe ihn in den Topf über dem Feuer, in den heißen Abendbrei von Milch und Buchweizen, laufe ins Zimmer, schwenke den Besen kreuzförmig vor den Katzen – der heiße Brei trifft in dicken Spritzern ihr nachtschwarzes Fell, sie fauchen wild, meine drei Schönen, schon ist der Katzenspuk vorbei. Und ich bin wieder ruhig, Exzellenz, bin wirklich ganz ruhig ...

NUN KANN ICH, muss ich zum Thema kommen – neu ansetzend am nüchternen Vormittag. Lüneburg ist mit weiterhin fallendem

Schnee fast von der Welt abgetrennt, es treffen keine Bestellungen ein, gehen keine Pakete hinaus, ich nutze die untypisch ruhige Morgenstunde, um fortzufahren in diesem Schreiben.

Sinnvollerweise stelle ich Ihnen erst einmal, mit Blick auf einen bald erfolgenden Vorschlag, einige der Titel vor, die in meinem Hause gedruckt wurden. Selbstverständlich, ja beinah obligatorisch: ein Band »Ansichten von Lüneburg und Umgebung« mit sechzehn Kupfertafeln – die Vorzugsausgabe auf Velinpapier gedruckt. Sodann die Mappe »Zwölf Pferdearten, nach der Natur gezeichnet« – hier reicht das Spektrum von Ostfriesland bis Arabien. Des Weiteren ein »Taschenbuch für Menschenkenntnis und Selbstbesserung«. Und neuerdings »Die Kunst, Krankheiten vorzubeugen. Nebst Kants Ideen über moralische Diätetik«. Ebenfalls der Erwähnung wert: »Briefe über Wichtigkeit, Pflicht und Vorteile des Frühaufstehens«.

Besonders gern würde ich Exzellenz ein Werk vorlegen, das den Naturwissenschaftler in Ihnen ansprechen dürfte: »Der Salzdom« – eine Schrift über geologische Formationen unter Lüneburg und näherer Umgebung, also über den unsere Stadt (finanziell) tragenden, sie hier und dort (tektonisch) absenkenden Salzstock oder Salzdom.

Der Salzdom … Während ich dieses Wort schreibe, wächst er vor mir aus dem Erdreich empor, Sedimentschichten durchbrechend, im Tageslicht Gestalt annehmend zwischen Krypta und Turmspitze: Hauptschiff aus Salz, Vierung und Chor aus Salz, Seitenschiffe aus Salz, Heiligenfiguren auf Konsolen aus Salz, Spukfiguren an Kapitellen aus Salz; aus Salz die Fensterbögen: Steinsalz-Filigranwerk; sogar die Orgel aus Salz, samt reichverziertem Prospekt. Ebenso die Wendeltreppe aus Salz im Turm aus Salzquadern, und ich steige mit geschlossenen Augen hinauf, vorbei an Glocken aus Salz im Glockenstuhl aus Salz, trete hinaus auf den Türmer-Rundgang unter der Turmspitze aus Steinsalz-Filigran, schaue hinab auf das Dach aus Salz, die Wasserspeier aus Salz – und gleich die Angst, der Dom könnte sich in einem Gewitterregen auflösen, zuerst an den Wasserspeiern –, sofort versetze ich mich wieder ans Schreibpult.

WAHRSCHEINLICH IST IHNEN LIEBER, ich beginne mit gebührender Nüchternheit, hier beim Stichwort Salz. Nun denn: Auch während ich dies schreibe, wird unablässig Sole aus dem Salzstock hochgepumpt, jeweils vier Mann halten die Pumpenschwengel in Bewegung, taktgenau, das salzhaltige Wasser verteilt sich in vierundfünfzig Häuser, in denen Riesen-Bleipfannen über Feuern stehen. Diese Salzpfannen schreien nach Salzwasser, Salzwasser, Salzwasser und die Feuer unter ihnen nach Holz, Holz, Holz, herangeschafft auf der Ilmenau.

Zuweilen, wenn es windstill ist über der Heide, windstill über Lüneburg, und Dampf steigt senkrecht auf über Häusern, in denen Solewasser verkocht, Salz kristalliert, da komme ich mir vor wie eingesalzen – mir jucken die Augen, ich lecke Salz aus den Mundwinkeln, habe das Gefühl, es kristallisiert sich Salz im Schnurrbart, womöglich im Vollbart, den ich manchmal trage, den ich vor einer Reise jedoch entfernen würde, um nicht als Pökelsalzknabe zu erscheinen. Manchmal erscheint mir das Leben hier in Lüneburg ziemlich versalzen.

EIGENTLICH HABE ICH HEUTE KEINE RECHTE LUST, diesen Brief weiterzuschreiben. Dass ich dennoch ansetze, geschieht eher aus Trotz gegenüber der Geliebten, die seit einiger Zeit bei mir lebt – unter diesem sehr alten, etwas durchhängenden Dach, das im Sommer in der Heidehitze knackt und im Winter unter der Schneelast. Und ständig huschen im Speicher Mäuse umher. Und zuweilen Geräusche dort oben, die besonderer Erklärung bedürfen – davon später.

Ich will meine persönliche Situation nicht näher beschreiben, möchte pauschal nur andeuten: Wegen der Liaison mit einer jungen Mitarbeiterin meiner Verlagsbuchhandlung hat sich meine Frau von mir getrennt; sie zog zu ihrer steinalten Mutter. Vor der Trennung schlimme Szenen: Stundenlang Schimpfen und Schmähen … Zertrümmern zerbrechlicher Teile der Wohnungseinrichtung … Zerstören gemeinsamer Vergangenheit … Ich will indes nicht weiter von Eifersuchtstaten meiner Frau berichten, das wäre indezent, möchte jedoch eine Entwicklung andeuten, die über das Private hinausweist ins Öffentliche: Als meiner Frau dämmerte, dass

Dörtje für mich mehr war als nur Gehilfin, begann sie uns zu beobachten, zu belauern.

Ein Beispiel? Sobald ich mit Dörtje allein war im Kontor, mit leidiger Buchführung beschäftigt, tauchte mit irgendeiner Frage der Lehrbub auf – ich entließ ihn bald darauf. Damit war für meine Frau bewiesen: Jan Delmenhorst hat etwas zu verbergen. So kam sie immer öfter von der Wohnung herunter in die Buchhandlung, in die Druckerei, und ich sah im eignen Hause wiederholt (oder nachgebildet), was in unseren Landen auf Betreiben des Staatskanzlers Metternich allzu selbstverständlich geworden ist: Bespitzeln und Denunzieren. Das führte zu heftigen Auseinandersetzungen – die Wogen gingen hoch »Auf dem Meere«!

Weil ich mich hier bereits an den heiklen Punkt herangeschrieben habe, kurzes Resümee: Als meine Frau das Haus verlassen hatte, zog Dörtje ein. In diesem Satz: ein Roman! Aber soll ich den erzählen? Einzelheiten würden Ihnen aufdringlich, mir indiskret erscheinen, also erwähne ich nur, dass meine vormalige Frau noch immer in Uelzen lebt, obwohl ihre Mutter, in den letzten anderthalb Lebensjahren pflegebedürftig, zwischenzeitlich verstorben ist. Und: dass Dörtje weiter in meinem Hause wohnt – wobei ich eingestehen muss, dass die Intensität der Beziehung mittlerweile etwas nachgelassen hat. Diese Intensität war am größten, solange die Affaire illegal, damit schön gefährlich war. Als Dörtje längere Zeit bei mir lebte, begann sich die Intensität abzuschwächen.

Ich merkte das auch daran: Mir wurden wesenhafte Unterschiede zwischen uns deutlicher bewusst; das hatte Auswirkungen, zeitigte Nachwirkungen. Bringe ich dies zur Sprache, setzt sie nur umso entschiedener das Klöppeln fort. Wobei fast schwebeleichte Gespinste entstehen! Die auf ihre glatte Haut gelegt ... Ich lasse mich denn auch gern außer Haus mit ihr sehen – Dörtje kann, in größerer Runde, auf unnachahmliche Weise schweigen, zieht damit wohlwollendste Aufmerksamkeit auf sich. Dann wieder Phasen, in denen ich Dörtje am liebsten in die Heide jagen würde, und sei es Richtung Uelzen oder Ardestorf.

Hier, Exzellenz, muss ich abbrechen. Ich habe den Brief nicht mit der Absicht begonnen, Ihnen eingehend von den privaten Verhältnissen eines norddeutschen Verlagsbuchhändlers zu berichten, ich wollte nur ein wenig durchblicken lassen vom persönlichen Hintergrund eines Mannes, der Ihnen einen besonderen Vorschlag zu unterbreiten gedenkt. Freilich, jetzt schaffe ich nicht mehr den Sprung dazu; ich will das morgen oder übermorgen versuchen.

ZUR GESTERN EINGELEITETEN ERHELLUNG des Hintergrundes meines Schreibens gehört auch ein düsterer Aspekt, gleichsam kontrapunktisch zur poetisch wirkenden Anschrift: In unserer Straße befindet sich eine Metzgerei, die mehrmals in der Woche dampfendes, mit Blut vermischtes Wasser in den Rinnstein fließen lässt. Im Winter gefriert das in immer dickerer Schicht, und es wachsen die Ablagerungen von Asche, von Küchenabfällen, auch von Fäkalien: Der im Frühjahr oft pestilenzialische Gestank wird noch verdichtet, wenn nachts der Kastenwagen durch Straßen und Gassen rumpelt, begleitet von alten Frauen, die aus Einfahrten und Fluren die bereitgestellten Kot-Eimer holen. In solcher Umgebung entwickelt sich Lesesehnsucht nach der Ideallandschaft Italiens, wie sie mein ›Haus-Autor‹ auf seine Weise beschrieben hat, beschwörend: »Himmlischer Balsam ... gelobtes Land der Kunst ... Gesang ... Hauch der Äolsharfe ... Schmettern der Nachtigall ... wunderbare Kristallstimme ... höchste Sonnenzeit ...« Nun, Exzellenz, erkennen Sie Ihr Italien wieder?

WENN SIE EINMAL – kühnes Gedankenspiel! – in unsere Stadt kämen, und sei es nur auf Durchreise, so würde ich gern den Cicerone spielen. Würde ausführen, was ich hier bloß andeute: Wir haben Einbußen hinnehmen müssen in Lüneburg, die Handelseinkünfte lassen nach, Waren, früher hierorts zwischengestapelt, werden an uns vorbeitransportiert auf dem Wasserweg über Magdeburg, das kriegen wir empfindlich zu spüren. Was uns noch über Wasser hält, ist die Siederei, wir bringen es im Jahr auf einhundertfünfzigtausend Zentner Salz, damit kommt Geld herein, dies jedoch auf mehrere Kassen verteilt: So mancher hohe Herr legt seine Hand auf die Einkünfte.

So sehen wir uns gezwungen, mehr auf spirituelle Werte zu setzen, auf geistigen Umsatz. In diesem Zusammenhang wäre ein

Besuch, zumindest eine Stippvisite Eurer Exzellenz höchst willkommen, und sei es auf dem Weg nach Bremen, um dort weitere Bouteillen jenes kostbaren Weines aus der Zeit des Dreißigjährigen Krieges in Empfang zu nehmen, der Ihnen, laut Gazetten, von Repräsentanten der Bürger- und Händlerschaft zugestellt worden war zum 75. Geburtstag – durchaus denkbar, dass weitere Flaschen jener Ära den weitflächigen Glasbruch der Historie überstanden haben. Wenn Sie es entsprechend einrichten, liegt Lüneburg durchaus am Weg nach Bremen ... Wir würden rechtzeitig Wein akquirieren, nach dessen Verkostung Sie sagen könnten: Da hat mir ein Englein auf die Zunge gepisst ...

Ja, mit Ihrem Besuch würde unsere Stadt an Ausstrahlung gewinnen. Allein schon unsere Ratsbibliothek könnte davon profitieren, diverse Bücher könnten Einklebzettel erhalten mit dem Hinweis: Dieses Buch hatte Goethe in der Hand. Oder, um das Spektrum zu erweitern: Auch diesen Band hatte Goethe vor Augen. Leser würden auch weite Wege in Kauf nehmen, um die von Ihnen gleichsam geweihte Bibliothek aufzusuchen.

Exzellenz, ich würde Ihnen alles zeigen, was sich hierorts anbietet! Vorab natürlich den Kalkberg, diesen Riesenbrocken aus Kalkstein in der Senke vor der Stadtmauer – ich würde Ihnen dort auf Wink sogleich ein Geologenhämmerchen reichen. Der Gang führte sodann zu unseren drei herausragenden Kirchen sowie zum Haus des Stadtkommandanten (etwas übertrieben als Schloss bezeichnet) und weiter zum neuen Badehaus, das man schnöde mit einem Lazarettbau vergleicht, der unseren Badegästen allein schon durch seinen Anblick das Gefühl vermittle, sie seien nichts als Patienten. Was der heilsamen Wirkung des salzhaltigen Wassers jedoch keinen Abbruch tut, Sie könnten das am eignen Leibe wohltuend verspüren.

Zur Krönung würde ich Sie durch die Küche ins Zentrum des alten Rathauses führen, ins Grüne Zimmer, das längst nicht mehr grün tapeziert ist, weiterhin aber Grünes Zimmer heißt. Hier können Bürger, auf eine Audienz bei Serenissimus wartend, in aller Ruhe den Kristalllüster unter der Decke bewundern, ja studieren: Zwischen den geschliffenen »Tropfen« hängt dort der Glasbehälter, in dem die Schweinshaxe aufbewahrt wird, unsere Schweins-Reliquie, die seit Jahrhunderten in jedem echten Lüneburger ein Gefühl der Dankbarkeit erweckt für die Wildsau, die sich in salzhaltiger Wassermulde gesuhlt hatte, das Fell infolgedessen salzverkrustet, und die so, nach erfolgtem Abschuss, aufmerksam machte auf das Salz unter unseren Füßen.

UND WEITER FÄLLT SCHNEE, Schnee, Schnee; bald führt nicht einmal mehr für Schlittengespanne ein Weg in die Stadt herein, aus der Stadt hinaus.

So bleibt als Bewegungsraum nur das von der Stadtmauer umschlossene Rechteck, siebenhundert mal zwölfhundert Meter, optisch beherrscht von Kirchtürmen, die ich nicht aufzählen mag, zwischen ihnen aufsteigend Dampf, Dampf, Dampf: »De Sülte dat is Lüneborg ...« Die Gewinnung des weißen Goldes: unser Aktivsaldo. Hinzu kommen Einkünfte durch Belieferung unserer Dragonergarnison. In dieser Stadt geht denn auch alles, fast alles nüchtern zu – dies jedenfalls ist der erste Eindruck des einen und anderen Reisenden.

Und außerhalb der Stadtmauer? In der weiten, meist menschenleeren Heide dominiert nicht mehr das Denken von Händlern, von Offizieren, dort ist für interessante Details vielfach der Teufel zuständig – unsere Heideland-Genesis! Ein Beispiel gefällig?

Der Teufel wandert durch die Heide, an einem Sonntag, der ihm langweilig wird; er will sich nochmal Hamburg anschaun, doch es herrscht brüddiges Wetter, der Teufel fängt an zu schwitzen, die Beine werden ihm schwer, immer schwerer, er macht ein Päuschen, zieht einen Stiefel aus, merkt, dass viel Sand drin ist, schüttet den aus, es entsteht ein großer Hügel; der Teufel geht ein paar Schritte weiter, zieht den linken Stiefel aus, es entsteht ein zweiter Hügel; der Teufel geht wiederum einige Schritte weiter, zieht und schüttet die Socken aus, es entsteht ein dritter Hügel – für uns vom Flachland sind das gleich Berge.

AUCH HEUTE WIEDER: es schneit, schneit, schneit. Bei all diesem Weiß in Weiß, Grau in Grau, diesem Weiß in Grau, Grau in Weiß gibt es nur eins: erneut in einem der Bücher des ›Haus-Autors‹

lesen, dessen Namen ich vorsichtshalber noch nicht nenne. Dennoch: kleine Textprobe gefällig?

Nun denn, um etwas Farbe ins Spiel zu bringen: Ein Student namens Anselmus kam in den Garten eines Archivarius namens Lindhorst und registrierte staunend, »dass manche seltsame Blüten, die an den dunkeln Büschen hingen, eigentlich in glänzenden Farben prunkende Insekten waren, die mit den Flüglein auf und nieder schlugen und, durcheinander tanzend und wirbelnd, sich mit ihren Saugrüsseln zu liebkosen schienen. Dagegen waren wieder die rosenfarbnen und himmelblauen Vögel duftende Blumen, und der Geruch, den sie verbreiteten, stieg aus ihren Kelchen empor in leisen lieblichen Tönen, die sich mit dem Geplätscher der fernen Brunnen, mit dem Säuseln der hohen Stauden und Bäume zu geheimnisvollen Akkorden einer tiefklagenden Sehnsucht vermischten«.

WIEDER EINMAL BETÖRT von diesem Text, zu dem ich ein besonderes Verhältnis habe (vor allem in der Ausgabe, die hier im Blickfeld liegt!), kann ich es mir nicht länger verkneifen, den Namen zu nennen, der sich mit meinem Vorschlag zwingend verbinden wird: Ernst Theodor Amadeus Hoffmann! Obwohl es mir in den Schreibfingern kribbelt, will ich nicht gleich fortfahren mit dem Zitieren, verweise stattdessen auf die Hoffmann-Soireen unserer Mittwochsgesellschaft.

Es haben sich schöne Gewohnheiten gebildet. So gibt es bei jeder Soiree »Hoffmann-Punsch«, hergestellt nach einem (mündlich überlieferten) Rezept aus Berlin: Sekt, Weißwein, Orangensaft, Zucker … Zuweilen gibt es auch Champagner – Hoffmann hat ihn wiederholt gepriesen als belebendes, ja enthusiasmierendes Getränk, hat hingewiesen auf den angeborenen Hang des Menschen zum Fliegen; selbst ehrenwerte Herren würden sich im Verlauf eines geselligen Abends mit Champagner abfüllen, als »Gas«, damit sie aufsteigen können, »Luftballon und Passagier zugleich« … Der Champagner stammt freilich nicht aus meinem Keller (Sie wissen, wir Buchhändler und Verleger klagen gern – und das mit Recht!), er wird spendiert von einem unserer Mitglieder, das zwar nicht Wasser in Wein verwandelt, dem aber kontinuierlich das große alchemistische Wunder gelingt: die Transformation von Salz in Gold. Wenn ich der kleinen Runde von Hoffmann-Freunden (ich habe sie alle dazu gemacht!) besonders mitreißend vorgelesen habe, lässt der Herr Gradierwerkbesitzer seinen im Gesinderaum wartenden Diener eine oder zwei Flaschen Champagner holen.

Ach, werter Herr von Goethe, ich glaube, Sie würden sich unter uns Serapions-Brüdern wohl fühlen – gestatten Sie, dass ich den Titel der Sammlung von Erzählungen hier bereits anführe, Hoffmann selbst nannte so den Freundeskreis seiner Mittwochsgesellschaft. Ich darf lockend berichten, dass zu einer Hoffmann-Soiree außer Punsch und zuweilen Champagner auch dies gehört: Musik – selbstverständlich von Hoffmann. Noch vergangene Woche habe ich zur Eröffnung, zur Einstimmung eine seiner (kurzen) Klaviersonaten vorgetragen – so gut ich es vermochte. Auch wenn nicht jede Taste repetierte – der gute Wille dominierte.

NATÜRLICH HABEN WIR UNS ERKUNDIGT, wer der heilige Serapion war, und da wurden wir von hiesiger Geistlichkeit gleich mit einem dreifachen Serapion konfrontiert. Der eine heilig, weil er in Algerien christliche Sklaven freikaufte, dabei missionierte, was dazu führte, dass er ans Kreuz geschlagen und Glied um Glied verstümmelt wurde: so einer kann der Patron des Serapions-Clubs nicht sein.

Ebenso wenig Serapion aus Alexandria, dem im Verlauf einer Christenverfolgung sämtliche Gelenke ausgerenkt wurden und den man anschließend von einem Haus oder Fels in die Tiefe stürzte.

Bleibt Serapion der Dritte: »Scholasticus«, hoher Geistlicher, der zwar nicht Menschen um sich versammelte, jedoch eine hilfreiche Sammlung von Gebeten anlegte; ausnahmsweise erlitt er nicht den Märtyrertod. Ihm zu Ehren stellen wir schon mal eine Kerze auf zur Erinnerung an den Tag, an dem Hoffmanns Runde zum ersten Mal zusammenkam – zufällig der Tag des heiligen Serapion.

IN UNSEREM SERAPIONS-CLUB haben sich Repräsentanten verschiedenster Berufe eingefunden (wobei ich ein wenig die Fäden in die Hand genommen habe).

Ich nenne einige der Personen, die sich gern vor Ihnen versammeln, sich liebend gern um Sie scharen würden. Da ist unser Doktor Soltau, hierorts niedergelassener Anwalt; er hat nebenbei Gedichte und diverse Schriften verfasst und ist schon deshalb auf den dichtenden Anwalt Hoffmann fixiert.

Sodann: Recknagel, Mineraloge im Dienst der Salinen. Er ist der Verfasser der Schrift über unseren Salzdom.

Weiter: Berendsen, Goldschmied, regional führend als Importeur von Petersburger Malachit – seine Vorliebe für Arbeiten aus dem kostbaren türkisgrünen Stein. Als Krönung der Ständer für eine Taschenuhr: kleine Bronzesäule, obendrauf eine Vase mit Haken zum Aufhängen der Uhr.

Ebenfalls gehört zum Kreis: Lewandowski, unser Kantor; er hat sämtliche verfügbaren Notendrucke von Werken Hoffmanns besorgt – leider ist es nur ein knappes halbes Dutzend; alles weitere: verschollen.

Sodann: Wagner, Direktor des Johanneum-Gymnasiums. Er ist und bleibt der festen Überzeugung, dass sich in der Nähe von Lüneburg ein römisches Heerlager befunden haben muss – befestigt, wie üblich. Bei Caesar hat er eine Anmerkung entdeckt zu einem Feldlager, das sich einerseits in der Nähe eines nördlichen Flusses, andrerseits in der Nähe eines Hügels befunden haben soll, der durch einen knappen Hinweis charakterisiert ist. Seither sucht Wagner die landschaftliche Formation, die Caesars Andeutungen entsprechen dürfte. Ein Nachweis ist ihm bisher nicht gelungen, doch unermüdlich sucht er weiter, ist damit zum sicherlich besten Kenner unserer Region geworden, rudernd und wandernd. Er lässt in dieser Angelegenheit nicht locker, entwickelt hier geradezu altrömische Qualitäten, die wir zu schätzen wissen.

Mit in der Runde: Winternheimer, Lehrer und Maler. Er sammelt Drucke von Zeichnungen und Graphiken Hoffmanns; nur wenige Exemplare kamen bisher zusammen, doch immerhin: ein Grundstock. Und er malt Portraits – vorzugsweise von hiesigen Honoratioren und weiteren zahlkräftigen Kunden. Und, ihm besonders wichtig: Er hat sich selbst gemalt, vor einigen Jahren, in einem Doppelportrait mit seiner Frau – hier muss ich gleich betonend hinzufügen: seiner damaligen Frau. Ein Bild in großem Format: auf den Boden gestellt, reicht es mir fast bis zur Schulter.

Winternheimer als Standfigur, rechte Hand auf der hochgeschwungenen Rückenlehne eines gepolsterten Stuhls, auf dem seine Frau saß, nach dem Leben gemalt. Als sie sich infolge interner Gründe von ihm trennte, fand sich erstaunlich leicht und rasch eine neue Frau. Und er begann, das Bild der vorigen Frau zu übermalen, nicht nur den Kopf, auch die gesamte Erscheinung. Kaum aber waren die Farben getrocknet (ich übertreibe, wenn auch nur geringfügig), hatte diese Frau ebenfalls die Flucht ergriffen. Wieder dauerte es nicht lang, und es teilte eine entschieden jüngere Frau mit ihm Bett und Tisch. Seither ist er vorrangig damit beschäftigt, das Bild der zweiten Frau auf dem Polsterstuhl zu übermalen mit dem Bild der jungen Frau, die den Weg in sein Haus gefunden hat.

Ich habe mit Winternheimer lange vor dem Gemälde gestanden: Konturen der zweiten Frau waren teilweise noch zu erkennen. Ein kompositorisches Problem: sie hatte reichlich Raum eingenommen zwischen den Armstützen, während die dritte vergleichsweise rank ist – so öffnen sich nun rechts und links der Taille, der Schultern gewisse Leerräume. Während die Farbschicht der Frauenbildhälfte immer dicker wird, bleibt er selbst auf dem Bild unverändert. Er griff meinen Hinweis auf, malte sich ein paar Falten ins Gesicht, freilich bloß andeutungsweise, wie hingehaucht. Ich habe nicht gefragt, ob die dritte Schicht der Frauenbildhälfte nicht eventuell durch eine vierte Malschicht überdeckt werden könnte – die Frage hätte ihn verstimmt.

Sie alle, einer wie der andre, habe ich eingeschworen auf Ernst Theodor Amadeus Hoffmann. Wir wollen nicht nur nominell Serapions-Brüder sein, es soll unter uns der Geist des überaus vielseitigen Mannes wehen, zumindest in Brisen.

WEIL DER NAME HOFFMANN erneut gefallen ist, will ich nun das Projekt benennen, das mich schon länger beschäftigt, komme damit zum eigentlichen Anlass dieses Schreibens: Ich möchte Sie für einen Schriftsteller, einen Dichter begeistern, der Sie bisher noch nicht so recht begeistern kann – jedenfalls heißt es so in der Branche, vor allem auf Buchmessen. Ich halte das jedoch für ein Gerücht, lasse mich davon nicht weiter beeindrucken, schon gar nicht beeinflussen. So spreche und schreibe ich als begeisterter Leser von Ernst Theodor Amadeus Hoffmann, der vor zwei Jahren verstorben ist – zu früh, allzu früh!

Nun habe ich mich schon so weit vorgewagt, dass ich gleich auch schreiben will, worauf mein voraussichtlich weiter anwachsender Brief hinauswill: auf ein Buch, dessen bibliographische Angaben wie folgt lauten könnten:

Das Fenster hinter dem Fenster. Erzählungen von E.T.A. Hoffmann, ausgewählt und mit einem einleitenden Essay versehen von Johann Wolfgang Goethe. Lüneburg, 1825.

Selbstverständlich nur ein Vorschlag! Sie können nach Belieben umdisponieren. Etwa beim Erscheinungsjahr: das könnte ebensogut 1826 sein. Aber bitte nicht noch später ... Auch der Umfang liegt ganz in Ihrem Belieben – das Buch sollte freilich ein dem Ansehen der beiden Autoren entsprechendes Volumen aufweisen, also wenigstens 320 Seiten. Zusätzlich könnten Zeichnungen und Graphiken Hoffmanns abgebildet werden. Eventuell auch einige Seiten Notendruck. So liefe das eher auf 360 Seiten hinaus, was einen gewissen äußeren Vorteil hätte, auf den ich noch zu sprechen komme. Von welchem Umfang auch immer – ich werde das Buch mit aller Liebe und Verleger-Eitelkeit herstellen, das kann ich auf Ehre und Gewissen versichern. Und Hoffmann, der bestimmt unter den Seligen herumwuselt, eventuell sogar ein Kapellmeisterpöstchen übernommen hat in einem himmlischen Ensemble, er soll, hoch über den Wolken, Rauchzeichen höchster Zufriedenheit aufsteigen lassen aus seiner beinlangen Pfeife ...

Zur Sache: Ich schrieb »einleitender Essay« – selbstverständlich wären auch andere Textformen willkommen; beispielsweise ließen sich Überleitungen einbringen zwischen den Erzählungen. Den Begriff »Erzählung« muss ich ebenfalls modifizieren: zur Auswahl könnten auch Musikrezensionen, Briefe, juristische Gutachten gehören.

Ich bin ganz sicher, Exzellenz: Dieses Buch wird aus der Flut der Neuerscheinungen herausragen wie der Salzdom, der in meinem

Kopf längst über Dächer und Türme des Städtchens hinausgewachsen ist. Rund 4000, sage und schreibe: viertausend, Neuerscheinungen pro Jahr in unseren Landen – Übersetzungen wissenschaftlicher Werke, volksmedizinische Schriften, Ratgeber für technische Fragen und seelische Probleme, Lexika, Romane, Romänchen, alles eingerechnet – wie soll man bei einer so horrenden Produktion noch die Übersicht wahren? Kein Wunder, dass immer mehr Kollegen immer weniger Titel auf Lager haben; meist sind es nur einige Lexika, ein paar Ausgaben unserer nachweislich großen Dichter, aktuelle Schulbücher – alles andere wird auf Anfrage bestellt. Ihr Hoffmann-Buch jedoch, hier bin ich völlig sicher, werden die meisten der dreihundert Mitbuchhändler auf Lager nehmen.

GLEICH NOCH EINE ERGÄNZUNG meines Vorschlags zur Ausstattung: ein Frontispiz Hoffmanns wäre wünschenswert. Die wenigsten Personen außerhalb Berlins werden eine Vorstellung davon haben, wie interessant dieser Autor ausgesehen hat. In seinen letzten Jahren muss er eine wahre Attraktion gewesen sein für literarisch und musikalisch interessierte Besucher seiner Stadt, man ging zu Lutter & Wegner, um den Mann am Stammtisch zu bestaunen, heftig pokulierend mit dem Schauspieler Devrient in einer Corona von Bewunderern. Das widerspenstig borstige Haar, das an einen Wiedehopf denken ließ, die dunklen, flinken Augen, die hageren Wangen mit fast sichelförmig langgezogenen Koteletten, die schmalen Lippen, die untere ein wenig nach innen gesogen ...

ÜBERLEITEND DARF ICH ERWÄHNEN, dass Hoffmann mehrere Ihrer Werke gelesen hat. Nicht nur Hauptwerke (und welches Werk von Ihnen wäre nicht schon Hauptwerk?), er ist Ihnen auch, so möchte ich sagen, in Verästelungen gefolgt. Wie Kantor Lewandowski herausfand, hat Hoffmann Ihren Einakter »Scherz, List und Rache« vertont. Ich habe leider noch keine Note davon gesehen – die Partitur scheint (wie die Partituren weiterer Werke) verschollen zu sein. Die Tatsache jedoch steht zweifelsfrei fest: Hoffmann hat in jungen Jahren Ihr kleines Werk vertont, und Sie können davon ausgehen, dass dies – zu jener Zeit – ganz im Geiste Mozarts geschehen ist, dessen Tonsprache er aufgegriffen und weitergeführt hat. Nicht nur als Leser, auch als Komponist hat er Ihnen gegenüber eine gewisse Vorleistung erbracht.

ICH NEHME AN, sehr geehrter Herr Minister, dass dieser Punkt Sie gleichfalls interessieren und motivieren wird: Hoffmann als Richter, damit als Verfasser von Gutachten, Gegengutachten etc. Wir verdanken es seinem Freund und Biographen Julius Eduard Hitzig, seinerzeit Kollege am Berliner Kammergericht, dass einige der juristischen Texte Hoffmanns im Druck vorliegen.

Vielleicht lässt sich auch aus diesem Schreibsektor ein Textbeispiel in das geplante Buch aufnehmen. Das hätte eventuell eine günstige Nebenwirkung: Wenn Geheimrat Goethe solch eine Arbeit veröffentlicht, beziehungsweise wieder veröffentlicht, so könnte verhindert werden, dass in Zukunft, wie es derzeit noch geschieht, auch Hoffmann-Gutachten eingestampft werden. Es wäre erheblich leichter, etwas dagegen zu unternehmen, wenn bei einem entsprechenden Schreiben (an das Berliner Kammergericht) dokumentiert werden könnte, dass kein Geringerer als Goethe eine der juristischen Abhandlungen Hoffmanns für wert befunden hat, in unsere Textsammlung aufgenommen zu werden. Hier schlage ich als erstes Beispiel vor: Hoffmanns Gutachten über einen versuchten Giftmord.

Der Täter, 37-jährig, seit elf Jahren verheiratet, führte einen Kramladen, musste den jedoch einem Gläubiger überlassen, wurde dessen Gehilfe; der neue Prinzipal wohnte mit dem Ehepaar im selben Haus.

Man trank wieder einmal gemeinsam Kaffee. Einzelheiten (etwa, wie das Gift in den Kaffee der Frau geschmuggelt wurde) übergehe ich, erwähne nur, dass der Frau der Kaffee bitter schmeckte, er zog alles im Mund zusammen, dennoch schluckte sie, den zweiten Schluck allerdings spuckte sie aus. Da sprang ihr Mann auf und rief: »Liebes Kind, was hast du, in dem Kaffee ist nichts!« Doch der Frau wurde übel, jähe Leibschmerzen, Krämpfe. Der Mitbewohner stellte die Kaffeetasse sicher, erstattete Anzeige, und eine kriminologische Untersuchung des Bodensatzes ergab: Grünspan.

Die Frau hatte von diesem höchst wirksamen Gift nur so wenig geschluckt, dass sie nach vier Tagen wieder auf den Beinen war. Der Mann wurde vernommen. Er behauptete, er sei zum Zeitpunkt des Geschehens volltrunken gewesen, sei sich der Tat infolgedessen nicht bewusst, habe erst nachträglich von dem Vorfall erfahren.

Hier setzt das Gutachten an. Hoffmann hielt es für unwahrscheinlich (ging dabei wohl von eigenen Erfahrungen aus), dass der Angeklagte nach mehreren Gläsern Rum bereits »bis zur Bewusstlosigkeit trunken« gewesen sein soll, dies erschien ihm »ganz unbedingt gelogen«. Und er deckte Motive des versuchten Giftmords auf: »Nach der Behauptung des Angeschuldigten hat sich seine Frau durch ein Wochenbett einen unheilbaren Krebsschaden zugezogen, der Warnung der Ärzte unerachtet Befriedigung verlangt, und dadurch ist der Widerwille gegen sie in dem Angeschuldigten angeregt worden. Darin stimmen beide, der Angeschuldigte und seine Frau, überein, dass oftmals Zänkereien zwischen ihnen vorfielen, die in Tätlichkeiten ausarteten, weshalb auch die Frau, wenige Wochen vor der Tat, bei dem Stadtgericht auf Scheidung klagte. Der Grund jener Zänkereien lag hauptsächlich in der Eifersucht der Frau, die das vertrauliche Verhältnis ihres Mannes mit der N. nicht dulden wollte. Diese N. ist eine Frau von 34 Jahren, an den Bürger und Höker N. in D. verheiratet und Mutter mehrerer Kinder. Nach ihrer Versicherung hat sie der S. mit Liebesanträgen verfolgt, die sie erst standhaft abwies; zuletzt geriet sie aber doch mit ihm in ein Verhältnis, das nach ihrem eigenen Ausdruck vertrauter war, als es sich für eine verheiratete Frau passt.« So drängte sich Hoffmann »der Gedanke von selbst auf, dass der Angeschuldigte, von toller Leidenschaft getrieben, wohl den Entschluss fassen konnte, auf verbrecherische Art sich von dem Bande loszumachen, das ihn von dem bis zum Wahnsinn geliebten Gegenstande zurückzog«.

Hoffmann gelangt zu folgendem Ergebnis: »Wir sind daher der rechtlichen Meinung, dass der Angeschuldigte wegen versuchter Vergiftung seiner Ehegattin mit zwölfjährigem Festungsarrest zu belegen, auch sämtliche Kosten der Untersuchung zu tragen schuldig.«

JURISTISCHE FACHWÖRTER in Hoffmanns Kopf; demselben Kopf entsprangen nach der Arbeit im Amt Erzählungen Hoffmann'scher Art. Er fühlte sich während der Dienststunden von Akten wie ummauert; hatte er das Gerichtsgebäude verlassen, begann er eine andere, buntere Welt »neu« zu erschaffen.

Eigentlich müsste das in angemessener Form gewürdigt, sprich: zur Darstellung gebracht werden. Mir jedenfalls geht es so, dass ich bei der Lektüre einer Erzählung oder eines Romans von Hoffmann auch juristische Termini mithöre – gleichsam hereinklingend. Nein, sie zeichnen sich eher ab: Wie bei einer Pergamentfläche, auf der sich unter neuer Beschriftung alte, eigentlich weggeschabte Schrift schattenhaft andeutet.

So was lässt sich im Druck nicht wiedergeben, also ein anderer Vergleich: ich denke hier an eine Gesteinsart mit Einschlüssen, etwa Kupferkörner in Granit. Auf dem Gebiet der Geologie kennen Sie sich entschieden besser aus, hier könnten Sie gleich mit passender Bezeichnung aufwarten …

Was ich meine, soll ablesbar werden an einem Zitat, das ich bereits wiedergegeben habe und nun erneut aufgreife, um es mit juristischen Sprachkörnern zu versetzen. Das waren – bei einem Juristen ganz selbstverständlich – zu großem Anteil lateinische Sprachkörner. So habe ich Doktor Soltau gebeten, mir einige solcher Termini zu übermitteln; rasch war eine Liste aufgestellt, aus der ich mich bedienen darf. Bitte verstehen Sie meinen folgenden Versuch nicht als Karikatur, ich will lediglich zum Ausdruck bringen, was mir vorschwebt als Gleichzeitigkeit des Konträren in Hoffmanns Kopf.

So mag sich das umsetzen in der Sequenz, in der Anselmus sich darüber wundert, »dass manche seltsame Blüten, *acta commissionis,* die an den dunkeln Büschen hingen, *ad citationem,* eigentlich in glänzenden Farben prunkende Insekten waren, die mit den Flüglein auf- und niederschlugen und, *copia vidimata,* durcheinander tanzend und wirbelnd, *lis pro negative contestata,* sich mit ihren Saugrüsseln zu liebkosen schienen. *Quasi non existens.* Dagegen waren wieder die rosenfarbnen und himmelblauen Vögel, *notitiae causa,* duftende Blumen, und der Geruch, den sie verbreiteten, *nova emer-*

gentia, stieg aus ihren Kelchen empor in leisen lieblichen Tönen, *relatio ex actis,* die sich mit dem Geplätscher der fernen Brunnen, *salvio meliori,* mit dem Säuseln der hohen Stauden und Bäume, *species facti,* zu geheimnisvollen Akkorden einer tiefklagenden Sehnsucht vermischten«.

In gleicher Weise ließe sich obiger Textabschnitt mit Wörtern, Bezeichnungen spicken, die mir Winternheimer vermittelt hat. Und es wiederholt sich die Verwunderung des Anselmus darüber, »dass manche seltsame Blüten, *Bleiweiß,* die an den dunkeln Büschen hingen, *schwarze Untermalung,* eigentlich in glänzenden Farben prunkende Insekten waren, die mit den Flüglein auf und nieder schlugen und, *Ocker hell, Ocker dunkel,* durcheinander tanzend und wirbelnd, *deckend,* sich mit ihren Saugrüsseln zu liebkosen schienen. *Leimkreideanstrich.* Dagegen waren wieder die rosenfarbnen und himmelblauen Vögel, *lasierend,* duftende Blumen, und der Geruch, den sie verbreiteten, *Englischrot,* stieg aus ihren Kelchen empor in leisen lieblichen Tönen, *Leinöl,* die sich mit dem Geplätscher der fernen Brunnen, *Umbra, Zinnober,* mit dem Säuseln der hohen Stauden und Bäume, *pastos,* zu geheimnisvollen Akkorden einer tiefklagenden Sehnsucht vermischten. *Grünerde, Kobalt*«.

ZUWEILEN WERDE ICH mit freundlichem Spott bedacht wegen meiner Vorliebe für Schillers Romanfragment »Der Geisterseher«: Séance in einem Saal, Schlagläden verschlossen … Gäste müssen ihre Oberbekleidung ablegen … ein Kreis, gezogen mit Kohle, ein Altar, verhängt mit schwarzem Tuch … Totenkopf, chaldäische Bibel, silbernes Kruzifix … Spiritus brennt in silberner Kapsel, Rauch eines Gewürzkrauts … die Teilnehmer müssen sich an den Händen fassen … der Magier leitet das Beschwörungsritual ein, ruft zuckend den Namen eines Verstorbenen … elektrischer Schlag, der allen die Hände voneinander reißt, zugleich ein Donnerschlag, Türen knallen zu, die Lichter gehen aus, über dem Kamin eine Erscheinung, totenblass, in blutigem Hemd …

Warum meine besondere Vorliebe für diesen Text? Weil er hereinspielt in Hoffmanns Erzählung »Das Majorat«. Theodor, Haupt-

figur dieser Erzählung, mit dem Roman auf dem Schoß im goti-
schen (gothic!) Saal eines Schlosses, und als er von jenem »Donnerschlag« las, hörte er tatsächlich einen Donnerschlag, sprang auf,
ließ Schillers Buch fallen, sagte sich aber sofort, dieser »gewaltige
Schlag« könne nur Täuschung gewesen sein, wahrscheinlich war in
der Zugluft eine Tür aufgesprungen, zugeschlagen, außerdem, er
hatte Punsch getrunken!

Also das Buch aufheben, weiterlesen – »da geht es leise und
langsam mit abgemessenen Tritten quer über den Saal hin, und
dazwischen seufzt und ächzt es, und in diesem Seufzen, diesem
Ächzen, liegt der Ausdruck des tiefsten menschlichen Leidens, des
trostlosen Jammers.« Eiskalte Zugluft im Saal, der junge Mann
glaubt eine Stimme zu hören, die vor dem »entsetzlichen Graus der
Geisterwelt« warnt, schon fällt eine Tür zu, dröhnend, der Großonkel im Nebenzimmer seufzt, stöhnt. Wirklich, das alles kann nur
Täuschung sein, Täuschung einer überreizten Phantasie. In Schillers Roman wird die Séance decouvriert als inszenierte Mystifika-
tion – so werden bei der Durchsuchung des Saals durch veneziani-
sche Polizisten Apparaturen entdeckt: Das Kruzifix verbunden mit
dem Konduktor zur Erzeugung des Stromstoßes, eine Camera ob-
scura für die Projektion des Geisterbildes –, in Hoffmanns Erzählung aber keine Enthüllung, vielmehr gesteht der Großonkel: »Ich
kenne dein Buch nicht, Vetter! aber weder seinem noch dem Geist
des Punsches hast du jenen Geisterspuk zu verdanken. Wisse, dass
ich dasselbe, was dir widerfuhr, träumte.«

Gemeinsam erlebten sie denn in der folgenden Nacht die Rückkehr des Geistes. »Der Vollmond schien hell durch die klirrenden
Scheiben der Bogenfenster. Wir zwangen uns, im Innern aufgeregt,
zu gleichgültigen Gesprächen. Der Alte hatte seine Schlaguhr auf
den Tisch gelegt. Sie schlug zwölfe. Da sprang mit entsetzlichem
Krachen die Tür auf, und wie gestern schwebten leise und langsam
Schritte quer durch den Saal, und das Ächzen und Seufzen ließ sich
vernehmen. Der Alte war erblasst, aber seine Augen –«

Ich kann das nicht weiter abschreiben, Eminenz, ich bin zu aufgeregt.

DOCH HEUTE VORMITTAG kann ich das Schreiben fortsetzen, geleitet von der Frage: Waren es bloß literarische Erfindungen, die den Autor packten, fast überwältigten? Ich bin davon überzeugt: Hier waren Realitäten für Hoffmann, sonst hätte er sie nicht derart eindringlich darstellen können, beziehungsweise: sonst hätten sie nicht so stark auf ihn zurückgewirkt. Ich kann das nicht bloß nachempfinden, für mich sind hier gleichfalls Realitäten – vielleicht sind wir in Lüneburg der Nachtseite der Wirklichkeit etwas näher.

Ich kam an einem Winterabend nach Hause, durchquerte die Buchhandlung, stieg die Treppe hinauf, öffnete die Wohnungstür und spürte: Etwas war neben mir, unsichtbar, drang mit mir in die Wohnung ein. Und blieb unsichtbar lebendig im Zimmer – es bedrängte mich nicht, war einfach da, blieb. Ich versuchte, es zu ignorieren, ich las – allerdings nicht Hoffmann. Und trank ein Glas Wein – mehr nicht, das sollte in dem Zusammenhang betont werden. Mir wurde kalt, ich legte mich ins Bett. Schon war das Fremde neben mir, ich hörte den Atem: ruhig, tief, beinah massig. Das andere Wesen schien sich über mich zu beugen, ich glaubte, Atem im Gesicht zu spüren, kalt, und dann auch Druck auf der Brust, ich kriegte kaum Luft; schweißnass die Stirn. Ich wartete, konzentriert lauschend, auf den nächsten Viertelstundenschlag von Michaelis: da wusste ich, dass ich nicht träumte. Der Atem blieb dicht neben mir, der Druck aber nahm nicht zu. Das ging so (ich lauschte mit äußerster Anspannung auf die Glockenschläge) fast zwei Stunden lang. Dann löste sich der Druck, es wurde still neben mir. Aber es dauerte noch lang, bis ich einschlief.

Die bisher intensivste Erfahrung dieser Art. Die beiden anderen Geschehnisse sind rasch erzählt. Die Treppe zum Speicher beginnt in einer Ecke des Esszimmers, und ich hörte, allein essend, sich regelmäßig wiederholendes Knarren von Stufen. Ja, Schrittgeräusche, als käme jemand leibhaftig, wenn auch leichtfüßig, die Treppe herab. Auf der untersten Stufe hörte das Schrittgeräusch auf. Sie können verstehen, dass mir der Bissen im Mund stecken blieb. Ab und zu leises Knarren: als würde auf der Stufe Körpergewicht verlagert, Standbein und Spielbein. Kalter Schweiß, ich hörte überdeutlich mein Herz im Brustraum, spürte es als Reflex auch im

Magen, im Bauch. Ich trug den Teller mit dem Rest Buchweizen-suppe in die Küche, schüttete sie in den Grapen zurück. Überlegte schon, ob ich den Birkenreiserbesen in den Kessel tauchen sollte, um das Gespenst zu vertreiben wie die ominösen Katzen, aber das wagte ich denn doch nicht – was hätte mir alles um die Ohren flie-gen können?! Als ich aus der Küche kam, in der Tür stehen blieb, war die Treppe still.

Das dritte Erlebnis als Variante des ersten: Wieder Atem dicht neben mir, während ich im Bett lag – das andere Wesen, so hatte ich das sichere Gefühl, kauerte neben mir oder stand tief herabgebeugt – jedenfalls spürte ich den Atem auf dem schweißbedeckten Ge-sicht. Auch in dieser Nacht dauerte es lang, ehe ich einschlief. Kurz zuvor glaubte ich noch Rascheln von Papier zu vernehmen.

Als ich aufwachte, war fast der gesamte Boden des Zimmers mit Papier bedeckt – Bürstenabzüge eines Buchs, das ich in jener Zeit auf Druckfehler durchsah, ein Buch allerdings, das in keinem Zu-sammenhang steht mit jenem Ereignis: »Handbuch der merkanti-lisch-geographischen Gewerbe- und Produktenkunde für Kauf-leute, Geschäftsmänner und Statistiker«. Es war nun wirklich so, wie es in albernen Büchern steht – ich rieb mir die Augen. Beinah penibel waren die Bürstenabzüge ausgebreitet. Ich wagte nicht, sie zu berühren – könnte sich mahnend, warnend eine Hand auf mei-nen Handrücken legen? Auf Zehenspitzen ging ich zur Türe. Ich sammelte die Bögen erst am Nachmittag ein, als die Sonne in den Raum schien – da fühlte ich mich sicherer.

ICH LESE WIEDER, was ich vorgestern geschrieben habe, muss ergän-zen: Ich fühlte mich zwar »sicherer« nach jenem Ereignis, fühle mich im Hause jedoch keineswegs völlig sicher. Ich muss hier einen Umstand erwähnen, der mir entschieden zu denken gibt.

Während der diversen Kriegshandlungen, in deren Verlauf fremde Truppen auch in Lüneburg einmarschierten, habe ich Dörtje im Speicher des Hauses versteckt, in gut getarntem Winkel. Dort hörte sie Ächzen, Knarren, Knacken des Dachgebälks, hörte Trippeln, Huschen, Kratzen von Mäusen, hörte nachts auch Surren, stundenlang. Erst war ihr das unheimlich, nach einigen Stunden aber gewöhnte sie sich an das Geräusch, vor allem, weil es so gleichmäßig war. Schließlich wagte sich Dörtje mit dem Windlicht aus dem Verschlag, ging dem Geräusch nach, entdeckte zwischen abgestellten Kästen, Körben, Kisten ein Spinnrad, und das drehte sich über wippendem Trittbrettchen. Dörtje floh ins Versteck. Auch in den beiden folgenden Nächten: stundenlang dieses Surren.

Als ich Dörtje wieder vom Speicher holte (weiterhin Franzosen im Haus, der Krieg noch lange nicht beendet, aber man gewöhnte sich aneinander), zeigte sie mir das Spinnrad; es stand zu jenem Zeitpunkt still. Ich erkannte es sofort: das Spinnrad meiner vor etlichen Jahren verstorbenen Mutter. Man hatte in der Nachbarschaft viel darüber geredet, teils bewundernd, teils verwundert: Dass sie noch in hohem Alter unablässig am Spinnrad saß, sogar sonntags, nicht einmal Zeit hatte für den Kirchgang. Ich muss Ihnen leider berichten, dass ich das Spinnrad in den folgenden Nächten gleichfalls hörte – das Surren verfolgte mich durchs ganze Haus, ich hörte es sogar mit zugepressten Ohren.

Ich besprach den Fall mit dem befreundeten Apotheker, befolgte seinen Rat: Dörtje und ich gingen zum Friedhof, legten einen Kranz aus Moos auf das Grab der Mutter – von nun an arbeitete im Speicher nur noch das Holz.

ICH WENDE MICH WIEDER IHNEN ZU, Exzellenz, und damit: unserem Projekt. Im einleitenden (bitte möglichst umfangreichen!) Essay von Ihrer Hand (oder nach Ihrem Diktat) ergibt es sich wohl von selbst, Hoffmanns Leben in gedrängter Form zu erzählen, wobei die besondere Lebensform eine besondere Form der Darstellung erfordern dürfte. Ich will hier allerdings keine (motivierenden) Vorgaben leisten, denn, Euer Ehren: Bücher und Schriften Hoffmanns stehen für mich im Vordergrund, den Autor fast verdeckend. Weil ich ihn aber nicht völlig eskamotieren kann, hole ich ihn mit bescheidenem Kunstgriff kurz mal aus dem Hintergrund hervor, und zwar mit einem Eintrag, den er zur »Allgemeinen deutschen Real-Enzyklopädie für die gebildeten Stände« verfasst hat – wonach freilich ein Redakteur des Verlages Brockhaus die Vorlage an das Schema lexikalischer Einträge angepasst haben dürfte.

So lese ich in meiner Ausgabe, dass Hoffmann 1778 in Königsberg geboren wurde, an der dortigen Universität Jura studierte, anschließend bei der Oberamtsregierung in Großglogau und dem Kammergericht in Berlin arbeitete. 1800: Assessor bei der Regierung in Posen, 1802: Rat bei der Preußischen Regierung in Płock. 1804: in »gleicher Eigenschaft« nach Warschau versetzt. »Der Einmarsch der Franzosen endigte hier seine Laufbahn.«

(Einschub: »Aber, mein Verehrtester, es ist ein gar wankelmütiges Ding mit dem Bewusstsein der Existenz hienieden!«, rief Hoffmanns Doppelgänger, die Pfeife ausklopfend.)

Fortsetzung des lexikalischen Eintrags: »Ohne Aussichten im Vaterlande und ohne Vermögen nahm er seine musikalischen Kenntnisse in Anspruch, um, was er früher als Liebhaberei betrieben hatte, als Erwerbszweig zu nutzen. Er folgte im Herbst 1808 einer Einladung des Grafen Julius von Soden nach Bamberg als Musikdirektor an dem dort neu errichteten Theater, das aber bald wieder geschlossen ward.«

(Einschub: »Mein eignes Ich zum grausamen Spiel eines launenhaften Zufalls geworden, schwamm ohne Halt wie in einem Meer all der Ereignisse. (...) Ich konnte mich selbst nicht wiederfinden!«)

Fortsetzung des Eintrags: »Er erteilte jetzt Musikunterricht und arbeitete für die Leipziger Musikalische Zeitung. Im J. 1813 bekam er einen Ruf als Musikdirektor bei der Joseph Seconda'schen Gesellschaft, traf Ende 1813 in Dresden ein und blieb in dieser durch die Kriegsereignisse in Sachsen beunruhigten Lage bis 1814, wo es ihm gelang, in seinem Vaterlande in die alten Dienstverhältnisse zurückzutreten. Er wird 1816 als Rat bei dem königl. Kammergericht in Berlin wieder angestellt.«

(Einschub: »Als ich mich von meiner Betäubung erholt und die ganze Begebenheit überdachte, musste ich mir wohl eingestehen, dass ich bloß dem Spiel des Zufalls, der mich mit einem Ruck in das sonderbarste Verhältnis geworfen, nachgegeben.«)

Fortsetzung des Eintrags: »Von Jugend auf hat Hoffmann eine überwiegende Neigung zur Musik gehabt, und dem Studium dieser Kunst seine Nebenstunden gewidmet. In Posen brachte er das

Goethe'sche Singspiel ›Scherz, List und Rache‹ aufs Theater, in Warschau ›Die lustigen Musikanten‹ von Clemens Brentano usw. Anlass zur Schriftstellerei gab ihm zunächst die Verbindung mit Rochlitz als Redakteur der Musikalischen Zeitung. Die Aufforderung, die dort zerstreut erschienenen Aufsätze zu sammeln, veranlasste ihn zur Herausgabe der ›Fantasiestücke in Callot's Manier‹ (4 Bde.). Diesen folgten 1816 die ›Elixiere des Teufels‹ und in verschiednen Almanachen und sonst zerstreut gedruckte Erzählungen.«

(Einschub: »Dass, trotz des Anscheins der Abgerissenheit, doch ein fester durchlaufender Faden alle Teile zusammenhalte.«)

Ergänzung: Dieser Band des Conversations-Lexikons erschien 1819. Für die Jahre danach wären weitere Titel aufzulisten, aber das ist meine Sache nicht, ich nenne nur noch, der lexikalischen Ordnung halber, das Todesjahr: 1822. Genügen diese Angaben?

WAS ICH HIER ABLESE: sein Leben besaß keinen durchgängigen Zusammenhang (mehr); sein Leben als Folge von tiefen Einschnitten, schmerzhaften Zäsuren – erzwungene Ortswechsel, abgerissene Verbindungen, Neuanfänge unter durchweg schwierigen, allerschwierigsten Bedingungen. Ein, wie er selbst konstatierte, »zerrissenes« Leben, in dem fast nichts so ablief, wie er sich das vorgestellt oder womöglich vorgenommen hatte. Sequenzen eines Lebens – illusorisch, ihnen ein Ordnungsmuster zu unterlegen –, zu stark, zu häufig die Eingriffe von außen, als historisches Ereignis oder privates Unglück. Die Schreibmethode müsste, falls ich mir diesen bescheidenen Vorschlag erlauben darf, mit Hoffmanns Erfahrungen korrespondieren: *Stück-Werk*. Eventuell könnte man dies durch Zwischenüberschriften hervorheben: Lebensfragment Posen … Lebensfragment Płock … Lebensfragment Warschau … Lebensfragment Bamberg … Lebensfrag –

ERNEUT EIN ROMANZITAT. Denn was auch immer geschah, was auch immer in seinem Leben dazwischenkam, zu Neuansätzen zwingend – Hoffmann hat komponiert, gezeichnet, geschrieben, vor allem geschrieben. Diese Kontinuität könnte – über alle Lebens-

Zäsuren hinweg – an Raum gewinnen, indem Sie wiederholt Erzählabschnitte in Ihr Hoffmann-Buch einrücken.

Hier gleich eine meiner Lieblingssequenzen. Damit nicht der Verdacht entsteht, ich wollte mit dem folgenden Kabinettstück einen Textvorschlag einbringen, der in dieser Form gleich übernommen werden könnte, erlaube ich mir gelinde Kürzungen. Der vollständige Text würde Ihnen auf Anfrage sogleich vorgelegt.

Zur Sprache kommt ein Friseur, der vor lauter Belesenheit, Redseligkeit nur schwer zur Erfüllung eines Auftrags kommt, durch seinen Redefluss von der Arbeit gleichsam fortgerissen. Unfreiwilliger Zuhörer ist Medardus: Mönch, der einen Mord begangen hat, deshalb die Kutte gegen einen Anzug vertauscht und sich durch ein möglichst unauffälliges Erscheinungsbild schützen will, deshalb den herbeigerufenen Haarkünstler bittet, Frisur und Bart »in Ordnung zu bringen«.

»Er sah meinen Kopf mit kunstrichterlichen Augen an und sprach, indem er die rechte Hand, graziös gekrümmt, mit ausgespreizten Fingern auf die rechte Brust legte. ›In Ordnung bringen? – O Gott! Pietro Belcampo, du, den die schnöden Neider durchweg Peter Schönfeld nennen, du wirst verkannt. Sollte dein ganzes Wesen nicht dem ersten Blick des Kenners verraten, dass der Geist in dir einwohnt, der nach dem Ideal strebt? – In Ordnung bringen! – ein kaltes Wort, mein Herr!‹

Ich bat den wunderlichen kleinen Mann, sich nicht zu ereifern, indem ich seiner Geschicklichkeit alles zutraue.

›Geschicklichkeit?‹, fuhr er in seinem Eifer fort, ›was ist Geschicklichkeit? – Wer war geschickt? – Jener, der ein Linsenkorn auf zwanzig Schritte weit durch ein Nähnadelöhr schleuderte? – Jener, der fünf Zentner an den Degen hing und so ihn an der Nasenspitze balancierte sechs Stunden, sechs Minuten, sechs Sekunden und einen Augenblick? – Ha, was ist Geschicklichkeit?! Sie ist fremd dem Pietro Belcampo, den die Kunst, die heilige, durchdringt. – Ha, es ist was Göttliches um die Kunst, denn die Kunst, mein Herr, ist eigentlich nicht sowohl die Kunst, von der man so viel spricht, sondern sie entsteht vielmehr erst aus dem allen, was man die Kunst heißt! – Sie verstehen mich, mein Herr, denn Sie scheinen mir ein denkender Kopf, wie ich aus dem Löckchen schließe, das sich rechterhand über Dero verehrte Stirn gelegt –‹«

Hier breche ich ab, die Suada setzt sich noch gut und gern über zwei Druckseiten fort. Ich bin fast sicher, dass bereits dieser Ausschnitt Resonanz in Ihnen finden wird, und Sie sehen das Werk aufblühen wie eine Datura fastuosa mit ihren weithin duftenden Blüten und den stachligen Früchten, den Stechäpfeln – bei uns Düwelsäppel genannt. Ja, der Düwel würzt auch bei uns so manche Geschichte, macht uns damit empfänglich für Hoffmanns Teufeleien, wie ich mit Blick auf seine »Elixiere des Teufels« ein wenig respektlos bemerken darf.

EXZELLENZ, bei Buchmessen wurde, vor allem von Bamberger Kollegen, in geselliger Runde dies und das über Hoffmann erzählt, was sich einprägte. Für mich vor allem dies: Er arbeitete im Dachstübchen eines zwei Fenster schmalen Hauses zu Bamberg ... unter ihm das Wohnzimmer ... in der Zwischendecke ein Loch von etwa zwei Fuß Durchmesser – bodenlose Armut. Für Hoffmann hatte dieses Loch allerdings einen Vorteil: er konnte sich vom Schreibstübchen aus mit seiner Frau im Stockwerk tiefer unterhalten. Und trieb Schabernack: winkte von oben mit einem Tuch, ließ Michaelina Stiefel vor die Füße fallen.

Ich will nicht unzulässig stilisieren, aber Hoffmann ist für mich auch der Schriftsteller mit dem Loch im Boden des Arbeitszimmers. Störend, verstörend für alle, die davon hören: Loch im Boden ... im Boden ein Loch ... Mit einem Loch im Boden leben ... Ich bin sicher, er hat damit kokettiert in der Punsch-Runde oder vor Besuchern, selbst auf die Gefahr hin, dass im Kopf derer, die vom Loch im Boden hören, auch geistig so etwas wie ein Loch im Boden entstand. Hoffmann hat das Loch im Boden nicht mal provisorisch abgedeckt.

DIE STADT FRÜHSTÜCKTE. Und der Mann hoch droben auf dem Kirchturm sah tief drunten Menschen zusammenlaufen. Zeitungsbuben riefen: »Neues Extrablatt, neues Extrablatt!« Nur dies vernahm der Türmer, »das übrige behielt der Wind für sich«. So lese ich in meiner Ausgabe der »Freimütigen Blätter für Deutsche in Beziehung auf Krieg, Politik und Staatswirtschaft«. Und weiter: Der Türmer wollte erfahren, was los war, überließ der Magd, die ihm seit 25 Jahren Dienst leistete, die Wache: »Dass sie mir gut achtgibt, wenn es wo brennen sollte!« Er ließ sich Überrock und Samtkappe reichen, stieg hinab.

Kaum stand er auf der Straße, stürzte ein Bekannter auf ihn zu: »Wissen Sie es? – wissen Sie es bereits? – Er ist in Paris eingezogen – ungehindert!«

Der Türmer, erstaunt: »Wer denn, wer?!«

»I mein Gott, Napoleon – Buonaparte – der Dey von Elba!«

Ja, dieser Seeräuber, Freibeuter, Korsar hatte die Insel verlassen, auf die ihn die Alliierten ins Exil geschickt hatten: Der »entfesselte Drachen ... Seine Brut, die ihm folgte ... Der Dämon entsprang aus dem Kreise, in den ihn zu bannen endlich gelungen war, und mit dieser Tat schlug er an die ehernen Pforten seines finstern, entsetzlichen Reichs an, dass die Höllengeister aus der Ohnmacht erwachen und blutige Krallen ausstrecken sollen nach allem Wahren, Rechten, Heiligen! – Das Spiel dunkler Mächte um Leben und Freiheit soll wieder beginnen«.

Doch da waren auch Menschen, die sich fasziniert zeigten: »Die elektrische Wirkung von Buonapartes gut berechneter, mit Blitzesschnelle ausgeführter Tat.« Und: »Nun werden die Zeitungen wieder interessant. Ja, ja, ja! nun gibt es wieder was Ordentliches zu lesen.«

So sprach einer aus dem »sonderbaren Geschlecht der geistesarmen Müßlinge, die jede Neuigkeit auffangen wie einen bunten Strahl, der wenigstens auf den Augenblick ihr trübes, erdfahles Leben erleuchtet. Sonst waren sie mit dem Türkenkriege, mit einem Erdbeben, mit einer Feuersbrunst, mit dem Gelben Fieber, wohl gar mit einer merkwürdigen Festivität oder Hinrichtung zufrieden, jetzt sind sie aber verwöhnt worden durch die Zeit, die oft mehr geschehen ließ, als ihr blödes Auge erfassen konnte, aber sie ergötzten sich doch, wenn immer wunderbarer die verhängnisvollen Ereignisse sich drängten. Die Feierlichkeiten des Kongresses wurden ihnen langweilig, einigen tollen Tumult verlangten sie dringend, und haschten daher begierig in den Nachrichten jeden Moment auf, der wohl darauf hindeuten könnte. Jetzt hatte der Dey von Elba dafür gesorgt. Ob Not und Elend sich in der Welt verbreitet, das ist ihnen höchst gleichgültig, solange ihr teures Selbst unangetastet bleibt«.

Zu diesen Erscheinungen zählt freilich nicht der weitsichtige Türmer, er kann die »schwindelichte Bewunderung« nicht teilen, die »alle Welt ergriffen hatte«, in Napoleon sieht er den »heillosen Tyrannen«. Für ihn haben »seine gigantischen Unternehmungen etwas Groteskes«. In seiner Sicht hat Napoleon »die Kunst des Verblüffens in ein System gebracht«, er sieht in ihm einen »arglistigen Abenteurer« mit »waghalsigen Gewaltstreichen«. Von dem muss man sich befreien, unter der Jubelparole »Vaterland und Freiheit!«.

JOHANNES KREISLER! Er dürfte mit Fug und Recht einen Platz finden im Hoffmann-Buch, dieser »Kapellmeister, wie auch verrückter Musikus par excellence«! In einem der Kreisler-Kapitel bereitet er sich darauf vor, im »musikalisch-poetischen Club« auf dem Pianoforte zu improvisieren. Die Uhren, auch die nachgehenden, haben acht geschlagen, der Deckel des Hammerclaviers ist hochgestellt, Lichter sind angezündet, Kreisler will »wie gewöhnlich durch eine symphonienmäßige Fantasie« die Freunde »einige Klafter höher hinauf in die reinere Luft erheben«.

Doch da wird er nach dem Hammer gefragt, der letztes Mal nicht repetierte: »Habt Ihr den reparieren lassen?«

»Ich denke, ja!«

Gleich will der Frager den »invaliden Hammer« inspizieren, zündet ein Licht an auf dem »Schreibeleuchter«, beugt sich vor über die Saiten, da fällt »die schwere, auf dem Leuchter liegende Lichtschere herab«, prallt auf Darmsaiten, mehr als ein Dutzend zerspringt mit kleinem Knall.

Allgemeines Bedauern, doch Kreisler: »Und ich will *doch* fantasieren, im Bass ist alles ganz geblieben, und das soll mir genug sein.« Er setzt (wie Hoffmann) »sein kleines rotes Mützchen« auf, zieht (wie Hoffmann) »seinen chinesischen Schlafrock an«, setzt sich ans Instrument. Die Mitglieder des Clubs nehmen Platz auf Sofa und Stühlen, einer der Freunde löscht »auf Kreislers Geheiß sämtliche Lichter«.

Im Finstern präludiert Kreisler »pianissimo mit gehobenen Dämpfern im Bass den vollen As-Dur-Akkord«. Folgt, mezzo-forte, ein as-moll-Akkord, es »erwacht der Schmerz«. Dann, an-cora più forte, ein E-Dur-Sexten-Akkord, »Frisch auf, mein wack-rer Geist!«. Und forte: ein E-Dur-Terz-Akkord: »Zu herrschen berufen im Geisterreich.« Arpeggiando-dolce a-moll: »Aber alles wirst du wissen, wenn ich mit dir rede, mit dir kose in der Geister-sprache, die ich zu sprechen vermag und die du so wohl verstehst!« F-Dur ... B-Dur (accentuato) ... B-Dur mit der kleinen Septime: »Horchst du auf ihn, holde Schäferin?« Es-Dur (forte) ... C-Dur-Terz-Akkord (fortissimo): »Heißa – heißa – Tanz und Jubel, der Teufel zieht ein mit Pauken und Trompeten!« C-moll-Akkorde (fortissimo hintereinander fort): »Kreisler – Kreisler! raffe dich auf! – Siehst du es lauern, das bleiche Gespenst mit den rot funkelnden Augen – die kralligen Knochenfäuste aus dem zerrissenen Mantel – die Strohkrone auf dem kahlen glatten Schädel schüttelnd! – Es ist der Wahnsinn – Johannes, halte dich tapfer. – Toller, toller Lebens-spuk, was rüttelst du mich so in deinen Kreisen? Kann ich dir nicht entfliehen? – Kein Stäubchen im Universum, auf das ich, zur Mücke verschrumpft, vor dir, grausiger Quälgeist, mich retten könnte? – Lass ab von mir! – Ich will artig sein! Ich will glauben, der Teufel sei ein Galant-huomo von den feinsten Sitten – honni soit qui mal y pense – ich verfluche den Gesang, die Musik – ich lecke dir die Füße wie der trunkne Caliban – nur erlöse mich von der Qual – hei, hei, Verruchter, du hast mir alle Blumen zertreten – in schauerlicher Wüste grünt kein Halm mehr – tot – tot – tot -«

Da zog einer aus der Runde »schnell ein chemisches Feuerzeug hervor«, zündete »beide Lichter an, um so dem Kreisler alles wei-tere Fantasieren abzuschneiden, denn er wusste wohl, dass Kreisler sich nun gerade auf einem Punkt befand, von dem er sich gewöhn-lich in einen düstern Abgrund hoffnungsloser Klage stürzte. In dem Augenblick brachte auch die Wirtstochter den dampfenden Tee herein«.

LÜNEBURG, Lü-ne-burg: in dieser Stadt lebe ich, obwohl aus Bremen stammend, seit vier Jahrzehnten. Wie viele Glockenschläge habe ich schon bewusst gehört, von Michaelis her und leiser von Johannis? Wie viele Glockenschläge, die in meinen Halbschlaf eindrangen, und wie viele schwangen über mich hinweg im Schlaf?

Höchste Zeit, sich geistig von Lüneburger Vergangenheit und Gegenwart zu lösen! Ich arbeite dagegen an mit Hoffmann an meiner Seite. Verglichen mit mir: in wie vielen Städten hat er gelebt! Ich hingegen, in all diesen Jahren, seinen Jahren, meinen Jahren: Lüneburg, Lü-ne-burg.

Als sollte die Gleichförmigkeit des Zeitverlaufs bestätigt werden durch die Gleichförmigkeit des Wetters, sehe ich wieder Schneeflocken vor dem Fenster – aber, und das gibt mir beinah Hoffnung, es sind nicht mehr jene Nieselflocken, es sind aus einem etwas helleren Himmel herabschwebende Kinderflocken, in gemächlichem Fall. Sie werden ja auch lang genug auf Lüneburger Dächern liegen.

WÄHREND ICH DIES SCHREIBE, höre ich drei Viertelstundenschläge der nahen Michaelis-Kirche. Und wieder einmal sind die drei Katzen im Zimmer. Sie erhalten ihren Abendhappen, leisten mir dafür Gesellschaft, schnurrend, mit knisterndem Fell.

Währenddes im Speicher der übliche Mäusespuk, und nun – beginnt das Spinnrad zu surren. Ja, Exzellenz, ich höre es wieder, dieses hypnotisierend gleichmäßige Surren! Da wird es Zeit, dass ich Gute Nacht sage.

Von der dafür zuständigen, hoffentlich Dienst tuenden Fee wünsche ich mir rasch noch, dass dieser Brief Sie – gleich morgen expediert – wohlbehalten erreicht, dass Sie ihn wohlwollend lesen, dass Sie sich dazu angeregt fühlen, mir mitzuteilen, ob Sie sich vorstellen können, ein Vorwort, einen Essay zum Hoffmann-Auswahlband beizutragen. Ich kann die Antwort auch in Weimar abholen. Sie brauchen nur ein Brieflein zu schreiben, ein Kärtchen. Selbst, wenn es das allerkleinste Kärtchen wäre – es würde mir größte Freude bereiten.

Zweiter und dritter Brief

ACH, DÖRTJE, es fiel mir schwer, wirklich schwer, mich von Dir los-zureißen, mich von Lüneburg loszueisen – am Tag vor der Abreise hätte ich mich am liebsten am Türpfosten festgebissen, mit den restlichen Zähnen. Als sich der Gedanke aber erst einmal verfestigt und festgesetzt hatte, ich sollte (nach zwei Jahren Schweigen an der Ilm!) in Weimar versuchen, direkten Zugang zum Geheimrat aller Geheimräte zu finden, war so etwas wie Sog südostwärts entstan-den.

Doch dann – ach, was habe ich auf mich genommen mit diesen Schüttelfahrten, Rüttelpartien der Anreise in mehr oder weniger elenden Kutschen hinter mehr oder weniger elenden Gäulen, kaum in Bewegung gehalten von mehr oder weniger elenden Fuhrmän-nern, Postillionen, die sogenannten geistigen Getränken zusprechen während der Fahrt und bei einer wider Erwarten doch endlich er-reichten Poststation gleichsam vom Kutschbock fallen. Die einzige Bewegung, zu der sie noch fähig sind: die Hand aufhalten fürs Trinkgeld, das sie nicht verdient haben, aber wehe, man lässt nichts springen, zwischendurch, gleich wird eine Verschwörung angezet-telt in der Station, und das Ausspannen der müden und das Ein-spannen der noch nicht ganz so müden Pferde verzögert, verzögert sich.

DOCH ZUM AUSGLEICH, ja, wie zur Belohnung: Die auf Reisen be-sonders eindrucksvollen Sonnenaufgänge, aus schwankender Kut-sche oder vor einer der Poststationen betrachtet, bewundert. Die Sonne als erst einmal strichschmales, langgezogenes, rotes Wölk-chen am Horizont ... Dann, als würde eine Portion Magma glü-hend hochgeschoben ... Danach erst nimmt die Sonne Form an, am Flachland- oder Hügelhorizont aufsetzend wie eine bauchige Vase. Oder als Lampion, in dem oben Licht brennt, goldrot, doch unten ist der Lampion noch dunkelrot, ja, fast so schwarz wie der Hügel, auf dem er aufsetzt ... Und das rasche Aufhellen der Sonne: wie eine lichtgefüllte Qualle, kreisrund ... Hat die Sonnenform erst einmal Weißglut erreicht, beachte ich sie nicht weiter.

JA, DASS ICH ÜBER BERLIN nach Weimar gereist bin, war von Anfang an geplant: Ich wollte, musste Herrn Hitzig kennenlernen. Was ich vor der Abreise nur angedeutet habe, will ich nun ausführen.

Julius Eduard Hitzig war einer der ältesten und engsten Freunde Hoffmanns, er hat die Biographie über Hoffmann geschrieben, bei ihm kommen alle Hoffmann-Fäden zusammen, er dürfte demnach als Erster erfahren, ob irgendwo in deutschen Landen ein Buch geplant wird, das unserem Projekt gleichen könnte. Ich war hier auf zuverlässige Nachricht angewiesen – es hätten sonst Albträume Realität werden können! Stell Dir vor, Goethe geht auf meinen Vorschlag ein, beginnt mit der Arbeit am (hoffentlich ausführlichen) Vorwort, es wächst der Faszikel mit Texten, die ins Buch aufgenommen werden sollen, und da erscheint ein Riemer oder Eckermann im Allerheiligsten, meldet: Es wird bereits ein ähnliches Buch angekündigt für Michaelis, als Herausgeber kein Geringerer als Ludwig van Beethoven! Was übrigens nicht ganz unwahrscheinlich wäre, schließlich soll der belesene Komponist durch einen Weinhändler (ich höre sogar von einem »Weinkünstler«!) einen freundlichen Brief an Hoffmann übermittelt haben, Hochachtung signalisierend. Wie stünde ich denn da, bei solch einer Konstellation?! Und erst einmal, wenn sich Goethes Zorn gegen mich richtet, womöglich öffentlich? Es hätte in der Branche, in der Kundschaft meinen Ruf geschädigt, ja, ruiniert. Seit der Begegnung mit Hitzig aber weiß ich: Es wird kein ähnliches Buch geplant. So konnte ich reinen Herzens und erhobenen Hauptes die Reise nach Weimar fortsetzen.

Weiteres über das (zweimalige) Treffen mit Hitzig erzähl ich Dir später. Ich muss mich erst hier in Weimar zurechtfinden.

UND ICH STAND (stehe) auf dem Frauenplan und wusste (weiß) nicht mehr so recht, wohin mit mir – das breitgelagerte Haus erscheint mir wie eine Festung.

Am liebsten hätte ich an diesem Platz eine Wohnung gefunden in einem der Häuser, von Norden oder besser noch: von Osten herangerückt an den herrschaftlichen Sitz. Von einem dieser vergleichsweise engbrüstigen Häuser hätte ich den repräsentativen Bau im Blick behalten können, und so wäre mir nicht entgangen, wenn der Herr Geheimrat herausgetreten und zur Seilergasse geschritten oder (trotz seines hohen Alters?) geritten wäre, hinab zum Gartenhaus. Jedoch: keine Wohnung frei am Frauenplan.

Die Wohnung, die ich schließlich fand (nach einigen Nächten im Hôtel de Saxe mit Blick auf die Stadtkirche –

nein, ich kann die Klammer nicht schon zumachen, erst noch ein paar Zeilen zu diesem Hotel. Ich wurde hier mit meiner Profession konfrontiert, indirekt. Das kam so: Ich machte die üblichen Eintragungen ins Gästebuch; der für mich bis dahin namenlose Hotelier las sie durch, scheinbar desinteressiert, schaute aber auf bei der Angabe meines Berufs. Der brachte mich mit Monsieur François-René Le Goullon ins Gespräch, Gastwirt und großherzoglich-sächsisch-weimarischer Mund- und Hofkoch. Und der hat [mindestens] ein Buch veröffentlicht. Dies in Weimar, in der Hoffmann'schen [!] Verlagsbuchhandlung. Den ausladenden Titel des vor mehreren Jahren erschienenen Buchs kann ich genau nennen, Le Goullon hat es mir stolz überreicht: »Der elegante Teetisch oder die Kunst, einen glänzenden Zirkel auf eine geschmackvolle Art ohne großen Aufwand zu bewirten«.

Bei einem der Gespräche mit dem Koch-Autor hörte ich Anregendes: Der heutige Besitzer der Hoffmann'schen Buchhandlung lässt einem bestimmten Kreis von Kunden eine Auswahl von Neuerscheinungen zur Ansicht vorlegen; auf diese Weise hat er die Umsätze bedeutend gesteigert – wenn ein Buch erst mal in einem Haus ist, will es dort meist bleiben. Ich werde das in Lüneburg auch mal probieren – bei 4000 Neuerscheinungen im Jahr ist das Publikum verständlicherweise dankbar, wenn durch Auswahl Akzente gesetzt werden.

Du merkst schon, wir haben interessante Gespräche geführt, fast kollegial, und doch bin ich bloß ein paar Tage im Hotel geblieben, obwohl ich mit ausgesuchter Höflichkeit behandelt wurde, fast wie ein guter Bekannter des Chefs. Aber die Kammer war zu klein, mir fehlte ein solider Tisch, an dem ich Briefe schreiben kann. Außerdem befand sich unter dem Zimmer der Pferdestall des Hauses. Weil es gut frequentiert war, hörte ich nachts die Pferde angereister Gäste fast unablässig stampfen, gelegentlich auch wiehern. Bezeichnend, dass selbst Monsieur es vorzog, privat außerhalb des Hotels zu wohnen, sein Haus an der »Ackerwand«, somit an der Stadtgrenze.

Auch mit Hilfe von Monsieur: Ich schaute und hörte mich um nach einer Bleibe. Denn wie ich von verschiedener Seite höre, ist Goethe krank, dies offenbar gravierend, demnach für einige Zeit. Das hat meine Planung umgestoßen – statt weniger Tage im Hotel aller Voraussicht nach einige Wochen in der Wohnung. Und jetzt mache ich die Klammer endlich zu:)

Das Haus befindet sich außerhalb des Stadtgebiets: am sogenannten Horn, oberhalb des Ilmtals, theoretisch also mit Blick hinab auf Goethes Gartenhaus. Als ich zum ersten Mal, am Schloss vorbei, über die Sternbrücke ging, den Gegenhang ein Stück hinaufstieg, sodann den Weg an der Hangflanke einschlug, erwartete ich gerechten Ausgleich für die entgangene Wohnung am Frauenplan, bis ich feststellen musste, beim ersten Blick aus dem Fenster des Hauptzimmers, dass zwischen all den Bäumen hindurch vom Gartenhaus nur eine Kante zu sehen ist – leider wenig aussagekräftig. Wie zum Trost wurde mir von der Vermieterin erzählt, am Hang sei früher Wein angebaut worden – das Gartenhaus, vom Herzog dem Dichter geschenkt, war also vor Zeiten ein Weinberghaus. Kaum weiß ich das, sehe ich, als Weintrinker, die glückliche Konstellation mit leicht geweiteten Augen.

Doch die sehen, ernüchtert, meist nur den Ausschnitt des Ilmparks, einen Abschnitt der Ilm, die geduldig dahinrauscht – nein, nicht einmal rauscht, eher gluckert, schnalzt, schlippt. Immerhin könnte ich vom Westfenster aus eine eventuell auffällige Bewegung Richtung Gartenhaus registrieren – vorausgesetzt, ich schaue, vom Spurius geweckt, zum rechten Zeitpunkt hinaus, hinunter. Doch so oft ich aufspringe, um dem Zufall auf die Beine zu verhelfen – nichtsnutzige Flaneure im Park, scheinbar zielstrebige Reiter und nicht die Spur von Goethe.

Um der möglichen Begegnung näher zu kommen (bei der ich wie ein Bittsteller den Brief überreichen kann, den ich hier in Fortsetzungen weiterschreibe), überquere ich täglich mehrfach die Ilm auf der Sternbrücke, stapfe an Schloss und Bibliothek vorbei hangaufwärts, gehe sodann durch die Seilergasse zum Frauenplan, jedoch: der Platz bleibt so goethelos wie in den Tagen zuvor. So kehre ich, zwar nicht geknickt, aber doch (innerlich) gebeugt, zum Horn zurück.

ICH MUSS DIR EINE GEHEIME REGUNG EINGESTEHN: Wenn ich wieder mal vergeblich auf das Einhorn lauere, entwickelt sich, nebenbei, ein kleiner Zorn auf Hoffmann, weil er mich indirekt dazu verleitet hat, die Reise nach Weimar zu unternehmen, weiterhin fixiert auf die Textsammlung, mit der Exzellenz so etwas wie eine Kanonisierung einleiten sollen. In diesem Zörnchen finde ich manche von Hoffmanns Schriften und Büchern gar nicht mehr so »superwahnsinnig« (wie er das mal formuliert hat), da ärgert mich der Firlefanz körperlos verliebter Figuren, und ich denke zurück an die gute Zeit, die wir mal hatten, im knarrenden Bett, auf quietschendem Stuhl. War damals alles gepfeffert und gesalzen – wenn ich zurück bin, sollten wir mal kräftig nachsalzen …

Meinen (letztlich wiederum ungerechtfertigten) Unmut gegenüber Hoffmann schwemme ich gleichsam aus mir heraus mit Wein (von der Unstrut), mein Glas mehrfach nachgefüllt im Gasthaus zum Weißen Schwan – in Steinwurfnähe von Goethes Residenz. Der Herr des Hohen Hauses soll früher des öfteren beim Weißen Schwan eingekehrt sein, soll in einer der oberen Stuben Gäste untergebracht haben, aber nun schaut er ums Verrecken nicht mehr rein. Statt sich – als endlich Genesener, zumindest als Genesender – einfach mal an einen Nebentisch zu setzen und sich ansprechen zu lassen, mit grüßend erhobenem Weinglas – allein schon dieses Stichwort könnte uns verbinden! Ich von der hornförmig gebogenen Hangflanke mit Spuren früheren Weinbaus, er vom Haus mit dem reich bestückten Weinkeller, wie man so hört. Aber: kein gleichzeitiges Heben von Weingläsern, schon gar nicht ein Prosit auf Hoffmann – ich sitze meist allein am Tisch. Und vor dem inneren Auge wird das Gefieder des Weißen Schwans erst dunkelgrau, dann schwarz. Überhaupt, wenn ich mit blakendem Windlicht so zurückstapse, erscheint mir das Weimarer Dunkel undurchdringlich. Da hätte ich entschieden lieber die künstliche Nacht, wenn Deine Oberschenkel meinen Kopf umschließen.

SEHNSUCHT, VERLANGEN, BEGEHREN ... Andererseits das beruhigende Gefühl, dass Du in der Zwischenzeit den Buchladen unter Deine Fuchtel nimmst. Natürlich weiß ich, dass Du die Zeit meiner Abwesenheit nutzen und eher Bücher von Jean Paul als von Hoffmann anbieten, womöglich verkaufen wirst: Siebenkräuteressig, Jubelstrang ... Aber seit Dein J. P. gleichfalls verstorben ist, bin ich nachsichtig geworden ihm gegenüber. Vielleicht gelingt es doch einmal, Dich einzustimmen auf meinen Hoffmann. Ah, wie gern würde ich schreiben: meinen und Deinen, Deinen und meinen, sprich: unseren Hoffmann.

UND WENN GOETHE NICHT WILL? Ich kann nicht selbst als Herausgeber auftreten, wer aber käme notfalls in Frage? Vorsorglich denke ich schon mal an eine Alternative.

Ich habe es Dir noch nicht erzählt, bisher fehlte das Stichwort: Ich hatte ein Gespräch mit einem jungen Kunden, der schon mal nach Lüneburg reist, um seine Eltern zu besuchen sowie den Bruder. Der Name Harry Heine wird Goethe noch nichts sagen, also würde ich die Nennung begleiten mit Hinweisen auf Veröffentlichungen, die zu Hoffnungen Anlass geben: Gedichte hier, Gedichte dort; auch von Theaterstücken ist die Rede.

Er suchte ein Buch aus für seinen Vater, dabei unterhielten wir uns. Ich habe ihn, unter anderem, auf Hoffmann angesprochen. Die Reaktion? »Ah, Hoffmann, ach, Hoffmann – der sieht doch überall Gespenster. Die nicken ihm entgegen aus jeder chinesischen Teekanne.« Klang das abfällig oder schwang geheime Bewunderung mit? Ich stellte die Frage und seine Antwort: »Ehrlich gestanden, Hoffmann ist als Dichter bedeutender als beispielsweise Novalis.« Das ermutigte mich – vorsichtig und entsprechend vage – mein Projekt zu erwähnen: repräsentative Textsammlung mit großer Einleitung oder Einführung. Das benickte der junge Mann, setzte jedoch umgehend an zu einer längeren monologischen Ausführung über Goethe, gestand, er sei neidisch auf den alten Herrn, neidisch auf dessen Werk. Das wiederum bestärkte mich darin, Goethe weiterhin als Herausgeber zu favorisieren. Zugleich aber: Sollte er partout nicht wollen, so könnte ich mich an das junge, hoffnungsvolle Talent halten. Ich bin sicher, Heine wird zugreifen, wenn ich ihm diese Offerte mache, verbunden mit einem gesalzenen finanziellen Angebot. Sowie dem lockenden Hinweis: Als Herausgeber einer Sammlung von Hoffmann-Texten, als Verfasser eines pointierenden Begleittextes könnte Heine seinem eigenen Namen besseren Klang verleihen.

Abgesehen von solchen Aspekten: Mit dieser Arbeit würde sich gewiss sein Gefühl von Langeweile verflüchtigen, das er mir gegenüber beklagte, ja, er verstieg sich sogar zu der Behauptung, Lüneburg sei eine »Residenz der Langeweile«. So was sollte er als designierter Herausgeber doch besser nicht wiederholen.

Mein Hinweis, eine junge, literarisch unverbrauchte Kraft könnte Auswahl und Einleitung von Hoffmann-Texten übernehmen: dies wäre ein Nadelstich ins offenbar dicke Fell unseres Herrn Geheimrats! Und er dürfte sich denn doch mal zu einer Antwort aufraffen, verbunden mit einer Zusage. Aber wie schon angedeutet: Dies wäre die ultima ratio.

SO MUSST DU ES DIR VORSTELLEN: Ich laufe in diesen kalten Frühlingstagen ruhelos umher, als könnte mich schließlich ein guter Geist damit belohnen, dass Er meinen Weg kreuzt: Exzellenz belieben einen Genesungsspaziergang zu unternehmen, voraussichtlich durch die Seilergasse in den Park, und ich, quasi unvermutet, trete hinter einem Busch hervor, ziehe den Lüneburger Filzhut, verbeuge mich tief, erinnere in wohlgesetzten Worten an den Brief, der vor zwei Jahren nach Weimar expediert worden war, und es erfolgte nie eine Antwort. Habe ich es an Respekt fehlen lassen, indem ich am Schluss des Briefes eine der weithin noch üblichen, verschnörkelten Floskeln wegließ? »Darf ich noch die untertänige Bitte hinzufügen, Euer Wohlgeboren mögen geruhen, die Versicherung der tiefen

Verehrung und Anhänglichkeit gnädig aufzunehmen, mit welchen Gefühlen ich zeitlebens bin Euer Exzellenz untertäniger Jan Delmenhorst.« Oder: »Verzeihen Exzellenz gnädigst meinen weitläufigen Vortrag und erlauben mir, ihm den Ausdruck der tiefen Verehrung beizufügen, mit welchem ich zeitlebens bin Eurer Exzellenz untertäniger Delmenhorst.« Würde das zu Hoffmann passen? Der lässt Nathanael im »Sandmann« einen Brief an Clara wie folgt abschließen: »Lebe wohl etc. etc.« Und in einem Brief von Nathanael an Lothar heißt es: »Tausend Grüße etc. etc. etc.« Reicht eigentlich, oder? Also, woran hab ich's fehlen lassen?

Mit welcher Schlussfloskel auch immer – ich werde weiterschreiben am Fortsetzungsbrief, den ich am Hause Goethe eines Tages denn auch abgeben werde.

NATÜRLICH, EXZELLENZ, ist es ein wenig kurios, dass ich am Hang oberhalb Ihres Gartenhauses sitze und wieder einmal beginne, Ihnen zu schreiben. Ich habe mir beim Aufbruch, vor allem während der Anreise alles ganz anders vorgestellt.

Etwa wie folgt: In der Ernsthaftigkeit meines Ansinnens ausgewiesen durch meinen ersten, vor rund zwei Jahren expedierten Brief, erbitte ich eine Audienz, erhalte einen Termin. Die präzisierende Vorstellung des Buchprojekts unterstütze ich durch Vorlage der Bücher und Schriften Hoffmanns, die ich im Reisegepäck mitgebracht habe – und die nun, fürs Erste, hier auf dem Fensterbrett liegen. Ich gehe davon aus, dass Ihnen als Augenmensch eine Präsentation der Druckerzeugnisse willkommen wäre …

EIN EXEMPLAR ALLERDINGS werde ich Goethe nicht vorlegen, obwohl es griffbereit auf der Fensterbank liegt: meine Ausgabe seines Märchens »Der Goldne Topf«.

Kurz nach Hoffmanns Tod hatte ich einen Nachdruck hergestellt und vertrieben. Um deutlicher zu werden, unter uns: ein Raubdruck. Ich muss allerdings gleich betonen: Mein Verleger-Ehrgeiz sorgte für bibliophile Gestaltung und Ausstattung. Schließlich wollte ich das Buch auf der Nachdruckermesse in Hanau präsentieren.

Ich habe Dir bisher noch nicht davon erzählt, Dörtje, es war noch vor Deiner Zeit. Nun musst Du freilich nicht den Eindruck gewinnen, mir diktiere ein schlechtes Gewissen. Ich sehe mich vielmehr rechtfertigt durch das folgende Zitat, entnommen der Schrift »Die Krisis des deutschen Buchhandels, herbeigeführt durch deutsche Buchhändler. Denkschrift über den Büchernachdruck«, 1815 erschienen in einer Reutlinger Buchhandlung.

In einer der Fußnoten lese ich zum Thema Raubdruck: »Durch allgemeine, unbedingte Unterdrückung des Nachdrucks würde die Aufklärung mehr auf die wohlhabenden Klassen beschränkt, denn das ärmere Genie könnte die Geistesnahrung nicht mehr erschwingen. Es ist ein wahres, unleugbares Verdienst, dass durch Nachdruck Schriften auch in bescheidenere Häuser und Bibliotheken eingeführt und dass dadurch zur allgemeinen, auch von Ausländern anerkannten, Aufklärung die wichtigsten Beiträge geliefert worden sind.« Jetzt hört sich mein Zwischenbericht schon ganz anders an, nicht wahr?

Eine goldene Nase habe ich mir mit dieser Ausgabe allerdings nicht verdient. Um Dich auch hier ins Vertrauen zu ziehen, nachträglich: ich hatte 350 Exemplare hergestellt und vertrieben; davon könnte ich nicht in Saus und Braus leben bis zum Tag, an dem mich der Druckfehlerteufel holt. So schaue ich hier mit blanken Augen zurück: Mit dem Nachdruck habe ich dazu beigetragen, dass »Der Goldne Topf« auch in Norddeutschland angemessene Verbreitung fand, habe somit einen bescheidenen Beitrag geleistet zum Heranwachsen des literarischen Ruhmes von Hoffmann, habe wiederum, wenn auch indirekt, Verdienstmöglichkeiten seiner Verleger gesteigert. Hier hat also ein stiller Ausgleich stattgefunden.

THEMAWECHSEL: Leider muss ich festhalten, meine Heidschnucke, dass es mir zu kalt ist in diesem Thüringer Frühling. Auch das hatte ich mir anders vorgestellt: Erwachen von Lebensgeistern in dem von der zuständigen Muse gesegneten Städtchen … Allgemeiner Aufwind … Stattdessen: Wind, der einem durch und durch geht; ich würde mich am liebsten an windbrechenden Hauswänden herumdrücken – wenn sie nicht so schmutzig wären, manche sogar noch brandgeschwärzt vom letzten Krieg. So bleibt denn nur: mit eingezogenem Kopf, hochgezogenen Schultern dahinhasten …

ICH HABE LEIDER ZEIT GENUG, schöne Dörtje, den Bericht nachzuholen über meine Reise nach Berlin und mein Treffen mit Julius Eduard Hitzig, Verfasser des zweibändigen Werkes »Aus Hoffmanns Leben und Nachlass«. Ort der Verabredung: das Weinlokal Lutter & Wegner. Der ehemalige Buchhändler und Verleger, der Schriftsteller, der Kriminalrat erschien überraschend pünktlich.

Hitzig, resolute Erscheinung von Ende vierzig, Brille mit kleinen, elliptischen Gläsern, Koteletten verlängert zum Backenbart, bullige Statur, er bestimmte sogleich die Sitzordnung: An Hoffmanns Stammtisch nahm er den Platz ein, der Hoffmanns Stammplatz gewesen sein soll. Und ich durfte mich auf den Stuhl setzen, auf dem Hoffmanns Hausgenosse und Zechkumpan, der Schauspieler und Regisseur Devrient Platz genommen hatte. Und es wurde bestellt, was Hoffmann oft bestellt, was er auf Gesellschaften gern auch selbst gemischt hatte, mit vorgebundener Schürze: Bischofswein als »Kardinal«.

Selbstverständlich sprachen wir zuerst über unsere beruflichen Tätigkeiten, und hier intonierte Hitzig. »Sie wissen ja wohl, dass ich, bis vor einigen, vor etlichen Jahren einen Verlag führte, gekoppelt mit einer Buchhandlung, und die lief gut, und der Verlag lief sehr gut. Ich habe die Gebrüder Schlegel gedruckt, natürlich auch die Shakespeare-Übersetzungen von August Schlegel, habe Fouqué gedruckt und weitere Dichter, aber ich habe im Verlagsprogramm auch das wachsende Interesse an Naturwissenschaften berücksichtigt. Astronomisches Jahrbuch … Systematischer Leitfaden der Arithmetik … Naturwunder und Länder-Merkwürdigkeiten … Über Wassersucht und deutsche Einheit … Natürlich aber auch, elegant gebunden, das Taschenbuch für denkende Frauen … Ja, und dann hatte ich einen besonders guten Einfall: unsere Dichtergrößen in Gips modelliert, Halbreliefs hinter Glas und mit gebeizten Rahmen – Preisnachlass bei Abnahme der jeweiligen Serie … Überhaupt: Preisnachlass! Jetzt kann ich dem Herrn Mitbuchhändler ja das eine und andere verraten, seit ich, aus sehr privaten, sehr traurigen Gründen, meine florierende Verlagsbuchhandlung verkauft habe, »Finalübergabe« an den Kollegen Dümmler – also, ich habe es so gehalten: Wer fünf Exemplare eines Buchs bestellt, erhält ein sechstes frei. Wirkt Wunder, glauben Sie mir, wirkt Wunder! Ah, man muss sich nur immer wieder was einfallen lassen.

Um nicht mit weiteren Vorschlägen traktiert zu werden, griff ich das Stichwort Naturwissenschaften auf, erwähnte die Monographie über den Salzdom, ließ sogleich unseren Salzdom vor Hitzig in die Höhe wachsen, sich ausdehnen in Breite und Länge, bestückte ihn mit groben Wasserspeierfiguren und feinsten Filigranornamenten. Und Satz um Satz ließ ich den Turm wachsen, er überragte bald die Kuppel des Französischen Doms vor den Fenstern des Restaurants. Sogleich versetzte ich uns auf den Türmerrundgang, wir schauten hinab auf ein Berlin, das Hoffmann oft, aber nicht lange genug durchwuselt hatte. So sprachen wir uns an Hoffmann heran, ich stellte mein Projekt vor. Verschwieg dabei, abergläubisch, dass ich Goethe mit der Herausgeberschaft betreuen möchte, sprach nur allgemein vom Plan, längere und kürzere Hoffmann-Texte zusammenzustellen; vorauszuschicken wäre ein möglichst ausführliches Vorwort.

»Haben Sie schon einen, der das übernimmt?«

Ja, ich denke an einen jungen Dichter, der seine Eltern bei uns in Lüneburg besucht, meist über Wochen hinweg – diesem Harry Heine wäre solch ein Auftrag gewiss willkommen.

»Diesem Auftrag werden aber hoffentlich klare Grenzen gesetzt.« Ich stellte mich begriffsstutzig, Hitzig musste nachhelfen: »Keine Überschneidungen, Herr Delmenhorst, keinerlei Überschneidungen!« Und er fixierte mich durch die kleinen Brillengläser, sein rotblonder Backenbart schien beidseitig aufzuflammen, die Stimme wuchs an mit der Wiederholung, sank wieder ab mit der Begründung: er bereitet eine erweiterte, verbesserte Neuausgabe seiner Biographie vor über Hoffmann, hat ihn schließlich lang genug gekannt, nah genug erlebt, er will nicht, dass wir uns in die Quere kommen, und Vorschub leisten will er mir unter diesem Aspekt schon gar nicht! »Sie verstehen, ich lasse mich nicht aushorchen, und schon gar nicht lasse ich mich ausnehmen!« Er sei nun mal Jurist, lege Wert auf klare Aussagen: Ob ich etwa, und sei es nur im Hinterkopf, eine neue Biographie über Hoffmann plane, die mit seinem Werk in Konkurrenz treten wolle?

Neinnein, auf keinen Fall!

»Warum so heftig? Was verbirgt sich hinter dieser Heftigkeit?«

Ich wiederum: Ich hätte zwar das eine und andere Buch verlegt, hätte aber noch nie eine Schrift verfasst, hätte das auch künftig nicht vor. Selbst, wenn dies doch der Fall wäre – über Hoffmann würde ich nie und nimmer schreiben!

Da wollte er wissen, weshalb nicht.

Ich wies hin auf äußere Hindernisse, innere Hemmnisse: Es müsste viel zu oft von Not und Elend geschrieben werden, dies über mehrere Lebensphasen hinweg. Stichwort Armut, Stichwort Hunger: Ehepaar Hoffmann zuweilen in der elenden Situation, tagelang nur trocknes Brot kauen zu können … Wie man allerdings mit einem ständig wachen Hungertier im Leibe leben und womöglich schreiben kann, das vermag ich mir nicht vorzustellen – wir haben in Lüneburg zwar gedarbt, aber nicht gehungert. Kamen hinzu die Niederlagen, die Hoffmann erleiden musste …! Wie er als Dirigent von Prinzipal Seconda – diesem kleinen, krummen, alten Mann mit Riesenschädel und Glupschaugen – vor versammeltem Ensemble beschimpft wurde, er verstünde nichts vom Metier – so etwas könnte ich nicht wieder vergegenwärtigen, das würde ich Hoffmann nicht antun wollen. Schließlich das Thema Krankheiten – was kriegte man da nicht alles zu hören: Magenkrämpfe … Koliken … Obstipation und Diarrhoe … Migräne … Rheumatische Beschwerden, Gelenkschmerzen –

»Alles kein Wunder!«, rief Hitzig, »halten Sie sich mal bei strengstem Winter einen ganzen Vormittag in einem ungeheizten Theater auf und begleiten am Klavier eine Ballettprobe – das muss ja zu Problemen führen! Und zu schlimmer Letzt auch noch die Rückenmarksdarre! Das alles aufgebürdet dem kleinen Körper – Hoffmann schrieb mir mal, er hätte zuweilen das Gefühl, all die Krankheitsstoffe in ihm ließen seine Haut phosphoreszieren, zumindest abends …«

Und über all dies schreiben ...?, knüpfte ich fragend an. Da hätte ich letztlich das Gefühl, ich könnte mir solches Elend nicht länger vom Hals halten – ich bin in der Hinsicht etwas abergläubisch. Es geistert genug herum bei mir im Haus, da muss nicht auch noch so was im Kopf spuken. Und ich betonte, ich wolle lediglich, als enthusiasmierter Hoffmann-Leser, Begeisterung für Hoffmann wecken im Publikum; dies wiederum dürfte der anstehenden Neufassung der Biographie letztlich nur zugute kommen.

Damit gab sich Hitzig zufrieden, wir leerten die Gläser, wechselten über zur Weinhandlung Schäfer & Comp. Hier hatte Hoffmann ebenfalls pokuliert und schwadroniert. Diesmal bestellte Hitzig einen »Prälaten«: roter Burgunder als Grundlage des Punschs. Wir sprachen nicht mehr über Bücher von Hoffmann, vielmehr stand Ernst Theodor Amadeus selbst im Mittelpunkt. Hitzig erzählte vom Freund, den er seinerzeit nicht nur in dessen Mittwochsgesellschaft traf (die Hitzig durch eine eigene Mittwochsgesellschaft fortsetzt und noch lange fortzusetzen gedenkt).

Nach einem Stichwort für die Fortsetzung unseres Gesprächs mussten wir nicht lange suchen – es ergab sich über die Brille, die ich aufsetzte, um die Angebote des Hauses zu studieren: sogleich sahen wir Hoffmann als Benutzer und Bewunderer optischer Geräte. Nicht zufällig lässt er seinen Coppelius Thermometer, Barometer, Lorgnetten, Monokel, Brillen präsentieren, er hätte noch mehr offerieren können: Bernsteinglas-Brillen, Radiumbrillen, Nervenbrillen, Zwangsbrillen, Wunderbrillen, Zauberbrillen. Und er hätte das Rußworm'sche Universalmikroskop einbringen können, das Cuff'sche Sonnenmikroskop und vor allem das Phantoskop, mit dem Gespenster sichtbar gemacht werden durch Projektion. Aber, großes Aber: Ob Mikroskop oder Teleskop, so schränkte Hitzig ein, die optischen Geräte sind meist noch ziemlich schlecht, das hat Freund Chamisso mehrfach beklagt: Das Kronglas schlierig, oft mit eingeschlossnen Bläschen, und nur in winzigem Kreis ist das Objekt scharf zu sehen. Für Hoffmann war es vielfach der Floh im »Flohglas« – er erschien ihm darin fast so groß wie ein Spanferkel.

Ja, Hoffmann sah vieles auch mit dem Auge des Naturwissenschaftlers. Der ihm diese Perspektive vermittelte, war Chamisso, der gemeinsame Freund, der auf russischer Brigg unter Kapitän Otto von Kotzebue, dem Sohn des überaus erfolgreichen Theaterautors, eine dreijährige Forschungsreise unternommen hatte zu Inseln und Halbinseln in der Nähe des Nordeises wie zu Inseln der Südsee, und der nach glücklicher Rückkehr viel und gern berichtete. Auch half Chamisso dem Freund Hoffmann schon mal aus, wenn der Fachwörter, Fachdetails brauchte für eine Arbeit. Der Botaniker, der Gedichte schrieb, und der Jurist, der Erzählungen und Romane verfasste, außerdem noch komponierte – grenzüberschreitende Freundschaft!

Das hatte sich schon in Warschau erwiesen. Hitzig, vom Punsch animiert, begann zu schwärmen: Ja, Warschau! Das war die rechte Stadt für Hoffmann, vor allem nach der finsteren Zeit in Płock, der Provinzstadt an der Weichsel – dort hatte er sich wie in der Verbannung gefühlt … Hingegen Warschau: belebendes Elixier, Arkanum! Sie beide waren als Juristen eingestellt bei der preußischen Regierung des besetzten Territoriums, die beiden Ehepaare wohnten in Häusern unmittelbar nebeneinander, und abends, wenn es endlich ruhiger wurde auf der Straße, gab Hoffmann mit mächtigem Akkord ein Zeichen auf dem Pianoforte, sie machten straßenwärts die Fenster auf, Mischa ebenfalls, und so lauschte Hitzig mit seiner jungen Frau dem Nachbarn, der oft stundenlang auf dem Flügel fantasierte.

Damals sah sich Hoffmann noch primär als Komponisten, hatte aber längst schon begonnen zu schreiben. Und zeichnete weiterhin. Auch in Warschau wusste er noch nicht, wo seine eigentliche Berufung lag. Bereits als junger Mann in Königsberg hatte sich die Frage gestellt, ob er Zeichner oder Komponist oder Schriftsteller sei. »Meine Musik, mein Malen, meine Autorschaft« …

Hoffmann in Warschau, 1806: hier eine typische Situation. Planend und ausführend arbeitet er mit bei der Renovierung des ausgebrannten Mniszek-Palais, malt Räume aus, legt Vorzeichnungen an für Kollegen, besorgt das meiste aber selbst: hockt, in seiner Malerjacke, auf dem Gerüst, im Halbkreis umgeben von Farbtöpfen, eine Flasche Wein in Reichweite, in Griffnähe, und er malt Fabelwesen wie aus Ägypten, doch trotz Flügelchen zeigen sie Gesichtszüge von Bekannten, wenn auch stilisiert. Malend unterhält er sich zwischendurch mit Besuchern, kommentiert, was entstanden ist, was weiter entsteht.

Und es wird eine Amtshandlung notwendig: Ein Bote vom Gerichtsgebäude legt eine Präsidial-Verfügung vor, es geht um eine Vertragsschließung, die Parteien sind bereits anwesend. Hoffmann zieht die farbbekleckerte Jacke aus, wäscht sich die Hände, folgt dem Boten im Eilschritt, wickelt den Fall ab, souverän und rasch.

Überhaupt: Hoffmann als Beamter ...! Hat rasch aufgearbeitet, was auf seinen Schreibtisch kam – so rasch, dass er oft vormittags schon mit dem Tagespensum fertig war und gegen ein Uhr nach Hause gehen konnte. Er selbst betonte gern, er sei »fix im Stil«. Unter dem Tempo, mit dem er arbeitete, habe die Qualität freilich nicht gelitten; ihm wurde auch vom Vorgesetzten eine »geschickte und klare Darstellung« attestiert, ein »tiefes Eindringen in den Geist der Gesetze ... edle Schreibart ... Präzision und Eleganz«. Und Hoffmann als Richter? »Kalte Ruhe ... Ernst ... würdiges Betragen.«

Wir sprachen dem Alkohol zu: Ernst und würdiges Betragen zeigten Lockerungserscheinungen. Noch einmal wechselten wir das Restaurant – Hitzig wollte mir alle drei Stammlokale Hoffmanns in der nächsten Umgebung seiner Wohnung am Gendarmenmarkt vorstellen.

Nun war es das Restaurant des Weinhändlers Schultheiß in der Mohrenstraße. Hitzig zum Markeur: »Stellen Sie gleich eine Flasche ab vor meinen Gast, er kommt aus dem salzigen Lüneburg.« Prosit und wieder Prosit. Die Gestik des Kriminalrats und Verlegers wurde raumfordernd. Einzelheiten, aber keine zusammenfassende Darstellung des Lebens, das kaum Zusammenhänge bilden konnte: nicht übermütige, eher verzweifelte Sprünge. Es war vor allem die lange Kriegszeit, die ihn auf die Sprünge brachte: Hoffmann in Warschau und weg von Warschau ... Hoffmann in Dresden und weg von Dresden ... Hitzig hatte Hoffmann nicht erlebt in Dresden, hat von Hoffmann selbst aber viel von dem gehört, was der in Dresden erlebt hatte. Fast ein Wunder, dass er, obwohl mit seiner Frau neben einem Lazarett wohnend, nicht vom epidemischen Nervenfieber erfasst wurde, das in wenigen Stunden vom

Vorspiel der Kopfschmerzen zum Exitus führte. Täglich starben in den Spitälern der Stadt an die zweihundert, zweihundertfünfzig Patienten, sie konnten so schnell nicht alle beerdigt werden, wurden erst mal auf dem Neustädter Kirchhof gereiht und gestapelt.

Und Hitzig wechselte über zu Hoffmann in Bamberg. E.T.A. als Musikdirektor der »Actiengesellschaft für das Bamberger Nationaltheater«, doch kaum hat er mit der neuen Tätigkeit begonnen, gibt es Stunk: Hoffmann streitet sich mit der Verwaltung, mit Musikern, wird angefeindet; Intrigen, auf die er mit Attacken reagiert. Zwei Monate nach seiner Ankunft legt er das Amt nieder, behält allerdings nominell den Titel, wenn auch bei zurückgestuftem Gehalt. Er ist oft gereizt, wütend, leidet an »heftigen Magenkrämpfen«. Muss wieder Unterricht erteilen als Musiklehrer – bei betuchten Familien, vorrangig im Haus der verwitweten Konsulin Mark, und Hoffmann verliebt sich sterblich-unsterblich in Schülerin Julia. Ah, wie groß, spitz, rot wurden meine Ohren bei diesem Lebenskapitel, dieser Liebesgeschichte – Liebe auch als unser beider Lebens-Ingrediens, nicht wahr?

Töchterlein Julie oder Julia war zu Beginn des Unterrichts mal dreizehn, mal vierzehn, mal fünfzehn Jahre jung – je nach ortskundigen Zeugen. Rasch entwickelte sich in Hoffmann, mittlerweile 36, eine ihn völlig beherrschende Leidenschaft: Grande passion ... Freilich, Konventionen und Konstellationen verhinderten, dass er seine Schülerin zur Geliebten machte, Vereinigung fand eher musikalisch statt, in klavierbegleiteten »Duettinen«, die Hoffmann für sein kleines Objekt der großen Liebe komponierte und für sich selbst: Sopran und Tenor miteinander verflochten: »Dove sei mio caro bene, vieni, vieni ... Vicino a te ben mio mi sento giubilare« ... Ja, im Reich der Musik fanden sie sich, verbanden sie sich, vereinten sie sich. Zwar wurde Hoffmann von einigen Freunden eine wohlklingend tenorale Stimme nachgesagt, doch es muss, laut Hitzig, eher schauderhaft geklungen haben, wenn Hoffmann zu singen begann – in den Diskant neigende oder eher: abkippende Stimme. Aber selbst, wenn es schräg klang: es war höchst beseelt. Und das war für jene Situation, Konstellation sicherlich (vorerst) entscheidend.

Prekäre Konfiguration: polnische Ehefrau auf der einen Seite, fränkische Wahlverwandte auf der andren – Hitzig fragt sich zuweilen, ob Hoffmann sich damals wünschte, er könnte sich von seiner Frau trennen und mit der Geliebten liieren. Oder hatte er Angst, seine hochgespannten Erwartungen könnten sich nicht erfüllen? Angst vor Verlust der Intensität des Gefühls? Und das offenbar mollige »Julchen« stellte sich womöglich bald als junge Frau heraus mit Unzulänglichkeiten, Beschränktheiten? Wollte es Hoffmann auf solch eine Erfahrung gar nicht erst ankommen lassen? Sollte das hohe und starke Gefühl in ihm weiterwirken als Ferment? Blieb in ihm Julia lebendig, indem sie belebend auf Erfindung und Entwicklung literarischer Frauenfiguren einwirkte?

Die Geschichte endete nicht tragisch, eher traurig. Julia, mittlerweile sechzehn, musste sich auf entschiedenen Wunsch der Mutter verloben, und zwar mit einem Johann Graepel, Mitinhaber des Bankhauses J. G. Graepel & Sohn, Hamburg. Ein junger Mann, der Hoffmann in stille Wut versetzte, wenn der über Musik und Malerei schwafelte. Julias Verehrer wurde zur Nachfeier der Verlobung eingeladen, nach Pommersfelden; beim Mittagessen betrank sich der Bräutigam (mal wieder), schlug über die Stränge; Konsulin Mark schlug einen Spaziergang vor, im Park; nach wenigen Schritten an der frischen Luft fiel der torkelnde Bräutigam hin, streckte alle viere von sich. Nun soll Hoffmann explodiert sein – wieviel hatte er einstecken müssen in der Zeit davor und nun bei der Verlobungsfeier! Er schrie, und Hitzig, vom Alkohol befeuert, schrie das beinah ebenso laut – Gäste horchten, Gäste schreckten auf: »Schaun Sie, da liegt der Scheißkerl! Wir haben doch auch getrunken wie er, uns passiert so was aber nicht! Das kann nur so einem gemeinen, prosaischen Kerl passieren!«

Angetrunken verließen wir nach Mitternacht das Restaurant, doch keiner von uns schlug hin neben dem Französischen Dom oder mitten auf dem Gendarmenmarkt, unter einem Dreiviertelmond und rasch dahinziehenden Wolken. Hitzig sprach langsamer, zugleich schwungvoller. »Salzmann aus Lüneburg, ich könnte Ihnen jetzt das Eckhaus zeigen, in dem Hoffmann einige Jahre gelebt hat, es ist nur einen Katzensprung oder eher Katersprung entfernt von hier, aber ich sage nur, dieses Haus steht so, dass man freien Blick hat auf das Schauspielhaus, in dem damals Hoffmanns Undine-Oper aufgeführt wurde, die ihm so lieb, so nah war, dass er die Wände des Salons mit Motiven aus ›Undine‹ bemalte. So konnte er aus dem Undine-Salon hinüberblicken zum Schauspielhaus, in dem seine Undine aufgeführt wurde, mit Bühnenbildern, die auf seine Bitte Schinkel entworfen hatte. Und nach einer Aufführung der Undine kehrte er zurück in den Salon, in dem er Motive aus Undine an die Wände gemalt hatte, konnte aus diesem Raum wiederum hinüberblicken zum Schauspielhaus, in dem seine Undine aufgeführt wurde, erfolgreich, bis der große Brand ein Ende setzte: das Schauspielhaus brannte lichterloh, verabschiedete sich vor zahlreichen Zuschauern mit einer Galavorstellung, bei der an Aufwand, an Kosten nicht gespart wurde. Zwei Schildwachen, vorschriftsmäßig in Uniform, gerieten schier aus dem Häuschen angesichts des Feuers und begannen zu tanzen.«

Auch Hoffmann konnte, zumindest in rückblickendem Erzählen, beinah übermütig werden, obwohl sein Besitz unmittelbar bedroht war. Die Hitze war derart groß, dass diverse Scheiben platzten, an den Fensterrahmen die Ölfarbe flüssig wurde. Als »Feuerarbeiter« an die Tür pochten, hatte das Ehepaar mit Hilfe der Köchin bereits die Gardinen abgenommen, das Bettzeug in den hintersten Raum getragen, auch leichtere Möbelstücke. Nun wurden Dach und Gauben nass gehalten; durch Funkenflug geriet dennoch der Dachstuhl über Hoffmanns Wohnung in Brand, konnte indes gelöscht werden mit drei Schlauchspritzen, von denen eine aufriss – Hoffmann will diese »Wunde« sogleich mit der seidenen Schürze seiner Frau »verbunden« haben. Der Theaterbrand jedoch konnte nicht gelöscht werden, es gingen auch die Bühnenprospekte und Kostüme seiner Oper in Flammen auf.

Einschneidendes Ereignis für Hoffmann, denn eine Neuinszenierung war vorerst nirgends geplant. Und doch: er machte aus dieser Katastrophe eine Groteske, vor allem, wenn er davon am Stammtisch erzählte: Fünftausend Perücken seien aufgeflogen beim Brand der Perückenkammer, die Perücke des Schauspielers Unzelmann wie ein feuriger Meteor über dem Bankgebäude schwebend, mehrere Feuerlöschspritzen richteten sich auf die kapitalbedrohende Perücke, vergebens, schließlich holte ein Gardejäger mit präzisem Büchsenschuss die Feuerperücke herunter, und sie fiel in den Pisswinkel des Weinhauses Schonert. Woraufhin, so ergänzte Hoffmann gern, die Staatspapiere im Kurs stiegen. Und er fragte: Ist das nicht Stoff für ein Epos?

Wir gingen an der Hedwigkirche vorbei. Weil Julius schon ziemlich angeheitert war, hakte er bei mir ein. So stapften wir dahin Richtung Schlossbrücke. Und dort geschah es: ein junger Mann kam uns entgegen, fixierte Hitzig, blieb hinter uns stehn und rief: »Itzig, Itzig, hepphepphepp!« Schon beim zweiten »hepp!« machte Hitzig kehrt, rannte auf den jungen Mann zu, der zur Flucht ansetzte, kriegte ihn zu packen, schrie auf ihn ein: »Halt er's Maul, sonst kriegt er eine Maulschelle verpasst, dass ihm das Maul zeitlebens schief hängt!« Mit einem Stoß entließ er den jungen Mann, der sich nicht zu wehren wagte, schließlich waren wir zu zweit. Hitzig rief ihm nach: »Der Teufel soll dich holen!«

Wir gingen weiter. Hitzig atmete schwer: stockendes Schnaufen. Erst als wir die Prachtstraße erreicht hatten, stieß er hervor: »In so einem Fall muss sofort eingegriffen werden, sonst geht es wieder los, wie damals in Heidelberg, in Würzburg, auch hier in Berlin. Ich habe das nicht direkt miterlebt, ich wohnte damals bei den Eltern in Potsdam, da blieb es ruhig, aber was vor allem in Heidelberg geschah und in Würzburg ...« Wir blieben an der Schlossbrücke stehn, schauten aufs nachtschwarze Wasser. »Ich heiße längst nicht mehr Isaak Elias Itzig, ich hab mich taufen lassen, sonst wär ich als Jurist nicht nach oben gekommen ... Aber manche wollen die Taufe einfach nicht zur Kenntnis nehmen.«

Das Steingeländer der Brücke zum Schlossplatz gab uns Halt. Was mir bei erstem Flanieren schon arg in die Nase gestiegen war, das schien nun verstärkt auf mich einzuwirken – es stank vom Schlossplatz her nach Pisse und Kot. Doch darauf hatte man mich »schonend« vorbereitet: Wo in anderen Städten alle paar Wochen gereinigt wird, geschieht das in Berlin bloß jedes Vierteljahr. Pferdeäpfel, Kuhfladen, Menschenkot.

Hitzig sodann: »Wir sollten uns noch einen Schluck genehmigen, wir haben es verdient.«

Er wurde im Weinlokal respektvoll begrüßt: Der Herr Kammergerichtsrat ... Wiederholtes Prosit. Er war sich selber dankbar, dass er so entschieden reagiert, den Burschen zum Schweigen gebracht hatte, womöglich zum Nachdenken, wenigstens zum Einlenken. Damit war der Casus erledigt.

Als wir schließlich vor das Weinhaus traten, Dächer mondbeglänzt, begann Hitzig zu rezitieren, was er mindestens ein Jahrzehnt zuvor gereimt, inzwischen aber nicht mehr vollständig im Kopf hatte – er brach ab mit kleinem Schulterzucken.

> Kurzgeschwänzte, tolle Affen
> Greifen eilend zu den Waffen,
> Hunderttausend schwarze Flöhe
> Rufen herzzerschneidend: Wehe!
> Nur hervor, ihr feigen Knechte!
> Hört man brüllen Barsch' und Hechte,
> Trommelnd ziehn herbei die Mäuse
> Im Gefolg behelmter Läuse –

DARF ICH IHNEN, SEHR GEEHRTER HERR GEHEIMRAT, zwischendurch einen Floh ins Ohr setzen? Einen original Hoffmann'schen Floh, herübergesprungen aus dem »Märchen in sieben Abenteuern«, betitelt »Meister Floh«? Dieser Meister ist kein Geringerer als der zwar längst verstorbene, für den Roman jedoch wiederbelebte Antoni van Leeuwenhoek, Meister des Mikroskops, der in seinem zweiten Leben einen Flohzirkus eröffnet und eine Zeit lang damit Erfolg hat.

Nun denn: »Zum größten Erstaunen sah man auf einer Tischplatte von dem schönsten weißen, glänzend polierten Marmor Flöhe, welche kleine Kanonen, Pulverkarren, Rüstwagen zogen, andere sprangen daneben her mit Flinten im Arm, Patronentaschen auf dem Rücken, Säbeln an der Seite. Auf das Kommandowort des Künstlers führten sie die schwierigsten Evolutionen aus, und alles schien lustiger und lebendiger wie bei wirklichen großen Soldaten, weil das Marschieren in den zierlichsten Entrechats und Luftsprüngen, das Linksum und Rechtsum aber in anmutigen Pirouetten bestand. Die ganze Mannschaft hatte ein erstaunliches Aplomb, und der Feldherr schien zugleich ein tüchtiger Ballettmeister. Noch beinahe hübscher und wunderbarer waren aber die kleinen goldenen Kutschen, die von vier, sechs, acht Flöhen gezogen wurden. Kutscher und Diener waren Goldkäferlein der kleinsten, kaum sichtbaren Art, was aber drin saß, war nicht recht zu erkennen.«

Das Ganze musste sich zahlendes Publikum mit Vergrößerungsgläsern anschauen, dabei wurden erstaunliche Details erkennbar: Sporen an den Stiefelchen der Flöhe, Knöpfe an ihren Röcken. Hier wird es wirklich märchenhaft, schließlich bräuchte man meterlange Mikroskope und unvorstellbar kleine Nadeln mit unermesslich dünnem Faden, um Knöpfe an Flohkleidern festnähen zu können.

Wenn sich freisetzt, selbständig macht, was vom Mikroskop vergrößert wird, so könnte das, Exzellenz, laut Hoffmann wie folgt aussehen: »Ein ekelhaftes Gewirr der scheußlichsten Kreaturen erfüllte den ganzen Raum. Das Geschlecht der Pucerons, der Käfer, der Spinnen, der Schlammtiere, bis zum Übermaß vergrößert, streckte seine Rüssel aus, schritt daher auf hohen, haarigen Beinen, und die gräulichen Ameisenräuber fassten, zerquetschten mit ihren zackigen Zangen die Schnaken, die sich wehrten und um sich schlugen mit den langen Flügeln, und dazwischen wanden sich Essigschlangen, Kleisteraale, hundertarmige Polypen durcheinander.«

ZITATE AUS EINEM ROMAN, dem in verschiedener Hinsicht besondere Bedeutung zukommt. Einer der Aspekte: Dieses Buch verbindet sich zwingend mit dem Stichwort Zensur.

Sie haben keine Zensur im Herzogtum Weimar, dank des robusten Widerstands Ihres Herzogs gegen Metternichs Bestrebungen, aber ich möchte Ihr Werk auch in anderen deutschen Landen verkaufen, ohne dass es nachträglich indiziert, womöglich beschlagnahmt wird. Hier ist Umfang der beste Schutz; ich darf daran erinnern: Sobald das Limit von zwanzig Druckbögen überschritten ist, unterliegt ein Buch nicht mehr der Zensur. (Offenbar gehen

Zensurbehörde und Geheimpolizei davon aus, dass potenzielle Revolutionäre nicht zu den geduldigsten Lesern zählen.) Auch mit Blick auf diese Regelung schlage ich vor, dass wir den projektierten 320 Seiten (in dem dann vorgeschriebenen Oktavformat) sicherheitshalber einen Bogen hinzufügen oder deren zwei. Hoffmann würde Material genug bieten selbst für ein Vierhundertseitenbuch!

Zum Stichwort Zensur noch Folgendes. Ihre Herausgeberschaft wäre postumer Schutz für Hoffmann: es würde gewährleistet, dass sein Werk in Zukunft vor Zensoren-Eingriffen sicher ist. Ich will das nicht abstrakt stehenlassen, will belegen, wo diesbezüglich Gefahren lauern, unterbreite ein Dokument, das Ihnen mit Sicherheit noch nicht unter die Augen gekommen ist. Ich darf aussparen, wie ich an die Abschrift gekommen bin, bleibe beim pauschalen Hinweis: Es gibt Lücken in jedem System, es mag sich noch so streng gebärden.

»Meister Floh« ist von der weltlichen Zensur hinreichend traktiert worden, aber es gibt, dank Metternich, die geheime Verbindung Wien–Rom, genauer: Staatskanzlei–Vatikan, und so bin ich in der Lage, Ihnen die Übersetzung eines Gutachtens aus geistlicher Hand vorzulegen. Selbstverständlich ist dieser Anhang streng vertraulich; er soll Ihnen deutlich machen, wie notwendig auch unter diesem Aspekt die Herausgabe des Hoffmann-Auswahlbandes ist, wie notwendig die Absicherung des Projekts durch Ihren letztlich sakrosankten Namen.

GEHEIMGUTACHTEN zum Index-Verfahren, Eminentissimo Sig. Cardinale Ostini vorgelegt, Prefetto della Sagra Congregazione dell'Indice. Betreff: Roman *Meister Floh* von Ernst Theodor Amadeus Hoffmann, Berlin 1822.

Der hochwürdige Pater Sekretär der Index-Kongregation hat mir die große Ehre zuteil werden lassen, mich mit der Überprüfung der neuen Schrift des Herrn Hoffmann zu beauftragen. Ich unterbreite mein schwaches Urteil ergebenst Euren Verehrungswürdigsten Eminenzen.

Zunächst: Ich kann dem Autor das Lob einer fruchtbaren Einbildungskraft, sehr lebhafter Phantasie und des poetischen Genies nicht versagen, wie sehr er auch vom Stil und Geschmack der Romantik verdorben ist, die einen großen Teil der Schriften unserer Zeit verseucht.

Die Machart dieses Werkchens ist allerdings so undeutlich und verworren, dass man davon keine vernünftige Zusammenfassung geben kann. Ich werde mich deshalb darauf beschränken, einige Züge hervorzuheben, die zeigen, von welchem Geist es erfüllt ist und von welcher Art die Grundsätze sind, die es nicht nur verstreut enthält, sondern energisch vertritt. Generell ist allerdings nur ein gewisser Strang des verworrenen Geschehens für mein Gutachten von Belang.

Die Abläufe haben folgenden Ansatzpunkt: Der Hauptfigur, Peregrinus Tyß, wird vorgeworfen, eine junge Frau entführt zu haben – eine Unterstellung, obwohl keine Meldung über eine Entführung vorliegt, keine Frau vermisst sein soll. Dennoch, so die tendenziöse Darstellung des kleinen Romans, dennoch wird der Anzeige nachgegangen, sogar gegen den Einspruch von Sachkundigen. Um zu demonstrieren, wie besagter Hoffmann die Arbeit von Polizeibehörden (hier verkörpert durch einen Kriminalrat namens Knarrpanti) verspottet, kann es nicht unnütz sein, folgende Stelle anzuführen:

»Auf die Erinnerung, dass doch eine Tat begangen sein müsse, wenn es einen Täter geben solle, meinte Knarrpanti, dass, sei erst der Verbrecher ausgemittelt, sich das begangene Verbrechen von selbst finde. Nur ein oberflächlicher leichtsinniger Richter sei, wenn auch selbst die Hauptanklage wegen Verstocktheit des Angeklagten nicht festzustellen, nicht imstande, dies und das hineinzuinquirieren, welches dem Angeklagten doch irgendeinen kleinen Makel anhänge und die Haft rechtfertige.«

Weitere Hinweise zum Handlungsgeschehen, das Verbindung zur Realität vortäuscht: Tyß wird festgenommen, es folgt »die Beschlagnahme seiner Papiere«, es beginnt, was der Verfasser als »Hinein-Inquirieren« darzustellen beliebt. So lässt er seine Polizeichef-Figur in den konfiszierten Tagebüchern jeden Satz markieren mit dem Verb »entführen«, dem Substantiv »Entführung«, um sodann in die Anklageschrift Zitate einzuschleusen unter dem Stichwort: »Entführerische Umtriebe« (dies wohl in bewusster Assonanz an »hochverräterische Umtriebe«).

Ein Beispiel: »Heute sah ich im Theater Mozarts ›Entführung aus dem Serail‹ zum zwanzigsten Mal mit demselben Entzücken. Es ist doch was Hohes, Herrliches um diese Entführung.« Hier wird als belastende Äußerung isoliert: »Es ist doch was Hohes, Herrliches um diese Entführung.« Oder: »Die Blumen, sie konnten mir alle gefallen, doch hab ich von allen die schönste entführt.« Das wird, laut Hoffmanns Darstellung, zum weiteren Schein-Indiz: »Hab ich von allen die Schönste entführt.«

Es würde allerdings rasch zum Überdruss führen, sämtliche Stellen wiederzugeben, in denen der Verfasser die polizeiliche Abwehr von Revolutionstendenzen zum Gegenstand seines Sarkasmus, ja, seiner Spottlust macht, doch sollte die gleich anschließende Sequenz noch hervorgehoben werden. Es geht um ein Tagebuchzitat des Inhaftierten: »Heute war ich leider mordfaul.« Hoffmann insinuiert, der Vertreter der Polizeibehörde würde dies vorsätzlich falsch verstehen: nicht als mordsmäßig faul, vielmehr lässt besagter Hoffmann den Untersuchungsrichter fragen, »ob jemand wohl verbrecherischere Gesinnungen an den Tag legen könne, als wenn er bedaure, heute keinen Mord verübt zu haben«!

H. setzt die systematische Verfälschung konsequent fort, indem er suggeriert, es würden in solch einem Fall beim Verhör Fangfragen gestellt. »Vorzüglich waren sie darauf gerichtet zu erforschen, was Peregrinus sowohl im Allgemeinen sein ganzes Leben hindurch als auch bei diesem jenem besondern Anlass, was (er) zum Beispiel bei dem Aufschreiben der verdächtigen Worte in seinen Papieren, *gedacht* habe.

Das Denken, meinte Knarrpanti, sei an und für sich schon eine gefährliche Operation und würde bei gefährlichen Menschen eben desto gefährlicher. – Ferner gab er solche verfänglichen Fragen wie zum Beispiel, wer der ältliche Mann im blauen Unterrock und kurz verschnittenen Haaren gewesen sei, mit dem er (sich) am vierundzwanzigsten März des vergangenen Jahres mittags an der Wirtstafel über die beste Art, den Rheinlachs zu bereiten, verständigt habe? Ferner: ob er nicht selbst einsehe, dass all die geheimnisvollen Stellen in seinen Papieren mit Recht den Verdacht erweckten, dass das, was er niederzuschreiben unterlassen, noch viel Verdächtigeres, ja, ein vollkommenes Eingeständnis der Tat hätte enthalten können?«

Bereits diese Ausschnitte scheinen mehr als ausreichend, die Gefährlichkeit des Opusculi zu beweisen. Erneut muss jedoch betont werden: Man begreift diese Gefahr allerdings erst, wenn man das Romänchen ganz gelesen hat, denn einen wirklichen Zusammenhang gibt es im Verlauf der Darstellung nicht.

Das bisher Gesagte und Belegte genügt meiner Ansicht nach als Beweis dafür, dass dieses Werk es verdient, auf den Index verbotener Bücher gesetzt zu werden. Man muss hinzufügen, dass es wegen der Eleganz des Stils, wegen des Schwungs der poetischen Phantasie, wegen der lügenhaften, aber sehr kühn und kunstvoll mit dem Anschein von Wahrheit versehenen Behauptungen sehr geeignet scheint, unvorsichtige oder schlecht gesinnte Leser zu verführen – ein umso stärkerer Beweggrund, die Lektüre zu verhindern.

Wenn ich den mir erteilten Auftrag nicht sorgfältig genug ausgeführt haben sollte, so hoffe ich, dass Eure verehrungswürdigsten Eminenzen dies eher auf mein Unvermögen als auf Nachlässigkeit oder schlechte Absicht zurückführen werden. So unterwerfe ich meine Meinung der Weisheit Eurer Eminenzen, deren heiliges Purpurgewand küssend ich beteuern darf, dass ich, hochwürdigste Fürsten, Euer demütigster, ergebenster Diener bin, Gutachter Giuseppe Gualandro von der Gesellschaft Jesu«.

UND WENN DERO SCHWEIGEN vornehmlich daraus resultiert, dass mein erster großer Brief gar nicht angekommen ist? Dass er von der Zensurbehörde abgefangen wurde? Dass er schon durch seinen Umfang auffiel, von einem lesefaulen Zensor sogleich auf eine hohe Kante gelegt? Und ruht dort bis zum St. Nimmerleinstag?

Ach, die Zensur: vergisst man hier zuweilen! Ist in diesem gesegneten Herzogtum höchstens Thema von Berichten über Zensur jenseits der enggezogenen Grenzen. Beispielsweise erzählt man, hinter vorgehaltener Hand: Nicht einmal Herzog Carl August hat es, seinerzeit am Wiener Kongress teilnehmend, gewagt, sich in Briefen offen zu äußern, er wusste, dass auch seine Schreiben geöffnet wurden, selbst Briefe an die Geliebte, Maitresse, Nebenfrau Caroline Jagemann, und das schmälerte seine Lust, ihr zu schreiben.

Auch unter diesem Aspekt erweist es sich als sinnvoll, dass ich nach Weimar gereist bin. Meine Briefe können unterwegs nicht abgefangen werden; was ich Ihm hier schreibe, kann ich im hohen Hause abgeben. Und was ich Dir schreibe, sukzessive, das werde ich im Reisegepäck mitbringen, gut verstaut. Ja, ich sehe unter dem Stichwort »Zensur« meinen hiesigen Aufenthalt in neuem Licht, in neuer Motivierung.

SELBSTVERSTÄNDLICH LESE ICH auch am »Horn« im Werk meines Hoffmann. Heute Morgen nun stieß ich dabei auf eine irritierende Passage. Ich muss sie Dir nicht komplett abschreiben, hebe nur die wichtigsten Punkte hervor.

Ein Bub, ein Prinz mit kleiner, metallgegossener Kanone ... er lud sie mit Pulver und einer Schrotkugel ... richtete das Spielzeug auf einen gefangenen, an einen Kerzenleuchter gefesselten Vogel ... als Vorsitzender eines Kriegsgerichts wiederholte der Prinz den Hauptanklagepunkt: Anzettelung einer Rebellion im Land seines Vaters, des Fürsten ... der Schuss! – Wurde solch ein Vogel von der Schrotkugel nicht getötet, half der Prinz mit dem Federmesser nach, »um die gerechte Strafe an dem Hochverräter zu vollstrecken«.

Ist solch eine Episode im Sinne Metternichs, der alles daransetzt, fürstliche Souveränität zu erhalten? Das Prinzip monarchischer Legitimität als Basis der restaurierten europäischen Staatenordnung? Dieser Prinz beteiligt sich zwar symbolisch an der Niederschlagung hochverräterischer Regungen, aber *wie* dies Hoffmann erzählt, das bringt alles vertrackt in die Schwebe. Schade, dass man ihn in diesem Punkt nicht mehr befragen kann.

HINTER EINEM SCHWARZEN WANDSCHIRM, auf den er Teufelsgelichter gemalt hatte, sehe ich Hoffmann sitzen und schreiben: »Der

Unterschied zwischen Stil und Manier in der Musik ... Lache nicht so konvulsivisch ... Wüstes wahnsinniges Verlangen bricht oft hervor ... Der Tod selbst presste mich hinein in seinen Eispanzer ...«

Hinter dem Wandschirm, auf den er auch fliegende Katzen mit Schmetterlingsflügeln gemalt hatte, sehe ich Hoffmann weiterhin sitzen und schreiben: »All die grausigen Bilder der vergangenen Kriegsjahre ... Ich denke mir mein Ich durch ein Vervielfältigungsglas ... Ich bin der rote Geier und kann malen, wenn ich Farbenstrahlen gespeist! ... Hoho, bist du da, geliebter Doppelgänger, wackerer Kumpan? ... Dass der Grund ihrer Krankheit in einer psychischen Ursache ...«

Hinter dem schwarzen, bemalten Wandschirm sehe ich Hoffmann sitzen und sitzen, schreiben und schreiben, während Mischa leergetrunkene Weinflaschen mit Papier und Stoff in Standpuppen verwandelt: »Was kann ein blutiger Hut beweisen? ... Ich konnte mich selbst nicht wieder finden ... Arie h-Moll, in der das eingestrichene fis und g häufig ... Der wunderbare Geruch der aufgeblühten Fackeldistel ... Alle Gestalten, die sich um mich herumbewegen, sind Ichs ... Was sich auf jener dunkeln Kehrseite des Lebens begibt ... Die fremden Soldaten, die dort draußen erschlagen und eingeackert sind ... Ich muss abbrechen, muss ein wenig spazieren gehen!«

AUCH DIESER BRIEF WIRD ZUM LEPORELLO! Ich muss Dir nachholend berichten vom Besuch bei Friedrich Justin Bertuch, einer der Zelebritäten des Städtchens: Kaufmann, der Theologie studiert hat ... Geschäftsmann, der Geheimsekretär des Herzogs war ... Verleger, der zugleich Herr des Landes-Industrie-Comptoirs ist ... So umfassend das Spektrum seiner Tätigkeiten, so ausladend seine Residenz: die Straßenfront dürfte hundert Schritte lang sein. Ein Entree wie in einem Schloss, zumindest einem Schlösschen.

Wie Du weißt, verbinde ich mit dieser Reise auch geschäftliche Interessen – hier nun: Könnte Bertuch den Absatz meiner Bücher in Thüringen fördern, direkt oder indirekt? Doch von einem Kommissions-Geschäft wollte er nichts hören. Dafür ergab sich jedoch, unerwartet, ein Ansatzpunkt zur Lösung des Problems, vor dem ich hier stehe, viel zu lange schon. Unser Gespräch kam auf den Weimarer Gelehrtenkreis, laut dessen Statuten, Punkt 7, ein Mitglied einen Gast mitbringen darf, sofern der fähig und bereit ist, einen Vortrag zu halten, zu einem Thema eigner Wahl. Auch nach dem Tod der Herzoginmutter Anna Amalia wird, ihr zum Gedenken, die regelmäßige Zusammenkunft erlauchter Geister fortgesetzt, jeden Mittwoch. Dabei bleibt das alte Arrangement erhalten: an langgestreckter Tafel die Teilnehmer; an der Stirnseite der Referent; auf einem Zusatztisch ist Anschauungsmaterial ausgestellt – in der Pause nach dem jeweiligen Vortrag wird es inspiziert und kommentiert.

Das Treffen der Mittwochsgesellschaft beginnt tradtionsgemäß nachmittags um fünf und endet gegen acht – kurz bevor Weimar in eine Art Todesstarre verfällt, aus der es sich unangenehm früh wieder löst. In der Regel werden bei einem Treffen drei Vorträge gehalten. Natürlich habe ich gehofft, Goethe würde sich, genesend, zu diesem Zirkel schleppen oder schleppen lassen, um einen seiner vielfach gefeierten Vorträge zu halten, aber nichts da.

Immerhin nahm der Herzog höchstpersönlich an der Sitzung teil. Eine erstaunlich kompakte, kurzhalsige, querköpfige Erscheinung, von einer Speckschicht umgeben wie ein Walross, zu allem Ungemach begleitet von zwei seiner Riesenköter, die sich zwar gehorsam zu seinen Füßen hinlegten, doch unüberhörbar hechelten, raumfüllend. Während des ersten Referats wuchs meine Sorge, die Köter würden sich bei meinem Hoffmann-Vortrag erheben und während der Musikbeispiele zu heulen beginnen – da hätte ich mir Einspruch nicht erlauben dürfen, ich hätte sonst den potenziellen Förderer des Buchprojekts verlieren können, schließlich hoffe ich auf einen Druckkostenzuschuss aus der herzoglichen Privatschatulle. Die Sorge war freilich unbegründet, denn in der Pause nach dem ersten Vortrag räumte der Herzog das Feld.

Zuvor aber fasste er mich kurz ins Auge: »Sie also sind der Mann aus Lüneburg. Sind ja recht zielstrebig, wie man hört. Trotzdem, gewisse Hilfe wäre vonnöten.« Auf diese sibyllinische Äußerung konnte ich nur formelhaft entgegnen: »Ihro Gnaden gehorsamster Diener.« Er nickte, wandte sich ab, schritt zu dem Tisch mit Exponaten, sprach ein paar huldvolle Worte, hörte sich einige Schmeicheleien an, marschierte ab. Kurz die Hoffnung, der Herzog könnte die hinterhertapsenden Köter dem Diener im Vorraum überantworten und sich meinen Vortrag anhören, könnte sodann, von Begeisterung illuminiert, seinen Freund am Frauenplan dazu animieren, mir möglichst bald einen Termin einzuräumen. Kaum war das in mir aufgekeimt, war's schon wieder ausgeträumt.

Den ersten Vortrag hielt Herr Böttiger, Rektor des hiesigen Gymnasiums. Er sprach über die Erkundung eines unterirdischen Grabmals in Rom. Ich machte fleißig Notizen, dies aber nicht, um den Herrschaften zu signalisieren: Ich passe auf, ich will etwas mit nach Hause nehmen, vielmehr habe ich mitgeschrieben in Gedanken an Serapionsbruder Wagner, der schließlich wissen will, was in der erlesenen Runde zur Sprache kam.

Der Referent führte uns in ein Rom der unterirdischen Gänge, der Katakomben, versetzte uns in einen Höhlenbau, reingemeißelt in einen Tuffsteinhügel. Jahrhundertelang lag der Eingang hinter Schutt verborgen, erst kurz vor dem Dreißigjährigen Krieg wurde das »Hypogäum« geöffnet, wohl nur kurzfristig, erst vor wenigen Jahrzehnten wurde es genauer untersucht, das heißt: es wurde durchsucht nach Grabschätzen, die in den Sarkophagen aber kaum zu finden waren.

Uns wurde in Wort und Bild vor Augen geführt: In Tuffstein gehauener Wandelgang ... Saal, zentral, von dem aus Gänge noch tiefer ins Gesteinsmassiv hineinführen ... Nischen für Sarkophage ... Und dann die Entdeckung: Der in eine Öffnung genau eingepasste, im Fackellicht bis dahin übersehene Tuffsteinblock, hinter dem sich ein kurzer Kriechgang öffnete in einen Nebenraum, in dem zahlreiche Kleidungsstücke, Rüstungsstücke, Waffen lagen, jedoch keine Skelette: Kleidungsstücke offenbar von Personal, das den hohen Verstorbenen nicht folgen musste ins Totenreich, Waffen von Personen, die ihr Leben nicht opfern mussten, um die Herrschaften im Totenreich zu bewachen oder ihnen sichtbare Bedeutung zu verleihen. Der Deutungsversuch des Referenten: Sklaven mussten, gleichsam stellvertretend, Kleidungsstücke deponieren; Soldaten mussten Rüstungsstücke und Waffen ablegen. Und es setzte ein

Prasselregen römischer Bezeichnungen ein; schon nach wenigen Minuten fühlte ich die Füße in römischen Sandalen stecken, sah ich mich einen kreisrunden Schild schleppen, parma, und mein Kopf umschlossen von einem Helm mit Federbusch, galea, meine Brust eingezwängt in eine lorica, sogar mit rautenförmigen Schuppen – und so weiter, getreulich registriert und notiert.

Nach dem Vortrag ein wohlverdienter Erfrischungstrunk. Und man scharte sich um den Tisch mit aufgeschlagenen Buchseiten, ausgebreiteten Kupferstichen, einem imitierten Brustharnisch aus dem Theaterfundus. Ich stimmte indessen das Hammerclavier nach, das mit den Ausdünstungen des erlauchten Zirkels in der Stimmung ein wenig nachgelassen hatte.

Du wirst Dir schon denken können, wie ich vorging: Zwischenspiele in meiner Skizze des Komponisten, der Jurist war und Schriftsteller wurde – und, nebenbei, auch noch Zeichner. So gut es auf dem widerborstigen Instrument eben ging, spielte ich Hoffmanns Klaviersonate in f-moll: Adagio e con gravità, Allegro (fugierte Sequenz!), Larghetto (Variationen!), Allegro. Trotz der vier Sätze: zwei solcher Sonaten könnten im Verlauf einer Viertelstunde gespielt werden ... Größere, längere Werke hätte ich bei diesem Vortrag ohnehin nicht vorstellen können, habe mich auf Sätze, auf Stücke beschränkt. Etwa meine Lieblingsarie aus dem »Miserere« in b ... Und so, wie Hoffmann einmal Beethovens »Geistertrio« allein auf dem Flügel vorgeführt hatte, so habe ich, durch dieses Beispiel ermuntert, ja, ermutigt, den zweiten Satz (Scherzo) seines Trios in E gespielt, das Wiener Clavier bis an die Grenzen des Klangvolumens fordernd. Obligatorisch war zuletzt eine Kostprobe, Klangprobe aus Hoffmanns bekanntestem Werk, der »Undine«. Überleitend berichtete ich, dass diese Oper erste Form angenommen hatte in einer Zeit, in der das Kriegsgeschehen immer näher an Dresden heranrückte. Auch Hoffmann geriet unter Beschuss. Ich trug dann, markierend, eine Arie des Kühleborn vor, Bariton.

Insgesamt: mehr eine Vortragsskizze als ein veritables Referat, doch der Beifall, der mich belohnte, war schmeichelhaft. Leider folgte dann der dritte Vortrag. Und es ging eine Lawine von Fachwörtern auf uns nieder, unter der die Musik, die ich kommentiert und interpretiert hatte, nachwirkend zum Verstummen gebracht wurde: Muschelkalk ... Löss-Schlämmschwarzerden ... Characeenkalk mit fossilen Armleuchteralgen, ja: Armleuchteralgen mit »quirlständigen Ästen, weiblichen Geschlechtsorganen« ... Es folgten Ceratiten, Ceratiten, jene spiralig aufgerollten Gehäuse fossiler Ammonshörner – Leitfossilien der Weimarer Umgebung, speziell auf dem Ettersberg, wo ein Kalksteinbruch, in den Steilwänden bekratzt und bepokelt, immer neue Ceratiten, Ceratiten freigibt, auch Kopffüßer, Armfüßer, versteinerte Schnecken und Muscheln, Seelilien und Stachelhäuter.

Ich horchte erst so recht auf, als ich etwas von einer »Weimarer Störung« vernahm. Ich will Dir dieses Phänomen nicht umständlich erklären, erwähne nur, dass es eine größere Verwerfung gibt tief im Erdreich, eine »Bruchlinie, Bruchkante«, von der Stadtgrenze hinauf zum Ettersberg; diese Verwerfung, dieser Bruch ist es, den Geologen als »Weimarer Störung« bezeichnen. Den Begriff habe ich mir umgehend angeeignet; ich sehe meine Versuche, Hoffmann, nun ja: hoffähig zu machen, als Versuch fortgesetzter Weimarer Störung – nur, so leicht lässt man sich hier nicht stören ...

Nach dem Vortrag wurden die fälligen Exponate auf dem Zusatztisch zu Besichtigung und Befingerung freigegeben – nachdem sich Abermillionen von Jahren kein Aas um die Fossilien gekümmert hatte. Waren so lang nicht existent gewesen, nun aber beugten sich Herrschaften zu ihnen herab, bemurmelten, bespeichelten sie, es war zum Steinerweichen.

Alles, was ich insgeheim erhofft hatte: zerstoben, verflogen! Ich hatte mir ausgemalt, man würde Goethe von meinem Vortrag mit Musik berichten, ihn damit auf E.T.A. Hoffmann einstimmen, der Minister könnte sodann eine Aufführung in größerem Rahmen inaugurieren, und es wird – etwa in Peter und Paul oder in der Jakobskirche – das »Miserere« für Soli, Chor und Orchester einstudiert, und bei der Generalprobe sitzen wir beide im sonst leeren Kirchenschiff ... Aus der Traum! Begraben unter einer Endmoräne von versteinerten Schnecken und verkieseltem Uraltholz!

Kannst Dir schon denken, was ich mir schwor: Rache an der Runde! Mir steht als Gast ein zweiter Vortrag frei – da werde ich denen einen gehörigen Stoß versetzen! Ich schreib Dir später, was ich vorhabe, muss das erst noch ausbrüten. Allgemein sagen lässt sich schon jetzt: Es wird eine »Weimarer Störung« besonderer Art.

EIGENTLICH HÄTTE ICH im Verlauf von Vortrag und Zwischenspielen gebührend herausstellen sollen, dass ich der wahre Botschafter Hoffmanns bin, denn: Welcher seiner (meist) begeisterten Leser weiß überhaupt etwas von dessen Musik, und erst recht: Wer ist in der Lage, Musik dieses vielseitigen Mannes vorzutragen – wenn auch ohne Anspruch auf Virtuosität? Man müsste Texte von Hoffmann zu Musik von Hoffmann rezitieren vor einer Wand mit Bildern Hoffmanns (Ölgemälde, Zeichnungen, Drucke) – dann erst fände sein Gesamtwerk angemessene Präsenz! Es lässt sich noch weiterdenken: Bühnenbilder nachgestalten, die Hoffmann entworfen und ausgeführt hatte, vor denen eine seiner Opern oder eins seiner Singspiele aufführen, dabei zwischen seinen Bühnenfiguren umherschreiten, ausgewählte Texte sprechen.

Hier würde ich anfangen mit dem kurzen Auftritt seines Hamlet im Fastnachtsspiel. »Hamlet, der Däne bin ich. Meinen Untergang hat Shakespeare der Welt verkündigt, und darum leb ich ewig! Es war eine Zeit, wo Schröder mich zwang, eine gestickte Weste, Chapeaubas-Hut und Degen zu tragen, doch Schlegel gab mir das Schwert und die Halskrause wieder, und so schreite ich stolz einher ...« Zur gleichen Zeit könnten Huldbrand von Ringstetten (Bariton) und der alte Fischer (Bass) im Duett singen: »Ach, Undine, holde Kleine, höre doch und komm ins Haus! Kehre wieder, kehre wieder!« Und ich, simultan vorlesend: »Ha! Junge du! Komm, zeig mir, was du tun willst! Willst du fechten, willst du fasten, willst du dich selbst zerreißen, willst du Essig trinken, ein Krokodil verschlingen? Ich tue es auch! Laertes! Laertes! Kampf! Tod! Pumpernickel – – Du schweigst?«

VIELLEICHT WERDEN SIE ES ALS ZUMUTUNG EMPFINDEN, hochverehrter Herr Geheimrat, womöglich als Affront, dass ich Ihnen isolierte Zitate vorlege. Aber auch dieses Verfahren, Sie ahnen es wohl schon, entspricht der Denkweise unseres Dichters, der in jungen Jahren von einem Buchbinder einen Blindband herstellen ließ, und auf die Titelseite schrieb er: »Zerstreute Gedanken«. In dieses Büchlein mit leeren Seiten trug er ein, was ihm gerade so durch den Kopf ging, Betrachtungen und Beobachtungen, Gedanken und Gedankenspiele – die Aufzeichnungen jeweils durch Leerzeilen voneinander abgerückt. Diese »zerstreuten Gedanken« als »höchst zerstreute Gedanken«, wie ein Freund ergänzend auf dem Heftumschlag hinzuschrieb, und so kann ich (mich auf dieses Heft berufend, beziehend, das ich nie gesehen, von dem ich aber gelesen habe in Hoffmanns Beitrag unter dem Titel »Zerstreute Gedanken«), ich kann hier also fortfahren wie begonnen. Denn zu den eingestreuten Notizen ließen sich weitere Notizen hinzustreuen, dagegen würde Hoffmann postum sicherlich keinen Einwand erheben, es sind ja alles Sätze, die er geschrieben und in Druck gegeben hat.

»Woher diese wunderbar seltene Fertigkeit im Klettern, diese beneidenswerte Kunst der gewagtesten genialsten Sprünge? –

Dieser Todessprung von einem Extrem zum andern zerschneidet mir die Brust. –

Schöne chronologische Ordnung kann gar nicht aufkommen, da dem unglücklichen Erzähler nur mündlich, brockenweise mitgeteilte Nachrichten zu Gebote stehen. –

Und ich erblickte mich, ein Leichnam, ausgestreckt auf der Tafel liegend, bereit zur biographischen Sektion. –«

ICH KÖNNTE IHNEN, beziehungsweise Ihren Mitarbeitern, Materialien und Vorlagen liefern, etwa zu seiner Strafversetzung nach Płock an der Weichsel – nachdem er sich in Posen mit Karikaturen führender Herren missliebig gemacht hatte.

Von wohlmeinenden Freunden wird ihm vor der Verbannung ins Hinterland noch Michaelina (Mischa) Rorer-Trzcinska zugeführt: »mittlerer Statur, wohlgewachsen … dunkelbraunes Haar, dunkelblaue Augen …« Sie sprach kaum Deutsch, konnte dafür aber aushelfen im polnischen Sprachraum. Sie begann schon recht bald, ein Kindermützchen zu stricken (aber sie werden erst mal ein Pflegekind aus der Verwandtschaft aufnehmen; das eigene Kind, Caecilia, wird später auf die Welt kommen).

Also Płock. Zur Erinnerung, Eminenz, auch Sie können nicht alles im Kopf haben: Płock war mit der zweiten Teilung Polens an Preußen gefallen, gehörte zur Provinz Südpreußen. Płock als Garnison eines Füsilierbataillons. Eine ungefähre Vorstellung von Płock vermittelt die »Örtliche Beschreibung«, von einem Kollegen gedruckt und mir auf einer Messe zugesteckt: Städtchen mit zweieinhalbtausend Einwohnern, auf dem »hohen Ufer der Weichsel«; knapp vierhundert Häuser; nur zwanzig von ihnen aus Stein; viele Kirchen, einige Klöster, Domkapitel, Collegiatstift; Handel auf der Weichsel, meist mit Getreide, Richtung Danzig; Wasser in der Stadt ist knapp, es muss vom Fluss heraufgeschafft werden – der Steilhang macht auch Lebensmittel und Brennholz teuer; rundum Landwirtschaft, aber ärmlich; wenig andere Einnahmequellen in diesem Gebiet.

So musste Hoffmann, laut Hitzig, beim Kreisgericht vielfach Urteile sprechen über Menschen, die in dieser Situation straffällig geworden waren – »Ich wandle hier in einem Sumpf.« Es war viel aufzuarbeiten in Płock: preußische Verwaltung und Rechtsprechung erst wenige Jahre etabliert. Bald schon überwog Routinearbeit. Dazu einige Äußerungen (wiederum vermittelt durch Gewährsmann Hitzig), hier abgekürzt, auf Wunsch aber vollständig verfügbar: »Gewühlt in staubigen Akten … die verfluchten Akten … mit Arbeit überhäuft … unerträgliches Joch … totes Einerlei hier … wär ich nur erst aus dem verdammten Loch.«

In Płock gab es nichts, was den künstlerisch ambitionierten Assessor hätte beleben können! Zwar hörte er Nonnen eine Messe singen, eine gute Komposition, »sie heulten aber wie die Uhus«. Zwar besuchte er einen Quartett-Abend, doch die vier Streicher waren »unter aller Kritik«. Er fühlte sich in diesem »abscheulichen Nest« bald »lebendig begraben«, fühlte sich wie in einem »Exil, welches mein Selbst zerstört«. Diese Gefahr wuchs, aber sein Selbst wurde nicht zerstört. Davor rettete ihn auch das Komponieren von Klaviersonaten.

Wiederholt stellt er den Antrag, versetzt zu werden. Was schließlich auch nach zweijährigem Zwangsaufenthalt geschieht: 28-jährig zieht er nach Warschau.

DÖRTISSIMA, ich will, kann, werde keinen »ordentlichen« Brief schreiben, sorgsam verbindend, verknüpfend – so was liegt mir nicht. Auch wäre Hoffmann da kaum zufrieden mit mir – nicht umsonst hat er einen Kater angesetzt auf ein Romanmanuskript, ließ zu, dass der es auseinander riss, und der Herr des Katers akzeptierte das.

Mit oder ohne Hoffmanns postumen Segen: Ich bekenne mich zu den Sprüngen, zu denen ich ohnehin aufgelegt bin. Dies zugleich mit offenkundiger Konstanz und Kontinuität: sonst wäre ich nicht immer noch Verlagsbuchhändler zu Lüneburg, auch nach dieser Reise postalisch erreichbar unter der Anschrift »Auf dem Meere«, wäre wirklich und wörtlich oder wörtlich und wirklich auf hoher See – der alte Traum. Doch jetzt: das Haus liegt eher an der Küste des Sprachmeeres ...

WEIL SCHON MAL DIE STICHWORTE Kater und Roman gefallen sind, erzähle ich Dir vom Kater namens Murr: Der schrieb den Roman seiner Entwicklung und resultierender »Lebensansichten«.

Als Schreibunterlage wie zum Ablöschen der Tinte brauchte er saugfähiges Papier; weil das nicht bereitlag im Zimmer seines Herrn – während dessen Abwesenheit er am Schreibtisch die Arbeit fortsetzte –, zerriss, ja, wortwörtlich »zerriss« er ein bereits im Druck vorliegendes Buch, die Biographie eines Kapellmeisters namens Kreisler – als Kreisler wurde Hoffmann von Freunden begrüßt und gefeiert, besonders, wenn er Kompositionen von Kreisler spielte, die von Hoffmann stammten, den sie Kreisler nannten – nun, wie auch immer, die Biographie dieses Johannes Kreisler, von »Kreisler« geschrieben, sie wird von Murr »zerrissen«.

Das fällt auf: Was vom Kater zu Löschpapier und Schreibunterlage degradiert wird, ist eine *Biographie*. Der Kater, Spielfigur eines Selbstbiographen, demonstriert damit krasse Gleichgültigkeit gegenüber der Darstellung eines anderen Lebens. Murr hätte, theoretisch, mal in das Kreisler-Buch reinschauen können, und sei es beiläufig: Ah, wie interessant! Oder: Ach, wie komisch ... Hier aber: keinerlei Reaktion, weil keine Wahrnehmung; die Darstellung eines anderen Lebens wird keines Blickes gewürdigt; der Autobiograph interessiert sich nur für das eigene Leben, für die eigene Entwicklung. Damit ist er eine durchaus repräsentative –

Wie auch immer: Fortan benutzt Murr jeweils mehrere Seiten als Schreibunterlage und zum Tintelöschen; diese Unter-Lagen bleiben versehentlich im Manuskript; in dieser Form kommt das Konvolut zum Drucker; der setzt den Text, wie er vorliegt; das Ganze geht in Druck, und so liest man abwechselnd in der Autobiographie des Katers und der Biographie des Komponisten. Schön verwirrend, aber wie durch Zauberhand verbindet sich letztlich doch das Disparate, jeder unterbrochene Kater-Text setzt sich nach ein paar Kreisler-Seiten zeilengenau fort, es fehlt auch nicht ein Wörtchen.

Nun frage ich mich, stelle auch Dir die Frage: Wie »zerreißt« ein Kater ein Buch? Etwa so: Dass er Druckbogen aus der Fadenbindung löst, fein säuberlich, damit nur ja kein Wort verlorengeht, und er legt hier unter, schiebt dort ein? Wenn ich mir nun aber die schwarzen, funkensprühenden Katzen vor Augen führe, die mich in Lüneburg umstreichen, bemaunzen: die würden eher raus-fetzen, nicht wahr? Es wäre fast ein Wunder, wenn ein Kater beim Zerreißen eines Buchs nicht auch Seiten zerfetzen würde mit seinen Krallen. Ja, es muss, es müsste Seiten geben, in die er ein Loch reißt – mitten in einer Druckseite. Und zum Loch auf dieser und jener Seite: ein von oben nach unten führender Riss? Solche Zerreißprobe ist uns Hoffmann schuldig geblieben.

In einer einsamen Stunde hier oben im Haus am Horn, kein Goethe weit und breit, habe ich die Zerreißprobe nachgeholt. Dazu wollte ich aber nicht unter irgendeinem Aspekt eine Seite gezielt heraussuchen, ich habe eine Nadel seitlich in den Buchblock gestoßen – schon bot sich eine Kreislerseite an. Zweiter Nadelstich ins Buch: eine Murrseite. Im nächsten Arbeitsgang habe ich die markierte Kreislerseite zerrissen, schräg von oben nach unten. Den links bündigen Seitenrest habe ich sorgfältig aus dem Buch getrennt, habe die rechte Seitenhälfte zerknüllt und weggeworfen, damit es kein Vertun gibt, habe die schräg halbierte Kreislerseite auf die nadelmarkierte Murrseite gelegt, genau eingepasst. Alles, wenn auch schräg: halbe-halbe. Damit rücken die beiden Erzählwelten zusammen:

war die Haut meine / unempfindlich bleiben bei den rührend-
strom stürzte ihr aus / mich nur noch tiefer hinein. Miesmies
ihn verlassen, getötet. Sow / Liebespein, sodass ich ganz blass

Das reicht wohl, oder?

OH, ICH HABE ES AN NACHDRUCK, an Hartnäckigkeit nicht fehlen
lassen! Habe nochmal am hohen Hause vorgesprochen. Erneut trat
der wachhabende Diener in Erscheinung, öffnete die Pforte, aber
nur mannsbreit, verstellte die Bresche. Ich erinnerte an den umfangreichen Brief, der vor mehr als zwei Jahren eventuell von ihm
nach oben gebracht worden war, betonte, ich sei nicht jemand, der
ein Autogramm erschleichen, ein Autograph erbetteln wolle, ich
hätte einen gewichtigen Vorschlag zu unterbreiten, und dies in
möglichst absehbarer Zeit.

»Nu, ich werds ihm sagn.«

Ja, und bringen Sie den Namen Hegel ein, den Namen des Philo-
sophen Hegel. Dieser große Denker ist ein Feind Ihres Herrn, aus
Gründen, die ich so rasch hier nicht darlegen kann. Es hat sich nun
eine Gruppierung von Junghegelianern gebildet, die mit gleicher
Entschiedenheit einen Dichter ablehnt, den ich postum mit dem
Herrn Geheimrat in Verbindung bringen möchte. Es geht hier, im
Gegenzug, um nichts Geringeres als eine Anti-Hegel-Koalition.

»Nu, ich werds ausrichtn.« Und nicht unsanft schloss er die Tür.

ER ERGRIFF ein kleines, sehr sauber gearbeitetes Taschenperspektiv
und sah, um es zu prüfen, durch das Fenster. Noch im Leben war
ihm kein Glas vorgekommen, das die Gegenstände so rein, scharf
und deutlich vor die Augen rückte. Unwillkürlich sah er hinein in
Spalanzanis Zimmer; Olimpia saß, wie gewöhnlich, vor dem kleinen Tisch, die Arme daraufgelegt, die Hände gefaltet. – Nun erschaute Nathanael erst Olimpias wunderschön geformtes Gesicht.
Nur die Augen schienen ihm gar seltsam starr und tot.

Der tanzende, singende Automat Olimpia … Ach, Hoffmann
hätte getrost öfter erzählen können von Automaten, die aussehen
wie Menschen oder Tiere! Unter Letzteren hätten sich angeboten:
Tanzende Mäuse … hopsende Frösche … beckenschlagende Affen

... zwitschernde Vögel ... Und vor allem: die Ente, von der ich gleichfalls las und deren Inneres ich offengelegt sah auf einer Abbildung. Diese künstliche Ente konnte zwar nicht schwimmen, konnte aber Körner picken und Kot hervorbringen – dies vor allem wurde von hohen Herrschaften, die sich derartige Wunderwerke leisten konnten, fachmännisch geprüft: In der Tat, man sieht es, man riecht es, man schmeckt es – echter Entenschiss! Im Bauch des Automaten befanden sich nicht nur Achsen, Räder, Zahnräder, da war ein mehrfach gewundener Schlauch eingebaut, in dem war Entenkot gespeichert, der zuletzt aus der Ente herauskam.

Zahnräder ... Nockenwalzen ... Nockenwellen ... gekröpfte Wellen ... stehende Wellen ... Fliehkraftscheiben ...

Weiter habe ich von künstlichen Figuren gelesen, die Milch ausschütten oder Wein eingießen, Trommel schlagen oder Flöte spielen. Eingehend habe ich die Abbildung vom Innenleben des Flötenspielers betrachtet, den Jacques Vaucanson konstruiert hatte: Automat, der zwölf Melodien blasen, dabei Augen rollen, Lider heben und senken, den Brustkorb expandieren, kontrahieren konnte.

Kombinierte Kurvenscheiben ... Schraubenfedern ... Kegelräder ... liegende Wellen ... Kardangelenke ... Zahnstangen ...

Ah, und der Automat in Kindsgestalt, gebaut von Pierre Droz! Dies gut gekleidete, schön frisierte Kind konnte, ohne knarrende Mechanik, einen Brief von vier Dutzend Wörtern schreiben! Eigentlich müsste man solch eine Figur darauf einstellen können, vier Dutzend Wörter von Hoffmann zu schreiben, etwa: »Unwillkürlich schaute er hinein in Spalanzanis Zimmer; Olimpia saß, wie gewöhnlich, vor dem kleinen Tisch; die Arme daraufgelegt, die Hände gefaltet. – Nun erschaute Nathanael erst Olimpias wunderschön geformtes Gesicht. Nur die Augen erschienen ihm gar seltsam starr und tot.«

Ja, und der Türke, der leise sprechende, erstaunlich genau prophezeiende Türke, den Hoffmann beschrieb, aber nicht konstruierte, jene lebensgroße, lebensähnliche Menschmaschinerie, in die man auf Verlangen reinschauen durfte: Räderwerk, Räderwerk, so tief das Auge reichte. Und wo kam der Atem her, mit dem die Türkenfigur sprach?

Fragen, wie sie mich oft tagelang beschäftigen – zumindest, solange kein Kunde im Laden ist. Überlegungen mit konkreten Anlässen, denn: ich besitze selber ein paar Automate, im Lauf der Zeit zusammengekauft. Bisher habe ich sie vor Dir versteckt, Du sollst Dich nicht gruseln, erwähnen aber möchte ich sie diesmal schon. Sind nicht lebensgroß, so was könnten wir uns in Lüneburg nicht leisten, meine Gliederfiguren haben Puppenformat. Ein Skelett, das aus dem Grabe steigt, ins Grab zurücksteigt … Aus dem Grabe steigt, ins Grab zurücksteigt … Aus dem Grabe steigt … Metall, Stoff, Holz. Und Gliederfiguren einer Mönchsprozession, die im Kreise dahinzieht: Metall, bemalt. Oder eine Gliederpuppe: bemalte Leinwand, auf Metall appliziert: Skelett, das ein Grab aushebt … Grab aushebt … Grab aushebt … Grab aus-

GESTERN ABEND LAG, NEIN: stand ich mal wieder auf der Lauer, ließ das Goethehaus nicht aus den Augen – keine Maus hätte unbemerkt entwischen können. In der Stille, fast Totenstille des erst spätabendlichen, sodann nächtlichen Weimar rauschte der neue, gusseiserne Brunnen auf dem Platz umso lauter.

Es wird Goethe nachgesagt, er stehe zuweilen droben an einem der Fenster und schaue zum Brunnen herab, nachdenklich oder geistesabwesend, und so habe ich mich – als sei es rein zufällig – kurz an jede der Seitenflächen des Achtecks gelehnt, habe den Blick auf die (unten kanellierte, oben verjüngte) Brunnensäule gerichtet, auf das Gesims mit Eierstab, auf den Delphin mit Dreizack, habe die Hand in den Wasserstrahl gehalten, damit er lauter plätscherte, doch das lockte nicht mal eine geisterhafte Erscheinung hervor an einem der Fenster der Beletage, Goethe offenbar im Hinterhaus.

Ich verharrte noch ein Weilchen am Brunnen, lauschte dem Wasser, glaubte Echos ferner Stimmen, Singstimmen herauszuhören. Ich schloss die Augen, sah vor mir, wie sich das Gusseisen des Brunnenrands phosphorgrün einfärbte, wie die achtfache Schlange in achtfachem Blätterkranz phosphorgrün zu schimmern begann. Und im Widerschein des gespenstischen Lichts wurden die Stimmen im Brunnen lauter – weibliche Stimmen.

Die hätte der alte Herr droben eigentlich vernehmen müssen, und er steigt herab, um dem Phänomen nachzugehn, wäre damit halb schon verloren, denn meine Fußstapfen in der Seilergasse sehe ich phosphorgrün markiert, erst am Innenrist, Außenrist, sodann in der gesamten Trittfläche, und Goethe wäre es nun schon gar nicht mehr möglich, sich dem Bann zu entziehen, er müsste, muss mir folgen, vorbei am grün umzüngelten Schlangenstein, entlang am grün schwingenden Brückengeländer, hinüber zum Gartenhaus mit grün vibrierenden Spalierlatten: so würde er weggelockt vom scheinbar sicheren Weimarer Ufer, wüsste, vor dem Gartenhaus verharrend, nicht mehr, wo ihm der Kopf steht: Weimarer Störung! Nun wäre er reif für meinen Antrag, meinen Auftrag. Jedoch –

WEIL ICH DICH, OH MEIN LESER! gleich geneigt machen musste, Wunderliches zu ertragen, welches nichts Geringes ist, quälte ich mich ab, Nathanaels Geschichte bedeutend – originell, ergreifend, anzufangen: ›Es war einmal‹ – der schönste Anfang jeder Erzählung, zu nüchtern! – ›In der kleinen Provinzialstadt S. lebte‹ – etwas besser, wenigstens ausholend zur Klimax. – Oder gleich in medias res: ›Scher er sich zum Teufel‹, rief, Wut und Entsetzen im wilden Blick, der Student Nathanael, als der Wetterglashändler Giuseppe Coppola – «

Nun, Eminenz, ruft, ja schreit das nicht nach Fortsetzung, in unserem Buch, an das ich beinah unablässig denke – dies gleichsam an der Schwelle Ihres Hauses?

Ich darf ein wenig nachreichen. Diesem Nathanael war nichts lieber »als schauerliche Geschichten von Kobolden, Hexen, Däumlingen usw. zu hören oder zu lesen«. Schlimmstes aller Schreckgespenster jedoch war für das Kind der eigentlich freundliche Sandmann, dessen »seltsamste, abscheulichste« Erscheinungsformen er »überall auf Tische, Schränke und Wände mit Kreide, Kohle hinzeichnete«.

Als Nathanael zehn wurde, kam er vom Kinderzimmer in ein eigenes Kämmerlein, in der Nähe des Zimmers seines Vaters. Und so vernahm er, wie abends »Schlag neun Uhr« jemand die Treppe hochstampfte, vor den Vater trat, und bald schon kam es dem Jungen so vor, »als verbreite sich im Hause ein feiner, seltsam riechender Dampf«.

Die alchemistischen Experimente im Hause, in der Wohnung wiederholen sich. »An des Vaters Schweigen, an der Mutter Traurigkeit merkte ich eines Abends, dass der Sandmann kommen werde; ich schützte daher große Müdigkeit vor, verließ schon vor neun Uhr das Zimmer und verbarg mich dicht neben der Türe in einen Schlupfwinkel.«

Ich breche ab, obwohl es nun spannend wird, aber: Ich möchte nicht den Eindruck erwecken, ich wollte stiekum Vorlagen anbieten für Ihr Buch.

ZUR ZWEITEN, UNERWARTETEN BEGEGNUNG mit Hitzig führte ein Brieflein, das ins »Hotel Brandenburg« überbracht wurde. Hitzig lud mich ein in seine Wohnung, »gleich um die Ecke«. Ich war pünktlich. Es öffnete nicht eine Frau Hitzig, die war schon Jahre zuvor gestorben, es war seine Pflegetochter, mit Adelbert von Chamisso verheiratet, doch immer wieder zu Besuch beim »Patriarchen«. Sie war es auch, die uns heiße Chocolade vorsetzte und knuspriges Gebäck.

Er sei ein alter Fuchs, erklärte Hitzig, mich über den Tassenrand fixierend, er hätte nochmal nachgedacht über mein Projekt, und er könne sich einfach nicht vorstellen, dass ich als erfahrener Buchhändler und Verleger, wenn auch aus Lüneburg, tatsächlich auf einen unbekannten jungen Mann namens Heine setzen wolle als Herausgeber. Gewiss hätte ich einen anderen Herausgeber im Sinn. Bei allem mir gegenüber bewiesenem Vertrauen erwarte er einen Gegenbeweis. Dabei könne ich seiner Diskretion sicher sein.

So blieb mir nichts anderes übrig, als einzugestehen, ich befände mich auf der Durchreise nach Weimar, wolle versuchen, Goethe für dieses Projekt zu gewinnen.

»Hoho, Goethe, ausgerechnet Goethe! Hatte ich also im Riecher, dass Ihr Heine bloß vorgeschoben war. Gut für Sie, dass wir darauf zu sprechen kommen, es kann Sie vor Ungemach bewahren. Um das gleich klarzustellen: An Goethe werden Sie kaum herankommen. Ich hatte das auch mal versucht, seinerzeit, es ging um eine Zeitschrift, die eingestellt, dennoch weitergeführt werden sollte, Einzelheiten interessieren hier nicht weiter, nur so viel: Ich hatte mich an Goethe gewandt, schriftlich, glücklicherweise nur schriftlich, und bin auf eisige Zurückhaltung, eiserne Ablehnung gestoßen oder, eher schon: geprallt. Hat lange gedauert, bis meine Blessuren verschmerzt waren. Der Herr Geheimrat, glauben Sie mir, ist uneinnehmbar, im hohen Alter erst recht, nun kommt Altersstarrsinn hinzu bis zur Verknöcherung. Ich hatte damals ja noch einen ganz vernünftigen Vorschlag: Weiterführung der Zeitschrift unter seiner Redaktion, aber Sie mit unserem besonderen Freund Hoffmann, Sie werden schon gar nicht reüssieren – erst recht nicht, wenn Sie ihn direkt angehn. Den Goethe kriegen Sie nur von der Flanke her zu packen.« Wie das geschehen könnte, darüber äußerte er sich freilich nicht weiter.

Damit wollte ich das Gespräch nicht beendet sehen, der Besuch hätte sich sonst kaum gelohnt. So ergriff ich die Initiative: Da ich schon mal hier bin, im Gespräch mit dem besten Kenner von Person und Werk Hoffmanns, darf ich spontan eine Bitte äußern: Können Sie mir Einblick gewähren in Schriften des Dichters, die noch nicht im Druck erschienen sind? Das wäre ein Köder besonderer Art: dem Herausgeber mitteilen, im geplanten Buch könnten Texte stehen, die bisher unbekannt waren ...

Hitzig schaute mich schweigend an. Hinter seiner Stirn arbeitete es. Höchstens, sagte er denn, allerhöchstens könnte ich Ihnen Einblick gewähren in einen nur handschriftlich vorliegenden juristischen Text. Es geht da allerdings um einen Fall, der für eine größere Öffentlichkeit weitaus weniger interessant sein dürfte als etwa Falschmünzerei und Mord. Sie werden gehört haben, dass ich einen »Neuen Pitaval« vorbereite; in diese Galerie spektakulärer Kriminalfälle würde Graf von Groeben mit seinen Wechseln kaum passen. Hier würde zu sehr das Vorurteil bestätigt, unser Fach sei langweilig. Da Goethe ebenfalls Jurisprudenz studiert hat, könnte ihn die Untersuchung jedoch interessieren und motivieren. Es handelt sich um eine Examensarbeit von Hoffmann, aus der Zeit in Glogau.

Und er ließ mich mit der nicht mehr heißen Chocolade allein. Ich musterte Buchreihen und die Fläche dicht gestaffelter, kleinformatiger Bilder – meist Kupferstiche. Hitzig kam zurück mit einem Faszikel, öffnete es. Hoffmanns akkurate, gut lesbare Schrift – für diese »Probe-Relation« wohl als Schönschrift. Am Schluss, mir zuerst gezeigt, die eidesstattliche Erklärung des Studenten Hoffmann, er hätte die Arbeit allein und ohne fremde Beihilfe verfertigt. Darunter, in anderer Handschrift: »Ich finde diese Relation mit Fleiß, Gründlichkeit und einer sehr guten Beurteilung ausgearbeitet. Jagwitz.«

Darf ich wenigstens den Anfang einsehen? Hitzig hatte ohnehin zu tun, ein Brief, der rechtzeitig expediert werden sollte, er ließ mich allein im Raum. Frau Chamisso brachte Papier und Schreibzeug, ich las und begann sogleich zu kopieren.

»Der Graf von Groeben, Besitzer des Gutes Ponarjen in Ostpreußen, kaufte im vorigen Jahr von dem Kriegs- und Domänenrat Freiherr von Erlach die beiden Güter Pluskau und Ostrawe, und stellte, da er die ganze Summe der Kaufgelder für die genannten Güter nicht bar bezahlen konnte, wegen des fehlenden Restes von 14000 rth dem Verkäufer *sub dato* Breslau, den 1. Julius 1797, zwei Wechsel aus, den einen über 6000, den andern über 8000 rth *Cour.* Der erste dieser Wechsel wurde noch den 17. Julius 1797 an den David Elias Pulvermacher, noch am selben Tage von diesem an den Otto von Ramin, und von diesem –«

Hier brach ich ab. Für die Geschichte der beiden Wechsel konnte und kann ich mich denn doch nicht erwärmen. Sollte sich Goethe jedoch für den weiteren Verlauf interessieren, so könnte sich sein Sekretariat mit dem Preußischen Kriminalrat sicherlich rasch und leicht ins Benehmen setzen.

SEHR GEEHRTER HERR GEHEIMRAT, wahrscheinlich ist es nicht günstig, wenn ich in diesem etappenweise fortgesetzten Schreiben bereits zu viel von dem verrate, was ich vorhabe, vielleicht sollte ich nur versuchen, Sie auf ein Gespräch einzustimmen. Was halten Sie davon, wenn ich Ihnen – nun auch zur Förderung der Genesung – eine Geschichte erzähle, mitgebracht aus dem Heideland? Ja, ich erzähle Ihnen einfach mal die Geschichte von den Ardestorfer Brunnen, in angemessen knapper Form.

Ardestorf: Hier lebten drei Schwestern, eine (so heißt es stets in solchen Geschichten) schöner als die andre; für diese drei schönen Schwestern fanden sich drei schmucke Freier; die Eltern akzeptierten sie, die Hochzeit wurde auf November angesetzt – Zeit nach der Ernte. Vor dem November jedoch wurden alle Bauernburschen zu den Waffen gerufen, der Befehl des Königs schickte auch die drei Freier in den Krieg; man sah und hörte nichts mehr von ihnen, auch nicht am Morgen ihrer Hochzeit. Die drei schönen Schwestern saßen trauernd. Am Mittag kam Wind auf, von Westen her über die Heide, wurde heftig, wuchs sich aus zum Sturm, und sie hörten den Totenvogel rufen: »Kui mit, kui mit, kui mit.« Die älteste der Schwestern ging hinaus, kehrte nicht mehr zurück aus dem Brausen, dem Tosen; wieder hörte man den Totenvogel, heiser: »Kui mit, kui mit«, es ging die zweite der schönen Schwestern hinaus, kam nicht zurück; der Sturm fauchte, toste, der Totenvogel schrie: »Kui mit«, die jüngste Schwester ging hinaus in den Sturm. Keine von ihnen kehrte zurück, Männer des Dorfes suchten vergeblich.

Ein Jahr später. Wieder Sturm von Westen her, Novembersturm. Vilsenheide. Ein Knecht wollte Wasser aus einem Brunnen schöpfen für die Pferde im Stall, da hörte er es singen, im Brunnenschacht, wollte das nicht hören, musste es hören, er riss sich los, lief zu einem anderen Brunnen, hörte es singen im Brunnenschacht, wollte das nicht hören, musste es hören, er riss sich los, lief zu einem dritten Brunnen, hörte es singen, im Brunnenschacht, wollte das nicht hören, musste es hören, er riss sich los. Seither singen, jedes Jahr im Novembersturm, die drei schönen Schwestern in den Brunnen von Ardestorf.

Die Fortsetzung schreibe ich später auf. Es kommt etwas dazwischen.

DÖRTISSIMA, dieser Brief kommt aus Dresden. Ich habe es in Weimar urplötzlich nicht mehr ausgehalten. Die Wohnung am Horn habe ich freilich nicht aufgegeben, habe nur das Nötigste zusammengerafft, Schreibutensilien eingeschlossen, bin mit der Postkutsche nach Dresden gefahren.

Ich hatte das Gefühl, erstens, ich komme an Goethe nicht heran, komme, zweitens, der Realisierung meines Projekts nicht näher, komme, drittens, nicht einmal mehr an Hoffmann heran. Es ist zwar einigermaßen albern, sich vorzustellen, die innere Distanz zu einer verstorbenen Person würde sich verkürzen, sobald man sich in einem Ort aufhält, an dem diese Person sich aufgehalten hat, aber ein Ortswechsel wurde einfach notwendig. So sitze ich im Hotel am Alten Markt, schreibe diese Zeilen, die rechtzeitig zum Posthalter sollen, damit Du Deinen Gedanken eine neue Richtung, Deinem nächsten Brief eine neue Anschrift geben kannst.

Erst einmal unternahm ich einen ausgedehnten Spaziergang. Passables Wetter, also einleitendes Rekognoszieren der unmittelbaren Umgebung. Ich verließ die Stadt durch das Schwarze Tor, wanderte die Allee hinaus. Erst Gärten, dann Felder und zur Elbe hinab Weinbauflächen. Schließlich, als Etappenziel, der Kaffee- und Biergarten des Linke'schen Bades. Hier auch das Badtheater, der Sommerbau des Theaters, sieht allerdings eher aus wie eine Scheune, man würde dort höchstens Aufführungen von Singspielen erwarten, doch Secondas Operntruppe führte hier auch Gluck und Mozart auf, vielfach unter Leitung des Mannes, dessen Namen ich nicht schon wieder nennen muss.

Schönes Plätzchen dort draußen, den kleinen Fußmarsch reich belohnend: Blick auf die Elbe, auf Ausläufer der Sächsischen Schweiz und, von einem anderen Punkt aus: Blick auf die Kuppeln und Türme der Stadt.

Glanzvolles Dresden …! Angesengtes Dresden … Ramponiertes Dresden … Mit Recht, so zeigt sich nun, hat sich Hoffmann über Kriegsschäden beklagt. Was damals hier geschehen war, das ist in den vierzehn Jahren seither nicht verblasst, nicht vergessen. Ich brauchte gestern Abend im Weinlokal nur ein Stichwort zu nennen, schon erzählte man aus der Franzosenzeit: Dresden als Hauptquartier der Franzosen … Abzug der Franzosen … Rückkehr der Franzosen … Definitiver Abzug der Franzosen … Dazwischen Kanonaden. Oder, laut Hoffmann: »Große Oper mit obligaten Kanonen.«

EIN BUCHHÄNDLER-KOLLEGE hat Hoffmann postum vorgeworfen, er hätte sich vor genauer Wahrnehmung und Beschreibung von Kriegsereignissen gedrückt – das fordert zum Widerspruch heraus! In zwei Briefen (die ein Kollege in einer Mappe mit Graphiken zum Verkauf anbot) stellt sich das ganz anders dar. Weil ich die Briefe nicht vollständig abschreiben konnte, lege ich Ihnen, Exzellenz, wenigstens einige Sequenzen und Formulierungen vor, die geeignet sein könnten, geeignet sein dürften, Ihr Interesse an Hoffmann zu fördern.

Er reiste mit seiner Frau von Bamberg nach Dresden: sein Engagement in Secondas Operntruppe. Schon in Bayreuth wurde er gewarnt: »Es sei gar nicht daran zu denken, dass ich durchkommen würde« – Aufmärsche allenthalben! Vor Plauen wurde Hoffmann zum ersten Mal angehalten, ein preußischer Husar prüfte den Pass, genehmigte die Weiterfahrt. Und weitere Kontrollen: ein preußischer Wachtmeister, ein preußisches Kommando. »Kaum aus Plauen heraus, im Walde, ganz unvermutet heranschleichend 25 Kosaken mit einem Offizier, lauter alte, bärtige Leute, die mich ungefragt vorbeiließen. In Reichenbach alles voll preußischer Husaren, Kosaken. Wir übernachteten; schon abends um 8 1/2 kommen zwei Pulks Baschkiren und Kalmücken, und die ganze Nacht hindurch hörte das Durchziehen der Kosaken nicht auf. Das Gemurmel, die einzelnen Rufe in der fremden Sprache hatte was Schauriges.«

Fortsetzung der Fahrt in das Aufmarschgebiet der verbündeten Preußen und Russen: Baschkiren, Kosaken, preußische Husaren, russische Dragoner »und Artillerie, und zwar zwei Batterien, jede zu zwei Haubitzen und 8 schweren 6-Pfündern«. Sodann: »zwei Eskadrons preußische grüne Husaren – ganz herrliche Leute mit vortrefflichen Pferden, es war eine Lust, sie anzusehen.« Chemnitz »voller Truppen«. Vor einem Dorf »40 Kanonen (in Batterien). – Nun wurde es immer voller und voller – Munitionswagen, Kanonen, Infanterie, Kavallerie auf dem Marsch vorwärts begriffen«.

Endlich Dresden. »Man kann sich gar nicht denken, wie lebhaft es hier ist; alles steht voller Truppen. (...) Die ganze Nacht hindurch erschallen Hurras und russische Volkslieder; es ist ein Leben und Regen ohnegleichen – russische und preußische Offiziere umarmen sich auf den Straßen.«

EXZELLENZ, ich hätte beim Stichwort »Krieg« nicht bloß *erwähnen* sollen, dass ich Dörtje auf dem Speicher versteckt hatte, als Lüneburg wieder einmal besetzt wurde, ich sollte (weil das »Kriegstheater« ja auch in Weimar gastiert hat!) doch mal *ausführen*, wie ich Dörtje zum Speicher hinaufgebracht und dort wieder abgeholt habe, dies wiederholt.

Stellen Sie sich folgende Situation vor: Ende März 1813 tauchte an einem Sonntagnachmittag vor unserem Städtchen ein Corps französischer Kavalleristen auf, machte Halt in Sichtweite. Die einzige Truppe, über die an jenem Tag die russisch-preußische Allianz bei uns verfügte, bezog Stellung vor dem Stadttor: zwanzig Kosaken. Zu ihnen gesellten sich etwa fünfzig Lüneburger zu Fuß, unser Freiwilliges Jägercorps. Jäger und Kosaken schossen auf den Feind: keine Wirkung; Schüsse zurück: auch keine Wirkung; die Franzosen rührten sich nicht von der Stelle, auch nicht die Kosaken und Jäger. Nach diesem Geplänkel marschierten unsere Bürgerkompanien auf, am Roten Tor, am Sülztor, vorneweg jeweils Hauptmann und Tambour; die Bürgerkompanien nahmen Aufstellung hinter den Jägern. War auch besser so, denn diese Häuflein waren bloß nominell, nicht einmal der Zahl nach Kompanien, sie hatten keinerlei militärische Ausbildung; bewaffnet waren sie nur zum Schein: alte Flinten, meist verrostet nach Jahren in diversen Verstecken; vielen Gewehren fehlten die Schlösser; Munition hatte keiner.

Unter den Bürgern vor den Stadttoren auch ich. Man drohte dem Feind mit Fäusten, hob und schwenkte Flinten, Äxte und Schaufeln, Schifferstangen und Piken, Sensen und Mistgabeln. Die Glocken der Stadt läuteten weiterhin; vielstimmiges Geschrei; vereinzelte Schüsse. Die Franzosen verharrten auf der Chaussee, aufgesessen. Ein Jäger legte auf den Kommandanten an mit schwerer Wallbüchse, wie beim Scheibenschießen – und traf das Pferd! Jubel über den Preisschuss! Durcheinander bei den Franzosen, sie zogen ab. Die Glocken schienen noch stärker zu läuten, die Männer brüllten sich heiser, die zwanzig Kosaken, fünfzig Jäger folgten den

Franzosen; die Kosaken drehten bald ab, ritten zurück, die Jäger marschierten hinter den Reitern her, bis es dunkel wurde, kehrten um, ließen sich feiern.

Ein paar Tage später: Morand erschien mit zweieinhalbtausend Mann vor der Stadt, formierte die Verbände zum Angriff, ließ zwei Kanonen aufstellen, eine vor dem Roten Tor, eine vor dem Sülztor; währenddes Infanteriefeuer der Franzosen; man schoss ein bisschen zurück, doch als die Tirailleurs angriffen, wurde es an den Toren still – alles zog sich in die Stadtmitte zurück. Schon wurden die Stadttore zerschossen, schon flogen Kanonenkugeln, Gewehrkugeln durch die Straßen – glücklicherweise einige Steinwurfweiten von meinem Haus entfernt. Die Kosaken setzten sich ab; Bürgerkompanien und Jägercorps lösten sich auf, die ›Waffen‹ wurden wieder versteckt, wurden weggeschmissen, in den verschlammten Stadtgraben, in die Ilmenau; viele Familien flohen aus dem rückwärtigen Tor. Ich versteckte Dörtje im Speicher – wollte sie nicht mit Franzosen teilen.

Dörtje im Speicher, ich in der Wohnung – wir *hörten* vorerst nur die Besetzung der Stadt: Gewehrschüsse. Und Stille nach dem Sturm; Ende der Kämpfe; Übergabe der Stadt. Einige Zeit später ein erster Franzose in unserer Straße: ritt auf magerem, struppigem Pferd, die Uniform grün, am Hutband ein Blechlöffel; er rauchte eine Pfeife; der Säbel hing fast zur Straße herab – so zuckelte er am Haus vorbei.

Sodann: ein französischer Infanterist, lang, hager, blass, ohne Perücke und ohne Zopf, vielmehr wildes, schwarzes Haar; ein kleiner, verwitterter Hut schief aufgesetzt; Hosen aus schmutziger Leinwand, die Schuhe durchlöchert, keine Strümpfe; er biss, marschierend, von einem Stück Brot ab, hatte noch ein halbes Brot auf dem Bajonett stecken; am Gürtel hing eine Gans, an einem Seil führte er einen Pudel.

GENAUERES ÜBER HOFFMANNS AUFENTHALT IN DRESDEN weiß ich nicht, also keine Angabe zum Haus, in dem er wohnte, so was ist mir nicht wichtig, es war ja auch nur ein Zwischenaufenthalt. Doch die Konstellation habe ich deutlich vor mir, ein Dresdner

Kollege hat sie geschildert, beim Umtrunk: Kaum war der Krieg abgezogen, begann Hoffmann mit der Arbeit am Märchen vom »Goldnen Topf«. Ich muss hier nicht nachblättern, schließlich habe ich – am Setzkasten stehend, den Text in Augenhöhe, das Winkeleisen in der Linken – den Nachdruck Letter für Letter selber gesetzt.

Dresden, Himmelfahrtstag, nachmittags gegen drei, und es setzt sich ein Anselmus in Bewegung, im Laufschritt, rennt durch das Schwarze Tor auf den Markt, rennt einer alten Frau den Korb um vor ihren Füßen, einen Korb voller Äpfel und Gebäck, alles kullert umher, Äpfel, Gebäck, Äpfel, die Alte schreit auf, Gassenjungen klauben auf, die Alte springt auf, setzt an zu »Zetergeschrei«, andere Marktweiber verlassen ihre »Kuchen- und Branntweintische«, umringen den jungen Mann, beschimpfen ihn mit »pöbelhaftem Ungestüm«, rasch ist er umgeben von einem Kreis keifender Marktweiber, er hält, verwirrt, bedrängt, »seinen kleinen, nicht eben besonders gefüllten Geldbeutel hin«, der wird von der Alten mit einem Ruck konfisziert, der »fest geschlossene Kreis« öffnet sich, Anselmus setzt sich wieder in Bewegung, läuft weiter, die Alte schreit ihm nach: »Ja, renne – renne nur zu, Satanskind – ins Kristall bald dein Fall – ins Kristall!« Die »gellende, krächzende Stimme« lässt Spaziergänger innehalten, den jungen Mann packt »unwillkürliches Grausen«, das seine Schritte noch mehr »beflügelt«, er rennt, rennt durch die Allee Richtung Linke'sches Bad, am Ende der Allee will ihm »beinah der Atem ausgehen«, er wird langsamer, verharrt kurz am Eingang zur Anlage, hört Blasmusik, sieht Menschen in Sonntagskleidung, auch er würde gern eine »halbe Portion mit Rum und eine Bouteille Doppelbier« trinken, ja würde gern »so recht schlampampen«, aber nun hat er kein Geld dabei, also wird es nichts mit Kaffee, Doppelbier, Musik, Mädchen …

UND WEITER IN DER LÜNEBURGER KRIEGSGESCHICHTE: Es marschierten Russen und Preußen auf, diesmal waren sie in der Überzahl, ein Gefecht, die Lüneburger Jäger und Bürger mit dabei, ein rascher Sieg, die gefangenen Franzosen wurden zum größten Platz der Stadt geführt, »Am Sande«, mussten sich aufstellen – dort reihten sich sonst Planwagen, beladen mit Salz aus unseren Siedepfannen. Zahlreiche Bürger kamen zum Platz, schritten die Reihen von Gefangenen ab, suchten Franzosen, die sich am Tag zuvor bei ihnen einquartiert hatten; wenn die im Haus, in der Wohnung randaliert, Bewohner drangsaliert hatten, wurden sie beschimpft, man zeigte ihnen Zungen, Zähne, Fäuste.

Zu dieser Zeit, Exzellenz, hatte ich Dörtje bereits aus dem Versteck geholt; wir waren froh, nicht ins Ungewisse geflohen zu sein. Wir schauten uns »Am Sande« die gespenstisch reale Szene an, kehrten ins Haus zurück. Inzwischen wurden gefallene Soldaten von Bürgern ausgeraubt, ausgezogen: nackte Leichen in der Stadt, vor der Stadt, Leichen sehr weiß im Dreck.

Einen Tag später marschierten erneut Franzosen auf, diesmal in der Übermacht, der Kampf wurde gar nicht erst eröffnet, Preußen und Russen setzten sich ab. Ich musste Dörtje wieder verstecken, mit Proviant und Eimer – den konnte sie durch eine Luke aufs Dach entleeren, nachts. Von solchen Vorgängen lese ich in unserer Literatur nichts.

Einquartierung, auch bei uns. Und: ich wurde verhaftet. Da war es gut, dass Dörtje reichlich Wasser und Proviant hatte unter dem Dach. Ich stand auf einer Liste von hundert prominenten Bürgern der Stadt – man nahm sie fest, soweit sie nicht geflohen waren; für derlei »Ausfälle« musste eine Ersatzliste aufgestellt werden. Wir mussten auch die Namen derer angeben, die unsere Bürgerkompanien befehligt hatten. Wir nannten Mitbürger, von denen wir wussten, dass sie sich nicht mehr in der Stadt aufhielten. So glaubten wir, uns elegant aus der Schlinge gezogen zu haben, doch der General war nicht zufrieden, ließ uns die Fragen noch einmal vorlegen und weitere dazu, erteilte den Befehl, alles binnen 48 Stunden zu beantworten; geschehe das nicht, werde jeder Zehnte erschossen.

Das Inquirieren ging weit: Wir mussten alle beim Namen nennen, die sich gegen Frankreich, gegen Napoleon erhoben hatten, kurz zuvor, mussten angeben, welche Proklamationen bei uns gedruckt worden waren und von wem – das schlug verflucht nah ein! Da war es vorteilhaft, dass ich mich unter den Verhafteten befand, sonst hätte ein Kaufmann, Kanzleisekretär oder Kämmereikassierer womöglich meinen Namen angegeben!

Weiter: Wir mussten die Namen aller Flüchtlinge nennen, und wer sich den russischen Truppen angeschlossen hatte. Und auch: Wer hat aus Türen und Fenstern auf Franzosen geschossen? Keine literaturwürdige Szene: schwitzend, ja, schwitzend haben wir, habe ich zumindest, Namen aufgeschrieben, aber wiederum von Personen, bei denen wir sicher waren, dass sie unsere Stadt verlassen hatten, oder wir gaben falsche Adressen an – man kann sich ja irren in der allgemeinen Konfusion.

Aber auch hier: Wir haben in dieser Haftzeit nicht pausenlos gegrübelt und beraten, es wurde auch geschlafen, ausführlich, es wurde geplaudert. Ich habe sogar den Unterhalter gespielt, mit Kartenkunststückchen. Dennoch, sehr geehrter Herr Geheimrat: eine prekäre Situation. Es kamen schließlich ausreichend Namen zusammen, wir wurden freigelassen. »Nun danket alle Gott«, sangen wir. Ich eilte nach Hause, holte Dörtje vom Speicher. Das war am achten April.

Am neunten waren die Franzosen wieder weg, Kosaken zogen ein. Nun war wiederum verdächtig, wer für die Franzosen gearbeitet, ja, wer ihnen bloß Auskunft erteilt hatte – mon dieu! Dieses unablässige Beseitigen von Zeichen der Kollaboration einerseits, des Widerstands andrerseits – das konnte einen kirremachen.

Gut eine Woche später hieß es wieder: Die Franzosen kommen! Noch einmal verließen Lüneburger die Stadt. Ein paar Tage später kehrten sie beruhigt zurück, aber dann zogen die Preußen und Russen doch ab, die Franzosen retournierten. Und Dörtje auf dem Speicher, mit Wasser, Proviant und Eimer, bis die Lage sich wieder stabilisierte. Erneut Einquartierung.

In diesen Tagen, Wochen, Monaten verstärkte sich meine Zuneigung zu Dörtje: die Abschiede vor den erzwungenen Trennungen hatten etwas vom schmerzhaften Losreißen aus früheren, heimlichen Umarmungen. Und dann die ängstliche Erwartung des nächsten Wiedersehens! Ich saß manchmal reglos, alles Denken auf sie fixiert, während im Zimmer Franzosen parlierten, Karten spielten.

Es wurde dafür gesorgt, dass man auch an ganz anderes dachte: wieder mal mussten wir Kontributionen zahlen, Lebensmittel beschaffen und abliefern. Vor allem wurde Getreide gesammelt. Häuser wurden visitiert – sogar Küchenspinde wurden durchsucht. Schließlich standen »Am Sande« gut zweihundert Wagen mit Getreide, sie sollten nach Hamburg und Magdeburg rollen, doch es klappte nicht mit der Organisation, dazu mehrfach Gewitterregen, das Korn begann zu sprießen – perdu!

Übrigens mussten wir auch Bettgestelle, Matratzen abliefern, Öl, Zucker, Honig. Langsam fielen wir vom Fleisch, und das tat mir bei Dörtje besonders leid – sie war wieder in der Wohnung, als meine »Tochter«.

UND ANSELMUS setzt sich erneut in Bewegung, läuft Richtung Elbe, dann auf einem Weg an der Elbe entlang, setzt sich keuchend, sicherlich keuchend unter Holunderäste, die sich aus den Fugen einer alten Mauer herausgearbeitet hatten, lehnt sich zurück, stopft sein Pfeifchen mit »Sanitätsknaster«. Dicht vor ihm plätschern und rauschen »die goldgelben Wellen des schönen Elbstroms«, jenseits das »herrliche Dresden« mit seinen Türmen vor dem »duftigen Himmelsgrund«. Anselmus beginnt, paffend, sein Leid zu klagen: Zu »Kreuz und Elend« geboren ... Niemals »Bohnenkönig« geworden ... Butterbrot immer auf die fette Seite gefallen ... Hut fällt auf den Boden ... Loch in den Rock gerissen ... Am Markt in Töpfe getreten ...

Während er so vor sich hinspricht, vernimmt er ein Rieseln, Rascheln, spricht weiter, hört Rascheln, Rieseln, hört Flüstern und Lispeln, leises Klingen wie von Kristallglöckchen, hört: »Zwischendurch ... zwischenein ... schlängeln ... schlingen ... schwingen«, sieht drei kleine Schlangen, grüngold, goldgrün, an Zweigen über ihm, eins der Schlänglein senkt den Kopf zu ihm herab und –

AUCH HIER IN DRESDEN, liebste Dörtje, vernehme ich Fragen von Serapionsbrüdern in Lüneburg: Was macht, was treibt Jan eigentlich in der Ferne? Oder: Was ist das nur für ein rätselhaftes Projekt?

Oder: Wie will er das offenbar verwegene Unternehmen mit ungewissem Ausgang letztlich bezahlen?

Uns verbindet nicht nur Interesse an Hoffmanns literarischen Werken, uns verbindet auch wechselseitiges Interesse an Geschick und Ergehen der Freunde – innerhalb der Grenzen, die Takt bestimmt. Und Takt gebietet mir, keine »Beichte« abzulegen, eher um die Ecke herum von mir zu berichten. Da liegt es denn, im Umgang mit Hoffmann, recht nah, ein Märchen aufzutischen.

Ein Märchen für erwachsene Zuhörer? Ja! Ich hatte das einmal ausprobiert – als die Runde frühjahrsmüde war, habe ich spontan ein Kindermärchen vorgelesen, und siehe da: leuchtende Augen und rote Ohren! Und ich dachte: Oha! Die sind tagsüber mit Salz oder Gold, in der Kirche oder im Gymnasium beschäftigt, kommen dennoch am Ende eines Werktags zusammen, jeweils mittwochs, weil Hoffmann seine Freunde mittwochs um sich versammelt hatte, weil Hitzig mittwochs die Freunde einlädt.

Also, beschlossen und verkündet: Ich werde nach der Rückkehr ein Märchen erzählen, von mir zu eigen gemacht, ohne mein Eigentum zu werden.

DIE FRANZOSEN, Exzellenz, blieben bis September, dann kamen wieder Preußen und Kosaken, erneut wurde nach Franzosenfreunden gesucht, sogar nach Franzosen; wer einen Feind bei sich versteckte, sollte nach Sibirien verschickt werden, hieß es in einer der Proklamationen. Auf dem Marktplatz wurden vier Fuhrwerksladungen Papiere und Akten der französischen Administration verbrannt, unter großer Anteilnahme der Lüneburger: wenig Wind an diesem Tag, angesengte Papiere flogen hoch, fielen nieder auf Dächer, auf Plätze, auf Straßen, auf Gassen: quittances für Requiriertes, déclarations für Brauer oder Brenner, acquits-à-caution des Zolls. Lang nachwirkendes, nun wieder gegenwärtiges Bild: Verwaltungspapiere in den Lüften ...

Und noch einmal drehte sich das Karussell: die Franzosen kehrten zurück. Wieder begleitete ich Dörtje hinauf zum Speicher. Holte sie wieder ab. Und erneut, zum letzten Mal: Kosaken. Dörtje wieder auf dem Speicher und vom Speicher wieder herab.

Ereignis am Rande: Zwanzig Huren wurden von etwa hundert Gassenjungen zusammengetrieben, zum Rathaus gescheucht; sie hatten sich Franzosen vermietet, drum musste eine nach der andren die Treppe hoch; auf fast jeder Stufe ein Kosak mit Peitsche. Ja, Sie können Ihren Leseaugen trauen: Kosaken, die auf der Treppe des Rathauses zu Lüneburg Huren peitschten.

ICH MUSS IHNEN NOCH ETWAS BERICHTEN, Euer Wohlgeboren: Während all des militärischen Hin und Her habe ich mich wieder (weil zu kontinuierlichem Lesen kaum in der Lage) einer alten Passion zugewendet: Zauberkunststücke mit Spielkarten.

Ja, Exzellenz, während Dörtje im Speicher weilte, saß ich des öfteren am Esszimmertisch, übte vor allem diese »Routine«: Eine Spielkarte, von einem Zuschauer ausgewählt, »durchdringt« die Tischplatte. Diese Wahrnehmungstäuschung setzte erhebliche Fingerfertigkeit voraus.

Ich führe das eine und andre Kartenkunststück schon mal Kunden vor – guten Kunden, versteht sich – und erst recht den Freunden, die sich in meinem Haus einfinden. Für sie vor allem versuchte ich, mein Programm zu erweitern – während Truppen kreuz und quer durch die Lande marschierten, nicht nur bei uns in Norddeutschland, während Schlachten vermieden und Schlachten geschlagen wurden: Die rechte Hand greift von oben in das Spiel, der Daumen an der hinteren Schmalseite, und Mittelfinger, Ringfinger, kleiner Finger an der vorderen Schmalseite, der Zeigefinger auf dem Talon, die rechte Hand egalisiert die Karten gegen den linken Daumen, der rechte Daumen kippt die Spielhälfte über dem Spalt leicht nach vorn – und so weiter. Kleine Choreographie für Finger und Karten.

Als ich verhaftet wurde, nahm ich das Kartenspiel mit, übte weiter zwischen Beratungen über die vermaledeiten Namenslisten. Ich habe eine kleine Vorstellung geben müssen vor den Mitgefangenen und den nun ausnahmsweise am Dienst interessierten Bewachern. Meine Leidensgenossen waren begeistert, sie konnten für kurze Zeit ihre Bedrängnis vergessen und die Bewacher ihren langweiligen Dienst: Realitätsdruck gemindert durch unterhaltsame Wahrnehmungstäuschung. Die hatte reale Nebenwirkung: nach dieser Sondervorstellung erschien mein Name erst recht nicht auf einer der Listen.

Als ich wieder zu Hause war, übte ich weiter; das fiel auf, ich musste den einquartierten Franzosen gleichfalls eine kleine Vorstellung geben. Als Nebenergebnis: mein Hausoffizier sorgte dafür, dass die mir auferlegten Kontributionen reduziert wurden. Und: Ich konnte Dörtje von den »Großeltern« zurückkehren lassen eines späten Abends, als keiner mehr im Essraum war: mit geisterleichtem Schritt kam sie die Holzstiege herab.

EXZELLENZ, wäre zwischendurch eine Schöpfkelle Prosa aus dem »Goldnen Topf« gefällig? Dort harren Ihrer: Sprechende Äpfel …! Sprechende Wasserschlangen …! Ein sprechender Holunderbaum …! Alles wird Sprache! Wiederum, einem die Sprache fast verschlagend: Bronzener Türklopfer nimmt Hexenfratze an …! Wispern aus einem Spiegel …! Ja, ein gut gewürztes Süppchen in diesem Topf! Da sollten wir mit vollen Kellen austeilen!

IN MEINEM WEINLOKAL lernte ich einen Musiker kennen, Hornist, damals in der Operntruppe des Joseph Seconda engagiert. Mittlerweile sind ihm die Vorderzähne abhanden gekommen – sehr schlecht für den Ansatz des Mundstücks. Dennoch, er blies seither nicht Trübsal – dies schon gar nicht, wenn er sich »montierte«. Ich achtete darauf, dass sein Weinglas nicht leer wurde; das löste – was ohnehin nicht schwierig war – Semmering die Zunge.

Er berichtete, dass sie hier in Dresden unter Hoffmanns Leitung selbst in der schlimmsten Not- und Kriegszeit Opern aufführten. Die Franzosen, mit den Sachsen verbündet, noch immer mit ihrem Hauptquartier in der Stadt … Die anrückenden Alliierten, allen voran Preußen und Russen … Scharmützel, Gefechte, Kämpfe in der Region, ferner und naher Kanonendonner … Zunehmende Knappheit in der Stadt, kein Fleisch mehr, kaum noch Brot … Beginn einer Typhusepidemie … Doch Hoffmann dirigierte, vom Pianoforte aus, die »Zauberflöte«. »Ich Vogelfänger bin bekannt Bei Alt und Jung im ganzen Land. Oui, c'est moi l'oiseleur, toujours joyeux, hop là!« Und Hoffmann erzählte, in einer der Probenpausen, von einer Figur, die ihm durch den Kopf gehe, von einem Märchen, das er schreiben werde, rund um einen goldnen Topf. An einer Oper arbeite es ebenfalls in ihm: Undine, seine Undine … Und Truppen zogen hin und her, Gerüchte kursierten, bange Erwartung des Kommenden, tagelang Stille in der Stadt, eine Epidemie, französische Soldaten, die auf offener Straße krepierten, vor Spitälern wurden Leichen aufeinandergelegt, das Kriegsgeschehen rückte hörbar näher. Dennoch fand eine Probe statt von Glucks »Iphigenie«; am Abend die Aufführung. Der Prinzipal verlor die Nerven, sagte weitere Aufführungen ab; darauf beschloss das Ensemble, ohne Seconda weiterzumachen, auf eignes Risiko, bei halbem Lohn, und das Wunder geschah: die Aufführungen weiterhin ausverkauft, die Mitwirkenden jeden Abend gleich ausgezahlt. Der Druck wuchs, es gab bald nichts mehr zu essen, Typhus breitete sich aus, auch ohne Kampfeinwirkung wuchs die Zahl der Toten; das Gerücht, Napoleon sei bei Erfurt geschlagen worden, die Schlacht um Dresden stehe unmittelbar bevor, doch Hoffmann, hungrig, von der grassierenden Krankheit geschwächt, dirigierte erneut die »Zauberflöte«, vor vollem Haus: »Weiß mit dem Locken umzugehn Und mich aufs Pfeifen zu verstehn. Je suis connu somme oiseleur. Des jeunes et des vieux dans tout le pays.« Da siegten doch endlich mal die Musen über Mars, nicht wahr?

UND HOFFMANN wieder als Beobachter von Kampfgeschehen. Seine Aufzeichnungen lagen mir auch diesmal nur auszugsweise vor – hier lässt sich gewiss nacharbeiten, Exzellenz.

Das von Franzosen weiterhin besetzte Dresden wird belagert, beschossen. »Um 11 Uhr brannte die Elbbrücke (der von Holz aufgerichtete Teil zur Kommunikation, da, wo die beiden Bogen eingesprengt sind) und beide Schiffbrücken, deren Kähne brennend die Elbe herabschwammen – der Kanonendonner erschütterte die Fenster der Häuser an der Elbe – ein Tiraillieren mit Büchsen hinüber und herüber –. Sie wissen, dass da, wo das Kreuz auf der Brücke steht, sich zwei steinerne Schilderhäuser befinden; hinter diesen, sowie hinter einigen Steinen, hatten sich russische Jäger postiert und schossen, sowie sich französisches Militär erblicken ließ, herüber; ich befand mich auf dem Wall neben dem Theater und konnte sehen, wie sie anlegten und wie der russische Offizier hin und her sprang, um seine Feinde zu entdecken, und wie er eifrig dem versammelten neugierigen Volke zuwinkte, sich zu entfernen.«

Zahlreich also die Zuschauer bei dieser Szene des »Kriegstheaters«; trotz der Gefahr, »den Tod der Neugierde (zu) sterben«, ließen sie sich nicht vertreiben. Hoffmann weiter unter ihnen, obwohl am Schlosstor eine Frau schwer verwundet, ein Junge getötet wurde.

Auch Hoffmann kriegte was ab: ein Querschläger. Er ging zum »Brühl'schen Palais und fand in der Nähe des Schlosstors mehrere Menschen, wurde aber in dem Augenblick von einer Kugel, die von der Mauer abschlug, am Schienbein, jedoch so matt getroffen, dass eigentlich nur meine neue Stiefelklappe verwundet wurde, ich aber nur einen blauen Fleck davontrug. – Die wie ein Geldstück plattgedrückte Kugel hob ich zum Andenken auf«.

ANDERE VERSION: Hoffmann ließ bei einem der ersten Scharmützel das offene Stadttor hinter sich, näherte sich der Schützenlinie der Franzosen auf dreißig Schritt, beobachtete, wie man Kosaken beschoss, die dreihundert Schritt weiter vorbeiritten, offensichtlich kaum beeindruckt vom Gewehrfeuer, einer der Kosaken stieg sogar ab, zog in aller Ruhe den Sattelgurt enger. Dann allerdings brachen russische Infanteristen aus einer Deckung hervor, Artillerie kam zum Einsatz, Vollkugeln schlugen in Hoffmanns Nähe ein, er rannte zum Stadttor zurück.

Am nächsten Morgen, von Kanonendröhnen geweckt, beobachtete er von einem Speicher aus mit dem Fernglas, wie österreichische und russische Truppen auf die Stadt zumarschierten, wie sich Franzosen vom Vorfeld auf die Schanzwerke zurückzogen, wie auf Bastionen schwere Artillerie schoss. Er eilte zur Brühl'schen Terrasse, als er hörte, Napoleon sei dort, sah ihn auf einem kleinen falben Pferd, hörte ihn Befehle erteilen, sah ihn wegreiten.

Die immer massivere Beschießung der Stadt. Hoffmann saß mit einem Glas Wein am Fenster, aber was er dort sah, verdarb ihm die Weinlaune: einem Soldaten an der Brunnenpumpe wurde der Kopf von einer Kanonenkugel zerschmettert, einem Bürger riss es die Bauchdecke auf, Gedärm quoll raus, er versuchte, vom Platz wegzukommen, brach zusammen. Die Hausbewohner zogen sich unter die Treppe zurück, verängstigt, Hoffmann besorgte Getränke, natürlich alkoholische, das Grüppchen wurde munter.

Russen und Österreicher wurden von den Franzosen vorerst zurückgeschlagen, Hoffmann besichtigte das Schlachtfeld vor der Stadt: »Gewinsel des Schmerzes … dumpfes Röcheln des Todeskampfes.« Er registrierte, wie gefallene Franzosen ausgezogen und zu jeweils zwanzig, dreißig in Gruben »verscharrt« wurden. Russische Gefallene wurden zu dieser Zeit noch nicht beerdigt, so sah er blutige, sah zerfetzte Leichen herumliegen und Kriegsmaterial in »wilder Unordnung«. Was Hoffmann früher in Albträumen erschienen war, erfüllte sich: sah verstümmelte, zerfetzte Menschenleiber. Einem Russen, der seit drei Tagen mit zerschossenen Beinen auf dem Schlachtfeld lag, gab er Wasser.

(Von diesen Eindrücken wird allerdings nur wenig vermittelt in der kleinen, in Bamberg gedruckten Flugschrift »Die Vision auf dem Schlachtfelde bei Dresden«.)

UND ANSELMUS geht zum Domizil des Archivarius Lindhorst, läutet, hört die Glocke durchs Haus ertönen, die Eingangstür öffnet sich, ohne dass er von einer Person befragt oder begrüßt wird, er steigt eine »schöne breite Treppe« hinauf, genießt den Duft »seltenen Räucherwerks«, sieht mehrere Türen, weiß nicht, wohin sich wenden, doch nun erscheint Archivarius Lindhorst in einem beblümten »damastnen Schlafrock«, begrüßt den jungen Mann: »Nun, es freut mich, Herr Anselmus, dass Sie endlich Wort halten, kommen Sie mir nur nach, denn ich muss Sie ja doch wohl gleich ins Laboratorium führen.«

Raschen Schritts durch den Flur, der Hausherr öffnet eine Seitentür zu einem Korridor, der in ein Gewächshaus führt: bis zur Decke hinauf »große Bäume mit sonderbar gestalteten Blättern und Blüten«; zwischen all den Büschen und Bäumen scheinen sich »lange Gänge in weiter Ferne auszudehnen«. Zypressenstauden, Marmorbecken, auf ihnen Figuren, aus denen Wasser-»Kristallstrahlen« in »leuchtende Lilienkelche« plätschern. Stimmen, kichernd und foppend – Vögel, die sich über den jungen Mann mokieren, den der Hausherr kurz allein lässt. Anselmus vor einem »riesenhaften Busch glühender Feuerlilien«, der scheint plötzlich auf ihn loszuschreiten, doch es ist der geblümte Morgenmantel des zurückkehrenden Archivarius. Der bringt die Vögel zum Schweigen, geht vor Anselmus her durch diverse Räume, dies aber so rasch, dass der Student Einzelheiten kaum wahrnehmen kann: sonderbar geformte Möbelstücke, unbekannte Objekte. Sie erreichen einen hohen Raum, die Wände azurblau getönt, aufgemalt »goldbronzene Stämme hoher Palmbäume«, deren Wedel, »wie funkelnde Smaragde glänzend«, sich bis zur Decke »wölbten«. In der Mitte des Raums eine Porphyrplatte auf drei »aus dunkler Bronze gegossenen ägyptischen Löwen«; auf diesem Tisch »ein einfacher goldener Topf«, auf Hochglanz poliert. »Nun sind wir an Ort und Stelle!« In diesem Raum wird Anselmus arabische Manuskripte kopieren, für gutes Geld ...

VOM ERZÄHLER HOFFMANN ANIMIERT, werde ich den Freunden, den Serapionsbrüdern, erzählen, wie »ich« nach einem Fest bei einem auswärtigen Kollegen von Raven zurückwanderte nach Lüneburg. Sommernacht, Vollmond und so weiter, der Fahrweg ausgeleuchtet. Auf halber Strecke wurde ich müde, lehnte mich an einen Alleebaum und stöhnte: »Zuviel, mir wird alles zuviel.«

Schon trat ein Herr in Jägergrün hinter einem Alleebaum hervor und fragte: »Trübsinnig? Dabei wart Ihr in Raven so gut aufgelegt, habt die Gäste sogar mit einer Vorführung erheitert.«

»Ach, die paar Kartenkunststückchen ...« Der Herr in Grün stand dicht vor mir, aber ich roch nichts. »Wollen Sie mir nicht auch mal was vorführen – zu Ihrer eigenen Erheiterung?« Weil ich den Kopf schüttelte, zog er einen Lederbeutel aus der Jagdtasche, löste die Schnur: Goldmünzen. »Der Beutel soll Euch gehören, wenn Ihr dreimal nacheinander im Kartenspiel gewinnt.«

»Und wenn ich verliere?«

»Braucht Ihr nur zu tun, was ich Euch sage. Das Gold aber könnt Ihr für besondere Vorhaben verwenden.«

Ich akzeptierte die Spielregel. Wir schritten hinaus auf eine Lichtung, zu einem breiten Baumstumpf, setzten uns ins Gras, das nicht feucht war. Ich begann mein Kartenspiel zu mischen, in aller Ruhe. »Beeilt Euch ein wenig, wenn ich bitten darf. Ich muss vor dem ersten Hahnenschrei zurück sein.«

Der Baumstumpf als Kartentisch; wir spielten die erste Partie; ich gewann. »Verflucht«, rief der Jäger mit heiserer Stimme. Vor der zweiten Partie ließ ich ihn mischen. Wieder gewann ich Stich um Stich. Mir fiel auf: Wenn der Jäger beim Niederklatschen der Karten mit der Handkante den Baumstumpf berührte, entstand dort grün phosphoreszierendes Licht – und versickerte rasch in Schrunden, Ritzen, Löchern …

Ich ließ mich nicht irritieren, wir spielten weiter. Im Osten erspähte ich erstes Aufhellen, kühlgrün. Der Jäger verlor auch die zweite Partie. »Da soll doch der Blitz dreinschlagen!« Es zuckte in seinen Beinen, und ich sah: den Klumpfuß. Mir wurde kalt bis ins Knochenmark, heiß zwischen den Schläfen. Der Mann in Grün schimpfte: »Dieser verdammte Bube, dieser verfluchte König, dieses elende Kreuz-Ass!«

»Jetzt seid Ihr schlecht gelaunt«, sagte ich mit erzwungener Ruhe, »ich will Euch ein wenig erheitern.«

Ich mischte das Spiel, ließ ihn eine der Karten ziehen, in seinen Jagdhut legen, ihn wieder aufsetzen. Erneut mischte ich das Spiel, hob die oberste Karte ab, reichte sie ihm. »Da habt Ihr Eure Karte! Jetzt gebt mir die aus dem Hut.« Er nahm den Hut ab – keine Karte darunter. Er tastete sein schwarzes, störrisches Haar ab, fühlte nach im grünen Hut – keine Karte mehr! Verstört setzte er den Jagdhut auf, wollte unbedingt erfahren, wie ich das gemacht hatte. Ich erklärte das selbstverständlich nicht, warf das Spiel in die Luft, die Karten fielen in weitem Kreis ins Gras. »Jetzt nehmt nochmal den Hut ab.« Er tat es, und seine Karte steckte im Hut.

»Holla«, rief er, »Ihr seid mir ein gerissener Bursche! Jetzt aber schnell das dritte Spiel!«

»Immer langsam«, sagte ich, »wir müssen erst die Karten einsammeln.« Der Jäger suchte hastig, ich ließ mir Zeit, spähte nach Osten – wie sehr langsam wurde es hell … Der Jäger zählte die

Karten nach, zweie fehlten. Ich suchte achselzuckend mit – ich hatte beide Karten beim Suchen versteckt. »Die Zeit vergeht, die Zeit vergeht, bald ist Morgen!« Seine Stimme war gleichsam schartig. Ich musste zulassen, dass er beide Karten fand, sonst hätte er mich womöglich am Hals gepackt, mit höllenheißem Griff.

Wir spielten weiter – ich tat so, als könnte ich kaum noch die Augen offenhalten, meine Gedanken beisammenhalten, gähnte anhaltend, spielte den Schlaftrunkenen. Die Augen des Jägers glühten. Doch ich blieb äußerlich ruhig, dachte vor jedem Stich länger nach, ließ mich nicht zur Eile treiben, und plötzlich: Der erste Sonnenstrahl! Eine Explosion! Blendung, Betäubung! Als ich wieder sehen und hören konnte, war der Jäger weg. Der Lederbeutel aber lag im Gras. Ich hielt Goldmünze um Goldmünze ins Morgenlicht, es war wie eine Reinigung.

Ja, und mit diesem Gold, so werde ich der Serapionsrunde erzählen, mit diesem Geld stelle ich die Frau in Uelzen zufrieden und helfe meiner Dörtje aus, die einen kranken Vater hat, der kaum noch seine Medikamente bezahlen kann. Dennoch, etwa die Hälfte der Goldmünzen wird übrigbleiben, und die werde ich Goethe als Vorauszahlung anbieten.

AUCH DIE FOLGENDE KRIEGSSZENE, Euer Wohlgeboren, wird von Hoffmann vermittelt, unter einem Titel, der dies keineswegs erwarten lässt: »Der Dichter und der Komponist« – ein Text, der zumindest auszugsweise in das geplante, schon durch seinen Umfang gegen Eingriffe der Zensur geschützte Hoffmann-Buch passen könnte.

Eine belagerte Stadt, ringsumher Artillerie; Vollkugeln, aber auch Granaten mit Brandsätzen fliegen in hohen ballistischen Bögen hernieder auf die Stadt, die »Bomben« durchschlagen Dächer, setzen erst Speicher, dann Häuser in Brand, Militärpatrouillen reiten durch Straßen und Gassen, treiben verstörte Bürger in die Häuser, in die Keller, jagen fahnenflüchtige Soldaten zurück zu den Geschützen der Stadtbefestigung. Nur einer, ein Einziger bleibt in diesem Höllentreiben ruhig: der Komponist. Sitzt im Zimmer unter dem Dach am Flügel, setzt auch während der Kanonade die

Arbeit an einer neuen Sinfonie fort, bis die Hauswirtin eindringt, ihm energisch Vorhaltungen macht, »wie er in dieser allgemeinen Angst und Not nur auf dem Flügel spielen könne und ob er sich denn in seinem Dachstübchen totschießen lassen wolle«. Der Komponist versteht erst nicht, wovon die Frau redet, bis eine Vollkugel das Dach durchschlägt, die Fensterscheiben zerscherbt. Schreiend läuft die Frau die Treppe hinunter, der Komponist rafft Notenblätter zusammen, folgt ihr in den Keller. Dort haben sich bereits alle Hausbewohner und ein paar Nachbarn versammelt; der sonst knausrige Hausherr hat ein paar Flaschen Wein spendiert; das hilft, den anhaltenden Donner der Artillerie ertragen, das Heranbrummen und krachende Einschlagen von Granatkugeln. Eine von ihnen schleudert »die Ziegelsteine, womit man die Zuglöcher verwahrt, in den Keller«. Als man den endlich verlassen kann, durchstreifen »schon feindliche Reiter die Stadt«.

ANSELMUS, jetzt nicht mehr im Märchen vom »Goldnen Topf«, diesmal in einer Geschichte mit dem Titel »Erscheinungen«, jener Anselmus erzählt Freunden, wie er damals durch Dresden gerannt war, »brennendes Stroh und berstende Granaten nicht achtend, schnell hinaus über die Brücke nach der Neustadt«.

Er wird gefragt, warum er davon erzähle, das alles sei doch bereits zwei Jahre her: »Seit wann kleben denn kriegerische Ereignisse fest in deinem Kopfe?«

Er hingegen: Wie soll einem jene »verhängnisvolle Zeit schon so fremd geworden« sein, dass man bereits nach zwei Jahren nicht mehr weiß oder nicht mehr wissen will, wie das »geharnischte« Ungetüm Mars-Napoleon auch die Umgebung von Dresden zum Kriegsschauplatz machte?

Also: Anselmus, der erfundene Anselmus, hat es am Schreibtisch in einem Haus zu Dresden nicht länger ausgehalten, als er hörte, die Besatzungstruppen wollten die Stadt verlassen; er läuft herum in Gassen und Straßen, erspäht allerdings nichts Auffälliges, Alarmierendes, muss sich dennoch aussprechen, geht zum Kaffeehaus am Altmarkt, Ecke Seegasse: Restaurant mit Hinterzimmer. Hier berichtet Anselmus, was er gehört hat und was er vermutet. Und gleich bricht er wieder auf, hat keine Ruhe im Leib, läuft durch die Stadt, kommt zur Brühl'schen Terrasse, sieht, dass im Palais, das Brigadegeneral Mouton beschlagnahmt hat, noch Lichter brennen und: auffällig viel Bewegung hinter den Fenstern. Mehr aber könnte er der Runde im Hinterzimmer nicht berichten, so kehrt er heim, legt sich ins Bett. Stille, »Grabesstille«, Totenstille … Und da: dumpfes Rasseln …! Anselmus springt aus dem Bett, verlässt das Haus, will sehen, wie die Franzosen die Stadt räumen. Und tatsächlich: Kanonen, Pulverwagen, Trosswagen ziehen zur Elbbrücke. In der Finsternis drängt er sich mit hinaus, bis hin zum Brückenbogen, den ein Marschall hatte sprengen lassen, die Lücke überbrückt von einer Holzkonstruktion, die auch Truppen, Pferde, Kanonen trägt. Versteckt beobachtet Anselmus den Abzug, die Flucht.

In dieser datierbaren Szene taucht ein geheimnisvoller, weißbärtiger Fremder auf: Michael Popowicz, erst murmelnd, dann aufschreiend. Während einer kurzen Ruhepause des Abmarschs hört man ein Plätschern in der Elbe, und das Holzgerüst klettert herauf ein triefnasses Mädchen, das der Alte sofort als »Agafia, Agafia!« begrüßt.

Und wer ist Agafia?! Sie ist Hauptfigur in einem Theaterstück, das Zacharias Werner geschrieben hat: »Das Kreuz an der Ostsee«. Den Zacharias kannte Hoffmann von Kindheit an, hat später auch Musik komponiert zu dessen Schauspiel, aus dem nun Agaphia, Agafia herangeschwommen und die Brücke hochgeklettert war. Aber Agaphia ist nicht nur Agafia, Agafia ist auch Dorothee, ein Mädchen mit Zeichen der Verstörung, seit ein Trupp ihr Heimatdorf geplündert und ihren Vater totgeschlagen hatte – seither entstellt ein unaufhörlich grimassierendes Lächeln das sonst schöne Gesicht: Maske eines Lächelns, dem Gesicht aufgepresst. Anselmus kennt sie: Dorothee als Hausmädchen seiner Wirtsleute, jeden Morgen bringt sie ihm den Kaffee. Nun nimmt er das völlig durchnässte, zitternde Mädchen unter seinen Mantel, hält es warm. Schon rollen die nächsten Kolonnen heran, ziehen über die steinerne, in der Mitte hölzerne Brücke – die wird gedröhnt haben unter den Füßen, den Hufen, den Rädern. Anselmus: »Ich musste mich aufraffen und schnell auf die Seite springen, um nicht von aufs Neue heranziehenden Kanonen und Pulverwagen gerädert zu werden.«

Folgen etwas wirre Vorgänge um Agafia/Dorothee: wurde verhaftet, freigelassen, brachte Anselmus weiterhin den Morgenkaffee, überreichte ihm schließlich ein »schönes, weißes Hochzeitsbrot, das sie selbst gebacken!«.

Diese Geschichte wird in der Serapionsrunde, im originalen und fiktiven Serapionsclub, vorgelesen aus der Sammlung der Erzählungen und Märchen »Die Serapionsbrüder«. Der Vorleser, Cyprian, erklärt, er hätte das selbst so erlebt, hätte dies jedoch auf Anselmus übertragen oder überschrieben – bis auf den »kleinen phantastischen Zusatz« von der auftauchenden Agafia/Dorothee oder Dorothee/Agafia sei alles »buchstäblich wahr«. Damit das alle in der Runde glauben, betont er noch einmal, »dass mich wirklich das Schicksal traf, das ich den fabelhaften Anselmus als das seinige erzählen ließ«. Ja, er, Cyprian, war in dem »von allen Seiten hart belagerten« Dresden. Ja, er, Cyprian, war bei Freunden im Hinterstübchen des Kaffeehauses, dessen Wirt Eichelkraut hieß. Ja, er, Cyprian, stieg nachts auf den Speicher, schaute durchs Dachfenster hinaus auf die »ringsumher« leuchtenden Wachfeuer der Belagerer. »Wahr ist es, dass ich dann, als ich, mitternachts nach Hause zurückkehrend, auf der Straße mit Fourage bepacktem Geschütz begegnete.« Er selbst war es schließlich auch, der von der »Nixe« zuletzt »den Hochzeitskuchen empfing«!

Schon beginnt sich in mir alles im Kreise zu drehn! Dieser »cyprianische Serapion und serapiontische Cyprian«, der unter dem Zeichen des heiligen Serapion die »serapiontische Erzählung« vorgelesen hat, er selbst ist ebenfalls eine erfundene Figur des E. T. A. Hoffmann, der »in figura« mehrfach zum Speicher des »Baumann'-schen Hauses« hochgestiegen war, um das Kriegsgeschehen zu beobachten. Und dann schickt er eine erfundene Figur vor, die wiederum eine erfundene Figur vorschickt, die von einem nicht erfundenen Vorgang erzählt mit einem erfundenen Zwischenspiel, an dessen Ende die erfunden erfundene Figur von einer aus einem Drama herangeschwommenen Figur einen Kuchen erhält, den aber in Wirklichkeit (oder wo auch immer) eine erfundene Figur in der Tat erhalten haben will – wie soll man sich so einer Darbietung gegenüber verhalten in serapiontischer Runde?

Nun, man singt! Aus dem Stegreif will man einen dreistimmigen Kanon anstimmen! Bloß, auf welchen Text soll man sich so rasch einigen? Kleine Verlegenheit, dann greift ein Vinzenz, auch so eine erfundene Figur, zu einem Bühnenjahrbuch, das zufällig auf dem Tisch liegt, ein Verzeichnis von Schauspielern, Schauspielerinnen, Sängern, Sängerinnen, von Komponisten, von Bühnenbildnern, und nun macht man es so: Stimme 1 singt eine Liste von Namen männlicher Schauspieler in alphabetischer Reihenfolge, Stimme 2 singt eine Liste von Namen weiblicher Schauspieler in alphabetischer Reihenfolge, Stimme 3 singt eine Liste von Titeln aufgeführter Schauspiele und Opern. Und so wird gesungen, gesungen, gesungen, da müssen schließlich die Scheiben des Fensters im Raum vibriert haben, es werden womöglich die Scheiben des Fensters hinter dem Fenster in Schwingung geraten sein – ja könnte es nicht zuletzt *noch ein* Fenster hinter dem Fenster dem Fenster geben? Allein schon bei diesem Gedanken – man könnte versinken im Loch im Boden, im –

EXZELLENZ, ich gehe davon aus, dass Sie mein Fortsetzungsbrief aus Dresden erreicht hat. Sie wiederum können davon ausgehen, dass ich mich – nun wieder zurück in Ihrer Stadt – weiterhin an Sie wenden werde.

Dazu möchte ich einen Vorschlag unterbreiten: Es hätte zeitsparende Vorteile auch für Sie, wenn Sie mich in Ihr Haus aufnehmen und mit der Kompilation einer Vorlage der Textauswahl für unser Buch betreuen würden – zumal Ihre Herren Eckermann und Riemer, wie man hört, reichlich ausgelastet sind. Ich wüsste schon, wie dann vorzugehen wäre, ich würde mir, um langes Suchen zu ersparen, meine (dann vollständige) Hoffmann-Handbibliothek in einem regenfesten Fass zustellen lassen.

Ich könnte den erlauchten Kreis erneut beleben durch einen Vortrag – nicht unbedingt über Hoffmann, ich könnte (um das schon mal anzubieten) den Salzdom unter Lüneburg hervorheben, samt

Sagen und Legenden von Salzknaben und Salzmännern, von definitiv eingesalzenen, sprich: gepökelten Salzräubern, von kostbaren, in Salz konservierten Fundstücken, die bisher zwar nicht ans Tageslicht gelangten, die ich mit meinem geistigen Auge jedoch schon erspähe: gesalzene Seegurken des Urmeeres oder salzpräparierte Schwingen von Flugsauriern.

AUS DEM HAUSE GOETHE hört und hört man nichts! Nicht das kleinste Billett hat mich bei der Rückkehr erwartet. Nicht mal die Abschrift des »Geheimgutachtens« zu Hoffmanns »Meister Floh« hat den Patriarchen aus der Reserve locken können.

Du wirst es Dir schon denken können: Zwar habe ich ihm diesen Text innerhalb des Dauerbriefes abschriftlich vorgelegt, jedoch als Abschrift eines eigenen Entwurfs. Ich habe zuvor die alte, bei der verflossenen Buchmesse neu belebte Verbindung nutzen können zu Buchhändler M., der über Publikationen im südwestdeutschen Raum Expertisen verfasst, die er beim Ober-Zensur-Kollegium Mainz einreicht. Zuweilen geschieht das persönlich, im Gespräch mit dem Festungskommandanten – bei Mensdorff-Pouilly laufen alle Fäden zusammen. In dessen Bureau gewinnt M. so manchen Einblick, kommt ihm das eine und andere Dokument vor Augen – so verdanke ich ihm hilfreiche Hinweise. Es hat mir diebische Lust bereitet, dieses »Geheimgutachten« zu erfinden; ich denke, ich habe dabei im Sinne geistlicher Zensoren argumentiert und formuliert.

Mit diesem quasi authentischen Schreiben habe ich Exzellenz moralisch erpressen wollen: Residiert im windstillen Weimar, dieser Dichterfürst, dieser Fürstendichter, da soll er sich wenigstens postum für einen Kollegen einsetzen, der scharfen Winden, ja Stürmen ausgesetzt war. Eminenz belieben aber stärker gewappnet zu sein, als ich das erwartet habe, Eminenz sind womöglich mit gehärtetem Drachenblut gepanzert. Bei seinem Domizil müsste man fast schon einen Rammbock ansetzen, um sich Einlass und Gehör zu verschaffen – sofern man nicht zum Kreis der am Hof des Dichterfürsten akkreditierten Personen gehört.

Damit schließe ich das heutige Briefdeputat ab und gehe wieder auf die Goethepirsch.

UND WAS, so wirst Du sicherlich fragen, was ist mit der Probe von Solesalz geschehn, mitgenommen im verschlossenen Gefäß? Ich habe es nicht, zur Einstimmung, dem Herrn Geheimrat unter die Nase gehalten – so nah bin ich bisher noch nicht an ihn herangekommen. Weil sich voraussichtlich so rasch auch keine Gelegenheit dazu ergeben wird, die Krankheit scheint verdammt hartnäckig zu sein (oder die Ausrede scheint sich lange zu halten) – kurzum, ich habe, durch Wein von der Unstrut zu plötzlichem Entschluss stimuliert, ein kleines Ritual entwickelt, um den hohen Herrn wenigstens indirekt auf mein Vorhaben einzustimmen: An den Ecken des weit hingebreiteten Hauses, an den Ecken der rückwärtigen »Ackerwand« habe ich jeweils ein Pröbchen Lüneburger Salz gehäufelt, dort, wo es von Regenwasser nicht so rasch weggeschwemmt werden kann.

Natürlich habe ich die Salzpröbchen in menschenleerer Dunkelheit platziert – und Menschenleere setzt in Weimar genauso früh ein wie in Lüneburg: mit Glockenschlag acht, spätestens neun wirkt das Städtchen wie von allen Menschen und guten Geistern verlassen. Ich musste also nicht nach rechts und links spähen, während ich Goethes Areal nachsalzte, ich konnte bei jedem Salz-Zeichen halblaut meinen bannenden Spruch wiederholen: Salze, salze, salze sein Gemüt, halte eine kleine Wunde offen für Hoffmann.

Ja, Goethe soll inmitten dieser Salz-Zeichen an nichts anderes mehr denken können als an die Textauswahl, die er mit (möglichst umfangreichem) Vorwort herausgibt. Das wäre die schönste Beute, die ich von der Reise mitbringen könnte! Und Du würdest mich hoffentlich belohnen, ausführlich – Du weißt schon wie.

UND HIER, sehr geehrter Herr Geheimrat, folgt die angekündigte Fortsetzung der Geschichte der Brunnen von Ardestorf, von Ihnen – so hoffe ich – gelesen im Stadium fortschreitender Genesung.

Ich wollte die drei Brunnen selbst mal sehen, womöglich hören. So ritt ich dorthin, im November, bei Sturm. Der fauchte, winselte, toste, doch er sang nicht. Als ich mich beim ersten Brunnen über den gemauerten Brunnenkranz beugte, in den Brunnenschacht schaute und lauschte, da hörte ich fern, sehr fern eine weibliche

Stimme singen, hell und rein, hörte sie immer deutlicher, näher; ich schloss die Augen, hielt mich am Brunnenkranz fest, denn es entstand ein Sog, wuchs an, wuchs an, ich hörte sie singen und singen, meine Hände, aufs Mauerwerk gestützt, wurden kalt, ich hörte die Stimme bald so deutlich, als wäre nur wenige Meter unter mir eine der toten Schwestern, und ich begann zu verstehen, was sie sang, es war ein Kreisen von Wörtern, unablässiges, mich nicht freigebendes Kreisen: De Wind, de weiht, de Hahn, de kreiht, de Sand fangt an to weihn ... De Wind, de weiht, de Hahn, de kreiht, de Sand fangt an to weihn ...

Ja, der Sand fing an zu wehen, der Heidesand, ich spürte ihn in den Augenwinkeln, spürte ihn im Mund, und der Satz kreiste im Brunnenschacht, kreiste in meinem Kopf, dort kreist er noch heute: De Wind de weiht de Hahn de kreiht de Sand fangt an to weihn ... De Winddeweiht ...

Ich konnte mich schließlich doch losreißen, ich wollte, musste auch in den zweiten Brunnen hineinhorchen; so ging ich durchs Dorf, das Pferd am Zügel hinter mir; der Sturm rauschte, toste in den Bäumen, ließ alles, was beweglich war, klappern und rappeln; kein Mensch auf der Straße, mir war es recht so; ich band das Pferd fest beim zweiten Brunnen, beugte mich über den gemauerten Brunnenkranz, und als ich die Grundierung von Stille hörte unter dem Tosen, wuchs auch die zweite Stimme zu mir herauf, hell und leicht. Ich hörte mich ein in dieses Singen, bis in ihm Laute entstanden, die ich verstehen konnte – was aber schwierig blieb, weil die Laute betörend ineinander übergingen: Smeerdude Fiedel, dann geihtselies, und laatduliesselopen ... Smeer du de Fiedel, dann geiht se lies, und laat du lies se lopen ... und latdulies selopen ...

Ein Satz, bei dem ich kaum nach dem Sinn frage, der liegt für mich im Klang, in diesem rundlaufenden Klang, gesungen von heller, reiner Stimme – ich kam auch von diesem Brunnen vorerst nicht los, aber ich wollte, ich musste, bevor der Novembersturm nachließ, die dritte der Schwestern singen hören. Es fiel mir diesmal noch schwerer, mich aufzurichten, ich hatte Angst, der Sturm würde mir die Wörter von den Lippen reißen, aus den Ohren blasen. Drum, als ich vor dem Pferd herging durch den Sturm, wiederholte ich unablässig: Smeer du de Fiedel, dann geiht se lies, und laat du lies se lopen … Smeer du de Fiedel danngeihtselies …

Mit diesem Klang im Kopf band ich das Pferd beim dritten Brunnen fest, beugte mich über den Mauerkranz, stützte mich auf, schloss die Augen. Der Sturm brauste, toste, jaulte, winselte, doch ich hörte, unter der lärmenden Luftschicht, die Stimme in der Stille des Brunnenschachts; die ersten Wörter kamen mir bekannt vor, doch dann ein Wechsel: De Wind, de weiht, de Hahn, de kreiht, bald liggt dat Dörp in Sargen …

WEIL ES HIER ÜBERHAUPT NICHT WEITERGEHT, denke ich zuweilen, ich hätte – selbstverständlich auf meine Kosten – Hoffmanns Witwe zu einer Reise nach Weimar bewegen sollen, und wir treffen uns in einem Hotel, am besten gleich im »Weißen Schwan«.

Hätte ich mit dieser Frau, die noch kleiner sein dürfte, als mir das beschrieben wurde, hätte ich mit dieser geradezu winzigen Dame am Haus gegenüber vorgesprochen, so hätte uns der türstehende Diener nicht abweisen können, wir wären in einen Empfangsraum begleitet oder geleitet worden, hätten dort bange Minuten auf das Erscheinen des alten Herrn warten müssen. Die als liebenswürdig bezeichnete Polin, die stark gebrochenes Deutsch spricht, mit »Vogel wunderschönes« und (früher:) »Gemahl meiniges«, sie hätte mir dann wohl das Wort überlassen, hätte stumm eine Mappe mit Zeichnungen geöffnet, die sich (noch oder wieder) in ihrem Besitz befinden, etwa: Selbstbildnis des hageren Männleins mit gesträubtem Haupthaar oder: Kostümbildentwürfe, Karikaturen.

So etwas hätte sie dem (ebenfalls zeichnenden) Hausherrn vorlegen können, hätte ihn zudem durch ihre Wortkargheit bezwungen wie durch ihre vielfach bezeugte Ausstrahlung, es hätte sich endlich das Herz des Geheimrats geöffnet, und ich hätte ihm schließlich doch mal, Auge in Auge, meinen Buch-Plan erläutern können.

EIGENTLICH, Exzellenz, könnte ich mich – Aufmunterung vorausgesetzt – zwischendurch mal an Ihr Krankenbett setzen und Ihnen etwas vorlesen, könnte, falls Ihnen diese Situation zu intim erschiene, im Nebenzimmer rezitieren, bei angelehnter Tür. Es würde sich hierzu ein Text empfehlen, der Sie aus der Misere heraus-, aus der Malaise emporreißt. Dies würde denn auch der Textwirkung entsprechen, die Hoffmann beschrieben hat, in einem seiner Bücher und Büchlein – welches, weiß ich im Moment leider nicht. Sinngemäß heißt es jedenfalls: Dass man aus beengtem, beengendem Alltag herausgerissen und emporgehoben wird in freie, weite Räume …

Ich biete an: »Moderne Welt – Moderne Leute«, eine Improvisation, in der Hoffmann seine Phantasie spielen ließ, dabei Nieswurz-Pulver Marke »Schneeberger« schnupfend oder den üblichen Knaster rauchend von der Sorte »Es blühe Sachsen«; dazu selbstverständlich Champagner – und schon ist er »montiert«, schon machen sich Entwicklungen selbständig …

Zum Beispiel wird in der sechsten Miniaturszene ein Kloster in ein Schreibpult verwandelt, auf offner Bühne, wie auch immer, dem Pult entsteigt Kotzebue (den Sie zwar nicht verehrt, aber oft auf der Weimarer Bühne präsentiert haben, vielleicht auch mit dem Stück »Das Schreibpult oder Die Gefahren der Jugend«), und es singen die drei Knaben aus der »Zauberflöte«: »Bald prangt, den Morgen zu verkünden, Die Sonn auf goldner Bahn …«, schon verwandelt sich die Zauberflöte in eine Knute, mit der Kotzebue, in der siebten Miniaturszene, nach Sibirien geprügelt wird, indes sich das Theaterstück in ein Osterei verwandelt, das, in der achten Miniaturszene, in der Garderobe der Münchner Oper auf einem Tisch liegt, und Antonio Brizzi, der gefeierte Tenor, schreit den Theaterdiener an: »Briccone maledetto – datemi un uovo – uovo – ein Ei – schaffen ein Ei – ick heise sei – ah che vedo, was ick, was ick sieh – ein Ei – kom ßu mir du Ei.« Und Signor Brizzi, in der Rolle des Achilles, ergreift das Ei, will es ausschlürfen, da verwandelt sich das Ei »in Amerika und wird von Kolumbus entdeckt«.

Nun, Exzellenz, wäre das nicht geeignete Krankenkost? Stimulierend, animierend oder reanimierend? Damit meinen Autor favorisierend?

UND NUN WIEDERUM, den Juristen in Ihnen ansprechend, Hoffmann als Königlich Preußischer Kriminalrat im Kriminalsenat des

Kammergerichts zu Berlin: Gutachten über die Mordtat des Tabakspinnergesellen Daniel Schmolling, von Hitzig veröffentlicht in der »Zeitschrift für Kriminal-Rechtspflege in den preußischen Staaten mit Anschluss der Rheinprovinzen«, Jahrgang 1825.

Laut Protokoll (nicht von Hoffmann verfasst) hatte der Tabakspinnergeselle etwa drei Wochen vor der Tat den Plan gefasst, das Dienstmädchen Henriette Lehne, seine Geliebte, zu ermorden; drei Tage vorher wurde dies zum festen Entschluss. Er legte ein Messer bereit; auf dem Weg zu Henriette schliff er dies an einem Feldstein. Sie gingen gemeinsam in das Wäldchen »Hasenheide« vor Berlin, Kienäpfel suchen – dabei blieb es jedoch. Einige Tage später wartete er am Haus ihrer Herrschaften, bis Henriette das Abendessen bereitet hatte; er lud die Geliebte ein, ihn ein Stück Richtung Berlin zu begleiten, forderte sie unterwegs auf, sich am Wegrand hinzusetzen – so schien es ihm leichter, sie zu ermorden; er umarmte, küsste sie, stieß ihr das Messer bis zum Griff in den Leib; sie war nicht sofort tot, schrie; er floh, Passanten eilten herbei, sie nannte den Täter; Schmolling kehrte zurück, stellte sich, wurde festgenommen; sie starb.

Ein medizinisches Gutachten wurde erstellt über den 38-Jährigen, man suchte in seiner Konstitution nach Ursachen für die Tat, aber weder früher Tripper noch aktuelle Krätze erwiesen sich als relevant genug; der Mediziner ging, weil andere Motive fehlten, zu fehlen schienen, davon aus, dass Schmolling unter innerem Zwang gehandelt habe, und wies auf die Gefahr hin, dass »der Wahnsinns- und Mordanfall über kurz oder lang bei dem Inquisiten von neuem ausbrechen dürfte«.

Hier setzt Hoffmanns Gegengutachten an. Er weist nach, unterstützt von zahlreichen Literaturhinweisen, dass Schmolling im Augenblick der Tat keineswegs unzurechnungsfähig gewesen sein konnte, sieht deshalb im vorliegenden Gutachten »aus dem Reich der Möglichkeit gegriffene Hypothesen, auf die der Richter unmöglich auch nur das mindeste Gewicht legen kann«. Denn: ein Anfall von Wahnsinn bereitet sich vor. Hoffmann verweist, knapp zusammenfassend, auf Fallberichte über Gewalttaten, denen Anfälle von Wahnsinn vorausgegangen waren. So etwa »das schauderhafte Beispiel einer vornehmen Mutter, die ihren Sohn im Tollhause besuchte und ihn ruhig und vernünftig fand. Sie nahm ihn mit sich, und mehrere Wochen vergingen, ohne dass sich eine Spur des Wahnsinns zeigte. Allein an einem Morgen stand er früher als gewöhnlich auf, schwärmte rasend herum, kam nass und schmutzig nach Hause, setzte sich zu seiner Mutter, ergriff, als diese ihm Vorwürfe machte, die Feuerzange aus dem Kamin und erschlug sie.«

Hoffmann arbeitet schlüssig heraus: Schmolling ist strafmündig. Und er zeigt Motivationen auf für die scheinbar unmotivierte oder durch einen isolierten Anfall von Wahnsinn scheinmotivierte Tat: »Er hatte für seine Lage beträchtliche Schulden. Er wurde deshalb gerade in der Periode vor der Ausführung des Verbrechens gemahnt. Er wusste, dass die Lehne schwanger war, dass er also in den Fall kommen würde, sie unterstützen zu müssen, statt dass er sonst von ihr zuweilen Geld erhielt.« Hoffmann plädierte für Todesstrafe.

Das Gericht folgte seinem Votum, Schmolling wurde zum Tode verurteilt. Allerdings legte das Königliche Justizministerium dem König ein Gnadengesuch vor: Die Todesstrafe möge in lebenslängliche Haftstrafe umgewandelt werden. Der König ließ Gnade vor Recht ergehen.

Während der Haft wurde Schmolling einem (gleichfalls inhaftierten) Justiz-Kommissar »zur Aufwartung beigegeben« – und Schmolling, so notierte Hitzig im Postskript, »ermordete auch diesen«.

ERNEUT STELLE ICH MICH DER HERAUSFORDERUNG, juristische Vormittagssprache und literarische Abend- und Nachtsprache zu konfrontieren, zu kombinieren – die Hoffmann'sche Personal- und Schreibunion. Greift hier der Vergleich von Kette und Schuss? Parallel gespannte, bunt ausgesponnene Erzählfäden, und querschießend: Juristisches? Und Sprachzeichen für den Komponisten der Klaviersonaten, der Sinfonie, der Messe, des Miserere, der Opern und Singspiele?

Also eine neue Probe aufs Exempel. Ich bitte Euer Hochwohlgeboren, dies nicht zu verstehen als Vorschlag, wie Sie in der einleitenden Darstellung das wechselseitige Durchdringen zur Darstellung bringen könnten, ich entwickle lediglich ein Spielmuster.

»Geschicklichkeit? fuhr er in seinem Eifer fort, was ist Geschicklichkeit? – *Assertion, (as-moll-Akkord, mezzoforte), Asservation ...* Wer war geschickt? - *Defension, (Es-Dur forte), Defensor ...* Jener, der ein Linsenkorn auf zwanzig Schritte weit durch ein Nähnadelöhr schleuderte? - *Imputation, (Pianissimo mit gehobenen Dämpfern), Indossament ...* Jener, der fünf Zentner an den Degen hing und so ihn an der Nasenspitze balancierte sechs Stunden, sechs Minuten, sechs Sekunden und einen Augenblick? – *Executionsmandat, (E-Dur-Terz-Akkord), Executiv-Prozess ...* Ha, was ist Geschicklichkeit?! Sie ist fremd dem Pietro Belcampo, den die Kunst, die heilige, durchdringt. – *Gravieren, (arpeggiando-forte), vidimieren ...* Ha, es ist was Göttliches um die Kunst, denn die Kunst, mein Herr, ist eigentlich nicht sowohl die Kunst, von der man so viel spricht, sondern sie entsteht vielmehr erst aus dem allen, was man die Kunst heißt! – *Deposital-Ordnung, (B-Dur accentuato), Remonstration ...* Sie verstehen mich, mein Herr, denn Sie scheinen mir ein denkender Kopf, wie ich aus dem Löckchen schließe, das sich rechterhand über Dero verehrte Stirn gelegt – *Forideclinatorische Einrede ...*«

BEREITS DREIMAL habe ich mein Kärtchen beim Zerberus abgegeben, der den Zugang zum Hause bewacht, bei Klopfzeichen aus dem Dienstraum hervorschießend. Wenigstens habe ich durch die halboffene Tür einen Blick in das gefeierte Treppenhaus werfen können – prachtvoll! Eigentlich hätte Er sich kurz mal am obersten Treppenabsatz zeigen können, mir huldvoll zuwinkend.

Beim zweiten wie beim dritten Mal versuchte ich, dem Diener zu entlocken, wie es dem Herrn des Hauses geht (es wird ja kein Gesundheits-Bulletin am Tor angeschlagen ...), und vor allem: Ob Er auf meine vorherige Nachricht in irgendeiner Form zu reagieren beliebt hat. Antwort in Floskeln.

Ob krank oder malad: Ich habe den Eindruck, Exzellenz hüllen sich in Schweigen ... von Kopf bis Fuß in Schweigen eingehüllt ... ja, gnadenlos vollständig in Schweigen gehüllt, mir gegenüber ...

geradezu majestätischer Faltenwurf des Schweigens, lässt Ihn statuarisch erscheinen ... Eminenz in Permanenz: schweigt, schweigt, schweigt, dass es einem in den Ohren rauscht oder –

DÖRTJE, manchmal, wenn ich hier die Wut kriege, male ich mir aus, wie Römerhelme über das Kopfsteinpflaster des Frauenplans kollern, hohl tönend, wie Reisehüte, petasati, vom Zornwind erfasst, hinterherwirbeln, wie Schilde, Schilde über die Steinfläche schliddern mit Gekreisch, schwere viereckige Schilde besonders laut, schwere ovale Schilde ziemlich laut, runde Schilde, parmae, parmae, rollen dahin wie Wagenräder, hinterhergeschlenkert ein paludamentum, hinterhergeworfen römische Sandalen, hinterhergeschmissen Peitschen, virgae, durch die Luft wirbelnd, Luft peitschend, auch Zügel, habenae, auch Brustpanzer, loricae, loricae, die keine Brust mehr umschließen, und Armreifen, Armreifen, die keine Handgelenke mehr umklammern, und Halsreifen, Stirnreifen im Wirbelflug – all dieser in Vorträgen und Aufsätzen wiederholt gefeierte Römerfundus von Zornwind dahingewirbelt, vorbei am Haus am Frauenplan, rein in die Seilergasse, sich in der Verengung überpolternd, überdröhnend, der Hausherr im Hinterhaus endlich aufgeschreckt, an eins der Fenster der Fassade tretend: Kehraus, mächtiger Kehraus, trabeaevirgaehabenaeparmaeparmaeloricaeet ceteraetceteraetcetera vorbei an der Bibliothek, am Grünen Turm, die Hangschräge hinab, Schilde, Helme, Armreifen, Sandalen, Reisehüte, Brustpanzer, alles rutscht, kollert den Hang hinab – der Lawine wird erst vor der Ilm Einhalt geboten durch ein Machtwort, Schlusswort. Und dann, bevor der Morgen graut, schieben sich Löss-Schlämmschwarzerden über den Fundus, Muschelkalk beigemischt, Characeenkalk mit fossilen Armleuchteralgen, die ein letztes, gespenstisches Licht auf die Szene werfen, schon erstarren die Armleuchteralgen mit ihren quirlständigen Ästen, schon bilden Kopffüßer, Armfüßer, versteinerte Schnecken und Muscheln, Seelilien und Stachelhäuter eine weitere Deckschicht, und die Ceratiten, Ceratiten, Ammonshörner, Ammonshörner wiederum überdeckt von einer Schicht Löss-Schlämmschwarzerde, und Ruhe im Hang, Ruhe!

MÖGLICHERWEISE WAR ES EIN FEHLER, dass ich im ersten Fortsetzungsschreiben an Goethe das ›Gerücht‹ erwähnte, er hätte etwas gegen Hoffmann. Ich wollte auf diesem Umweg an sein literarisches Gewissen appellieren, wollte soufflieren, er solle ein Gegenzeichen setzen. Mit dieser Perspektive habe ich ihn auf diversen Ebenen anzusprechen versucht: als Dichter, als Juristen, als Naturwissenschaftler, habe ihn zusätzlich geködert mit Geschichten aus dem Lüneburger Land – alles mit der Absicht, einen Widerruf seines Diktums herbeizuführen.

Aber vielleicht, wahrscheinlich, womöglich hätte ich versuchen sollen, so zu tun, als hätte ich nie etwas gehört von dieser seiner Ablehnung, würde vielmehr auch bei ihm Bewunderung für Hoffmann voraussetzen – eine zwar nicht vorbehaltlose (das kann man hier in Weimar wohl kaum verlangen), aber doch angemessene Bewunderung. Immerhin, so hat Hitzig berichtet: Es hat nicht nur Mozarts Sohn Franz Xaver mit Hoffmann in Berlin gezecht, es hat sogar Goethes Sohn August mit Hoffmann gespeist – und dann hoffentlich auch das Begleichen der Rechnung übernommen. August hat dem Vater über diese Begegnung berichtet, dies sogar, wie es heißt, auf Wunsch des Alten – so unüberwindlich kann die innere Distanz zu Hoffmann also kaum sein!

EUER GNADEN, ich will nicht den Eindruck erwecken, als würde ich voreilig eine Textauswahl zusammenstellen, in der ebenso stillen wie unbescheidenen Erwartung, diese Kompilation könnte letztlich Eingang finden in Ihr Hoffmann-Buch, ich möchte nur dies: Leselust wecken.

So führe ich nun »Prinzessin Brambilla« ein, nicht in raffender Nacherzählung mit Zitaten, vielmehr mit einer kleinen Auswahl aus vorangesetzten Inhaltsangaben der acht Kapitel. Möge dieses »Capriccio nach Jacques Callot« Ihren weiten Weg zu Hoffmann verkürzen zu einer Folge von kurzen, raschen Sprüngen.

»Einfluss eines Gerichts Maccaroni auf Liebe und Schwärmerei. – Entsetzliche Qualen der Schauspieler-Hölle und Arlecchino. – Wie Giglio sein Mädchen nicht fand, sondern von Schneidern überwältigt und zur Ader gelassen wurde. – Der Prinz in der Konfektschachtel und die verlorne Geliebte. – Wie Giglio der Ritter der Prinzessin Brambilla sein wollte, weil ihm eine Fahne aus dem Rücken gewachsen. – Wie Celionati im Café Greco sitzend, behauptete, er säße nicht im Café Greco, sondern fabriziere an dem Ufer des Ganges Pariser Rappé. – Wie ein Württembergischer Beamter die Treppe hinabfiel, und Giglio sein Ich nicht mehr durchschauen konnte. – Rhetorische Ofenschirme, doppelter Galimathias und der weiße Mohr. – Wie sich Giglio aus purer Verzweiflung erdolchte, hierauf an den Tisch setzte, ohne Zwang zugriff, dann aber der Prinzessin eine gute Nacht wünschte. –«

HÖR, DÖRTJE: Um meinem Ziel näher zu kommen, wäre ich trotz simulierten Alters bereit, meine Lüneburger Erscheinungsform zu leugnen und vor Ihn hinzutreten in Gestalt eines der Gemüsehändler, die an Tagen des Zwiebelmarkts ihre Waren auf dem Frauenplan feilbieten – der gesamte Platz erfüllt vom Duft frischer Zwiebeln, dazu von reichlich Lauch, ein wenig auch von Sellerie. Mit einer der Zwiebelketten um den Nacken könnte ich vor ihm erscheinen, sobald er, in nachdenklicher Haltung geistesabwesend, kurz mal in der Haustüröffnung verharrt, im Zustand der Genesung gelassener als üblich, somit ansprechbar, jedenfalls für mich, wenn ich keck vor ihm stehen bleibe. Von den Zwiebeln würde ich nicht sogleich auf Hoffmann überleiten, aber das Gespräch ließe sich auf diese Weise schon mal in Gang bringen, endlich, endlich.

Oder: Ich lasse mich, trotz zuweilen schon knarrender Gelenke, an ihn herantragen in einer Überraschungsaktion. Ich stelle mir vor, wie er an einem späten Nachmittag oder frühen Abend vors Haus tritt, der Platz noch erfüllt vom Licht der angemessen tief stehenden Sonne, und es wird wieder mal eine Kuhherde durchs Städtchen getrieben, vom Frauentor über den Frauenplan. Und ich ahme nach, was ich Dir aus einem der Indianerbücher vorgelesen habe: Hänge mich auf der hausabgewandten Seite an die Flanke eines der Tiere, mich an einem Horn festhaltend, Füße in einer Schwanzschlinge, und sobald die Kuh nah am Eingang ist, lasse ich mich herabgleiten, stehe vor Goethe wie aus dem Boden gestampft, nutze seine Verblüffung, stelle mich vor, behaupte ergänzend, dies sei ein in Lüneburg keineswegs ungewöhnliches Prozedere. Da glaubt er sicherlich gleich, er könne mal wieder was Neues lernen, und schon beginne ich, ihn um den Finger zu wickeln; die erste Windung käme auf diese Weise leicht zustande, der Rest könnte –

DAS KANN ICH NUR DIR GEGENÜBER FESTHALTEN: Ich muss nicht alles Verfügbare, Erreichbare von Hoffmann lesen, um meine Begeisterung wachzuhalten, es dürfte genügen, wenn ich (abgesehen von diversen Erzählungen, Abhandlungen) aus dem »Goldnen Topf« schöpfe, mir Klein Zaches aufhucke, »Elixiere des Teufels« schlucke und mit »Kater Murr« Texte zerfetze –

So müsste es denn auch ausreichen, wenn ich dem Geheimrat eine homöopathische Zahl von Hoffmannstropfen einflöße, sprich: von Hoffmannsgeist in der belebenden Verbindung von drei Teilen Alkohol und einem Viertel Äther … Sollte Goethe sich daraufhin tatsächlich bereit erklären, die Textsammlung herauszugeben und einzuleiten, sich aber letztlich doch nicht imstande fühlen, alles von Hoffmann zu lesen, so könnte er seine Mitarbeiter zur Hoffmann-Lektüre verdonnern: Bücher verteilt mit der Anweisung, baldigst Rückmeldung zu erstatten.

Zusätzlich könnte Goethe den Damenkreis im Schloss verpflichten zur Lektüre von Hoffmann-Büchern. Die sollen mal ihre Stickrahmen beiseite schieben und die Gewebe, Gespinste von Hoffmann beäugen, in Schloss und Park. Wie viele Möglichkeiten haben die, sich mit Hoffmann-Schriften, Hoffmann-Büchern zu verlustieren: Wenn ihnen die Luft im Ilmpark nicht mehr schmeckt, so kann, Herzog voran, eine kleine Exkursion stattfinden nach Tiefurt, zum Landhaus am oberen Rand des tiefgeschwungenen Parks; und schmeckt den Herrschaften auch diese überaus frische Luft nicht mehr, so kann eine Fahrt unternommen werden zum Schloss Belvedere, mit Grünanlagen ringsum; und schmeckt den Herrschaften die dortige Frischluft ebenfalls nicht mehr so recht, kann eine Fahrt erfolgen zu den Schlösschen von Dornburg, mit Blick hinab ins Saaletal; und schmeckt den Herrschaften die gute Luft dort auch nicht mehr, können sie hinauffahren zum Jagdschloss Ettersburg, mit reichlich Grün rundum; in all diesen Parkanlagen, auf Steinbänken, in Tuffsteingrotten, auf Sitzrondellen, in Tempelchen, Borkenhäuschen, künstlichen Felshöhlen können sich die Damen auf Hoffmann konzentrieren, unter dem Motto: Der Hof liest Hoffmann. Ja, die Luft erfüllt von Hoffmann-Wörtern, Hoffmann-Sätzen, Hoffmann-Satzfolgen – so möchte ich Weimar erleben!

MEIN WEG VOM STÄDTCHEN führt täglich über die Sternbrücke, und zuweilen mache ich den sehr kurzen Abstecher zum kürzesten aller Bäche: die Leutra, gespeist aus drei dicht nebeneinanderliegenden Quellen, deren Öffnungen im Fels ummauert sind von »Ochsenaugen« … Vorausgesetzt, es kauern nicht wieder waschende Frauen am Bach, so setze ich mich, einladende Witterung vorausgesetzt, an den Wasserlauf, der nach wenigen Metern bereits in die Ilm mündet, und mache mir Gedanken: Begnüge dich damit, in dieser kleinen Stadt mit großem Park zu sein, für begrenzte Zeit, jag nicht ständig hinter jenem hohen Ziel her, bleib einfach hier sitzen, lasse dieses quellreine, quellfrische Wasser an dir vorbeifließen, gemächlich, stetig, lasse deine Gedanken mitfließen, vom Fels zur Ilm: Dieses Wasser wird fließen, wenn ich nicht mehr bin, wird fließen, als hätte ich nie an diesem Wasserlauf gesessen, gehockt, auch mal geschlummert, lass dieses Fließen, Fließen in dich hineinfließen, durch dich hindurchfließen, aus dir wieder herausfließen – und das wärs denn.

ZWEI TAGE SPÄTER, DÖRTJE, stelle ich mir vor, male ich mir aus: Wenn in Weimar E.T.A. Hoffmann gebührend gefeiert wird, eine Auswahl seiner Zeichnungen, Graphiken, Gemälde ausgestellt in einem Saal des Schlosses, so wird in den Brunnen, den Grotten nicht nur Wasser fließen, es werden Stimmen fließen, sprechende Stimmen, singende Stimmen, auch Bäume und Flüsschen werden singen, singen, wenn Kammermusik von Hoffmann aufgeführt wird im Hause Goethe oder Bertuch, vor geladenen Gästen, wenn seine Sinfonie gespielt wird im Theater, sein »Miserere« zelebriert in der Stadtkirche, so begrünt sich das Schwanzgefieder des Wetterhahns, und wenn Hoffmann gelesen oder vorgelesen wird unter vielen Dächern der Stadt, so werden die Eingänge dieser Häuser von phosphoreszierendem Grün gerahmt, werden im Park an der Ilm auch Bäume und Büsche phosphoreszierend grün aufleuchten, Tausende glänzender Insekten werden sich in die Lüfte erheben, mit grünen Flügeln, alles wird klingen, sprechen, tönen, singen –

ICH MUSS DIR NUN BERICHTEN von einer Begegnung mit der Dame, die in Weimar auf fast allen Ebenen dominiert: »die Jagemann«, Primadonna im Theater, akkreditierte Nebenfrau des Herzogs. Sie ließ mir ein Billett überbringen, in dem ich eher vorgeladen als eingeladen wurde: »Kommen Sie morgen zum Tee; eventuell andere Verabredungen zu dieser Zeit werden hinfällig. Caroline Jagemann.«

Und ich ging, nein pilgerte zur Residenz am Töpfenmarkt (mit der Stadtkirche, in der Herder tauben Ohren predigt): Deutschritterhaus mit repräsentativer Renaissance-Fassade, Steinfigur über dem Portal. Natürlich hat man mir zugesteckt, dass der Herzog ihr diesen dreigeschossigen Bau geschenkt hatte. Und, hinter vorgehaltner Hand, dass eines Nachts ein Bürger in großen Buchstaben an die Hauswand gepinselt hatte: Huren sterben auf Stroh. Das war gleich übertüncht worden, mehrfach, nicht der geringste Rest eines Buchstabens schimmerte durch, doch für viele Bewohner des Städtchens prangen die Buchstaben weiterhin an der Fassade.

Ich wurde von einem schweigsamen Livrierten in einen kleinen Salon geführt, offenbar als Antichambre. An einer Wand Masken von Frauenrollen: eine sichtlich idealisierende (für Iphigenie?), eine unübersehbar dämonisierende (für Lady Macbeth?). Zwei Fächer (für ein Calderon-Stück?), zwei Degen (für eine Hosenrolle bei Shakespeare?). Nach kurzer Inspektion nahm ich Platz auf einem Fauteuil, war schließlich nicht als Bittsteller erschienen, der bescheiden dasteht, Hut in der Hand, bis er abgeholt wird. Sitzend entdeckte ich: auf einem Schrank saß eine Eule, kniepte mit dem mir zugewandten Auge, kniepte mir aber nicht zu. Betont beiläufig blätterte ich in einem der scheinbar zufällig auf einem Mahagonitisch herumliegenden Bücher. Ein Band der Shakespeare-Übersetzungen von Wieland: »Die Irrungen, oder die doppelten Zwil-

181

linge«, ein Lustspiel: »… zwei Schiffe, die auf uns zusegelten, eines aus Corinth und das andere aus Epidaurus, aber eh sie zu uns kamen – – oh, zwingt mich nicht fortzufahren!« Ich hätte ohnehin nicht weiterlesen können, wurde vom beinah völlig stummen Livrierten (hat er in diesem Haus so viel erleben müssen, dass es ihm die Sprache verschlug?) in den Hauptsalon geführt.

Dominierend ein Pianoforte, Deckel hochgeklappt. Gemälde, Statuetten, Gobelins … Das Eulchen flatterte hinter mir her, setzte sich auf die Lehne eines Stuhls. Erneut: Wartephase der Einstimmung. Ich spielte mit dem Gedanken, mich an den Flügel zu setzen, die Hoffmann-Sonate zu intonieren, die ich der Mittwochsgesellschaft vorgespielt hatte, doch das hätte zur Begleitmusik ihres Erscheinens degradiert werden können.

Die Dame des Hauses trat nicht ein, vielmehr: großer Auftritt der Jagemann in der Rolle der Jagemann – wallendes Gewand, wehender Seidenschal aus fernem Weltteil. Ihre noch immer glanzvolle Erscheinung im Kontrast betont durch einen humpelnden Spitz, dem ein Lauf geschient war. Und es folgte ein Vogel, später als Rohrdommel bezeichnet. Höchst eindrucksvoll, leicht irritierend: Caroline Jagemann mit Eule, Spitz und Rohrdommel.

Sie reichte mir huldvoll die Hand – zu einem Kuss auf den Siegelring jedoch ließ ich mich nicht verleiten. Sie schritt voran zur Chaiselongue, auf der sie malerisch Platz nahm. Mit lässiger Gebärde wies sie hin auf einen der Stühle. Der stumme Livrierte brachte kühle Limonade.

Als Vorspiel, Vorgeplänkel ihre beiläufig höfliche Frage nach Eindrücken von Weimar. Ich hielt mich ans Äußere, beklagte die Einwirkungen der Eroberung und Besetzung von Weimar, die Brandspuren noch immer an etlichen Häusern.

Ja, ach ja, diese allzu kriegerischen Zeitläufte – fast zwei Jahrzehnte lang … Und sie schwieg, riss sich aber gleich wieder los aus simuliertem Nachsinnen. Ich würde also auf Goethe warten – nun, das könne sich hinziehn … Der nicht nur zeitweilig kranke, der zuweilen auch abweisende Goethe … Wie auch immer die Tagesdisposition bei einer eventuell doch gewährten Audienz sein möge – es sei zwecklos, ohne Vorarbeit und Mitarbeit den Hoffmann aufs Tapet zu bringen, »den wir insgeheim lieben«. Goethe eine Komposition von Hoffmann vorzuspielen, das ginge noch an, »aber glauben Sie nur ja nicht, Sie könnten Goethe, sozusagen im Direktangriff, für Hoffmann als Schriftsteller einnehmen! Hoffmann als Jurist, das mag noch angehn, aber wie kamen Sie bloß auf die verwegene, die vermessene Idee, ohne Fürsprache den Geheimrat für Hoffmann interessieren zu wollen? Wenn Sie dabei direkt vorgehen, werden Sie an Goethe zerschellen«.

Mir wurden Zunge, Gaumen, Kehle trocken. Ich kippte den Zitronentrunk in mich hinein. Wurde leicht aufmüpfig, gab vor, ich hätte bereits mehrere Briefe an Goethe geschickt, betonte die Mühen der Anreise, die Kosten des Aufenthalts, zuletzt meine Entschlossenheit. Wir Lüneburger lassen uns durch nichts und niemanden vom Weg abbringen, unbeirrbar schreiten wir geradeaus!

»Dies in Ehren«, rief sie, den Schal neu drapierend, »aber Goethe wird Sie mit seinen literarischen Gesetzestafeln zerschmettern. Er hat sich, nach diversen Empfehlungen, vor einiger Zeit doch mal an die Lektüre einer Erzählung von Hoffmann gewagt: Der Goldne Topf – nach der Lektüre soll sich Goethe in diesen goldenen Nachttopf fast erbrochen haben. Damit Sie in dieser Sache völlig klar sehen, bedarf es einer gewissen Objektivierung.«

Sie schlug mit flacher Hand auf den Knauf einer silbernen Tischglocke, dreimal rasch nacheinander. Sogleich betrat ein junger Mann den Salon. Ein herrischer Wink der Jagemann, und der Adlatus hielt eine Zeitschrift hoch: »Foreign Quarterly Review«. Und referierte: Für diese Ausgabe habe der Herr Geheimrat eine Rezension von Sir Walter Scott über Hoffmann übersetzt. Einige Formulierungen: »Verrücktheiten eines Mondsüchtigen … fieberhafte Träume … Einbildungen, die ein unmäßiger Gebrauch des Opiums hervorbringt …« Eine der ergänzenden Formulierungen Goethes wurde verlesen und mir abschriftlich überreicht: »Welcher treue, für Nationalbildung besorgte Teilnehmer hat nicht mit Trauer gesehen, dass die krankhaften Werke des leidenden Mannes lange Jahre in Deutschland wirksam gewesen und solche Verirrungen als bedeutend-fördernde Neuigkeiten gesunden Gemüten eingeimpft worden.« Langsam schloss der Adlatus das Heft, legte es beiseite.

Ich saß mit eingezognem Kopf, als wäre auf meinem Scheitel bereits eine Gesetzestafel zerschmettert worden, trank hastig aus dem Kristallglas – ein saurer Schluck. Auf einen Wink der hohen Frau verließ der Adlatus den Raum: »Bleiben Sie in Rufnähe.« Geräuschlos der Abgang.

»Und nun?«, fragte ich beinah tonlos. »Soll ich unverrichteter Dinge nach Lüneburg zurückkehren?«

»Das muss keineswegs der Fall sein. Es ist nur so: Wenn Sie Ihr Projekt realisieren wollen, brauchen Sie Hilfe. Nur ein Machtwort kann Hoffmanns Werk den Zugang eröffnen ins Haus am Frauenplan. Kurzum: Sie brauchen einen Fürsprecher, der Goethe quasi den Auftrag erteilt – unter Androhung des möglichen Entzugs von Zuneigung und Fürsorge. Allerdings setzt solch eine Intervention eine gewisse Vorleistung voraus.

Nun denn: Ein Lieblingsprojekt des Herzogs ist die Neuausgabe einer so gut wie verschollenen Schrift, zum Glück unter den Rarissima der hiesigen Bibliothek archiviert. Carl August hat Bertuch nahegelegt, dieses – zugegeben – düstere Buch wieder ans Licht der Öffentlichkeit zu bringen, doch Bertuch hat abgelehnt. Er konnte sich das leisten, hatte seinerzeit als Geheimsekretär für den Herzog gearbeitet, verfügt somit über interne Kenntnisse, die im Umgang mit ihm eine gewisse Vorsicht angeraten sein lassen. Der Herzog aber, zielstrebig und hartnäckig wie immer, verfolgt dieses Projekt weiterhin. Er will mit dieser Schrift, von einem tüchtigen Verlagsbuchhändler neu herausgebracht, einen Gegenakzent setzen zu hierorts vorherrschenden Denkweisen: die dunkle Rückseite der im klassizistischen Stil gestalteten Medaille soll sichtbar werden. Dabei ist die – nicht eben appetitliche – Thematik des Buches zweitrangig. Vorrangig ist die geplante Wirkung: die Publikation als Weimarer Störeffekt. Die Nachtseite, Todesseite des Lebens, die Goethe in seinem Licht- und Farbenrausch konsequent übersieht, ja grundsätzlich leugnet, die muss ihm mit Entschiedenheit vor Augen geführt werden – seine starre Haltung verdient einen ordentlichen Stoß, »in unser aller Interesse. Ich werde das zugleich auf meine Weise versuchen, in meiner Gestaltung der Rolle der Lady Macbeth. Da werde ich unseren apollonischen Geheimrat mit den dunklen Seiten des Lebens konfrontieren, ich lasse mich nicht mehr zu einer rezitierenden Statue degradieren, nicht von ihm, schon gar nicht von ihm! Hat mir gegenüber oft genug seine Arroganz und Ablehnung demonstriert – was den Herzog zuweilen sehr schmerzt, unter uns gesagt«.

Als dessen Frau linker Hand könne sie im Namen des Herzogs sprechen. Er hätte mich ja nebenbei mal inspiziert, und ich hätte keinen üblen Eindruck hinterlassen – von äußerster Wichtigkeit mit Blick auf eine gewisse Strategie. Carl August hätte nur leider keine Zeit gehabt, meinem Vortrag zu folgen – eine höhere Verpflichtung: Abendpirsch mit Gästen. Doch eine baldige Audienz lasse sich arrangieren. Und es werde sich bestätigen, dass alles wohldurchdacht sei: Publikation und Intervention. »Einzelheiten wird Ihnen nun der Mitarbeiter unserer Bibliothek unterbreiten.«

Wieder ein dreifacher Schlag mit flacher Hand auf den Kuppelknauf der Tischglocke, erneut trat der Adlatus ein. Die sich anschließende Szene wohlgefällig betrachtet von der Jagemann, die ihren herzoglich begehrten, im Lauf der Jahre dreifach befruchteten Leib zurücklehnte in seiner sanften Fülle.

Der junge Mann hob ein Buch empor, referierte. Der Verfasser: Michael Ranft, Diaconus zu Nebra. Er gab der deutschen Version seiner »Dissertatio historico-critica de masticatione mortuorum in tumulis« den Titel: »Traktat von dem Kauen und Schmatzen der Toten in Gräbern. Worin die wahre Beschaffenheit der ungarischen Vampyre und Blutsauger gezeigt, auch alle von dieser Materie bisher zum Vorschein gekommenen Schriften rezensiert werden.«

Mit einem Wink brachte die Jagemann den Jungbibliothekar zum Schweigen, zum Verschwinden. »Nun also gleich das Konzept, basierend auf leidigen Erfahrungen mit dem Herrn Intendanten Goethe. Vorweg noch einmal: Alles ist abgesprochen mit dem Herzog, das heißt, ich habe es ihm vorgetragen, und er hat es abgesegnet.

Wir werden folgendermaßen vorgehen: Sie stellen in Lüneburg den Nachdruck des raren Exemplars her, das wir Ihnen auf Treu und Glauben mit auf den Weg geben. Sie werden im Neudruck allerdings an keiner Stelle Ihren Namen als Verlagsbuchhändler nennen, werden vielmehr auf der Titelseite als Erscheinungsort Weimar angeben. Das Buch wird hier denn auch ausgeliefert. So wird die Neuausgabe rasch auch das Haus am Frauenplan erreichen. Und dann wird man den Löwen brüllen hören! Ich habe ihn oft brüllen hören, im Theater, bei Proben, da höre ich schon, was er in diesem Fall brüllen wird: Solch ein Buch in Weimar gedruckt, ausgerechnet bei uns – wo wir doch alle mitwirken bei der Erziehung des Menschengeschlechts, bei der Aufhellung der Geister, der Harmonisierung der Gemüter! Und nun diese schändliche Publikation! Im apollinischen Weimar: schmatzende Leichen …! Wer hatte die Stirn, so was ausgerechnet in Weimar zu drucken?! – Und er wird den Herzog bitten, dringlichst, den Fall aufzuklären.

Mein Herzog wird unserem Dichter zusichern, die Angelegenheit sofort untersuchen zu lassen – und er hat alle Mittel, das zu verschleppen. Bertuch und Kollegen werden öffentlich erklären, dass sie mit der Publikation nichts am Hut haben, einer von ihnen aber wird diskret für den Vertrieb sorgen, gegen angemessne Beteiligung. Viele hier in Weimar werden sich dieses Buch besorgen, auf so was haben sie längst gewartet, Rache an Iphigenie, Rache an Hermann und Dorothea – emphatisch mitschmatzend wird man die Schrift lesen. Auf den Herrn Geheimrat wird dies wohl dämpfend einwirken, er wird hoffentlich von seinem hohen, allzu hohen Ross herunterkommen, und das könnte segensreiche Auswirkungen haben.

Auch bei schnellster Abwicklung werden Druck und Auslieferung dieses Gegenbuchs einige Zeit brauchen; die werden Sie in Weimar nicht absitzen wollen, uns genügt vorerst die verbindliche Erklärung, dass Sie eine Neuausgabe vorbereiten. Diese Unterschrift wird Ihnen die entschiedene, letztlich entscheidende Fürsprache des Herzogs sichern, und Sie werden sehen, werden es erleben: Goethe wird Ihren Vorschlag aufgreifen, wird die Auswahl treffen, wird das erwünschte Vorwort schreiben. Er kann es sich nicht leisten, dem Herzog etwas abzuschlagen, er ist und bleibt Fürstendiener.«

Mich selbst überraschend, raffte ich mich auf zu klarer Aussage: Wir aus Lüneburg beugen uns keinem Diktat. Und, mich selbst beschwingend, fuhr ich fort: Es widerspricht meinen verlegerischen Grundsätzen, eine derart obskure Schrift herauszubringen. Schmatzende Leichen müssen unter Verschluss gehalten werden! Meterdicke Felsplatten auf solche Gräber! Mehr kann ich beim besten Willen nicht sagen zur Begründung meiner spontanen Absage, aber es müsste reichen. Damit darf ich mich empfehlen.

Die Jagemann erhob sich, warf den Seidenschal mit ausholender Geste über die Schultern, wies zur Türe: Variante der Gebärde, mit der auf kirchlichen Gemälden der Erzengel das sündige Paar aus dem Paradies verjagt.

ALS DIE SCHMUCKE TÜR der prächtigen Fassade hinter mir satt ins Schloss sank, atmete ich auf: Entkommen! Gerettet! Doch gleich darauf sank die Tür zum zweiten Mal dumpf ins Schloss, schon vernahm ich Schritte hinter mir, Distanz verkürzend, schon die Stimme des Jungblibliothekars: »Von der Unwissenheit der Sache ist kein Schluss zu ziehen auf deren Verneinung.« Ich ging rascher, schwenkte ein zum Haus des Konsistorialrats und Dichters Herder, der Adlatus blieb mir auf den Fersen: »Das Kauen und Schmatzen der Toten, warum es in Zweifel gezogen worden.« Ich verharrte jäh, ohne dass der junge Mann aufprallte, vor der Tür zum Haus des Dichters, als wollte ich ihn besuchen, aber das schreckte den Adlatus nicht ab: »Die Wunder Gottes von den wunderlichen Dingen in der Natur sind wohl zu unterscheiden.« Ich gleich weiter, an der Kirche entlang, wieder auf den Töpfenmarkt, erneut der Blick auf das Deutschritterhaus, sogleich das Gefühl, ich würde beobachtet; also noch rascher und eingeschwenkt am Brunnen in Höhe des Eingangs, in die Kirche; ich setzte mich. Schon nahm der Verfolger in der Bankreihe hinter mir Platz, setzte das Zitieren fort: »Das Kauen und Schmatzen der Toten ist kein göttliches Wunderwerk, noch auch bloß ein Zeichen des Satans.« Trotz der Weihe des Raums vampirische Regungen: mich über die Rücklehne der Bank werfen, Reißzähne in den Hals der lästigen Person schlagen, all die Wörter raussaugen, mit denen er mich traktiert, langes, dennoch unhörbares Schlürfgeräusch, ihn zurücklassen, auf der Kirchenbank dahingestreckt, schlaff, ausgesaugt. Doch der Adlatus setzte das Zitieren fort: »Das Klopfen der Toten in Gräbern.« Da sagte ich, er solle sich schämen, im Kirchenraum derartige Kapitelüberschriften zu nennen. Er aber nur: Er hätte einen Auftrag zu erfüllen. Ich erhob mich, verließ die Kirche; er machte sich fast zu meinem Schatten, schräg hinter mir hergehend. Höchstens eine Armlänge von meinem linken Ohr entfernt, gab die Frage weiter, »Ob die Toten ihre Kleider fressen.« Ich schlug den Weg ein zum Marktplatz, hier war tatsächlich Markt, ich hoffte, im Gewimmel untertauchen zu können. Es freute mich, dass Angebote laut ausgerufen wurden, Gemüse und Geflügel, Lauch und Hühner. Doch all dies, obwohl rechts wie links ausgerufen, konnte die insistierende Stimme nicht übertönen: »Die Toten, so ihre Leintücher verschlucken.« Ich fiel in leichten Trab – der Weg hinter Bibliothek und Grünem Turm führt sanft abwärts ins Tälchen. Trotz der Beschleunigung blieb der Adlatus nicht zurück, blieb schon gar nicht auf der Strecke, hielt mit, was ihm in seinen jüngeren Jahren offenbar leicht fiel: »Die Ursachen des Fressens der Toten.« Ich trabte an der Ilm entlang, der Adlatus setzte mir weiter zu, darauf lauernd, dass ich mich geschlagen gäbe, aber da hatte man sich in mir getäuscht, ich bewegte mich weiter, im Dauertrab, zur Linken jetzt das Gartenhaus des kranken Dichters, zur Rechten das Städtchen, aus dem keine Hilfe zu erwarten war, ich blieb dem Adlatus ausgesetzt: »Das Kauen und Schmatzen der Toten zur Pestzeit.« Damit kannst du mich jagen!, rief ich ihm über die linke Schulter zu; er reagierte mit fast triumphalem Auflachen. Worauf ich kurz demonstrierte, was ein Mann aus der Heide, dazu herausgefordert, an Laufleistung zu vollbringen vermag: ich rannte, rannte und hoffte, hoffte, er würde endlich aus der Puste kommen, doch da wuchs nur ein wenig der Abstand, was er jedoch ausglich durch größere Lautstärke: »Das Kauen und Schmatzen der Toten, ob es der Anverwandten Tod nach sich ziehe?« Ich rannte, rannte, sah schließlich rechts im Hang das Römische Haus, sah die Loggia, von der aus Carl August hinüberblicken konnte zum Gartenhaus, das er dem Minister und Dichter geschenkt hatte. Diese Sichtverbindung erwies sich unerwartet als Grenzlinie, der Verfolger verstummte, schwenkte ab.

Das befreiende Gefühl, den Verfolger losgeworden zu sein, es hielt vor bis zu den ersten Häusern von Oberweimar. Dann kehrte ich um, folgte wiederum der Ilm, dieser kleineren Schwester der Ilmenau. Ich sah den Bibliothekar erst, als er dicht vor mir stand, mitten auf dem Weg. »Blicken Sie nach oben«, herrschte er mich an, wies mit schwingendem Arm schräg aufwärts: Caroline Jagemann, droben am Römischen Haus; sie stand dort wie Königin Dido vor dem Palast, rief zu mir herab: Sollte ich mich weiterhin dem ehrenvollen Auftrag verweigern, so wäre es ihr ein Leichtes, den Herzog gegen mich aufzuwiegeln. Und sei der Herzog erst einmal gegen mich eingenommen, so kriegte ich bei Goethe keinen Fuß auf den Boden. »Ja, da hängen Sie in der Luft!« Und eine weite Armbewegung, betont vom hörbar mitflatternden Seidenschal. »Wir haben mittlerweile ein paar Zeilen aufgesetzt, die sollten Sie unterschreiben, wenn Ihnen Hoffmann lieb und teuer ist.«

Es teilte sich ein Busch, hervor trat der stumme Livrierte, hielt auf fester Unterlage ein Schreiben parat; der Bibliothekar stippte eine Feder in ein Tintenhorn, reichte sie mir. Ich verweigerte die Unterschrift, ging weiter. Die Jagemann war nicht mehr zu sehen, doch hörte ich raschen Hufschlag Richtung Weimar.

EXZELLENZ, ICH SEHE MICH GEZWUNGEN, Ihrem gestrengen Pförtner einen ungeplanten Zwischenbericht zu übergeben, denn: Ich sehe mich als Opfer einer Weimarer Intrige.

Vorab: Ich bin nun schon, auf Ihre Genesung wartend, mehrere Tage fern von der Geliebten, wurde damit in gewisser Weise ansprechbar. Wurde denn auch angesprochen – scheinbare Zufallskonstellation an einem Marktstand mit Honig, Met, Karamellbonbons. Au, sagte ich halblaut vor mich hin, die werden aber schwer am Gaumen kleben ...

»Wär nicht gut für die Aussprache ...«, hörte ich dicht neben mir und wandte den Blick zur Sprecherin, sah ein krausköpfiges Mädchen, einen Kopf kleiner; ihr wildes Gelock betonte ein schmales, helles Gesicht; flinke Äuglein.

»Und wie ist es bei Met?«

Sie sogleich: »Verpappt den Mund ...«

Es ergaben sich Fragen und Antworten. So stellte sich heraus, dass sie zum Ensemble Ihres Theaters gehört; mal spielt sie ein Blumenmädchen, bei Kotzebue, mal eine Kammerzofe, bei Lessing, würde am liebsten die kokette Zerline singen bei einer Aufführung des »Don Giovanni«. Lockerer Austausch von Mitteilungen, scheinbar ungezielt. Und wie von selbst ergab es sich, dass wir bei wieder einmal windigem, widrigem Wetter in einem Restaurant einkehrten und heiße Chocolade tranken. Es entwickelten sich Perspektiven: »Zerline« hatte an diesem Abend spielfrei, auch sonst keine Verabredung, beiläufig schlenderte sie neben mir her zum Haus am Horn, es ergab sich, was ich nicht näher begründen und beschreiben muss.

Nach dem Akt jedoch geschah, was mich veranlasst, diesen Brief zu schreiben. Nun denn: »Zerline« verwies auf eine Bissrötung an ihrer Schulter, sprach vom natürlichen Vampirismus zwischen Männern und Frauen, sprach von Vampirismus, der über den Tod hinaus fortgesetzt werde, von Schmatzen begleitet, bezeichnete dies als Phänomen, das in einem längst vergessenen Buch beschrieben sei, das endlich wieder seine Öffentlichkeit finden sollte ... und so weiter.

Ich kann leider nur den Schluss ziehen, dass »Zerline« von Frau Jagemann auf mich angesetzt war. Demnach keine spontane, somit schmeichelhafte Zuwendung durch eine deutlich jüngere Frau! Euer Ehren, so schön die Begegnung auch gewesen sein mag, ich möchte nicht in Weimarer Intrigen hineingezogen werden. In Hinblick darauf bitte ich um einen baldigen Gesprächstermin mit befreiender Wirkung.

UND WAS TREIBT ER NOCH IMMER IN WEIMAR?, wirst Du fragen, fern, so fern in Lüneburg, im Haus »auf dem Meere«, und ich vermelde: Ich lasse Rachegedanken, ja, Rachegefühle in mir heranreifen.

Nun, ich fühle mich vom Geheimrat viel zu lang schon hingehalten – zuweilen habe ich das Gefühl, es sei alles bloß vorgetäuscht, was der Diener an der Tür verlauten lässt, in Wirklichkeit diktiert der Hausherr bereits einen neuen Text oder sitzt im Pavillon seines Hausgartens und sortiert Mineralien oder steht unter dem Vordach und studiert Wolkenformen, will bei keiner dieser Tätigkeiten gestört werden – was bedeutet ihm angesichts solch phänomenaler Phänomene schon ein Buchhändler aus Lüneburg …?

In Anbetracht dieser Lage, im Gefolge dieser Entwicklung also reifen in mir gewisse Gedanken, Gefühle heran, das kann ich meiner Heidschnucke ja eingestehn.

Zur Genese des resultierenden Racheplans: Es hat sich herumgesprochen in unsrer Branche, und hier in Weimar weiß man das erst recht, dass Goethe von Krankheit nichts hören will, noch weniger vom Sterben und möglichst gar nichts vom Tod; damit dennoch konfrontiert, kann sich der alte Herr sehr eigen benehmen – selbst, wenn Personen seiner unmittelbaren Umgebung leiden, erst recht, wenn sie sterben: da hält er sich Ohren und Augen zu, verharrt in Erstarrung. Deswegen, genau deswegen, werde ich ihm einen Stachel ins Herz stoßen und zugleich in sein Hirn: werde ihm im hiesigen Fortsetzungsbrief (oder in einem späteren Schreiben) schonungslos, erbarmungslos von Hoffmanns Krankheit, Leiden, Sterben, Tod berichten; das muss die Marmorhülle rund um den Herrn Geheimrat aufbrechen, das kann ich ihm nicht ersparen. Er hat mich lang genug von sich ferngehalten, er hätte mich wenigstens – im Lehnsessel hockend, Kissen im Nacken – kurz empfangen können, verdammt nochmal, aber nein, alle Türen blieben zu! Also werde ich mir den Weg zu seinem Herzen, seinem Hirn auf meine Weise bahnen, werde eindringlich, ja: ein-dring-lich von Hoffmanns Leiden und Sterben berichten, in Schriftform. Und doch hoffe ich, noch während ich dies notiere, dass ich mir und ihm solche Beschreibungen ersparen kann, das will ich doch sehr, sehr hoffen, sonst – wie gesagt …

DA WAR EIN SCHRIFTSTELLER IN BERLIN, der durch eine »hartnäckige Krankheit den Gebrauch seiner Füße gänzlich verloren« hat, sich nur noch »mit Hilfe standhafter Krücken und des nervichten Armes eines grämlichen Invaliden« fortbewegen kann, eines Kriegsinvaliden, »der nach Belieben den Krankenwärter macht«, den Dichter »aus dem Bette in den mit Kissen bepackten Lehnstuhl und aus dem Lehnstuhl in das Bett schrotet«.

Doch es blieb der »unbesiegbare Hang zur Schriftstellerei«: »Die schwerste Krankheit vermochte nicht den raschen Rädergang der Phantasie zu hemmen, der in seinem Innern fortarbeitete, stets Neues und Neues erzeugend. So kam es, dass er allerlei anmutige Geschichten erzählte, die er – des mannigfachen Wehs, das er erduldete, unerachtet – ersonnen. Aber den Weg, den der Gedanke verfolgen musste, um auf dem Papiere gestaltet zu werden, hatte der böse Dämon der Krankheit versperrt.« Sobald er etwas niederschreiben wollte, »versagten ihm nicht allein die Finger den Dienst, sondern der Gedanke selbst war verstoben und verflogen«. So verfiel er »in die schwärzeste Melancholie«: »Mit mir ist es aus! Mein Geist zieht sich in seine Klause zurück!« Und der »alte, grämliche Invalide« wies Besucher »murrend und keifend von der Türe weg wie ein bissiger Haushund«.

Was dem Kranken als Ablenkung blieb, war der Blick aus dem Eckzimmer der Dachwohnung im Haus am Gendarmenmarkt, »dem schönsten Teil der Hauptstadt, der von Prachtgebäuden umschlossen ist und in dessen Mitte das kolossal und genial erdachte Theatergebäude prangt«.

Immer wieder dieses Fenster. »Ich kann mich nicht von der Stelle rühren und karre mich in diesem Räderstuhl hin und her auf anmutige Weise, wozu mein alter Invalide die melodiösesten Märsche aus seinen Kriegsjahren pfeift. Aber dieses Fenster ist mein Trost, hier ist mir das bunte Leben aufs Neue aufgegangen, und ich fühle mich befreundet mit seinem niemals rastenden Treiben.«

Ja, was er dort unten sieht, dort sah, das »war in der Tat seltsam und überraschend. Der ganze Markt schien eine einzige, dicht zusammengedrängte Volksmasse, sodass man glauben musste, ein dazwischengeworfener Apfel könne niemals zur Erde gelangen. Die verschiedensten Farben glänzten im Sonnenschein, und zwar in ganz kleinen Flecken, auf mich machte dies den Eindruck eines großen, vom Winde bewegten, hin und her wogenden Tulpenbeets«.

So pflegte er hinabzuschauen auf das Markttreiben, bis es eins schlug, der »grämliche Invalide« eintrat und erklärte, »der Herr möge doch nun endlich das Zimmer verlassen und essen, da sonst die aufgetragenen Speisen wieder kalt würden.

Der Invalide rollte ihn ins Zimmer. Die aufgetragenen Speisen bestanden in einem mäßigen, mit Fleischbrühe gefüllten Suppenteller, einem in Salz aufrecht gestellten, weichgesottenen Ei und einer halben Mundsemmel«.

Äußerst bescheidenes Mahl, jedoch: »Ein einziger Bissen mehr, das kleinste Stückchen des verdaulichsten Fleischs verursacht mir die entsetzlichsten Schmerzen und raubt mir allen Lebensmut und das letzte Fünkchen von guter Laune, das noch hin und wieder aufglimmen will.«

Und es wurden seine Beine vollends gelähmt, werde ich im Weimarer Kreis berichten, doch Hoffmann diktierte weiter. Und es wurden seine Arme gelähmt, werde ich betonen, doch Hoffmann diktierte weiter. Und es wurden seine Hände gelähmt, werde ich berichten, doch Hoffmann diktierte weiter. Diktierte weiter, bis die Lähmung den Hals erreichte. Nun erstickte die Sprache in ihm, nein: das Sprechen. Man hörte ihn noch röcheln; einen Tag später, so werde ich knapp anmerken, einen Tag später sein letzter Atemzug. –

FREILICH, bei solch einem Bericht darf es im Mittwochskreis nicht bleiben, man will ja stets etwas auf dem Zusatztisch zu sehen bekommen. So beschaut man ein Teleskop nach einem Vortrag über Astronomie, nimmt man einen Meißel in die Hand nach einem Beitrag über Bildhauerei, spielt man mit einem Steinhäufchen nach einem Referat über Mineralogie, und so werde ich einen (von hiesiger Fachkraft gegen angemessene Bezahlung) aus Gips geformten Torso auf den Tisch legen, bäuchlings, den Torso eines kleinen, schmalen, überaus gebrechlich wirkenden Mannes, auf dessen Rücken, rot auf Weiß, die Brandmale markiert sind, die das glühende Eisen hinterließ, mit dem man den Sterbenden beleben wollte: Markierungen seines Leidensweges, der in den Tod führte. Wiederholt brannte man ihm, wie Hitzig berichtete, ein glühend erhitztes, prismatisch geformtes Eisen in den Rücken, beiderseits parallel zur Wirbelsäule. Der Arzt brauchte bei dieser medizinischen Folter zwei Gehilfen, die den Patienten beim Einbrennen festhielten.

Hoffmann leidend, leidend – er hat geweint vor seinem Freund. Hat sich heftig gegen den Satz gewehrt, das Leben sei der Güter höchstes nicht: »Nein, nein, leben, leben, nur leben – unter welchen Bedingungen es auch sein möge!« Und er diktierte seine letzte Erzählung.

Wenn nach meinem Vortrag die Herrschaften an den Tisch treten, voller Erwartung, werde ich ein Laken, zuvor über den Torso gebreitet, rasch wegziehn und – Erbleichen, Erröten, spitze Schreie, dumpfe Rufe: fast leibhaftig das Abbild eines geschundenen Hoffmann!

Ja, solch ein Schock muss die Zungen lösen in Weimar, der Vorfall wird sich herumsprechen bis ins Haus am Frauenplan. Und der aufgestörte, heraus-geforderte Geheimrat schreibt oder diktiert schließlich doch, oh Wunder, eine Antwort? Nennt dabei von sich aus den Namen: Ernst Theodor Amadeus Hoffmann?

Vierter und fünfter Brief

ZWAR IST WIEDER MEHR ALS EIN JAHR VERGANGEN, seit ich mein zweites (in Weimar fortgesetzt verfasstes) Schreiben Ihrem Diener überreichte, dennoch setze ich meine Bemühungen fort, in vollem Bewusstsein dessen, wie sehr viel Zeit mittlerweile seit dem *ersten* Brief an Sie vergangen ist, sehr geehrter Herr Geheimrat! In diesen Jahren hat es Stephensons Lokomotive geschafft, schnaubend eine Kolonne von Grubenloren hinter sich herzuziehen; in dieser Zeit hat der Schaufelraddampfer »Savannah« erstmals den Atlantik überquert, in nur 26 Tagen; neuerdings wurde sogar die Eisenbahnstrecke Liverpool–Manchester eröffnet, und es wird in einer Stunde bewältigt, wozu man sonst einen Tag brauchte – die Entfernung zwischen Lüneburg und Weimar ist damit allerdings nicht kürzer geworden.

All der galoppierenden Veränderungen ungeachtet, verharre ich in der Hoffnung, mit einem erneuten Schreiben letztlich doch mal Antwort zu finden. Zwar weiß man, dass Sie außerordentlich viele Briefe erhalten und schreiben (oder vielmehr diktieren), dennoch gehe ich davon aus, dass Sie sich wenigstens ansatzweise erinnern werden: Vor sieben Jahren hatte ich Ihnen jenen ersten Brief geschickt, der bereits durch Inhalt und Umfang aufgefallen sein dürfte, und so hatte ich zu hoffen gewagt, ich könnte eine Antwort erhalten – und sei es in Form eines der Zettelchen, wie es mir letzthin ein Kunde zeigte, voller Stolz: Format einer Visitenkarte, ornamentaler Prägedruck rundum. Auf so einem Blättchen hätte ich mich schon über ein einziges Wort und eine Signatur gefreut: Gruß, Goethe – ja, über ein einziges Wort und einen einzigen Buchstaben: Gruß, G. Doch selbst dieses knappste aller erdenklichen Zeichen blieb aus. Also setze ich erneut an: Lüneburger Renitenz, gepökelt.

Für dieses dritte Fortsetzungsschreiben habe ich einen bewährten Zeitraum gewählt: den Winter. Wiederum wachsen Schneewehen auf Landstraßen zu beinah unüberwindlichen Hindernissen heran, wieder einmal bleiben Bücherballen (vorerst) auf der Strecke, lassen schriftliche Bestellungen auf sich warten; einen kleinen Ausgleich schaffen Stammkunden, denen mit all dem Schnee Zeit hinzuwächst, Zeit zum Lesen. Sie können sich fast denken, welchen Dichter ich mit besonderem Nachdruck, sogar mit wachsendem Erfolg empfehle. Was natürlich auch damit zusammenhängt: Mitglieder unserer Serapions-Runde erzählen Freunden, Bekannten begeistert vom jeweils vorgelesenen Text, und so wächst mit der Neugier auch die Kauflust.

Dennoch, es entstehen längere Pausen zwischen dem Erscheinen von Kunden, die erst Schnee von Mützen schütteln, von Ärmeln und Schultern klopfen, eh sie sich Neuerscheinungen vorlegen lassen. In kundenfreien Zwischenphasen kann ich mich getrost ins Hinterzimmer zurückziehen und Ihnen zuwenden, weiterschreibend.

UND HIER, EXZELLENZ, muss ich einen heiklen Punkt ansprechen, in einer Offenheit, wie sie bei uns in der norddeutschen Tiefebene der Brauch ist.

Wie ich über – in der Regel zuverlässige – Kanäle des Buchhandels erfahre, hatten Sie einige Monate nach meinem vergeblichen Aufenthalt in Weimar einen Dichter zu Besuch, Heinrich Heine. Das muss im Herbst gewesen sein, denn, wie er selbst erzählt haben soll, begann er in seiner Verlegenheit erst einmal über die Pflaumenbäume an der Chaussee zwischen Jena und Weimar zu reden, wie durstlöschend und wohlschmeckend diese Thüringer Pflaumen seien. Er wird in Ihrem hohen Hause aber nicht nur über Pflaumen gesprochen haben, die sich auch andere Goethe-Pilger auf dem Weg von Jena nach Weimar haben schmecken lassen, ich fürchte, er könnte das Projekt erwähnt und womöglich offeriert haben, das ich Ihnen seit Jahren schon vorschlage. Ich hatte es, als Heine sich besuchsweise bei uns in Lüneburg aufhielt, ihm gegenüber in meiner Buchhandlung erwähnt, und ich kann nicht ausschließen, dass er dies, bei der suggestiven Kraft meiner Argumentation, behalten und im Verlauf der Audienz zur Sprache gebracht hat. Sollte er sich das Vorhaben tatsächlich zu eigen gemacht haben, sähe ich mich gezwungen, Sie darauf hinzuweisen, dass die Vergabe des Auftrags an meine Person gebunden bleibt. Ich stehe schließlich auch ein für die Finanzierung, sprich: die Zahlung von angemessnem Vorschuss.

ACH, DÖRTJE, ES WÄRE HÖCHST ERFREULICH, wenn Du nochmal hier erscheinen würdest, an einem Vorfrühlingstag. Ich weiß, Du kannst Deinen Vater nicht lange allein lassen, und die Fahrt von Altona nach Lüneburg ist reichlich mühsam, entweder Schlamm oder Staub auf den Pisten, aber wie wäre es, wenn Du Dich mit Luftschiffer Giannozzo verabreden würdest, den Dein Jean Paul in die literarische Welt gesetzt hat, und Du steigst in jenes sechseckige Ledergehäuse mit Fenstern, lässt das Traumgefährt Kurs nehmen auf Lüneburg, »luftseefahrend« durch das »rauschende Nachtluftmeer«?

Du siehst, ich habe mir, trotz gewisser Vorbehalte, das eine und andre gemerkt. Manches hast Du schließlich oft genug wiederholt und wurde damit aufgenommen in den Hausschatz von Zitaten. »Und was hast du so spät im Park mit der schwarzen Schleiereule vor?« Selbst, wenn ich abends nur vor die Tür trat, um Luft zu schnappen: die Frage begleitete mich. Und lief in der Buchhandlung etwas schief, blieb eine Bestellung aus, oder wurde eine Rechnung verlegt: »Fünf Mädchen ringen entsetzlich die Hände, ich weiß nicht, warum.«

Also hebe an einem möglichst nahen »Auffahrttag« ab, lass Dich hierher treiben ... Ich werde das Türchen im Ledergehäuse aufreißen, werde mehr Hitze ausstrahlen als die Feuerpfanne unter dem Ballonloch, helfe Dir aus den diversen, für eine Fahrt in größeren Höhen notwendigen Kleidungsstücken, und wir lassen wieder mal Stuhl und Bett knarren.

UND NUN, EUER WOHLGEBOREN, werde ich einen Schluck Heidegeist, Heideblut trinken oder wie auch immer unsre Heidekräuterschnäpschen heißen mögen, werde anschließend lesen – möchten Sie nicht teilnehmen an der Lektüre? Zur weiteren Verstärkung Ihrer Motivation, die mit jeder Zeile dieses Briefes anwachsen sollte? Damit Sie nicht lange suchen müssen, stelle ich eine Sequenz vor aus der Almanach-Geschichte »Die Irrungen« – weitere Markierung auf dem Weg, der zu E. T. A. Hoffmann führt.

Theodor, ein Baron, auf der Suche nach der Traumfrau, die ihm anscheinend oder scheinbar Zeichen gegeben hat, die Hoffnungen weckten. Diese Frau nun tauchte, in Begleitung eines merkwürdig aussehenden alten Mannes, ausgerechnet in Berlin auf, Unter den Linden. »Der Baron folgte dem Paar, das zu seiner großen Freude einkehrte in den Konditorladen bei Fuchs.« Dort nahmen sie Platz im diskreten, »mit Weinlaub dekorierten Spiegelkabinett«. Theodor setzte sich in den angrenzenden Raum, »und zwar so, dass er das Paar in dem Spiegel genau erblicken konnte«. Er beobachtete, wie die Dame leise, aber entschieden auf den mürrisch blickenden Begleiter einredete. »Jetzt kam, was sie bestellt, Eis, Kuchen, Likör. Die Dame fasste den Alten ans Hinterhaupt, und der Baron gewahrte zu seinem nicht geringen Erstaunen, dass sie den Haarzopf abschraubte, den sie dann öffnete wie ein Etui und Serviette, Messer, Löffel herausnahm. Die Serviette band sie dem Alten um den Hals, wie man es bei Kindern zu tun pflegt.« Der Alte, »plötzlich heiter geworden«, verschlang Kuchen und Eis. »Jetzt schlug endlich die Dame den Schleier zurück, und in der Tat, man durfte weniger reizbar sein als der Baron, um doch wieder ganz hingerissen zu werden von der ausnehmenden Schönheit der Fremden.« Der Baron überlegte krampfhaft, wie er »auf schickliche Weise« mit dem Paar Verbindung aufnehmen könnte. »Wie, dachte er endlich, wenn du den Zauber der Musik ausströmen ließest, um das Gefühl der Schönsten aufzuregen! –« Und er setzte sich an das Pianoforte der Firma Kisting, begann zu improvisieren, zu fantasieren auf eine Weise, »die wenigstens ihm, wenn auch nicht andern, göttlich sublim vorkam. – Gerade bei einem säuselnden Pianissimo rauschte es im Kabinett, er blickte ein wenig seitwärts und gewahrte, dass die Dame aufgestanden. Dagegen lag oder sprang oder hüpfte vielmehr auf dem Platz, wo sie gesessen, der Haarzopf des Alten, bis dieser ihn mit der flachen Hand niederklatschte und laut rief: Kusch – kusch, Fripon!« Angesichts dieses wildgewordenen Zierzopfes »fiel der Baron sogleich in ein Fortissimo und ging dann über in schmelzende Melodien. Da vernahm er, wie die Dame, verlockt von süßer Töne Gewalt, sich leisen Trittes ihm nahte und hinter seinen Stuhl trat. – Alles, was er bis jetzt Schmachtendes und Zärtliches von allen italienischen Maestros, von allen -inis, -anis, -ellis und -ichis gehört, kam an die Reihe. Er wollte schließen im rauschenden Entzücken, da hörte er dicht hinter sich tief aufseufzen. – Nun ist es Zeit, dachte er, sprang auf und – blickte dem Rittmeister von B. ins Auge, der sich indessen hinter seinen Stuhl gestellt und nun versicherte, dass der Baron sehr unrecht tue, dem Herrn Fuchs die Gäste zu verscheuchen durch sein entsetzliches Lamentieren und Wirtschaften auf dem Piano. Soeben habe wieder eine Dame alle möglichen Zeichen der Ungeduld erblicken lassen und sei endlich mit ihrem Begleiter, einem kleinen possierlichen Mann, schnell entflohen. –

Was? – entflohen?! rief der Baron ganz bestürzt, entflohen –«.

UND GLEICH WIEDER EIN GEGENAKZENT – sicherlich in Ihrem Sinne! Erneut ein Text des Juristen Hoffmann, hier als Einschub in einem umfangreicheren Gutachten.

Ein Mechaniker, »der an Anfällen von Wut litt, die in unbestimmten Zwischenräumen wiederkehrten, und denen deutlich zu erkennende Symptome vorausgingen. Er fühlte eine brennende Hitze in den Eingeweiden, unlöschbaren Durst, starkes Herzklopfen etc., bis ihn ein unwiderstehlicher Drang antrieb, irgendein Mordinstrument zu ergreifen, und den ersten, der ihm aufstieß, zu töten. Dabei war er übrigens seines Verstandes mächtig, beantwortete die ihm vorgelegten Fragen, ohne sich in den Ideen zu verwirren, empfand die größte Reue über seine unwillkürliche Mordlust, und ermahnte einst, als er in seinem Hause die Annäherung seines Anfalls fühlte, seine Frau, schnell zu fliehen, um sich nicht der Gefahr auszusetzen, von ihm ermordet zu werden«.

ICH BLEIBE BEI MEINEM ANGEBOT, Ihnen (oder Ihren Sekretären) Unterlagen zu vermitteln, in denen detailliert ausgeführt ist, was ich in meinem Fortsetzungsbrief oft nur punktuell andeuten kann.

Zum Beispiel: Hoffmann musste konstatieren, dass er den »lyrischen Traum des wirksamen freien Künstler-Lebens« nicht realisieren konnte: als Musiker, Komponist, Gesangslehrer verdiente er längst nicht mehr und als Schriftsteller (trotz großer Produktivität, weiter Verbreitung, guter Honorare) noch längst nicht genug, um selbständig bleiben zu können. Acht Jahre lang hatte er sich der Justizbehörde fernhalten können, davon viereinhalb Jahre in Bamberg, aber 1814 ging es nicht mehr, er musste zurück an die »Staatskrippe«. Das erste halbe Jahr erhielt er kein Gehalt – erst nach dieser Probezeit kam wieder regelmäßig Geld ins Haus.

Der Achtunddreißigjährige schrieb an Theodor Gottlieb von Hippel, Chefpräsident der (ehemaligen) Westpreußischen Regierung, er sei nun wieder »von Akten hoch umwallt«. Ein Jahr später (ebenfalls in einem Schreiben, das mir Hitzig abschriftlich vorlegte): »Hätte ich nicht für eine herzensliebe Frau zu sorgen und ihr nach dem, was sie mit mir ausstand, eine bequeme Lage zu bereiten, so würde ich lieber abermals den musikalischen Schulmeister machen, als mich in der juristischen Walkmühle trillen lassen!« Doch nun schleppe er sein Beamtenleben »wie den Klotz des Baugefangenen« hinter sich her. Und, so ließe sich ergänzen: eine Sprachschleppe mit Wörtern wie Kassen-Kuratel ... Gutachten ... Deposital-Abnahme ...

EXZELLENZ, Sie entsinnen sich hoffentlich noch meines früheren Versuchs, gleichsam marmorierte Kopfwelten ablesbar zu machen: juristische Fachwörter, in einen Erzähltext eingedrungen. Diese Versuchsanordnung lässt sich umkehren – das Textgewebe wie von hinten betrachtet, Rückseite eines Gobelins: ein juristischer Text als Vorlage, den Sätze aus einer anderen Sprachwelt durchqueren, durchkreuzen. Könnte sich Lesern wie folgt darbieten:

»Nach der Behauptung des Angeschuldigten hat sich seine Frau durch ein Wochenbett einen unheilbaren Krebsschaden zugezogen, der Warnung der Ärzte unerachtet Befriedigung verlangt, und dadurch ist der Widerwille gegen sie in dem Angeschuldigten angeregt worden. *Bald springe ich Ihnen auf die Schulter und sause und zische Ihnen in die Ohren, dass Sie keines Gedankens mächtig bleiben, sei er auch noch so einfältig.* Darin stimmen beide, der Angeschuldigte und seine Frau, überein, dass oftmals Zänkereien zwischen ihnen vorfielen, die in Tätlichkeiten ausarteten, weshalb auch die Frau, wenige Wochen vor der Tat, bei dem Stadtgericht auf Scheidung klagte. *Bald springe ich Ihnen ins Tintenfass und bespritze das fertige Manuskript, sodass der geschickteste Setzer nicht den gesprenkelten Marmor zu entziffern vermag.* Der Grund jener Zänkereien lag hauptsächlich in der Eifersucht der Frau, die das vertrauliche Verhältnis ihres Mannes mit der N. nicht dulden wollte. *Dann verstöre ich Ihre Papiere durcheinander, bringe die mit allerlei Notizen beschriebenen Blättchen in gehörigen Luftzug, dass sie, wird nur die Türe geöffnet, lustig emporwirbeln.* Diese N. ist eine Frau von 34 Jahren, an den Bürger und Höker N. in D. verheiratet und Mutter mehrerer Kinder. *Dann ziehe ich Ihnen das Papier, während Sie schreiben, unter dem Arme weg.* Nach ihrer Versicherung hat sie der S. mit Liebesanträgen verfolgt, die sie erst standhaft abwies; zuletzt geriet sie aber doch mit ihm in ein Verhältnis, das nach ihrem eigenen Ausdruck vertrauter war, als es sich für eine verheiratete Frau passt. *Dann stülpe ich schnell das Glas Wasser um, als Sie eben trinken wollten, sodass alles unterzugehen droht in der Wasserflut und alle Ihre wässerigsten Gedanken zurückkehren in das Element, dem sie angehören.*«

NUN MACH SCHON, Dörtje, heb ab mit dem Heißluftballon, finde, in Giannozzos Namen, mit traumhafter Sicherheit die kleine Stadt in weiter Heide! Nach erfolgter Landung wäre ich noch aufgeschlossener Deinem verblichenen Jean Paul gegenüber, von dem Du mir des Öfteren vorgelesen, vorgeschwärmt hast – so eindringlich, so hartnäckig, dass ich bei einem Abendspaziergang schon mal die sechseckige Ledergondel unter dem Ballon herabschweben sah, als Gruß von J. P. an Dich als eine der vielen Frauen, die ihn umschwärmten, umknieten, wenn auch nicht immer lasen – wozu auch, vieles schwappt ohnehin über aus seinen Büchern, frei flottierende Wörter von Lerchenspiegel bis Nachtgarn, von Jubelstrang bis Siebenräuberessig – Wörter, Wörter, die Hoffmann-Wörtern in die Quere kommen wie ein Insektenschwarm, der im Flug einen anderen Insektenschwarm kreuzt –

EXZELLENZ, ich sehe Hoffmann zuweilen leibhaftig vor mir, ganz so, wie er mir vor Augen geführt wurde von Hitzig: Hoffmann in Berlin, 1816.

Eine der zahlreichen Einladungen. Der kleine, schmale, krauskköpfige Mann in gelber Hose, braunem Frack. Wird eine Mahlzeit serviert, langt er kräftig zu, ist dafür schon bekannt – sie ernähren sich sonst recht bescheiden, er und seine Mischa, also braucht er gelegentlich eine veritable Schlemmerei. Zuvor aber spielt er den Maître de Plaisir, bindet sich eine weiße Schürze um, mischt einen »Kardinal« – fühlt sich stets zuständig für alkoholische Getränke.

Im Anschluss ans Menü liest er auf Wunsch einen (noch nicht gedruckten) Erzähltext vor, undeutlich in der Aussprache, sich zuweilen verhaspelnd, und er lässt die Stimme bedrohlich absinken, zieht sie dramatisierend hoch, bis ins Falsett. Verfertigt danach, auf Wunsch, in stets bewunderter Geschwindigkeit die Skizze eines Anwesenden; auch sie fällt (bei ihm offenbar naturnotwendig!) karikaturhaft aus – da ist sein Strich am sichersten. Und Hoffmann, der schon beim Mischen, Essen, Zeichnen gesprochen hat, setzt an zum großen Monolog, vorzugsweise über das Schreiben. Er hat es gar nicht gern, wenn dabei Gespräche stattfinden, und sei es am Rande, da ist niemand sicher vor seinen bekannt spitzen Bemerkungen. Das Monologisieren des kleinen, quirligen Manns kann sich über Stunden hinziehn, sämtliche Gesichtsmuskeln scheinen beteiligt, wieder einmal schlägt er eine Gesellschaft in Bann.

Schließlich folgt er der Bitte des Hausherrn, die Tochter auf dem Klavier zu begleiten bei einer Arie. Ja, es muss eine Arie, darf kein Lied sein, Hoffmann hat keinen Sinn für die Gattung Lied, das weiß man, darauf stellt man sich ein, bei einer Arie hingegen, am liebsten in italienischer Manier, accompagniert er gern, und noch lieber, wenn es eine Arie von Mozart ist, und am allerliebsten, ist es eine Arie aus der Oper aller Opern, »Don Giovanni«; hier böte sich für eine Sopranistin an: »Batti, batti« – und so weiter. Einmal am Instrument, setzt er nach dem Begleiten an zu freier Improvisation, steigert sich; schließlich eine Vehemenz, die um die Saiten des Instruments fürchten lässt; die eine und andre Darmsaite wird denn auch in der Tat zerfetzen, vor allem, wenn er improvisierend überleitet in die Tonsprache seines zweiten musikalischen Hausgotts: Beethoven.

Mit wuchtigem Akkord beendet er seine Darbietung, nimmt teil am Gespräch, reißt es möglichst schnell wieder an sich. Für den Fall, dass ihm das wider Erwarten nicht auf Anhieb gelingt, hat er eine Überraschung parat: schleicht sich von hinten an eine der Damen heran, beispielsweise eine Schwedin, hält ihr über die Schulter hinweg jäh eine Marionette vor Augen, eine Teufelsfratze, Hörner auf der Stirn, Zunge aus dem Maul, »da jeg seer in lille sort Diaevel haelde sig over min Skulder, med Horn i Panden ...«.

Nach dem wohlakzentuierten Aufschrei der Dame zeigt er die »Marionetdukke« der Tischrunde, berichtet, dass er die Teufelsfigur kürzlich erworben hat, obwohl er beinah einen ganzen Schrank voller Marionetten besitzt, hat damit ein Stichwort gefunden für monologische Ausführungen con brio, con fuoco ...

AUFBLICKEND registriere ich unablässig fortgesetzten Schneefall: als könnten sich die Flocken nicht recht entschließen, wo sie sich auf die dunkle Stadt legen sollen. Was ich nachfühlen kann ...

So werde ich wieder einmal im »Meister Floh« lesen. Die Hauptfigur, die allein lebt in einem großen Haus (allerdings mit Haushälterin), und es herrscht Winter – da kann ich mich sehr gut einfühlen! Dieser alleinlebende Mann begegnet, eine Familie besuchend, einer jungen Frau, die höchst anziehend auf ihn wirkt. Und ich folge ihr, folge ihm durch die Arabesken der Sprache, die aus beengender Realität hinausführt ins freie, weite Gebiet der Phantasie, um wieder dicht an unsre enge Realität heranzuführen.

NUN HABE ICH MICH SCHON an »Meister Floh« herangeschrieben, da sollte ich gleich auch ein Kapitel aus dem Leben seines Verfassers wiedergeben, in der sicheren Erwartung, dass es Sie unmittelbar anspricht, schließlich haben Sie ebenfalls Jura studiert, waren zudem über viele Jahre hinweg eingebunden in die Administration des Fürstentums, werden also eingestimmt zur Kenntnis nehmen, was ich (auch hier) nur skizzieren kann, gleichsam als Aufruf zu weiterer, genauerer Ausführung.

Nun denn, in vorerst groben Umrissen, das wohl wichtigste der letzten Lebenskapitel Hoffmanns. Als Kammergerichtsrat war er auch Mitglied der Immediat-Kommission, die angehen sollte gegen »gemeingefährliche« Bestrebungen, gegen »revolutionäre Umtriebe«. Nach den Beschlüssen zu Karlsbad wurden nicht nur staatsfeindliche Taten (die letztlich ausblieben!) beurteilt und verurteilt, es wurden Denkweisen, Gesinnungen geprüft und bestraft: willkürliche Verhaftungen, langwierige Untersuchungen durch eine vielfach voreingenommene Behörde. Solche Fälle wurden aktenkundig, kamen auf Hoffmanns Schreibtisch oder Stehpult: Verhaftungen ohne ausreichende Rechtsgrundlage, auf den bloßen Verdacht hin, hier könnte aufmüpfige, ja aufrührerische Gesinnung –

Aber was schreibe ich denn hier?! Dieser Dauerbrief soll doch nicht in eine Biographie hinüberführen! Es geht um eine Textsammlung!

HIER SOLLTE ICH DENN erneut den Juristen Hoffmann zu Wort kommen lassen, etwa im Gutachten zur Untersuchungssache Schallenberger und Genossen wegen Falschmünzerei. Ich bin aber heute nicht dazu aufgelegt, allzu stark noch ist die Resonanz auf die vorige Soiree, in der ich eine weitere Geschichte vorlas aus dem (mittlerweile) vierten Band der »Serapionsbrüder«.

Dort findet ein serapiontischer Disput statt über Vampirismus. Dabei wird (was mich überrascht!) hingewiesen auf den Traktat des Michael Ranft über kauende und schmatzende Leichen in Gräbern. Auch wird erwähnt, dass sich vor allem »das Militär ganz ungemein mit dem Vampirismus« beschäftigt – kein Wunder bei der hohen Akzeptanz der Erzeugung von Leichen. Sodann wird über die dichterische Behandlung des Themas Vampirismus gesprochen. Keine »Apologie des Grauenhaften« – vielmehr wird betont, dass Geschichten aus dem Reich der Vampire weithin übertroffen werden durch Taten und Untaten von Gewaltherrschern. Ja, was »große und kleine Tyrannen schonungslos mit dem teuflischen Hohn der Hölle schaffen«, das sind die *wahren* »Gespenstergeschichten« (oder eher, so meine ich: die wahren Gruselgeschichten, Gräuelmeldungen).

Auch solche Ausführungen ließen sich in unser Buch einbringen. Allerdings dergestalt, dass jenes Ober-Zensur-Kollegium zu Mainz das Buch nicht konfiszieren kann. Ich schrieb ja bereits: Ein guter Schutz dagegen wäre auch Ihr Name – da wagt man so rasch keinen Übergriff, denke ich.

SCHON HOFFMANNS HINWEIS auf den Traktat des Diaconus Ranft löste Assoziationen aus: Salzdom ... Krypta ... Salzsarkophage aneinandergerückt, aufeinandergestapelt zwischen Salzsäulen ... Sarkophage als Fleischfresser (griech.), Fleischverzehrer. Und Leichen verzehren, was nicht zum Verzehr bestimmt ist, setzen an bei Leichenhemden, gehen über zur Innenausstattung von Sarkophagen, stetiges Schmatzen ... Auch im Hauptschiff, in Seitenkapellen mit Salzaltären: Salzsarkophage ... Und in der Totenstille des Salzdoms Schmatzen von eingesalzenen Leichen ...

DA FÄLLT MIR WIEDER EIN: AUTOMATEN. Und ob wir nicht gelegentlich versuchen sollten, einen Automaten zu bauen. Ressourcen genug hätte ich hier. Und vor allem: ich hätte Zeit – ganz besonders, solange Lüneburg wieder mal eingeschneit ist.

Was wir bauen würden, sollte aber nicht eine getürkte Figur sein, die Schach spielt, Flöte spielt, womöglich das Orakel spielt, ich habe eine bessere Idee: Eine Figur, lebensgroß, die uns Hoffmann scheinlebendig vor Augen führt! Hoffmann als Kapellmeister Kreisler, Kapellmeister Kreisler als Hoffmann! Der Kapellmeister so wiedergegeben, wie Hoffmann ihn gezeichnet hat, sich selbst im Blick: tanzend. Rechtes Tanzbein hochgerissen, Meerschaumpfeife geschwungen, eng anliegende Hose, die Tanzpose betonend, Stiefelchen, den Tanz ebenfalls betonend, hinten kleines Fracksausen – so könnte er auf der Stelle, der Standfläche tanzen, wenigstens mit dem Spielbein, dazu die Meerschaumpfeife schwingen, im Takt ...

Eigentlich müsste die Figur, Tanzbein schwingend, Pfeife schwingend, auch Reden schwingen, dann würde sie noch deutlicher unseren Hoffmann verkörpern: ein Sprechwerkzeug in der Maschinerie, mechanisch-pneumatisch?

Ja, dies wäre die Krönung: Tanzbein schwingende, Meerschaumpfeife schwingende, Reden schwingende Figur in Stiefelchen, eng anliegender Hose. Das Sprechen mag undeutlich, verhuscht sein, sich verhaspeln – umso besser würde es zu Hoffmann passen. Eventuell sollte man noch bewerkstelligen, dass aus der Meerschaumpfeife kleine Rauchballen aufsteigen – wie Rauchzeichen von Indianern. Ein wenig wie ein Irokese, vor allem im Haarschnitt, könnte die Figur in ihrer schwungvollen Bewegung, in ihrem Redeschwung ohnehin wirken: ein Irokese, der wie ein Kreisler … ein Kreisler, der wie ein Hoffmann … ein Hoffmann, der wie ein Kreisler … ein Kreisler, der wie ein Irokese … Rauchballen, Rauchbällchen … Standbein, Spielbein, Spielbein, Tanzbein … Ja, Bein geschwungen, Pfeife geschwungen, Reden geschwungen: so käme uns Hoffmann, auf der Stelle tanzend, ein Stück näher – Standbein, Spielbein, Tanzbein – Pfeifenrauch, Atemhauch, Redeschwall – Knie hoch, Pfeife hoch, Knie hoch – Pfeife, Knie, Wort um Wort –

Von meinen Formulierungen mitgerissen, springe ich auf, als sei der Geist des wahnsinnig gewordenen, tanzwütigen Kapellmeisters Kreisler in mich gefahren: rechtes Knie, linkes Knie fast in Nabelhöhe hochgerissen, abwechselnd, die Arme geworfen, als wollte ich die Hände abschütteln, wegschlenkern – ja, Hoffmann lebt, Hoffmann lebt in mir, er ist ich, ich bin er, seht her, schaut nur, hier ist Hoffmann, hier tanzt Kreisler, ich tanze wie Kreisler gezeichnet von Hoffmann.

Um wieder zur Ruhe, wieder zu mir selbst zu kommen, mache ich einen Handstand im Hinterzimmer – etwas windschief, doch es klappt.

IN DIESER WEIMARER BINNENWELT, die sich harmonisch gibt, sich immer wieder auf Harmonie einstimmt, sollte ich Hoffmanns Lob der Dissonanz zu Gehör bringen, in Wort und Klang: Dissonanz in der Musik, auch »völlige Dissonanz aller konventionellen Verhältnisse«. Kleines Erschrecken wird einsetzen im erlauchten Zirkel, zumindest gelinde Verwirrung, sobald ich erwähne, dass eine Erzählfigur ausgerechnet durch einen reinen C-Dur-Akkord in den Wahnsinn getrieben wird.

Weil ich diesen Schritt in den Wahnsinn auf einem Instrument nicht vorspielen kann, werde ich, sollte ich im Weimarer Mittwochskreis dies vorlesen: »Er ergriff die Guitarre und gab kräftig und rein den vollen C-Dur-Akkord an, dann aber stieß er einen fürchterlichen Schrei aus, sein Gesicht war grässlich verzerrt, er warf die Guitarre auf die Erde und zertrat sie in tausend Stücke. So wie man das zähe Leben eines schädlichen Tiers noch immer durch neue Streiche ertöten will, weil jedes Zucken neue Gefahr droht, so suchte er mit wildem Blick, in dem sich eine grässliche Angst malte, noch jedes Stückchen der Guitarre und zermalmte es.«

Ah, mir zuckt es schon in den Beinen: fast wäre ich aufgesprungen, hätte einen Stampftanz aufgeführt vor mir selber, einen Trampeltanz, Stampftanz, Trampeltanz, Stampftanz, aber dann hätte ich nicht weiter –

AUCH HEUTE SCHREIBE ICH unter einer auf Stadt und Heide lastenden, selbst durch anhaltende Schneefälle nicht leichter und dünner gewordenen Wolkenschicht. Schreibe dies im Haus, dessen Dach unter wachsender Schneeschicht knackt. Dazu wieder mal Ächzen, Rascheln, Knarren ... Und: Schritte auf dem Speicher, die Stiege herab ins Esszimmer ... Ja, ich hatte wieder Besuch, vorgestern, als ich meine Buchweizensuppe löffelte.

Sie werden sich zwischendurch fragen, Eminenz, ob mich angeborene Disposition empfänglich gemacht hat für besondere Erfahrungen oder: Ob Hoffmann mir das Fenster hinter dem Fenster geöffnet hat, und es dringen zugleich Sternraumkälte und Tropenwärme herein, alles wird leichenblass und üppig bunt? Und ich konnte, wollte, musste so etwas erleben wie vorgestern?

Nun denn: Ich hörte es die Stiege herunterschreiten (die von Gespensterfüßen bald ausgetreten sein muss ...!), erkannte jenes Wesen bereits am Schritt, wie man vertraute Hausbewohner am Schritt erkennt. Stiegenstufe um Stiegenstufe gab hörbar nach – und wieder das Zögern, holzknarrend, auf der vorletzten Stufe. Ich zog mich in die Küche zurück. Glockenschläge von Michaelis – viertel vor zehn. Vorsichtig ging ich wieder ins Zimmer, hörte die fremden Schritte nun in der Diele, und diese Schritte waren langsamer, schwerer. Ich dachte sofort: Holla, da wird was weggeschleppt! Rasch ins Arbeitszimmer: keine Lücke im Bücherschrank, Erinnerungsstücke komplett, Bilder in den Rahmen und an den Haken, jedoch: an einer Stelle der Außenwand so etwas wie grünes Nachglühn – als wäre Mauerwerk im Schmelzgriff aufgelöst worden, verdichte sich nun wieder im Auskühlen.

Ich lief die Treppe hinunter, sah auf der Straße sofort: eine der drei Büsten dort oben fehlte! Ausgerechnet (oder bezeichnenderweise) die Büste des Hermes Trismegistos. Deinen frechen Griff, sagte ich, sollst du vergeblich getan haben! Ich also hinterher!

Ich wusste sofort: es konnte nur Richtung Kalkberg sein. Und, Sie mögen mir das im fernen, aufgeklärten Weimar glauben oder nicht – ich sah, Schritt um Schritt, wie eine Spur aus dem Schnee herauswuchs, die Schneespur eines zunächst äußerst geringen, fast nur hingehauchten Körpergewichts, aber das schien mit jedem Schritt zu wachsen. Dass dies die betreffende Spur war, zeigte sich am phosphoreszierenden Grün: zuerst nur ein Punkt in fast noch unsichtbarer Schneespur ... der phosphorgrüne Punkt dehnte sich Schritt um Schritt aus als Strich, jeweils am Außenrist ... bald waren die Trittspuren grün konturiert ... das Grün begann, die Fußstapfen auszufüllen.

Als sie vollständig phosphorgrün waren, hatte ich den Kalkberg erreicht, genauer: die Senke zwischen Kalkberg und dem nächsten, für mich namenlosen Hügel; diese Senke betont von weithin senkrechten Felswänden, sodass sie einer Bühne gleicht mit riesiger Felskulisse. In der Mitte dieser Senke sah ich rasch bewegtes Weiß mit Steinbüste in Hüfthöhe – die Augen der nun schneeweißen Büste schimmerten phosphorgrün. Ich eilte auf einen sehr alten, hohlen Lindenbaum zu, in den die weiße Bewegung eintauchte – samt Büste. Schon entstand Wind, aber nur in den Ästen der Linde, schon glomm es auf in den Schrunden ihrer Borke, selbstverständlich wieder grün, das sickerte herab, quoll nach. Immer rascher der Wirbelwind, begrenzt auf den Durchmesser der Krone, und ich wusste, nun würde etwas passieren mit meiner Büste, ein Verflüssigen vielleicht, also blieb ich, mit sehr raschem Herzschlag, einige Meter vor der grün umwaberten Öffnung des Baums stehen und sagte (nicht auswendig, sondern paraphrasierend) einen der hymnisch-mystischen Texte auf, die Hermes Trismegistos zugeschrieben werden: ekstatischer Faltenwurf, der mich schützte. Aus diesem erst atemlosen Sprechen wurde Sprechgesang, und immer stiller wurde es in den Ästen, das Fäulnisgrün oder Elmsgrün versickerte in Schrunden, Rissen, Löchern, der Baum schien es aufzusaugen. Und es knisterte in den Ohren vor Stille.

Da trat aus dem Baum ein kleines Mädchen hervor, leichenblass, in weißem, knöchellangem Hemd; barfuß ging es durch den Schnee zur Heide hinaus – kein Blick zu mir, kein noch so leichtes Heben der Hand … Ich blickte ihm nach, diesem Mädchen, dem Kind –. Als ich nicht mehr unterscheiden konnte, ob ich noch eine weiße Flimmerstelle sah im Nachtschnee oder ob es mir bloß in den Augen flimmerte, ging ich neben der erloschenen Spur zurück, um den Kalkberg herum, durch das Stadttor zu meiner Straße, und es wunderte mich überhaupt nicht, dass die Büste wieder auf dem Sockel stand, wenn auch ein wenig verdreht, als wäre sie hastig abgestellt worden. Nicht mehr dran rühren, sagte ich mir, nicht mehr dran rühren.

KÖNNEN SIE VERSTEHEN, sehr geehrter Herr Geheimrat, dass ich mich nach diesem Erlebnis auf einen der juristischen Texte Hoffmanns stürzte? Wieder mit trocken-fester Materie umgehen! Ich griff nochmal das Gutachten zum Fall Schmolling auf – in meiner werbenden Wiedergabe hatte ich allzu sehr verkürzt, vor allem in der Erörterung von Mordfällen, die Hoffmann zwecks Erhellung der Motivation in die Argumentation einbezog.

Sie erinnern sich: Tabakspinnergeselle Daniel Schmolling, der seine Geliebte ermordete: »Er brachte ihr, nachdem er sie noch umarmt und geküsst hatte, den tödlichen Stich bei, und stieß ihr das Messer bis an das Heft in den Leib.« So Hitzig in seinem Vorbericht zu Hoffmanns Gutachten.

Wie schon erwähnt, konsultierte Hoffmann diverse Autoren, erörterte den Fall im Fachidiom (das mir fremd ist), verwies auf korrespondierende Fälle, wie er sie in der Fachliteratur beschrieben fand, gab sie auf seine Weise wieder. Etwa den Fall Fickert, »eines alten Haarkräuslers, der ohne weitere Ursache und ohne vorher offenbare Geisteszerrüttung zu zeigen, seine Enkelin, die er zärtlich liebte, mit der Axt erschlug«.

ZUM AUSGLEICH lasse ich ein Gefährt besonderer Art vorfahren, einen Wagen, der einer Muschel gleicht »von funkelndem Kristall«. Mit ihren gleichmäßigen Drehungen erzeugen die Räder Klänge, die sonst einer Glasharfe entschweben – die Räder von diesen Klängen wie getragen. Vornedran zwei »schneeweiße Einhörner mit goldenem Geschirr«; der Kutscher in Gestalt eines Silberfasans, der goldene Zügel im Schnabel hält; hinter dem chinesisch gekleideten Herrn im Fond ein »großer Goldkäfer, der mit den flimmernden Flügeln flatternd dem wunderbaren Mann in der Muschel Kühlung« zu verschaffen scheint.

Es liegt an Ihnen, diese Hoffmann'sche Wunderkutsche auch in Weimar auftauchen zu lassen. Und wer Augen hat, zu schauen, oder: wem wir die Augen öffnen, der wird dieses Gefährt auf dem Schlossplatz sehen, anschließend auf dem Frauenplan, und Sie könnten, angelockt von den Schwebeklängen, an ein Fenster des Vorderhauses treten und einen Blick werfen auf das Wundergefährt; der chinesisch gekleidete Mann in der Kristallmuschel könnte einen Stab auf Sie richten, ein Rohr mit »funkelndem Knopf«, und es wird ein Lichtstrahl in Sie schießen, der Sie fortan die Welt mit anderen Augen sehen lässt. Wenn dieses Gefährt längst schon zum Frauentor hinausgefahren, hinausgeglitten ist, wird es in Ihnen so plastisch gegenwärtig bleiben, als brauchten Sie nur vors Haus zu treten und einzusteigen in die Kristallmuschel auf tönenden Rädern.

Dann schließt sich Ihnen – kraft der von mir initiierten, von Ihnen realisierten Vermittlung – womöglich der »Brambilla«-Festzug an: Voraus das Dutzend schneeweißer Einhörner mit goldenen Hufen; die Reiter auf ihnen, in rote Atlasseide gehüllt, blasen silberne Pfeifen, schlagen silberne Zimbeln. Sobald ein kleiner Windstoß einen ihrer Seidentalare ein wenig lupft, kommt ein Vogelfuß zum Vorschein, »dessen Krallen mit Brillantringen besteckt« sind. Dieser Einhorn-Musikantentruppe folgen zwei riesenhafte Straußenvögel, die eine (noch größere) silberne Tulpe auf Rädern ziehen; in der Blütenöffnung ein kleiner alter Mann in Silberseide, er liest. Ihm folgen zwei Mohren mit langen Spießen, kurzen Schwertern, und jedesmal, wenn der Alte im großen Buch eine Seite umschlägt, stimmen die Mohren überaus mohrenhaften Gesang an, mit jeder Menge von Urlauten. So fährt die silberne Tulpe weiter, so liest der alte Mann weiter, liest, zum Beispiel, wie ein Wagen daherrollt, der einer Muschel gleicht von funkelndem Kristall, und mit ihren gleichmäßigen Drehungen erzeugen die Räder Klänge, wie sie sonst einer Glasharfe entschweben, ja die Räder werden wie von diesen Klängen getragen, und –

UND NUN? DREI BRIEFE ... Magische Zahl Drei ... Heilige Zahl Drei, dreifach beschworen: Das muss die erwünschte, die erhoffte Wirkung zeitigen, und Sie fühlen sich endlich dazu bewogen, ein paar Zeilen zu schreiben, des Inhalts, dass Sie mein Vorschlag lebhaft interessiert und Sie mich zu einem Vorgespräch nach Weimar einladen. Am besten bespricht man solch ein Projekt unter vier Augen – meinen Sie nicht auch, werter Herr Geheimrat? Ja, diesmal ist es eine eher sichere als bange Erwartung: Sie werden mir schreiben. Sagen wir: Innerhalb der nächsten zwei Jahre? Sollten Sie mir bis dahin kein Zeichen gegeben haben, werde ich mich erneut auf den Weg nach Weimar machen – hoffentlich käme ich dann der Ausführung des Projekts ein gutes Stück näher. So grüße ich dieses Mal fast hoffnungsvoll, auch im Namen von Ernst Theodor Amadeus Hoffmann.

Ein Mozart in Galizien

FRANZ XAVER MOZART! Wer bitte, wie bitte?! Ja, Franz Xaver Mozart. Wie komme ich auf Franz Xaver Mozart? In den achtziger Jahren kaufte ich eine Langspielplatte mit zwei Klavierkonzerten von Franz Xaver Mozart. Kaufmotiv: pure Neugier – wer mag das wohl sein?! Die LP vermittelte mir Kompositionen, die ich interessant fand, was nicht viel heißen will, was noch keine Beziehung herstellt, doch da war, da ist ein Satz, der zweite des zweiten Konzerts, der nachhaltige Resonanz fand: Andante espressivo. Mentales Ferment, lang nachwirkend, und ich begann, eine Antwort zu suchen auf meine Frage, wer dieser Komponist gewesen sein mag, der als Mozarts Sohn gilt.

Entgleiste Formulierung? Müsste es nicht heißen: der Mozarts Sohn *war*? Das ist schon die Frage, gleich zu Beginn. Und sogleich bietet sich ein Ansatz für einen Historischen Roman: Die Möglichkeit (vielleicht Wahrscheinlichkeit), dass Franz Xaver nicht ein Sohn von Wolfgang Amadeus Mozart war, sondern von dessen Adlatus Franz Xaver Süßmayr. Bereits die Gleichheit der Vornamen ist irritierend – auch indizierend? Wollten die leiblichen Eltern ein Zeichen setzen?

OFFIZIELL GIBT ES HIER KEINE DISKUSSION: Franz Xaver war das jüngste Kind von Wolfgang Amadeus und Constanze Mozart.

Sechs Kinder wurden in dieser Ehe geboren; vier von ihnen lebten nur kurz, sehr kurz: Raimund, zwei Monate; Johann, knapp einen Monat; Theresia, ein dreiviertel Jahr; Anna, »1 Stund«. Am Leben blieben Carl Thomas und Franz Xaver, sieben Jahre jünger.

So weit die geläufige Version. Doch schaut man ins Kleingedruckte der Mozart-Biographik, entdeckt man Floskeln der Irritation. Vertuschtes wird angedeutet, Fragwürdiges vorsichtig eingestanden, vielfach verbunden mit dem Wort »Gerücht« – und über Gerüchte sind wir erhaben, nicht wahr, Gerichte aus der Gerüchteküche schmecken uns nicht, anstandshalber. Zum Wort Gerücht das Wort Spekulation – meist im Plural. Diese Spekulationen führen zur Vermutung: Franz Xaver Süßmayr könnte der Vater von Franz Xaver Mozart gewesen sein.

Süßmayr: Für mich nur ein Name, verbunden mit ein paar angelesenen Informationen. Armer Bub aus Schwanenstadt, Vater Franz Carl war Schulmeister und Organist, verfiel der Trunksucht, Mutter Anna Maria starb an Schwindsucht, Franz Xaver kam ins renommierte Stiftsgymnasium (Klosterinternat) Kremsmünster, kostenfrei, musste dafür im Kirchenchor singen, den Abt an der Tafel bedienen. Der Tag begann um halb fünf, endete um acht, dazwischen streng reglementierte Abläufe. Kalte Räume, schlechtes Essen. Jedoch: Auf der Stiftsbühne wurden Opern aufgeführt – und Süßmayr stets beteiligt, als Geiger, Flötist oder Sänger, erst Alt, dann Tenor. Bevor er in Wien auftauchte, als Klavierlehrer sein Geld verdiente, sodann (vermutlich 1790) im Hause Mozart vorsprach, hatte der »studiosus logicus D. Süssmayerus (Dolce villico)« bereits ein Requiem und Messen komponiert, Divertimenti, eine Vesper, eine Sinfonie und drei Opern: *Der Bürgermeister ... Die gar zu strenge Kinderzucht ... Nicht mehr als sechs Schüsseln* ... So musste er das Komponieren nicht erst bei Mozart erlernen (und zugleich bei Salieri), er wollte Kenntnisse ergänzen, Fertigkeiten erweitern, wollte erreichen, dass man bei seinen Werken nicht nur hinhörte, sondern aufhorchte. So machte er sich beim (zehn Jahre älteren) Hausherrn Mozart beliebt und verdient, vertonte Secco-Rezitative, fertigte Reinschriften an, schrieb Orchesterstimmen aus.

Als Figur ist er für mich nicht greifbar – eher Phantom als Phänomen. In einem Roman könnte, müsste er neu erfunden werden – mit Blickkontakt zur Überlieferung. Doch wo ließe sich da ansetzen, was ließe sich umsetzen – im Spielraum des Wahrscheinlichen?

FRANZ XAVERS GEBURTSTAG: 26. Juli 1791. Neun Monate zurückgerechnet, hätte Mozart seine Frau etwa Ende Oktober 1790 schwängern müssen. Er befand sich zu dieser Zeit jedoch auf Reisen, in Frankreich und Süddeutschland, ein Vierteljahr lang.

Eine Woche nach seinem Aufbruch bezog Constanze die neue, die letzte Wohnung, Haus 970. Hier wohnte (?) und arbeitete auch Süßmayr. So lässt sich ausmalen: Jeden Tag sehen sich der junge Mann und die Frau, die im Verständnis jener Zeit reiferen Alters ist. Der Ehemann im Ausland ... Ob Mozart während dieser Zeit enthaltsam bleibt, ist sehr die Frage, er ist kein Inbild der Treue.

Diese Konstellation könnte ich als Romanautor ausbauen: reichlich Spielraum! Hand, die auf der Hand des anderen liegen bleibt, nicht abgeschüttelt wird ... Arm, der sich um eine Schulter legt, die sich nicht wegdreht ... Vertrautheit nimmt zu, Distanz schrumpft ... Ich will dir nah sein, ganz, ganz nah ... So wird man das im 18. Jahrhundert nicht geflüstert haben, doch es gab Entsprechungsformeln. Zwei Menschen schlafen miteinander; Verhütungsmittel sind mehr als rar, Befruchtung.

Als Biograph hingegen kann ich nur konstatieren: Süßmayr begleitet Constanze nach Baden im Wienerwald – Schwefelquellen gegen Rheuma und Stoffwechselkrankheiten. Ihr offenbar chronisch schmerzender Fuß. Vom Kuren im »Theresienbad« erhofft, erwartet sie Heilung, zumindest Linderung.

EINE BRISE ATMOSPHÄRISCHES! Ein Buchhändler, Franz Gräffer, stellvertretend für unser Paar im überlaufenen Kurpark von Baden: »Wir kämpfen uns durch: Luft, Luft! Wir klettern die Lang'sche Anlage hinan. Sitzplätze hier, Luft, Licht, Aussicht! Erholen wir uns!«

Zur Erholung gehört das Kaffeehaus. »Nun also, wo trinken wir Kaffee? Hinaus in das neue Kaffeehaus, zu Scheiner! Wohlan! Da sehen wir schon jenseits des Flüsschens, en face, das ganz neu aufgeführte Kaffeehaus des mächtig dicken, schwammigen, pausbackigen, schreierischen, reichen Scheiner. Der Punkt ist sehr klug gewählt. Da gefällt es uns, trotz des Schwefelgeruches der gegenüber ausquellenden dampfenden Bäder. Die Lage ist übersichtlich, heiter; die Lokalität, die Einrichtung allerliebst; der Kaffee um sechs Kreuzer recht gut; die neue zarte Frau Scheiner mit ihren blanken Zähnen recht höflich, also viel höflicher als der Gespons.«

EIN 24-JÄHRIGER UND EINE 28-JÄHRIGE IM KURORT. Sie werden spazierengehen ... Werden Unterhaltungsangebote wahrnehmen ... Werden gemeinsam essen und trinken ... Und wie geht es weiter? Sie wohnt im Haus des Stadtsyndikus – hat Süßmayr dort leichten Zugang, hat womöglich ein Zimmer im selben Haus gemietet?

Zur undurchsichtigen Situation passen Ermahnungen Mozarts in Briefen, sie möge wenigstens zum Schein im »Betragen Rücksicht nehmen«, solle sich nicht »so gemein machen – mit N.N. machst Du mir zu freie –«, und hier wurde postum wieder mal eine Briefstelle unleserlich gemacht, von Constanzes zweitem Ehemann oder von der Witwe. Wiederholtes Tilgen des Namens Süßmayr – mit modernen Methoden lässt er sich dennoch zum Vorschein bringen.

Offiziell arbeitete Süßmayr auch in Baden für Mozart, schrieb ins Reine, was Mozart frisch notiert hatte, verfertigte Stimmenauszüge vor der Premiere der *Zauberflöte*. Ende Juni 1791, als die hochschwangere Constanze wieder mal für längere Zeit in Baden weilte, schrieb Mozart: »Dem Süßmayr werde ich mündlich antworten – mir ist leid ums Papier. –« Was mag das Stichwort gewesen sein? Anfang Juli: »Gib dem N.N. eine Ohrfeige, und sag, du hättest eine Fliege totschlagen müssen, die ich gesehen hätte.« Die übliche Flachserei?

Drei Tage später, am 9. Juli 1791, wird Süßmayr in einer Brief-Nachschrift eine Botschaft in Form eines Vierzeilers übermittelt; der Text wurde gleichfalls gelöscht; geblieben sind Randbemerkungen: »Was sagt er dazu? Gefällts ihm? Nicht sehr, glaub ich, es sind harte Ausdrücke!«

Viel Spielraum für Spekulationen: Beim Durchzählen fehlen ein paar Wochen, auf die es ankam zu jener Zeit, in der man mit Frühgebornen noch nicht recht umgehen konnte, die Säuglingssterblichkeit besonders hoch war.

Die Gerüchte (?) erhielten weiter neue Nahrung. In den beiden Monaten vor der Entbindung waren Franz Xaver und Constanze schon wieder in Baden.

Wie war man in dieser prekären Lage auf die Idee gekommen, das Kind ausgerechnet Franz Xaver zu nennen?

KLEINER NAMENS-EXKURS. Der heilige Franz Xaver, vormals Francisco de Jassu y Xavier aus Navarra, 16. Jahrhundert, war als Namenspatron offenbar sehr beliebt – wieso auch in der Familie Mozart? Weil der Missionar als Patron der Reisenden galt, die Reise-Pelerine als wiederholt gemaltes Attribut? Das Reisen weithin als Lebensform des Wolfgang Amadeus Mozart – nun als Vorzeichen, fast als Verpflichtung für den jüngsten Sohn?

ALS AUTOR EINES HISTORISCHEN ROMANS könnte ich der Überlieferung dankbar sein für dieses Angebot: Ein Geheimnis gleich zu Beginn! Ein Umstand, der geklärt werden muss! Aussagen und Gegenaussagen, Erklärungen und Einwände, Konstruktionen und Korrekturen, sodann ein Rest, der sich nicht auflösen lässt, der also nachwirken könnte. Ausführen ließe sich ein Roman über eine historische Person, die ihre Identität sucht: Vergangenes, das einwirkt in Gegenwart. Wie soll sich Franz Xaver definieren? Als Sohn des Wolfgang Amadeus oder als Sohn eines Franz Xaver? Die Frage muss zu Konfrontationen, ja zu Konflikten führen vor allem mit der Mutter – guter Anschub für einen Roman!

Weitere Angebote der Überlieferung, die frei Entwickeltes, Erfundenes zu bestätigen scheinen: Bald nach der Geburt, im Oktober, ziehen Franz Xaver Süßmayr und Constanze Mozart erneut nach Baden, für zwei Monate – das Baby ist gewiss mit dabei. Es gibt im Hause Mozart zwar ausreichend Personal, aber »dienstbare Geister« hatten zu jener Zeit andere Aufgaben wahrzunehmen als Versorgung und Pflege eines Neugeborenen, dafür waren Ammen zuständig.

Von außen besehen, dürfte in Baden das Erscheinungsbild des Paares stimmig wirken: Vater, Mutter, Kind. Erst dem heranwachsenden, dem erwachsenen Franz Xaver könnte etwas zu Ohren kommen … Wie, das hast du nicht gewusst? … Das pfeifen in Wien schon die Spatzen von den Dächern … Dein Vater ist in Wirklichkeit …

Damit ein weiterer Ansatzpunkt für freie Entwicklung des Erzählens: Wie nimmt Franz Xaver später die Mitteilung auf? Wie verarbeitet er sie? Verdrängung? Verunsicherung? Trutziges Bekenntnis zu Vater Wolfgang Amadeus? Berechnendes Verhalten: Als Sohn eines Mozart habe ich mehr Chancen auf dem Musikmarkt als ein Süßmayr junior?

Aber wie viele Enttäuschungen hält solch eine Konstruktion aus? Die spätere Erfahrung, dass man in Städten, in denen Mozart senior gastiert hatte, die Auftritte des Sohnes herablassend beurteilt? Aber auch Nachsicht, die man dem Sohn eines Genies huldvoll entgegenbringt?

SPEKULATIONEN ... Als Biograph lese ich erneut Briefe Mozarts vom Oktober 1791 »an Madame Constanze de Mozart in Baden, bei Herrn Stadtsyndikus abzugeben«. Es wiederholt sich die seit Jahren fast standardisierte Anrede: »Liebstes, bestes Weibchen!« Tituliert man eine Frau, die kurz zuvor ein uneheliches Kind zur Welt gebracht hat, als Liebstes, bestes Weibchen? Auch vom Süßmayr ist die Rede: dem »schicke ich ein paar gute Nasenstüber und einen braven Schopfbeutler«, also wohl eine Kopfnuß. Eher Neckerei als Beschimpfung, oder? Auch im nächsten Brief nach Baden: »Liebstes, bestes Weibchen!« Lässt nicht darauf schließen, dass die Beziehung erheblich gestört war – zur Heuchelei neigte Mozart wohl kaum. Der Ton der Briefe hat sich nicht geändert, es geht um diverse Erledigungen. Hinzu kommen private Nachrichten.

OBWOHL IN DER MUSIKERBRANCHE Gerüchte zirkuliert haben dürften, die mit einiger Wahrscheinlichkeit auch Franz Xaver zu Ohren kamen, es entstand in diesem Punkt offenbar nie ein Problem für ihn (wenigstens nicht nach derzeitiger Überlieferungslage): Er sah sich stets als Sohn des Wolfgang Amadeus Mozart. Schlechte Voraussetzungen für einen Roman mit Identitätsproblematik. Etwas zum Hauptthema machen, was für das Modell der Romangestalt nicht einmal Nebenthema war? Die Sichtverbindung zur historischen Person (durch Überlieferung vermittelt) sollte nicht völlig abreißen.

Es lässt sich aber ein neuer Ansatz für einen Historischen Roman aufspüren, in anderer Generalperspektive: Die Geschichte eines Lebens der sanften Verweigerung.

EIN BIOGRAPH will eine Vita der Vergangenheit umfassend vergegenwärtigen; ein Romanautor betrachtet jenes Leben eher unter einem bestimmten Aspekt: dem seiner Konzeption einer schlüssigen Story.

Zur Methode dieses Versuchs: Ich sichte, was überliefert ist, klopfe ab. Wo könnte Resonanz entstehen für einen Romanautor, wo könnte er ansetzen, wo lässt sich freisetzen? In chronologischem Durchgang suche ich biographisch relevante Punkte, an denen sich der Plot eines Historischen Romans ankoppeln ließe. Suche zugleich biographische Fakten, die das verhindern, zumindest erschweren.

CONSTANZE (bis heute sehr verschieden dargestellt und beurteilt im weiten Spektrum zwischen Verachtung, Herablassung und stiller Bewunderung), Constanze war bei Mozarts Tod noch keine dreißig. Diese Frau, nach sechs Geburten und einigen Fehlgeburten wie ausgelaugt, diese Frau, die gesundheitliche Probleme hatte, für die Mozart hohe Arztrechnungen und einige Kuraufenthalte hatte finanzieren müssen, sie besaß noch viel Energie, und die setzte sie um in die Förderung mehrerer Projekte.

Das erste: Aufbau des Söhnchens zum Pianisten und Komponisten. Sie setzte hier ein verpflichtendes Zeichen: Als der Bub zwei war, gab sie ihm einen Zusatznamen. Ins Kirchenregister eingetragen waren als Taufnamen »Franciscus Xav. Wolfgangus«; sie fügte nun ein »Gott-lieb« hinzu, die deutsche Namensform von Amadeus. Ob das amtlich wurde? Im Pass jedenfalls wird später eingetragen: »Wolfgang Amadeus Mozart der Jüngere«. Auf Notendrucken und Plakaten hieß es meist: »Wolfgang Amadeus Mozart Sohn«. Er sprach von sich selbst, er unterzeichnete als: Wolfgang Amadeus. In der Familie, wohl auch unter Freunden, blieb er der »Wowi« – Mozart selbst soll ihn noch so genannt haben.

Die Verleihung des auratischen Vornamens »Amadeus«, die Löschung des »Franz Xaver« könnte auch einen simplen Grund gehabt haben: Hartnäckig hielt sich das Gerede über Süßmayrs Vaterschaft; um die naheliegend assoziative Verbindung von Franz Xaver junior zu Franz Xaver senior zu kappen, entschied sich Constanze für den Doppelnamen Wolfgang Amadeus, an den sich die musik-interessierte Öffentlichkeit rasch gewöhnte. So wurde der Jüngstge-borene zum Pianisten und Komponisten im Schatten des Vaters, der möglicherweise nicht sein Vater war – Leben mit einer Fiktion?

Heute ist Constanzes Entscheidung für einen »Gottlieb« längst rückgängig gemacht, in stillem Konsens. Nicht nur in Musik-Lexika heißt es: Franz Xaver Mozart. Auf Hüllen, Covers von Ton-trägern: Franz Xaver Mozart. So ist das festgeschrieben, wird auch hier so gehalten. Allerdings schreibe ich den sperrigen Namen nicht jeweils komplett aus, entscheide mich für ein Kürzel, das weniger Assoziationen weckt: FXM.

SYSTEMATISCH sollte »Wowi« als neuer Mozart aufgebaut werden: Förderung von Kindesbeinchen an …

Bereits ab zwei soll der Bub Klavierunterricht erhalten haben – man kann nicht früh genug damit anfangen, lautete wohl die Devise der Mutter. Ich frage mich allerdings, wie das technisch möglich war: ein Zweijähriger an einem Tasteninstrument – selbst, wenn es ein schmalbrüstiges Clavichord war …

1796 ging Constanze auf Konzerttournee: Die Sopranistin sang ausschließlich (und werbewirksam) Kompositionen des verstorbe-nen Ehemanns. Die beiden Söhne nahm sie mit nach Prag.

Hier, in der Stadt größter Triumphe für Wolfgang Amadeus Mozart, mit *Figaro* und *Don Giovanni*, wurde »Wowi« der Öffent-lichkeit vorgestellt. Im Verlauf ihres Prager Konzerts führte Mutter Constanze das Söhnchen auf die Bühne, ließ es auf einen Tisch klettern oder hob den »Wowi« hoch, und er sang im Sopran die Arie des Papageno »Der Vogelfänger bin ich ja«. Das Publikum applaudierte gerührt.

Die Mutter zog weiter; die Kinder wurden in Pflege gegeben beim befreundeten Ehepaar Dussek. Und damit wieder ein Franz Xaver! Diese Namenskombination wird uns noch öfter begegnen; sie war damals so beliebt wie heute ein Franz-Josef oder Karl-Heinz.

Franz Xaver Dussek, Jahrgang 1731, residierte im Landsitz »Ber-tramka« in Smichov, damals ein Dorf vor Prag. Seine 22 Jahre jün-

gere Frau, die erfolgreiche Sängerin Josepha, hatte das Anwesen erworben. Drei Jahre später, 1787, war Wolfgang Amadeus Mozart
zu Gast in der Residenz, komplettierte einige Kompositionslücken
im *Don Giovanni*, schrieb der Hausherrin mindestens eine Kon-
zertarie, arbeitete an der Oper *La Clemenza di Tito*. Im letzten
Lebensjahr war er noch einmal Gast in der Villa. Vergleicht man
einen alten Stich und eine neuere Fotografie der Fassade, so hat sich
hier in der Zwischenzeit nicht viel geändert. In diesem von Mozart
gleichsam konsekrierten Bau des Musikerpaares finden heute wieder Konzerte statt, im Namen Mozarts.

Franz Xaver Dussek, Bauernsohn, von Graf Sporck früh schon
gefördert, war ein renommierter Pianist und akzeptierter Komponist – zumindest von lokaler Bedeutung. Kammermusik, Konzerte,
Sinfonien. Viele seiner Werke liegen nur in Handschriften vor, die
ein Förderer wie Graf Clam Gallas mehr oder weniger als Privat-
eigentum betrachtete; damit war weitere Verbreitung zumindest erschwert, wenn nicht verhindert. Ich habe eine CD mit drei der
(zahlreichen) Sinfonien aufgespürt, habe sie mit höflichem Interesse, kaum aber mit Begeisterung angehört – wenig Durchführung,
viel Wiederholung; in einigen Sätzen wirkt das ermüdend. Immerhin aber, der Name verbindet sich für mich nun mit Klängen (die
freilich meist zum einen Ohr rein-, zum anderen rausschwingen).

Das Haus Bertramka war Anlaufpunkt für Musiker: die Gast-
freundschaft des Ehepaars wurde wiederholt gepriesen. Johann
Nepomuk Hummel: »Wo wir alles hatten, uns sehr viel Gutes getan
wurde …« Auch Carl und Franz Mozart lebten für jeweils längere
Zeit in jener Villa. Es muss eine gute, eine belebende Phase gewesen sein. Noch Jahrzehnte später kann Carl die Annäherung an
die Villa Bertramka vergegenwärtigen – er soll hier auch für den
jüngeren Bruder sprechen:

»Mit verbundenen Augen würde ich jetzt immer noch – *nach
59 Jahren!* – den Weg dahin nicht verfehlen. Zum Ojeser Stadttor
hinaus [offenbar die phonetische Umschrift des Aujezdertors], am
Graf Bouquoi'schen Garten *linker* und am Wirtshaus *rechter* Hand
vorüber; dann die Fahrstraße, eine viertel Meile ungefähr, weiter-
gegangen; sodann in die *rechts* sich eröffnende schmälere, aber

auch fahrbare Straße eingelenkt, langt oder langte man bei der Kastanienallee an, die zum Tor des Vorhofes des Herrschaftshauses reicht. –

Im Garten, auf der linken Seite: zuerst ein kleines Blumenparterre, und, weiter hin, ein von Obstbäumen bebüschter, in Anhöhe sich erhebender Spazierweg; ein geräumiges Bassin; sodann das Glashaus, welches ich habe aufbauen gesehen – und endlich der zur Agrikultur verwendete Berg, von dessen Höhe man auf den Friedhof blickt, und auf dessen Höhe ein Pavillon sich befindet.

Auch, und *ganz besonders*, wie Sie sich denken können: der untere Teil Ihrer Besitzung, in welcher der Obstgarten gelegen – in den ich, so oft es mir nur gelingen konnte, auf Schleichwegen zu gelangen trachtete – ist mir, gleich einem Eden, in vorzüglich angenehmem Andenken geblieben.«

ALS DIE DUSSEKS PRAG VERLIESSEN, wurden die Knaben vermittelt an Franz Xaver Niemetschek: Gymnasiallehrer (heute würde man sagen: Studienrat) und Bücherzensor. Er war noch mit Mozart befreundet gewesen und wird 1798 die allererste Mozart-Biographie veröffentlichen. (Das Büchlein wurde vor einigen Jahren neu aufgelegt.)

Niemetschek in einem Brief: »Wolfgang war als 6-jähriges Kind 1 1/2 Jahr bei meiner Frau, solange noch Mad. Mozart ihre Reise in Norddeutschland machte.«

Sie trat, mit ihrer Schwester Aloisia, unter anderem im Leipziger Gewandhaus auf, im Königlichen Operntheater Berlin, im Saal des Hôtel de Pologne zu Dresden, im Linzer Theater ... Anderthalb Jahre lang waren die Schwestern auf Tournee. Constanze kehrte schließlich nach Prag zurück, nahm Wowi mit nach Wien.

Wie es dem Älteren weiter erging, darüber lese ich Gegensätzliches. Carl blieb vorerst in Prag, zog sodann, der Anweisung der Mutter folgend, nach Livorno – der 14-Jährige sollte in die Handelslehre. Andere Version: der ältere Bruder (oder Halbbruder?) wurde Schüler in einem angesehenen Internat, der Perchtoldsdorfer Privat-Erziehungsanstalt; erst von dort aus ging es nach Italien ...

DAVON SPRICHT MAN 1799, DAVON HÖRT AUCH EIN BUB: Ägypten, mit dem Nil, den Pyramiden ... das Heer der Franzosen im Kampf gegen die türkische Besatzungsmacht ... ein junger Heerführer, Bonaparte ... 3000 Kamele und 3000 Esel transportieren Proviant durch die Wüste ... 2000 Kamele mit Wasser in Schläuchen ... Wüste Suez ... General Abdallah ... Heerlager bei Gaza ... fremd klingende Namen: Kalaat-el-Arisch, die Brunnen von Mesudiah ... Katieh und Salhieh ... ein mameluckischer Bote namens ... Gelände auskundschaften ... Truppen formieren ... Schlachtordnung ... nächtlicher Überfall auf türkisches Heerlager: Blendlaternen und weiße Armbinden ... die fremden Sprachlaute des Feindes ... eine mittlere Kolonne stößt vor bis zum Zelt des Pascha ... überstürzte Flucht ... fünfhundert Tote auf dem Schlachtfeld ... und es geht weiter ... Biwak bei El Chankah ... Lager von Birket ... General Kléber verirrt sich mit seinen Truppen in der Wüste ... Vorratsgruben mit Hülsenfrüchten bei Kalaat-el-Arisch werden nicht gefunden ... zu wenig Kamele mit Wasserschläuchen ... Erschöpfte, Verdurstete bleiben zurück ... Bonaparte mit hundert Kamelreitern und zweihundert Grenadieren zu Pferde in scharfem Trab ... Kléber wieder zusammengerückt mit Bonaparte ... Ansprache, Trommeln geschlagen ... Vormarsch auf Jaffa, Vormarsch auf Akka ...

Da wollte man damals sicherlich wissen, wie es weiterging.

WOWI IN WIEN. Dort sorgte kein Geringerer als Joseph Haydn für weitere musikalische Ausbildung, zumindest nominell; sein Meisterschüler Sigismund von Neukomm übernahm den Klavierunterricht.

Juni 1801 schrieb Mutter Constanze dem Neunjährigen ein martialisch pädagogisches Reimstück ins Stammbuch:

> Ein Kind, das seine Eltern kränkt
> Das wider sie auf Böses denkt
> Das nicht der Eltern Segen sucht
> Wird öffentlich von Gott verflucht
> Erschrecklich wird sein Ende sein
> Es rennt in Schmach und Qual hinein.

Schreckenspädagogik wie später im *Struwwelpeter*. Constanzes Eintrag war aber sicherlich ein flottierendes Zitat. Wie wurde nun das Wort »Eltern« besetzt? Pluralis Majestatis der Mutter? Oder bezog sie schon ihren zukünftigen Mann ein, Georg Nikolaus Nissen? Den 36-jährigen Legationsrat der dänischen Botschaft zu Wien nahm Constanze als Untermieter auf in ihre Wohnung. (Zwölf Jahre später wird sie Nissen heiraten.)

SICHERLICH WAR ES DIE MUTTER, die dafür sorgte, dass ein Klavierquartett des elfjährigen musikalischen Thronfolgers im Wiener »Magasin de l'imprimerie chimique« veröffentlicht wurde, als opus 1. Erstaunlich frühreifes Werk! Es wird eröffnet von einem temperamentvollen Allegro vivace; es folgt ein sehr eindringliches, melancholisch getöntes Adagio ma non troppo; als Abschluss ein »Tema con variazioni«. Diese Komposition mit einer Aufführungsdauer von etwa 17 Minuten wirkt so überzeugend, so stimmig, so gekonnt, dass ich mich frage, ob nicht ein Profi mitgewirkt haben könnte. Wenn es Ghostwriter gibt, dürfte es auch Ghostcomposer gegeben haben.

Das Quartett wurde einem Grafen Szaniawski gewidmet. Der honorierte die gedruckte Dedikation mit einer Taschenuhr, von der sich Franz Xaver nie mehr trennen wird.

IM JAHR 1803 stirbt Franz Xaver Süßmayr, in Wien. Stirbt im gleichen Alter wie Wolfgang Amadeus Mozart, mit 37. Hat in der Zwischenzeit fleißig komponiert. Überleben wird sein Name jedoch fast mit der Vollendung des Requiems seines Mentors. Die bekannte Geschichte, sie muss nicht noch einmal erzählt werden – oder doch?

Wenigstens Stichworte. Der geheimnisvolle Auftrag durch den grauen Boten, der mittlerweile identifiziert ist … Mozarts Arbeit am Requiem noch auf dem Sterbebett … Das Werk konnte nicht mehr vollendet, nicht einmal mehr instrumentiert werden … Damit beauftragte Constanze freilich nicht Süßmayr, sondern einen zweiten Adlatus, Joseph Eybler – wollte sie ein Aufleben des Geredes über die geheime Beziehung vermeiden? Eybler sah sich nicht in der Lage, den Auftrag auszuführen und lehnte ab. Nun erst wurde Süßmayr herangezogen, und er leistete Meisterhaftes: das Sanctus, das Benedictus, das Agnus Dei.

Er wurde Dirigent im Nationaltheater sowie im Theater am Kärntnertor. Komponierte zumeist Bühnenwerke: Eine *Moses*-Oper ... *Idris und Zenaide* ... Eine *Soliman*-Oper ... Instrumental-werke, einschließlich einer Sinfonie in D-Dur: *Sinfonia turchesca*, im Stil der Zeit mit reichlicher Verwendung türkischer Perkussion. Und sein bei weitem erfolgreichstes Werk: die heroisch-komische Oper *Ein Spiegel in Arkadien*. Die Vorlage verfasste Emanuel Schikaneder, der für Mozart zuletzt das Libretto der *Zauberflöte* geschrieben hatte. Ähnlich bunt ging es im Nachfolgewerk zu. Es wurde ein Riesenerfolg; einige der recht eingängigen Melodien wurden sogar auf Straßen gesungen und gepfiffen, vor allem der Ländler »Die Milch ist gesünder, ist lauter und rein ...«. Sicherlich ebenfalls gesungen und gepfiffen wurde das Rondo »Zu tändeln und zu scherzen« – Beethoven schrieb zu diesem Allegretto acht Variationen für Klavier. Arien der Oper wurden von Routinier Johann Nepomuk Wendt sogleich »auf Harmonie gesetzt«, also im Stil jener Zeit für ein Bläseroktett (mit Kontrabass) arrangiert – heute würde man sagen: eine Folge von »Highlights«. Harmonie-musik als damals höchst erfolgreiches Medium der Vermittlung und Verbreitung. Heute vermittelt hier eine CD-Einspielung des Consortium Classicum: noch immer »zündende« Melodien.

Das Lebenslicht des Franz Xaver Süßmayr aber wurde immer schwächer: zur Schwindsucht kam Trunksucht, so heißt es. Jeden-falls wurde sein Leben drastisch verkürzt.

Wie wurde sein Tod wahrgenommen, vor allem von Constanze? Und: gewann für FXM das Todesdatum irgendwann einmal Bedeu-tung?

UND WEITERGEFÜHRT die musikalische Ausbildung – Mutter Con-stanze aktivierte im Laufe der Zeit ein Gremium erstklassiger Leh-rer. Als Zweiter (nach Neukomm): Andreas Streicher, der Schiller auf der Flucht aus Württemberg ins Exil begleitet hatte, später ein berühmter Klavierbauer wurde und als Klavierlehrer erhebliches

Renommee besaß. Wie der Lehrling eines Handwerksmeisters erhielt der Schüler im Hause Streicher Kost und Logis.

WICHTIG in der Biographie, eventuell ergiebig für einen Roman: Auftritt des Jungen im Theater an der Wien (Direktion Schikaneder). Für dieses erste Akademiekonzert warb »Witwe Mozart« in einer Anzeige: »Mit innigstem Danke für die Willfährigkeit großmütiger Gönner gebe ich mir die Ehre, dem verehrungswürdigen Publikum anzukündigen, dass mein 13-jähriger Sohn, Wolfgang Gottlieb Mozart, am 8. April eine musikalische Akademie halten wird.« Weiter heißt es im mütterlichen Werbetext: »Er versuchte zu diesem Ende seine Kräfte an der Komposition einer Kantate auf den 73ten Geburtstag des Herrn Kapellmeisters Joseph Haydn, überzeugt, dass er seine Laufbahn nicht würdiger als mit der einem so großen Meister schuldigen Huldigung eröffnen könnte.«

Anmerkung zur (heute verschollenen) Geburtstagskantate: Sicherlich war es Constanze, die für den Text den geeignetsten Verfasser aufspürte – Georg August Griesinger, 36, sächsischer Legationsrat in Wien, Verfasser von Aufsätzen über Musik, zudem Vermittler zwischen diversen Komponisten und dem Musikverlag Breitkopf & Härtel. Besonders gut war seine Verbindung mit Haydn: *Eben komme ich von Haydn*, lautet der (heutige) Titel einer Sammlung seiner Briefe. Offenbar wurde der Verfasser des Kantatentextes im Programmblatt nicht genannt. Griesinger: »Am 8ten April wird der junge Mozart zum ersten Mal in einem öffentlichen Konzert auftreten. Er hat eine Kantate komponiert auf J. Haydns Geburtstag, die (unter uns gesagt) von mir ist. Haydn war zu Tränen gerührt, als wir ihm das Projekt mitteilten. Um den Eintritt des hoffnungsvollen Jünglings feierlich zu machen, wird sein Onkel, der Schauspieler Lang, eine kleine Anrede an das Publikum halten, und unserem Plan nach hätte ihn Haydn an der Hand dem Publikum vorstellen sollen. Der Enthusiasmus über eine solche Szene würde unbeschreiblich sein; leider wird man sie nicht ausführen können, weil zu befürchten ist, dass Haydn dadurch allzusehr erschüttert würde.«

So sollten denn Onkel Lang und Emanuel Schikaneder den jungen Mozart auf die Bühne führen; das übernahm dann aber, offenbar kurzentschlossen, die Mutter selbst, gleich nach dem ersten Programmteil, einer Aufführung der damals schon sehr beliebten g-moll-Sinfonie von Mozart. »Unser kleiner Wolfgang erregte bei seinem Erscheinen allgemein Enthusiasmus.«

Der Knabe sodann als Solist in einem C-Dur-Klavierkonzert, ebenfalls von Mozart. Er hat vier Konzerte in dieser Tonart geschrieben, doch bei Franz Xavers späterer Vorliebe für das d-moll-Konzert (ebenfalls schon damals favorisiert) dürfte es Konzert Nr. 21 gewesen sein – mit dem grandiosen Allegro, dem Ohrwurm-Andante.

Eine Pressestimme: »Das Klavierkonzert in C-Dur von seinem Vater spielte Wolfgang Mozart einigermaßen langsam, aber mit Genauigkeit und Nettigkeit, viel Talent entfaltend.« Folgte ein warnender Zusatz: »Möge er nie vergessen, dass ihm der Name Mozart zwar für jetzt Nachsicht erwirke, in der Folge aber strenge und große Forderungen an ihn richte.«

Ganz anders der Ton in einem satirischen Brief einer zeitgenössischen Schrift. »Ein paar Tag drauf hat der junge Sohn von dem berühmten *Mozart* eine große Akademi dort gebn, und da ist dabei ein Kantati von seiner eignen Kopfarbeit aufgführt wordn. Drauf hat er ein Weil aufm Klavier phantasiert, und da habn alle Kenner, die sich auf d' Musik und aufs Fantasiern verstehn, ihm mit Händ und Füßen zuklatscht, und habn uns Hoffnung gmacht, dass uns der junge Musikkünstler mit der Zeit sein unsterblichen Papa ersetzen kann. Das wär wohl gut für d' Kunst, wenn wir ein Nachwuchs von gschickten Kompositorn kriegten, und wenn uns unser Haydn und Salieri und Mozart usw. mit der Zeit wieder ersetzt würdn.«

Das Konzert war ein großer Erfolg. Dies auch finanziell: 1700 Gulden als Einnahme. Dem entsprächen in der Kaufkraft etwa 45 000 Euro – zur Umrechnung bald Näheres. Für Zeitgenossen war es eine »unerhörte Summe«.

WECHSEL DER TONART. Zitat aus einem Brief des Wolfgang Amadeus Mozart an Vater Leopold. »Nun, was hören denn Sie vom

Krieg? – Ich war 3 Tage her so niedergeschlagen und so traurig – es geht mich zwar nichts an, allein ich bin zu empfindsam, ich interessiere mich gleich für etwas.«

Auch Franz Xaver Mozart lebte »in tempore belli«. Es war die »Epoca Napoleonica«: Feldzüge kreuz und quer durch Europa. Und damit: Kontributionen, die Ländern diktiert, Einquartierungen, die Städten und Dörfern aufoktroyiert wurden.

November 1805 zogen, nach siegreichem Vormarsch, französische Truppen in Wien ein, kampflos. Wie erlebte der Schüler des St. Anna-Gymnasiums den Einmarsch? Fremde Truppen in der Stadt: Gefühl der Relativierung des Gewohnten, auch für den Gymnasiasten?

Schlechte Erfahrungen der Bevölkerung mit (alliierten) Russen, die plünderten und zertrümmerten; nun setzt man auf die Disziplin der vielgerühmten französischen Armee. Als die einmarschiert, bleiben alle Läden geöffnet, finden Märkte statt, und es drängen sich Zuschauer in Fenstern, in Türen, an Straßenrändern. Die Bürgergarde in ihren sauberen Uniformen sorgt für geordnete Abläufe; Polizisten werden von Bevölkerung und Besatzern gleichermaßen respektiert. Ein Treiben, als stünde ein Feuerwerk im Prater bevor, notiert ein Offizier. Die Vorhut von Murat, das Korps von Lannes ziehen durch die Stadt, ostwärts. Die Vorrats- und Ausrüstungsdepots der österreichischen Armee werden besetzt: »Geschütze und Kriegsmaterial für zwei Feldzüge.« Spion Schulmeister wird Generalpolizeikommissar der Stadt. Napoleon bezieht Quartier in Schloss Schönbrunn. Das Gros der Truppen zieht weiter, Richtung Osten: Verfolgung der Russen, die sich bei Austerlitz der Schlacht stellen werden.

WIEN AUS DER VOGELSCHAU, dargestellt von Joseph Daniel Huber, gedruckt ein halbes Dutzend Jahre vor der Geburt des Franz Xaver und in dieser Form charakteristisch auch für die nächsten Jahre, Jahrzehnte. Eine Stadt als Festung: mächtiges Mauerwerk, zahlreiche Bastionen wie Mölker-Bastei oder Schotten-Bastei: Namen für eine umgürtete Stadt. Vor den Mauerwerkmassen das Glacis: weitflächiges Schussfeld, später willkommenes Angebot für die Anlage der Ringstraßen.

Geschützt hat diese Fortifikation allerdings nicht, wie sich 1805 zeigte. Wenige Jahre später wird der Festungsstatus denn auch aufgehoben: Bürger dürfen auf Bastionen spazieren, Bäume werden droben angepflanzt. Abgebrochen werden die massiven Konstruktionen also noch nicht: Wolfgang Amadeus und Franz Xaver Mozart lebten und leben in einer riesigen Stadtfestung.

DENNOCH erschien die Stadt vielen Bewohnern, erst recht zahlreichen Besuchern verlockend schön. Zitat aus einem der Texte des Carl Ferdinand Gutzkow, *Eine Reise nach Wien*, ein Jahr nach dem Tod unseres Mozart veröffentlicht, also durchaus in dessen Zeit passend, Veränderungen waren damals langsam. »Die Stadt ist schön, reizend, malerisch umschlungen von einem Arme der Donau. Das Glacis, vielleicht etwas zu breit, bietet den Luftströmungen den freisten Durchzug. Welche Stadt bietet eine solche Fernsicht, wie man sie von der Schotten- und Mölkerbastei über die Vorstädte, die Gärten und ins Gebirge genießt?«

Aber auch eine kritische Anmerkung: »Zur Verbindung der ungeheuren Distanzen, an welchen der Fremde in Wien keucht und schmachtet und die auch dem Einheimischen für seinen Beruf störend sein müssen, ist noch wenig geschehen.« Die Vorstädte dehnten sich aus – vor der Ära der Kanalisation, der Stadtbeleuchtung, der Pflasterung von Straßen und Plätzen. Charakteristisch: Wer sich dort nachts auf die Straße wagte, wiederholte den Ruf: »Man geht!« So wollte man sich davor schützen, dass aus höherem Stockwerk versehentlich ein Nachttopf über einem entleert wurde.

CONSTANZE ENGAGIERT weitere Lehrer! Hinzugezogen werden der angesehene Organist Johann Georg Albrechtsberger, zuständig für Kompositionslehre, sowie der gefeierte Johann Nepomuk Hummel, dreizehn Jahre älter als sein Schüler. Wolfgang Amadeus Mozart hatte Johann Nepomuk als Schüler in Wohnung und Familie aufgenommen, hatte ihn entschieden gefördert; nun unterrichtete und förderte er wiederum den »Wowi« – natürlich im Klavierspiel.

Der namhafteste seiner Lehrer, von Constanze motiviert und vermittelt, war schließlich Antonio Salieri, Primo Maestro di Capella della Corte Imperiale di Vienna. Der erfolgreiche Komponist, vor allem von Opern, galt als höchste Autorität unter den Musiklehrern: er legte Wert darauf, dass seine Schüler vom Blatt spielen und Partituren lesen lernten, vermittelte Kenntnisse der Satzkunst, speziell des Kontrapunkts, leitete an zum Komponieren. Dreimal die Woche unterrichtete er vormittags; für die meisten Eleven war der Unterricht kostenlos.

Die Namen von beinah hundert Schülern sind überliefert. Bemerkenswert viele von ihnen sind später bekannt, ja, berühmt geworden als Komponisten.

Eher im Hintergrund: Joseph Eybler, neben Süßmayr der zweite Mozart-Adept und Mozart-Assistent.

Peter von Winter: nur vier Jahre jünger als der Lehrer; gleiches Todesjahr; er geht, als Stipendiat, mit 26 bei Salieri in die Lehre; er hinterlässt knapp zwei Dutzend Opern – die Uraufführungen meist auf renommierten Bühnen; das eine oder andere Orchesterwerk in Funkarchiven.

Relativ kurze Auftritte als Schüler: Carl Czerny und Franz Liszt. Gelegentlich um Beratung bittend: Ludwig van Beethoven. Länger in der Ausbildung: Giacomo Meyerbeer und Ignaz Moscheles.

Fast ein Lieblingsschüler: Franz Schubert. Anselm Hüttenbrenner, gleichfalls in der Corona (8 Opern, 8 Sinfonien, 10 Messen, mehr als 200 Lieder): »Schubert galt sehr viel bei Salieri, bei dem er Generalbass und Komposition studierte.« Und Schubert, mit 16, bedankte sich indirekt auf dem Titelblatt der Zauberoper *Des Teufels Lustschloss*: »Franz Schubert, Schüler des Herrn Salieri, erstem k.k. Hofkapellmeister in Wien«.

Der Maestro, damals etwa 50, als engagierter Musikpädagoge; er unterrichtete Franz Xaver in Gesang, perfektionierte dessen Klavierspiel. Zwischendurch stellte er ihm ein Zeugnis aus, eher: fertigte ein Gutachten an. Übersetzt liest sich das wie folgt: »Ich, der Unterzeichnende, bestätige hiermit, dass der junge Herr Wolfgang Amadeus Mozart, bereits ein ausgezeichneter Pianist, ein seltenes

Talent für Musik besitzt, (und) dass er, um sich in dieser Kunst zu vervollkommnen, die er zu seiner Profession macht, heute – nachdem er die Regeln des Kontrapunkts in der Schule des Herrn Albrechtsberger, Leiter der Capella von St. Stephan, studiert hat – unter meiner Anleitung hospitiert, und dass ich ihm einen Erfolg voraussage, der nicht geringer sein wird als der seines berühmten Vaters.«

Stolz berichtet die Mutter dem Ältesten: »Dein Bruder geht ietz zu Salierei (!) und zu Hummel.« Ich fahre (auch hier) fort in heutiger und korrigierter Schreibweise: »Beide haben viel Liebe und Freundschaft für ihn, ich fürcht nur, dass er sie nicht so benutzt, wie er soll.« Sie wird noch deutlicher: »Er, der von allen Ecken her Hilfe hat, tut beinah gar nichts, wenn man ihn nicht zwingt.« Sie braucht zur Motivation des offenbar etwas antriebsschwachen Sohnes auch Hilfe aus Italien, setzt das Schreiben so fort: »Nun hat er die 3 großen Meister Salieri, Albrechtsberger und Hummel; könnte ich Dir nur einen von diesen Männern geben, wie glücklich wäre ich, denn diese findest Du in ganz Italien nicht. Tue mir einmal den Gefallen und frage in einem Brief – da Du weißt, dass Wowi noch jetzt die 3 großen Meister hat –, ob er denn auch fleißig ist und Nutzen von ihnen suchen wird zu ziehen, welches nur dadurch geschehen kann, wenn er fleißig *komponiert*, und frage ihn, wie viele Stücke er das Jahr durch *komponiert*, und ob er auch brav sich im Instrumentieren übt, sage ihm, was Du alles tun würdest, wenn Du so glücklich wärst, ihr Schüler zu sein, und, in der Tat, ich wünsche, dass Du es mit ihm teilen könntest, und wer weiß, was noch wird. In dieser Hoffnung verbleibe ich Deine Mutter.«

Früh, sehr früh schon deutet sich Verweigerung an. Oder so etwas wie eine Grundmüdigkeit.

DENNOCH: Der säumige Schüler des honorigen Lehrkörpers arbeitet an einem Klaviertrio. Das bietet er dem Hofrat und Verleger André an.

Wien, 25. April 1807: »Sie schrieben vor ein paar Jahren meiner Mutter, dass Sie wohl etwas von mir stechen lassen wollten, um mich im Ausland ein wenig bekannt zu machen. Daher ergreife ich sehr gerne die Gelegenheit, Sie zu benachrichtigen, dass ich ein Trio fürs Pianoforte mit Begleitung der Violine und des Violoncellos verfertigt habe. Ich hätte es schon hier um 12 Dukaten in Gold – oder nach dem Course – verkaufen können, aber meine Mutter ließ es nicht angehn, indem sie wünschte, dass ich die von Ihnen so gütig gegebene Gelegenheit nicht versäumen möchte. Ich nehme mir daher die Freiheit, Ihnen oben genanntes Werk – wenn ich es so nennen darf – um diesen Preis anzutragen und schmeichle mir zugleich mit der Hoffnung, dass es nicht ganz unwürdig ist, Ihren Kennerblicken vorgelegt zu werden. Ich bin in Erwartung baldigster Antwort Ihr ergebenster W. A. Mozart, Sohn.«

Der 16-Jährige komponiert zudem sein erstes Klavierkonzert. Das klingt keineswegs wie die Arbeit eines frühzeitig Ermüdeten. Auch sind hier weitaus weniger Mozart-Anklänge als zu erwarten oder zu befürchten: der junge Komponist stimmt sich ein auf zeitgemäße Weiterentwicklung der Tonsprache hin zur Romantik.

Er bietet sein Opus dem Leipziger Musikverlag Breitkopf & Härtel an: »... schicke Ihnen beiliegendes Paket, welches mein Konzert in C-Dur enthält. Schon lange war es mein Wunsch, dass etwas von mir bei Ihnen im Verlag erscheine. (...) Ich empfehle es in Ansehung seiner korrekten Erscheinung Ihrer Sorgfalt und verbleibe in Erwartung einer baldigen Antwort, ob Sie alles richtig empfangen haben, Ihr ergebenster W. A. Mozart.«

Das Konzert wird erst vier Jahre später in diesem Verlag erscheinen; so bleibt es der Öffentlichkeit vorerst unbekannt. Doch im Druck liegt immerhin das Klavierquartett vor. Es folgt, unter anderem, eine Klaviersonate.

Und eine etwa achtminütige Romanze nach einem Text des Grafen von Stolberg (»In der Väter Hallen«): »Sanft wie Tauben, weiß wie Schwäne, / küsste sie des Vaters Träne / von den grauen Wimpern ab. (...) Albrecht mit der offnen Stirne / brannte für die edle Dirne.« (Heinrich Heine, *Die Romantische Schule*: »Friedrich, Graf von Stolberg, war ein Dichter der alten Schule und außerordentlich berühmt in Deutschland, vielleicht minder durch seine poetischen Talente als durch den Grafentitel, der damals in der deutschen Literatur viel mehr galt als jetzt.«)

Im Opus 12 treibt der junge Komponist die Stimme der Sängerin zuweilen in (heute noch) riskante Höhen. In raschen Sequenzen glaube ich Echos auf Konzertarien von Wolfgang Amadeus Mozart zu hören.

ACH, HÖRT DOCH AUF DAMIT, könnte FXM ausrufen in einem Historischen Roman, könnte fortfahren wie folgt: Nicht der Vater erdrückt mich, Kritik erstickt mich! Vernichtet mich! Ich habe die »Allgemeine Musikalische Zeitung« abonniert, lese sie regelmäßig, also war unausweichlich, dass mir die Rezension der Klaviersonate vor Augen kam, nein, in die Augen sprang. Da wird meine Sonate doch tatsächlich als »Werkchen« abgetan. Und dieses herabsetzende Wort nicht nur einmal …!

Oktober 1808: niedergemacht, fertiggemacht, mir wird keine Zukunft zugestanden als Komponist. »Der Sohn eines sehr verdienten und sehr berühmten Mannes trägt gewöhnlich, besonders, wenn er dasselbe Fach der Tätigkeit erwählt, schwer an den Verdiensten und dem Ruhm seines Vaters.« So, ich trage schwer daran? Behaupten, einer wie der andre, ich würde schwer am Vater-Erbe tragen. Hat mich jemals einer gefragt, ob das wirklich so ist? Habe ich jemals darüber geklagt, öffentlich? Nein, aber das geht ständig so weiter in dem Ton. »Des großen Mozarts Sohn mag wohl auch an dieser Last tragen, und, man muss gestehen, bis jetzt hat er noch nichts bekannt gemacht, was ihn als Ausnahme von jener Regel darstellte.« Wer hat diese Regel denn aufgestellt, wenn ich mal fragen darf? Hat der Herr Rezensent noch nie etwas von den großen Söhnen des großen Bach gehört? Soll ich dem anmaßenden Herrn mal meine Studienausgaben leihen? Klaviersonaten von Johann Christian …! Einen der Foliobände mit Klaviersonaten des Carl Philipp Emanuel …! Die beiden wurden vom großen Vater nicht belastet, sie wurden von ihm herausgefordert. Die haben sich nicht in seinem Schlagschatten herumgedrückt, die haben sich ihm selbstbewusst zur Seite gestellt. Was soll also das Gefasel vom vornherein belasteten Komponistensohn?

Und wie kommt man dazu, unter diesem obskuren Vorzeichen zu verreißen, was ich vorlege? Mein Opus 10 mittlerweile, und jeder, der was von der Branche versteht, der weiß, dass es da weitere Arbeiten geben muss, die keine Opuszahl von mir erhalten, ich werde selbst am besten wissen, weshalb, das muss ich den Herrschaften nicht darlegen, bin selber Kritiker genug, in eigener Sache. Jedenfalls, es wächst ein Werk heran, und dieser Herr Rezensent nimmt die Druckausgabe meiner Sonate zum Anlass, zum Vorwand – ja, jetzt kommt es: »endlich offenherzig zu gestehen, dass die Liebhaber der Tonkunst ihre Erwartungen von Hrn. Mozart beträchtlich herabstimmen müssen«.

Vernichtender Hieb, Rufmord! Von »Mozart fils« ist nichts Bedeutendes zu erwarten, Opus 10 beweist es hinlänglich. Als würde dieser wahrhaft vernichtende Hieb nicht ausreichen, gleich ein Nach-Schlag. »Das Ganze bleibt schwach, den Ideen, der Ausführung nach«; manches – natürlich Unzulängliches – sei stehn geblieben, wozu »Mozart der Vater, selbst schon in jüngeren Jahren, gar arg mit dem Fuße gestampft haben würde«. Ich hätte Melodien durcheinandergeworfen – kein wahrer, innerer Zusammenhalt. Dann hat der Bursche auch noch die Stirn, zu behaupten: »Dass der Rec. bei obigem Tadel die Wahrheit gesagt habe, wird jeder Musikverständige, der sich mit dem Werkchen bekannt machen will, bestätigen.« Da ist es wieder, das Wort: Werkchen. Soll derart Herabsetzendes einem etwa Mut machen zu großen Werken? Das schüchtert ein, versteht ihr, das belastet. Wo wir doch eher auf Ermutigung angewiesen wären, auf Resonanz, auf Echo!

Es genügte den Herrschaften nicht einmal, mich für solchen Rufmord freigegeben zu haben, es wurden, im darauf folgenden Mai, auch noch meine Sechs Lieder verunglimpft: »Wahre Eigentümlichkeit findet man nirgends, Reminiszenzen oft und Schulschnitzer nicht selten.« Auch wieder vernichtende Kritik! Schon wieder in dieser Zeitung! Aber ich werd denen ums Verrecken nicht schreiben: Hiermit kündige ich das Abonnement. Da würden die sich sagen: Der ist jetzt ganz, ganz kleinlaut, der gibt keinen Mucks mehr von sich. Aber den Triumph werd ich euch nicht gönnen, dazu geb ich mich nicht her! Ich werd dieses Blatt beziehn, bis das Gemecker von selbst aufhört.

Doch bis dahin ...? Was muten die mir zu? Man wird niederge-schlagen und soll sich noch aufraffen zu großen Werken? Wie lang braucht man, um sich von so was zu erholen? Und sobald man doch wieder was Neues beginnt, gleich die Befürchtung: Wird das ebenfalls vernichtet von solchen Musikmördern? Das ist es, was einem die Kraft nimmt – und nicht der Vater. Der hätte mir sicher-lich beigestanden, hätte ausgerufen: Diese Dummheiten in der Mu-sikalischen Zeitung werden dich wohl nicht weiter tangieren; bist hoffentlich darüber hinaus, dir aus derart elendem Geschwätz noch was zu machen.

Da hätte er recht. Aber ich komm halt nicht über solche Sätze hinweg, die legen sich quer. »Man muss die Erwartungen be-trächtlich« – ja, beträchtlich! – »herabstimmen« ... Keine eigene Tonsprache ... Oft Reminiszenzen, reichlich Schnitzer ... Und so weiter und so weiter! Am besten, man schnürt sein Bündel und zieht dahin, wo sich Fuchs und Hase Gute Nacht sagen.

KNICK IN DER LEBENSLINIE. FXM will nicht länger in Wien bleiben, dem Zentrum des Musiklebens in Österreich, er will ein neues Le-ben beginnen in Galizien, östlicher Grenzregion des Vielvölkerstaa-tes.

Also Anmerkungen zum Stichwort Galizien. Vorab: Mit der ersten polnischen Teilung 1772 erfolgte die »Besetzung und An-nektierung« des »Königreichs Galizien und Lodomerien« durch österreichische Truppen. Ein Gouverneur wurde eingesetzt.

Mehrvölkerprovinz im Vielvölkerstaat: Polen, Armenier, Öster-reicher, Deutsche, Juden. Wie wurden sie regiert? In einer Biogra-phie ließe sich mühelos ein Exkurs einschieben, in dem auch ein Wort wie »Gubernium« fällt (damit schon mal das Wort Guber-nialrat erklärend, auf das FXM privat stoßen wird). Für den Autor eines Historischen Romans hingegen wird es hier schwierig, er droht in Schieflage zu geraten: Wie solche Angaben einbringen, ohne belehrend zu wirken? Ohne Narratives durch Diskursives zu ersetzen? Soll man eine Romanfigur diverse Erklärungen abgeben lassen, gesprächsweise? Sozusagen unaufdringlich, unaufwendig, ohne fatale Suggestion eines Stilbruchs? Hier wird bereits eine der

Grenzen der Gattung Historischer Roman erkennbar: ein Punkt, an dem ein Romanautor verharren muss, an dem ein Biograph hingegen umweglos weiterkommt.

Etwa durch folgenden Einschub: Kaiserin Maria Theresia hatte sich zur Herzogin von Oświecim und Zator ernannt. Doch was bedeutete dieser dynastische Anspruch, wenn das zentralistische Wien die Ostprovinz vernachlässigte? Drei Kronen im Wappen für Galizien, zwei Schachbrettfelder für Zator, aber kein Kronenglanz über Galizien, und auf dem Schachbrett Bauernopfer. Die Landwirte verarmen, Manufakturen geraten in Not, mehr und mehr Nahrungsmittel und Bedarfsartikel werden aus Österreich eingeführt. Bald wird Landflucht einsetzen – zumeist über Auschwitz im Dreiländereck: Republik Krakau / Preußen / Alt-Österreich.

Wer in dieser Lage nach Galizien zieht, entscheidet sich für eine Provinz der Verarmung – abgesehn von der privilegierten Hauptstadt Lemberg.

FXM ALSO WILL NACH GALIZIEN: Was vertrieb ihn aus der Hauptstadt, was lockte ihn in der neuen Provinz?

Zog er nach Lemberg, weil etwa die Stelle des Musikdirektors am dortigen Theater frei war? Da wäre er zu spät gekommen. Oder wäre den zuständigen Herren (in heutigem Idiom:) »überqualifiziert« erschienen – wir wollen einem Sohn des großen Mozart nicht die Arbeit zumuten mit alten Musikern, die man zu raschen Tempi förmlich treten muss, mit Marschmusik-Bläsern, die sich beim zivilen Dienst erholen wollen, mit Sängern, die kaum den rechten Ton treffen und halten können …

Er konnte freilich ein Auskommen finden als Klavierlehrer, fürs Erste. Jedoch: Wären da für ihn in Wien die Konditionen nicht sehr viel günstiger gewesen – erst recht mit dem Namen Mozart?! Wenn ein Süßmayr aus Schwanenstadt und Kremsmünster seine Existenz in Wien mit Musikunterricht fristen konnte – wieviel leichter wäre das für einen Mozart junior gewesen! Der hätte eigentlich einen Zuschlag zum ortsüblichen Tarif fordern können: Ihr Kind wird unterrichtet vom Sohn des gefeierten Mozart …

Für Wolfgang Amadeus war Wien der »beste Ort der Welt« gewesen. Diverse Säle und Salons, in denen er seine Auftritte hatte, Liebling des kundigen Publikums, vor allem mit seinen Klavierkonzerten – »hier ist doch gewiss das Klavierland«. Immerhin ein Jahrzehnt hatte er in Wien gelebt, gewirkt – das hätte sich positiv auswirken müssen für den Sohn! Der galt keineswegs als Nachkomme eines halb vergessenen Komponisten, Mozart war vielmehr (entgegen resistenten Gerüchten) auf der Höhe seiner Erfolge gestorben, was auch hieß: in einem Jahr, in dem er so viel verdient hatte wie noch nie zuvor – etwa das Sechsfache des Gehalts, das ein Professor bezog! Hätte der Sohn des Großkomponisten gleichfalls Ehrgeiz entwickelt, er hätte in der Wiener Musikwelt gewiss eine gute Position erringen können, etwa als Operndirigent.

Doch er zog nach Galizien. Weil eine Befreiung von Steuerzahlungen für die ersten sechs Jahre des Aufenthalts in Aussicht gestellt war? Nirgends sehe ich diesen Punkt erwähnt, dies aber könnte die Entscheidung gefördert haben: Die geringen Einkünfte nicht auch noch mit dem Staat teilen …! Aber für den Berufsmusiker war keine Stelle frei in Lemberg. Auch ist nichts bekannt von einer Frau, der er aus Liebe in die Grenzprovinz gefolgt wäre. War es also Flucht? Doch wovor, vor wem? Vor Gläubigern? Vor der Mutter, die ihm zu sehr dreinredete? Vor Gerüchten, die möglicherweise nicht einmal Gerüchte waren? Süßmayr konnte weder bestätigen noch dementieren, er war seit vier Jahren tot. Warum Galizien?

EINE HYPOTHESE: Wirtschaftliche Faktoren zwangen FXM zum Verlassen Wiens. Zwei Jahrzehnte Kriegszustand mit Napoleons Frankreich, dazu die jahrelange Kontinentalsperre hatten Wirtschaft und Fiskus extrem belastet – 1811 ein (kaschierter) Staatsbankrott. Geld war knapp in jeder Hinsicht, in jedem Bereich – waren einigermaßen gut bezahlte Stellen eher in Grenzregionen zu finden?

Zweite Hypothese: »Mozart fils« hielt in Wien das bedrückende Binnenklima des Polizei- und Zensurstaates nicht länger aus.

Kurz vor der Geburt des Franz Xaver das Zensurdekret – die Vorherrschaft der Zensur wird erst vier Jahre nach dem Tod des

FXM mit der 48er Revolution aufgehoben. Wenige Jahre nach der Französischen Revolution unterdrückten, entmündigten Kaiser Franz und Staatskanzler Metternich das Bürgertum aus Angst vor einer weiteren Revolution; selbst Gesinnung konnte präventiv bestraft werden.

Auf die 300000 Einwohner der Stadt Wien kamen rund 10000 Spitzel (»Naderer«). Bespitzelt wurden auf Anweisung Metternichs vor allem »Finanziers, Literaten, Anwälte, Zivilbeamte, Lehrer und Professoren«. Diese bürgerliche Mittelschicht drängte auf eine liberale Verfassung, damit auf Abschaffung all dessen, was »durch die Jahrhunderte das Recht erlangt hatte, Achtung und Gehorsam von den Menschen zu fordern«. Es folgten Berufsverbote für Lehrer und Professoren; Studenten, einmal relegiert, durften von keiner Universität mehr aufgenommen werden.

Und Geheimpolizisten verfassten »Rapports«. Etwa über das »störrische und insultante Benehmen« eines Johann Senn, das er »bei der angeordnetermaßen in seiner Wohnung vorgenommenen Schriften-Visitation und Beschlagnahme seiner Papiere an den Tag legte«, und der »gegen den amtshandelnden Beamten mit Verbalinjurien und Beschimpfungen losgezogen sei«. Es erfolgte die Inhaftierung dieses Dichters und Journalisten aus dem Freundeskreis von Franz Schubert. Auch bei Senn kam das »Universalwerkzeug der österreichischen Justiz« zur Anwendung: der Stock. Nach 14 Monaten Haft: Berufsverbot, Verbannung aufs Land.

Auch Franz Schubert: kurzzeitig in Haft genommen, seine Personalien eingetragen in eine Überwachungskartei. Sein Freund Eduard von Bauernfeld: »Schubert litt aber auch an dem Unglück, ein Österreicher zu sein! Das österreichische System bewahrt übrigens seine Ehren und Würden nur für die goldene Mittelmäßigkeit und hält einen jeden, der nur ein bisschen Talent an den Tag legt, für seinen geborenen Feind; was er freilich auch ist und sein Leben lang bleiben wird, bis der zähe Polyp System endlich niedergekämpft ist.« Ein halbes Jahrhundert lang: Observation, Repression.

Der Dichter Franz Grillparzer 1810 im Tagebuch: »Fliehen will ich dies Land der Erbärmlichkeit, des Despotismus, und seines Begleiters, der dumpfen Stumpfheit, wo Verdienste mit der Elle der

Anciennität gemessen werden, (…) wo Vernunft ein Verbrechen ist, und Aufklärung der gefährlichste Feind des Staates, wo (…) Diener in seinem Sinne höchstens die kahle Mittelmäßigkeit keimen lassen, das Ausgezeichnete aber ausrotten, weil sie fürchten, von ihm überwachsen zu werden. Natur, warum ließest du mich gerade in diesem Lande geboren werden!«

So ließe sich – theoretisch – das Erklärungsmodell entwickeln: FXM ertrug nicht länger die Atmosphäre von Bespitzelung und Bedrohung, ganz besonders zu spüren in Wien, er wollte sich absetzen, sich potenziellem Zugriff entziehen. Dort im fernen Galizien, so könnte er gedacht haben, lässt sich Zensur kaum noch durchführen mit gewohnter Rigorosität, schließlich müsste sie auf polnische wie auf russische wie auf armenische wie auf jiddische Texte eingehen, wäre damit überfordert, vor allem bei der sicherlich schwachen personellen Besetzung von Behörden mit Beamten aus dem »Kernland«.

Ein Gedankenspiel, mehr nicht. Doch so lässt sich ein zeitbeherrschendes Stichwort einbringen – damalige gesellschaftliche Realität wenigstens im Seitenblick. Zur Rolle des Sohnes auch die Rolle des Zeitgenossen einer Diktatur. Aber wie weit hatte das repressive System Realität für ihn? Wie weit wirkte es sich auf seine Lebensform aus?

ZWEI ANSÄTZE DIES … Als Biograph komme ich hier nicht weiter. FXM gibt uns kein Stichwort für ein plausibles Erklärungsmodell, stellt uns vielmehr vor die Frage: Wie konnte er ausgerechnet Wien verlassen und in die Musik-Provinz ziehen, in der eher ruthenische Lieder zu hören waren und jiddische Tänze?

Als Romanautor hingegen könnte ich folgendes Motiv einbringen, umsetzen: Zwar ist Franz Xaver stolz auf seine Herkunft, bekundet bei jeder Gelegenheit Bewunderung, ja, Verehrung für Vater Mozart, doch wird er allzu selten als *er selbst* angesprochen, viel zu oft als *Sohn*. Ständig muss er sich frischgebliebene Erinnerungen an den großen Mozart anhören, und das oft im Vergleich: Mozart hat bekanntlich … Mozart war übrigens auch … In deinem Alter hat Mozart längst schon … Übrigens hat Mozart meist viel zügiger gespielt, warum bleibst du in den Tempi zurück, generell? Bei aller Sohnes-Solidarität mit dem Toten, es wurde FXM letztlich doch zuviel, andauernd auf den Namen mit Nimbus, mit Aureole reagieren zu müssen.

Nach Salzburg auszuweichen hätte nicht viel gebracht: reichlich kursierende Erinnerungen an den Vater … An den Vater und an dessen Vater Leopold … An den Vater und an Erzbischof Colloredo …

Und Prag? Dort spricht man noch immer vom fulminanten Erfolg des *Figaro*. Diese dichte Folge zündender Melodien, nachgesungen, vorgepfiffen – nein, bitte auch nicht Prag. Man hört auch nicht immer das Beste von der Stadt. Hummel: »Prag ist sehr unrein, kleine Gassen, wird viel Wildpret gegessen und ist gut zu leben. Die Musik nimmt sich im großen Theater nicht gut aus.«

In Prag, auf der Kleinseite, wohnt im übrigen Franz Xaver Niemetschek, der ja seine Mozart-Biographie vorbereitet: der wird garantiert andauernd vom Vater sprechen. Mit dem Namen deines Vaters verbindet sich … Ich habe noch erlebt, wie dein Vater … War interessant, zu hören, wie dein Vater …

HIER KÖNNTE ich als Romanautor einen Ansatzpunkt finden: Zuviel Mozartpräsenz in Wien für »Mozart Sohn«! Allenthalben Mozartmarkierungen. Steht Franz Xaver am Concordiaplatz, schaut hinüber zur Salzgrieß-Gasse, so kriegt er zu hören: Dort hat Ihr Herr Vater gewohnt, eine Zeit lang, im Jahre soundso … Geht er weiter, zum Tiefen Graben, gleich wieder ein Hinweis: Der Vater im Sommer des Jahres soundsoviel … Gleich daneben, in der Wipplingerstraße, der unausweichlich nächste Hinweis: Da vorn, da droben, Ihr Herr Vater, unser Mozart … Und weiter, nach rechts, zum Judenplatz: schon wieder ein Haus, das mit dem Namen von Mozart Vater besetzt ist … Schwenkt der Sohn ab zur Tuchlauben, gleich wieder der fällige, allfällige Hinweis auf den Namen, den auch er trägt, an dem er immer schwerer trägt. So schleppt er die Namenslast hinüber zum Graben; dort wartet auf ihn der Trattnerhof, und sofort wieder ein Hinweis auf den Vater, ein Erinnerungszeichen. Rascher die Bewegung des Sohnes, kein Schutz am Stephansplatz, erneute Konfrontation mit dem Vater, dem Vater, dem Vater, und der Katzensprung zur Weihburggasse, dort hat Ihr Herr Vater, dort hat dein Vater, von der Weihburggasse einbiegen zur Rauhensteingasse, dort hat der Herr Vater nicht nur gelebt, dort ist er gestorben. Wo und wie herauskommen aus dem Mozart-Wien-Labyrinth?

Kommen hinzu all die Stätten, an denen der Vater eigene Werke aufgeführt hat, am Flügel, vom Flügel aus dirigierend: Palais Collalto … die Kirche Mariae Geburt … Jahn'scher Saal … Stephansdom … Säle der »Mehlgrube« … St. Michael … Burgtheater – natürlich konzertierte er auch im Burgtheater. Jeder Putto scheint, Schnute geöffnet, »Mozart!« zu singen, allegorische Steinfiguren mit vergoldeten Instrumenten posaunen »Mozart!« heraus.

Bleibt nur der Weg Richtung Osten: dort der Schnitt ins Mozart-Netz, in dem sich der Sohn zu verheddern beginnt. Befreiender Schnitt, befreiender Schritt: Ja, ostwärts geht es am ehesten, also raus, nichts wie raus! Flucht in eine Region ohne Mozart-Resonanzen: Nach Lemberg war Mozart der Vater nie gekommen, obwohl er ein Drittel seines Lebens auf Reisen verbracht hatte. Wenn FXM dort spricht, dort spielt: kein Vater-Echo. Voraussichtlich.

NICHT GETRÄUMT, das nun doch nicht, aber von FXM in Minuten vor dem Einschlafen halluziniert? Ein Unwetter, heranziehend vom Wiener Wald, sich über der Stadt entladend. Kein Blitzschlag, kein Donner: sogleich prasselnder Niederschlag, wie Hagel auf Dächer und Kuppeln trommelnd – hagelkorngroße Notenköpfe, schwarz. Alle in Wien im Lauf von Jahrhunderten geschriebenen und abgeschriebenen Noten, alle in Töne, in Klangfolgen umgesetzten Noten, auch alle ohne Noten gespielten, nun jedoch in Noten transformierten Musikstücke: Noten-Niederschlag. Gassen, Straßen, Plätze rasch bedeckt von hagelkorngroßen Notenköpfen. Die kollern von Dächern herab, pladdern im Wasser, bilden Schichten auf allen Flächen, auch in Augarten und Prater – die Wiesen bald bedeckt von einer knöchelhohen Schicht schwarzer Notenköpfe. Großer Notenkopfniederschlag, und es müsste vermerkt werden:

keiner der Notenköpfe wird wieder zu Klang – schwarzes Verstummen.

SCHEINBARER ZUFALL, mitspielend: Ein Verwandter lebt in Lemberg, und bei einem Besuch in Wien schwärmt er Franz Xaver vor, wie gut es sich in Galizien leben lässt, wie wenig Steuern man dort zahlen muss, generell günstige Konditionen für das neue k.k. Kronland. Anton Lange, der Cousin, in der Sekundärliteratur höchstens in Anmerkungen, Fußnoten auftauchend: ihn könnte der Romanautor kurz in den Vordergrund rücken.

Lange könnte nämlich von einem lukrativen Posten als Hauslehrer gehört haben. Ist zwei, drei Tagesreisen von Lemberg entfernt, damit noch weiter weg von Wien, erst recht von Salzburg, aber dort draußen, nah am Zarenreich, wird man gut bezahlt, lockende Konditionen auch sonst. Und du kannst dir immer noch überlegen, ob du dort bleiben willst, auf Dauer: erst mal Fuß fassen. Und zieht es dich schließlich nach Lemberg – dort ließe sich gewiss ein kleines Orchester zusammentrommeln, Holzbläser und Blechbläser aus der Militärkapelle der Garnison, und Geiger findest du ebenfalls leicht, viele Juden in Lemberg, auch dort mit ihrer speziellen Vorliebe für die Geige – ebenso für Bratsche, Cello, Kontrabass. Du könntest denn eventuell die Leitung solch eines Orchesters übernehmen.

Aber erst einmal: Provinz in der Provinz, Randlage im Randgebiet. Dort hast du bestimmt Zeit und Ruhe genug für die Arbeit an neuen Werken.

WAS IHN AUF EINER REISE ERWARTET, das wird noch genauer ausgeführt. Hier schon mal, vorweg, ein paar Details, die sich frei ergänzen und in einen Erzählablauf einbringen lassen.

Das Materialangebot könnte, aus Berichten von Musikern zusammengelesen, wie folgt aussehen. Als Intonation die Klage über die schlechten, elenden, die »hundselenden« Straßen. Fast so etwas wie ein Basso continuo! Sich mit den weithin miserablen Straßen ergebend drei Stichworte: Radbruch, Achsenbruch, »Umwerfen«. Dabei sind Verletzungen von Reisenden in hoch beladenen, jäh umkippenden Kutschen recht häufig. Im Zorn »ein paar kräftige Tritte in den Hintern« des (betrunkenen?) Postillions? Oder: Sobald die Kutsche mit Hilfe von Anrainern wieder aufgerichtet ist, peitscht einer der Reisenden den Postillion durch?

Weiter geht's. Bei einer Steigung müssen die Reisenden aussteigen und hinterhergehen, selbst wenn es in Strömen regnet, wenn es schneit. Man ist durchfroren, durchnässt – das meist »bis auf die Knochen«. Man ist müde, man ist hungrig. Auf die Stimmung drücken zudem die ungewollten Aufenthalte. Von einem der Vorderräder löst sich der Eisenreifen, und weil ein Unglück selten allein kommt, bald darauf auch der Eisenreifen des zweiten Vorderrads. Also sucht man einen Wagner. Noch länger wird der Aufenthalt, wenn ein Rad zerbricht – kein Wunder bei den schraglochreichen Pisten. So kann der Aufenthalt einen Tag dauern oder anderthalb. Dies auch, wenn die Achse bricht und man angewiesen ist auf einen Schmied. Natürlich passiert so was meist in abgelegener Region. Entsprechend viel Lauferei und Warterei.

Und endlich eine Mahlzeit – etwa auf einer Dreschtenne, womöglich mit Tisch und Stühlen, jedoch von Hühnern umgackert, von Schweinen umgrunzt. Weil die Reisenden unbedingt weiterwollen, wirkt sich das auf die Preisgestaltung von Wagner oder Schmied oder Wirt aus. Schimpfen, zumindest nachträglich, auf diese Wegelagerer.

MUTTER CONSTANZE SCHREIBT: »Dein Bruder hat ein Engagement nach Polen und geht vermutlich in 3 oder 4 Wochen dahin, er bekommt 1000 fl., Kost, Quartier, Holz und Licht, und das bloß dadurch, weil er bei Albrechtsberger studiert hat.«

Franz Xaver notiert: »Meine glückliche Ankunft in Lemberg, die nach einer langwierigen, ermüdenden 14-tägigen Reise statt hatte.«

Lemberg. Die von etlichen Kirchtürmen akzentuierte Stadt weithin umfasst von einer Hügelreihe, die sich nordwärts öffnet … Stattliche Wohnhäuser, im Zentrum mehrstöckig … Grünanlagen, Parks … Die Innenstadt sollte (später) noch schöner werden: ein »Kleines Wien«, ein »Florenz des Ostens«. Jetzt aber ist Lemberg noch eine weithin verfallende Stadt, in der vielfach abgerissen und neu gebaut wird, es dominieren Spitzhacke und Kelle, Tragkorb und Mischbottich, Leiter und Gerüst, Rampe und Flaschenzug.

EINE WOCHE NACH DER ANKUNFT wird in Mozarts Stammbuch eingetragen, was auf erfreulichen Empfang schließen lässt. »Erinnere Dich an Lemberg. An die optischen Vorstellungen, an den Ball bei Potocky, an alles, was Dir hier wohlgefallen. Und zuletzt erinnere Dich an Deinen Vetter Anton Lange, Exdekorateur und Opticus und Akademischer Landschaftsmaler und zugleich Dein innigster Freund.«

FXM BLEIBT nur wenige Wochen in der Hauptstadt des Königreichs Galizien. Bereits Dezember 1808 wird er Musiklehrer der beiden Töchter des Grafen Viktor Baworowski in Podkamien, einer »k.k. Zollstation« an der russischen Grenze. »Ich wiederhole nochmals meine Adresse: W. A. Mozart, beim Grafen Viktor Baworowski über Lemberg, Stzreliska nach Podkamien.«

Pod-kamien: der Name ist polnisch und bedeutet »Unter-Fels« oder »Unter dem Felsen«. Eins der beiden Wahrzeichen des Ortes: ein haushoher Granitblock, wie hinaufgewuchtet auf einen sanft abgerundeten Hügel. Zweites Wahrzeichen: auf einem benachbarten Hügel ein Kloster (Dominikaner), nur wenige Jahrzehnte vor Mozarts Ankunft vollendet. Als Dominante der Turm der barocken Klosterkirche (heute in unaufhaltsamem Verfall). Die Anlage war von Fortifikationen umschlossen, mit Kanonen bestückt – in Schussweite, beinah Steinwurfnähe die Grenze. Vom Klosterhügel wie vom Felsblockhügel aus: weit der Blick in sanft gewelltes Land mit Wäldern, Feldern, Weiden. Am Fuß der Hügel das Dorf. Noch auf einer Postkarte vom Beginn des 20. Jahrhunderts (»Gruß aus Podkamien, Pozdrowienie z. Podkamienia«): verstreut liegende Häuser und Häuschen – Rieddächer aufsetzend auf dem Erdgeschoss. Nichts zu sehen von einem Herrensitz – das Gebäude dürfte außerhalb des Dorfs gelegen haben.

Ich mache mir ein Bild vom Ort nach Fotos im Internet – würde ich diesen Entwurf, diesen Versuch ausführen in Biographie oder

Roman, ich müsste ins heutige Pidkamin (Ukraine) reisen, müsste Details sammeln zum dreijährigen Ambiente des Berufsmusikers.

FRANZ XAVER IN GALIZIEN schreibt Januar 1809 dem »besten Bruder« in der Lombardei. »Wie sonderbar das Schicksal mit den Menschen spielt! Leibliche Brüder wie wir beide, die einander so herzlich lieben – wenigstens wie ich Dich –, kommen an zwei so verschiedene Pole, und haben gar keine Hoffnung, sich nach einer 8-jährigen Trennung wiederzusehen. Unsere Mutter hat Dir vielleicht schon geschrieben, dass ich seit 3 Monaten nicht mehr in unserer lieben Vaterstadt, sondern in Galizien, einige Meilen hinter Lemberg, bei einem Grafen angestellt bin, um seinen 2 Töchtern täglich 4 Stunden zu geben. Dafür habe ich 1000 fl. und Tafel, Logis, Holz, Licht, Wäsche etc. frei. Hier werde ich mich bemühen, meine Kunst nach Kräften zu vervollkommnen, und dann, wenn es anders die Umstände zulassen, werde ich eine Reise unternehmen.

Ich bin hier seit meinem 3-monatlichen Aufenthalte sehr zufrieden und werde es noch mehr sein, wenn ich durch eine Antwort werde versichert sein, dass Du meinen Brief erhalten.

Unsere Mutter hat mir – ich weiß nicht, warum? – noch nicht geschrieben. Was macht die Musik? Ich bin sehr neugierig, etwas von Deiner Komposition zu sehn. Du vielleicht auch – ich möchte Dir gerne etwas davon mitteilen, wenn ich nur Gelegenheit fände. Lebe wohl, Bester, und schreibe bald Deinem Dich herzlich liebenden Bruder Wolfgang Moz.«

Und Carl (noch) in Livorno schreibt an Franz Xaver in Podkamien. Dessen Antwort erfolgt rasch. »Sehr viel Freude machte mir Dein lieber Brief vom 23. Febr., aber noch mehr Vergnügen hätte er mir gemacht, hättest Du nicht geschrieben, *dass meiner Dir eine Überraschung war*. Du wusstest ja von meiner Anstellung in Polen. Wie konnt es Dich *überraschen*, einen Brief von mir zu bekommen? Ei, ei! Ich dachte, Du hättest eine bessere Meinung von mir! Dein Brief *überraschte* mich nicht, obwohl er mir sehr viel Freude machte, denn was wir mit Gewissheit voraussehen, kann uns nicht *überraschen*. Hätt ich nicht Ursache, mit Dir zu zanken? – Unsere

Mutter hat mir zwar vor einigen Tagen geschrieben, dass der gute Nissen den Danebrog(Orden) erhalten habe, aber nicht, dass er – was er schon lange ist – unser Vater geworden. – Singen hab ich nicht gelernt, weil meine Stimme immer zu schwach war, aber dennoch schreibe ich am liebsten für den Gesang. (…) Ich schreibe gerne leidenschaftliche Lieder. Albrechtsberger ist gestorben. Ich habe an ihm einen Lehrer und – worauf ich stolz bin – einen Freund verloren, die Welt aber einen gewiss nicht so bald ersetzlichen Theoretiker. Er war 73 Jahre alt, noch bei vollen Geistes- und Leibeskräften. Ruhe seiner Asche! – Wie befindest Du Dich? Du schwitzt vielleicht schon, und bei mir ist noch grimmige Kälte, und alles in weißem Kleide. – Ich habe das Glück, fleißige und talentvolle Schülerinnen zu haben, die sichtbare Fortschritte seit meinem 4-monatlichen Aufenthalte gemacht haben.«

TAUSEND GULDEN JAHRESGEHALT – war das viel, war das annehmbar, war das wenig? Erst ein Vergleich: eine Spitzenposition, der hochbegehrte Posten des Domkapellmeisters von St. Stephan zu Wien, war mit 2000 Gulden dotiert.

Generell: »Was die Zahlung betrifft, müssen wir immer von Gulden sprechen, der Cours fixiert dann den Wert.« So Carl Mozart. Der Wechselkurs hing ab von diversen Faktoren. Erst einmal: 100 Gulden Wiener Währung entsprachen 120 Gulden »Reichsgeld«. Sodann: Schwankungen im Kurs von »Bankozetteln«. Und so: der ständige Wunsch nach »gutem Geld«.

Trotz regionaler Umwertungen, wiederholter Kursschwankungen: es muss versucht werden, wenigstens einen Näherungswert an heutige Währung, heutige Kaufkraft zu finden, sonst sagen uns Zahlenangaben zu »Gulden Conventionsmünze« gar nichts.

Heute hätte ein Taler, umgerechnet, etwa die Kaufkraft von 40 Euro. Ein Gulden (auch: Florin, abgekürzt: fl.) war ungefähr zwei Drittel eines Talers wert, also 26 Euro. Ergebnis, über den Daumen gepeilt: Das Jahresgehalt von »Mozart Sohn« lag bei etwa 26 000 Euro. Das Monatssalär entspräche demnach ungefähr Euro 2000. Dies bei freier Kost, freiem Logis.

ALS KLAVIERLEHRER in entlegener Provinz – da war FXM kein Ausnahmefall, hier gibt es Parallelen. Zwei Zitate.

Franz Schubert als Klavierlehrer in Ungarn, auf dem Schloss Zelesz. »So wohl es mir geht, so gesund als ich bin, so gute Menschen als es hier gibt, so freue ich mich doch unendlich wieder auf den Augenblick, wo es heißen wird: Nach Wien, nach Wien.«

Heinrich Marschner, zwei Jahre älter als Schubert: »Ich bin jetzt in Preßburg bei Graf Zichy als sogenannter Kapellmeister angestellt, habe wöchentlich ein Konzert zu arrangieren und zu dirigieren und eine Lektion täglich zu geben, habe ein passables Gehalt, den Tisch mit dem Grafen und übrigens alles frei. Ich lebe also auf eine sehr zufriedene Art. Einige Monate bringen wir hier, einige in Wien und einige Sommermonate auf den Gütern zu; so verstreicht die Zeit mir nicht nur sehr angenehm, sondern ich habe recht viel Gelegenheit, der Kunst ganz zu leben, die ich über alles liebe und der ich mich ganz zu weihen beschlossen habe. Ob ich glücklich oder nicht gewählt habe, das wird die Folge lehren.«

FERNSTE GALIZISCHE PROVINZ, doch die Konditionen sind günstig für den 17-jährigen Hauslehrer. Die vier Stunden Unterricht täglich bei den Komtessen, der Rest des Tages zur freien Verfügung. Ein Zimmer im Herrensitz, genug Holz zum Heizen, auch für Licht ist gesorgt, er darf mit der Familie frühstücken, ist Gast an der Mittagstafel, beim Abendessen. Constanze schreibt dem Älteren: »Wowi geht es gut und ist sehr zufrieden.«

Er will, wie dem Bruder bereits angekündigt, die Zeit nutzen, um sich als Komponist zu »perfektionieren«. Dafür gibt es gute Vorzeichen; in den Monaten vor dem Aufbruch waren im Druck erschienen: eine Violinsonate, eine Klaviersonate, Stücke für Flöte und Hörner, eine Romanze, 12 Menuette und 12 Trios für Orchester – alle Werke erschienen in angesehenen Musikverlagen, zumeist in Wien.

Er hat sich für die Zeit in Galizien einiges vorgenommen, will vor allem Lieder komponieren. Macht hier auch gleich den Anfang nach der Textvorlage des Lemberger Professors Haim: »Klare, sanfte Bäche / rauscht durch diese Fläche ...« (Der Klavierpart buchstabiert gleichsam die Notation der schlichten Gesangsmelodie mit – simple Begleitung, wie für eine Schülerin konzipiert. Zweieinhalb Minütchen für den Hausgebrauch?) Er will aber auch eine Sonate für Flöte und Klavier komponieren. »Die Flöte ist ein so sanftes Instrument, welches recht gut zu meinem ziemlich schwärmerischen Temperamente« passt.

Es bleibt vorerst freilich bei der Anrufung galizischer Bächlein (erst 1820 wird die Vertonung im Druck erscheinen, als eins der sechs Lieder von Opus 21). Und besagte Flötensonate? Lässt auf sich warten. Aus diesem Werkstück macht er in einem Brief an die Mutter jedoch gleich drei und tut so, als wären die bereits vollendet. Er schickt der Mutter freilich nur das Liedchen von den Bächlein; Constanze gibt es weiter auf die Post nach Italien. »Hier will ich Dir das versprochene Lied von Deinem Bruder her schreiben; es ist nicht übel. Wenn Du ihm schreibst, so ermahne ihn immer zum Fleiß; seit er in Polen ist, hat er erst 3 Sonaten für die Flöte und das Klavier gemacht, und damit bin ich nicht zufrieden, das ist alles zu wenig für einen jungen Menschen, der sich üben, sich und seinem Vater Ehre machen soll.«

Hier ist sie, die lebenslang belastende Verpflichtung, die moralische, künstlerische, existenzielle Hypothek: dem Vater Ehre machen ... Da dies nicht rasch genug geschieht, erfolgt eine indirekte Bestrafung: Mozarts Pianoforte soll nicht der Sohn »in Polen«, sondern der Sohn »in Italien« übernehmen. (Carl war mittlerweile Beamter beim Vizekönig von Neapel, in Mailand.)

»Dein Bruder wird wohl ein wenig eifersüchtig darüber werden, umso mehr, da er mir so oft schrieb, dass ein so schlechtes habe, worauf er in Gefahr sei, die Finger zu brechen; allein, dies rührte mich nicht, indem er mehr Geld, als Du hast, hat und sich eins beschaffen kann. Indes ist es nicht nötig, dass er etwas davon weiß, denn er wird fest glauben, dass ich es mit nach Dänemark nehme, und dabei lassen wir ihn so lange wie möglich.« Offenbar ging es nicht nur um die Frage der Finanzierbarkeit – erste Enttäuschung führte zu erster Konsequenz. (Nebenbei auch noch die lakonische, fast versteckte Mitteilung, dass Nissen zum »Vater« wurde, die

Mutter demnach geheiratet hat. Das Paar wird nach Dänemark ziehen.)

Nicht nur die Mutter wartet auf Werke, auch die Herren Breitkopf und Härtel in Leipzig. »Ihre gütige Nachfrage wegen der Flötensonaten kann ich nur dadurch beantworten, dass ich schon seit 6 Monaten mit meiner Herrschaft auf verschiedenen ihrer Güter herumziehe, keinen bestimmten Aufenthalt, kein Fpo. [Fortepiano], keine Beschäftigung gehabt, kurz, kaum 20 Stunden gegeben. Sobald ich aber, wie ich es wünsche, in meine gewöhnliche Residenz zurückkehre, werde ich meine angefangene Arbeit mit größtem Fleiße fortsetzen. Ihr Brief war mir eine um desto mehr freudige Überraschung, da ich so unglücklich bin, dass mir niemand bei diesen Umständen schreibt, oder richtiger zu reden: da alle Posten stillestehn. (...) In der Voraussetzung, dass Ihre Güte mir es nicht zur Unbescheidenheit auslegen wird, schließe ich noch mit der Bitte, mir gefälligst mit meinem Konzerte etwas Notenpapier beizulegen, denn in Lemberg ist keins zu haben und nach Wien ist die Passage gehemmt.«

Also, er kommt nicht zum Komponieren, weil auf der Inspektionsreise kein Klavier mitgeführt wird! Und: Weil er nicht ausgelastet ist – nur zwanzig Klavierstunden in einem halben Jahr! Kuriose Ausrede. Ach ja, und was ihm noch fehlt, ist Notenpapier! Es soll allerdings Musiker gegeben haben, die in schlechten Zeiten Notenlinien mit dem Lineal zogen – dazu hätte er, unterbeschäftigt, doch wohl reichlich Gelegenheit gehabt.

Objektive Erschwernisse des Kommunizierens und Reisens werden nur angedeutet: Post erreicht ihn kaum noch, Poststationen sind stillgelegt, die »Passage« nach Wien ist »gehemmt« – indirekte Hinweise auf den fortgesetzten Kriegszustand, Napoleons Armeen ziehen hin und her, kreuz und quer durch Europa, Landstriche werden verheert, Schlachten geschlagen.

Von Schlachtenlärm ist in Galizien allerdings nichts zu hören, vom Dauerkrieg kaum etwas zu spüren. Also, theoretisch: Ruhe und Muße zum Komponieren. Doch erst zwei Jahre nach der Ankunft in Galizien werden bei der »Stamperia chimica« acht Variationen g-moll für Klavier über ein russisches Thema erscheinen (*Air Russe variée*). Und die »Flötensonate«, bereits 1807 angekündigt – dies womöglich im Dreierset? Es bleibt, zuletzt, bei einem (sechsminütigen) Rondo e-moll für Flöte und Klavier.

IN PODKAMIEN UND UMGEBUNG steigt die Lebenslinie nicht mehr auf, gleicht eher einer Sinuslinie: Doch mal komponieren … es wieder bleiben lassen … doch mal wieder komponieren … das lieber bleiben lassen – und so weiter, ad. lib.

Dass Mozarts Thronfolger im Reich der Musik nicht so recht in Schwung kommt, darin sieht Mutter Constanze offenbar eine Nebenwirkung, Auswirkung des Ambientes: Franz Xaver ist für sie »mein Sohn in Polen«. Und damit, für sie: armseligste Provinz, in der Initiativen erlahmen müssen. So wünscht sie sich, »dass er einmal nach Italien gehe; und wäre es nach meinem Willen gegangen, so wäre er schon dort, allein wovon leben? Dieser Umstand machte mich nachgeben; wo er ist, wird er nicht weiter in der Musique kommen«.

Auch der Sohn sieht Gründe für das Stagnieren in der Konstellation Galizien. Er klagt über lähmende Isolierung. Dabei scheint er viel Gesellschaft zu haben, sogar in Podkamien: in seinem Stammbuch verewigen sich Adlige und Militärs – Offiziere eines dort stationierten Dragonerregiments. Wohl nicht ganz die rechte Gesellschaft, eher militärisch als musisch, aber, immerhin, er legt den Herren sein Stammbuch vor.

Und klagt in Briefen, etwa an Kammerrat Carl Bertuch, Weimar. »Hat Ihnen Herr Griesinger, dem ich Sie bitte mich vielmals zu empfehlen, nie gesagt, dass ich nicht mehr in meinem lieben Wien bin? Schon seit Oktober 1808 bin ich in Galizien, auf dem Lande, welches Land aber freilich nicht mit den reizenden Umgebungen Wiens zu vergleichen ist. Dennoch habe ich mich schon ziemlich an meine neue Lage gewöhnt, und würde vielleicht den komischen (und in der Tat ziemlich merkbaren) Kontrast zwischen Wien und einem öden polnischen Dorfe nicht so sehr fühlen, wenn ich hier nicht das Vergnügen, meine Freunde zu sehen, gute Musik zu hören und sowohl von meiner Kunst als von den schönen Wissen-

schaften überhaupt handelnden Blätter zu lesen (wie Ihre Geistes-
produkte) gänzlich entbehren müsste ...

Ich ersuche Sie, mich bald in meiner Einsamkeit durch Ihre
geneigte Zuschrift zu erfreuen und mich stets in Ihrem werten An-
gedenken zu erhalten. Ihr ergebenster Freund und Diener W. A.
Mozart.«

Und wieder einmal, im gleichen Jahr 1810, schickt Mutter Constanze ihren Ältesten vor: »Wenn [Du] Deinem Bruder schreibst, so
sage ihm doch, dass er recht fleißig sein soll und sich nicht immer
mit Variationen beschäftigen soll, indem diese ihn nicht weiterbringen.«

Phasenweise reicht es nicht einmal mehr zum Komponieren von
Klaviervariationen, der damals sehr geläufigen, weithin modischen
Form musikalischer Artikulation. Unter Brüdern wird die Situation klar beschrieben. »Du hast, wie Du sagst, wenig Hoffnung,
unsere liebe Mutter zu sehen! Das heißt, sie bald zu sehen. Ich
leider auch nicht. Bis jetzt wenigstens lassen mich weder ökonomische noch andere Umstände diesen so glücklichen Zeitpunkt
voraussehen, ja, nicht einmal vermuten. Mein Gehalt war vor
2 Jahren groß genug, jetzt aber, wo der Dukate zu 30 fl. steht,
schmilzt er gewaltig zusammen. Aber, wirst Du fragen, trägt Dir
Deine Komposition nichts ein? Ja, lieber Bruder, es würde mir
viel eintragen, aber ich komponiere – nichts. Das traurige, einsame
Leben, was ich hier führen muss, stumpft meine Sinne so sehr ab,
dass ich mich oft tagelang martern muss, bis ich die geringste
Kleinigkeit zustande bringe. Studieren lässt es sich hier trefflich,
und dazu verwende ich auch den meisten Teil meiner Zeit. Jetzt
studiere ich Kirnbergers reinen Satz. In den zwei Jahren, die ich
hier bin, habe ich wenige vergnügte Augenblicke gehabt. Ich habe
zwar keinen Mangel, bin unter guten Menschen, die mich zu
lieben scheinen, und könnte mir daher als Mensch kein besseres
Brot wünschen. Aber als Künstler? – als Künstler werde ich in einem Dorfe, in einem Lande, wo ich vielleicht der erste in meinem
Fache bin, wenig profitieren. Hältst Du dies für überspannt, für
Eitelkeit, so ersuche ich Dich, selbst herzukommen und Dich zu
überzeugen.«

Und wieder einmal muss, kurz vor Jahresende, der Musikverlag begütigt werden. »Warum habe ich so lange nicht geschrieben? Aufrichtig zu sagen, aus Scham, weil ich Ihnen die Beendigung der mir von Ihnen aufgetragenen Arbeit noch immer nicht ankündigen kann. Was die Ausbildung meines kleinen Talentes betrifft, geht es mir hier sehr schlecht, denn ich bin des einförmigen unmusikalischen Lebens wegen, welches ich hier führen muss, so übel dran, dass ich trotz allem angewandten Fleiße nicht das Geringste zustande bringen kann. Ich bin daher fest entschlossen, künftigen Mai 1811 mein bisher geführtes Automatenleben gegen ein besseres zu wechseln und dieses Land zu verlassen. Wohin ich meine Schritte wenden werde, bin ich selbst noch unentschlossen, und ich ersuche Sie daher, mir recht bald Ihre Meinung und Ihren Rat mitzuteilen.«

Aber da wird auch in Leipzig guter Rat teuer sein ... Der geplante Aufbruch verschiebt sich. Februar 1811 schreibt FXM erneut an den Verlag. »Schon in meinem letzten Briefe vom 29. März 1810 meldete ich Ihnen, dass ich zwar zu meinem größten Verdrusse noch hier bin, dass ich aber gegen Ende April meine traurige Lage zu verändern gesonnen bin. Ich bin so sehr von Ihrer mir so werten Freundschaft überzeugt, um nicht zu glauben, dass Sie diese meinem noch so wenig ausgebildeten Talente so notwendige Veränderung ebenso sehr wie ich wünschen. Dass ich nicht einmal in diesem Lande bleiben werde, versteht sich von selbst, und ich freue mich sehr, künftigen Sommer das Vergnügen zu haben, Sie zu sehen, wo ich dann in Ihrer Nähe die Revision der Klavierop. meines Vaters übernehmen könnte. Soweit von meinen Aussichten. – Mit meinem Befinden stand es vor wenigen Wochen nicht so erfreulich, denn ich war sehr krank und habe die traurige Erfahrung gemacht, dass das hiesige Klima meiner Gesundheit nicht zuträglich ist. Also eine Ursache mehr, meinen Entschluss zu vollführen. – Mit meinen Kompositionen sieht es sehr schlecht aus, und außer 6 deutschen Liedern kann ich Ihnen nichts anbieten. Meine Flötensonaten sind noch im Werden.«

IN DIESEM JAHR 1810 erschien zu Wien, bei der Chemischen Druckerei am Graben (Stamperia chimica sul Graben) der Zyklus *Acht Deutsche Lieder* für Sopran und Pianoforte. Darunter immerhin die Vertonungen eines Gedichts von Schiller, zweier Gedichte von Hölty. Beim zweiten der Lieder, *Das Klavier*, könnte sich FXM mehr als sonst mit dem Text identifiziert haben, mit der Absage an die Gattung Oper, mit der doppelten Betonung von Sanftheit.

> Du Echo meiner Klagen,
> mein treues Saitenspiel!
> Nun kommt nach trüben Tagen
> die Nacht, der Sorgen Ziel.
> Gehorcht mir, sanfte Saiten,
> und helft mein Leid bestreiten!
> Doch nein, lasst mir mein Leid
> und meine Zärtlichkeit,
> und meine Zärtlichkeit.
> Ihr holden Saiten klinget
> in sanfter Harmonie,
> flieht was die Oper singet
> und folgt der Fantasie.
> Seid sanft wie meine Liebe,
> besinget ihre Triebe,
> und zeigt durch eure Macht,
> dass sie euch singend macht,
> dass sie euch singend macht.

Eher Reimgeklingel als Reimkunst, und doch ein Text, den FXM wohl akzentuierend in den kleinen Zyklus aufgenommen hat. Freilich, das Klavier spielt selbst in dieser Liedkomposition einen nur bescheiden akkompagnierenden Part – dabei wäre mit dem Titel eigentlich das Stichwort gegeben für pianistische Entfaltung, als Vorspiel oder Nachspiel. Aber, wie die Sängerin Barbara Bonney vermerkte: Einige unter den knapp dreißig Liedern des »other Mozart« sind »mere sketches«, bloße Skizzen – die könnten neben den Liedern des Vaters kaum bestehn.

ES IST AN DER ZEIT, dem älteren Bruder ein Kapitel zu widmen: FXM wird ihm weiterhin schreiben, wird Briefe von ihm erhalten, wird ihn zuletzt in Mailand besuchen.

Carl war der zweite Sohn des Musikerpaares, doch der erste, der die kritische frühe Phase von Säugling und Kleinkind überlebte. Großvater Leopold inspizierte ihn 1785: »Das Kind ist sehr angenehm, denn es ist ungemein freundlich und lacht, so oft man's anredet.«

Zwar, so schreibt Carl in einem Brief, erhielt er als Kind »einige Anweisung im Klavier – doch bloß als Nebenbeschäftigung –, da es schon durch einen Machtspruch meiner Mutter beschlossen war, dass *nicht* ich, sondern mein damals 2-jähriger Bruder in diese Bahn eintreten sollte, worüber ich zwar nicht in *jener* Zeit, wohl aber in der Folge bei reiferer Einsicht – sehr zufrieden war, von der festen Überzeugung ausgehend, dass Söhne eines Vaters, der sich ausgezeichnet hat, nie dieselbe Bahn betreten sollen, da sie doch niemals den an sie gerichteten Forderungen würden entsprechen können«.

Der Bub kam aufs Gymnasium, machte aber keinen Abschluss. Mit 14 Jahren wollte oder musste Carl nach Livorno, als Lehrling in einem Handelshaus. Wie es ihm in den nächsten Jahren erging, ist nicht dokumentiert. Sicherlich hat er nach Hause geschrieben, doch die Briefe sind verschollen. Lebensspuren erst wieder ab 1805. Der 21-Jährige denkt an einen Berufswechsel. Wäre dies eine Brücke zwischen bisheriger und neuer Lebensform: der Import von Tasteninstrumenten nach Italien? Er wendet sich mit einer Anfrage an den Klavierbauer Streicher, macht ihm zugleich aber klar, dass hier kaum Zukunft ist: Flügel der Firma Streicher sind in Italien unbekannt; die Konkurrenz ist groß; es fehlt der notwendige Kredit; die Zeiten sind überhaupt »kritisch«. Fazit: »Allerdings würde ich mir versprechen, nach und nach einen Instrumentenhandel zu gründen, wenn der Anfang nur einigèrmaßen mit weniger Schwierigkeiten verbunden wäre.«

Doch kurz darauf der entscheidende Schritt: Er gibt die Tätigkeit in Livorno auf, zieht nach Mailand, um Musik zu studieren. Hier muss vermittelt werden, und das übernimmt Joseph Haydn; er schreibt einen Empfehlungsbrief an den »lieben Kollegen« Bonifazio Asioli. Der Mittdreißiger ist Komponist, Kapellmeister, Direktor des Königlichen Konservatoriums zu Mailand, er hatte die ersten italienischen Aufführungen von Haydns *Jahreszeiten* und *Schöpfung* dirigiert. Man kennt und schätzt sich also. »Ich möchte, dass Carl Mozart die Ehre hätte, unter Ihren Schülern zu sein. (...) Ich bin überzeugt, dass sich Carl Mozart der Güte und Mühe würdig erweisen wird, die Sie sich mit ihm freundlichst geben werden, um aus ihm einen Musiker zu formen, der sowohl seinem Meister als auch seinem Vater Ehre machen wird.« Der Maestro nimmt denn auch den (relativ alten) Schüler an.

Wie reagiert Mutter Constanze auf die überraschenden Nachrichten aus Italien? Erstaunlich gelassen, obwohl ihre Familienstrategie in Frage gestellt wird. »Dein Wunsch ist und bleibt auch der meine; nur bitte ich Dich, gehe mit einem Verstand, wie es einem Menschen in Deinem Alter zukommt, zu Werke! – Ich wusste längst, dass Dir die Musique nicht gleichgültig sein oder bleiben könnte, ob Du aber darinnen so fleißig warst oder sein wirst, wie Du es sein solltest, weiß ich ja nicht, dies musst Du besser wissen als ich. Ich überlasse dahero alles Deiner Einsicht und will Dir auch gewiss nicht abraten, nur erinnere Dich stets meiner so herzlich[en] Lehre, nämlich: Dass keiner von Mozarts Söhnen mittelmäßig sein darf, um sich nicht mehr *Schande* als Ehre zu machen. Hast Du dies alles überlegt und findest Dich zu diesem *schweren* Fache gewachsen, so bin ich es ganz zufrieden; sei also doppelt fleißig; überdies muss ich Dir sagen, dass Du an Deinem Bruder einen starken Rivalen hast, dem wir's freilich nicht gestehen, um ihn nicht stolz zu machen und seinen Fleiß zu vermehren.«

Sie macht allerdings auch gleich klar, dass Carl kaum mit langfristiger finanzieller Unterstützung rechnen kann. »Ich kann nichts oder doch nicht viel mehr für Dich tun, denn Du bist nun in einem Alter, wo ich Dich Dir ganz und gar überlassen muss, und wenn ich Dir auch einmal, wie ich es vor kurzem, wie Du weißt, mit ein paar hundert aushelfen wollte: so ist doch das nie eine Hilfe, die Dich glücklich machen kann und auf die Du Dich verlassen kannst.«

Beim Maestro fragt sie bald darauf an, ob Carl auch fleißig genug ist im neuen Fach, und erhält beruhigende Auskunft. Dennoch hätte sie ihn gern unter ihrer Fuchtel. »Ich hatte herzliche Freude über die so guten Nachrichten von Asioli in Betreff Deiner; fahre fort, recht fleißig zu sein und glaube, dass mir nichts leider tut, als dass ich *selbst* Dir nicht helfen kann. Gerne wollte ich Tag und Nacht bei Dir am Klavier sitzen, um das, was Du durch so viele Jahre versäumt hast, einzubringen. Nun bin ich aber beschäftigt, Dir so viel Musique zu schicken als ich kann, allein die Partituren, die Du [von] mir begehrst, kann ich nicht schicken, weil ich sie selbst nicht habe, die einzige Partitur, die ich habe, ist das Requiem von Deinem Vater, die Du auch haben sollst, weil ich eine Gelegenheit gefunden habe, die sie mitnehmen will.«

Und es kündigt sich nun doch eine Finanzierung des Studiums an: was Constanze nicht leisten kann, übernimmt Georg Nissen. Jedes Quartal soll Carl vierzig Gulden erhalten, oder – abgerundet – jährlich 150. Das wären knapp 4000 Euro. Jedoch: »Schade, dass der Cours so schlecht ist.« Die ohnehin problematische Umrechnung wird damit noch schwieriger.

Es muss offenbar mit jedem Kreuzer gerechnet werden. Nissen an Carl: »Damit Sie sich Hosen [an]schaffen können, schickt Ihnen Wolf mit einem freundlichen Gruß hierin den Betrag von 25 fl., welches der ganze Rest von seinem bisherigen Verdienst ist. Leben Sie wohl. Die Rechtschaffenheit und die Vernunft seien Ihre beständigen Begleiterinnen!« Der Brief ist wohl so zu verstehen: Franz Xaver (auch hier: Wolf) schickt aus Podkamien über Nissen in Wien an den Bruder in Mailand fünfundzwanzig Gulden für Textilien; der Betrag ist im Poststück in bar übermittelt.

Mutter Constanze beginnt nun doch zu zweifeln, ob Carl sich richtig entschieden hat. »Wie geht es denn mit Deinen musiquealischen Studien? Mir scheint, dass Du mehr Herz zum Handel als zur Musique hast, weil Du noch so gerne schachern möchtest. Warum bekomme ich denn nie von Deinem Werke etwas zu sehen? So Du mir doch versprochen hast.«

Wohl auch, um die Übermittlungswege zu verkürzen, wiederholt Constanze den Vorschlag, die Bitte, das Musikstudium in Wien fortzusetzen. Sie hat sich über einen Italienreisenden erkundigt, ob der mittlerweile 24-Jährige auch wirklich strebsam sei.

»Bei Weigl war ich gleich bei seiner Zurückkunft, um mich nach Dir zu erkundigen, und er sagte mir, was ich vermutete, nämlich, dass Du sehr fleißig, aber sehr mühsam in der Musique arbeitest, und er meiner Meinung sei, dass Du jetzt sicher kommen sollst, indem Asioli nicht gründlich genug sei.« In Wien hingegen könnte auch er von Albrechtsberger unterrichtet werden. »Verscherze dies Glück nicht, sage mir aufrichtig, warum Du zauderst? Hast Du andere Aussichten, oder bist Du verliebt? Kurz, sage mir die Ursache.«

Ein Vierteljahr später, Dezember 1808: »Lieber Carl! So unangenehm es mir war, Deine Gegengründe zu hören, so kann ich Dir doch nicht ganz unrecht geben. Allein, just jetzt wollte [möchte] ich es haben, weil Dein Bruder nicht mehr hier ist und Albrechtsberger und Salieri noch am Leben sind. (...) Kurz, ich kann Dir nicht mehr sagen, als ich Dir hierüber schon gesagt habe, und kann nicht anders, als Dir's nochmal wiederholen, nämlich, dass ich glaube, dass es zu Deinem Glücke sein würde, *jetzt* hierher zu kommen. (...) Kurz, Du bist in einem Alter, wo Du nicht noch 10 oder 20 Jahre probieren kannst, höchstens in ein paar Jahren muss Dein Schicksal entschieden sein. Und dies kann nur werden, wenn Du noch ein paar Jahre hier studierst; gefällt es Dir alsdann nicht, so kann Dich ja niemand hindern, wieder nach Italien zu gehen und Dein Glück dort zu machen, wo Du lieber bist. Alle Menschen sind meiner Meinung.«

Doch er kehrt nicht zurück nach Wien. Er wird krank – psychosomatisch? »Wie bist Du zu einer so quälenden Krankheit gekommen? Ich bedaure Dich deswegen von Herzen und wünschte, Dir helfen zu können; examiniere Dich selbst darüber, was wohl daran schuld sein kann, ob Deine Lebensart oder sonst etwas schuld ist, und spreche mit einem vernünftigen Dr. darüber.« Es sind, unter anderem: Ohrenschmerzen. Constanze hat »die schrecklichste Vorstellung davon«.

1810: das vierjährige Experiment wird beendet, Carl gibt das Musikstudium auf, wird, wie bereits erwähnt, Beamter beim Vizekönig von Neapel in Mailand, als »Übersetzer bei der Kommission für die Neuordnung im öffentlichen Unterrichtswesen«.

Es ist dies das Jahr, in dem Witwe Mozart und Georg Nikolaus Nissen heiraten. Der Legationssekretär bei der Dänischen Botschaft Wien war, wie schon erwähnt, ein Dutzend Jahre Constanzes Untermieter im »Figaro-Haus« gewesen; nun also ziehen sie nach Kopenhagen; Nissen, zum Staatsrat ernannt, übt das Amt des politischen Zensors aus.

Aus Kopenhagen kommt denn auch der gratulierende Brief der Mutter. »Weißt Du wohl, dass Du so viele Einkünfte hast wie mein Mann?! Sein ganzes Einkommen ist 1200 Rthlr [Reichstaler] dänische Bankzettel, und da der dänische Cours auch so schlecht wie der Wiener, so betragen diese Einkünfte zwischen 1200 und 1500 Francs. Wir leben also, wie wir es müssen, sehr eingeschränkt, halten keinen Bedienten, nur eine alte Magd, und essen von einem Traiteur, der im Haus mit uns wohnt. Bisher sind wir ausgekommen und werden es mit Gottes Hilfe ferner, und trösten uns mit der Zukunft, die einmal besser sein wird. Eine große Freude, ein großer Trost ist für uns, dass Du so viel hast wie wir, und dass Du also mit Sparsamkeit auskommen, ja noch Deine Einnahme vermehren kannst. Lange fürchteten wir, Du hättest etwa mit 600 Francs auskommen müssen; denn man muss gestehen, dass Du brillant *debutiert* hast.«

PODKAMIEN! Das Dorf liegt nur etwa zwei Dutzend Kilometer südöstlich von Brody, dem Geburtsort, Kindheitsort von Joseph Roth, einem meiner literarischen Hausheiligen.

Worauf ich als Romanautor verzichten müsste, kann ich als Biograph in diesen Versuch einbeziehen: Begleitzitate zum Stichwort Galizien. In einer Reportage für die »Frankfurter Zeitung« schrieb Roth 1924: »Das Land hat in Westeuropa einen üblen Ruf. Der wohlfeile und faule Witz des zivilisierten Hochmuts bringt es in eine abgeschmackte Verbindung mit Ungeziefer, Unrat, Unredlichkeit. (…) Die Erde ist reich, die Bewohner sind arm. (…) Die melancholische, ebene Welt ohne Grenze. (…) Es scheint, dass in diesem Land die Bedingungen für die äußere Entwicklung der Organismen gering sind.« (Auch die Bedingungen für die innere Entwicklung von Individuen?) Roth sieht in Galizien ein »gleichsam verbanntes Land«. Stichwort, das sich übernehmen ließe: FXM in selbstverordneter Verbannung. »Galizien liegt in weltverlorener Einsamkeit und ist dennoch nicht isoliert; es ist verbannt, aber nicht abgeschnitten; viel Unordnung und noch mehr Seltsamkeit.« Und der letzte Satz des Beitrags: »Es hat eine eigene Lust, eigene Lieder, eigene Menschen und einen eigenen Glanz; den traurigen Glanz der Geschmähten.«

Nun war Roth nicht nur ein großer Stilist, er war auch ein großer Stilisierer – und der liebte den Legendenton. Hat er sich hier sein Galizien zurechtstilisiert?

Das damalige Galizien als Grenzgebiet, in dem Geschichte eher erlitten als gemacht wurde … Galizien, weit entfernt von den Zentren politischer Aktivität – fern von Wien, fern von Warschau, fern von Moskau … Aber vor allem Planungen und Entscheidungen in Wien, sie wirkten sich auf Galizien aus … Verschiebungen der Machtverhältnisse, Okkupationen … Ortsnamen umbenannt … Das alles muss eingewirkt haben auf die Mentalität der Bewohner. Der polnische Widerstand gegen die einrückenden Österreicher dürfte 1772 gering gewesen sein, es fand keine Schlacht um Lemberg statt. Man ließ also auf sich zukommen? Fand sich ab, fand sich drein?

Joseph Roths Charakterisierung Galiziens darf nicht isoliert, nicht solitär bleiben, also hier noch ein Statement eines anderen Autors aus Galizien: Bruno Schulz, geboren und aufgewachsen in Drohobycz, sechzig Kilometer südlich von Lemberg. Wie viele Jahre hat er, als Zeichenlehrer, in Lemberg gelebt?

Zwei Bücher mit Erzählungen. Das erste: *Die Zimtläden* – jene alten Läden mit Holztäfelung, deren dunkle Tönung an Zimtholz denken lässt. Als zweites Buch: *Das Sanatorium zur Todesanzeige*. In der titelgebenden Erzählung einige Sätze, die mir wie gerufen kommen.

»So lebt man in dieser Stadt, und die Zeit verrinnt. Der größte Teil des Tages wird verschlafen, und das nicht nur im Bett. Nein, man ist nicht sehr wählerisch in diesem Punkt. Allerorten und zu jeder Tageszeit ist der Mensch hier bereit, sich an einem schmackhaften Nickerchen gütlich zu tun, den Kopf auf das Tischchen im

Restaurant gestützt, in der Droschke, sogar im Stehen, unterwegs, im Flur eines Hauses, in den man für ein Weilchen einfällt, um für einen Moment dem unbezwingbaren Schlafbedürfnis zu erliegen.

Erwachend, noch benommen und torkelnd, führen wir das unterbrochene Gespräch weiter, setzen wir einen beschwerlichen Weg fort, treiben wir eine komplizierte Sache ohne Anfang und Ende voran. Infolgedessen kommen irgendwo unterwegs ganze Zeitintervalle abhanden, wir verlieren die Kontrolle über die Dauer des Tages und verlernen schließlich auf ihr zu bestehen, verzichten ohne Trauer auf das Skelett der ununterbrochenen Chronologie, an deren aufmerksame Kontrolle wir einmal aus Gewohnheit und aus sorgfältiger täglicher Disziplin gedrillt waren. Schon längst haben wir diese unermüdliche Bereitschaft, über die verflossene Zeit Rechnung abzulegen, diese Skrupelhaftigkeit, die benutzten Stunden bis auf den Pfennig zu berechnen, den Stolz und den Ehrgeiz unserer Wirtschaft, geopfert. Vor diesen Kardinaltugenden, bei denen wir ehemals weder Zaudern noch Fehler kannten, haben wir längst kapituliert.«

IN EINEM ROMAN ÜBER MOZART IN GALIZIEN hingegen darf nicht (oder kaum) zitiert, es müssen Erzählsituationen entwickelt werden.

So könnte ich Franz Xaver bei einem Ausritt in sumpfreichem Ambiente Halt machen lassen an einem kleinen See oder größeren Weiher. Er bindet das Pferd an einem Baum fest, geht die letzten Schritte, setzt sich ans Wasser, das von Schilf, Büschen, Bäumen umrahmt ist. Er hat nur Augen für das Wasser, für die gelegentlich von Wind gekräuselte Fläche – zuweilen ist der Wind so schwach, dass nur ein paar Quadratmeter geriffelt werden, den Lichteinfall erneut betonend –, mit der Windfläche wächst die Lichtfläche, schrumpft wieder. Das Wasser von Herbstlaub gesprenkelt. Die meisten Blätter liegen ruhig, manche mit Luftbläschen an den Rändern, als sollten sie möglichst lange getragen werden. Franz Xaver nun die Ruhe selbst. Ist ganz bei sich, wird nicht von sich weggelockt, weggerufen, weggefordert. Kein Binnensatz, der so beginnen könnte: Ich müsste jetzt eigentlich … Wird Zeit, dass ich …

Was er sieht, das genügt ihm. Zum Beispiel: schmale, lanzettförmige Blätter, ein Ende hochgebogen wie die Spitze eines Schnabelschuhs, hier setzt Windhauch an, treibt das Blatt als winziges Segelboot vor sich her. Der Mann am Ufer könnte solch ein Blatt auf Segelkurs verfolgen. Nur dieses kleinfingerlange Segelboot im Bewusstsein. Gelinde Verwunderung darüber, wie oft das Segelblatt die Richtung wechselt – aleatorisches Kreuzen. Dann zwei solcher Lanzettsegler, eine Spanne voneinander entfernt, und sie reagieren balletthaft auf gleichen Windhauch mit gleichem Kurswechsel. Einer von ihnen fährt auf an einem querliegenden Blatt, bleibt dort hängen, Ende. Der andere fährt weiter in dieser Probesequenz eines Romans, fährt gleichfalls auf an einem Blatt. Wahrnehmung sodann, die sich erneut über die Wasserfläche verteilt. Windgeräusch in Bäumen. Riffelung und Glättung der Wasserfläche. Franz Xaver immer noch reglos. Kreisförmige Gedankengänge: Er sieht, was er vielleicht schon in wenigen Jahren nicht mehr sehen wird, sehen kann, was andere an seiner Stelle sehen können, wiederum später nicht mehr sehen – Jahr um Jahr Blätter über die Wasserfläche gestreut.

ZU TISCH: Abendbrot oder Abendessen – bliebe nachzutragen, was aufgetragen werden konnte. Das Stichwort für ein Gesprächsthema stellt sich leichter ein, der Hauslehrer berichtet vom Ausritt, von der Entdeckung des Gewässers.

Ah, am Karauschenweiher, Karasim Stawie ...! Himmelsauge ...! Gehört mit zur Domäne des Grafen. Baworowski war schon länger nicht mehr da. Hat zuweilen dort geangelt. Meist waren es, wie schon der Name sagt: Karauschen.

Und weshalb wird der Weiher auch »Himmelsauge« genannt?

Eine der Geschichten, in der Region von Generation zu Generation weitergereicht: Vor urlanger Zeit ist, in einer Augustnacht mit besonders vielen Sternschnuppen, ein großer Himmelskörper in die Atmosphäre gesaust, mit Feuerschweif, wurde jäh zum Feuerball, schlug donnernd ein in der Nähe, hinterließ einen kreisrunden Krater, der füllte sich gemach mit dem Wasser, das es in der Region reichlich gibt. Im muddigen Teichgrund der eisenhaltige Riesensteinbrocken, irgendwoher aus dem Kosmos, nach einem Flug von möglicherweise Millionen Jahren zur Ruhe gekommen in Galizien. Darauf muss der Graf einen trinken. Franz Xaver hält mit.

Sobald er wieder Zeit hat, will er nochmal zum Weiher reiten. Die Ruhe dort könnte günstig sein für das Entstehen neuer Werke: Musik aus der Stille. Er ist seinem Verlag ohnehin einiges schuldig, kann die Herren in Leipzig nicht endlos warten lassen. Ja, am Weiher wird er wieder die Kraft finden zum Komponieren, das spürt er.

Der Graf bietet an, von einem seiner Leute eine Schneise in den Schilfgürtel schneiden zu lassen. Und einen Steg errichten zu lassen: ein paar Schritt lang und vorne drauf eine Bank – gut zum Angeln. Und wenn das die Musik fördert – bitte sehr …

Das Stichwort jedenfalls ist gegeben, der Graf lässt gleich in den nächsten Tagen Steg und Bank zimmern.

UND DIE GRÄFIN? Was ließe sich ihr im Roman zuschreiben, charakteristisch für die Person, spezifisch für die Region?

Vor allem Vögel könnten sie interessieren im »Dohlenland« (so der etymologische Kern des Wortes Galizien, übersetzt). Wie sehr würde der Ziegenmelker, Kuhmelker, Kuhsauger in jene Region passen, dieser in der Abenddämmerung losfliegende, die Nacht durchfliegende »Nachtschatten, Nachtschläfer, Nachtwanderer, Nachtvogel«, dem vampirischer Zubiss nachgesagt wird, seit Römerzeiten: beißt in die Zitzen von Ziegen oder gleich in den Euter, saugt Milch ab, was aber jeweils nur einmal gelingt – angebissner Euter stirbt ab, Ziege wird blind. Auch Kühen, sagt die Gräfin (mit dem Klavierlehrer könnte auch die Zeichenlehrerin zuhören), auch Kühen also wird vom Nachtvogel Milch abgesaugt, drum: Kuhmelker, Kuhsauger, Milchsauger. Wie aber soll sie diesen Nachtjäger zu sehn kriegen, der wie eine Fledermaus umherzuckt, höchstens mal blitzschnell vor dem Mond Konturen zeigt? Und tagsüber? Soll, wie ihr ein galizischer Vogeljäger versichert hat, einem Stück Holz gleichen, das Gefieder wie Rinde, so bleibt er fast unsichtbar. Wird er dennoch aufgespürt, reißt er jäh den Schnabel auf – dieses Großmaul, »Hietschenmaul«, als erstaunlich weite, rote Öffnung.

Es könnte die Gräfin kirre machen, dass sie diesen Vogel, in Galizien recht zahlreich, bisher noch nicht zu sehen bekam, im Jagdtross ihres Herrn Gemahl, und so geht sie mittlerweile lieber auf Wachtelkönig- und Ziegenmelkerpirsch. Allein schon all seine Namen ...! Wachtelknecht und Wiesenknarrer ... Wiesenschnerrer, Wiesenschnerz ... Nachtklatsche, Nachtklitsche ... Läpsch und Pfaff ... Hat sie alles so gelesen; sie will sich durch Lektüre ornithologischer Schriften vorbereiten auf den schließlich doch mal fälligen Anblick des Vogels, der sich in dichtestem Gras davonmacht, ohne dass sich ein Halm bewegt. Oder auf den Anblick jenes Vogels, der sich tagsüber von einem Aststück nicht unterscheidet – in wievielen Aststücken sieht sie einen reglosen Ziegenmelker mit dicht anliegenden Flügeln, doch wenn sie den Fund berührt, wird nicht ein rotes Großmaul aufgerissen, sie pocht auf Holz.

Mit dem Motiv des Ziegenmelkers, Kuhmelkers ließe sich spielen im Roman: Galizien grenzt an die südlichen Karpaten. So könnte der Kuhmelker zum Menschen-Melker stilisiert werden, und Phasen von Gleichgültigkeit, Ermattung, Erschöpfung lassen sich zurückführen auf vampirischen Vogelbiss; das Blut freilich nicht völlig abgesogen vom kleinen Vogel, eher wird es ausgedünnt wie in einer Sequenz von Aderlässen: Opfer geschwächt, gedämpft. So sieht das die Gräfin, so könnte sie es sehen.

FXM BINDET DAS PFERD fest am bereits gewohnten Baum, geht die letzten Schritte zum Teich, sieht, zwischen Schilfhalmen hindurch, reglos Hellgraues drüben auf der Bank des kleinen Stegs. Ein Reiher, tatsächlich ein Reiher! Hat sich auf der Bank niedergelassen, beäugt mit gerecktem Hals die Wasserfläche. FXM verharrt: Fliegt der Reiher gleich los, um einen Fisch zu packen, eine Jungkarausche, Kleinkarausche? Reglos der Reiher, mitten auf der Bank.

Eine Ente schwimmt diagonal über die Wasserfläche – stetige, langsame Bewegung, offenbar zielstrebig. Was erwartet sie am Gegenufer? Er blickt ihr nach, bis sie unter herabhängenden Ästen verschwindet.

Ente angekommen, Reiher reglos – er könnte gehen, das Bild mitnehmen: Reiher, glatte Wasserfläche, Wolken spiegelnd, Som merwölkchen. Erneut ein Windhauch, zarteste Drift, die Wasserfläche riffelnd: Lichtflimmern. Reglos der Reiher. Jagdlust noch nicht erwacht an diesem Nachmittag? Sedierende Einwirkung von Sonne auf das hellgraue Federkleid?

Eine Libelle im Bildvordergrund, sie inspiziert Grashalme, landet auf sonnenwarmem Bodenfleck, rührt sich vorerst nicht mehr: nimmt Wärme auf? Ablenkung durch die Libelle – als Franz Xaver wieder aufschaut, hat der Reiher abgehoben: kein Sturzflug auf den Wasserspiegel, gemächlicher Flug zu einer Baumkrone.

Nun kann Franz Xaver zum Steg gehen, im Kreisviertel um den Teich herum, Schilf rechts, Birken links. Kein Reiherschiss auf der sonnenwarmen Holzfläche; er setzt sich, blickt auf den Wasserspiegel. Der wird weiter von gelindem Windhauch geriffelt, fortgesetztes Lichtflimmern, in das er hineinblickt. Leichte Drift der Flimmer-Lichtpunkte, die Richtung der Brise andeutend. Hinter halb geschlossnen Augen werden die Flimmerpunkte zu Notenköpfen … Ja, lichtgefüllte Notenköpfe, zu Dutzenden, zu Hunderten gleichzeitig … diese dahindriftenden Lichtnotenköpfe müssten Klang werden … dahinziehend, verlöschend, verstummend … lichtgefüllte Notenköpfe nachrückend, in gewohnter Leserichtung … jeder Lichtpunkt als Klangpunkt … Wie aber könnte man das in eine Notation übertragen, mit der Musiker zurechtkämen? Da würde doch gleich gefragt: Wie sollen wir das bitte schön spielen?! So bleiben die Lichtnotenköpfe von Stille gefüllt. Im Sehspalt geht die hundertfach simultane Lichtnotenfolge in Flimmern über. Das lässt er auf sich einwirken. Gedankenspiel verflirrt. Stille und Licht. Das genügt vorerst. Und er sieht sich reglos dahocken wie ein Reiher.

VIKTOR BAWOROWSKI: als Biograph stehe ich vor einem Namensträger ohne begleitende Informationen, ohne Details, die eine Person erkennen lassen. Höchstens: Der Graf hatte zwei Kinder; der Graf zog umher, prüfte die Bücher seiner Pächter, seiner Verwalter; schaute sich um in seinen Besitzungen, Domänen; griff ein, schritt ein, wo es nötig war – mehr lässt sich kaum festmachen.

Als Romanautor könnte ich mich damit nicht zufriedengeben – es muss hinzukommen, was den Namensträger greifbar macht. Im faktenfreien Raum muss sich, kann sich Fiktion entfalten. Zeitungslektüre (Sparte »Natur und Wissenschaft«) spielt mir ein Stichwort zu: prähistorischer Einschlag eines Meteoriten in South Carolina. Eine weltweite Kartierung der Fundorte von Meteoriten ist erarbeitet worden: in der Zufallsverteilung könnte denn auch Galizien ein weiteres Mal getroffen worden sein von einem der Eisensteinbrocken aus dem Weltraum.

Ja, das wärs: Einschlag eines Meteoriten im Grenzbereich des östlichen Galizien. Donnerschlag am hellen Tage ... Donnerschlag ohne Gewitterwolke ... Detonation wie von mehreren Kanonen gleichzeitig ... Der Graf aufschreckend, seine Töchter auffahrend, die Frau aufblickend, der Hauslehrer aufhorchend. Was ist passiert?! Raus und umhören. Ja, alle haben den Donnerschlag gehört: die im Stall, die im Gemüsegarten, ja, und einer hat, in dieser Richtung – ja, genau in *der* Richtung – eine mächtige Staubwolke gesehn. Oder war es eine Rauchwolke? Stichwort Rauch: einer hat am Himmel eine Rauchspur gesehen, erst grade durchgezogen, dann gezackt ... Eine Frau vergleicht den Rauchschweif mit einem Wollfaden, erst straff gespannt, hoch oben, dann gezackt ... Nein, nicht gezackt, sagt einer, der hinzukommt: eher schlangenförmig ... Ein anderer: eher schraubenförmig ... Ja, wie denn nun? Riesenknall, scharfes Krachen, Feuerball, Rauchschweif, Staubwolke? Der alte Pfarrer bringt das Stichwort ein: Meteorit. Nachts erst als Sternschnuppe, dann jähes Aufglühen, der Brocken kann beim Aufprall auf die Luftschicht platzen, Steinbrocken schlagen auf, weitflächig; zuweilen aber auch, wie in diesem Fall, der Einschlag eines kompletten Meteoriten.

So könnte der Graf im Roman seine Inspektionsreise verbinden mit der Suche nach dem Einschlagpunkt. Er nimmt an, setzt voraus: Bei der ungeheuren Geschwindigkeit wird der Meteorit einen Trichter in die Erde schlagen, auf einem der Felder, in einem der Wälder. Der Graf setzt eine Belohnung aus für den Entdecker solch eines Trichters. Auch wer sonst Zuverlässiges zu vermelden hat als Augenzeuge, erhält gleich was auf die Kralle: geprägtes Metall. Mit diesem Aufruf, von Mund zu Ohr zu Mund zu Ohr weitergegeben, entwickelt sich ein Sog, dem sich auch FXM nicht entziehen kann.

Da ist Interesse vorgegeben: Im Jahr, in dem Wolfgang Amadeus Mozart starb, im selben Jahr, in dem er, Franz, geboren wurde, schlug ein mächtiger Meteorit ein in der Gegend von Göttingen; Lichtenberg hat darüber geschrieben, das müsste man (nochmal?) nachlesen; wie aber an den Aufsatz kommen in Galizien? Wiederum vierzig Jahre zuvor der Meteoritensturz bei Agram. Und bei Braunau am Inn kamen gleich zwei Eisenbrocken vom Himmel herab – Zeichen?! Jedenfalls: FXM ist geboren im Jahr eines Meteoriten. Also: eine Sternschnuppe seinerzeit ... Feuerball, Detonationsgeräusch ... ein Rauchschweif, minutenlang sichtbar ... Wo aber ist der neue Brocken aus dem Weltraum eingeschlagen?

Aufgeregte Mitteilungen, wo auch immer der Graf erscheint, in seinem Wagen, mit seinem Anhang, darunter der Musiklehrer der Töchter. Auch der Mann aus Wien hat das mitgekriegt: Donnerschlag, ja, scharfer Knall, starke Detonation, es haben Scheiben geklirrt, Kaffeetassen gescheppert. Doch gesehen haben nur wenige etwas – deren Stimmen aber mehren sich im Verlauf der Inspektionsfahrt, die zur Suchreise wird. Augenzeugen werden angelockt: Wie eine Sternschnuppe, ja, am hellen Himmel eine Sternschnuppe ... Habe zufällig im rechten Moment aufgeblickt, Herr Graf: Licht, das immer heller wurde, blaugrün, erst blaugrün, dann wurde es rötlich ... Nein, wie ein Lichtreflex im Fenster ... Nein, wie eine Kegelkugel, Herr Graf, so groß wie eine Kegelkugel, aber feurig ... Nein, so groß wie die Sonnenscheibe ... Nein, so groß wie eine halbe Sonnenscheibe ... Nein, ungefähr die Größe der Mondscheibe ... Was heißt Scheibe, was heißt Kugel, es war eher ein Feuerklumpen, ein hell brennender Kohleklumpen, länglich, bisschen keulenförmig, um es genau zu sagen ... Danke, der Herr Graf, steh zu Diensten.

Und das Licht: farblos? Nein, war gelb wie die Sonne, nein, gelb wie ein Zitronenfalter, wurde kupferfarben, nein rötlich, weißlich rötlich, nein, bläulich rot, nein rötlich, aber blau am Rand, in Wirklichkeit wechselte die Farbe, erst helles Rot, dann sattes Grün. Ja, so könnte es gewesen sein. Münzen verteilt, die große Belohnung aber steht noch aus. Und es werden herangetragen: kleine Brocken, große Brocken, Steinbrocken mit Einschlüssen, wohl eisenhaltig,

Schlackebrocken, ja, hart verbackene Schlackebrocken – das gesuchte Objekt? Einer, der sich auskennt, schüttelt den Kopf: Klarer Fall, Hüttensau; eisenhaltige Schlacke, verklumpt; früher hat man recht primitiv verhüttet in der Region, das ist so übriggeblieben. Und wo ist das Einschlagsloch, der Trichter? Muss in einem der Waldgebiete sein – auf den bereits abgeernteten Feldern hätte man so was längst entdeckt.

Also könnte ich als Romanautor zu guter Letzt einen Jäger, Förster oder sonstigen Waldgänger einführen, der den befreienden Hinweis bringt: ein Loch, breit und tief, wie von hoch oben in den Boden geschlagen. Der Graf und sein Hauslehrer (vielleicht auch die Zeichenlehrerin) reiten hinter dem Entdecker her, den Finderlohn anspornt, entsprechend zügig der Ritt, Sog, es entwickelt sich Sog, und tatsächlich: ein Trichter! Sofort wird mit dem Graben begonnen, ungeduldig beteiligt sich der Graf, plötzlich klingt das Erdreich härter, ja, metallischer, das Fundstück wird gehoben. Mehrere Kilo schwer! Erheblich eingeschwärzt! Unregelmäßig geformt. Ungleichmäßig die Oberfläche: Vertiefungen wie kleine, flache Näpfe; stumpfe Kanten; scharfe Zacken.

Auch FXM lässt sich den Brocken in die Hände wuchten. Schwarze Note der Sphärenmusik? Herausgelöst aus einem Schwingungsraum harmonischer Schwebeklänge? Die Gott allein vernimmt oder – Hand hinterm Ohr – der Widersacher? Gewichtige Note, materialisiert, einer Ewigkeitsmusik im leeren Raum?

JA, ICH WEISS, könnte FXM im Roman ausrufen: Wolfgang Amadeus Mozart ist unsterblich, sein Werk hat ewigen Bestand, aber wie viele Jahre soll, kann, wird diese Unsterblichkeit letztlich währen? Gehen doch tatsächlich davon aus, die drüben in Wien, dahinten in Salzburg, dass sich das ständig so fortsetzt im Musikleben: Noten werden geschrieben, Noten werden gedruckt, nach Noten wird gespielt, gedruckte Noten werden in Werkausgaben gesammelt, Gesamtausgaben werden betreut, ergänzt, korrigiert – aber wie viele Jahre kann das, darf das, soll das so laufen? Tausend Jahre? Zehntausend Jahre, hunderttausend? Selbst, wenn es Millionen Jahre sind, wie weit wäre man da immer noch entfernt von Unsterblichkeit, Unendlichkeit, philosophisch betrachtet? Noch eine Million dreihundertachtzigtausend Jahre Mozartpflege …?! Das glaubt ihr doch wohl selbst nicht!

SZUKAM SPOKOJU przy Karasim Stawie … Windstiller Spätherbsttag … Die Wasserfläche umsäumt von Schilf, von Birken in dichtem Bestand. Gebüsch, Gestrüpp, abgebrochne Äste, gestürzte Bäume. Und er selbst wiederum eingefasst von Schilf rechts, Schilf links der Bank auf dem kurzen Steg. Die Wasserfläche glatt – kein Windhauch, erst recht kein Windstoß, den Wasserspiegel kräuselnd, aufrauend. Dennoch sanfte, sich glättende Bewegung des Wasserspiegels: da genügt schon eine auftauchende Ente, um Schwingung einzubringen, die freilich Spiegelungen nicht trübt.

Wolken im Wassermedium: vergänglichste Formen, ohnehin, aber selbst in Phasen scheinbarer Bewegungslosigkeit: Bewegung im Spiegelbild. Nun werden die Wolken zu *seinen* Wolken, allein von ihm wahrgenommen; vor dem modderdunklen Untergrund des Wasserspiegels sind Wolken klarer umrandet, sind Wolkenflächen dunkler getönt, sind Kontraste deutlicher als beim Blick hinauf ins meist diffuse Graublau, in dem Wolken dahinziehn. Selbst die Sonne lässt sich nun betrachten, ohne Sehschmerz, ein Teil ihrer Weißglut abgesogen von dunkleren Wassertinkturen.

Wiederum: Schilfbüschel, die aus dem Wasser ragen, mannsstark, scheinen nach oben wie nach unten zu wachsen, Verdopplung im Spiegelbild. Und Birken im Rund zeigen ihre Wuchsformen: Stämme, Hauptäste, Nebenäste, Ästchen. Nur ein Lufthauch, und die Hauptäste der Birken am anderen Ufer des Karauschenweihers verwandeln sich in armstarke Wasserschlangen. Hat saugende Wirkung, dies gleichmäßige, von einfallendem Wind beinah schraffierte Bild: Die Äste, dahinschlängelnd, daherschlängelnd, werden immer zahlreicher, je ruhiger er wird im Wahrnehmen, sie füllen den Sehkreis, füllen den Hirnraum mit gleichförmig fortgesetztem Geschlängel.

Nur Vögel, die über dem Wasserspiegel hinwegschnellen, scheinen ihre Konturen nicht zu verlieren, bleiben kompakte Punkte, flugs herein ins Spiegelbild, flugs hinaus. Und alles, bis auf gelegentliches Entensignal, fast geräuschlos – Welt vor der Erschaffung von Musik ... Punktierte Stille: ein Vogelruf, Aufklatschen ... Und wieder Stille über dem Wasserspiegel mit sanft schwingenden Wolkenkonturen, unablässig schwingenden Astzeichen ... Stille, die seine Wahrnehmung schärft: Wasser, Schilf, Birken, das Schwingen von Wolkenrändern, Birkenästen, da mag er den Blick nicht lösen vom Wasserspiegel. »Znalazlem spokój u mojego Karasiego Stawu ...«

BLICK IN DEN ZEITRAUM: Im Frühjahr 1809 sahen Herrscherhaus und Heeresführung zu Wien die Zeit gekommen für Revanche, für die Rückeroberung verlorener Gebiete – Napoleon war im fernen Spanien beschäftigt mit der Niederkämpfung des Volksaufstands, der Guerilla. So wurde ein Feldzug geplant erst einmal gegen Napoleons Verbündete Bayern und Polen – die Hauptarmee sollte über Galizien ins Herzogtum Warschau einmarschieren.

»Wien scheint an den Fluten des Lethe statt der Donau zu liegen«, erklärte Napoleon, »man hat dort offenbar alle Lehren der Erfahrung vergessen. Österreich braucht neue, und es soll sie haben, diesmal in schrecklicher Weise, dafür bürge ich.« Ehe die österreichische Armee unter Erzherzog Carl bei anhaltend schlechtem Wetter, auf verschlammten Pisten den Aufmarsch beenden konnte, war Napoleon samt Spanienarmee bereits im Lande, nach Gewaltmärschen, Gewaltritten, Gewaltfahrten mit einer Schnelligkeit, mit der die österreichische Heeresführung nicht gerechnet hatte. Schon fanden Schlachten statt und damit Niederlagen für die österreichischen Truppen, zuletzt bei Wagram. Österreich kapitulierte. Und wurde verpflichtet zur Zahlung einer horrenden Kriegsentschädigung, auch musste es weite Gebiete abgeben, vor allem in Galizien: Ein Teil Westgaliziens ging an Polen, ein breiter Streifen Ostgalizien wurde Russland zugestanden – die Grenze rückte nun nah an Podkamien und Brody heran.

Und Wien wurde erneut besetzt. Ein französischer General als Stadtkommandant. Napoleon zeitweilig wieder in Schloss Schönbrunn residierend; nur selten ließ er sich in die Innenstadt fahren, unter besonderen Vorsichtsmaßnahmen. In der Bevölkerung: Hass auf Napoleon, Bewunderung für Napoleon.

Was sich weithin herumgesprochen haben dürfte, auch in Galizien: Zum Geburtstag des Kaisers musste die Stadt illuminiert werden. Besonders viele Kerzen und Leuchten in Doppelfenstern von Palästen, weniger Kerzen und Leuchten auf Fensterbänken von Bürgerhäusern. Vor dem Palais des Stadtkommandanten Mériage ein riesiges Bildnis Napoleons, illuminiert. An Giebeln weiterer Paläste lateinische Lobesformeln in großen Buchstaben.

Nicht so zentral gelegen ein Haus mit viel beachteter Parole, an die Fassade gepinselt: »Wiener, beleuchtet nicht, ihr seht euer Unglück auch ohne Licht.« Und ein Transparent mit einem einzigen Wort in sehr großen Buchstaben: ZWANG. Auf Anfragen hatte der Ersteller die Antwort parat: dies seien die Anfangsbuchstaben der Huldigung »Zur Weihe An Napoleons Geburtstag«. Das Transparent blieb stehen, zur stillen Freude vieler Anwohner.

STICHWORT für einen Roman über FXM: Lange galizische Nächte? Und setzt ihm tagsüber dennoch Müdigkeit zu, so gibt er ihr gleich nach, legt sich hin: Nickerchen am helllichten Tag, sanfte Schlafmulde, selbst sein Atemtakt ändert sich – galizische Frequenz? Schlaf, Schlaf, Zwischenschlaf. Der muss ihn gar nicht erst einholen, dem stellt er sich, liefert er sich aus, und schon – als genügte ein Zauberwort – versinkt er im Schlaf, kommt sich abhanden im Schlaf? Arbeitet sich wieder heraus aus dem Schlaf? Sanfte Hirnschlieren, die sich nur langsam auflösen – gelinde Beschleunigung durch Kaffee? Und nochmal ein Zwischenschläfchen? Mehrfach begonnener Tag?

UND ER REITET HINAUS zum Weiher. Geht zu Steg und Bank: Schilf zur Rechten, Schilf zur Linken. Doppelt die Umrahmung der Wasserfläche: Bäume und Schilf gespiegelt, naturgetreu.

Und diesmal: Insekten so klein wie Mücken; heben ab; drei, vier Spannen weit der Flugbogen; setzen so leicht, so kurz auf der Wasserfläche, Wasserhaut auf, dass sie nicht einmal Kreise hinterlassen. Ein Insekt, die strichschmalen Beine dreimal so lang wie Kopf-Brust-Hinterleib: in gleichmäßigen Sprüngen bewegt es sich auf dem Wasser, scheinbar zielstrebig abschnellend, nur gering variierte

Sprungdistanz. Ein noch kleineres Wasserinsekt sodann mit kurzen Beinchen, bei der raschen Bewegung kaum zu erkennen, es zuckt, schnellt nach rechts und links, steuert sich, trotz seiner Geschwindigkeit, ohne Aufprall durch den Uferbereich mit schwimmenden Aststücken, Schilfhalmstückchen, Blättern: schon zuckt es hinaus ins Offne, ändert, in raschen Zuckfolgen, die Richtung – wie der Taumelflug, Gaukelflug eines Falters, nur zweidimensional. Immer gleiche Zuckbewegungen, nach rechts, links, rechts, schräg gradeaus, Kehrtwende, zurück, ausscheren, pendeln, zucken ...

Da löst er den Blick, lässt ihn ausruhn auf der Spiegelung des Schilfgürtels, der Bäume mit den sich schlängelnden Stämmen, Hauptästen, Nebenästen: geruhsames Mäandern, sanfter Sog, unablässig zeichnet sich im Kopf die Schlängelbewegung nach, überschwingt umherzuckende Gedanken: wohltuende Einwirkung, wiederholt gesucht, wiederholt erfahren am Karauschenweiher.

Ein Baum, von wuchernden Mistelbüschen beschwert, über die Wasserfläche geschrägt, vom Reiher zum Nestbau ausgesucht. Mistelgrün und Äste unter dem Bau silbergrau getönt, als wäre der gesamte Baumabschnitt zwischen Nest und Wasserspiegel in silbergraue Flüssigkeit getaucht worden: Kot in der Federfarbe des Reihers.

Der Blick löst sich, breitet sich auf der Wasserfläche aus, fokussiert sich auf Details zwischen Blattgröße und Insektenmaß. Auch da werden abschweifende Gedanken kaum noch zugelassen, die verflüchtigen sich, wenn er länger am Wasser sitzt. Stunde, in der er Ruhe findet, die er sucht. Nur im Blickwinkel, gelegentlich: die silbergrau getönten Mistelbüsche und Äste unter dem Nest des Reihers, der das Weite gesucht hat, keine Aufmerksamkeit mehr anlockt.

Stunde am späten Nachmittag, frühen Abend. Noch immer kein Graf mit Angelrute. Sonne zwischen Bäumen, sich rötend. Und das Schilf flammt auf, goldrot: Bild erstarrter Flammenbildung.

TATSÄCHLICH: Frühjahr 1811 kündigt er die Stelle im östlichen Zollgebiet, zieht die etwa hundert Kilometer westwärts nach Lemberg.

Das war nicht eine x-beliebige Ansiedlung in östlichster Provinz, es war die viertgrößte Stadt der Donau-Monarchie, Kapitale mit deutschsprachigem Theater, mit Gastspielen eines polnischen Theaters, mit alter Universität, und, vor allem: mit prachtvollen Barock-Kirchen. Lemberg bleibt freilich erst mal Zwischenstation, also wird die Hauptstadt des Königreichs Galizien etwas später vorgestellt, und das ausführlicher.

In Lemberg feiert er seinen 20. Geburtstag mit einem Konzert. Er spielt vorwiegend eigene Kompositionen, findet Beifall, der ihm wohltut. Doch was er sich mit dem Auftritt erhoffte, erfüllt sich nicht: keine feste Anstellung in Lemberg, schon gar nicht als Musikdirektor des (vorerst kleinen) Theaters. So wird er wieder Hauslehrer, erneut auf dem Lande. Die Anschrift: »Bei der Gräfin Janiszewska über Lemberg, Bursztin nach Sarki«.

Sarki über Bursztyn: die Angabe reichte aus für die damalige (auch auf weiten Strecken erstaunlich zuverlässige!) Postzustellung, erlaubt mir allerdings keine Lokalisierung des Wohnsitzes – auf Landkarten ändern sich wiederholt die Ortsnamen: polnische Namen wurden zum Teil eingedeutscht, aus österreichischen Namen wiederum wurden polnische, dann russische, nun ukrainische Ortsnamen. Aber immerhin: das nähere Umfeld lässt sich bestimmen über Franz Xavers Nennung der nächstgrößeren Siedlung.

Suche im Internet verkürzt den Weg: Bursztyn liegt etwa achtzig Kilometer südöstlich von Lemberg, in der damaligen Bezirkshauptmannschaft Rohatyn. Eine Kreisstadt, so hieße es heute, von etwa 4000 Einwohnern, mit einer Bierbrauerei und einem Schloss im Park. Etwa zwanzig Kilometer südlich von Rohatyn wiederum Bursztyn an einem See und einem Nebenflüsschen des Dnjestr. Dieses Städtchen dürfte damals noch kleiner gewesen sein als Rohatyn. In der Umgebung wurde Alabaster abgebaut; 1802 war Bursztyn Friedensgarnison des Innerösterreichischen Dragonerregiments Nummer soundsoviel. Sicherlich eine der Regionen, aus denen sich österreichische Beamte und Militärs wegsehnten, eine der Regionen, in denen sich sprichwörtlich Fuchs und Hase »Gute Nacht« sagten, zwischen dicht bewaldeten Hügeln. Aber wieso residierte Ehepaar Janiszewski so weit »draußen«?

Ich lege mir das so zurecht: Graf Janiszewski war, als k.k. Kämmerer, zuständig und verantwortlich für den Finanzhaushalt der Bezirkshauptmannschaft Rohatyn, hatte jedoch außerhalb des Städtchens seinen Landsitz, seine Residenz. Vom Dienstsitz Rohatyn aus wird er wiederholt zur vorgesetzten Behörde in Lemberg gefahren oder geritten sein; der Hauslehrer dürfte ihn dabei begleitet haben – 1812 schickt er aus Lemberg allein drei Briefe an seinen Musikverlag in Leipzig. Demnach wurde gependelt. Die meiste Zeit des Jahres aber dürfte er sich in Sarki aufgehalten haben, berufstätig als Hauslehrer. Dies sicherlich von Töchtern – Söhne wurden eher auf den k.u.k. Staatsdienst in Verwaltung oder Militär vorbereitet.

Ein Mozart in Galizien – in jenem abgelegenen Königreich lebte und wirkte er nun in einer wiederum weit entlegenen Region. Dort konnten sich kaum Nebeneinkünfte ergeben, also wird er wohl ein ausreichendes Salär bezogen haben im Haus von Kämmerer und Gräfin. Eigentlich waren Hauslehrer in der Donaumonarchie gering angesehen, galten als bessere Domestiken, Mozart hingegen wird, schon wegen seines Namens, eine gehobenere Position eingenommen, ein besseres Ansehn genossen haben. Neben dem Klavierunterricht dürfte er zur musikalischen Unterhaltung beigetragen haben mit kleinen Hauskonzerten. Hier fand er vielleicht auch erfreuliche Resonanz für seine Klaviersonate, die in Wien so schlecht besprochen worden war. Wer aber wartete in Sarki oder Bursztyn oder Rohatyn auf neue Kompositionen des kleinen Lehrers mit dem großen Namen? Wer hätte, halbwegs in den Karpaten, neue Lieder von ihm singen, neue Instrumentalstücke aufführen können? Alles wird um das häusliche Tasteninstrument gekreist sein – hoffentlich war es passabel.

Franz Xaver nun in einem der Lemberger Schreiben an Breitkopf & Härtel: »Was Sie über meinen Aufenthalt in Galizien sagen, ist nur allzuwahr! Hoffentlich wird es nicht lange so bleiben, denn mit künftigem Herbst setze ich meine Reise weiter fort, ob nach Wien oder in Ihre Gegenden, dieses kann ich bei den kritischen Umständen nicht voraussehen.«

»Kritische Umstände«? Ja, noch immer herrscht Krieg in Europa. Nach wechselnden »Kriegsschauplätzen«, wechselnden Stationen des »Kriegstheaters« nun der hirnrissige Russlandfeldzug, der etliche hunderttausend Soldaten das Leben kostet.

Es sind aber nicht nur solche »kritischen Umstände«, die direkt und indirekt einwirken auf Mozarts Lebensplanung, Lebensgestaltung, es ist die eigene Disposition, die den hinaustrompeteten Aufbruch verzögert, ja verhindert. Er bleibt in Galizien, bleibt Klavierlehrer. Der aber macht sich wenigstens selbständig, zieht endlich nach Lemberg.

SEIT JAHREN SCHON und auf Jahre hinaus das Abonnement der »Leipziger Allgemeinen Musikalischen Zeitung«, und so dürfte FXM März 1812 einen Nachruf gelesen haben auf den Prager Pianisten- und Komponistenkollegen Johann Ludwig Dussek (Jan Ladislav Dusík). Vier Jahre jünger als W. A. M. ... Chorknabe ... Jesuiten-Seminar ... Theologiestudium ... Organist in Kuttenberg, Kutná Hora ... Sprung nach Amsterdam ... Hamburg, Berlin ... Erfolge als Pianist ... Kompositionen für eigene Auftritte ... Musiklehrer in Häusern hoher Herrschaften ... ein Jahr Russland ... zehn Jahre London ... Heirat in Hamburg ... Lehrer eines Preußenprinzen in Berlin ... musikalischer Dienst im Hause Talleyrand, Paris ... Summarisches Werkverzeichnis: 13 Klavierkonzerte ... 15 Klaviertrios ... 62 Klaviersonaten ... 80 Sonaten für Violine und Klavier ... fast 3 Dutzend weiterer Werke in kleiner Besetzung – FXM wird die Zeitung mit jäher Bewegung auf Seite legen, mit einem Knurrlaut, wird das Blatt in die Sammelmappe stecken.

(Während der Arbeit an diesem Versuch lernte ich über CDs einige Werke Dusseks kennen – und horchte auf! Eine Klaviersonate, *Le retour à Paris*, die an Sonaten von Beethoven und Schubert heranreicht ... Das Klavierkonzert opus 17, von gleichem Rang wie einige der Klavierkonzerte von Wolfgang Amadeus Mozart ... Der Eröffnungssatz des Klavierkonzerts op. 49, zuweilen mit Vorausechos von Brahms ... Mit solch begleitenden Entdeckungen fühlte ich mich zusätzlich belohnt.)

DASSELBE JAHR, WELTHISTORISCH: Napoleons Grande Armée (mehr als 600000 Mann) erreicht Smolensk; die Stadt brennt nieder, mit allen Proviantlagern. Die Armee, bereits dezimiert, erreicht Moskau; die Stadt brennt nieder, samt allen Proviantdepots. Zwischen Smolensk und Moskau sodann: die Schlacht an der Moskwa (in der französischen Version), die Schlacht von Borodino (in der russischen Version). Zehntausende von Toten und Verwundeten auf beiden Seiten.

Was man erst später erfährt, in Berichten: Am 8. September der Inspektionsritt von Napoleon und kleinem Gefolge auf dem Schlachtfeld. Tiefhängende Wolken ... Sturm ... Regen ... ausgebrannte Häuser ... zertrümmertes Kriegsmaterial ... Ebene und Hügel von Leichen bedeckt, viele zerfetzt ... Überlebende, die in Tornistern von Gefallenen nach Proviantresten suchen ... Schreie, anhaltende Schreie von Verwundeten ... Uniformen Überlebender pulvergeschwärzt, blutbefleckt ... das niedergebrannte Dorf Semenoskoe, der Boden fast lückenlos mit Leichen bedeckt, der kleine Trupp reitet über Körper hinweg; ein Huf trifft einen Verwundeten, Aufschrei des Opfers, ein »Laut des Unwillens« bei Napoleon.

Fortsetzung des Vormarschs durch einen Landstrich, den die russische Armee »kahlgefressen« hat. Und Vorratslager in Brand gesetzt. Kein Futter für Pferde, nur nasses Gras: Koliken; Pferde krepieren zu Hunderten. Und Tausende von Verwundeten, von den Russen zurückgelassen. Ein Haus als Notlazarett: Leichen im Hof, Leichen in den Fluren, Leichen in Türöffnungen gestapelt. Amputierte Gliedmaßen: Beine, noch mit Schuhwerk. Und hier ein Arm, dort ein Fuß.

DAS DEBAKEL nicht nur als Nachricht, es wird zur Erfahrung, vielfach, weithin. Heinrich Marschner, der Komponistenkollege: »Das Jahr 1813 brachte uns Zittauern nebst mehreren tausend in Russland krank und invalide gewordenen Sachsen, Bayern, Württembergern usw. auch die schönsten Nervenfieber und andere pestartige Seuchen, die das liebe, höchst freundlich gelegene Zittau zu einem wahren Leichenfelde umzuwandeln drohten.«

NEUE, SICHERLICH BELEBENDE KONSTELLATION: 1813 wird FXM Klavierlehrer (auch) im Hause des Gubernialrats (in etwa: Regierungsrat) Ludwig Cajetan von Baroni-Cavalcabò. (Zum Namen: Ein Baroni war einstmals auf einem Ochsen durch einen Fluss geritten, um Landsleute vor aufmarschierenden Feinden zu warnen – so entstand die Legende vom Ochsenreiter, dem Cavalcabò.)

Ludwig Cajetan (Luigi Gaetano), 1758 in Italien geboren, ist dreißig Jahre älter als seine Frau Josephine, geborene Gräfin Castiglioni. Die 25-Jährige zeigt Ehrgeiz als Sängerin. Töchterchen Julie, später gleichfalls eine Rolle in Franz Xavers Leben spielend, wird in diesem Jahr erst geboren. Ich lese von einer älteren Schwester – die also erhält Klavierunterricht? Und Franz Xaver, 22, als Liedbegleiter der Mutter?

Wünsche regen sich: Wird es ihm gelingen, Josephines Begabung so zu fördern, dass sie später als Opernsängerin auftreten kann? Große Sopranistin aus Lemberg/Lwów? Ihre Lieblingsrolle wäre die Susanna in *Figaros Hochzeit*. Erträumter Beginn einer Karriere, die hinausführt aus Galizien?

LEMBERG wird zur zweiten Heimat des Franz Xaver Mozart. Sein neues Ambiente soll hier nun skizziert werden.

Das Lemberg des beginnenden 19. Jahrhunderts war eine Stadt im Übergang, im Umbau. Verlässliche Zeichnungen, Radierungen der Entwicklungsphasen liegen nicht vor, es sind nur Veduten aus späteren Jahren überliefert, also muss ich mich auf Berichte von Zeitzeugen wie Franz Kratter verlassen, der als Reiseschriftsteller (auch) nach Lemberg kam und dort blieb, fortan als Beamter der k.k. Koscherfleischaufschlagsdirektion – ein Mann, den FXM möglicherweise kennengelernt hat, mit dem sich zumindest die Wege gekreuzt haben könnten, denn Kratter lebte in Lemberg bis zu seinem Tode im Jahr 1837. So lese ich im Begleitband der Ausstellung *Wo ist Lemberg?*, 2007 im Centrum Judaicum Berlin. Ich übernehme einen längeren Abschnitt aus Kratters Reisebrief des Jahres 1786, also vierzehn Jahre nach dem Einmarsch österreichischer Truppen und dem (vorläufigen) Ende der polnischen Oberhoheit.

»Lemberg hat seit 14 Jahren in Vermehrung und Verschönerung seiner Gebäude und im Anwachsen seiner Bevölkerung merkwürdige [bemerkenswerte] Schritte getan und gewinnt nach und nach alle Anlage, eine der schönsten und vorzüglichsten Städte der k.k. Erblande zu werden.

Es mag auch in den frühern Zeiten des polnischen Besitzes in einem ziemlichen Wohlstand gewesen sein, wie man wirklich noch Spuren davon hat, aber es kam, wie andere Städte, durch die allgemein überhandgenommene polnische Nachlässigkeit, durch Ansichziehung aller Gewerbe des Adels, durch ewig wechselseitige Streitigkeiten, Unruhen, Faustrechte und Konföderationen, und endlich durch die höchst betrügerische Judenschaft in einen unbeschreiblichen Zerfall.

Bei der östreichischen Besitznehmung sah man meistens elende, zum Teil vom Einsturz bedrohte, zum Teil schon eingestürzte Hütten und Häuser. Weil sehr viele Häuser zwei, drei und vier Besitzer hatten, so wurde wenig an Reparierung gedacht. Einem gehörte der erste Stock, dem andern der zweite, dem dritten ein paar Zimmer zu ebener Erde, dem vierten ein Gewölb, dem fünften ein Keller und dem sechsten eine Stallung. Wenn auch der Dachstuhl eingestürzt und der Besitzer des zweiten oder dritten Stocks aus dem Hause vertrieben wurde, so saßen doch die übrigen Mitherren des Hauses ruhig und konnten daher zu keinem Beitrag für eine Reparierung vermocht werden.

An Säuberungsanstalten wurde gar nicht gedacht. In der Stadt war das Pflaster so vernachlässigt, dass es beinahe mehr Gruben als Steine gab. Einige davon waren zu drei und vier Fuß tief. Alle Gattungen von Unrat wurden frei auf den Gassen ausgeschüttet und ausgegossen. Bei nassem Wetter war der Morast so tief, dass man bis über den halben Leib hineinsinken konnte. Die Herrschaftswagen mussten beiderseits von kräftigen Haiduken unterstützt werden, sonst hätten sie bald auf diese, bald auf jene Seite stürzen müssen. Der Kaiser, als er das erste Mal nach Lemberg kam, blieb mitten in der Stadt mit sechs Pferden stecken. Für die Fußgänger waren Steine gelegt, aber so weit voneinander, dass man Mühe hatte, sie erschreiten zu können. Wer einen Stein verfehlte, lag über und über im Kot.

Man machte sogleich Anstalten zu einem ordentlichen Pflaster. (…) Lemberg ist ziemlich regelmäßig angelegt, die Gassen laufen in geraden Linien fort, und einige davon haben eine bequeme Breite.

Die Stadt hat vier Tore, das Krakauer und Halitscher Tor passen schnurgerade aufeinander. Das Neutor und Jesuitentor können ebenfalls in gerade Linien gezogen werden, was man auch schon willens sein soll.

Die elendeste von allen Gassen ist die Judengasse; sie ist beinah zu allen Zeiten der Witterung schmutzig, und der Fußgänger wird in selber alle zwei oder drei Schritte von einer anderen Art des unangenehmen, moderenden, faulenden Gestankes verfolgt. (...)

Der Marktplatz ist ein schönes, großes, regelmäßiges Viereck, mit schönen, großen, vier und fünf Stockwerke hohen, meistens nach dem bessern italienischen Geschmacke angelegten, in zierlichen geraden Linien stehenden Häusern besetzt. Sehr schade, dass das in der Mitte desselben stehende und – den hohen Turm ausgenommen – sonst sehr unansehnliche Rathaus, nebst einigen andern unbedeutenden Häusern, die herrliche Übersicht des Ganzen hemmen und das Ansehen desselben verunstalten muss.«

WEITERER BERICHT EINES ZEITZEUGEN: Joseph Rohrer, Beamter in Bregenz, nach Lemberg versetzt und dort zum Polizei-Kommissär ernannt. Er berichtet (ebenfalls in Briefpublikationen, hier aus dem Jahre 1802) über geselliges Leben in Lemberg, vor allem in der Redoute – im kleineren der beiden Säle wird FXM später ein Konzert geben.

»In den Redoute-Sälen wird jetzt kaum mehr als in Wien vom Adel getanzt. Man besucht die Redoute nur, um zu sehen und wechselweise gesehen zu werden. Es fehlt nicht an Lorgnetten bei Nachtzeit. Man sieht die buntesten Masken, Edelleute in galizischer Bauernkleidung, in spanischer und türkischer Tracht, Menschen in Hirten-, Venetianer- und Eremitenkleidung. Man sieht endlich altdeutsche Ritter, Juden und Mohren – alles im sonderbarsten Gemische. Man bekommt übrigens hier schon Gefrorenes und alle italienischen Leckereien wie mitten in Wien.

Überhaupt behaupten alle, die jetzt aus Warschau kommen, dass der Ton in den Cerclen zu Lemberg viel angenehmer als dort sei.

Wenn der Pole in jener Stadt sehr oft im Traiteur-Hause [Gasthaus] zu jenem Tische sich nicht hinsetzen will, an dem schon ein preußischer Offizier seinen Sitz ehedem nahm, so handelt er in Lemberg gerade umgekehrt. Man findet beim Traiteur Georg Hoffmann, der das Schild »Bei den drei Hacken« führt und nun der beste Gastwirt hier [des] Landes ist, wenn man abends nach der Komödie hingeht, alles durcheinander, polnische Edelleute, polnische und deutsche Beamte, Offiziere von unsern Wallonen- und anderen Regimentern. Es herrscht ein so ungezwungener Ton wie mitten in einer Handelsstadt höhern Ranges. Man debattiert da über alle Angelegenheiten von der Insel St. Domingo bis auf das galizische Städchen Kulikow herab und vergleicht [versöhnt] sich am Ende immer mit unsren bösen Zeiten durch guten Erlauer-Wein und den ungarischen Maschlasch. Überhaupt ist der Nationalhass in Lemberg schon merklich vertilgt. Man hat sehr oft Gelegenheit, Deutsche in wenigen Augenblicken polnisch und ebenso Polen deutsch reden zu hören.

Alle jene, welche den Weg in die Vorstädte meiden wollen, wählen sich zu ihrem Spaziergange den Wall um die Stadt selbst, welcher, wenigstens an der Seite des Gubernial-Hauses, so schön und reinlich gehalten wird wie die Lorenzer Bastei in Wien. Dort wie hier sind nun Bäumchen angebracht, und es fehlt auch schon an italienischen Limonade-Hütten nicht, wo man Gefrorenes aller Art mit Vanille-, Himbeer- oder Johannisbeersaft usw. erhalten kann.«

DIE STADT mit ihren etwa 50000 Einwohnern war nicht nur »polyethnisch«, sie war auch »multikonfessionell«: Katholiken, römische wie orthodoxe, Protestanten, Juden, Armenier – »Leopolis multiplex«. (Ein Fürst Leo als Namenspatron der Stadt.)

Als Österreich Galizien annektierte, gab es rund fünf Dutzend Sakralbauten im Stadtgebiet: Kirchen, Kapellen, Klöster. Entsprechend zahlreich die Geistlichen, Lemberg wurde zuweilen als »Ort der schwarzen Raben« bezeichnet. Der neuen Administration war das zu viel, es wurde die »Klosterreduktion« durchgeführt: Klöster, die nicht gemeinnützig waren (wie es heute wohl hieße), sie wurden aufgelöst; die Gebäude wurden umgewidmet, umgebaut: in ein Krankenhaus, ein Gefängnis, ein Priesterseminar oder in eine Kaserne. Und damit der zweite Faktor, der das Straßenbild prägte: kaiserlich-königliche Uniformen.

ZAHLREICH DIE JUDEN IN DER STADT, aufgeklärte und orthodoxe, genauer: Aufgeklärte kontra Orthodoxe. Verbindend jedoch ihre Sprache: Jiddisch. So kam FXM auch in eine fremde Sprachwelt. Die kann hier nicht rekonstruiert, kann nur angedeutet werden, in Klangproben. Einer der kursierenden Sprüche: »A Lemberger is nor a chochem bis zum schrankn« – frei wiedergegeben: Ein Lemberger ist nur schlau innerhalb der Stadtgrenzen.

Um Sprachwiderstand ablesbar zu machen, die erste Strophe eines Sonetts aus dem zwanzigsten Jahrhundert, *Far der schyl in lemberik*: »A blinder betler, shawerdik-farkriplt, / krechzt lider groje, krenkleche. farschimlt / a mider treger af a kasstn drimlt, / farschwizt duss punim, brudik yn geschtiplt.«

UMFASSENDE städtebauliche, architektonische Veränderungen Lembergs setzen erst in der zweiten Hälfte des 19. Jahrhunderts ein. Auslösend: in Boryslaw wird Erdöl entdeckt und gefördert, das – zu Petroleum raffiniert – vor allem der Beleuchtung dient. Nun lässt sich in der Region endlich Geld verdienen; das lockt Banken an, sie errichten repräsentative Bauten; Händler, Unternehmer, Fabrikanten erbauen stattliche Wohnhäuser; Gaslaternen werden installiert; das große Operngebäude wird geplant.

Was heute, in verschiedenen Stadien von Verfall und Restaurierung, in Lemberg zu sehen ist, hat FXM weithin nicht mehr zu Gesicht bekommen – abgesehen vom Marktplatz-Karree, von den (überwiegend) barocken Kirchen. Sein Lemberg dürfte weithin Baustelle gewesen sein, im Tiefbau, Hochbau, in der Gestaltung von Parkanlagen, auch entlang des Flüsschens Poltwa, das noch nicht zugedeckt war.

EINE ANMERKUNG NOCH ZUM KLIMA. Charakteristisch die »ewige, unauslöschliche, allgegenwärtige Lemberger Feuchtigkeit, welche selbst in den längsten Perioden der unbarmherzigen Lemberger Hitze nicht verschwindet. Diese Feuchtigkeit lauert in den Poren der Mauern, in den Tiefen der Keller. Am meisten aber verdunstet sie in der Luft, ein Umstand, der der Haut jedes Lembergers sehr wohl bekannt ist, denn sie ist stets feucht. Diese Feuchtigkeit ist das Lemberger Element schlechthin«. So der Autor und Übersetzer Jurko Prochasko, wohnhaft im heutigen Lviv.

UND FXM KOMPONIERT, gelegentlich. Wie es sich für das weithin polnisch geprägte Ambiente gehört, sind es Polonaisen. Später werden es insgesamt zehn *Polonaises mélancoliques* sein. »Kleinigkeiten«, wie er selbst vermerkt; seine Abkürzung für diese Dreiminüter: »Meine Pol. melanco.«

Im polnischen, im österreichischen Lwów-Lemberg geschriebene Polonaises: hat FXM sie auch für Tänzer komponiert, vor Tänzern gespielt? Polen tanzten zu Polonaisen in gemessenen, gezirkelten Bewegungen. Der Zeitgenosse J. Ch. F. Schulz: »Die Polonaise ist der Triumph schön gewachsener Personen, die Feinheit in ihre Bewegungen, Adel in ihren Anstand, Festigkeit und Geschmeidigkeit in ihren Gang zu legen, und ihre Züge mit Frohsinn und dem feinsten Ausdrucke geselliger Achtung zu beleben wissen. Diese Bedingungen sind nicht erdacht, sondern wirklich von dem Beispiele der besten Polonaisen-Tänzer, die ich gesehen habe, abgezogen. Noch eine möchte ich hinzufügen, die, dass dieser Tanz nie anders als in der langen, völligen Nationaltracht von den Männern, und in der leichten, schwebenden, von der Luft getragenen Taratatka von den Weibern getanzt würde.«

ALS ROMANAUTOR könnte ich formulieren, was als »geheimste Gedanken« bezeichnet wird, artikuliert von »innerer Stimme«.

Zum Stichwort »komponieren« sagt ihm die innere Stimme, was ich als Romanautor souffliere: Ein Doppeldutzend Werke, die wirklich zählen, dies dürfte reichen – nebst ein paar musikalischen Randerscheinungen, Gelegenheitsmusiken. Je mehr du komponierst, desto öfter wirst du zu hören kriegen, angedeutet oder direkt hinaus: Ist nicht so gut wie die Musik des Vaters selig ... Oder es wird Desinteresse demonstriert: man hält neue Arbeiten für nicht weiter erwähnenswert … Wie soll da Resonanz entstehen, womöglich Echo? Immer schwächer die Stimme … Stimme nah am Verstummen … zum Verstummen gebracht …

Und es ließe sich erzählen: Über Wochen hinweg zog er sich ins Schweigen zurück; umgab sich mit Schweigen; umhüllte sich mit Schweigen. Der selbstgesetzte Bann so stark, dass FXM kaum noch die Wohnung verließ in der heutigen vul. Lesja Kurbasa. Draußen wäre ihm alles zu kompakt erschienen: erdrückende Massivität der Türme und Kuppeln, abweisende Hausfassaden. Und verdichtet der Staub, den Karpatenwind hochwirbelt noch in schmalsten Gassen, und wie tief der Schlamm auch in breiten Straßen, wenn galizischer Regen anhält – dort scheinen sich Kröten aus braunschwarzer Masse herauszuarbeiten. Und wie tief der Schnee, der mit russischer Kälte herangewirbelt wird, fast waagerecht. All dem will er, kann er sich nicht aussetzen im Schweigen, das ihn umhüllt und zugleich entblößt, also igelt er sich ein in der Wohnung. Schweigestunden, Schweigetage, Schweigenächte.

Sich von diesem Bann befreien? Aufbrechen, tatsächlich aufbrechen? Die Reise würde zwangsläufig durch Kriegsgebiete führen, durch verheerte Landstriche. Ausgebrannte Kapellen … Kirchen, missbraucht als provisorische Pferdestallungen, Ammoniak-Gestank aus faulendem Stroh … Figuren von Altären abgebrochen, Statuen als Zielscheiben benutzt, Treffer meist unterhalb des Nabels … Gemälde, von Bajonettstichen durchbohrt … Verwüstete, vollgeschissene Orgeln … Überall, überall müssten Kriegsgeister exorziert werden.

Nein, vorerst will er nicht aus der Stadt heraus, nicht mal in Gedanken. Wer will schon in die galizische Ebene, im Sommer von Staub überweht, im Herbst verschlammt? Wer will sich Stürmen aussetzen, herabstürzend von der Hohen Tatra? Mit den Winterstürmen: Schneeflocken, Eiskristalle? Und wiederum: Hitze, die im Sommer windstill flirrend über der Ebene steht, sich zwischen Hügel legt, sich an Berghänge lehnt? Oh schattenspendende Stadt Lemberg, von schützenden Hügeln umfasst …!

FXM SIEHT SICH GEZWUNGEN, einen Geschäftsbrief zu schreiben – wahrscheinlich nach längerem Anlauf der Selbstüberwindung. Lemberg, 29. November 1815, an Breitkopf & Härtel, Leipzig.

»Nachdem ich länger als anderthalb Jahre meine Ungeduld unterdrückt und vergebens meine Polonaisen [zu ergänzen: im Druck] erwartet habe, kann ich nicht mehr umhin, Sie um die Ursache dieser so außerordentlichen und meinem Vorteile so nachteiligen Verzögerung zu fragen. Die Ihnen zu der nämlichen Zeit übersandten Kompos. der H. Kaszkowski und Lipinski sind nicht nur schon gestochen, sondern schon zum zweiten Male hier angekommen, während ich die häufigen Nachfrager, die meine Pol. melanco. zu besitzen wünschen, zur Geduld verweisen [muss]. Da nun dieses Verfahren nichts weniger als schmeichelhaft für mich ist, so ersuche ich Sie höflichst, die Sache nach Möglichkeit zu beschleunigen; sollten Sie aber Ihren Entschluss, diese Kleinigkeiten in Verlag zu nehmen, geändert haben (obwohl ich das Warum? nicht begreifen kann), so ersuche ich Sie, mir selb[ig]e so bald [wie] möglich zurücksenden zu wollen.

Folgende Komposit. sind, wenn Sie sie zu haben wünschen, zum Absenden bereit: 1. eine große Sonate für Pianofor. mit obligater Violine, 2. eine Fantasie fürs Fortep. über ein russisches und ein polnisches Thema, 3. Variat. fürs Fortep. über ein russisches Thema und 4. endlich sechs Gesänge mit Klavierbegleitung, die, [wie] ich mir schmeichle, dem Publikum ein willkommeneres Geschenk sein dürften als meine ersten bei Ihnen verlegten Lieder. Vielleicht werde ich auch bis zum Tage des Absendens ihre Anzahl um ein paar vermehren.«

Auf der Rückseite dieses Schreibens wurde zu Beginn des Jahres 1816 im Verlag notiert: »Wollen ihm mit nächster Post Ex. seiner Polonaisen senden, und lehnen s. neue Komposit. ab.« Die Rücksendung bleibt in Leipzig freilich erst wieder ein paar Monate liegen; FXM kann erst Anfang September antworten.

»Vorgestern habe ich endlich meine so lange erwarteten Polonaisen bekommen und zu meiner nicht geringen Verwunderung gesehn, dass Sie die Bedingungen, unter denen ich sie Ihnen überlasse, gänzlich vergessen haben müssen. Da diese Kleinigkeiten in meinen Augen zu wenig Wert hatten, um dafür ein Honorar in Geld zu verlangen, so erbat ich mir 40 [Frei]Exemplare und durch ein Jahr (versteht sich von dem Tage, dass ich sie werde bekommen haben, gerechnet) den alleinigen Verkauf in Lemberg.«

Offenbar reagiert man in Leipzig erneut mit monatelangem Schweigen. Unverdrossen oder schon längst verdrossen bietet FXM im Mai 1817 noch einmal Kompositionen an, darunter »3 bis 4 Polonaises mélancoliques«. Doch Leipzig schweigt; der Komponist in Lemberg ist, salopp gesagt, für die geschäftsführenden Herren gestorben; man wird nichts mehr von ihm publizieren. Definitive Absage durch anhaltendes Schweigen.

KLEINER KOMMENTAR. Zuerst: Ich hatte die Vorstellung, es sei ein heutiges Phänomen, dass Briefe schlechthin keine Antwort erhalten, soweit sie Vorschläge vermitteln, Arbeiten anbieten, für die kein Interesse, keine Nachfrage besteht. Oft scheint da nicht einmal die simpelste Form einer Absage möglich, in diesem Stil: »Kurzfristig keine Möglichkeit, langfristig kein Interesse.« Nun aber sehe ich: Vor anderthalb Jahrhunderten ist es ähnlich gelaufen, zumindest in diesem Fall. Der Musikverlag war an weiterer Zusammenarbeit mit dem Komponisten nicht interessiert, und so blieb ein Brief von ihm ein halbes, ein ganzes Jahr und länger ohne Antwort. Und dies beim Sohn des ertragreichsten Komponisten im Verlagsprogramm! Zum Beispiel wäre die Koppelung von Verlagstiteln denkbar gewesen, wie sie modellhaft mit einer CD präsentiert wird: Das Es-Dur-Klavierkonzert von W. A. M. und das Es-Dur-Klavierkonzert von FXM mit demselben Pianisten, demselben Orchester, demselben Dirigenten. Damals jedoch: keine akzentuierende Namensverbindung. FXM war im Verlagshaus abgeschrieben, also wurde ihm nicht mehr geschrieben. Oder, eher widerwillig, nach höflicher Anfrage, freundlicher Mahnung. Erfahrungen, die kaum beflügeln konnten.

Hinzu kommt, dass FXM taktische Fehler gemacht hat: ist zu bescheiden aufgetreten. Er konnte nicht große Begeisterung wecken, wenn er eigene Arbeiten unter »Kleinigkeiten« einstufte und damit auf Honorar verzichtete. So was mag sympathisch wirken, ist geschäftlich aber kontraproduktiv. Man wird auch bei Breitkopf & Härtel nicht gedacht haben: Einer, der so bescheiden ist, für den müssen wir im gerechten Ausgleich umso mehr tun. Eher könnte man gedacht haben: Wenn der nicht von sich überzeugt ist, wie soll er dann überzeugen und wie sollen wir da wiederum auf Handel und Kundschaft überzeugend einwirken? Das geringe Selbstwertgefühl, das er vermittelte, dürfte auch die Einschätzung neu vorgelegter Arbeiten beeinflusst haben.

Gewiss: Der Leipziger Verlag hätte mit den meist klein besetzten Werken nicht große Podien erobern, hätte Zurückhaltung und Skepsis von Musikkritikern kaum übertönen können. Mehr Engagement aber hätte für den Komponisten stimulierend wirken können. FXM aber hat gleichsam abgewinkt, hat sich klein gemacht, dies wohl in der Vorstellung, sein Werk würde denn umso entschiedener für ihn sprechen. So funktioniert das aber kaum im Wechselspiel von Person und Werk auf dem Markt. Oder setzte er schon seine Hoffnung auf eine Nachwelt, die einen gerechten Ausgleich schaffen würde?

WAS SOLLST NOCH KOMPONIEREN, was eh bloß herumliegt, setz dich aufs Pferdl und reit aus Lemberg hinaus, zwischen den Hügeln hindurch, vielleicht findest du draußen auch wieder einen Weiher wie bei Podkamien an der russischen Grenze, und dann hockst dich hin und schaust aufs Wasser, aus dem Schilf herauswächst, auf dem sich Wolken spiegeln, auf dem im Herbst die Blätter herumfahren – schau dir das an, das reicht so für ein kleines Leben.

Wiederum denk ich zuweilen: dein Spiegelbild auf dem Wasser, das ist eh bald wieder ausgelöscht, aber die Wolken, die spiegeln sich weiter, und Äste werden im Wasserspiegel zu Wasserschlangen, und Licht spielt mit dem geriffelten Wasser, und Blätter, Blättchen lassen sich vom Wind herumschieben auf der Wasserfläche, das wiederholt sich, wiederholt sich, und du bist schließlich nicht mehr mit dabei. Wozu da noch aufs Pferdl steigen?

ETLICHE BRIEFE von Mutter Constanze an den Sohn »Wolf« sind überliefert, da hätte durchaus ein weiteres Schreiben hinzukommen können als erneuter Versuch eines Ansporns. Tenor: Entwickle mehr Intensität beim Komponieren!

Und Constanze, geborene Weber, könnte auf ein vielversprechendes Vorbild in der Familie hinweisen: Carl Maria Weber. Nimm Dir am Cousin ein Beispiel! Ist zwar fünf Jahre älter, aber wie früh schon ist er entschieden und zielstrebig vorgegangen, hat sich denn auch rasch einen Namen gemacht, vor allem mit Opern! Ja, ganz besonders mit Opern kann man reüssieren! Mit 14, sage und schreibe: schon mit vierzehn die erste Oper, »Das Waldmädchen«, und das auch gleich in Wien aufgeführt, 14 Vorstellungen, sodann übernommen von Prag wie von Petersburg! Nach dem »Waldmädchen« gleich eine weitere Oper, Titel ist ihr im Moment entfallen. Doch mit 18, das darf wohl mal erwähnt werden: Mit achtzehn wurde er Kapellmeister an der Breslauer Oper. Nein, Carl Maria ist nicht jemand, der sich mit Halbheiten begnügt, es muss da ein Satz zitiert werden, der in der Familie kursiert: »Um keinen Preis möchte ich in der Mittelklasse von tausend und tausend Kompositeurleins stehen.« Sprach's und brachte seine Oper »Silvana« in Berlin zur Aufführung, wurde Herr der deutschen Oper in Prag, führte dort als Erstes die erfolgreiche Oper von Spontini auf: »Fernando Cortez«, wurde kürzlich, sprich: mit 30, Direktor der Deutschen Oper in Dresden, sammelt da, vor allem als Dirigent, weitere Erfahrungen, die sicherlich weiteren Opern zugute kommen werden.

Großer Appell nun: Es müsste mit dem Teufel zugehn, wenn sich in Galizien nicht gleichfalls eine zündende Opernhandlung finden oder erfinden ließe, so nah an den Karpaten mit ihren Vampiren in Vogel- wie in Menschenform! Ha, welche Lust, aus prallen Adern … Vielleicht in dem Stil.

Worauf ich hinauswill: Dir nachdrücklich ans Herz zu legen, Dich endlich der Oper zu widmen. Dies schreibt Deine Mutter, die für ihren Wowi nur das Allerbeste will.

WAHRSCHEINLICH wäre solch ein Brief ohne Antwort geblieben. Deswegen hätte Constanze aber gewiss nicht resigniert – noch entschiedener, noch gezielter als überliefert, könnte sie im Roman den

Sohn in Galizien zu animieren, zu stimulieren versuchen, diesmal indirekt – als Frau, die Fäden zieht.

Folgendes ließe sich entwerfen, entwickeln. Constanze erkundigt sich beim Neffen Anton in Lemberg, wie es dem geliebten »Wolf« geht. Zwar würden sich in dessen Briefen Beteuerungen wiederholen über sein Wohlbefinden, dennoch ihre Befürchtung, er könnte vereinsamen im »polnischen« Lemberg. Und einsam zu sein, wäre für einen aus der Familie Mozart fast das Schlimmste.

Der Neffe schreibt Tante Constanze, ihre Befürchtungen träfen nicht zu. Natürlich sei ihr Jüngster erst mal in eine Welt gekommen, in der er niemanden kannte – außer ihm, versteht sich, der sich mit Wowi mehrfach, ja vielfach getroffen, ihm in mancherlei Hinsicht geholfen, auch erste Kontakte vermittelt habe.

Einer der Kontakte jedoch habe sich ohne Mitwirken des Absenders ergeben: in Lemberg befinde sich eine von der Wiener Zentrale gut ausgestattete deutschsprachige Bibliothek, hier nehme der Wowi schon mal Einblick in das eine und andere Werk, sei so ins Gespräch gekommen mit Heinrich Brettschneider, einem Bibliothekar, der vor etwa zwei Jahrzehnten aus dem Kernland nach Lemberg versetzt worden war. Das Gespräch werde auch privat fortgeführt, mittlerweile träfen sich die beiden fast regelmäßig, spielten meist Billard. Über einen Freund nun komme man erfahrungsgemäß mit weiteren Personen in Kontakt, die wiederum zu Freunden werden könnten in wachsendem Kreis. Speziell in Lemberg wüchsen die Freundeszirkel, man müsse schließlich zusammenhalten in diesem Galizien, in dem sich der eine oder andere unter den österreichischen Beamten und Offizieren wie in der Verbannung fühle. Dieses Grundgefühl teile der Wowi allerdings nicht, dafür sei er bereits zu sehr einbezogen, ja, eingebunden. Und der Neffe grüßt die Tante, beteuert, wie gern er sie noch einmal sehen würde nach all den Jahren. Etcetera.

Constanze schreibt daraufhin dem sehr geehrten Herrn Bibliothekar Brettschneider, »per Adr. Lemberg, österr. Galizien«. Berichtet einleitend, über einen ortsansässigen Neffen, Herrn Anton Lange, hätte sie von Wolfgangs weiterhin regen Interessen Kenntnis erhalten. Dies erfülle sie als Mutter mit Zufriedenheit. Doch bleibe ein Rest Ungewissheit: Ob Wolfgang, im Namen des großen Vaters, mit gebührender Intensität das Komponieren fortsetze. Verbunden mit der Bitte um strengste Diskretion äußert sie die Vermutung, »Wolf« lasse in seinem Ehrgeiz als Komponist zu sehr nach. Er sei bereits Mitte zwanzig, da sei ein einziges groß besetztes Werk, das Klavierkonzert in C, doch etwas wenig, im Vergleich mit dem Vater, der in diesem Alter bereits eine ganze Reihe von Klavierkonzerten vorgelegt und vorgetragen habe, dazu diverse Opern. Falls dies zur Sprache komme, könnte eventuell noch dahingehend nachgehakt werden, dass Carl Maria Weber, sein Vetter, bereits mit zwei Sinfonien und drei bis vier Opern hervorgetreten sei, dass ihm zudem ein dichtender Jurist kürzlich ein Libretto vorgelegt hätte mit dem Titel »Die Jägerbraut«; es müsse da schaurig schön zugehen mit einem Schützenfest, einem Teufelspakt, einer Wolfsschlucht. Näheres sei im Familienkreis noch nicht durchgesickert, aber dies klinge schon vielversprechend, könnte denn zu einer wirklichen Herausforderung werden für ihren »Wolf«.

Damit sei auch bereits das Stichwort gefallen für eine höfliche Anfrage: Ob der Herr Bibliothekar aus dem Fundus der offenbar reich bestückten Bibliothek dem Freunde nicht einen Stoff vermitteln könne, beispielsweise aus dem karpatischen Milieu, von dem sich ihr Sohn zum Komponieren einer Oper anregen ließe. Mit der Arbeit an einer Oper könne er seine Zeit in Lemberg wohl am sinnvollsten nutzen, abgesehen vom durchaus honorigen Klavierunterricht, den er sicherlich fortsetze. Die Herausforderung speziell einer Oper indes könne verhindern, dass Wolfgang sich allzu früh bescheide.

Selbstverständlich sei nicht daran gedacht, dass der Sohn gleich mit einem fertig ausgeführten Libretto überrascht werde, es würde sicherlich genügen, ihn erst einmal in kursorischer Darstellung für ein Sujet zu interessieren. Falls dies gelinge und sich Wowi tatsächlich an die Arbeit begebe, so sei dem verehrten Herrn Bibliothekar der Dank einer alten Mutter gewiss: sie würde ihn, Erfolg vorausgesetzt, mit einem Autograph ihres verstorbenen Gatten beehren. Die Gesamtausgabe bei Breitkopf & Härtel in jeder Hinsicht unterstützend, sichte sie zur Zeit die Hinterlassenschaft; dabei könne sie leicht ein Blatt abzweigen, wohl wissend, dass das Autograph in rechte Hände gerate. In diesem Sinne grüßt Constanze Nissen, ehem. Witwe Mozart, aus Kopenhagen.

Und Brettschneider schreibt zurück: Die hoch verehrte Witwe des auch in Lemberg überaus bewunderten Mozart habe sich in der betreffenden Angelegenheit durchaus an den rechten Adressaten gewandt: er stehe in der Tat in einer fast freundschaftlich zu nennenden Verbindung mit ihrem Sohn. Zudem: Für den über die Stadt hinaus bekannten Komponisten Gallus habe er, Brettschneider, seinerzeit zwei Kantatentexte verfasst, die sich als höchst geeignet erwiesen zur Vertonung. Die Kantaten seien infolge widriger Umstände allerdings noch nicht zur Aufführung gelangt. Dennoch habe er mit dem Verfassen der Texte die äußeren und inneren Voraussetzungen zur Erfüllung des Auftrags unter Beweis gestellt.

Zum möglichen Inhalt: Was »Wolf« als Leser offenbar besonders interessiere, seien Beschreibungen von Reisen ins Unbekannte, von Begegnungen mit fremden Welten. So habe er zuletzt ein Buch über die Entdeckungsreise des Magellan gelesen – ein Interesse, das richtungsweisend werden könnte. Er werde sich in der Bibliothek umschauen nach einem Reisebericht, der eventuell noch stärker mit Fremdartigem konfrontiere. Und Heinrich Brettschneider schließt mit dem Ausdruck der Verehrung.

VERLOCKT von der Aussicht auf ein Autograph des auch in Lemberg gefeierten Wolfgang Amadeus Mozart, begibt sich Brettschneider auf die Suche und wird fündig – zumindest als Ansatz zu einer Geschichte, die er frei weiter entwickelt. Ein Opernlibretto, so könnte er in einem Folgebrief schreiben, sei die Herausforderung, auf die er schon seit längerem warte. So werde er dem Wolf bei nächster Gelegenheit den Vorschlag unterbreiten zu einer Oper, die einen verlockenden Titel erhalten könnte: »Montezuma in Berlin«. Als indirekte Anregung ein Zeitungsbericht zu einer Uraufführung in Paris: Gaspare Spontinis »Ferdinand Cortez ou La Conquête du Mexique, Tragédie lyrique en 3 actes«. Ohne nähere Kenntnis der Novität habe sich in ihm sogleich die Idee freigesetzt, die Geschichte des französischen Librettos umzukehren, das si-

cherlich nur die sattsam bekannte Geschichte nacherzähle, stattdessen diesmal eine Conquête de la Prusse ...! Der vollständige Arbeitstitel wäre denn: »Montezuma in Berlin oder Die Eroberung
Preußens«.

Solch eine Umkehrung erscheine fast als Selbstverständlichkeit in
diesem Territorium wiederholter Machtwechsel: alles mehrfach auf
den Kopf gestellt in Galizien! Womit sich denn fast von selbst die
erwünschte Akzentuierung des Projektes ergibt: Konfrontation mit
dem Fremden!

ALS ROMANAUTOR könnte ich Bibliothekar Brettschneider in eigener Sache sprechen, berichten lassen:

Ich bin gelernter Buchbinder, leite nun die von Wien unter diversen Aspekten geförderte deutschsprachige Bibliothek. Unser Mozart ist einer der Besucher und Nutzer der Einrichtung, entleiht
zuweilen Bücher und Schriften. So ergeben sich Gespräche und,
über sie hinaus, Verabredungen, dies meist zu Billardpartien in einem Nebenraum des von uns besonders geschätzten Café Imperial.
Wir spielen allerdings nie um Geld – was seinen Vater ja fast in den
Ruin getrieben hat ...

Ich muss freilich auch anmerken, dass Mozarts Lesehunger zeitweilig nachlässt. Dabei hätte man hier die Ruhe, die Muße, selbst
mehrbändige Werke zu lesen, doch er langweilt sich lieber und
klagt darüber. Nicht so hingegen bei unseren Treffen, unseren Gesprächen! Wie viele Stichworte, an die sich anknüpfen lässt. Hier
allein schon: Salzburg, Stadt seines Vaters.

Mich lockte dorthin ein Auftrag: Bücher der erzbischöflichen
Bibliothek aufzubinden. Es gibt genügend Buchbinder in Salzburg,
im Salzburger Land, auch könnten Buchbinder aus Linz und Wien
herangezogen werden, einige der hohen Herren schwören indes auf
die von mir entwickelte Bindung. Kaum einer weiß genauer, was es
mit der »Lemberger Bindung« im Detail auf sich hat, doch hat sich
unter Büchersammlern und Bibliothekaren herumgesprochen, dass
die Lemberger Bindung besonders zu empfehlen sei.

Lemberger Bindung ...? Da horchte unser Mozart auf! Aber
selbst, wenn er mehr als ein Krügerl Lemberger Bier oder ein Glas

Wiener Punsch getrunken hat, er mag nicht über seine »Lemberger Bindung« sprechen, ergeht sich beim Billard höchstens in Andeutungen, etwa: er müsse im Hause Cavalcabò über die Bande spielen. Weiter geht er nicht in seiner Diskretion, seiner vornehmen Zurückhaltung. Einmal hat er immerhin erwähnt, wenn auch beiläufig, Josephines Ehemann könnte ihr Vater sein und dass er sie letztlich nicht liebt – aber so was pflegt man in solchen Fällen wohl stets zu sagen.

Auch dies als einer der Punkte, an denen wir das Thema wechseln. Und ich komme zu sprechen auf meinen Vorschlag für eine Oper.

MONTEZUMA IN BERLIN – auf eine, wie er selbst zugeben müsse, grandiose Weise habe er, Brettschneider, das historische Spiel umgepolt: Montezuma, Ilhuicamina, lässt sich von Conquistador Cortéz nicht in die Falle locken und umbringen, er lässt sich warnen, geht zur Gegenaktion über: ein Trupp kampferprobter Azteken umzingelt die kleine Schar spanischer Eroberer, schneidet ihnen der Reihe nach die Kehlen durch – auf der Bühne etwa hinter einem Theaterprospekt mit Motiven aus Altmexiko. Die Azteken ergreifen sodann Besitz von den Helmen, Musketen, den beiden Kanonen auf Rädern, ziehen zur Küste, überrumpeln die nach ereignisleerer Wartezeit erschlaffte Mannschaft, zwingen die Seeleute in ihren Dienst, bereiten den Aufbruch vor nach Osten.

Zweiter Akt: Das Flaggschiff mit Montezuma an Bord landet im Hafen von Rostock. Während der zweimonatigen Überfahrt haben sich die Azteken in die spanischen Waffentechniken (einschließlich der Bedienung von Kanonen) eingeübt; nun kämpfen sie sich, von der Überraschung unterstützt, den Weg frei nach Berlin, setzen den König ab, Moctezuma oder Montezuma wird gekrönt, trägt fortan die Krone Preußens. Und alles am Hof, alles in der Stadt, alles im Land wird von Grund auf geändert. Das könnte in der Oper sehr direkt hörbar werden: europäisches Instrumentarium ausgetauscht gegen Spaltflöten, Felltrommeln etcetera – Herausforderung für den Komponisten! Ja, und die Amtssprache am Berliner Hof wird altmexikanisch, aztekisch. Auf Münzen nur noch das markante

Profil des Montezuma. Farbenprächtige Umzüge, von den Berlinern erst begafft, dann bestaunt, zuletzt bejubelt. Hier die verlockende Herausforderung für den Komponisten: Musik für ein Azteken-Fest zu komponieren.

Dritter Akt: Aztekische Opferriten werden auch in Berlin, in der Mark Brandenburg eingeführt, lebenden Bauernsöhnen werden auf einem Podest mit Obsidianmessern die Herzen aus den Brustkörben geschnitten, dies vor dem gemalten Theaterprospekt des Gendarmenmarkts: der Gott der Azteken soll den Herrschern auch in Brandenburg gewogen bleiben. Das rituelle Hinschlachten geht der Bevölkerung schließlich zu weit, die Stimmung schlägt um, Unruhen, Widerstand, Aufstand, in einem Hofkomplott werden Offiziere und hohe Beamte in altmexikanischer Kleidung niedergemacht, auch Montezuma wird erstochen, der preußische König wieder auf dem Thron, Azteken-Kostüme kommen in Rumpelkammern oder Museen. Die Wende könnte direkt hörbar gemacht werden: europäisches (mittlerweile verstecktes?) Instrumentarium würde erneut erklingen, mächtiger Schlusschor eines glanzvollen Finales.

Wäre dies nicht eine Oper, die starke Resonanz finden könnte in Lemberg/Lwów? Ruthenen und Huzulen, Armenier und Polen, Russen und Juden: sie alle sollen ja nun das Amtsdeutsch der Regierung sprechen. Und ruthenische Tänze übertönt von Wiener Walzern, Schalmeien abgelöst von Oboen, Rahmentrommeln von Kesselpauken? Musik aus Wien dominiert, den Machtverhältnissen entsprechend?

Und FXM – wie könnte er auf den Vorschlag reagieren? Wirklich interessant, diese Idee …? Ließe sich in der Tat umsetzen …? Man sollte ernsthaft darüber nachdenken …?

FINGIERTES PROJEKT IN DER SCHWEBE. Dagegen gesetzt ein biographisches Faktum: Franz Xaver legt im sechsten galizischen Jahr eine Komposition von hohem Anspruch vor: *Grande Sonate* für Violine und Klavier in E-Dur. Er widmet sie Josephine Baroni-Cavalcabò, kann ihr das Werk allerdings nicht gleich überreichen, der Druck wird erst während seiner großen Reise erscheinen.

Das Werk wurde für eine CD eingespielt von dem prominenten Musikerpaar Gidon und Elena Kremer. Wie bei etlichen Werken der Musikgeschichte gibt es auch eine Version in anderer Besetzung: für Violoncello und Klavier. Mit Opus 19 hat Franz Xaver Mozart seinen Höhepunkt erreicht als Komponist. Nachhaltig eindrucksvoll der zweite Satz, Andantino espressivo, gleichrangig die Ecksätze. Mein Favorit unter den Kompositionen des Franz Xaver Mozart. Offenbar auch unter Cellisten: hier liegen immerhin drei Einspielungen vor auf Tonträgern.

FRAU LEGATIONSRÄTIN NISSEN hat sich mittlerweile drei große Ziele gesetzt. Erstens: den Wowi aus dem »garstigen Lemberg« zurückholen, indem sie ihm eine feste Anstellung vermittelt, etwa als Kapellmeister.

Zweitens: Nissen dazu motivieren, eine Biographie über Mozart zu schreiben, ihn dabei unterstützen mit Auskünften, Berichten, der Vorlage von Briefen.

Drittens: die Vollendung der Gesamtausgabe der Werke ihres verstorbenen Mannes bei »Breitkopf et Härtel«.

Bereits ab 1798 erschienen in der Kooperation (»Sozietätskontrakt«) der Verleger Gottfried Christoph Härtel und Christoph Gottlob Breitkopf die Hefte der »Œuvres complettes, correcte und vollständige Sammlung«. Die Compagnons hatten bei Constanze angefragt, ob sie noch »ungestochene echte Kompositionen« Mozarts besäße. Die stellte sie gern zur Verfügung. Generell bestand sie darauf, dass vor der Edition alle bereits vorliegenden Notendrucke mit Original-Handschriften verglichen würden.

Wie resolut Frau Constanze sein konnte, zeigt ein Zitat aus ihrem Korrespondenz-Tagebuch. »An Dr. von Feuerstein einen recht derben Brief geschrieben und abgeschickt, ihm gesagt: dass ich mich nicht mehr bei der Nase herumführen lassen will, und wenn er mir in Zeit von 3 Wochen meine Geschäfte nicht erledige, ich ihn ohne Gnade gerichtlich verklagen werde.«

LEMBERG: Der Tag aufgeteilt in Unterrichtsstunden, und der hochgeschätzte Klavierlehrer Mozart zog von Haus zu Haus – da waren die Wege nicht weit, die meisten Schülerinnen und Schüler aus besseren Kreisen wohnten ohnehin im Marktplatzkarree und in nahen Straßen ebenfalls bester, zumindest guter Lage. Während er, Notenmappe unterm Arm, dahineilte, holte ihn, so der Romanautor, zuweilen der Gedanke ein: Die Zeit nutzen, endlich wieder, um zu komponieren. Doch wenn er mehrere Stunden am Tag Klavierunterricht erteilt hatte, war er abends nicht mehr in der Stimmung, zu komponieren, und an Sonntagen, Feiertagen verließ ihn die Lust. Überwog Schlafsucht? Ging er lieber kegeln?

NEUER ANSATZ! So viele Kirchen in Lemberg, sogar eine Kathedrale: Warum schreibt er keine Kirchenmusik? Eine Sonata di chiesa für Violine und Orgel, zumindest für Violine und Rückpositiv? Da hätte er schönste Aufführungsmöglichkeiten mit passendem Raumklang. Ihm stünde sicherlich die Michaelskirche offen, zweitürmig auf der Anhöhe: hohe Kuppel, barocker Hochaltar ... Stuck, Stuckmarmor, Marmor ... Oder die Kirche des Bernhardinerklosters: riesige Pfeiler der Basilika ... fünfzehn Altäre mit barockem Schnitzwerk ... Putti, Atlanten, Karyatiden ... Schriebe er ein Werk von größerer Klangpracht, so könnte sich ihm eine Kirche mit entsprechender Raumpracht öffnen, die Dominikanerkirche mit Schnitzwerk und Schmiedewerk, mit Gemälden al fresco und in Öl. Und würde er eine Messe komponieren, so könnte sich womöglich die Kathedrale des heiligen Georg auftun: Rocaillen, gedrehte Säulen ... Glorien, Gloriolen ...!

UND JOSEPHINE, DIE GRÄFIN? Als Biograph kann ich kaum etwas über sie in Erfahrung bringen, als Romanautor jedoch könnte ich sie zu Wort kommen lassen. Und sie erzählt nach einer der Klavierstunden von einer Lektüre, die sie »bis ins Innerste« erregt hat. Ja, geheime Regungen, die in der Lebensgeschichte einer Dichterin zum Ausdruck kommen!

Louise Brachmann, große Liebende, tief Enttäuschte ... wurde von Männern nicht hinreichend beachtet, weil sie klein und ein wenig verwachsen war ... spürten nicht die Glut in dieser Frau ... hörten nicht auf ihre Beschwörungen der großen, der reinen Liebe

… Liebe als höchste Emanation, als kosmisches Prinzip … dies in einer Welt der Lieblosigkeit … Gedichte über Liebe und das Scheitern der Liebe … Doch auch über Erfüllung … Gedicht vom Knappen auf dem Rappen: sitzt ab vor dem Haus der Angebeteten, will sie abholen zu gemeinsamem Ritt in gemeinsame Zukunft, zieht die junge Frau an sich heran, sie widerstrebt, gibt nach, er küßt sie aufs Auge, das getrübte Auge wird gleich wieder hell, Gedankenstrich, Gedankenstrich, der Rappe steht die Nacht über vor dem Haus, stampft, stampft, bis der Morgen dampft! Ja, stampft bis der Morgen dampft … Rappe stampft, Morgen dampft … Da lacht, ja, lacht die Aue. Wenn das kein Gedicht ist …! Bietet sich doch geradezu an zur Vertonung!

Und wie viele Gedichte stellen sich diesem Poem zur Seite! »Lass stürmen hin, lass stürmen her / Mein Herz und zage nicht!« Ihr Lebensthema auch als unser aller Thema: Verlangen nach Liebe … Traum von der großen Liebe … Liebe hoch über aller Liebelei … Liebe der Liebenden, nicht bloß der Liebhaber …

Diese Frau suchte Liebe, beschwor Liebe herauf in zahlreichen Gedichten, wie sie auch Schiller gefielen, der einige von denen in seiner Zeitschrift druckte. Schiller bewunderte die kleine Frau, wie schon der junge Dichter Novalis sie bewundert hatte, in Weißenfels, wo sie Nachbarn waren. Doch Liebe wurde wieder und wieder zur Enttäuschung, die Enttäuschung wurde zum Schmerz, der Schmerz zum Leid, das nicht von ihr weichen wollte, sich in ihr festfraß. »Ach, so jung noch, schon entrissen / Allem, was uns selig macht … Einsam durch des Lebens Nacht …« Schwermut, anhaltende Schwermut. »Ihr Brief atmet eine so schwermütige Gemütsstimmung«, schrieb Schiller, und das Schlimmste kam erst noch: Eine besonders schmerzhafte, von ihr aber verschwiegene Erfahrung zwang sie ins Bett, im Haus der Eltern in Weißenfels, und als sie sechs Wochen später genesen schien, vom Vater durch den Flur geleitet wurde, da, plötzlich, lief sie los, sprang durch ein Fenster, aus dem zweiten Stock, prallte freilich, was den Sturz erheblich dämpfte, auf ein Vordach, rollte ab, fiel in den Hof, blieb liegen, bewusstlos, blutend, wurde von den Eltern gepflegt, genas wieder. Und es zogen, Napoleon voran, französische Truppen durch Weißenfels im Jahr der Schlacht von Jena, es wurde ein Lazarett errichtet in der kleinen Stadt, Louise, dreißigjährig, verliebte sich in einen jungen Offizier »de santé«, doch es stellte sich heraus, er war verheiratet, zog ohnehin weiter mit dem Tross des Heeres, ließ die unglücklich Liebende, die Verzweifelte zurück. »Mein Liebster ist gezogen / Wohl in ein fremdes Land ...« Ihr Bruder versuchte zu helfen, vermittelte einen gleichaltrigen Mann, den aber stieß sie zurück, zeigte dabei die Grausamkeit einer Tigerin – so hat sie selbst das eingestanden. Und es kam, ein halbes Dutzend Jahre später, zur Völkerschlacht, sie half mit in einem Lazarett, verliebte sich in einen spanischen Offizier, der jedoch erlag einer der kursierenden Krankheiten, sie steckte sich ebenfalls an, ein »Nervenfieber«, eine Zeit lang ging es auf Leben und Tod, doch sie genas. Und es tauchte, Jahre nach dem Krieg, ein ehemaliger Offizier auf, hatte noch eine Kugel in der Brust, wollte Schauspieler werden, Goethe gab ihm eine Chance, das Ensemble ebenfalls, doch er verspielte sie, hatte keine Fortune, wurde geachtet, aber nicht gefeiert, verließ die Stadt. Damit ging diese leidenschaftliche Beziehung ebenfalls in die Brüche, dies vielleicht auch, weil sie zu jener Zeit bereits 43, er hingegen erst 25 war. »Obgleich unglückliche Liebe dich in den Wogen begrub / Lebt doch der Name nach dir.«

Sie floh zu Freunden in Halle, zu Schütz (der später eine Auslese ihrer Gedichte in zwei Bänden herausgibt): Schwermut, unheilbare Schwermut. »Zerstreu, zerstreu die Perlen, und zerreiß die Kränze!« Unbemerkt verließ sie eines Abends das Haus, bei einer Steinmühle an der Saale wickelte sie eine Schnur mehrfach um einen schweren Baustein, band sich den an den linken Arm, verzurrte ihn mit dem Oberkörper, ging ins Wasser, nachts, wurde Tage später erst aufgefunden, schlimmer Zustand einer Wasserleiche.

Es war nicht bloß eine unglückliche Liebe, die sie in den Tod trieb, es war das Unglück der Liebe schlechthin, die größer ist, als enge Verhältnisse es zulassen. Sie folgte dem Beispiel der (von ihr hymnisch gefeierten) Sappho, die sich vom leukadischen Felsen ins Meer stürzte. In Nachrufen wurde die Brachmann als »unglückliche Sängerin der Liebe« bezeichnet.

Bei solchen Nachrufen allein darf es nicht bleiben, Louise Brachmann muss wieder gegenwärtig werden, als Person, mit dem Werk, und Sie, Mozart, sind dazu aufgerufen, sind dazu berufen, sie durch die Vertonung einer Auswahl ihrer Gedichte wieder in die Gegenwart zu holen.

FXM könnte überraschend spontan reagieren. Ich flehe Sie an: keine Gedichte! Ich hege eine heftige Abneigung gegen Gedichte. Ich will Ihnen auch gleich verraten, warum: Wir werden von Gedichten förmlich überschüttet. Man könnte auch sagen: Wir werden von Gedichten sturzbachartig unterspült. Mit wiederum anderen Worten: Es wüten wahre Gedicht-Epidemien. Wo man auch hinschaut, wo man auch hinhört: es werden Gedichte ausgeheckt, ausgebrütet – landesweit, europaweit, womöglich weltweit. Wenn das so weitergeht, wird die literarische Welt mit Gedicht-Erstickung zu kämpfen haben, sie könnte einen Gedicht-Kollaps erleiden. Wenn Sie wirklich mein Interesse an der armen, in die Saale gegangenen Dichterin wecken wollen – halten Sie mir erst mal die Gedichte vom Leibe! Keine Gedichte, ich beschwöre Sie, nur ja keine Gedichte!

GLEICH AM NÄCHSTEN TAG könnte FXM einen Brief schreiben, den er Josephine zusteckt nach erneuter Liedbegleitung.

Während ich Ihnen schreibe, mache ich mir bewusst, dass ein Buchhändler bei mir am Taufbecken gestanden hat, denke ich an all das Geschriebene, Gedruckte, das ich unter diesem Vorzeichen lese – noch ist es wenig, viel zu wenig im Vergleich mit allem, was gedruckt vorliegt. Schließlich wird hier in Europa seit mindestens tausend Jahren für die Öffentlichkeit geschrieben, oder lassen Sie es, mit Blick auf Homer, zweitausend, dreitausend Jahre sein. Was ist in diesem Zeitraum nicht alles gedichtet worden – denken Sie allein an Cervantes, denken Sie an Shakespeare … Und nun lassen Sie es mit dem Schreiben, dem Dichten, dem Drucken nochmal zwei-, dreitausend Jahre so weitergehn: mit jedem Buch wird eine Satzmasse über eine andere, vorliegende Satzmasse geschwemmt oder geschoben, und rasch verhärtet sich das zum Schichtgestein, Sedimentgestein. Brettschneider, unser Bibliothekar, im Basso continuo: Wie soll er noch unterbringen, was an Bücherballen von Wien hierher verfrachtet wird? Bücher, Bücher, Bücher gereiht … lückenlos … immer höher … Bücher in wahren Bücherwänden …

Und nun denken Sie weiter: Bücherwände werden zu wahren chinesischen Büchermauern, wenn es 10000 (ausgeschrieben: zehn-tau-send) Jahre so weitergeht, und aus zehntausend Jahren anhaltender literarischer Produktion und Tradition werden womöglich hun-dert-tau-send Jahre? Da wird selbst die chinesische Büchermauer in sich zusammensacken.

Was dann?! Ich bin sicher: Man wird diejenigen feiern, die darauf verzichtet haben, ein weiteres Buch herauszugeben oder gar zu verfassen, und diejenigen, die nicht weitere Notendrucke auf Notendruckstapel gelegt, und diejenigen, die nicht weiterhin Bilder und Plastiken in Ausstellungssäle und Kellermagazine getragen, verfrachtet haben. Wenn ich bloß schon dazu beitragen könnte, dass die Selbsterstickung nicht potenziert wird, man noch einigermaßen frei atmen kann, so wäre ich beinah zufrieden mit mir.

NACHTRAG, NICHT ABGESCHICKT. Das ist in den Künsten ja nicht wie in der Natur, von der die Künste lernen: Jedes Jahr verschwindet genau so viel Herbstlaub wie jedes Jahr an Herbstlaub hinzukommt. Sollte die Natur, im Gegenzug, den Künsten mal etwas abgucken, zumindest unsrem Umgang mit Kunstwerken, so könnte es in der Welt bald ganz anders aussehn, dies schon im Verlauf eines Menschenalters: Da wächst die Laubschicht in den Wäldern unaufhaltsam an, da stehen Laubbäume schließlich bis zur Mitte in Laubmassen, die Buschwerk und sonstige Pflanzenwelt unter sich ersticken. Und man kann noch erleben, wie Laubmassen die Höhe von Baumkronen erreichen, die Wipfel – alles darunter endgültig erstickt. Selbst Nadelwald ist dann keine Rettung mehr, Laubmassen hereingeweht bei Frühjahrsstürmen, Herbststürmen. Und Laubmassen hinausgewirbelt auf Feldflächen, der Kampf der Menschen gegen das Laub ließe sich nur als »verzweifelt« bezeichnen. Stürme als Laubstürme, sie verschonen Dörfer schon gar nicht, Städtchen und Städte schließlich auch nicht mehr, Laub beginnt die Welt zu beherrschen, zumindest die europäische – die afrikanische Welt wird weithin ausgespart bleiben, bis auf Gebiete mit Regenwäldern. Regenwälder auch in Australien, Regenwälder erst recht in Südamerika: eigentlich jetzt schon in sich erstickende Wälder mit all ihrem Wuchergrün. Ja, und dann gibt es noch die kanadischen Laubwälder, also auch dort: Laubschichten auf Laubschichten, die werden hochgewirbelt zu Laubstürmen, herniedersinkende Laubmassen ersticken, ersticken – wie soll man sich von dieser Vorstellung befreien?

MITTE DEZEMBER 1818 spielte (und leitete) Franz Xaver Mozart in Lemberg sein zweites Klavierkonzert. Was dabei noch fehlte, war ein langsamer Mittelsatz.

Die fragmentierte Uraufführung fand statt in einem Programm-Potpourri, wie üblich zusammengestellt vom »Konzertgeber« (und das war damals fast immer der Virtuose selbst). Der trug generell die Verantwortung – und das eventuelle Risiko, finanziell. Er hatte aber wiederum Anspruch auf den Löwenanteil des möglichen Reingewinns – nach vorheriger Absprache mit den Mitwirkenden, die fairerweise auf eigenes Honorar verzichten sollten. An der Miete für den Saal freilich kam kein Veranstalter vorbei.

Die Programmfolge wurde von einem Korrespondenten dokumentiert und kommentiert in der Wiener »Allgemeinen musikalischen Zeitung«.

»Bevor Hr. *Mozart* (Sohn) von hier aus seine Kunstreise nach *Russland* usw. unternahm, wollte er uns noch ein Andenken durch ein von ihm am 17. Dez. gegebenes Konzert zurücklassen, welches um 5 Uhr im Redouten-Saale stattfand.

Vorkommende Stücke waren: 1. *Ouverture* aus *Così fan tutte,* von *Mozart* dem Unsterblichen (matt gegeben).

2. *Duetto* aus *Ines de Castro* von *Nasolini.* (Machte nicht die erwünschte Wirkung.)

3. Ein *neues* Konzert für das Hammerclavier aus Es, gesetzt und gespielt von dem Konzertgeber. (Es mag, näher betrachtet, seine Verdienste haben, aber es ließ kalt. Woran dies eigentlich liegen möchte, lassen wir – aus Achtung gegen den Namen *Mozart* – ungerügt.)

4. *Cavatina* von *Rossini* (recht brav vorgetragen).

5. *Variationen* über ein russisches Thema von *Baillot* aus d-moll, konnte nur durch Herrn *Lipinskis* mannigfaltiges, meisterhaftes Spiel gefallen. Wer hätte wohl sonst 15 bis 18 Variationen in Moll gelassen und mit Vergnügen anhören können?

6. *Hummels Rondo* für das Hammerclavier mit Orchesterbegleitung, von Herrn *Mozart* gut vorgetragen.

7. Das Finale aus *Così fan tutte* hätten sich die sonst geehrten Theater-Sänger und Sängerinnen füglich ersparen können, da es nur auf der Bühne, mit Handlung verbunden, Effekt machen kann. Es missfiel daher auch.«

Erfreulich waren eigentlich nur die Einnahmen für den Konzertgeber: 1700 Gulden konnte FXM (bei entsprechend hohen Eintrittspreisen) in diesem Benefizkonzert verbuchen.

Diesem Ertrag entsprächen heute, bei günstigem Kurs, etwa 44 000 Euro. Damit war die Finanzierung der geplanten »Kunstreise« gesichert.

DIE ZWEIEINHALB JAHRE LANGE REISE wurde von Mozart in einem Brieftagebuch dokumentiert. Die erste Station der Reise jedoch, ein Abstecher ostwärts, bleibt ausgespart: Kiew.

FXM wird mit einem Lohnkutscher gereist sein: mit Sicherheit ein Jude. »Lemberik« als »schtut met jidn«. Juden mit Stirnschachtel, Armriemen, Gebettuch über den Schultern: stehen auf der Straße, nach Osten gerichtet, lassen sich durch nichts beirren, schon gar nicht durch ruthenische Flüche. Juden in Kaftanen vor ihren Lädchen. »Jankel, gib dem Schejgizl a Boch in die Plejzis, er soll nicht sprechen aso einen Schmus!«

Und nun: ein Kutscher namens Mechel oder Froike – der Viehhandel in Galizien und das gesamte Fuhrwesen in jüdischen Händen. Also wird FXM auf der Reise nach Russland erst einmal von jiddischen Sprachklängen begleitet: Komponente im vielstimmigen galizischen Sprachraum – es wird polnisch gesprochen, russisch, ruthenisch (ukrainisch), auch ungarisch, rumänisch, auch armenisch, bulgarisch, türkisch. Und huzulisches Ruthenisch, und Deutsch mit österreichischer Klangfärbung.

Was nun FXM vom jüdischen Lohnkutscher aufschnappen könnte: »Dos is geschribn geworn, ukrain, Krejtschmann: Jitzchaq-Abraham-Krejtschmann, das is majn fater, das is sajn fater, das is majn oberfater. Un hir is bagrabn majn muter, hir is bagrabn majn obermuter, in dise, was ich hob ajch erzejlt, bagrabn. Dort is schejn natur, sejr schejn, es sejn wajntraubn, schejn, grosse berg, sejr schejn …«

WIE REISEN DAMALS VERLIEFEN, das lässt sich nicht mehr nachvollziehn. So adaptiere ich einen Briefbericht des Bruders Carl über eine Reise, die erst nach dem Tod des Franz Xaver stattfinden wird, die dennoch, bei den damals sehr langsamen Veränderungen, in unseren Kontext passt – Ortsnamen bleiben ausgespart.

»Die Reise war mit großen Unannehmlichkeiten verbunden, deren eine hauptsächlich darin bestand, dass man uns einen der elendesten aller möglichen Beiwagen zugeteilt hatte, welcher mich oftmals in eine so ergrimmte Wut versetzte, dass ich ihn gerne zu einem Autodafé verdammt haben würde. – Da war keine Möglichkeit, [uns] gegen das Eindringen, durch alle Öffnungen und Ritzen unseres Rumpelkastens, der heftig wütenden Sturmwinde zu schützen – erstarrt vor Kälte langten wir am folgenden Morgen vor Tagesanbruch in X. an, allwo gleichfalls der heftige Sturmwind uns nachgefolgt war, und wir in ungeheuer große, einer Reitschule ähnelnde, im obersten Stockwerke gegen die Nordseite gelegene Zimmer einquartiert wurden, in welchen eine so furchtbare Kälte herrschte, dass selbst der NN – ein bloß 28-jähriger junger und starker Mann – nicht lange Zeit darin auszuhalten vermochte. Dieser Nerven erschütternde Wind folgte uns über den X., allwo wir sodann von Regengüssen empfangen wurden, die mit gleicher standhafter lästiger Treue uns begleiteten. – Wir setzten die Reise ununterbrochen auch durch die 4 Nächte fort, und in den zwei letzten Tagen war uns nicht einmal die Zeit zu einem Mittag- oder Abendmahl gestattet, sondern mussten uns mit einem erbärmlichen Zichorienkaffee begnügen, weil in Folge der schlechten Wege und des Phlegmas der Postillione wir uns gar sehr auf der Reise verspätet hatten.«

ROMANGERECHT: die Fahrt nach Kiew weithin als Winterreise. Von Schnee bedeckte Ebene, da könnte auch FXM das Wort »Leichentuch« einfallen, alles bedeckend, weiß, weiß, weiß. Von Schnee verdickte Bäume, von Schnee nachgeformte Dachschrägen. Schnee, so weit das Auge reicht, aber es reicht nicht weit: beinah waagrecht wird Schnee über die Schnee-Ebene herangeweht, verwischt Landschaft wie Ortschaft jenseits der Häuser und Bäume an der Straße, die sich kaum noch abgrenzt von unsichtbar gewordenen Feldern. Schnee lässt kaum noch sichtbare Veränderung zu, was sich bewegt, scheinen allein Schneeflocken zu sein, vorbeigewirbelt. Gefühl von Stillstand, ja von Vergeblichkeit in der Schneeverwirbelung, wäre da nicht das Gefluche eines Froike oder Joine auf dem Bock, das Schaukeln der Kutsche, wären da nicht die unaufhörlichen Stöße – noch polstert der Schnee nicht genügend ab. Wann aber müssen die Räder durch Schlittenkufen ersetzt werden?

MOZART AUF DER REISE NACH KIEW: Zwei Monate dürfte er unterwegs sein zwischen Lemberg und der Stadt, in der ein Konzert stattfinden soll, das erst mal terminiert, organisiert, arrangiert werden muss, und dies in fremdem Sprachraum. Oder verstehen die Personen, mit denen er zu tun haben wird, genügend Deutsch oder Französisch? Drei Monate, grob geschätzt, für ein einziges Konzert, und – wenn es gut geht – mit einem Anschlusstermin.

Ein Vierteljahr! Dabei konnte der Reisende kaum damit rechnen, viel älter zu werden als sein Vater, in jener Ära lag bei 40 Jahren demographisch-statistisch die Obergrenze. Doch offenbar klaglos wurden bei kürzerer Lebenszeit erheblich längere Reisezeiten in Kauf genommen – im Nachhinein eher achselzuckend vermerkt, falls das Konzert ein Misserfolg wurde.

DER VIRTUELLE BIOGRAPH VERSUCHT, sich in Beziehung zu setzen zur Figur, deren Weg er verfolgt. Eigentlich müsste etwas einwirken auf das eigene Lebensgefühl, solange man sich das Leben eines Menschen einer vergangenen Ära zu vergegenwärtigen versucht – Rückwirkung per Osmose?

Die offenbar große Geduld des Franz Xaver Mozart auf Reisen: es sind kaum Klagen überliefert zu Störungen des Reiseverlaufs etwa durch Radbruch oder Achsbruch – bei den großen Entfernungen mehr als wahrscheinlich. Erzwungene Aufenthalte während der Reparaturarbeiten: herumspazieren? Lesen? Schlafen? Karten spielen mit anderen Reisenden? Kaum Aufbegehren, eher Gelassenheit.

Kann der Biograph hier etwas übernehmen, sich zu eigen machen? Beispielsweise konfrontiert mit der Ankündigung einer größeren Zugverspätung, definiert als Störung im Betriebsablauf? Und man sagt sich, auf einem Bahnsteig oder in einer Halle auf und ab gehend: Lass dich nicht anstecken vom vielerörterten Zeitphänomen Beschleunigung, die Lebenserwartung hat sich verdoppelt seit der Zeit der Mozarts, also nimm's gelassen.

Doch die Erregung lässt sich nicht niederreden, kleinreden, nicht einmal unter wiederholtem Hinweis auf FXM. Dessen anderes Zeitgefühl, dessen anderer Umgang mit Zeit lässt sich leicht beschreiben, aber nur schwer übertragen. Verzögerte Ausfahrt des Zuges, wegen eines Stellwerkschadens, und Ungeduld siedet hoch. Aufenthalt von einer Stunde an einer Stadtgrenze wegen einer Weichenstörung, und Ungeduld will sich Luft verschaffen in Klagen oder Schimpfen. Was hilft da ein FXM am Bewusstseinshorizont, ein Mozart etwa auf der langen, strapaziösen Reise nach Kiew? Keine sedierende Rückwirkung.

Es bleibt dabei: Unterschiedliche Lebensformen, Bewusstseinsmuster werden deutlicher im Kontrast. Hingegen will Osmose von Lebensgefühl kaum gelingen. Hier lässt sich höchstens simulieren, nicht jedoch adaptieren.

FRÜHJAHR 1819: Franz Xaver Mozart bricht auf zur großen »Kunstreise«, der Konzertreise.

Alle Voraussetzungen für eine europäische Karriere scheinen gegeben, zumindest theoretisch: er kann sich auf Englisch, Französisch, Italienisch verständigen; als Pianist ist er virtuos; als Komponist hat er musikalische Entwicklungen seiner Zeit mitvollzogen. Dennoch, zwischen Erwartung und Erfüllung klafft Diskrepanz.

So nutzt er nicht die Zeit zwischen Russlandreise und Tournee, um das Klavierkonzert zu komplettieren, mit dem er sich als Komponist in Erinnerung rufen, ja, durchsetzen will. Er hat zwei Konzerte des Vaters im Programm, bietet Lied- und Arienbegleitung an und, als Hauptstück seiner Präsentation: dieses zweite Klavierkonzert. Was er vortragen wird, sind aber lediglich die Ecksätze – erst ein Jahr nach Beginn der Reise komponiert er den Mittelsatz. Dies in Wien, wo die Reise zu Ende geht. (22. April 1820: »Ich komponierte heute ein Andante zu meinem Konzert, und war daher beinah den ganzen Tag zu Hause.«) Auf einen besonders guten Einfall muss man schon mal einige Zeit warten, keine Frage, ich denke nur: Es war beinah fahrlässig, eine Konzertreise zu unternehmen, auf der man sich auch als Komponist präsentieren will, und man hat nur zehn Jahre alte »Variationen g-moll über ein russisches Thema« einstudiert und ein rudimentäres Klavierkonzert.

VON SEINER KUNSTREISE erstattet FXM Bericht im sogenannten Reisetagebuch, das überwiegend aus brieflichen Mitteilungen an »J« besteht: »Meine Geliebte, meine Jusza«. Eine Liebe, die vorerst geheimgehalten werden muss. Doch er soll selbst berichten.

»Ich musste mich sehr zusammennehmen, um mich von meinen Gefühlen nicht übermannen zu lassen. Zu Hause angelangt, war ich wie betrunken; wie hätte ich hoffen können, in dieser Stimmung Ruhe finden zu können. Ich legte mich gar nicht zu Bette, sondern schrieb, als ich das Nötigste berichtigt hatte, jenen Zettel, von dem ich dazumal noch nicht wusste, wie ich Dir ihn zustellen sollte. Den übrigen Teil dieser langen Nacht brachte ich mit stillem Hinbrüten über mein trauriges Schicksal zu. Wie sehnlich wünschte ich, krank, recht krank zu werden, denn ich sah zu wohl ein, dass nur dies mich vor Trennung retten könne. Als kaum der Tag zu grauen begann, ging ich aus, und fühlte mich wirklich erleichtert, denn ich war Dir, war meinem einzigen Glücke um einige Schritte näher. Ich blieb unter Deinem Fenster stehn und blickte sehnsuchtsvoll hinauf, es schien mir, Dich seufzen zu hören! Doch immer lebhafter wurde die Straße; ich gab Dir das verabredete Zeichen, und Du erschienst, mich noch einmal Trost aus Deinen holden Zügen saugen zu lassen. Ich konnte mich von diesem Anblick nicht losreißen, und erriet sogleich, als Du Dich entferntest, dass Du mir noch ein paar Worte schreiben wolltest. Ich setzte mich und dachte [sann] auf Mittel, Dir meinen Zettel sicher zustellen zu können. Da waren aber keine aufzufinden. Ihn allenfalls an einem Bindfaden hinaufzuziehen, machte zu vieles Aufsehn. Voll Trauer über meine fehlgeschlagene Hoffnung sah ich auf zu Dir, und Du warst schon mit Deinem lieben, lieben Zettelchen am Fenster. Tausend Dank, Geliebte meiner Seele, nie werde ich ihn [den Zettel] von mir lassen, immer Trost darin suchen und finden. – Ich musste gehn, um nachzusehn, was zu Hause vorging, und versprach Dir nochmals, zu kommen. Ich kam und untersuchte, ob die Türe [zu ihrem Hause] noch versperrt, und, Gott sei Dank, sie war schon offen. Ich hatte schon früher die Rolle mit Noten zu mir gesteckt, um einen Vorwand zu haben, im Falle mich jemand sähe. Ich kam hinauf, drückte Deine Hand noch einmal an meinen Mund, fühlte noch einmal Deine Lippe an der meinen, und war glücklich. Nun ging ich wirklich fort. Wie schwer war dieser Gang, unzählige Mal sah ich mich nach Dir um, und sah Dich endlich nicht mehr, um Dich so lange nicht mehr zu sehn. Oh meine Seligkeit, nie, nie werde ich Dich verlassen, zu fest ist Dein Schicksal an das meine geknüpft. – Zu Hause war alles schon in Bereitschaft, und ich fuhr fort; fuhr noch einmal an Deinem Hause vorbei, doch Du warst nicht mehr zu sehen.«

UND WER IST DIE GELIEBTE? Die Chiffre »J« wird entschlüsselt: eine Jusza, Juszenka – polnischer Kosename für Josephine. Welche Josephine könnte das sein? Etwa Josephine Baroni-Cavalcabò? Hier hätte ich als Biograph erhebliche Bedenken. Einer verheirateten Frau, Mutter von zwei Töchtern, in angesehener gesellschaftlicher Position, ihr würde er wohl kaum schreiben: »Weiß ich doch jetzt, dass Du mich liebst, dass Du nur für mich lebst.« Und ein Bekannter soll ihr auch noch ein Paar Schuhe überbringen! »Ich bin so glücklich, wenn ich mich für Dich beschäftigen kann; ich möchte es so gerne mein ganzes Leben durch tun. Es kann keine schönere

Bestimmung geben, als für Dich zu sorgen, nur für Dich sorgen zu dürfen. Wann wird sie wohl kommen, diese so sehnlich erflehte Zeit?!«

Und weiter, in diesem Ton: »Jawohl, meine Geliebte, es ist recht unglücklich, dass zwei Seelen, die kein Glück als ihre Liebe kennen, die nur füreinander geschaffen sind, sich so harten Prüfungen unterwerfen, so lange getrennt leben müssen. Wenn ich Dich nur überzeugen könnte, dass ich, auch entfernt, nur Dir lebe, nichts denke noch fühle als Dich, dass ich nur den Augenblick segne, der uns wieder vereinen wird. Nur Vertrauen auf mich, mein geliebtes Weib, nur Vertrauen auf meine Liebe, die gewiss alles anwenden wird, diesen seligen Augenblick, so bald als es nur möglich ist, herbeizuführen.«

Er könnte der Gräfin auch kaum Folgendes schreiben: »Glaube, dass Du nie Ursache zu bereuen haben wirst, Dich nur an mich geschlossen zu haben.« *Nur an ihn* – im Hause Cavalcabò gab es immerhin den Eheherrn, dem sich Josephine angeschlossen hat. Und schon gar nicht würden zur Dame im hohen Hause folgende Sätze passen: »Ja, Du musst und kannst nur alles um Dich beglücken, und bist doch selbst noch so kärglich bedacht. Wird es einmal besser werden, und bin ich es wert, werde ich im Stande [sein], Dir zu ersetzen, Dir zu vergelten [entgelten]. An meinem Willen soll es wenigstens gewiss nicht fehlen. – Mögst Du bis zu meiner Rückkehr so ruhig als möglich leben, und möge das Land den erwünschten Einfluss auf Deine Gesundheit haben.«

Hier passt nun rein gar nichts zur Gräfin Baroni! Die lebt wahrlich nicht in »kärglichen« Verhältnissen – als Aschenputtel, aus dem Prinz Xaver sie befreien müsste. Die Dame in der Stadtresidenz muss auch nicht auf dem Lande Ruhe und Gesundheit suchen, womöglich in Zolkiew (Name eines etwa zwanzig Kilometer nördlich von Lemberg liegenden Dorfes, mit dem sich für J. und FX offenbar schöne Erinnerungen verbinden). Die Frau seiner Liebe, sie lebt in offenbar bescheidenen Verhältnissen. Und scheint, als junge Frau in heiratsfähigem Alter, von der Familie bewacht zu werden – sonst hätte der Abschied nicht derart konspirativ ausfallen müssen.

Und, nebenbei: Die Gräfin aus Italien hätte wohl kaum den polnischen Kosenamen akzeptiert, schon gar nicht als Gemahlin eines Regierungsrats im österreichischen Kronland, sie hätte eher auf »Giuseppina« gehört (so Carl Mozart). Nein, eine liebe, kleine Juszenka war sie nicht!

Noch ein Punkt von Relevanz: Im späteren Verlauf der Reise wird Franz Xaver der Mutter von seiner »J« erzählen und damit spontan Sympathie erwecken. Constanze schließt die Unbekannte ins Herz, weil die ihren Sohn liebt, wie er sie liebt. Die Reaktion der Mutter fiele gewiss anders aus, würde der Sohn berichten, er sei in eine verheiratete Gräfin verliebt, Mutter zweier Kinder. Selbst, wenn das noch so dezent angedeutet würde, Constanze würde eher so reagieren: »Bub, bist narrisch?! Daraus kann doch niemals im Leben was werden! Der alte Herr wird sich wegen dir nicht scheiden lassen. So eine jüngere Frau, wo seine Tochter sein könnte, ist eine Zierde für einen Herrn von so hohem Rang. Wahrscheinlich ist die Josephine auch pekuniär von ihm abhängig. Den Lebensstil, den so eine Gräfin gewohnt ist, den kannst ihr doch nie und nimmer verschaffen. Oder willst von ihr ausgehalten werden? Schlag dir das aus dem Kopf, Bub, daraus kann nix Gescheites werden, damit machst dich bloß lächerlich. Keine Familie, die was auf sich hält, wird dich als Musiklehrer ins Haus nehmen, wenn sich sowas herumspricht, das hast dir dann gründlich verdorben. Mit so einer Gschichtn darfst mir nicht kommen …!«

DAS SÄHE ICH ALS ROMANAUTOR GANZ ANDERS! FXM liebt eine »J«, eine »Josephine«, und es wäre äußerst unwahrscheinlich, wenn es neben Josephine Baroni-Cavalcabò eine zweite Josephine für ihn gäbe im (damals) überschaubaren Lemberg. Die Josephine, die er liebt, ist seine Schülerin, in den Fächern Gesang und Klavier – etwa in zweifacher Erscheinungsform?

Blick voraus in die nähere Reisezukunft. Der Pianist lernt eine Dame kennen: »Sie steht hier im Rufe einer ausgezeichneten Klavierspielerin; ich habe sie aber ziemlich schwach gefunden. Keine Seele, und nicht selten kleine Falschheiten erlauben gar keinen Vergleich mit meiner geliebten Schülerin.«

Die schreibt ihm, sie hätte vor Publikum »besonders schön« gesungen. Da fügt er in Klammern bei: »Ich hörte Dich nie anders singen.«

Kommt ein weiterer Punkt hinzu! Mai 1820 schreibt FXM seiner J.: »Ich liebe Dich noch so einzig, so rein, so heilig wie vor sieben Jahren.« Das muss demnach 1813 gewesen sein. Genau in diesem Jahr wurde er Lehrer im Hause Baroni-Cavalcabò.

Indizien …! Die Frau seiner Liebe kann wohl nur die Cavalcabò gewesen sein. Höchst unwahrscheinlich, dass er eine zweite Josephine in den Fächern Gesang und Klavier unterrichtet hätte, und noch unwahrscheinlicher, dass Josephine zwei wie Josephine eins als Schülerin herausragend gewesen sein soll. Lemberger Doppelgängerin …?

Auch die doppelt begabte Dame lebt in einer Situation, die Wünsche offenlässt – an der Seite eines Mannes, der nach damaliger Einschätzung längst schon an der Schwelle des Greisenalters stand oder sie bereits überschritten hatte. Drei Jahrzehnte Altersunterschied – zu jener Zeit fast ein Menschenleben! Dieser Mann der Vätergeneration wird sich gewiss nicht lächerlich machen wollen durch eine reichlich späte Trennung; er wird das Verhältnis zwar nicht akzeptieren, aber kaschieren – sein gesellschaftlicher Rang darf nicht in Frage gestellt werden, nach außen hin darf sich nichts ändern, das ist er schon seiner Position schuldig, als ranghoher Beamter, ja als Regierungsmitglied im neuen Kronland, im engsten Kreis des Gouverneurs.

Für die Residenz des Gubernialrats besitzt FXM so etwas wie ein Passepartout: die »Notenrolle«. Als Notenträger ist er vom Personal des Hauses akzeptiert. Weil die Hausherrin offensichtlich ehrgeizig ist, ergibt sich von selbst, dass Gesangs- und Klavierstunden in dichter, zumindest in regelmäßiger Folge stattfinden – während der Ehemann im Palais des Gouverneurs arbeitet.

Hier macht die Überlieferung ein Angebot, das nicht verschmäht werden darf. Ein junger Mann … eine Frau in beinah gleichem Alter … ein entschieden älterer Ehemann … gesellschaftliche Verhältnisse, die Spielräume offenhalten … Später werden sie sogar unter einem Dach leben: der Greis, die Frau in reifem Alter, der Berufsmusiker – Ménage à trois? Die intime Geschichte könnte sich sogar fortsetzen: FXM mit Julie, der Tochter des Hauses, in Karlsbad, FXM mit Julie auf einer Reise nach Dresden und Leipzig – opulente Angebote für einen Romanautor! Hier lässt sich frei ausgestalten, diese Geschichte *muss* im Roman erzählt werden – wie die Geschichte von Mutter Constanze und ihrem jüngsten Sohn.

Gewiss, hier mag es schon mal heikel werden: Wie sag ich's der Frau Mutter? Und er *will* es ihr sagen, später, in Kopenhagen: Endlich ein Verhältnis! Auf so eine Nachricht hat sie schon lang gewartet, sie wollte schier verzweifeln, weil sich da gar nichts ergab. Eine verheiratete Frau, Gräfin sogar – no, da schau her! Hätt ich dem Wowi nicht zugetraut. »Respekt, Respekt … Also, da musst mich auf dem Laufenden halten, versprichst das deiner Mutter? Weil die zu ihrem Bub hält, auch wenn die Wogen hoch hergehn? Will der Herr Graf ein Tänzchen mit dir wagen? Se vuol venire / Nella mia scuola, / La capriola, / Le insegnerò … Nein, der tät sich nicht auf ein Tänzchen einlassen mit dir, das würd sich nicht mit seiner Position vertragen, so weit kennt man die hohen Herrschaften ja nun, nach mancherlei Erfahrung mit denen, in Salzburg, in Wien. Also, der Bub und eine Gräfin – exorbitant, fulminant! Musst mir gleich noch mehr erzählen von der Frau, die meinen Wowi so liebt, dass sie alles aufs Spiel setzt. Aber setzt sie alles aufs Spiel? Die hohen Herrschaften finden immer eine Möglichkeit, sich zu arrangieren, damit dero Status nicht gefährdet wird. Der alte Mann weiß doch, es würd hinter ihm her getuschelt, man würd sich schier die Mäuler zerreißen, man würd ihn auslachen, wenn der mit einer Scheidung zugeben würde, dass es einen andren, einen Dritten gibt, der wo eine Generation jünger ist. Ha, das wär ein gefundenes Fressen für viele im Amt und in der Stadt! Also Decke drüber, und sei's eine Bettdecke. Ja, mit der Geschichtn, da leb ich regelrecht auf, das ist, wie sagt man, ein Arkanum für mich. Wer hätte das gedacht! Mein Wowi und Frau Gräfin – ich seh dich schon mit andren Augen. Bist gleich ein Stückerl größer geworden. Aber verrat nix dem Nissen, versprichst mir das? Dem kannst ruhig sagen, es gibt eine ›J‹ für dich, eine ›Jusza‹, aber sonst nix. Und wenn doch eine

Frage aufkommt – ich bin ja immer noch da, ich weiß schon, wie man so was anpackt.«

Ja, so müsste das ablaufen, ungefähr, im Roman. Dies alles mit der Fernperspektive: Tochter Julie löst Mutter Josephine ab. Oder rückt an deren Seite. Jedenfalls: Ein Mann von 44 Jahren wird eine Reise mit einer jungen Frau von 22 unternehmen. Ein derartiges Angebot der Überlieferung ausschlagen?! Reichlich Stichworte zu Ausführung, Ausgestaltung ... Gleich ans Werk!

ALS BIOGRAPH übernehme ich nun wieder die Regie, folge FXM auf der Reise, soweit die Überlieferung trägt. Zurück also zur Textbasis, zu den Reisebriefen an eine geliebte Frau in Galizien, die FXM nach der Rückkehr offenbar heiraten will. Allzu lang soll die Reise ja nicht werden, er rechnet mit zirka dreißig Wochen – etwas mehr als ein halbes Jahr, dann soll das wahre Glück beginnen.

Die »Kunstreise« beginnt Mitte Mai. Den Musiker begleiten sein Diener Martin und sein Hund.

DIE ERSTEN ORTSNAMEN seiner »Kunstreise« wecken Assoziationen, die weit aus der Lebensgeschichte, aus einem Lebensroman des Franz Xaver Mozart hinausführen, jedoch präsent bleiben bei Autor und Leserschaft. Der Verfasser eines Historischen Romans über FXM muss derartige Assoziationen aus dem Text heraushalten, der Biograph hingegen kann sie aufnehmen: Sedimentschicht über historischem Substrat.

Schon Lemberg als Stichwort der *Enzyklopädie des Holocaust*. Stadt in »Ostgalizien« mit mehr als 300 000 Einwohnern, etwa ein Drittel von ihnen Juden. Nach der Besetzung durch die Wehrmacht im Juli 1941 wurde Lemberg zur Hauptstadt des Distrikts Galizien des Generalgouvernements erklärt. Schon am Tag nach der Besetzung begann »Einsatzgruppe C« mit der systematischen Ermordung von Juden.

Von Lemberg als erstes nach Izbica: Zwischenstation für zahlreiche deportierte Juden. Siedlung mit Blockhäusern am Fuß einer Hügelkette, von der herab das Dorf leicht zu bewachen war. Kleiner Bahnhof mit vier parallelen Gleisen für Deportationszüge,

Izbica als »Drehscheibe« für den Weitertransport in drei Lager, zumeist nach Sobibor: kollektive Ermordung.

Zweite Reisestation: Lublin. *Enzyklopädie des Holocaust*: die Stadt als »Zentrum der Deportationen und Morde in Polen«.

Und Warschau. Das Ghetto, von einer Backsteinmauer mit Stacheldraht umgeben; mehr als 100 000 Juden in diesem Stadtbereich, durchweg ein halbes Dutzend Personen pro Zimmer. Hunger, Seuchen. Im Jahr 1942 starben jeden Monat zwischen 4000 und 5000 Juden. Schließlich die Deportationen.

FXM IN LUBLIN. »Heute war der 8te Tag unserer Trennung! Mir scheinen es so viele Monate zu sein, so unerträglich langsam schleicht die Zeit, wenn ich Dich nicht sehe. Mein erster Gang war auf die Post, die aber leider nichts Tröstendes für mich hatte. Die ganze Nacht träumte ich von Dir. Ich war sehr glücklich, denn ich führte Dich wieder an meinem Arme abends nach Hause. Wie lange werde ich mich noch danach sehnen müssen? Sonnabend reise ich weg, um mich noch mehr von meinem einzigen Ziele zu entfernen; mit freudigem Herzen werde ich die Stunde begrüßen, die mich Dir wieder nähert! Wie werde ich jubeln, wenn ich beinahe die Stunde berechnen kann, die uns wieder vereint! Wie werde ich mich für das lang Entbehrte entschädigen. Mein Herz sagt mir, dass wir beide glücklich, unaussprechlich glücklich sein werden.«

Die ganze Hoffnung gesetzt auf: Poste restante … Zehnter Tag der Trennung: »Mein erster Gang war heute auf die Post, wo ich Deinen lieben Brief fand. Du bist so gut, so engelsgut, und ich sollte Dir ja Ursache zu trauern geben können? Meine Geliebte, nie wird es so kommen. In diesem Augenblicke hast Du Dich schon überzeugt, dass Du Dich in Deiner Erwartung nicht betrogen. Ich konnte nicht früher schreiben, denn die Post war, als ich Donnerstag ankam, schon abgegangen. Mein Konzert ist glücklich überstanden. Die Einnahme war zwar sehr kärglich zugemessen, aber der Beifall des Publikums hielt mich schadlos.«

Einen Tag später: »Die Pferde sind schon auf morgen bestellt, und so sehr ich mich auch der besten Aufnahme zu freuen habe, so bleibt doch meine Reise unwiderruflich auf morgen festgesetzt.«

Er fuhr also nicht mit der Postchaise, sondern – jeweils – mit einem Lohnkutscher. Anders war das Reisen zu jener Zeit in jenen Regionen auch kaum möglich. Es sei denn, man war reich und besaß eigenes Gefährt und Gespann.

SEINE REISEBRIEFE LIEGEN VOR, gewiss, aber was sie vermitteln, dies muss ergänzt werden. Was heißt: Weitere Berichte werden herangezogen, werden interpoliert. Die Methoden des Biographen und des Romanautors müssen sich auch in diesem Kapitel grundlegend unterscheiden. Als Biograph würde ich zusätzlich herangezogene Quellen explizit kenntlich machen, schon im Text oder zumindest im Anhang.

Als Beispiel: J. Ch. F. Schulz, *Reise nach Warschau*, Eine Schilderung aus den Jahren 1791–1793: »Man fährt teils auf Sand, teils über Moorgrund, der auf beiden Seiten entweder mit Heidekraut oder mit krüppelhaftem Nadelholz besetzt ist.« Oder: »Ein ebener Weg, der teilweise mit dünnem Gehölz auf beiden Seiten besetzt ist, machte diese Post(strecke) nicht sehr abwechselnd. Die frühesten Bäume knospeten nun erst, und ein kalter Wind, der meinen Pelz durchfuhr, erinnerte mich ...«

Eine Reise auf ähnlicher Route, in ungefähr gleichem Zeitraum – Sequenzen ließen sich eins zu eins übernehmen, Veränderungen der Reisebedingungen waren bis zur Einführung der Eisenbahn minimal. Solche zusätzlichen Berichte würden in einer Biographie zitiert, in einem Roman paraphrasiert. Als Romanautor könnte ich also gleiche Quellen nutzen, würde aber weithin umformulieren, würde Textfunde durch Erfindungen ergänzen. Damit würde (auch) dieses Romankapitel homogener wirken als reflektierende, »vertiefende« Präsentation von Textstellen in einer Biographie.

FRANZ XAVER MOZART IN WARSCHAU. »Das war der schwerste Tag, den ich auf dieser und meiner frühren Reise zu bestehn hatte! Es regnete unaufhörlich, und ich kam bis auf die Haut durchnässt hier an; doch erwarteten mich neue Widerwärtigkeiten. Ich konnte keine Wohnung finden, und ging selbst, den Martin (der schon einige Tage heftiges Abweichen hat) beim Wagen zurücklassend, eine suchen. Nach einer halben Stunde, bei dem heftigsten Regen, gelang es mir endlich, im Hotel d'Allemagne Obdach zu finden. Das wirklich Komische bei der Sache war, dass ich mich fürchtete, den Rückweg zu meinen Leuten nicht mehr zu finden, was auch bei einer so großen Stadt leicht der Fall sein dürfte. Die ersten Stunden, die man in einer fremden Stadt zubringt, haben immer etwas sehr Trauriges. Dieses Gewühle von Menschen, die uns ganz fremd sind, von denen man noch nicht weiß, wie sie einen aufnehmen werden, und eine Menge andrer Rücksichten, sind schon an und für sich sehr drückend, wenn sie an diese noch besondre Unnehmlichkeiten knüpfen, so ist es wirklich schwer zu ertragen.«

Dazu gehört, dass Franz Xaver gleich am Ankunftstag auf der Suche nach einem Bekannten in einem dunklen Treppenhaus »glitschte« und »vielleicht ein Dutzend Stufen hinunterkollerte«. Und der Diener leidet weiter an Durchfall. »Der arme Martin macht mir bange, es will nicht besser mit ihm werden, wenn er nur nicht endlich das Bett hüten muss. Ich lasse ihn roten Wein, Kamillentee trinken, aber alles vergebens, er läuft Tag und Nacht courir.«

Doch einen Tag später eine überraschende Begegnung. »Als ich eben mit Anziehn beschäftigt war, trat ein alter Herr herein und erkundigte sich, ob ich hier wohne. Auf meine bejahende Antwort stürzte er mir in die Arme und weinte Freudentränen, den Sohn seines unvergesslichen Freundes vor sich zu sehn. Nachdem er mich erst eine Weile geherzt, konnte ich endlich erfahren, dass er Jaworek, ein Schüler und unzertrennlicher Gefährte meines verstorbenen Vaters sei. Er erzählte mir viel aus jenen Zeiten, wobei er sich immer unterbrach und, mich ins Auge fassend, einmal ums andere ausrief: Ja, du bist sein Sohn, siehst ihm ähnlich, mein Mozartchen, und schmeichelte mir so väterlich, dass mir ganz warm wurde und ich kaum meine Rührung unterdrücken konnte. Er lud mich zu sich ein, täglich sein Gast zu sein, und versprach, alles für mich zu tun.«

JA, WARSCHAU! Ein Schloss und achtzig Paläste ... Kirchen und Tempel, an die dreißig ... Wagen, Reiter, Passanten, fast immer Gewimmel ... viele Männer mit Kappen aus Pelz, auch im Sommer ... Saffianstiefel, Zöpfe, Bärte ... Läden in Arkaden: Augengläser und

Kronleuchter, Nähnadeln und Pferdegeschirre, Uhrenketten und Schaftstiefel ... Glücksspiele in fast allen Salons, Jubeln und Fluchen ... Gelage, anhaltende Gelage ... schöne Frauen zeigen sich in Theatern an Logenbrüstungen dem Publikum des Parketts ... bei gutem Wetter Spazierfahrten, Picknicks ... im Winter Fahrten auf Schlitten: Lack, Bronze, Silber ... in Badehäusern treffen sich Liebespaare ... Dirnen sehr zahlreich, das Volk beschläft sie in Buden, Herren logieren sie ein, lehnen sich mit ihnen aus Fenstern, wollen gesehn werden ... man geht spazieren im Sächsischen Garten: Alleen und Hecken ... im Krasinskischen Garten Zelte mit Erfrischungen, leichte Mädchen in Seitenalleen ... und als herausragendes Ereignis für den beglückten Augenzeugen, hier frei erweitert: Weiches, leises Trittgeräusch zweier reich geschmückter Elefanten ... die Elefantenführer spreizbeinig hinter Riesenohren ... auf einem Elefantenrücken ein spitzgekupptes Zelt, in dem der Gesandte aus dem fernen Persien sitzt, verborgen, auf dem Weg zu einem feierlichen Empfang ... Voranreitend Gardesoldaten mit weißen Hosen, blauen Jacken, roten Aufschlägen, hohen, wippenden Federn auf Tschakos ... Gefolge von Persern mit Pluderhosen, bunten, bestickten Westen, turbanähnlichen, erstaunlich hohen Kopfbedeckungen ...

FREIRÄUME für mich als Romanautor, der mit Sichtverbindung zu Überlieferungen aus jener Zeit arbeitet. Was sich biographisch nicht verifizieren lässt, könnte ich fingieren: Mozart als Zuschauer bei einer der sonntäglichen Veranstaltungen, der Hetzjagd. Öffentliches Zerfleischen von Tieren durch Tiere galt nicht als rohes Volksvergnügen, derartige Vorführungen wurden auch »von den höheren Klassen« besucht; selbst der Kaiser hatte in Wien eine Loge im Hetz-Amphitheater. Als Grundlage könnte ich den Bericht des J. Ch. F. Schulz nehmen, hier eingebracht als Material – für den Biographen irrelevant, für den Romanautor ergiebig. Damit: Charakteristisches für die Zeit, in der FXM komponierte und konzertierte.

»Einem wilden Stier entgegen zu gehen, ihn bei den Hörnern zu fassen, mit ihm zu ringen und ihn endlich zu ermüden; einen bissigen Wolf aus den Zähnen von Hunden loszumachen und ihn, an die Brust gedrückt, nach seiner Falle zu tragen; mit dem Raubbären solch eine zärtliche Verbindung unterhalten, dass er Nase und Hände leckt, die er ebenso gut wegreißen könnte: diese und ähnliche Heldentaten, die dem Wiener Hetzmeister zum Kinderspiel geworden sind, bleiben für den Warschauer noch unerreichbar, und man sieht daraus, dass er sich nicht einbilden darf, die Liebhaber zu befriedigen. Das größte Kunst- und Wagstück, welches ich in Gesellschaft einiger Bekannter von ihm gesehen habe, war, dass er, auf einem ziemlich matten Stiere reitend, in das Amphitheater sprengte und den Stier und sich zugleich von sechs oder acht Hunden fangen ließ. Der Pöbel beklatschte dies freilich, aber bei uns feineren Kennern konnte er es nicht höher als zu einem mitleidigen Achselzucken bringen. Seine Wolfs- und Bärenhetzen raubten uns vollends alle Geduld; und ein junger Offizier aus Wien konnte seinen edlen Unwillen so wenig (ver)bergen, dass er ihn förmlich auspfiff und auspochte. Es war gerade am Namenstage des Königs, und am Jahrestage der neuen Konstitution, an welchem man diese, für beide sehr beleidigende, gemeine Hetze gab, auf welcher nicht einmal ein elender dürrer Wolf zerrissen wurde. In Wien feiert man solche Tage ganz anders, erzählte der junge Mann mit Feuer: dort hatte er an einem Annentage gesehen, dass zehn Hunde einen elften zerrissen; dass die Löwin einem, rund herum mit Katzen behängten, Esel auf einen Schlag mit der Tatze das Kreuz zerbrochen hatte, sodass Hinter- und Vorderteil, nur noch mittels der Haut zusammenhängend, einander entgegengefallen wären; dass ein Raubbär ein Böckchen aus heiler Haut, trotz Schwärmern und Granaten, weggegessen; und dass wenigstens ein paar Dutzend Stier- und Bärenohren im Amphitheater, wie gesät, herumgelegen hätten. – Wir hörten seiner Erzählung mit möglichster Teilnehmung zu, und unsere Bewunderung für die Wiener Hetze fiel als tiefe Verachtung auf die Warschauer zurück.«

Wie FXM auf derart blutrünstige Spektakel reagiert haben mag, darüber könnte ich als Biograph nur spekulieren; als Romanautor hingegen könnte ich frei nach der Vorlage einen Mozart zum Sprechen bringen, der Vergleiche zieht zwischen Wiener und Warschauer Hetzmeistern, Hetzknechten und deren verschiedene Grade an Mut und Brutalität. Auf diese Weise könnte erneut Distanz zur historischen Person akzentuiert werden; sie könnte nicht so ohne weiteres für die Gegenwart vereinnahmt werden, unter dem Vorzeichen: Im Grunde sind die Menschen immer gleich geblieben. Sind sie nicht, wie allein schon diese Form der öffentlichen Lustbarkeit, der kollektiven Unterhaltung zeigt, die heute im zentraleuropäischen Bereich vehemente Proteste auslösen würde, so groß auch generell der Konsum an Gewaltszenen sein mag, aber: die sind durchweg medial vermittelt, bleiben zweidimensional, wogegen bei Hetzspielen das Blut echt war, das Tiergeschrei echt war, das Hetzen, Zerfetzen, Zerfleischen vor aller Augen in »Echtzeit« ablief, als Spaß, für den man Eintritt zahlte. Gewaltszenen in Bildmedien – da rezipiert auch, fortlaufend, der Hintergedanke, es würde vorgetäuscht, vorgespiegelt, Realität würde simuliert. Hingegen: damaliges Publikum war enttäuscht, wenn nur ein einziger, dazu noch dürrer, Wolf zerfetzt wurde. Wie groß wiederum die Zufriedenheit, wie stark der Beifall, wenn ein Esel von einem Löwen zerfleischt wurde. Und erst recht: ein mit lebenden Katzen behängter Esel – da wurden gleich weitere Leiber aufgefetzt.

DER LIEBENDE in Warschau an die Geliebte in Lemberg: »Ich erhielt Deinen lieben, lieben Brief vom 19ten. Ich hatte so lange dieses Glück entbehrt, dass ich mich nicht müde lesen konnte. Das erste Mal verschlang ich ihn nur; beim zweiten und dritten Durchlesen konnte ich erst zu mir kommen und dem lieben Himmel danken, mir ein so vortreffliches, liebevolles Weib gegeben zu haben. (...) Morgen sind es erst 6 Wochen, dass wir uns trennten, kaum etwas mehr als der fünfte Teil unserer Prüfungszeit. Noch entferne ich mich mit jedem Tage weiter von Dir, schon trennen uns zwei Grenzen! und sind uns doch immer gegenwärtig. Ich kann nichts unternehmen, ohne Dich vor Augen zu haben, Du bist täglich mein erster, mein letzter Gedanke.«

MIT FREUNDLICHER UNTERSTÜTZUNG durch den Sänger, Pianisten, Dirigenten Joseph Jaworek gab das »Mozartchen« ein Konzert im

Nationaltheater. Mit Rücksicht auf die »ungünstige Sommerzeit« ein kurzes Programm – mit zahlreichen Mitwirkenden. Denn es gelangten zur Aufführung: Einleitend die Ouvertüre zur *Zauberflöte* ... Sodann spielte der Konzertgeber die Ecksätze seines neuen Klavierkonzerts ... Folgte das Doppelkonzert für Waldhorn und Fagott von Gebauer ... Wieder einmal spielte FXM Hummels Rondo ... Als Abschluss »das unnachahmliche Sextett aus dem zweiten Akte des Mozartschen *Don Juan* ... Das Ganze beschloss Mozart mit einer freien Fantasie, in welcher Themen von polnischen Nationaltänzen vorherrschten«.

Das wirkt zusammengestoppelt. Hier dokumentiert sich allerdings nicht Willkür des Konzertgebers, solche kunterbunten Programmfolgen waren ja nun zeittypisch. Nicht nur auf Konzertpodien, auch auf Opernbühnen wurde gemixt: ein Ballett oder ein solistisches Intermezzo zwischen Opernakten. Ja, es folgten einander nicht stets die Akte einer bestimmten Oper, es wurden zuweilen Akte und Auszüge aus Akten verschiedener Opern an einem Abend präsentiert.

Das Werk als Ganzes galt nicht mehr viel. Das findet heute weithin Entsprechung in Rundfunkprogrammen, selbst auf Kulturwellen. Ich übertreibe, aber nur ein wenig: Mal ein Scherzo aus einer Sinfonie von Mendelssohn, dann, nach launiger Überleitung, ein Duo für Gitarre und Violine von Paganini, anschließend, unter herbeibemühtem programmatischem Stichwort, der Saxophonist Garbarek samt Chor, sodann ein veritables Jazzquartett, jedoch ausgeblendet während des Saxophonsolos, unmittelbar anschließend eine norwegische Folkloregruppe, erneut eine brezelförmige Moderation, sodann eine Arie aus einer Oper von Massenet ...

FÜR DEN AUTOR EINES HISTORISCHEN ROMANS entsteht ein Problem: Dass FXM nicht nur als Sohn, als Liebhaber, als Reisender Textpräsenz gewinnen muss, sondern auch als Klaviervirtuose. Wie aber soll man hier zum Erzählen kommen?

Erzählen über die »Logistik« eines Pianisten jener Ära könnte ansatzweise noch möglich sein. Etwa, wie er ein Konzert vorbereitet in einer Zeit, in der es noch keine Agenturen gab, und so kommt man in eine Stadt, in der niemand etwas von einem bevorstehenden Konzert auch nur ahnt. Wie man jeden Musiker besuchen und zur Mitwirkung motivieren muss. Wie man einen Saal finden, mieten muss. Wie man ein einigermaßen brauchbares Instrument aufspüren muss. Wie man für den Druck von Billetten und Plakaten sorgen muss. Wie man Honoratioren aufsuchen und für den Konzertbesuch motivieren muss, auch durch gelegentliches Vorspielen in privatem Rahmen. Das alles lässt sich in Erzählung umsetzen, aber sobald FXM die Bühne betritt (meist spielt er in Theatern und Theaterchen), sobald er sich an das Tasteninstrument setzt, wird es schwierig. Erst mal müsste klargestellt werden, dass es sich noch längst nicht um einen Konzertflügel heutiger Bauart handelt, sondern um ein sehr viel zarteres Instrument noch mit Holzrahmen, das Hammerclavier, das vor einem Konzert langwierig gestimmt werden muss und zwischen den Sätzen womöglich auch wieder. Aber dann: Wie spielte FXM?

Ich nehme Pressestimmen vorweg. »Er ist ein kleines, mageres Männchen, jovialisch munter in Gesellschaft, braver, doch nichts weniger als ausgezeichneter Virtuose.« Nach dieser Freundlichkeit kritische Anmerkungen: »Sein zu häufiges Retardieren, wobei der Sinn der Perioden undeutlich wird.«

Also, wie auch später vermerkt: Er hielt nicht die Tempi, er retardierte, akzelerierte. Aber sonst? Betonte er die linke Hand, setzte akkordische Akzente, oder tupfte er nur an und ließ die rechte Hand perlen? Wie hielt er es mit Zwischenkadenzen? Es wurde damals reichlich ausgeziert – wie reicherte er Mozarts Klavierkonzerte an? Und die Kadenz am Ende des ersten Satzes – improvisiert oder vorher ausgearbeitet oder von anderen übernommen? Leerstellen: Als Biograph könnte ich sie eingestehen, als Autor eines Historischen Romans wohl kaum. Was nun, was tun? Leerstellen zukleistern? Darüber hinweggehn, pardon: hinwegschreiben?

EIN SCHLOSSKONZERT HEUTE. Ein bekanntes Ensemble, das seit anderthalb Jahrzehnten auf historischen Instrumenten spielt: alt mensurierte Streichinstrumente, ventillose Hörner, ein Hammerclavier, alles comme il faut. Die Akustik des Barockraums sehr geeignet für solche »authentischen« (oder sorgfältig kopierten) Instrumente mit geringerem Klangvolumen – das Hammerclavier (obwohl moderner Nachbau) kaum lauter als ein großes Cembalo. Ein namhafter Konzertmeister, gefeiert auf vielen Festivals, präsent auf zahlreichen Tonträgern. Gewohnt gute Voraussetzungen also, und doch ist erstaunlich, wie viel in so einem Konzert schieflaufen kann, wie oft der Chef der Formation am Hammerclavier danebengreift, wie oft der Primarius schrill ansetzt auf darmsaitenbespannter Violine, wie oft im Ensemble Töne nicht nur haarscharf, sondern viertel-tönig neben den Notationen liegen. Ich ärgere mich und sage mir zugleich: Das war zur Zeit des FXM gängige Praxis. Ja, wahrscheinlich wäre dieses Schlosskonzert, zurückversetzt, noch als Höhepunkt der Musikpräsentation gefeiert worden – in der Regel war es vielfach noch schlimmer, sehr viel schlimmer.

Franz Xaver Mozart als Konzertgeber und Solist auch in östlicher und nördlicher Provinz, in einem Elbing oder Putau, einem Neu-Strelitz oder Schlan, und dort gab es kein organisiertes Musikleben, keine festen Ensembles, keine Berufsmusiker. FXM präsentierte sich noch nicht mit Recitals, das wird erst Clara Schumann einführen, er trat auf als Konzertgeber mit den üblichen Mischprogrammen, war damit angewiesen auf die Mitwirkung ortsfester Musiker. Gab es am Ort der Veranstaltung oder in der Nähe eine Garnison, so konnte er eventuell Bläser (Holz und Blech) von Militärkapellen heranziehen; bei Streichern jedoch blieb er auf Musikliebhaber angewiesen, auf schlechte, mäßige oder bessere Dilettanten. Standen keine Bläser zur Verfügung, musste er sich mit zusammengeholten Streichern zufriedengeben, auch bei Aufführungen eines der Klavierkonzerte von Wolfgang Amadeus Mozart.

Das war damals keine Ausnahme, vielmehr eine weithin erzwungene Praxis. So konnte in der Partitur eines Klavierkonzerts bereits der Vermerk stehen, es könnte »sowohl bei großem Orchestre mit blasenden Instrumenten als auch nur in quatro, nämlich mit 2 Violinen, 1 Viole und Violoncell« gespielt werden. Das wird FXM weithin so realisiert haben, notgedrungen, konnte dabei nur hoffen, dass es einigermaßen glattging. Im Schlosskonzert wurde, bei einem Klavierkonzert von Wolfgang Amadeus Mozart, das Hammerclavier von nur drei Streichern begleitet, und doch ging in diesem Klavierquartett einiges daneben.

Und ich denke zurück. Mozart der Jüngere hatte es nicht einmal mit eingespielten Streicher-Ensembles zu tun, er konzertierte mit Musikern, die es nicht gewohnt waren, konsequente Probenarbeit zu leisten, vielfach wurde vom Blatt gespielt. Er konnte schon froh sein, wenn ortsansässige Musiker in einem Königsberg oder Schleswig zu einer ausführlichen Probe bereit waren – von mehreren Proben lese ich nie. Entsprechend die Aufführungen: FXM wurde auf seiner Tournee begleitet von schlechten bis miserablen Gruppierungen. Nun waren damals die Erwartungen noch längst nicht auf technische Perfektion eingestellt, man konnte ein weitaus größeres Quantum an Fehlern, an Missgriffen verkraften, aber meistens dürfte es auch bei gering angesetzten Erwartungen schrecklich zugegangen sein bei einigen der Konzerte, die FXM in östlicher oder nördlicher Provinz veranstaltete.

Und er selbst? Gut, dass wir uns keine Konzertmitschnitte jener Zeit, jener Tournee anhören müssen. Er führte kein eigenes Instrument mit sich, das hätte nur wenige Reise-Etappen überstanden, bei Schnee, Regen, Hitze und den gewaltigen Stößen der meist ungefederten Reisegefährte. Er musste jeweils vor Ort nach einem halbwegs geeigneten Instrument suchen und einem Besitzer, der bereit war, das Instrument kurzfristig außer Haus zu geben. Es waren überwiegend veraltete Instrumente, schlecht gewartet, bei deren Mechanik es haperte: Tasten, Hämmerchen, die nicht repetierten, einfach stecken blieben, hängen blieben – noch keine Flügel von Broadwood oder Erard in östlichen und nördlichen Regionen. FXM hatte kaum einmal die Wahl, hatte in der Regel auch nur wenig Zeit, sich auf dem jeweiligen Instrument einzuspielen, er plagte sich vielfach ab mit Klimperkästen. Geringes Klangvolumen bei relativ hohem Geräuschpegel im Auditorium. Auch darüber beklagt sich FXM, beispielsweise nach einem Konzert in Basel: »Das Abonnem. Konz. fiel recht gut aus, aber das Publikum machte, besonders während der Orchesterstücke, unerträglichen Lärm. Man ersuchte mich, etwas zu spielen, was ich auch tat.« Die Unruhe im Publikum schreckte ihn also nicht ab? Oder verstummte alles, sobald er ans Klavier trat? Wohl kaum, es wäre damals nicht üblich gewesen. Wenig »Kunstgenuss« also auf der Tournee, vielfach schauerliche Veranstaltungen, auch für damalige Konzertbesucher, erst recht für das geschulte, womöglich absolute Gehör eines FXM.

Nun machten ihm nicht nur zusammengewürfelte Musiker das Leben schwer, er selbst schuf Probleme. Wie deutlich oder undeutlich war bei ihm als dem Dirigenten-Solisten die Zeichengebung? In welchem Ton vom Piano aus mit Musikern gesprochen wurde und in welchem Ton heute vom Sockel des Dirigenten mit Musikern gesprochen wird, das dürfte sich sehr unterscheiden, da lassen sich kaum Zitate übernehmen, transferieren, wie sie in den Kontext einer Probe mit FXM passen würden. Wie weit arbeitete man damals mit Bildern, um musikalische Abläufe deutlicher zu machen? »Der Akkord muss kommen, als würde Ihnen ein Elefant auf den Fuß treten!« Lässt sich solch eine Anweisung (unter Musikern zitiert) auf FXM bei einer Orchesterprobe übertragen? Und: wie viel Strenge war notwendig, war möglich, um vom Pianoforte aus die Ansammlung von Musikern zu disziplinieren?

Ich erlebe eine Orchesterprobe für ein Klavierkonzert: Zwei Cellisten sitzen kichernd auf einem Stuhl … Ein Streicher klopft dem Geiger vor ihm mit dem Bogen auf den Kahlkopf … Ein Blechbläser wiederholt seinen Witz mit »Aal im Futteral« … Der Pianist tut so, als würde ein fieses Insekt über die Tasten krabbeln, er wischt es runter, springt auf, tritt es platt … Gelächter, mal wieder Gruppengelächter. Und das Auftaktzeichen des Pianisten: schlagartig Konzentration! Doch kaum ist der letzte Takt geprobt, reden sie von Rhabarberkompott und Blauwasser.

Ein übertragbares Muster? Als Biograph kann ich erörtern, abwägen, als Romanautor müsste ich »straight on« schreiben. Nun müsste freilich auch erzählt werden, wie es mit der Abstimmung klappte, wenn Mozart zugleich spielte und dirigierte, wie damals üblich. Hier muss es erhebliche Schwierigkeiten gegeben haben, denn Mozart fiel, wie erwähnt, aus dem Tempo. Selbst wenn er ein Konzert des Komponisten spielte, den er als Vater verehrte: er retardierte mächtig – Musiker würden heute von »Bäuchen« reden. Und zog im Tempo wieder an – wie sollten zusammengewürfelte Dilettanten darauf reagieren? War nicht unvermeidlich, dass man weitaus häufiger als heute »in die Scheiße« griff? (Gleichfalls aus dem heute gängigen Musikerjargon.)

Und das Publikum? Wo sonst kaum kulturelle Veranstaltungen stattfanden, hätte man eigentlich nach einem Konzert lechzen müssen, mehrfach jedoch: schleppender Vorverkauf, miserable Instrumentalisten, elende Sänger, klägliche Reaktion. Dies sogar beim Familiennamen Mozart!

UND GLEICH DIE FRAGE: Wie lässt sich vom Komponisten Franz Xaver Mozart erzählen? Das erste und zweite Klavierkonzert erwähnen, mit ihren Tonarten, die erste und dritte Sonate für Violine und Klavier benennen, auf Flötenrondo und Sextett hinweisen, auf die Polonaises – was würde das bringen? Die Titel finden keine Resonanz, hier stellen sich keine Echos ein. Bleibt hier dem Autor nur Scheitern oder Mogeln?

Für einen Biographen, erst recht für einen Romanautor ein erhebliches Problem: Wie Notenwerke umsetzen in Wortfolgen? Das Übertragen in verbal vermittelte Bilder, wie früher üblich in Konzertführern, es funktioniert nicht mehr, es sei denn auf der Kitschebene. Und musikwissenschaftliche Beschreibung? Dazu fehlen mir die Voraussetzungen. Dennoch: lassen sich in einem Text über einen Komponisten dessen Werke aussparen, darf es hier bei allgemein gehaltenen Hinweisen, bloßen Erwähnungen bleiben?

In einem Roman etwa über Beethoven würde die Erwähnung (vor allem) einer dritten, fünften oder neunten Sinfonie weithin Resonanz wecken. Hingegen bei Werken von FXM: Sextett in a-moll …? Klavierkonzert Es-Dur …? Nie aufgeführt auf heutigen Konzertpodien, und kommerzielle Tonträger sind selten, werden rasch wieder aus dem Verkehr gezogen, wandern ab in Schallarchive. Einer Biographie könnte eine CD mitgegeben werden – aber einem Historischen Roman? Das würde sicherlich als »gewöhnungsbedürftig« bezeichnet. Hinweise auf Sätze charakteristischer Werke ließen sich kaum vermeiden – wie aber verträgt sich das mit dem Erzählton eines Romanautors, der sich einer Gattung verschreibt, in der Experimente nicht eben willkommen sind? Wenn schon ein

Historischer Roman über eine so wenig bekannte Figur wie Franz Xaver Mozart – da muss zum Ausgleich zügig, schlüssig erzählt werden, oder?

Aber hier liegen sie sperrig im Weg, die Hinweise auf eine Polonaise in h-moll oder e-moll, auf ein Tempo giusto oder Tempo di ballo oder Allegretto moderato. Solche Angaben lassen sich schlecht implantieren, das Textgewebe eines Historischen Romans stößt sie ab. Noch einmal: über einen Komponisten schreiben und jeden Diskurs über sein Werk ausklammern? Da würde das Romankonstrukt schief … Wie ließe sich das kaschieren oder kompensieren?

Vielleicht so: man macht FXM vollends zur Spielfigur und erfindet Kompositionen, die zu ihm und seinem Ambiente passen könnten. Etwa als »Lemberger Sinfonie«, die polnische, ruthenische, armenische und jiddische Liedmotive der Provinz, der Stadt verarbeitet, sie kompositorisch integriert.

VON WARSCHAU ÜBER DANZIG NACH KÖNIGSBERG: Reise-Etappen, Reisestationen dürfen nicht bloß erwähnt, nur aufgelistet werden; was Reisen damals bedeutete, vor allem in entlegenen Gebieten, es sollte zumindest ansatzweise vergegenwärtigt werden.

Allerdings, Reisen zu jener Zeit sind oft schon beschrieben worden, auch von mir – nun auch hier wieder? Wo es doch eher um die Psyche eines Sohnes geht?! Also: kein ausführliches Kapitel über damalige Bedingungen und Abläufe des Reisens, nur drei Zitate.

Was Moritz Gottlieb Saphir über eine Schnellpostfahrt im Sachsen des Jahres 1835 zu berichten hat, wird mit Sicherheit zugetroffen haben auf Straßen, auf Pisten in Galizien oder im Gebiet des späteren Ostpreußen. Egal, ob FXM mit Diener und Hund in einem Mietwagen oder in einer Postkutsche fuhr, er machte ein wahrhaft gerütteltes Maß an Erfahrung! Das Gefährt als »Marter-Instrument menschlicher Gebeine; holperndes, enggleisiges, weithin klapperndes, beinverrenkendes, rippenzerschmetterndes Kleinod! (…) Die Unannehmlichkeiten, welche eine vierundzwanzigstündige Fahrt auf einer sächsischen Post-Bel-Chaise gewährt, sind ungefähr folgende: Kopfweh, Schulterschmerz, Rippenbruch, Wadenkrampf,

Kniegicht, Seitenstechen, Bluthusten, Schenkelverrenkung und andere ähnliche Folgen des Leichtsinns. (...) Zu den Nebengeschäften gehören: Zerrissene Mäntel, verlorene Felleisen, zerknickte Hüte, abgetretene Stiefel, zerbrochene Pfeifen und dergl.«.

Das ist karikierend, satirisch überzeichnet, doch die Einwirkungen längerer Fahrten auf den Körper des Reisenden blieben hart. Der Maler Wilhelm von Kügelgen neigte nicht zum Karikieren, sein Bericht über eine Fahrt im Jahre 1818 liest sich so: »Zwischen Leipzig und Dresden gingen damals zwei Personenposten, die sogenannte gelbe und grüne Kutsche. Die erste dieser Gelegenheiten stieß dermaßen, dass Leib und Seele Gefahr liefen, voneinander getrennt zu werden, daher besonnene Leute die andere, etwas gelindere, zu wählen pflegten. Doch war auch diese noch immer von der Art, dass man bisweilen vor Schmerz laut aufschrie.« Der Zeitabstand zwischen Aufschrei und Aufschrei dürfte sich auf der Fahrt ostwärts stetig verkürzt haben.

Adelbert von Chamisso wiederum, Dichter und Botaniker, karikiert das Verkehrsmittel: nach seinen Erfahrungen »ist der deutsche Postwagen recht eigentlich für den Botaniker eingerichtet, indem man in der Regel nur außerhalb desselben ausdauern kann, und sein Gang darauf berechnet ist, dass man vor und zurück zu gehen gute Muße hat, auch in der Nacht nichts versäumt, da man am Morgen sich da ungefähr wiederfindet, wo man am Abend vorher schon war; so lässt sich auch mit Extrapost die Sache gut betreiben, ich legte die ersten 4 Meilen auf den ebenen Wegen in 8 Stunden zurück«.

Eine Landmeile entsprach ungefähr siebeneinhalb Kilometern. Wenn man für 30 Kilometer also 8 Stunden brauchte, lässt sich die durchschnittliche Reisegeschwindigkeit leicht errechnen: sie dürfte bei 4 Stundenkilometern gelegen haben, etwas weniger als Schrittgeschwindigkeit. Kein Wunder also, dass der Reisende schon mal eine Strecke mitspazieren, auch ein Stück zurückbleiben kann, ohne den Anschluss zu verpassen.

Auf Reisen konnte Unterkunft nicht vorgebucht werden; man traf in einem Ort ein und ging auf Suche. Die Zahl guter Gasthäuser nahm ostwärts erheblich ab, und so konnte eine Übernachtung etwa wie folgt verlaufen: »Mein Nachtlager bestand aus Stroh, das mitten auf dem Boden eines großen Stalles ausgebreitet wurde, mit einem Leintuch darüber; hier ruhte ich, zugedeckt mit einem weiteren Leintuch und einer dünnen Decke. Auf der einen Seite waren acht oder zehn Pferde, auf der anderen vier oder fünf Kühe. Etwas weiter weg saß ein Hahn mit seinen Hennen auf einer Stange; vor dem Einschlafen krähte der Hahn mir einmal die Ohren voll. Was mich in nicht geringe Angst versetzte, war ein riesiger Bullenbeißer, der unweit vom Kopfende meines Lagers angekettet lag. Er knurrte höchst bedrohlich und rasselte mit der Kette.« Na denn: Gute Nacht!

WEITER IM REISETEXT: von Warschau über Danzig nach Königsberg. Auf jeder (hier nicht weiter aufgezählten) Zwischenstation ein Briefbericht an die »geliebte Schülerin« und die Hoffnung auf Poste restante.

FXM beim Übergang von Polen nach Preußen: »Hier bin ich an der Grenze, und verdanke wieder meinem Namen ein bequemes Logis und, was noch besser ist, ein warmes Nachtessen. In der Schenke war kein besonderes Zimmer zu bekommen, und der Controllor an der polnischen Kammer trug mir seine Wohnung an. Die Reise von W. hierher ist bei weitem unangenehmer als die Strecke von unserer Grenze bis W. Nichts als Sand, keine schönen Gegenden, und bei weitem nicht so kultiviert.«

Danzig: FXM schickt einen Helfer aus mit einer Subskriptionsliste für verbindlich Interessierte, doch das Ergebnis ist niederschmetternd. »Diesen Morgen brachte mir der Lohnbediente die Subskribenten-Liste, und da sich nur zwanzig darauf unterzeichnet hatten, so fand ich [es] besser, das Ganze rückgängig zu machen. Schon von Anfang her schien mir alles so lau zu gehn, dass ich nicht viel erwartete, und wenig Lust hatte, mich auf etwas einzulassen. Die Umstände sind für den Handel so drückend, dass die Leute einigermaßen zu entschuldigen sind, wenn sie weniger empfänglich gegen Eindrücke der Kunst scheinen. In früheren Zeiten soll das hier nicht der Fall gewesen sein.« Kleine Entschädigung: in Zoppot sah FXM zum ersten Mal das Meer, stieg in »dieses salzige Element«.

Königsberg: Hafen- und Handelsstadt, in der kaum je Konzerte gegeben wurden. Hier nun fand er Helfer, ein Konzert wurde in wenigen Tagen organisiert. »Allgemeiner Beifall war der Lohn meiner Bemühungen; es ging auch alles gut, und ich erinnere mich nicht [so] bald bei so guter Spiellaune gewesen zu sein.«

Was die Presse über dieses Konzert berichtete, nimmt später Georg Nissen in seine Mozart-Biographie auf, wohl mit Stolz auf den Sohn, den er quasi adoptierte.

»Kinder berühmter Männer sind gewöhnlich einer harten Beurteilung unterworfen, indem man sie mit ihren Vätern vergleicht. Sie müssten deren Ruhm noch überstrahlen, um den Ansprüchen zu genügen, die die Welt an sie macht. (…) Zu dieser Betrachtung führte mich das Hiersein W. A. Mozarts des Sohnes, der auf einer Reise von Lemberg, wo er als Klavierlehrer lebt, zu seiner in Kopenhagen wohnenden Mutter, hier ein Konzert gab. Als Jüngling trat dieser zweite Sohn des Unvergesslichen mit eigenen Kompositionen auf, die nicht genügten, teils, weil sie als Jugendwerke der Reife entbehrten, teils, weil man sie unter den Maßstab der Werke des Vaters legte. Es freut mich, nun über dieses jungen Mannes Fortschritte in der Kunst der Komposition lobend sprechen zu können, und Deutschland auf ihn aufmerksam machen zu dürfen. (…) Herr Mozart beabsichtigt, auf seiner Rückreise Hamburg, Berlin, Leipzig und Dresden zu besuchen, alsdann aber nach Lemberg zu seinen Klavierschülern zurückzukehren. Ist denn in Deutschland für Mozarts Sohn kein Plätzchen offen, das seinem Talente Muße gäbe? In Deutschland, das so viele Ausländer ernährt?«

VON KÖNIGSBERG ZURÜCK NACH DANZIG. Als Zwischenstation Elbing. »Mein Konzert ist überstanden. Überstanden sage ich mit Recht, denn es gehört wirklich Mut [dazu], hier Konzert zu geben, die Begleitung ist unter aller Kritik. Ich habe noch nie etwas Erbärmlicheres gehört. Ich hatte, wie man mir versichert, viel Beifall, was man mir aber versichern musste, denn es ist hier nicht Sitte, zu applaudieren. Glücklicherweise hatte man es mir schon vorausgesagt, sonst hätte es mich wohl aus der Fassung gebracht.«

In Danzig geht er an Bord des Seglers »Castor«. »Es steht nun in Gottes Willen, ob ich je wieder Land sehn werde!« Aber man sieht das Land nach dem Ankerlichten noch viel zu lang wegen des »ungünstigen Windes«, jedoch: »Der ungewohnte Anblick der See und die ungewohnten Beschäftigungen der Matrosen haben noch zu viel Reiz für mich, dass mir nicht der erste Tag sollte so ziemlich hingegangen sein, aber ich zittere bei dem Gedanken, wie ich mich in den folgenden langweilen werde.«

Was er befürchtete, traf ein. Zwei Tage später: »Ein herrlicher Tag, eine heitere Luft, nur trat nach Tisch eine völlige Windstille ein, und wir kamen sehr wenig von der Stelle. Uns verzehrt die Langeweile. Ich habe doch noch meinen Schiller, der mich zu Zeiten aufheitert, aber immer kann man nicht lesen, und schreiben geht gar nicht an, denn in der Kajüte ist das Schaukeln unerträglich.«

Wiederum zwei Tage später: »An meinem Geburtstag mich über Gebühr gelangweilt, beinah kein Wind, schönes Wetter, Ungeduld.« Nicht nur das! »Von der schlechten Zubereitung und dem ewigen Einerlei (nichts als Erbsen und Pökelfleisch), möchte ich gar nichts erwähnen, wenn es nur reinlich wäre. Aber man darf nur den Koch oder das Geschirr, in dem uns serviert wird, sehn, um vollends allen Appetit zu verlieren.« So mampfte er nur noch Schiffszwieback.

Das Schiff machte Fahrt. »Der günstige Wind von vorgestern hielt an, und gestern morgen konnte ich schon Kop[enhagen] sehn. Meine Ungeduld war unbeschreiblich, kaum einen Kanonenschuss an dieser Stadt vorüberzufahren, und nicht an Land gehn zu können. Das Schiff war aber nach Liverpool bestimmt, und ich musste mich bequemen, noch bis Hel[singör] zu fahren, wo es des Landens wegen vor Anker gehen sollte.«

Manches verstehe ich nicht im folgenden Briefausschnitt. Wieso warten die Eltern wochenlang in Helsingör auf die Ankunft des Sohnes, der in Kopenhagen eintreffen soll? Wieso halten sie sich in der Sommerresidenz des dänischen Königshauses auf? Wieso ist (später) vom »Brunnen« die Rede, von einer Heilwasserquelle? Helsingör nicht nur als Hafenstadt, als Sommerresidenz, auch als

Kurort? Damit wieder die fast zwangsläufige Verbindung von Constanze und Kur?

»Es war 3 Uhr nach Mittag, als ich in Hel. ans Land kam, und wie ich aus dem Boote stieg, wurde ich von einem dänischen Soldaten in Empfang genommen und auf die Wache geführt, wo ich meinen Pass vorzeigen musste. Und von da wurde ich, der nämlichen Sache wegen, auf die Polizei geleitet. Als ich dort meinen Pass vorwies, sagte mir der Polizeimeister, als er meinen Namen gelesen: Ich kann Ihnen die erfreuliche Nachricht geben, dass Ihre Eltern sich nur zwei Meilen [also etwa 15 Kilometer] von hier auf dem königl. Lustschloss Friedensburg befinden. Wer war froher als ich! Ich hatte beschlossen, diese Nacht in Hel. zu bleiben u. erst des folgenden Morgens nach Kop. zu fahren, weil ich dort nicht des Nachts den Schlaf meiner Eltern stören wollte. Ich bestellte also unverzüglich die Post, und fuhr so geschwind [wie] möglich nach Friedensburg, wo ich mich im Gasthof gleich nach meinem Vater und [der] Mutter erkundigte. Sie waren auch wirklich noch hier, und ich ließ mich alsogleich zu ihnen aufs Schloss führen. Ich kann nicht sagen, wie mir zu Mute war, ich zitterte am ganzen Leibe, als ich mich dem ersehnten Augenblicke nahte. Endlich führte man mich in ein Zimmer, und ich erblickte eine Frau darinnen, die ich nicht erkennen konnte, weil sie mir im Lichte stand. Auch sie erkannte mich nicht, wie sie später eingestand; dennoch stürzten wir uns in die Arme. Es war wirklich ein seliger Augenblick! Beinahe elf Jahre getrennt, [und] sich [nun] wieder zu sehen. Mein Vater war nicht in der Stube, und wir suchten ihn auf. Ich war schon früher an ihm vorübergegangen, wir hatten uns aber nicht bemerkt, und meine gute Mutter freute sich so innig, dass mich Gott zuerst zu ihr geführt. – Meinen Brief aus W. [Warschau] haben sie erhalten, und erwarten mich nun seit 3 Wochen in jeder Stunde. Täglich gingen sie mir entgegen, und kehrten immer unbefriedigt heim. Ich habe beide, besonders meine Mutter, über alle Erwartung gütig gefunden. Alles Vergangne ist vergessen, sie ist mir eine liebende, zärtliche Mutter geworden, was sie wohl immer war, mir aber nicht zeigen wollte.«

ENDE JULI 1819 die Ankunft in Helsingör, und man bleibt dort im Monat August. Weiterhin Sehnsucht nach der Geliebten. »Es ist im Grunde nicht schön, dass ich [mich] so von meiner Mutter weg-sehne, aber es ist doch so. Ich kann nicht ruhig, nicht froh sein, wenn ich von Dir getrennt leben muss. Je länger es dauert, desto unerträglicher wird es mir. Beinahe jede Nacht träume ich von dem geliebten Gegenstande. Immer bist Du mir gegenwärtig.«

Präsenz von »J« auch in Gegenwart der Mutter, beim Musizieren – natürlich wird Mozart gespielt! »Es regnete den ganzen Nachmit-tag, und wir brachten die Zeit auf meinem Zimmer zu. Meine liebe Mutter sang eine Menge Arien, Terzette etc., und ich accompa-gnierte auswendig. Die Reihe traf auch, wie Du leicht denken kannst, die Arie ›Al desio‹ etc., und es machte mich recht glücklich, wieder etwas zu hören, was mich so lebhaft an Dich, Geliebte, und an unsere seligen Verhältnisse erinnerte. Wie lange werde ich noch Deines schönen, mir so sehr zum Herzen sprechenden Gesanges entbehren müssen? Es singt niemand wie Du! Denn es fühlt nie-mand so innig, so rein wie Du!«

ANFANG SEPTEMBER kehrt die Familie nach Kopenhagen zurück. Damit ein Wechsel der Tonart – auch für den Romanautor? Zumin-dest in diesem Versuch muss erwähnt werden: Es kommt zu anti-semitischen Aktionen – »Joedefijden i Danmark«.

»Die Unruhen wegen der Juden haben auch hier ihren Anfang genommen, und wir fanden, als wir nach Hause gingen, alles in Be-wegung, doch bei den guten Gegenanstalten wird es wohl bei ein paar zerschlagenen Fenstern bleiben. Zu Hause hatte ich die Freude, meine Eltern zu finden, die diesen Abend angekommen waren, und wir verplauderten noch ein paar Stunden.«

Wirklich nur Plauderei? Oder, zwischendurch: ernsthaftes Ge-spräch? Der potenzielle Biograph schielt hinüber zum potenziellen Romanautor: Was würde er aus dieser Situation, dieser Konstel-lation machen? Würde er die Unruhen ignorieren – so was gehört nicht in einen Musikerroman? Würde er hier ansetzen, ausführen – nun könnte auch mal Nissen an Kontur gewinnen? Die sicherlich prekäre Situation des Zensors könnte zur Sprache kommen.

Die »Hepp-hepp-Krawalle«: Folgeerscheinungen von Übergriffen in Deutschland. Die begannen in Würzburg mit höhnischen Hepp-hepp-Rufen, endeten mit Plünderungen, Verletzungen, Ermordungen. Funken sprangen über auf Hamburg und von Hamburg nach Kopenhagen: Juden wurden auch hier verhöhnt, beschimpft, angerempelt, geschlagen; Fenster von jüdischen Läden, jüdischen Wohnhäusern wurden eingeworfen, Plünderungen; in Synagogen wurden Thorarollen geschändet, wurde Einrichtung demoliert; es soll Verletzte, ja, Tote gegeben haben unter den Juden.

»Ich besuchte den Theatermaler Wallick, und wir unterhielten uns von dem nun einzigen Stadtgespräche, den Unruhen wegen der Juden. Der König hat heute eine kräftige Proklamation erlassen, worin er die Friedensstörer mit aller Strenge zu behandeln droht und einen Preis von 4000 Rth. dem verspricht, der die Rädelsführer angibt. Dem ungeachtet hat diesen Abend diese Sache, wie die beiden vorigen, ihren Gang genommen, doch sollen die häufigen Patrouillen einige arretiert haben. Bei Tag waren zwei Kavallerieregimenter eingerückt, häufige Patrouillen durchzogen des Nachts jede Straße, die Bürger waren unter Waffen, und sämtliche Militärs hatten scharf geladen.«

Wie soll, wie kann, wie darf darüber in der Presse geschrieben werden? Frage an Zensor Nissen, Frage eines Zensors. Zulassen, dass die Schuld den Deutschen zugewiesen wird? Zulassen, dass die Schuld allein jungen Handwerkern zugeschrieben wird, die randalieren, weil sie sich benachteiligt fühlen? Zulassen, dass Partei für die Juden ergriffen wird, die auch in Dänemark nicht beliebt sind? Zulassen, dass der massive Einsatz von Militär kritisiert oder gefeiert wird? Für einen Zensor heißt es da Fingerspitzengefühl entwickeln.

So könnte der virtuelle Romanautor auch Nissen ausführlicher zu Wort kommen lassen. Im Brieftagebuch findet sich allerdings kein Hinweis auf solch eine Erörterung, aber muss sich der Erzähler dadurch gebunden fühlen? Sollte er mit diesem Thema nicht vielmehr einen Ansatzpunkt dafür sehen, begleitende Zeitumstände zu vergegenwärtigen: weithin herrschende Armut, soziale Spannungen, Ausbrüche von Gewalt?

»Die Wachsamkeit von Seiten der Polizei und des Militärs ist heute verdoppelt, denn man befürchtet, der Pöbel wolle die zuletzt Arretierten befreien. Sie sitzen im Rathause, gerade uns gegenüber, und unsere Straße ist also besonders lebhaft. Neben uns sind bei [etwa] 50 Mann einquartiert, die auf den ersten Wink schlagfertig sind. Bis nun aber ist, gottlob, noch alles ruhig.«

Der Musiker selbst thematisierte diese Vorgänge in seinen Briefberichten, also dürften für einen Romanautor die Fragezeichen klein bleiben. In einer Biographie zumindest wäre dies ein Kapitel für sich; es würde nicht den Rahmen sprengen in einem Text der offenen Form.

UND WIE STEHT ES UM DIE MUSIK IN KOPENHAGEN?, soll der große Bach-Sohn Carl Philipp Emanuel in Hamburg einen Besucher gefragt haben, und dessen Antwort lautete kurz und bündig: Sehr mäßig. Das wird sich in den Jahren zwischen der Frage des Bach-Sohnes und dem Aufenthalt des Mozart-Sohnes kaum wesentlich geändert haben.

Auch der Theater-Enthusiast FXM wird kaum auf seine Kosten gekommen sein, da war die Situation in Lemberg doch etwas besser (trotz berechtigter Klagen). Was ihn nach Kopenhagen lockte, was ihn dort wochenlang festhielt, war seine Mutter, war ihr zweiter Ehemann – für Franz Xaver nun der zweite Vater. Eher nebenbei ein Konzert – nach einem Monat Anlaufzeit. In diesem Zeitraum dürfte Privates dominiert haben.

ALS ROMANAUTOR kann ich mir Freiheiten nehmen, die einer Figur deutlichere Konturen verleihen in einer Konstellation, die in der Überlieferung nur vage angedeutet ist.

Potenzieller Ansatzpunkt: Constanze, Georg Nissen und Franz Xaver gehen in ein Restaurant (»kehren ein«). Die Mutter könnte zuvor den Sohn mustern. Schaust ja ganz struppig aus. Hock dich her. Ich kämm dich mal eben.

Kann ich selber.

So schauts aber nicht aus. Nun setz dich schon.

Mama, bitte –

Wowi, keine Widerworte. So struppig kannst hier höchstens in einer Fischerkneipe auftreten. Und jetzt halt still, sonst rupft es.

Mama, ich mag das nicht, wenn du mich so –

Sei froh, dass deine Mama einen gewissen Blick für dich hat. Sie hat schließlich nur dein Bestes im Sinn. Vielleicht bringt dir das Glück. Es gibt viele Frauen in Kopenhagen, die auf einen Mann wie dich gewartet haben. Aber da musst dich auch ein wenig herrichten. Jetzt halt staat!

Und Mozart, grimmig dreinschauend, bleibt sitzen, die Mutter kämmt. So langsam schaust schon besser aus. Da wird so mancher Blick auf dich fallen, wohlgefällig. Wirst sehn!

ALS BIOGRAPH SEHE ICH, den Aufzeichnungen Mozarts folgend, den Sohn mit der Mutter Karten spielen, den Sohn mit der Mutter spazieren gehen, vom Hund begleitet, sehe den Sohn aber nicht im Disput mit der Mutter. Der Sohn lässt es sich gut gehn, bereitet nebenbei das Konzert vor.

Als Romanautor sähe ich hier zu wenig Angebote. Da wünschte ich mir, dass viel zu lang aufgeschobene Fragen endlich gestellt würden, dass FXM schärfere Konturen gewänne.

Dieser Mozart nimmt Anlauf in einer Stunde, die ihm geeignet scheint: Nissen im Büro, Vorlagen von Zeitungsartikeln kontrollierend, Sätze umformulierend, Sätze streichend; so haben Sohn und Mutter in der Lavendelstraede Stunden für sich, das latente Thema wird angesprochen: Ich bin nicht bloß nach Kopenhagen gekommen, um das Konzert zu geben. Ich bin auch nicht bei euch, um dauernd Karten zu spielen. Ich hab mir etwas vorgenommen, auf den vielen Landmeilen und Seemeilen, ich möchte, dass du mir endlich verrätst, warum du mich als Kind umgetauft hast. Warum sollte ich genau wie der Mozart heißen?

Was fragst denn jetzt danach? Ist alles schon so lang her. Hast dich längst an den Namen gewöhnt. Hast den sogar im Pass eingetragen.

Trotzdem, Mama, die Frage ist überfällig. Ich bin unter Musikern andauernd von Getuschel umgeben. Hinter mir flüstert es, neben mir wispert es, hält es die Hand vor den Mund: Vater ... Sein Vater? ... Der war der Vater ... Nein, *der* war sein Vater ...

Was schert dich das saudumme Gerede von Leuten?!

Das sind nicht bloß »Leute«, das sind Kollegen. Wenn ich ein Klavierkonzert spiele, hab ich zwei Dutzend von denen auf dem Podium sitzen, falls es gut geht. Die erzählen sich Witze, solang die nicht spielen müssen. Und wenn die nicht Witze erzählen, reden die über andere. Über mich reden sie besonders gern. Immer wieder hat es dann denselben Refrain. Ich kann den so langsam nicht mehr hören, Mama. Ich möchte, dass Schluss damit ist. Sag mir, warum du mir den andren Namen gegeben hast, ich muss es wissen, unbedingt.

Ich hab dir den andren Namen gegeben, weil ich gemerkt hab, der Taufname passt doch nicht zu dir. Mir wurd erst allmählich klar, und da hat auch der Schikaneder bei mir Heidenkind nachgeholfen: Franz Xaver war ja ein richtiger Heiliger. Und warum wurde der heilig gesprochen? Weil er den Jesuitenorden mit begründet hat. No, ich bitt dich: so was hören wir heute nicht mehr gern, nach allem, was man über die Jesuiten erfährt. Außerdem, ich hab mich bei einem geistlichen Herrn erkundigt: Der Franz Xaver war ein Eiferer, der hat ewig und drei Tage gepredigt, in Indien, in Japan. Also, der Namenspatron war eindeutig ein Fehlgriff, so ein Name passt nicht zu einem Künstler. Das wollte ich meinem Wowi auf Dauer nicht zumuten, als ein Franz Xaver kommst nicht weiter. Die was vom Fach verstehn, die haben mir das bestätigt. Wo ich doch will, dass du dir einen Namen machst, als Komponist. Und bittschön auch ein bisserl mehr als Pianist.

Musst schon entschuldigen, Mama, aber das ist bestimmt nicht der einzige Grund. Dass mich hast umtaufen lassen – war garantiert nicht bloß wegen meiner Karriere! Da spielt etwas anderes mit. Verrat mir den wahren Grund! Hat es eine gewisse Unklarheit gegeben, mit meinem Vater?

Ich mag nicht, dass du so sprichst! So mit deiner Mutter sprichst! Ich hab das nicht verdient. Ich hab nur dein Bestes gewollt. Immer nur dein Bestes.

Dann tu wenigstens was Gutes für mich und sag mir endlich, was los war mit meinem Vater. Ich verlass Kopenhagen nicht, eh ich das weiß.

Wenn du so mit mir redest – dahinter lauert doch was! Etwas Hässliches. Etwas ganz, ganz Hässliches. Aber du wirst doch nicht hässlich von deiner Mutter reden. Oder zweifelst du gar daran, dass ich deine Mutter bin?

Nein, noch nie. Noch nie! Aber ich möcht endlich wissen, wer mein Vater ist!

Ich verbitte mir so eine Frage, Wowi! Ich verbitte mir das. Ich verbiete dir das. So kannst mit deiner Mutter nicht reden. So darfst mit deiner Mutter nicht reden, hörst du?!

Jetzt ist die Frage aber gestellt. Endlich.

So eine Frage – damit stellst deine Mutter, deine leibliche Mutter, die alles für dich getan hat, die nur für dich dagewesen ist, da stellst mich ganz schlecht hin. Aber du willst bestimmt nicht weiterleben mit einem schlechten Bild von deiner Mutter. Willst du das?

Ich sage nicht »schlecht«, ich sage nicht »gut«, ich will nur endlich wissen, was damals los war. Beim Umtaufen und danach. Und davor, vor allem: davor. Ich muss das wissen. Ich lass da nicht locker.

Du solltest lieber nicht lockerlassen bei deinem Bestreben, ein guter Komponist zu werden. Und ein noch besserer Pianist. Tu was für deine linke Hand, da musst stärkere Akzente setzen. Wär besser, du tätest daran arbeiten, statt deine Mutter zu sekkieren.

Das bisserl Sekkieren ist nicht so schlimm, wie ständig eine Ungewissheit mit sich herumtragen. Das verhindert, Mama, genau das verhindert, dass ich ein »guter Komponist« und ein noch »besserer Pianist« werde. Wenn du mich wirklich fördern willst, nicht bloß mit Fädenziehen und Leuteanstiften – also dann gib mir die Wahrheit mit auf den Weg. Besser kannst mich nicht fördern, als wenn du die Wahrheit ans Tageslicht bringst.

Und da nimmst in Kauf, nimmst einfach so in Kauf, dass ich vielleicht schlecht dasteh? Geht es dir besser, wenn es mir schlechter geht? Wenn man über deine Mutter tuschelt in den Orchestern? Wird sowieso schon viel zu viel geredet. Dem hab ich einen Riegel vorgeschoben mit deinem Namen. Und der Riegel wird nicht gelockert. Wer weiß, was dahinter zum Vorschein kommt.

Du wirst es am ehesten wissen. Lass jetzt den richtigen Vater zum Vorschein kommen. Wars der Franzl, wars der Amadé?

Wie kannst bloß wieder solch eine Frage stellen, Bub! Wie kannst solch eine Frage stellen!

Mama, der Bub geht auf die dreißig zu. Der könnte selbst schon Buben haben.

Das sag ich mir auch. Das sag ich mir immer wieder. Das ist ein Punkt, den will ich auch mal geklärt haben. Warum hast mir nicht längst schon ein Enkelchen geschenkt? Warum immer nur: Sohn eines Vaters? Werd doch mal Vater eines Sohnes!

Mama, wir kommen vom Thema ab!

Nein, das ist genau das richtige Thema! Ich hab ja nun auch den einen und andren Punkt, über den ich mit dir sprechen muss. Warum hast noch keine Familie gegründet?

Weil die Frau, die ich liebe, verheiratet ist. Und verheiratet bleibt. Ganz einfach! Damit ist der Punkt erledigt. Und ich komm zurück auf meine Frage –

Und das will ich nicht mehr hören! Wowi, das will und will ich nicht mehr hören! Kein Wort mehr! Schlag dich nicht mit solchen Gespenstern herum. Schau lieber zu, dass aus dem polnischen Schlendrian herauskommst. Dass du so auftrittst, wie das deines Vaters würdig ist. Das bist unserm guten Namen schuldig! Alles andre, das sind Allotria! Schlag dir das aus dem Kopf!

Mama, wir sind an einem Punkt, da gibt es kein Zurück mehr. Ich habe alles Recht der Welt zu erfahren, warum du mir den andren Namen gegeben hast.

Diese Frage, die schließt eine Beleidigung für mich ein. Und ich lass mich von meinem Bub nicht beleidigen. Schon gar nicht, wo ich alles für ihn getan hab. Was aber leider nicht recht gefruchtet hat. Du solltest dich lieber mal fragen, warum das nicht recht gefruchtet hat.

Wo du schon von Frucht redest – die Frucht deines Leibes will wissen, wer die Saat gesetzt hat. Das kann ich doch an neun Fingern abzählen, dass da was im Unklaren ist.

Da ist überhaupt nichts im Unklaren. Ich muss das am ehesten wissen. Es dreht sich doch alles darum, dass der Wolfgang im September 90 auf die große Reise gegangen war. Und erst am zehnten November zurückgekehrt ist. Und du bist Ende Juli geboren. Das findet manch einer schon verdächtig, da denkt man, da sagt man, der Wolfgang kann also nicht dein Vater sein. So, kann er nicht?! Er kann, er konnte! Holte gleich das Büberl heraus nach der Ankunft und pardauz! Acht Monate später warst auf der Welt. Ein paar Wochen früher als erwartet, aber was spielt das für eine Rolle. Was soll das schon für eine Rolle spielen!

Die ganze Rechnerei, die bringt doch nichts, Mama! Alle Welt weiß, du warst in der fraglichen Zeit ständig mit dem Süßmayr zusammen. Und nach der Geburt seid ihr gleich wieder nach Baden zurückgekehrt. Und Mozart hat mich kaum mal angeschaut, das weiß ich aus sicherer Quelle. Das ist bestimmt der Süßmayr gewesen, der gewollt hat oder darauf bestanden hat, dass ich Franz Xaver heiße, Franz Xaver Wolfgang. Und du hast noch den Gottlieb zum Wolfgang getan, weil inzwischen die halbe Musikwelt davon geredet hat, dass der Süßmayr mein Vater sein soll. Da wolltest auch du deine Ruhe haben, also hast mich zum Wolfgang Amadeus gemacht.

Wowi, jetzt machst schon wieder deine Mutter schlecht! Das hab ich nicht verdient. Das hab ich wirklich nicht verdient. Ich hab alles für dich getan. Und jetzt kommst daher mit solchen, mit derartigen, also mit solchen hundsgemeinen Unterstellungen. Bist nur hergekommen, um das Bild deiner Mutter zu verunstalten? Glaubt ihr denn alle, ihr könnt mich schlecht machen? Reihst dich jetzt auch ein in die schändliche Corona? Da kommen dauernd Leute daher und meinen, sie könnten mir schlechte Noten erteilen. Schlechte Noten für die Frau vom Mozart! Immer wieder ist sie verschwunden, zur sogenannten Kur. Immer nur Vergnügungen im Sinn. Aber stiftet so ein verworfenes Wesen den zweiten Ehemann dazu an, über den ersten Ehemann ein Buch zu schreiben? Und sorgt so ein verworfenes Wesen dafür, dass das Werk des Verstorbenen so genau und umfassend wie möglich herausgegeben wird? Sind das schlechte Zeichen? Könnte man mich nicht so langsam in ein andres Licht stellen? Und willst du nicht dazu beitragen? Es gibt schließlich sowas wie Familienehre. Sagt dir das nichts? Sagt dir das gar nichts? Meinst nicht, das wär viel, viel förderlicher für dich, wenn du dazu beiträgst? Und du weißt, wie du dazu beitragen kannst. Geh weg aus diesem Galizien, aus dem polnischen Lemberg! Kehr zurück nach Wien. Und vergiss die Frau in Lemberg, die ist nichts für dich, die steht dir bloß im Weg, das spür ich, das weiß ich. Räum das Feld, das galizische. Such dir eine Wohnung in Wien. Dann wird sich auch eine Frau für dich finden, eine Frau, die für dich da ist, nur für dich da ist. Diese Juszenka ist das nicht, ist das im Leben nicht! Das weißt du, das spürst du, sonst wärst du schon längst wieder zurück bei der. Als Mutter hat man ein besondres Gespür, und das sagt mir ganz klar: Du musst weg aus Lemberg, weg von dieser Frau eines andren Mannes. Das ist fruchtlos, das ist fruchtlos!

Was jetzt sagst, Mama, das ist auch fruchtlos! Es geht nicht um die Jusza, es geht um deinen Wowi! Öffne mir die Pforte zum neuen Leben, Mama, sag mir, dass ich ein Süßmayr bin, und ich würd dir auf den Knien danken.

Abwenden tätest dich von mir! Verfluchen würdest du mich. Als Hure würdest du mich schelten. Wie kannst du so was überhaupt denken? Und auch noch aussprechen? Was ist unterwegs mit dir geschehn? Was ist in dich gefahren? Kein Wort mehr darüber, kein Sterbenswort, keine Sterbenssilbe, sonst spiel ich nie mehr Karten mit dir.

Nein, Mama, dreimal nein, ich wär nicht enttäuscht, ich wär nicht entsetzt, wenn du mir sagen würdest: Wowi, dein Vater war der Amadé nicht, dein Vater war kein anderer als der Süßmayr. Mit dem Süßmayr als Vater käm ich besser zurecht, mit dem könnt ich leben. Lass deinen Nissen im Buch schreiben, dass der besagte Herr mein Vater war, Nissen schreibt sowieso, was du ihm vorschreibst, leite das auf den rechten Weg, und ich werde aufatmen. Und werde mir eine Kiste mit Exemplaren eurer Biographie nach Lemberg expedieren lassen und dort für rasenden Umsatz sorgen. Da sieht es dann jeder schwarz auf weiß. Schenk mir einen Vater Süßmayr! Der hat so wenig komponiert, das würde selbst ich noch übertreffen in meinen Lemberger Jahren. Und an seine Janitscharensinfonie würd ich nicht bloß heranreichen, die würd ich übertreffen, überbieten mit meiner Sinfonie in D. Lass mir den Süßmayr – da würde der Neid nicht mehr an mir nagen. Glaub mir, es wär das Beste für mich: dass mir den Süßmayr lässt. Da kann ich beruhigt nach Galizien heimkehren, da hab ich einen vor mir, da hab ich keinen mehr im Nacken. Das wär das Beste, was ich mitnehmen könnte auf die weitere Reise, den Mozart überlass ich dir und dem Nissen, gebt ihn heraus, stellt ihn heraus, ich aber hätte den Kopf frei, hätte die Hände frei, könnte in Ruhe ein Werk entstehen lassen, das alles von Vater Franz Xaver überbietet, übertrifft. Und man würde sagen: Da schau her, der Sohn ist besser als der Vater. Ein starker Vater schwächt den Sohn, ein schwacher Vater stärkt den Sohn. Sag dein Ja und Amen zu meiner zweiten Taufe. Ich werde hier verharren, bis das geschehen ist. Wir Leute aus Galizien haben viel Geduld, haben eine geradezu unendliche Geduld, da wirst nachgeben müssen. Dann würde ich dich erst recht ins Herz schließen. Und an der Liebe des Sohnes wird dir hoffentlich weiterhin liegen, oder? Also, es war der Süßmayr, gelt?

Geh, hör mir doch auf mit dem Süßmayr! Mit dem tätest einen schlechten Tausch machen! Der Süßmayr, der war zu lang in dieser Klosterschule, im Klosterinternat, im Klostergefängnis, der hat zu lang die Orgel traktiert, der hat zu viel für den Kirchenchor komponiert, der hat zu wenig von sich dahergemacht, da war aber auch gar nix, womit der was hätt dahermachen können, der war fad, war einfach fad, war schwach auf den Beinen und schwach auf der Brust, mit dem kamst nicht weit. Den schlag dir aus dem Kopf, und da musst gar nicht mal schlagen, nur wischen, so wegwischen, und vorbei ist der Spuk.

Aber in einer schwachen Stunde – da wärs vielleicht auch mit so eine Krischperl gegangen …

Wowi, wenn er dich gezeugt hätte, das wär unter Aufbietung seiner letzten Kräfte geschehn, seiner allerletzten Kräfte. Und du wärst ein *noch* kleineres Manderl geworden. Und würdest so eine Reise schon gar nicht durchstehn. Der ist bloß von Schwanenstadt nach Kremsmünster gekommen und von Kremsmünster nach Wien, und dann wars auch schon aus. Da ist er dahingewelkt. Erschlaffte Blüte, geknickter Stengel, verstehst? Also, du würdest deine Mutter als Frau beleidigen, wenn du mir den Süßmayr aufhalst. Bleib mir vom Leibe mit diesem Franz, diesem Franzerl, schau dir den Nissen an, der passt zu mir, der hat eine Macht, das gefällt mir, wenn einer eine Macht hat; der Süßmayr, der hat keine Macht gehabt, nicht mal über sich selbst, der ist sich abhanden gekommen, sah ja aus wie ein Hungerleider, wie ein kleiner Hungerleider, dass Gott erbarm, falls Gott so ein Krischperl nicht einfach übersehn hätte. Da hätt man mir schon viel, viel Wein einflößen müssen, bis zum Überschwappen, eh ich den Süßmayr an mich rangelassen hätte.

Wie hat er denn ausgeschaut? Hast kein Bild von ihm? Kleiner Stich, Medaillon oder Sonstiges?

Nichts, gar nichts. Er sah halt auch nach gar nichts aus.

Umso besser. Dann nehm ich ein leeres Blatt und rahm es ein und häng das auf im Zimmer, in dem mein Flügel steht. Das ist mein Vater, sag ich dann Besuchern, schaut euch das Blatt an, bis er sichtbar wird wie ein Wasserzeichen, so groß wie das Blatt. Und ich zieh Notenlinien über das Wasserzeichen und reih meine Noten. Tonsetzer Süßmayr der Jüngere – ja, öffne mir die Pforte zum neuen Leben, Mama, ich würd dir – Mama, das nützt gar nix, wenn dich jetzt davonmachst, einfach davonstiehlst –

KOPENHAGEN: Musizieren und über Musik reden in der Familie … Eventuell sogar Impulse für eine neue Komposition? Noch einmal: Ein Romanautor, der seiner Figur und seiner Leserschaft nicht bloß sachliche Hinweise auf Tonarten und Opuszahlen vermitteln will, könnte Sujets für Vertonungen entwerfen. Könnte hier sogar »Vater« Nissen einbeziehen.

Der hätte denn, vor einiger Zeit, das »Admittitur« erteilt für einen Zeitschriftenbericht über ein Ereignis, das Jahrzehnte zurückliegt. Vermittelt von einem Missionar und einem Reeder, besuchten zwei Eskimos Kopenhagen. Sie sollten Stadt und Königshaus kennenlernen, sollten, davon wünschenswert beeindruckt, nach ihrer Rückkehr die dänische Vorherrschaft auf Grönland absichern und die Handelsbeziehungen verbessern helfen. Eine Geschichte, die zur Vertonung nicht bloß verlocke, sondern geradezu herausfordere …! Und überhaupt: »Wolf« komme nun einmal aus einer Provinz mit sehr unterschiedlichen Lebenswelten – da wäre das schließlich ein passendes Sujet, oder?!

Franz Xaver könnte abwinken: Ihm sei bereits ein interessantes Libretto für eine Oper angedient worden – unter ähnlichem Generalaspekt! Für *zwei* Opernprojekte gleichzeitig aber reiche seine Kapazität einfach nicht aus: »Mein kleines Talent.«

Doch Georg Nissen wird so rasch nicht aufgeben: Wenn schon keine Oper, dann vielleicht eine andere Gattung. Im Buch, in dem ein sprachforschender Missionar diese Geschichte überliefert hat, steht vermerkt, dass Pooq seinen Reisebericht im Erd- und Schneebau seiner Heimat singend vortrug. Also: Sprech- und Singstimme mit Ensemble?

»Pooq« intoniert denn wie folgt, im Duktus der Überlieferung: Fuhr zwei Monate auf dem großen Meer ... kein Land zu sehen unterwegs, auch keine Insel ... bei der Ankunft im Land der Bärtigen so viele Menschen am Strand wie Mücken ... die Häuser außen und innen herrlich ... besonders groß ein runder Turm, wie ein Berg so hoch ... das Land Danmark selber hat keine Berge, ist ganz flach ... in einem Schlitten, auf den ein Kasten mit Fenstern gesetzt war, fuhr man Pooq und Arnarsaaq zum Haus des Königs. Es war so groß wie ein Eisberg; man hätte nicht mit dem Bogen darüber hinwegschießen können; im Eingangsbereich hätten zwanzig Zelte Platz gehabt ... Überall standen Männer mit Waffen, doch es waren keine Feinde in Sicht ... Sie wurden vor den König geführt; zu seiner Seite eine Frau, die gleichfalls prachtvoll gekleidet war ... Jentoft übersetzte, was der dänische König sagte, übersetzte auch, was Pooq selber sagte ... Sie wurden in ein anderes großes Zimmer geführt, um mit dem König und mehreren Herren zu speisen ... Teile der Speisen waren so schön hergerichtet, dass er dachte, sie seien Schmuck und nicht zum Essen ... Sie könnten dort aber nicht leben - nur wenig Robben und gar keine Walfische ... Es gibt freilich genügend andere Arten von Fischen in Seen und Flüssen, aber die gehören nur den hohen Herren, ebenso die Tiere, die man essen kann ... Der Boden in der Stadt ist derart teuer, dass ein Stück so groß, dass man nur drauf sitzen kann, drei bis vier Hemden kosten würde ... Die Obrigkeit nimmt viel Rücksicht auf die gewöhnlichen Leute; sie bekamen ein Haus zu sehen voll alter Männern und Frauen, die umsonst ihren Unterhalt bekommen.

Und ein Haus für Waisenkinder. Und eins für verrückte Menschen ... Es gibt aber auch Menschen, die sich verrückt machendes Wasser beschaffen, gibt Häuser, in denen nur dieses verrückt machende Wasser verkauft wird; vor diesen Häusern geht es oft sehr laut zu ... Es gibt aber auch viele Menschen, die sehr leise sind; sie spazieren in prächtigen Kleidern den ganzen Tag auf der Straße hin und her, ohne etwas zu tun, wovon sie sich bekleiden und ernähren könnten; es müssen Hexenmeister sein, die von nichts leben können ... Wir sind wohl zur Strafe in unser Land versetzt worden ...!

VATER NISSEN will sich nicht mit solcher Nacherzählung begnügen, die Geschichte soll gehörig dokumentiert werden, also hat er sich die *Grammatica Groenlandica Danico-Latina* besorgt, in der die Geschichte überliefert ist. Als Zensor kommt er an jedes Buch, betont Nissen, der Bibliothekar ist beflissen, will jedwede Schwierigkeit vermeiden, überreicht Gewünschtes, Angefordertes umgehend, besteht nicht auf Formalien des Leihverkehrs. So liegt denn das Buch auf dem Tisch im Wohnzimmer. Hier, auf diesen paar Seiten: die Geschichte von Pooq. Kannst das ja mal in Ruhe nachlesen ...

Und Franz Xaver blättert, liest an. Das sieht Nissen gern, auch Constanze: »Wolf« hört vielleicht schon, in vorauseilendem Echo, wie sich Wörter mit Noten verbinden können, verbinden lassen. Doch FXM stößt auf Sprachwiderstand: Hvorledes Poek kom til Danmark ... bidrag til belysning ... aktstykker og breve til oplysning ... beskrivelse ...

GROSSES KOPENHAGENER MOZART-GESPRÄCH, in Fortsetzungen! Als Romanautor ließe ich Nissen den Eröffnungszug machen: Er habe vor, mit der Hauptarbeit an der Mozart-Biographie zu beginnen, sobald sie in Salzburg leben werden, ihrem Ruhesitz. Unterstützt von Constanze sammle er bereits Materialien: Briefe, Dokumente, Konzertzettel und alles, was weiterhin willkommen, weil förderlich sei. Und er notiere, was Constanze ihm über den Verstorbenen erzähle. Ja, Mozart sei ihm nah – auch in der leiblichen Verbundenheit mit dessen vormaliger Frau.

Gespräch unter Männern, es wird Danziger Goldwasser gepichelt. Nissen löst es die Zunge, er gesteht Probleme ein im postumen Umgang mit dem ersten Ehemann seiner Frau. Wie – nur als Beispiel –, wie war es möglich, menschenmöglich, dass Mozart, kurze Zeit, nachdem er vom Tod seines geliebten, seines über alles geschätzten Vaters Leopold erfahren hatte, wie konnte es dazu kommen, dass er derart, ja, frivol reagierte? Was ich jetzt sage, das wird keine Erwähnung finden in der Biographie, das kann ich dir versichern auf Ehr und Gewissen, da bin ich mit Constanze völlig eins, das sage ich allein dir, wo wir wieder Vertrauen zueinander gefunden haben: Wie Mozart, wie dein Vater sich nach dem Tod seines Vaters verhielt, das ist und bleibt mir ein Rätsel. Am 28. Mai ist der Vater in Salzburg gestorben, zwei Tage später wird das dem Sohn mitgeteilt, wiederum vier Tage später schreibt er ein Gedicht auf einen Todesfall in unmittelbarer Nähe, aber nicht auf den Tod seines Vaters, sondern, in einem lustig gereimten Gedicht, auf den Tod seines Vogels »Star«. Mehr Reimwerk, Reimstückwerk als Gedicht, das muss ich auch als Däne sagen, aber da stehen Zeilen drin … Ich muss das jetzt nicht aufschlagen, vorlesen, ich hab einige Formulierungen im Kopf: Von »des Todes bittern Schmerz … ihm blut das Herz« … der Leser möge dem Toten ein Tränchen schenken … Gemeint ist aber leider der Vogel, den er stets im Zimmer hatte, auch beim Komponieren, drei Jahre lang war der mit dabei, »Ein lieber loser Schalk, Und drum kein Dalk.« Diesen auf Biegen und Brechen, auf Gedeih und Verderb gereimten Nachruf hat Mozart leider auch datiert: »den 4ten Juni 1787« – hier gibt es also kein Vertun.

Nun, da dieses Gespräch angelaufen ist, könnte Constanze hinzukommen, sie setzt sich zurecht, und Nissen fährt fort: Vierzehn Tage nach der Todesnachricht schließt Mozart eine neue Komposition ab, belegt auch sie mit Datum. Keine Trauerode, sondern, wie war das nur möglich, jenes obskure »Sextett für zwei Violinen, Viola, Bass, zwei Hörner«. Dieser Musikalische Spaß in Druck gegeben bereits zwei Wochen nach dem Tod des Vaters! In diesem Sextett wird nach Herzenslust gepfuscht, gestümpert, allerschlimmster Abgesang, da könnte sich der Vater nur im Grabe umdrehn: alles so ausgeführt, wie er das verabscheut hat in dieser Welt der Pfuscher. Vorsätzlich grobe Fehler in der Komposition … Typische Lesefehler von Instrumentalisten, beispielsweise bei Hornisten … Schnell hat er ja geschrieben, der Mozart, aber ein paar Tage Anlauf brauchte das schon, also, zwingender Schluss: er begann mit dem Opusculum kurz nach dem Tod des Vaters, bei dessen Beerdigung er übrigens nicht anwesend war, weil er viel zu tun hatte. Hat man dafür Worte?

Franz Xaver gibt eine Antwort, die erst so leise ist, dass keiner sie versteht. Sprich lauter, ruft die Mutter.

Er löst einen Aufschrei aus mit seiner Antwort: Ihr Wolfgang hat den Musikalischen Spass komponiert, weil er über den Tod des Vaters erleichtert war. Nun war er frei, völlig frei, auch mal etwas komponieren zu können mit falschen Noten, wo ihn Vater Leopold doch so inständig den Umgang mit richtig gesetzten Noten gelehrt hatte.

Bist narrisch?! Hältst deinen Vater für so herzlos?! Leiste Abbitte vor deinem Vater. Gleich hier, wo du sitzt.

Aber schon ist Franz Xaver aufgesprungen, geht rasch umher im Wohnzimmer mit Kopenhagener Möbelstücken. Ja, hier ist er weit genug entfernt von Wien, hier kann er das aussprechen: Wolfgang Amadeus war bestimmt erleichtert über den Tod von Vater Leopold. Das zeigte er freilich nicht, demonstrierte vielmehr die Trauer, die einem Sohn gebührt, wenn der Vater gestorben ist, der ihn gefördert hat über so viele Jahre hinweg, aber im Komponisten-Hirnwinkel, da begann er zu tanzen, im Takt seiner verqueren Musik. Nein, im Ernst, ganz im Ernst: Nach allem, was ihm von Musikern zugetragen wurde in Gesprächen hier und dort, nach alledem hat Amadeus den Leopold wie eine schwere Last mit sich herumgetragen, der Leopold wie aufgehuckt, aufgehuckt der Leopold. War ja ungefähr dreieinhalb Jahrzehnte älter als der Sohn, damit fast schon in einem Alter, in dem man Ruhe gibt, doch er hat alles getan, um den Sohn zu dem großen Musiker zu machen, der er selber nicht geworden ist, als Vizekapellmeister zu Salzburg, als Komponist einiger Werke, mit denen er nicht sonderlich reüssierte, umso leichter die Entscheidung, das Komponieren einzustellen, »aufzuopfern«, um dem Sohn, ja, zu dienen, wie er gern sagte. Aber der Preis dafür war hoch: forderte Gehorsam vom Sohn und fortwährende Dankbarkeit, umgesetzt in Fügsamkeit. Sagte ihm, mach dies, sagte ihm, mach das. Redete ihm drein, redete ihm drein. Das alles hat der Sohn mit sich herumgetragen, sich damit abgeschleppt. Im Lauf der Jahre wurde die Last immer größer, und plötzlich, urplötzlich war die Last weg. Das musste sich erst mal umsetzen, freisetzen, also hat er komponiert, was ihm gerade in den Sinn kam. Das musst du doch am allerersten verstehen, Mama! Leopold wollte nie dein Schwiegervater sein. Der hat dich nie geachtet. Der hätte Mozart am liebsten verboten, dich zu heiraten. Seitenlang musste Mozart schreibend auf ihn einwirken, um für seine Entscheidung Verständnis zu finden. Lauter vernünftige oder vernünftig klingende Erklärungen, wie hilfreich und wie praktisch und wie lieb du bist, und wie ihm eine Ehe mit dir – und so weiter, und so weiter, das muss ich euch nicht erzählen. Andauernd war der Großvater hinter dem Vater her, stand hinter ihm, war ihm im Nacken, ermahnte, forderte auf, wies zurecht, untersagte, ermunterte, verbot, schränkte ein, erhob Einspruch, verpflichtete – hat den Sohn schließlich so weit gebracht, dass er dem Vater erst mal nicht zu schreiben wagte, dass die Mutter tot im Nebenzimmer lag, in Paris, bei der Konzertreise, die ihm Leopold verordnet hat, aufgehalst hat, aufgebürdet, und die Mutter wurde ihm noch mit auf den Weg gegeben, wie auch immer sie damit zurechtkam, dass sie in der gemieteten Wohnung warten, warten, warten musste während seiner Termine, und nun ihr Tod. Doch er schrieb dem Vater, als wäre in der Zwischenzeit nur Voltaire gestorben, endlich, der aufgeklärte Hundsfott, aber im Nebenzimmer die Mutter, drei Stunden zuvor gestorben, wie man hört, während er einen Brief schrieb, an diesen Herrn Vater, einen Brief, in dem er um den Tod herumschrieb, aus Furcht vor dem Vater, dass der ihn womöglich irgendwie verantwortlich machen könnte für den Tod der Mutter auf der Reise. Ja, der Alte hat Mozart drangsaliert, reglementiert, kujoniert, dagegen hat der sich gewehrt, der Bruch von Salzburg, als Mozart die Stelle am Hof des Erzbischofs aufgab, der Bruch, als er heiratete, der Erlaubnis des Vaters zuvorkommend, vorgreifend, und trotzdem blieb der Alte präsent, redete auch unhörbar auf Mozart ein, und als der Brief mit der Todesnachricht eintraf, von Salzburg nach Wien, ja, da schoss eine wilde Freude in ihm auf, der Vater konnte jetzt nicht mehr in sein Leben dreinreden, der Vater konnte nicht mehr hinter ihm stehn, der Vater konnte ihm nicht mehr zur Last werden.

So unrecht hat der Franz da nicht, gesteht Constanze ein, überraschend. Dein Großvater hat dem Amadé zuviel dreingeredet. Ja, er wollte mich dem Amadé ausreden. Hatte nur schlimme Ausdrücke für mich parat, ich war ein verworfenes Weibsbild in seinen Augen. Ich hab den Amadé angestachelt, dass er mit der Hochzeit nicht auf die Erlaubnis des Vaters wartet, er ist schließlich auch wer.

Ja, das ist es, ruft Franz, der Sohn hat sich gesagt: Ich bin schließlich auch wer! Nach all der Vaterlast – sollte er nicht erleichtert sein, als der Vater tot war? Weg für immer? Nur noch ein Name? Nichts als ein Name? Hochspringen und ans Stehpult! So komponieren, wie es dem Vater ein Graus gewesen wäre! Dass sich der Vater die Ohren zugehalten hätte! Dass der Vater aufgeschrien hätte. Gejault hätte. Gegreint hätte. Ja, gewiss, der Sohn zeigte die Trauermiene, wie es sich gehört, aber hinten, im Hirnkastl ging es bunt zu, da tobten die Noten! Da schlugen und sprangen die Noten über die Stränge.

Nun verlässt die Mutter das Zimmer, das Gespräch sinkt in sich zusammen, der zweite Vater und der zweite Sohn schweigen sich an.

ZUMINDEST ERWÄHNT WERDEN MUSS, dass FXM auch in Kopenhagen ein Konzert gab – nach wochenlanger Anlaufzeit. »Die Leute hier sind so en prétention, dass ich jedes einzelne Orchestermitglied, ja selbst den Theaterkassier besuchen musste. Dem Inhalte nach gebe ich ein sehr artiges Kon.; wie es mit der Einnahme gehn wird, ist schwer vorauszusehn. Schlechte Zeiten, ungünstige Jahreszeit: das ist der Refrain, den ich täglich höre.«

»W. A. Mozart« trat auf im alten Königlichen Theater, ein »Instrumental- og Vocal-Concert«. Dies, unter anderem, mit seinen zwei Standards: »Concert for Pianoforte« und »Fantasie over et russig og et polsk Thema for Pianoforte.«

»Mein Konzert ist in jeder Hinsicht brillant ausgefallen. Das Haus war gedrängt voll, und der Beifall außerordentlich. Alles ging sehr gut, und ich war bei guter Spiellaune. Die Einnahme wird wohl 100 Rth betragen.« Diesen hundert Reichstalern entsprächen etwa 4000 Euro.

ALS ROMANAUTOR würde ich gleich anschließend die große Konfrontation entwerfen – in diesem Entwurf ohne Vorspiel, ohne Anlauf, gleich »in medias res«!

Im Ernst, ganz im Ernst, ich möcht jetzt endlich wissen, ob Mozart mein leiblicher Vater war oder nicht.

Wowi, jetzt gehst wieder zu weit!

Hier aber könnte sich Franz Xaver auf Niemetschek berufen: eine solidarisierende Andeutung des älteren Franz Xaver in Prag. Und FX könnte wiederholen, dass er auch in Musikerkreisen den einen und andren Hinweis diesbezüglich erhalten hat.

Doch Constanze wird von Gerüchten reden: schändliche Gerüchte! Sie kann sich nur mit Verachtung äußern über diejenigen, die solche Gerüchte verbreitet haben, womöglich noch immer verbreiten. Alles Schmäh, nichts als Schmäh! Mein seliger Mann nicht dein Vater – ich verbiete dir, in dieser Weise von deinem verstorbenen Vater zu reden. Ich verbiete dir das!

Mama, ich habs schon einmal gesagt: Ich bin bald dreißig! Da lass ich mir nicht mehr den Mund verbieten!

Dann red halt nicht so einen Schmarrn daher! Schau dich doch selber an! Genau wie du jetzt herumtigerst, ganz genauso ist der Amadé dauernd umhergelaufen. Der konnte keine Minute Ruhe finden – wenn er nicht am Klavier saß oder am Kartentisch, war er ständig auf den Beinen, das fing schon am frühen Morgen an, der pendelte all die Zeit hin und her – ich hab ihn wieder vor mir, fast leibhaftig, wenn ich dich so seh.

Ich lauf hier herum, weil ich aufgeregt bin. Weil ich einen rasenden Herzschlag hab. Gib dir keine Mühe, eine Ähnlichkeit herzustellen. Ich will nicht dem Mozart gleichen. Will ihm nicht gleichen und will nicht so heißen wie er. Das muss endlich mal heraus! Hier bin ich weit genug weg von Salzburg, jetzt verpflichtet mich da nichts mehr, familiär. Die ganze Reise über schon liegt mir das auf dem Herzen, liegt mir steinschwer im Magen, drückt mir auf die Lunge, macht mir den Schädel dumpf: Ich will den Namen Mozart nicht mehr tragen. Ich kann diesen Namen nicht mehr tragen! Ich halt das nicht länger aus, all die Zeichen, dass man eigentlich mehr von mir erwartet hätte, als Pianist, erst recht als Komponist namens Mozart. Dass ich von gleichem Rang sein soll wie mein Herr Vater, der nicht mein Vater ist. Ich hab mich all die Jahre über mit einem Vater gemessen, der nicht mein Vater ist. Seit ich Niemetschek besucht hab, seit er mir schonend beigebracht hat, dass sein Namensvetter Franz Xaver, zeitweilig wie ein Sohn im Hause, mein leiblicher Vater sein dürfte, seither geht mir das unablässig im Kopf herum, seither versteh ich, weshalb mich dieses Unbehagen begleitet, mein eignes Unbehagen wie das Unbehagen andrer: ständig der Vergleich mit dem Vater, diesem Vater, jenem Vater, ich muss aus diesem Teufelskreis heraus, wenn ich nach Lemberg zurückkehre, muss ein neues Leben beginnen, ein ganz neues Leben, das ist nicht möglich, wenn ich als Wolfgang Amadeus Mozart der Jüngere heimkehre. Ich muss schon deshalb nach Lemberg zurück, um festzustellen, endlich festzustellen, ob mich Josephine liebt, weil ich Franz Xaver bin oder weil ich, bisher, Mozart heiße. Wenn dieser Name von mir abfällt, sich ablöst, wenn ich als neuer Namensträger vor sie hintrete, gleichsam verjüngt, erneuert, rundum erneuert, dann wird sich zeigen, wird sich bestätigen oder widerlegen, ob ich als Mozarts Sohn oder als Franz Xaver hier geliebt und dort verehrt, hier verehrt und dort ein wenig geliebt werde. Das wird die Namensprobe sein, die Namensklangprobe, die wahre Namensklangprobe. Ja, ich werde bewirken, vielleicht schon in Hamburg, dass ich meinen Taufnamen zurückerhalte, auf dem Pass, und womöglich einen andren Familiennamen. Du musst dir keine Mühe mehr geben, Mama, zu beweisen, dass Mozart doch mein Vater war, ich möchte das mittlerweile gar nicht mehr haben, ich wünsch mir geradezu, dass es der Süßmayr war, der mich gezeugt hat, es wäre mir eine ungeheure Erleichterung. Sei meine wahre, meine geistige Mutter, schenk mir dieses neue Leben!

Und wie steh ich dann da?! Was meinst, was ich auszustehn habe, wenn das die Runde macht. Weil doch gar nicht sein darf, dass ein Adlatus vom Vater dein Vater ist!

Das soll doch unter uns bleiben! Ich will es nur wissen. Das heißt doch längst nicht, dass ich nach dem Süßmayr benannt sein will! Ich hab dieser Tage viel drüber nachgedacht. Ich will bloß wissen, dass er es war, ich will aber nicht unbedingt so heißen. Er kann sowieso nicht mehr seine Zustimmung geben, ist längst vermodert, und seine Schwester werden wir nicht aufspüren können. Es gibt für mich nur noch *eine* Entscheidung: Ich möcht deinen Namen tragen, Mama, deinen Mädchennamen, das wär am unverfänglichsten, wär am besten für den Neuanfang, wenn ich als Franz Xaver Weber nach Lemberg zurückkehre und alles beginnt von vorn, ich kann mich frei bewegen, und vielleicht, vielleicht kommt dann auch wieder Musik aus mir heraus. Andauernd werde ich gefragt, wann ich ein weiteres Klavierkonzert schreibe oder ein »richtiges« Violinkonzert oder sonst ein Konzert, und da konnte ich, sinngemäß, nur sagen: Die Musik hat sich verkrochen, verstehn Sie, meine Musik hat sich vor der Musik des Wolfgang Amadeus Mozart klein gemacht, hat sich verkrochen, ist verlustig gegangen. Aber wie anders wird es sein, wenn man nur noch auf meine Musik hört, nur noch auf mich hört und mich nicht andauernd mit Mozart konfrontiert. Es wird alles viel, viel leichter für mich sein, wenn ich vor die musikalische Welt hintreten kann als ein Franz Xaver Weber. Ich könnte dann wirklich von vorn anfangen. Stimm da zu, mit einem lachenden und einem weinenden Auge, aber stimm da zu. Ich mit dem anderen Familiennamen, da würde mich keiner vergleichen mit ... Da würde keiner fordern, verlangen, erwarten, dass ich ... Ich würde so spielen, wie ich auf dieser Reise spiele, ich würde so komponieren, wie ich bisher komponiert habe – das alles würde dann aber mit anderen Ohren gehört. Jetzt hört man mir nur mit halbem Ohr zu, die andre Ohrenhälfte lauscht hinüber zu Mozart, der fast überall gespielt wird, von dem man noch so viel Musik im Kopf hat, ja, die Gehörgänge mit Notenfolgen, Notenmassen, gedruckten wie gespielten, vollgestopft, verstopft, da dringen eigene Noten, gedruckt und gespielt, nicht so recht durch, nur einzelne Töne, vielleicht kleine Tonfolgen, die sich durchschlängeln, durchdrängeln – ich müsste Klänge, Klangfolgen entwickeln, die Gehörgänge frei blasen, mit mächtigen Luftstößen frei blasen, und alle Mozartnoten, Mozartnoten, Mozartnoten wirbeln hinaus – freier Durchlass, endlich, für meine eigenen Werke. Die verbunden mit dem Namen Weber, und die Ohren wären frei für mich, die Gehirne wie frei geputzt, nicht dieser Mozart-Noten-Staub, der sich überall ablagert, sich festsetzt in Hirnspalten, Hirnschrunden, Hirnfalten – all das wirbelt nur wieder hoch, wenn ich unter dem Namen Mozart auftrete, längst vergessene Noten erheben ihre Notenköpfe, rücken vor mir zusammen, machen Front gegen mich. Ich habe zuweilen das Gefühl, ich spiele vor Ohren, die mir gegenüber ertaubt sind, oder: die lauschen nicht mir und meiner Musik, die lauschen lieber auf Echos der Vatermusik. Da entsteht zuweilen ein gewaltiger Strudel, immer mächtiger, in sich hereinreißend, es bröckelt immer mehr von dem Stückchen Boden ab, auf dem ich stehe, Halt suchend, die Angst, ich könnte in den Strudel hineingerissen, von diesem Strudel verschlungen werden, mitsamt der »Grande Sonate«, dem ersten und erst recht dem zweiten Klavierkonzert – verwirbelt, verstrudelt im Mozart-Mahlstrom. Und der Sohn und der Sohn und der Sohn?!

Nun könnte sich Nissen zu Wort melden: Er will, er muss zur Besonnenheit mahnen. Er kann ja verstehen, dass der Name Mozart für einen Nachgeborenen Schwierigkeiten mit sich bringt, er glaubt das bereits beobachtet zu haben, aber weil er sich, berufsbedingt, in Verfahrensfragen auskennt, muss er sagen: Du kannst den zweiten Namen, den deine Mutter dir gegeben hat, nicht rückgängig machen, du selbst hast die Vornamen Franz Xaver auch längst schon aufgegeben, noch nie hast du, meines Wissens, ein Konzert unter diesem Namen angekündigt, eine Komposition unter diesem Namen in Druck gegeben, du bist in Lemberg gemeldet und eingetragen unter dem Namen Wolfgang Amadeus Mozart der Jüngere, und so steht das auch im Pass. Das kannst du nicht mehr rückgängig machen. Es sei denn, du unterwirfst dich einer behördlichen Prozedur, die so mühsam, so langwierig ist, so kräfteraubend, dass du für längere Zeit nicht mehr zum Komponieren kommst. Und weil wir schon davon sprechen: als Franz Xaver Weber würdest du keineswegs einen gloriosen Neuanfang machen, du hast offenbar vergessen, dass dein Vetter Carl Maria beginnt, dir Konkurrenz zu machen, mit seinen Sinfonien, seinen Opern. Wie im Familienkreis verlautet, hat er einen dichtenden Juristen gefunden, der ihm zur Zeit ein Libretto schreibt mit dem Titel »Die Jägerbraut«, es soll da schaurig schön zugehn mit Schützenfest, Teufelspakt, Wolfsschlucht. Weiteres ist noch nicht durchgesickert, aber das alles klingt recht vielversprechend. Falls sich der erwartete Erfolg einstellt, käm dir schon wieder ein Familienname in die Quere. Wenn deine Mutter endlich aufhören würde zu heulen, könnte sie das nur bestätigen.

Und was, wenn ich deinen Namen annehme, Vater? Franz Xaver Nissen ..! Meine Wiedergeburt hier in Kopenhagen! Und als Franz Xaver Nissen überquere ich die dänische Grenze, als Franz Xaver Nissen tauche ich auf in Hamburg, Berlin, Lemberg, als Franz Xaver Nissen beschreibe ich viele Notenblätter – da würde man doch ganz anders von mir reden: Der Mann aus dem Norden, doch sobald er auf dem Podium sitzt, bricht Feuer aus ihm heraus – so, ungefähr so, könnte man denn von mir reden ...

Und keine Angst vor Gerede? Willst du als Sohn eines Zensors an die Öffentlichkeit treten? Irgendwer, darauf kannst du Gift nehmen, irgendjemand wird das irgendwann gegen dich ausspielen, wird in einem Zeitungsartikel suggieren, was du komponierst, das hättest du selbst schon zensiert, eine Musik, der überall was fehlt, musikalische weiße Flächen, musikalische schwarze Balken – in dem Stil ginge das, garantiert, ich kenne den Betrieb ... Ich meine, du solltest wirklich beim Namen bleiben, der im Pass steht. Du hast da nur eine Wahl, nämlich: keine Wahl. Alles festgeschrieben, hier gibt es kein Zurück mehr. Lass dir das in väterlicher Freundschaft gesagt sein.

UND WIEDER BIOGRAPHISCHE FAKTEN! Zweieinhalb Monate bleibt Franz Xaver in Dänemark ... Spaziergänge, Kartenspiele. »Ich kam sehr früh nach Hause und spielte mit der Mutter und dem Abbé Zimmermann Karten ... Abends spielte ich mit der Mutter *Piquet*!« Und es werden nicht nur Werke von Mozart gespielt, es wird auch

über ihn gesprochen. Als Anstöße, wiederholt: Constanzes Mitarbeit an der Gesamtausgabe und Nissens Vorarbeiten zur Biographie. Massive Einwirkung, lang anhaltende Nachwirkung? Und
was sich während der Reise eventuell schon abzeichnete, das
könnte nun festgeschrieben werden: FXM wird das Komponieren
letztlich aufgeben.

Was während der beiden Reisejahre im Druck erscheint, vorwiegend bei C. F. Peters in Leipzig, das hatte er selbstverständlich zuvor schon komponiert. So etwas wie ein letzter Schub: Variationen
… Lieder mit Klavierbegleitung … Weitere Polonaisen … 5 Variationen für Klavier über eine Romanze von Méhul … Zurück in
Lemberg wird er nichts mehr von Rang und Gewicht komponieren, nur Beiläufiges: eine Gefälligkeits-Kantate … die üblichen
Klaviervariationen …

Aufschlussreich die Zahl seiner Kompositionen: Rund 30 Werken hat er eine Opuszahl verliehen; etwa 20 weitere hat er nicht in
den Kanon aufgenommen. Nun ist die Anzahl von Kompositionen
kein entscheidendes Kriterium: ein Gustav Mahler, ein Alban Berg,
ein Anton Webern haben mit jeweils wenigen Werken höchsten
Rang errungen. Bei Franz Xaver Mozart aber ließ die Intensität,
die Kreativität nach.

FRANZ GRILLPARZER, den Franz Xaver in Wien kennenlernt, er wird
einen Nachruf dichten, aus dem sich ein Auszug vorwegnehmen
lässt als Deutungsmuster.

> Du warst die trauernde Zypresse
> An deines Vaters Monument.
> Wovon so viele einzig leben,
> Was Stolz und Wahn so gerne hört,
> Des Vaters Name war es eben,
> Was deiner Tatkraft Keim zerstört.
> Begabt, um höher aufzuragen,
> Hielt ein Gedanke deinen Flug:
> »Was würde wohl mein Vater sagen?«
> War, dich zu hemmen, schon genug.

UND DIE SÖHNE des großen Johann Sebastian Bach?! Ist Selbstbescheidung im Schatten des Vaters so etwas wie ein zwingendes historisches Muster?

Der Erstgeborene, Friedemann, soll dieses Erwartungsmuster erfüllt haben, als »gebrochene Existenz« – so zumindest das populäre Überlieferungsbild. Vielleicht wird er auch nur auf diese Rolle hinstilisiert: Der Sohn, den die Übermacht des Vaterwerks bei der eigenen Entfaltung zwar nicht behindert, sie jedoch erschwert.

Aber da sind (neben dem bescheidenen, sich bescheidenden »Bückeburger Bach«) die beiden ebenso selbstbewussten wie erfolgreichen Söhne Johann Christian (der »Londoner Bach«) und Carl Philipp Emanuel (der »Berliner Bach«). Sie nahmen teil an der Entwicklung von Tonsprachen, die wegführten von den Kompositionsmustern des Vaters (die bald schon als verzopft galten).

Johann Christian übernahm und förderte die Entwicklung einer (italienischen) Tonsprache, die wiederum Wolfgang Amadeus Mozart übernahm und (entschieden) weiterführte. (Eine Anekdote: Amadé hatte, als Wunderkind, zwischen den Beinen des Meisters stehend, gemeinsam mit ihm auf dem Tasteninstrument gespielt: sich abwechselnd, führten sie eine Improvisation weiter, wahrscheinlich als Kette von Variationen.) Johann Christian Bach war in Italien wie in England sehr erfolgreich mit seinen Opern, mit Konzertanten Sinfonien (anderthalb Dutzend), mit Klavierkonzerten, kammermusikalischen Werken. Auch heute noch wird, gelegentlich, eine seiner Opern aufgeführt. Auf dem Phonomarkt ist er erstaunlich präsent: Bielefelder Katalog und Internet registrieren etwa 60 CDs!

Postum noch erfolgreicher: Carl Philipp Emanuel Bach. Ein Satz aus seinen Schriften: »In der Komposition und im Klavierspielen habe ich nie einen andern Lehrmeister gehabt als meinen Vater.« Dankbare Anerkennung, dennoch nie (oder kaum einmal) das Gefühl, als Komponist, als Musiker von geringerem Rang zu sein.

Starkes Selbstbewusstsein dokumentiert sich etwa beim Angebot des Oratoriums *Die Auferstehung und Himmelfahrt Jesu* an den Verleger Breitkopf: »Kann ich ohne närrische Eigenliebe behaupten, dass sie von meinen Meisterstücken ein Beträchtliches mit ist, woraus junge Komponisten etwas lernen können.« Nur gelegentlich so etwas wie Zurückstecken. Als er von Berlin nach Hamburg wechselte: »Musik adieu! Hier habe ich gute Gesellschaft, hier habe ich mehr Ruhe, mehr Unabhängigkeit als am Hof; als ich fünfzig war, gab ich die Sache auf und sagte: Lasst uns essen und trinken, denn morgen werden wir sterben.« Bach war freilich der Letzte, der sich an diesen Ausspruch gehalten hätte, er entfesselte eine Hamburger Sturmflut an kompositorischen (und organisatorischen) Aktivitäten.

Wieder ein Begleitbrief an Breitkopf, zur Kurzkantate *Heilig* für Solo-Alt, zwei vierstimmige Chöre, zwei Orchester: »Hier habe ich den meisten und kühnsten Fleiß bewiesen zu einer guten Ausnahme. Dieses Heilig ist ein Versuch, durch ganz natürliche harmonische Fortschreitungen stärkere Aufmerksamkeit und Empfindung zu erregen als man mit aller ängstlichen Chromatik nicht imstande ist zu tun. Es soll mein Schwanenlied von dieser Art sein, und dazu dienen, dass man meiner nach meinem Tod nicht zu bald vergessen möge.«

Nein, man hat ihn nicht vergessen, konnte ihn nicht vergessen. Carl Philipp Emanuel schuf Kompositionen mit wild aufschießenden Protuberanzen – kurze Sinfonien, ein fulminantes Cellokonzert, ein mitreißendes Oboenkonzert, ein höchst eindrucksvolles Magnificat. Noch drei Jahre vor seinem (eigenen) Tod leitete Mozart die Aufführung eines Oratoriums von Carl Philipp Emanuel. Und Ludwig van Beethoven wird in ihm den großen Meister, ja, ein frühes Vorbild sehen. Im heutigen Konzertleben spielt Carl Philipp Emanuel kaum eine Rolle, nachhaltig erfolgreich aber ist auch er auf dem Phonomarkt: Ich sehe mehr als 120 verschiedene Aufnahmen seiner Werke auf CDs registriert!

Das doppelte Gegenbild dieser beiden Bachsöhne hebt die Konturen eines FXM deutlicher hervor. Dem Vater gegenüber so etwas wie einen Minderwertigkeitskomplex zu entwickeln, dies war nicht unausweichliches Geschick; die selbstbewussten, die gestandenen Herren Johann Christian und Carl Philipp Emanuel Bach demonstrieren das nachdrücklichst.

UND WIEDER: MOZART SOHN. Und hier waren es nicht Charakteristika des (offiziellen) Vaters, die nachwirkend den Sohn belasteten, es war die Mozart-Rezeption, die auf ihn einwirkte. Kürzer: Das Problem war nicht die Person des Vaters, sondern dessen Werk.

Dies darf nicht bloß, wie hier, erwähnt werden, es muss im Historischen Roman zum Erzählvorgang werden – aber wie?

Hier sehe ich nur eine Möglichkeit: bewährte Erzählmuster durchbrechen, Freiraum schaffen für einen neuen Ansatz. Die massive Präsenz des Vaterwerks könnte auf scheinbarem Umweg am direktesten vergegenwärtigt werden.

MEHR ALS 600 KOMPOSITIONEN sind aufgelistet im Köchelverzeichnis; setzt man eine durchschnittliche Dauer von einer halben Stunde an, so wären das 300 Stunden, also etwas mehr als zwölf Tage, zwölf Nächte. Nun ist ein beachtlicher Teil des Œuvre länger als ein Klavierkonzert oder Streichquartett: Messen, Singspiele, Opern. Also lässt sich aufrunden: Über zwei Wochen hinweg Tag und Nacht pausenlos gespielte oder gehörte Mozartmusik.

KV214 KV215 KV216 KV217 KV218 KV219 KV220 KV221 KV222 KV223 KV224 KV225 KV226 KV227 KV228 KV229 KV230 KV231 KV232 KV233 KV234 KV235 KV236 KV237 KV238 KV239 KV240

Rezeptionsmodell Chinesische Klangmauer. Es ließe sich eine Story entwickeln zum Aufbau, Ausbau der Chinesischen Klangmauer: Unter den Vorfahren des Großkomponisten ein Baumeister Franz III. Mozart und die Baumeister Michael Mozart und David II. Mozart und Hans Georg Mozart – dieses Quartett steinerner Gäste könnte Hilfestellung leisten beim Bau der Klangmauer.

Ein weiteres Segment:

ElfteSinfonieZwölftesKlavierkonzertDreizehnteSinfonieVierzehn esKlavierkonzertFünfzehnteSinfonieSechzehntesKlavierkonzertSie bzehnteSinfonieAchtzehntesKlavierkonzertNeunzehnteSinfonieZ wanzigstesKlavierkonzertEinundzwanzigsteSinfonieZweiundzwan zigstesKlavierkonzertDreiundzwanzigsteSinfonieVierundzwanzigs tesKlavierkonzertFünfundzwanzigsteSinfonieSechsundzwanzigste sKlavierkonzertSiebenundzwanzigstesKlavierkonzertAchtundzwa

Und wieder, und weiter:

KV537 KV538 KV539 KV540 KV541 KV542 KV543 KV544 KV545
KV546 KV547 KV548 KV549 KV550 KV551 KV552 KV553 KV554
KV555 KV556 KV557 KV558 KV559 KV560 KV561 KV562 KV563

Könnte nicht der Einwand erfolgen, numerische Auflistung sei eine Beleidigung des Genies? Dem lässt sich entgegenhalten: Mozart selbst hat in den letzten sechs Lebensjahren eine Werkliste geführt. Hier eine kurze Sequenz – samt späteren Ergänzungen aus dem Werkverzeichnis des Ludwig Ritter von Köchel, des Privatgelehrten, der Pflanzen, Mineralien und Werktitel sammelte:

Klavierkonzert in c (KV 491), Le Nozze di Figaro (KV 492), Klavierquartett in Es (KV 493), Klavier-Rondo in F (KV 494), Hornkonzert in Es (KV 495) …

Und wieder, und weiter:

KV488 KV489 KV490 KV491 KV492 KV493 KV494 KV495 KV496
KV497 KV498 KV499 KV500 KV501 KV502 KV503 KV504 KV505
KV506 KV507 KV508 KV509 KV510 KV511 KV512 KV513 KV514
KV515 KV516 KV517 KV518 KV519 KV520 KV521 KV522 KV523
KV524 KV525 KV526 KV527 KV528 KV529 KV530 KV531 KV532

So gewinnt, so gewänne die Grundkonstellation an Kontur: Übermächtig das Gesamtwerk des Vaters; davor der Sohn, der dieses Werk bewundert, sich selbst aber Gehör verschaffen will als Komponist. Aber da ist, da bleibt, da trotzt die Klangmauer. Und weil er sich nicht den Schädel einrennen will, zieht er den Kopf ein …

ZWISCHENFRAGE: Wie kamen eigentlich andere Mitglieder der Familie mit dem Namen Mozart zurecht? Des Vaters Schwester Anna Maria, Tante Nannerl: Nicht einmal sie wollte komponieren. Weitere Tanten, diverse Onkel: nie eine Note geschrieben, und das werden sie kaum als Mangel, als Manko empfunden haben; sie hatten nicht das Gefühl, so vermute ich, sie müssten sich einen Namen machen mit dem übernommenen Namen, einen Namen, der gegen Vergessen gleichsam imprägniert ist; sie dachten sich nichts weiter bei diesem Namen, befürchteten nicht, dass man wegen des Familiennamens Außerordentliches von ihnen erwarten könnte.

NOCH EINMAL LESE ICH (mit Blick auf das Biographie-Gedanken-spiel) Briefausschnitte des sogenannten Tagebuchs, und hier deutet sich nicht im Geringsten eine Kopenhagener Krise an, vielmehr, da capo: Man spielt Karten, man geht spazieren, und tagelang sieht man sich überhaupt nicht in diesen Wochen.

Vielleicht ist es ganz einfach so: FXM verliert während der fort-gesetzten Europareise endgültig die Lust, sich der Anstrengung des Komponierens zu unterziehen. Und es verfestigt sich sein Ein-druck, es gebe schon mehr als genug Musik in dieser Welt. Zwar ist Mozart verstummt, doch Beethoven komponiert, Schubert kompo-niert, Italiener komponieren, Franzosen komponieren – wozu da noch Werke von Franz Xaver Mozart? Sanftes Abwinken statt dra-matischer Abschiedsgebärde?

Jedoch: Ein langsamer Prozess des Versiegens gibt nicht viel her für den Autor eines Historischen Romans über einen Musiker, es muss krisenhaft zugespitzt werden, damit der Text bezwingend wirkt. Also: Etwas zum Problem machen, was eher achselzuckend abgetan wurde?

ABSCHIED nimmt die Mutter auch im Stammbuch. »Nur die Hoff-nung, Dich, meinen geliebten Sohn, bald, ja recht bald wieder um-armen zu können, kann mich über Deine Abreise trösten, und so reise denn so glücklich als Dir wünscht Deine Dich zärtlich lie-bende Mutter Constanze Nissen.«

Am 8. Oktober 1819 »ein kleines Abschiedsfest. (…) Wir trenn-ten uns erst lange nach Mitternacht. Meine arme Mutter war ganz niedergeschlagen! Ich musste ihr versprechen, wiederzukommen! Warum kann sie nicht bei uns oder wir bei ihr leben! – Am 9. stand ich sehr früh auf, meine liebe Mutter war mir schon zuvorgekom-men. Wir frühstückten ganz allein, ich getraute mich kaum, unser Stillschweigen zu brechen, wenn ich sie ansah, gingen mir die Au-gen über. Ich mag an diese letzten Augenblicke nicht mehr denken. In einer Art Betäubung riss ich mich aus den Armen meiner Eltern, und setzte mich auf den elenden Postwagen«.

AUCH DIE WEITERREISE: strapaziös. »Den 12ten kam ich nach Schleswig. Es war 6 Uhr morgens, als ich ankam, und was ich forderte, war ein Bett. Ich war in 3 Tagen und so viel Nächten nicht zur Ruhe gekommen, in einem fort gefahren und überdies noch von Kop. her übermüdet. Zum Glück war das Wetter, wiewohl sehr kalt, dennoch ausnehmend schön.«

Zu einem Konzert reicht es in Schleswig nicht. Zwar zeigt man rhetorisch so etwas wie Begeisterung, zugleich deutet sich Vorbehalt an. »Ich besuchte den Landrat Ahlfeld, der ein ausgezeichneter Musikliebhaber sein soll, doch scheint er nicht sehr viel guten Willen zu haben. Es ist doch sonderbar mit den meisten Liebhabern. Sie werden meistens an ihren Wohnorten geschätzt, und fürchten, so lächerlich es auch ist, durch Fremde verdrängt, verdunkelt zu werden. Er empfing mich sehr kalt und reist überdies morgen zu einer Landpartie.«

So bleibt es bei privaten Veranstaltungen: »Musikalische Zusammenkunft«. Dabei werden Werke der Musikliteratur durchgespielt, meist Opern. Hier nun: »Die Oper Figaro wurde von A bis Z durchgegangen, und einiges war nicht übel. Alle Sonnabend geschieht dies, und es wird jedesmal ein ganzes Werk aufgeführt.«

Drei Tage später: »Soeben kommen wir aus der Gesellschaft bei Ahlfeld, wo wir Così fan tutte und die Introduktion und [das] Finale aus Don Juan aufführten. Es ging wirklich recht gut. Ich war am Klavier und brachte Feuer und Leben unter die Sänger, die zum Teil recht hübsche Stimmen haben. Mit Anbruch des Tages verließ ich Schleswig, das mir immer eine angenehme Erinnerung bleiben wird.« Dies auch ohne Konzert …

Ein Konzert wird jedoch in Hamburg vorbereitet. Der Name Mozart scheint allerdings wenig Resonanz zu wecken im Norden: schleppender Vorverkauf.

Eine Anmerkung zu den Eintrittspreisen. Der Konzertgeber musste alles selbst übernehmen: Saalmiete, eventuelle Miete für das Instrument, Honorar der Sänger und Instrumentalisten für das übliche Mischprogramm. Also mussten die Eintrittspreise recht hoch angesetzt werden: 5 Gulden waren weithin die Norm – denen können heute 100 Euro entsprechen. Ein damaliger Klaviervirtuose wie Johann Nepomuk Hummel konnte sogar bis zu 10 Gulden pro »Billett« fordern. FXM hingegen musste sich, laut Leipziger Zeitung, »mit einem viel geringeren Preis« begnügen – klarer Marktwert auch damals. Der klangvolle Name Mozart wurde also nicht immer zu klingender Münze. Um nicht vor halb leeren Sälen spielen zu müssen, reduzierte FXM vielfach auch noch den sonst üblichen Eintrittspreis. »Wie ich es vorausgesehen, so ging es auch. Die Einnahme war sehr schlecht, sonst aber alles gut. Der Beifall war wie ich es nur wünschen konnte. Besonders machten meine Lieder Eindruck.«

ERFREULICHE RESONANZ auch in Altona. Zur Vorbereitung des dortigen Konzerts fährt er wiederholt von Hamburg hinaus nach Altona – und gerät jeweils in einen Stau. »So oft ich nach hier ausfuhr, mussten wir, wegen der sich häufenden Wagen, einige Mal stille halten.«

Ohne Stau nach Oldenburg. »Das Konzert ist so brillant ausgefallen wie es hier nur immer möglich ist. (…) Meine Lieder gefielen sehr.«

STICHWORT LIEDER: Rund dreißig Gedichte hat Franz Xaver Mozart vertont; zwei oder drei sind verschollen. Seit 2005 liegt auf dem Phonomarkt die Einspielung aller 27 überlieferten Lieder vor: Barbara Bonney, Sopran; Malcolm Martineau, Klavier.

Es wäre optimal, wenn bei einer Biographie über Franz Xaver Mozart auf der Innenseite des Einbands eine CD eingetütet wäre mit einer Kompilation seiner wichtigsten, charakteristischsten Kompositionen: das frühe Klavierquartett, das zweite Klavierkonzert, die Grande Sonate in der Version für Cello und Klavier. Unbedingt müssten auch einige der Lieder mit dabei sein.

Eine FXM-Biographie mit Tonträger wäre unter heutigen Marktgesetzen allerdings nur schwer realisierbar, es sei denn als kalkuliertes Verlustgeschäft: die Hauptperson hat einen allzu geringen »Bekanntheitsgrad«.

BREMEN: »Hr. Mozart, der jüngere Sohn des berühmten Meisters, gab ein Konzert im hiesigen Schauspielhause, worin er ein Pianofortekonzert seiner Komposition mit großer Gewandtheit und Präzision vortrug. Seine Kompositionen, wenn auch den Meisterwerken seines großen Vaters nicht gleichzusetzen, sind nicht ohne schöne Eigentümlichkeit.«

Und wieder einmal wird der »Geist des Vaters« heraufbeschworen, der in Werken des Sohnes »nachtönt«. Der »Geist des Vaters«, der über dem Sohn schwebt, der »Geist des Vaters«, der in Konzerten zu verspüren ist – solche Formulierung taucht in auffällig vielen Besprechungen auf. Der landesweit reproduzierte Standardsatz lautete: »Der Geist des Vaters ruht auf ihm.« Das gab es also damals schon: Bestimmte Formulierungen geistern durch das Feuilleton, werden von Besprechung zu Rezension zu Bericht weitergereicht: Formulierungs-Selbstläufer.

Rückkehr nach Hamburg, und wohl zum ersten Mal fuhr FXM auf einem »Dampfboot«. In der Hansestadt wollte er ein Konzert besuchen, bei dem einige seiner Lieder auf dem Programm eines befreundeten Konzertgebers standen.

»Gleich ins Theater, wo eben heute Gerstäcker Konzert gab. Der Zettel versprach unter anderm auch meine Lieder, die hier außerordentlich gefallen. Ich gehe also in meinem Reisekostüm mit etwas langem Bart (Du würdest Judenbart sagen) aufs Theater, um G. zu besuchen. ›Ach, wie hab ich nach ihm geseufzt‹, war sein erstes Wort, ›er hätte mir gewiss etwas spielen müssen, doch er kann es ja noch tun, oja, lieber, guter Mozart.‹ Vergebens stellte ich vor, dass ich müde sei, zwei Nächte nicht geschlafen, und nicht konzertmäßig angezogen sei. Ohne meine Einwilligung abzuwarten, läuft er fort, tritt vor und annonciert, dass ich, soeben von der Reise gekommen, die Gefälligkeit haben würde, mein Konzert-Rondo zu spielen. Allgemeines Bravo erscholl, was war zu tun, ich musste mich fügen, wurde aber brillant empfangen und ebenso entlassen. Später accomp. ich auch selbst meine Lieder. Sie gefielen sehr.«

Und wieder Unbequemlichkeiten, Härten damaligen Reisens, etwa von Schwerin nach Neu-Strelitz: »Die Kälte, und noch mehr, ein schneidender Ostwind setzten uns sehr zu. Ich fuhr gestern um 11 Uhr von Schwerin und kam heute um 10 hier an.« Wieder mal eine schlaflose Nacht ...

Doch wachbleibende Sehnsucht. »Wie soll ich dir die wehmütigen Gefühle beschreiben, die sich heute meiner bemächtigten, als ich mich erinnerte, dass es eben heute ein Jahr war, dass ich in meinem Leben zum ersten Male, so ganz sicher vor jeder Störung, an deiner Seite saß und mich einige Minuten so glücklich wähnte als nur ein Sterblicher sein kann.«

Zum Grundgefühl der Sehnsucht: Heimweh nach Galizien! »Zugleich mit uns fuhren auch einige Galizier, und es ist schwer zu beschreiben, wie sehr es mich freute, halbe Landsleute von mir zu sehn.« Und: »Mir war es sehr angenehm, wieder von Lemberg plaudern zu können.«

Und so etwas wie Lokalpatriotismus? Wie könnte er seine Stadt herausstellen in Gesprächen mit Personen, die er unterwegs trifft, in Poststationen, Gasthäusern, Hotels? Etwa, indem er die Geschichte nacherzählt, auf die man sich in Lemberger liberalen Grüppchen einiges zugute hält? Das vorbildliche Verhalten des Lemberger Magistrats zu Beginn der Belagerung der befestigten Stadt im Jahre 1648 durch Kosaken – einer der Kosakenaufstände im Polnisch-Litauischen Staat mit seinen ständigen Binnenkriegen. Anführer Bohdan Chmelnyzkyi erklärte, man werde die Belagerung aufheben, sobald sämtliche Juden ausgeliefert seien; darauf wollte der polnische Magistrat aber nicht eingehen, zahlte lieber die ungeheuerliche Summe von 60 000 Dukaten. Sieben Jahre später tauchte der Kosakenführer erneut vor Lemberg auf, diesmal mit Russen verbündet, wieder stellte er seine Forderung, auch diesmal zahlte der Magistrat lieber eine horrende Ablösesumme, als die Juden auszuliefern. Nun, ist das nicht eine schön positive Geschichte, wie sie einer Stadt alle Ehre macht?

DER IMPULS, den Constanze über Bibliothekar Brettschneider ihrem Sohn vermitteln wollte, scheint leer zu laufen; während der Kopenhagener Wochen fiel kein Wort über den möglichen Beginn der Arbeit an einer Oper über die Eroberung Preußens durch Montezuma. Also sucht die weiterhin aktive Romanfigur einen neuen Ansatzpunkt, hört sich um, vorrangig unter Musikern und erfährt: Der Dichter Fouqué hat für den Komponisten und Schriftsteller

Hoffmann ein Libretto geschrieben, dessen Vertonung bereits abgeschlossen sein soll; die Uraufführung stehe bevor.

Ansatzpunkt für ein weiteres Kapitel im Historischen Roman über Franz Xaver Mozart: Auch wenn dies nicht so überliefert ist, wendet sich Constanze mit einem ausführlichen Schreiben an Fouqué – mit der Gewissheit, dass ein Brief der Witwe Mozart mehr als nur höfliches Interesse finden wird. Einleitend gratuliert sie zum offenbar gelungenen Libretto für Hoffmann, der sich – nach dem einen und anderen Text über Mozart, zudem als Dirigent von Opern und Orchesterwerken des Verstorbenen – im Hause Mozart bestens eingeführt habe. Folgt die Anfrage, ob Fouqué eventuell geneigt sei, auch für ihren Sohn ein Libretto zu verfassen. Soweit sie wisse, sei Franz Xaver auf der Suche nach dem Sujet für eine Oper; im fernen »Polen« sei er allerdings, wie kaum anders zu erwarten, nicht fündig geworden. Da er auf seiner europaweit erfolgreichen »Kunstreise« demnächst in Berlin eintreffen, dort mit Sicherheit gleichfalls ein Konzert geben werde, wolle sie als mitdenkende und mitfühlende Mutter höflich anfragen, ob bei der sicherlich erfolgenden Begegnung eventuell ein Vorschlag zur Sprache kommen könnte, der ihren Sohn zu inspirieren vermöge.

Fouqué würde, so angesprochen, rasch antworten: Er fühle sich durch das Schreiben der Witwe des allseits verehrten Wolfgang Amadeus Mozart aufs höchste geehrt, betrachte es als weitere Ehre, für den Sohn des großen Meisters ein Opernlibretto verfassen zu dürfen, müsse allerdings eingestehen, dass ihm derzeit ein geeignetes Sujet nicht zur Verfügung stünde, er überdies von einer anderen Arbeit langfristig in Beschlag genommen sei. Er erlaube sich jedoch, eine Empfehlung auszusprechen: Der Dichter Adelbert von Chamisso (wie Hoffmann zu seinem Freundeskreis gehörend) habe sich allzusehr der Pflanzenwelt zugewendet, Herbarien auswertend, die er von einer langen Forschungsreise unter Kapitän Kotzebue (dem Sohn des bekannten Theaterautors) in das Polarmeer wie in die Südsee mitgebracht habe; Bearbeitung und Auswertung seien fraglos notwendig, seien in gewisser Weise für Chamisso als Dichter jedoch riskant, werde er hier doch allzusehr von den Quellen der Dichtkunst abgezogen. So wäre eine Anfrage der verehrten Witwe Mozart vielleicht der rechte Impuls, mal wieder als Dichter zur Feder zu greifen; dass der Autor des *Schlemihl* dazu die rechten Voraussetzungen mitbringe, müsse kaum noch betont werden. Sobald Unterzeichnender in Erfahrung bringe, dass Chamisso ein entsprechendes Schreiben aus ihrer Hand erreicht habe, werde er seinerseits Freund Adelbert zur Realisierung des Vorschlags stimulieren. Mit dem Ausdruck größter – etcetera, Fouqué.

Und Constanze wendet sich sogleich an Adelbert von Chamisso. Bekennt sich als begeisterte Leserin seiner Schlemihl-Novelle, preist seine Gedichte, auch wegen ihrer Musikalität, stellt die baldige Ankunft ihres Sohnes in Berlin in Aussicht, hofft auf eine persönliche Begegnung, will dazu beitragen, dass sie Früchte trage, bittet um Verständnis für ihr Anliegen. Bedingt durch die sich bereits über viele Monate hinziehende Konzert- und Bildungsreise, bedingt zudem durch zeitraubende Verpflichtungen in seiner neuen Heimat »österr. Galizien«, komme ihr Sohn Wolfgang kaum noch zum Komponieren. Zwar lägen bereits zwei Klavierkonzerte vor (eins von ihnen werde er gewiss auch in Berlin zu Gehör bringen), zwar hätte er zudem mehrere kammermusikalische Werke geschaffen, sie habe indes das beunruhigende Gefühl, jedwede Impulse zu Größerem, Höherem könnten im fernen Lemberg bzw. Lwów eher gedämpft werden, ja, erlahmen. Dennoch sehe sie einen Ansatzpunkt zu einer Wendung zum Besseren. Zwar künde sich keine Sinfonie, keine Messe, kein Oratorium an, wie man es bei einem Sohn des großen Mozart mit Fug und Recht erwarten dürfte, sie wisse indes, dass er eine geheime Neigung zur Oper hege, und so wende sie sich an ihn, den verehrten Dichter, mit der bescheidenen Anfrage, ob er eventuell über ein Sujet verfüge, das sich bei einer Berliner Begegnung dem Sohn empfehlen ließe. Als zusätzliche, wenn auch indirekte Motivation: Womöglich eine Geschichte der Begegnung mit einer fremden Welt. Wolfgang erlebe so etwas quasi am eignen Leibe in der sehr fremden Welt des »ehem. polnischen« Galizien.

Constanze Nissen, vormals Mozart, beschließt das Schreiben mit der Bitte, von der hier erfolgenden Anfrage dem Sohn gegenüber nichts verlauten zu lassen, das könnte von ihm falsch aufgefasst werden; vielmehr wäre der Anschein wünschenswert, der Vorschlag ergebe sich gleichsam spontan. In diesem Sinne – etcetera.

Worauf sich Adelbert von Chamisso befleißigt, der Witwe Mozart respektive Frau Legationsrätin rasch zu antworten. Auf langer Forschungsreise sei er nicht nur zahlreichen Naturphänomenen begegnet, er hätte auch Menschen und Geschichten kennen, schätzen und lieben gelernt. Somit lasse sich gewiss eine Vorlage finden für eine Oper, in der sich wunschgemäß fremde Welten begegneten, dies sicherlich auch musikalisch, sei doch die Musik beispielsweise auf Südsee-Inseln eher vom Rhythmus bestimmt als von europäischer Melodiegebung.

Auch wenn er, Chamisso, bisher noch nicht die Ehre hatte, dem Sohn des großen Mozart begegnen zu dürfen, so sei er doch beinah sicher, dass sich eine allseits gedeihliche Zusammenarbeit ergeben und entwickeln dürfte.

BERLIN! »Eine prächtige Stadt, und würde mich wohl mehr überrascht haben, wenn ich nicht Kopenhagen gesehn, das beinah sich mit B. messen darf. Die Straßen sind sämtlich breit, gerade, mit schönen Häusern und vielen Palästen besetzt. Wegen der regelmäßigen Bauart ist es leicht, sich zurechtzufinden.«

Auch in Berlin geht FXM bei erster Gelegenheit ins Theater, sieht den damals berühmten Schauspieler Devrient als Faust. Und wird vom Ehepaar Mendelssohn eingeladen, dessen »elfjähriger Sohn ein Wunderkind sein soll«. FXM als Gast in der Residenz des Bankiers in der Leipziger Straße, eins der Hauskonzerte. »Auch der kleine Mendelssohn gab uns eine sehr schwere Sonate zum Besten, und ich muss gestehn, dass es schade wäre, wenn dieser Knabe durch übertriebenes Lob verdorben würde.« Was zum Glück nicht geschah: Der 16-Jährige wird das grandiose Streichoktett komponieren, früher Beweis seiner Genialität.

Und eine weitere, überraschende Begegnung: Franz Xaver Mozart trifft Ernst Theodor Amadeus Hoffmann. Der Reisende mit dem Künstlernamen »Wolfgang Amadeus Mozart der Jüngere« und der Jurist, Zeichner, Schriftsteller, Komponist Hoffmann, der seinen dritten Vornamen Wilhelm ersetzt hatte durch »Amadeus« – über wen werden sie wohl gesprochen, von wem werden sie geschwärmt haben? Dies erst recht, während sie pokulierten – Punsch oder Wein? Oder ging man gleich über zum »schlampampen«, bei Lutter & Wegner?

AUCH WENN SIE SICH ZUTRINKEN, wiederholt, sie müssen sich erst einmal aneinander heransprechen; das geschieht sicherlich nicht mit der Erörterung von Grundfragen der Musik, sie könnten eher ansetzen mit Anmerkungen zu Musikunterricht, Klavierunterricht. Und FXM erwähnt, dass er im fernsten Galizien zwei Comtessen in Klavier und Gesang unterrichtet hat, worauf Hoffmann gleich auftrumpft: Im Gräflich Rothenhan'schen Hause hat er fünf, Ausrufezeichen, fünf Comtessen im Gesang unterrichtet. Dies freilich jeweils nach unmusikalischem Vorspiel: Sobald er sich der Residenz näherte, musste er erst mal ein Rudel Hunde von sich fernhalten, mit abwehrendem Gebrüll – er hätte, als Hauslehrer, nicht mit dem Knotenstock anmarschieren können, obwohl er den bei Besuchen in anderen hohen Häusern stets mitnahm, sonst hat man diese »blutgierigen Bullenbeißer« gleich am Hals, am Leib, zumindest an der Wade – es gibt ja kaum einen, der die Köter mal zurückpfeift.

Dies schon gar nicht in Galizien!, könnte FXM anknüpfen. Weder im polnischen noch im ruthenischen Galizien hält man Köter im Zaum, man müsste eigentlich in jeder Hand einen Knüppel tragen, aber was, wenn man auf die Meute eindrischt, da werden die Biester erst richtig scharf, wollen einen zerfleischen, und das bei dem wenigen Fleisch, das man auf den Knochen trägt.

Und wenn nicht Köter über einen herfallen, so wird man von Krankheiten überfallen. Davon könnte Hoffmann ein Lied in vielen Strophen singen: früh schon Rheuma … Gichtschübe … Kopfschmerzen in Form der besonders verhassten Migräne … Krämpfe und Koliken. An Letztere ist er fast schon gewöhnt, hat während einer heftigen Kolik eine Arie seiner Undine-Oper in Töne gesetzt: keine Schmerzensschreie im Falsett, sondern Tonfolgen, die sich einschmeicheln dürften.

Na, wenigstens hat Hoffmann diese Oper komponiert, und nicht einmal die einzige, wie man hört – hingegen er selbst? Fühlt sich oft vampirisch ausgesogen in Galizien, es bleiben höchstens Nebengedanken übrig an eine Oper, weiter kommt er da nicht. Sein Bibliothekar in Lemberg hat zwar einen interessanten Vorschlag unterbreitet, hat sogar mit ersten Entwürfen aufgewartet: »Montezuma le roi ou La Conquête de la Prusse«, aber das Projekt bleibt vorerst in der Schwebe. Wer will schon eine neue Oper haben, wo es deren bereits so viele gibt? Er selbst besitzt allein sechs Partituren von Opern seines Vaters …! Vier Partituren von Opern des muskulösen Herrn Gluck …! Und wie viele Opern hat Händel geschrieben …?! Wie viele der Londoner Bach …?! Und da soll auch er noch …?! Niemand wartet ernsthaft auf eine Oper von ihm, er selbst am allerwenigsten. Wenn für diesen weisen Verzicht wenigstens, in gerechtem Ausgleich, das vielbeschworene Glück in der Liebe auf ihn warten würde. Aber auch da bleibt es eher beim Konzept: seine nahe und ferne »J«.

Eine Jot?! Hoho, eine »J« hat Hoffmann gleichfalls erlebt, in jungen Jahren: War noch keine zwanzig, damals in Königsberg, und schon über beide musikalischen Ohren verliebt in diese Jot, doch sie war »das Weib eines anderen«, was die Annäherung erschwerte, eine Beziehung, eine Verbindung verhinderte.

Ah, mit der Liebe zu einer »J« kann FXM gleichfalls aufwarten, dies gleich zweifach, zwiefach. Die erste »J« damals in Wien, auch sie das Weib eines anderen – sehr, sehr erschwerend! Wäre der wenigstens jemand gewesen, der seinen Besitz zu schätzen, hinreichend zu würdigen gewusst hätte, aber das war einer, der nicht wusste, nicht spürte, nicht einmal ahnte, welche Kostbarkeit er mit ihr besaß, der hat sie nur »ängstlich bewacht«. Ja, und in Galizien, in Lemberg ist das so ähnlich: Der andere, sehr viel älter, hat wenig Sinn für die Musik, die Lebenselixier seiner »J« ist – sie spielt, singt vor den tauben Ohren des Herrn Gubernialrates, doch wie zur Rache verspricht das Töchterlein ebenfalls musikalisch zu werden.

Wie alt ist das Töchterchen? Etwa vierzehn, fünfzehn? Dies war jedenfalls das Alter, in dem sich Hoffmann, schon etwas über dreißig, in die zweite »J« verliebte, in Julie, in Julia. Die war damals noch nicht das Weib eines anderen, wurde es aber bald darauf, und das bei einem Mann, der sie überhaupt nicht wert war – ein Hundsfott, Sauhund, Scheißkerl. Der hat ihn damals fast zum Wahnsinn getrieben, er, Hoffmann, hat sich denn auch bei höchst unpassender Gelegenheit wie ein Wahnsinniger aufgeführt, aber davon jetzt kein Wort. Hat schließlich auch gute Erfahrungen gemacht: mit seiner Ehefrau, der Polin. Jedoch, so lieb sie auch immer zu ihm sein mag, treu und fürsorgend, er wird die Gedanken an »J« wie Julie nicht los.

Und er, FXM, wird die Gedanken an »J« wie Juszenka nicht los, da möchte man, sollte man, müsste man – ach, sprechen wir von was andrem, reden wir lieber über Musik.

Darauf Hoffmann: Wollte sich eigentlich als Tonsetzer einen Namen machen, wollte als Komponist wahrgenommen werden, das Schreiben hingegen stellte er zurück. Hat das erste Buch denn auch nicht unter seinem Namen veröffentlicht – sähe seinen Namen lieber auf Notendrucken, auf Konzertprogrammen. Doch von Anfang an Schwierigkeiten! Dabei hatte er sich anfangs ein wunderschönes Pseudonym zurechtgelegt, als Künstlername: Giuseppe Dori! Und ein Freund hatte von Warschau aus für ihn die Korrespondenz mit dem Musikverlag in der Schweiz geführt, aber auch dieses eigentlich geschickte Vorgehen hat nichts genützt, Herrn Nägeli erschienen die eingereichten Kompositionen unzureichend.

Herr Nägeli?!, ruft FXM: Der Nägeli hat sogar meinen Vater gerügt! Der hätte Fehler gemacht beim Komponieren!

Und die beiden lachen auf, am kleinen Tisch mit großer Flasche, hohen Gläsern. Aufsehen an weiteren Tischen im Raum; weil ihr Gelächter Resonanz findet, wird es ein wenig fortgesetzt, über den Anlass hinaus. Nägeli rügt Mozart …! Dabei ist er für Hoffmann der Genialste unter etlichen Genies. Hat die Oper aller Opern geschrieben. Und dann Nägeli! Herr Nägeli aus Zürich beliebten zu mäkeln, zu meckern …!

Und Hoffmann setzt nach: Ja, ja, dreimal ja, er möchte als Komponist des Miserere genannt werden und der Arlequin-Ballettmusik, solche Kompositionstitel müssten sich mit seinem Namen verbinden, unauflöslich, unauslöschlich, und nicht die »Fantasiestücke« und »Die Elexiere des Teufels« und der goldene Pisspott. Eigentlich müsste man eine weitere Oper schreiben, und zwar mit Salvator Rosa im Mittelpunkt! Hoffmann beginnt zu schwärmen: Dem Rosa fühlt er sich nah, ja wesensverwandt – der große Maler hat auch geschrieben, vor allem Satiren, hat auch komponiert, eine seiner Canzonetten müsste auf jeden Fall eingebaut werden. Zudem bietet sein Leben bunte Vorlagen für ein Libretto, er war als Darsteller aufgetreten auf Straßen und Plätzen Roms – Szenen im Stil der Commedia dell'arte. Entsprechende Musik stellt sich da fast von selbst ein, man könnte aus neapolitanischem Liedgut schöpfen.

Woraufhin FXM erwähnt, dass er im weiteren Verlauf ohnehin nach Italien reisen will, er könnte sich dort umhören, vielleicht entdeckt er eine schöne Canzone napoletana.

Ja, stimmt Hoffmann ein: Und die trascrizione als Vorlage für ein arrangiamento …

WENN SICH SCHON, nachweislich, Mozart der Jüngere und Hoffmann in Berlin getroffen haben, und sei es nur kurz, so dürfte es im Spielraum des Wahrscheinlichen liegen, dass Hoffmann seinen Gast auch mit Adelbert von Chamisso zusammenführt, mit dem er sich ohnehin des Öfteren trifft, im kleinen Freundeszirkel. Zu dem auch Eduard Hitzig gehört, wiederum ein besonderer Freund von Chamisso; der hat während der anderthalb Jahre seiner Weltumsegelung in steter Folge Briefe an Hitzig geschickt, von der Südsee wie vom Nordmeer aus.

FXM dürfte sich pünktlich in der Wohnung des Eduard Hitzig einfinden, ist mit ihm erst mal allein; einleitender Austausch von Höflichkeiten vor dem Hintergrundgeräusch mehrerer Kinder in der Wohnung. Auf einer Anrichte ein Grüppchen exotischer Vögel: Schaupräparate. Ja, von Adelbert mitgebracht, während der Reise notdürftig präpariert, soweit das auf der allzu engen Brigg möglich war, Hitzig hat die Bälge auf eigene Kosten von einem Präparator nachbehandeln lassen, nun warten die Exoten auf Abruf. Diesmal nun: Großpapageien, Aras … Natürlich nicht alle von Chamisso selbst gefangen – der hat überall Helfer gefunden, Zuträger. Hier nun: Ara ararauna, ein Gelbbrust-Ara: das Gefieder auf der Oberseite blau, auf Brust und Bauch goldgelb, und grün die Stirn, die Wangen weiß, die Kehle und der Schnabel schwarz ... Und dies: ein Türkis-Ara, auch Hellblauer Ara genannt, obwohl eher grünlich-bläulich ... Und hier ein Hellroter Ara ... Und rot-gelb-blau der Ara-Kanga ... Der Goldnacken-Ara, nicht ohne Grund so genannt, wie man sieht ... Und dies ist die Krönung: Hyazinth-Ara, sehr selten in seinem monochromen Blau.

Als wäre er damit herbeibeschworen, tritt Chamisso auf. Größer, breiter als erwartet, das Haar schulterlang; polnischer Rock mit Querschnüren; Botanisiertrommel. Doch er hat unterwegs nichts gefunden, das macht aber nichts, seine »Heusammlung« ist längst schon groß genug, auch mit Pflanzen der hiesigen Region, und überhaupt, Botanik liegt ihm fern, der Pendel schlägt zur Zeit eher aus zum Literarischen, er hat sich seine »Unsterblichkeit von fünfzig Jahren« durch ein weiteres Gedicht gesichert, übersetzt zudem ein Poem aus dem Isländischen, er liebt diese Sprache: íslandi ordid ... frá stjörnunni berst söngur ... dökkt hálfmánakvöld ... Ebenso nah ist ihm die Sprache von Hawaii: pahu, pohaku ... kapa, kapu ... e komo mai! Er will eine hawaiische Grammatik verfassen. He moolelo no ha hohohoholona wauna eha. Ein kleines Lexikon hat er gleichfalls »auf der Hobelbank«. He palapala mua na na kamalii. Indes wiederholen sich seine Siebenmeilenstiefel-Sprachsprünge: Kýrnar – pu'ili ... Áttu bágt? – O ka buke hua mua ...! Gedankensprünge, Distanzen aufhebend, die Insel Island, die Insel Hawaii Seite an Seite unter seiner Schädeldecke: Og ég man eftir morgni – Ka olelo no na holoholona o ka honua.

Doch sperrig zwischen den beiden Inselwelten, Inselsprachwelten: Verpflichtungen, nicht nur als mehrfacher Familienvater, es ist noch immer sehr viel mitgebrachtes »Heu« gelagert, das der Aufarbeitung harrt, Belegexemplare von den kargen Inseln der Beringsee wie von den üppigen Inseln der Südsee. Es läge nun aber kaum im Interesse des werten Besuchers, mit einer Lawine lateinischer Fachbezeichnungen überschüttet zu werden: Hypnum chamissonis ... Arnica chamissonis ... Pedicularis chamissonis ... Campanula chamissonia ... Saxifraga chamissoi ... Claytonia chamissoi ... Potentilla chamissonis ... Eriophorum chamissonis ...

Auch, um der nun doch herniedergehenden Lawine zu entweichen, bringt FXM ein neues Stichwort ein: Gewiss, die exotische Pflanzenwelt, gewiss, die fremde Sprachenwelt, doch habe Chamisso im Reich des Pazifik nicht auch Erfahrungen mit Eingeborenen gemacht ...?

Viele Begegnungen, in der Tat! Allen voran: Kadou, der Neukarolinianer von der Inselkette Ratak ... Als die *Rurik* auf eine dieser Inseln zusegelte, kamen ihnen sogleich Eingeborene entgegen in ihren leichten Booten. Kaum war der Anker geworfen, kletterten etliche Insulaner an Bord, allen voran: Kadou ... Etwas größer und breiter als die anderen, Haar noch lockiger, Haut etwas heller ... Tätowierungen: Fische und Vögel in Kniehöhe, an den Armen, auf den Schultern ... Kam vom Woleai-Atoll der Karolinen, wurde durch einen Orkan nach Ratak vertrieben, dort aufgenommen: Mann zwischen zwei Sprachen, zwei Kulturen ... Kadou gab sofort zu erkennen: Möchte an Bord bleiben, egal, wohin wir fahren und wie lange das dauert ... Betrat ein schwimmendes Haus einer fremden Welt und fühlte sich gleich zu Hause ... Ließ zwei Frauen zurück und eine Tochter ... War so etwas wie der Berater eines Häuptlings gewesen, eines Stammesfürsten: Rolle des Vermittlers ... Fühlte sich als etwas Besseres, ließ das die Schiffsmannschaft spüren, verlangte von einem Matrosen, er solle ihm ein Glas Wasser bringen – da lernte er gleich die besonderen Spielregeln an Bord kennen ... Doch es blieb ein Drang nach Höherem: ahmte Gang und Gebärden des Kapitäns nach ... übte das Laufen in neuen Stiefeln auf rollendem Schiff ... war bald beliebt an Bord, erwies sich als hilfsbereit – mit Maßen ... Zu seinem angenehmen Charakter gehörte »eine gewisse Trägheit«. Wollte letztlich nur schlafen und singen ... Singen und schlafen ... Dagegen musste Chamisso ankämpfen, andererseits konnte er das gut nachvollziehen – er sei zeitweilig »ein wahres Faultier«, nehme sich acht Tage lang vor, einen Brief zu schreiben, und sobald er Papier, Feder, Tinte vor sich sehe, lege er sich einfach ins Bett ... Kadous Schlafsucht war noch größer: verschlief lange Phasen der Fahrt von der Südsee ins Nordmeer, Polarmeer ... Jeden Monat machte er einen Knoten in eine bereits knotenreiche Schnur ... Chamisso wollte die Zeit nutzen und den Freund in Geographie unterrichten, in Nautik, aber da wurde Kadou rasch müde, zog sich zurück – und sang. Chamisso wollte ihn das Schreiben lehren, auch das wurde Kadou bald zu anstrengend, er suchte einen Schlupfwinkel – und sang vor sich hin. Vielleicht besang er, was er zu sehen bekam. Das war schließlich Eis, heranschwimmendes Eis – so etwas hatte man sich in der Südsee überhaupt nicht vorstellen können. Fahrt bis zur Insel Unalaska, nah der Beringstraße ... Keine Bäume mehr in dieser Vegetationszone, gepflanzte Fichten verkümmerten, Birken gingen ein, was alles überstand, war sturmgezaustes Gestrüpp, waren Farnkräuter, Wasserpflanzen, war die Claytonia unalascensis, waren Ranunkeln, ansonsten: Granit, Porphyr, Schwefelkies ... Kadou taten die Bewohner dieser vulkanischen Insel leid, er wollte ein paar der Kokosnüsse, die sich noch an Bord befanden, eingraben, damit dort endlich einmal Palmen wuchsen – es war nicht leicht, ihm das Opfer der kostbaren Kokosnüsse auszureden.

Ja, und sogleich könnte FXM eine Opernszene vor sich sehen: Wie ein Kadou mit Kokosnüssen hantiert, beschwörend singend. Überhaupt, diese Figur scheint ihm nah, auf Anhieb: Zieht sich zurück und singt ... Unterweisungen in Geographie, Rezitativ, doch Kadou zieht sich zurück und singt: eine Arie besonderer Art ... Knüpft einen weiteren Knoten in die Schnur – und besingt das Vergehen von Zeit ... Soll das Schreiben lernen, zieht sich jedoch zurück und singt ... »Bitte überlassen Sie mir diese Figur – ich sehe und höre Kadou schon auf der Bühne ...«

Chamisso aber will ihn nicht hergeben, will selbst mal über den Freund schreiben, im Zusammenhang mit einem Bericht über die Forschungsreise. Vielleicht aber lässt sich so etwas wie ein Bruder des Kadou vermitteln. »Lassen Sie mir ein paar Tage Zeit. Eduard wird Ihnen Bescheid geben.«

Und er lädt FXM ein zu einem Besuch in seine Dienstwohnung am südöstlichen Rand des Botanischen Gartens. Dem Besuch könnte sich auch Hoffmann anschließen – er hat sowieso schon mal um eine Führung gebeten. Dort draußen gedeihen mittlerweile Pflanzen aus vielen Teilen der Welt, und dieses Spektrum wird noch wachsen: Samen, auf der Brigg mitgebracht, wollen gesetzt werden. In Chamissos Kopf reifen sie bereits heran.

Umarmung zum Abschied. FXM fühlt sich nicht bloß umarmt, sondern in die Arme geschlossen. Und er sagt, Mund am Oberarm, was Hitzig nun nicht hören kann: Sollen wir uns einigen auf eine Unsterblichkeit von biblischen achtzig Jahren? Chamisso, Mund an der Schulter, lacht lautlos.

Am nächsten Tag ein Billett für Herrn Mozart im Hotel *Unter den Linden*: »Omeia hat die Bretter betreten! Der Boden trägt! Wollen Sie den Bühnenboden gemeinsam mit mir betreten, so hole ich Sie heute Nachmittag gegen fünf Uhr ab, und es werden Ihnen die Ohren klingen. Dies erhoffend sendet Ihnen seine Grüße A.v.C.«

DIE OPER, ARBEITSTITEL »ÜBERFAHRT«, käme mit einem einzigen Bühnenbild aus: der Heck-Raum von Kapitän Fourneaux auf dem Dreimaster *Endurance*. Und so ungefähr der Handlungsverlauf, nur mal durchskizziert:

Omeia wird in den (repräsentativen) Schiffsraum geführt, eine Trommel unter den Arm geklemmt, ein Bündel geschultert. Ihm wird die Koje zugewiesen, die etwas kleiner sein dürfte als die des britischen Kapitäns mit französischem Namen. Der verabschiedet sich rasch wieder, muss an Deck sein beim Ablegen. Die großen Fenster im Heck stehen weit offen; Musik, die Aufbruch signalisiert – im Stil eines englischen Marinemarschs.

Hier aber schon könnte das musikalische Gegenprogramm einsetzen: Omeia beginnt, auf der Trommel zu spielen, exotischer Rhythmus, trommelnd setzt er sich auf den Arbeitstisch des Kapitäns. Das führt denn zu einer Erziehungsmaßnahme harscher Art: strikte Beachtung von Autorität, gefälligst, da muss auch britisches Mobiliar respektiert werden.

Blasmusik wiederum beim Einüben in militärische Schrittweise: zwei Matrosen nehmen den Eingeborenen in die Mitte, Arme um seine Hüften gelegt, und so üben sie mit ihm zwar nicht den Paradeschritt, doch den simultanen Marschtritt.

Militärmusik auch beim Einüben des Flaggengrußes: Omeia muss die formgerechte Annäherung an den Union Jack üben und

Gruß nach Vorschrift. Nicht in weichem Südsee-Insulaner-Schritt vorbeihatschen, vielmehr: in strammer Haltung kurz verharren, dann weiterschreiten. Haltung gefälligst!

Omeia soll auch lernen, sich auf dem »Parkett« zu bewegen: lernt tanzen. Wird dabei geführt vom Schiffsarzt, der in der projektierten Oper neben dem Kapitän die dritte Hauptpartie spielt und singt. Hier ergäbe sich leicht ein Wechsel der Tonsprache: tanzartige Musik. Omeia im Paartanz vor den kritischen Augen des Kapitäns.

Und gleich noch eine Erweiterung des Spektrums: Omeia bei konzentriertem Zuhören. Eine Spieluhr mit einem Menuett, Omeia hat auf einem Stuhl zu verharren, solange das Stückchen abläuft.

Nächste Übung: Der Schiffsarzt singt die Vertonung eines englischen Gedichts (»Go and catch a falling star«…), Omeia muss bei dieser vorweggenommenen Konzertdarbietung in Reglosigkeit verharren – ein Matrose steht hinter ihm, drückt ihn runter auf die Sitzfläche, sobald er sich erheben, einfach mal erheben will.

Mit solcher Domestizierung kontrastierend: Omeia allein im Raum, er spielt auf seiner Trommel, immer leidenschaftlicher, spielt sich in Trance, tanzt trommelnd umher.

Und wieder: Einführung in die englische Welt! Omeia lernt, unter persönlicher Anleitung von Kapitän Fourneaux, erste Kapitel der Körperpflege; singend wird vorgeführt, wie man sich morgens das Gesicht wäscht und bitte auch die Achselhöhlen.

Folgt ein Kapitel Anatomie-Unterricht: Vor den Schiffsoffizieren steht Omeia auf einem Schemel, nackt bis auf den Lendenschurz; vom Schiffsarzt wird Körperteil nach Körperteil gezeigt, benannt und er muss nachsprechen: fibia und tibula, tibula et fibia, abdomen et thorax, thorax et tibula … Reichlich Sprachklang für eine Arie des Schiffsarztes mit Einwürfen der Zuschauer im Raum: Quintett.

Und weiter mit dem Schiffsarzt: Er spielt Omeia und Offizieren eine Partie aus einem Schauspiel von Shakespeare vor, womöglich die Caliban-Szene; der Passagier, der Gast an Bord, soll eingestimmt werden auf Theaterbesuche in London.

Zwischendurch darf Omeia auch mal seinen Spaß haben, etwa beim Wettangeln mit dem Kapitän an weit geöffneten Heckfens-

tern: auf beinah magische Weise, die freilich keinen an Bord verwundert, zieht Omeia die dicksten Fische aus dem Ozean.

Sodann ein Wutanfall des eingeengten, reglementierten, fast
kujonierten Omeia: spielt sich warm, spielt sich heiß auf der Trommel, beginnt, seine Koje zu verwüsten, wird von Seeleuten überwältigt, wird, nach Anweisung des Kapitäns, durch eine Schein-
Exekution »zur Vernunft« gebracht: Augen verbunden, Schüsse
gelöst. Omeia, eingeschüchtert, zeigt sich vorerst wieder bereit zur
Wahrnehmung englischer Technik und Kultur.

In diesem Stil ließe sich das weiter ausspielen, bis zur Ankunft in
England. Die Landung denn auch als Ende der Oper.

FXM bekundet Begeisterung: Ist ganz sicher, Omeia wird ihn begleiten, auf Schritt und Tritt, bei Ritt und Fahrt, mit dieser Figur eröffnen sich neue Horizonte. Doch er weiß jetzt schon: Singen wird
dieser Omeia nicht, es lässt sich nicht einfach erfinden, wie ein
Mann aus der Südsee gesungen haben könnte, also wird er stumm
bleiben, wird trommeln, wird mit der Trommel sprechen, das könnte
fortlaufendes Echo finden im Orchester, er hört es noch nicht, aber
die Reise wird noch lange dauern. Die Idee indes hat bereits von ihm
Besitz ergriffen, schon kauert Omeia samt Trommel mitten im
Kopf. Und FXM ist sicher: Auf solch eine Oper dürfte starke Resonanz entstehen in Lemberg/Lwów/Lviv... Armenier wie Ruthenen
könnten sich in Omeia gespiegelt fühlen ... Fourneaux stünde für
den Gouverneur aus Wien, der erwartet, dass alle Armenier und Ruthenen, alle Polen und Juden das Amtsdeutsch der Regierung sprechen ... Dass ruthenische Tänze übertönt werden von Wiener Walzern ... Dass Schalmeien abgelöst werden von Oboen, Rahmentrommeln von Kesselpauken ... Aber selbst, wenn Rahmentrommeln
und Schalmeien mächtig aufspielen – in der Oper müsste letztlich
Musik aus Wien dominieren, den Machtverhältnissen entsprechend.

NUN KÖNNTE EDUARD HITZIG INS SPIEL GEBRACHT WERDEN. Er ver-
abredet sich mit dem Besucher aus Galizien in einem der Restaurants Unter den Linden.

Hitzig will als Erstes erfahren, wie das Gespräch mit Chamisso
verlaufen ist. Er hört denn gern, dass der Freund ein Libretto

schreiben will. FXM muss sogleich wiedergeben, was vorerst Skizze ist.

Hitzig daraufhin: Ein Projekt, aber eigentlich schon recht konkret ... kann sich freilich noch ändern, ja zerschlagen ... dennoch ein paar Warnzeichen ... das zuweilen etwas sehr ausgeprägte Harmonisierungsbedürfnis von Freund Chamisso ... Hitzigs Verdacht, der Insulaner könnte dargestellt werden als aufmüpfiger, letztlich aber umgänglicher Wilder. Und der Kapitän, trotz mancher Ruppigkeit, letztlich als Europäer, der sich dem Fremden gegenüber aufgeschlossen zeigt. Was vielfach nicht einmal der Fall ist unter Menschen, die im selben Land leben. »Eure Ungarn verachten, ja, hassen die Böhmen, eure Böhmen verachten oder hassen die Deutschen, eure Italiener verachten und hassen alle zusammen, und Juden haben überall einen schlechten Stand. Leider vorherrschende Zustände: sie müssen den Blick schärfen. Nach aller menschlichen, aller historischen Erfahrung wäre eher zu erwarten, dass Insulaner und Kapitän sich feindlich gegenüberstehn, zumindest zeitweilig. Dass Omeia schon mal fuchsteufelswild wird und der Kapitän brutal. Dass Omeia schon mal das Messer zückt und und der Kapitän, zwischendrein, das Böse verkörpert. Was der Musik nur gut tun würde! Zu bösen Figuren fällt euch Komponisten mehr ein. Wenn Kapitän und Wilder von vornherein auf Verständigung angelegt sind, das könnte fad werden. Was moralisch gut ist, muss nicht auch musikalisch gut werden. Ein Element des Bösen verleiht der Musik schärfere Konturen. Wer das Böse darstellt, hat die bessere Rolle – denken Sie an Karl Moor, denken Sie an Jago, denken Sie an Mephisto ...«

Aber das Böse liegt mir nicht, wendet Franz Xaver ein. Das ist eine Energieballung, für die mir die innere Kraft fehlt. Wenn ich erst wieder in Galizien bin, wird bald die restliche Energie abgesaugt, irgendwie vampirisch. Indes: Schwunglosigkeit, Schlaffheit ist manchmal ein recht angenehmes Gefühl ...

In der Hinsicht seid ihr in Lemberg noch träger als in Wien?

Nur die Trägen sind träg in Wien. Dort aber erst recht ...

HITZIG MÖCHTE NICHT als jemand in Erinnerung bleiben, der dem hoch willkommenen Besucher etwas ausreden wollte, es könnte zu erneuter Begegnung kommen.

Hitzig macht denn, wie zum Ausgleich, einen Vorschlag: Eine Kantate über Hoffmann in dem seinerzeit von Preußen besetzten und beherrschten Warschau, komponiert in dem derzeit von Österreichern besetzten und beherrschten Lemberg. Beide Städte polyglott – was wäre also angemessener als eine Kantate, in der sich Sprachen von Stadt und Person vermischen?

Sein Uraltfreund Hoffmann, verheiratet mit einer Polin: Ernst Theodor hat von ihr, hat in der Stadt ein wenig Polnisch gelernt, also dürfte in die Kantate eine Arie passen in polnischer Sprache, etwa Hoffmanns Sehnsucht nach einem mediterranen Süden artikulierend: Opisujesz gaje oliwne, drzewa świetojańskie i korkowe, cyprysy, eukaliptusy, a przede wszystkim ten przenikajacy wszystko zapach dojrzewajacych pomarańczy.

Selbstverständlich müsste auch Jiddisch einbezogen werden – gleichfalls umgebender Sprachklang! Se sejnen gekumen hir, und, nach einigen Jahren, hat er geschribn dem buch. Ale, wie sagt man die Helden des Buches?, sajnen majne bekante mentschn.

In dieser raffenden Skizze gleich eine weitere Sprachklangprobe, als Rezitativ für Hoffmann, den Juristen: Acta commissionis … Acta criminalia … Acta specialia … Acta inhibenda … ad citationem, ad mandatum, ad quaestionem … arbitrieren, asservieren, allegieren, adminiulieren …

Es könnte eine Arie geistlichen Inhalts folgen, Hoffmann hat in Warschau auch kirchliche Musik komponiert: »Asparges me hysopo et mundabor Lava me et super nivem –.«

Weiteres Angebot: Da der verehrte Gast vor allem das Klavier favorisiert und auch Hoffmann Diverses für das Klavier komponiert hat: ein instrumentales Zwischenspiel, »zaczyna grać na fortepianie«?

EINE POLYGLOTTE KANTATE ÜBER HOFFMANN, vom polyglotten »Mozart fils« komponiert in der polyglotten Stadt Leopolis-Lemberg-Lemberik-Lwów, solch ein Werk würde Kritik und Publikum höchst plausibel erscheinen, jedoch –

Es gibt nur *eine* Kantate, die er mit beinah zwingender Notwendigkeit komponieren würde: »Phaeton«! Auslösender Impuls: ein Beitrag Goethes, von Bibliothekar Brettschneider dem Freund zugesteckt – zweites Heft des vierten Bandes »Über Kunst und Altertum«. Die Fragmente der Phaeton-Tragödie des Euripides, von Goethe übersetzt; die Bruchstücke des Versdramas verbunden durch Ausführungen in Prosa.

Die Geschichte hier vom Sohn, dem mitgeteilt wird, dass er nicht, wie bisher angenommen, den Lenden des mittlerweile »greisen Vaters« Merops entsprossen sei, der wirkliche Vater sei Sonnengott Helios. Das will dem Sohn nicht in den Kopf. Die Mutter: »Befrag ihn selber!« Phaeton sucht den jüngeren Vater auf, im Osten. Dort beginnt man schon, in der Morgenröte, die vier feurigen Rösser am Sonnenwagen anzuschirren. Helios, nun als Vater erkannt und anerkannt, fühlt sich verpflichtet, dem Sohn eine Bitte zu erfüllen. Die wird sogleich ausgesprochen: Phaeton will, wenigstens ein einziges Mal, den Sonnenwagen über den Himmel lenken. Der Vater ist entsetzt, rät ab, dringlichst, der Sohn beharrt, versprochen ist versprochen, er besteigt den Sonnenwagen. Rasch zeigt sich: Er hat keine Macht über das Gespann, die Rösser brechen aus, Chaos droht, Zeus greift ein, bringt Phaeton mit einem Blitz zum Absturz. Und Goethe: »Als wenn mit Donnergepolter ein Meteorstein herabstürzte, in die Erde schlüge und sodann auch gleich wieder alles vorbei wäre.« Das schlug beim Leser in Lemberg ein!

FXM bat Brettschneider, ihm jedoch eine andere Textvorlage zu verschaffen oder zu verfassen – die Übertragungen der Euripides-Fragmente ließen sich kaum vertonen. Der Bibliothekar konsultierte Ovids *Metamorphosen*. Als er, bei erneutem Treffen, den Inhalt wiedergab, über den Billardtisch hinweg, lehnte FXM den Queue an die Wand, tigerte auf und ab im verräucherten Hinterzimmer des Restaurants, bat schließlich den Bibliothekar, einen Text zu schreiben. Dies zu einer *Kantate*, keinesfalls zu einer weiteren Oper mit gleichem Sujet, davon gibt es auch schon wieder genug: Scarlatti hat eine Phaeton-Oper geschrieben, Lully hat eine Phaeton-Oper geschrieben, Graun hat eine Phaeton-Oper geschrieben, weitere haben Phaeton-Opern geschrieben, was soll er da auch noch eine Phaeton-Oper schreiben? Hingegen eine Kantate: erschiene ihm einfacher, stimmiger, zwingender.

Brettschneider legte den Queue ab, musste mit Handbewegungen unterstreichen: Hat bitteschön den Entwurf zur Montezuma-Oper vorgelegt, »La Conquète de la Prusse«, doch was geschah mit der Vorlage? Franz hat garantiert noch keine einzige Note geschrieben. Und wo, bitteschön, ist die Gegengabe geblieben, von Frau Constanze versprochen: das Mozart-Autograph? War ihm zugesichert worden, schriftlich, als Belohnung für ein geeignetes Sujet, für einen Entwurf, für eine eventuelle Ausführung des Librettos, war hingegen nicht gekoppelt an die Ausführung der Komposition – Franz ließ das Projekt fallen, Mutter hielt das Autograph zurück, und nun soll er sich darauf einlassen, eine Kantate zu entwerfen, erneut geködert von leerem Versprechen? Und das für die schreckliche Mühsal allein des Reimesuchens, Reimeschmiedens?! Sein zuweilen veritabler Hass auf Reime! All die Selbstüberwindung umsonst?! Verstimmung; Billardpartie endgültig abgebrochen; gestolperter Heimweg.

Aber dies wäre die einzige Kantate, die er noch vertonen würde, ja vertonen müsste! Die begänne, nun frei nach Ovid, mit einer Arie, Allegro: Phaeton wird eingeblasen, Phoebus alias Helios sei gar nicht sein Vater. Fragende Einwürfe des Sohnes.

Rezitativ: Phaeton eilt zu Klymene, der Mutter. Stimmt das, ich bin nicht sein Sohn?! Aufschrei und Arie der Mutter, Alt. Sie singt beschwörend, dann schwörend: Was dem Sohn eingeblasen wurde, das ist eine Beleidigung für sie, eine Schmähung; der Gott, der alles sieht, alles beleuchtet, alles wärmt, der ist sein wahrer, sein leiblicher Vater, der und kein andrer – geh und frag ihn selber.

Wieder ein Rezitativ: Phaeton wandert durch Äthiopien, durch Indien weit hinaus in den Osten, zur Residenz des Sonnengotts. Das höchst prachtvolle, goldglänzende Gebäude hat Ovid ausführlich beschrieben, damit würde sich fxm nicht weiter aufhalten, der Sohn muss zum Vater, der nicht sein Vater sein soll.

Rezitativ nun zweistimmig: Begrüßung des Sohnes, Tenor, durch die sonore Erscheinung des Vaters, Bariton; sogleich die Leitfrage,

Leidfrage, die den Sohn hergeführt hat; die Bitte, ihm alle Zweifel aus dem Herzen zu nehmen.

Gleich anschließend eine Arie des Helios, des Phoebus: Selbstverständlich sei er der Vater! Das beschwört er beim Fluss der Unterwelt, somit ein absolut bindender Eid, auch im Zusatz, dass er dem Sohn zu Gefallen sowie zum Beweis seiner väterlichen Liebe jeden, wirklich jeden Wunsch erfüllen würde.

Da singt der Sohn den Wunsch hinaus, einen Tag, wenigstens einen Tag lang den Sonnenwagen mit den vier geflügelten Feuerrössern lenken zu dürfen. Ja, der Sohn will hoch hinaus, er traut sich zu, das Wundergefährt zu lenken, das Phoebus Tag für Tag im Sonnenbogen von Osten über den Zenit nach Westen steuert, und alles auf Erden schaut zu ihm auf. Auch Phaeton will, dass man zu ihm aufschaut, wenigstens an einem einzigen der unendlich vielen Tage.

Hier müsste sich eine Arie des zutiefst erschrockenen Vaters anschließen: Zu welchem Versprechen hat er sich hinreißen lassen, das lässt sich nicht halten. Doch es muss eingelöst werden, es sei denn, der Sohn zieht den vermessenen Wunsch zurück – schiere Hybris, zwischendurch mal den Sonnenwagen lenken zu wollen, die Erfüllung dieses Wunschs wäre eine Strafe für den Vater, weil er seinen Sohn zu verlieren droht, wäre eine Strafe für den Sohn, weil er sein Leben aufs Spiel setzt. Der Sohn hat ja keine Ahnung, welche Kraft es erfordert, das Gefährt zu lenken mit den vier feurigen Hengsten, der Vater selbst gerät hier mit seinen Kräften an eine gefährliche Grenze, der Sohn jedoch geriete in Todesgefahr. Alles sonst kann der Sohn sich wünschen, alles, wohin und worauf sein Blick fällt, ob Schloss, ob Stadt, ob Land – es sei ihm gewährt, liebend gern!

Doch Phaeton beharrt. Secco-Rezitativ: Vater hat geschworen, jeden Wunsch zu erfüllen, das muss geschehn.

Nun erweist es sich als Vorteil, dass »Mozart fils« keine Phaeton-Oper komponieren will: selbst, wenn an Aufwand nicht gespart werden müsste – wie soll bewerkstelligt werden, dass Horen vier Hengste vor einen Sonnenwagen spannen, dass dies goldglänzende Gefährt bestiegen wird vom Sohn mit Strahlenkrone, dass es sich in Bewegung setzt und sogleich abhebt – sowas kann nur singend berichtet werden! Dann lieber gleich eine Kantate: gesungener Bericht ohne entschwundenes Prunkstück – Befreiungsarie, Allegro. Raum weitet sich, Gefühl entgrenzt sich, Schwebezustand – musikalische Herausforderung.

Doch dann, Rezitativ: rasch wachsende Gefahr. Der Sohn hat nicht das gewohnte Gewicht auf den Wagen gebracht, der Sohn ist kleiner, leichter, die Rösser spüren das rasch, auch hat der Sohn die Zügel nicht so fest in den Händen, auch das spüren die feuerschnaubenden Hengste, und gleich die Folge: der Wagen nicht mehr, von sicherer Hand geleitet, im ausgezirkelten Bogen hinauf zum Zenit, der Wagen in luftwellenförmiger Bewegung; ein Blick hinab in die Tiefe lässt den Sohn erbleichen, er fühlt sich wie gelähmt, die Feuerrösser brechen aus, der Wagen nähert sich wieder der Erde, durchflogene Wolken verdampfen, Bäume beginnen zu brennen in der rasend anwachsenden Hitze des immer tiefer fliegenden Sonnenwagens, ja, so ungefähr hat Ovid das beschrieben, und auch, dass der Boden schlagartig austrocknet, dass sich tiefe Risse bilden, dass Asche hochwirbelt, dass der Meeresspiegel sinkt, dass tote Robben im heißen Wasser treiben, dass Fische in Tiefen flüchten und Säugetiere in Höhlen, dass Dampf aufsteigt vom Eis beider Pole, schon droht Chaos.

Das wird Zeus beschwörend gemeldet, höchste Gefahr in Verzug, er tritt an die Zinnen der Himmelsburg, schleudert einen Blitz, lässt Donner folgen, Phaeton wird getroffen, Qualm aus Nase und Mund, er stürzt aus dem Gefährt, feuerrot das Haar, im Sturz ein Aufleuchten wie das einer Sternschnuppe, eines aufglühenden Meteors – Absturz, Aufprall. Kein Sonnenlicht mehr, die Szene allein von brennenden Wäldern erhellt.

Hier würde er die Kantate beenden. Nicht mehr besingen, wie Mutter Klymene die verstreuten Gebeine des Sohnes sucht, nicht mehr besingen, wie Helios oder Phoebus die durchgebrannten Feuerrösser einfängt, einschirrt, überhaupt kein Gesang mehr, stattdessen ein langes, rein instrumentales Nachspiel, Adagio, Lontano: Abschied vom Sohn, der das Gefährt des Vaters nicht gemeistert hat. Ja, alle Trauer, allen Schmerz würde er, müsste er in den wortlosen Abgesang einbringen, entschwebende Musik, von Violinen hinübergespielt zu den Bratschen, von den Bratschen zu den Violoncelli, von den Celli zu den Kontrabässen, diminuendo, Bögen kaum noch aufsetzend, Bögen schließlich nur noch durch die Luft geführt, lautlos, zuletzt völlig lautlos.

IMPULS, dem Reisenden mitgegeben auf den weiteren Weg: von Hoffmann oder Hitzig vermitteltes Treffen mit Carl Friedrich Zelter, Leiter der Berliner Singakademie, Professor im neu gegründeten Königlichen Institut für Kirchenmusik. Zelter wird diese Begegnung dokumentieren durch eine Eintragung ins Stammbuch des FXM.

Was nun folgt im Entwurf, ist nicht dokumentiert, wäre aber nicht unwahrscheinlich, würde auf jeden Fall ins Konzept des Romanautors passen. Carl Friedrich Zelter berichtet dem verehrten Besucher von wiederholtem Sichten zahlreicher Kantaten, die Johann Sebastian Bach hinterlassen hat. Es werden Eingangszeilen genannt, die FXM sofort wieder vergisst, doch drei Wörter, eine der Kantaten einleitend, sie zucken ins Hirn, bleiben haften: »Ich habe genug.« Kantate für Bariton, Streicher, Oboe: »Ich habe genug.« Die Fortsetzung der gesungenen Predigt interessiert ihn nicht weiter, diese drei Wörter indes eignet er sich an: »Ich habe genug.« Ich folge nicht mehr Forderungen, Erwartungen, an mich herangetragen ... Ich stelle keine Forderungen an mich, unterwerfe mich nicht eigenen Erwartungen oder denen der Mutter ... Drei Leitwörter einer sanften Perspektive: *Ich habe genug.*

GROSSES ABSCHIEDSTRINKEN MIT HOFFMANN? Und E.T.A. gießt stetig nach am Stammtisch bei Lutter & Wegner? Spricht von sich selbst, von der Arbeit? Hat kürzlich den Text eines frühen Singspiels aufgestöbert, die Partitur allerdings ist verschollen, liegt wahrscheinlich in einem Opernbüro, überlagert von weiteren, ebenfalls vergessenen Partituren. Frage nun: Soll er neue Musik zum alten Libretto schreiben?

Erster Akt, erste Szene, im Hintergrund die Kolonnaden (in dorischem Stil) eines Landhauses, Gärtner sind beschäftigt ... »Sieh, dort schleicht schon Ranuccio ... Ranuccio, wo ist dein Stolz? Bist du geboren, um ungehört zu den Füßen einer Griechin zu seufzen? ... Nun ja, die Liebe – und dann noch etwas ... Geschmackvoll gekleidete Mohren tragen Erfrischungen herbei.«

Noten unwiederbringlich verflüchtigt, doch mit den Zitaten hebt er ab, steigt auf ... Der Kopf als Ballon ... du, Mozart, hast sowieso eine Ballon-Stirn ... würd ich dich karikieren, ich gäb dir ein Dreiecksgesicht, Spitze aufs Kinn gestellt und obendrauf der Schädelraum in weiter Wölbung ...

Ja, und wieder: Wörter, Sätze nachgeworfen in die Feuerpfanne, und der Heißluftballon steigt, steigt ... Luft wird dünner, Köpfe werden heißer ... Wachsende Höhe, so muss es sein bei uns, sonst bleiben wir hinter uns zurück! »Man sieht in der Ferne einen Haufen Griechen und Türken mit Spießen, Gewehren und angekoppelten Jagdhunden durch die Ruinen ziehn ... Alle meine Madonnen und Heiligen habe ich weggeworfen ... Die Erscheinungen des Geisterreichs umspielen seinen Sinn wie Mücken eine Lichtflamme ... Ich folge dir – noch ist meine Seele von deiner Erzählung ganz bewegt.«

Also, die Frage: Das alles noch einmal vertonen? Von vorn bis hinten in Noten setzen? Soll ick, soll ick nich?

Darauf FXM, an der Grenze der Hörbarkeit: Wozu sich groß aufraffen, wo eh alles irgendwann, irgendwo, irgendwie ... Einmal triffts auch sie, wozu da noch ... Wozu eigentlich überhaupt noch ... Ich jedenfalls habe genug ... Verstummen an galizischem Weiher ... Karasim Stawie ... Szukam spokoju przy Karasim Stawie ...

Hoffmann lacht auf: vertrauter Klang! Płock ... Warschau ... Fast wünscht er sich, Michaelina säße nun doch mal mit am Tisch, da fände Franz Xaver gleich ein polnisches Echo.

AUFBRUCH IN BERLIN, FORTSETZUNG DER REISE. Ein dreiviertel Jahr ist FXM bereits unterwegs, bald wird es ein Jahr sein. »Wie freue ich mich, meine Juszenka wieder an mein liebendes treues Herz zu drücken.« Doch die Frau in Lemberg beginnt an der Echtheit, der Glaubwürdigkeit seiner Gefühlsäußerungen zu zweifeln. Februar 1820 bedankt er sich pikiert für ihr »doch liebes, wenn auch gewaltig spitzes Schreiben«.

Und nach einem Jahr der Trennung Vorwürfe aus Lemberg. »Meine einzig Geliebte, wie konntest Du mir denn dieses [an]tun? Warum so wenig Vertrauen? Ich habe nichts in der Welt, was ich so liebe wie dich, und du kannst noch immer an meiner Treue zweifeln!«

VON BERLIN AUS WEITER NACH LEIPZIG. Ein Konzert ausgerechnet »in demselben Lokale, wo mein Vater vor 31 Jahren spielte, und, sonderbar genug: dasselbe [Klavier]Konzert, was denn wohl Ursache sein mochte, dass ich anfangs wider meine Gewohnheit befangen war, doch gab sich dies bald, und ich spielte vielleicht besser, als es mir seit langer Zeit geglückt sein mag«.

Folgte ein zweites Konzert. Auch dies wurde, ausnahmsweise, für ihn organisiert. Was sicherlich hieß: die Kosten wurden übernommen. Umso höher der Reinverdienst. »Ich habe heute mein Geld in Empfang genommen. Beide Konzerte trugen mir 474 Rth [ein] und ich hatte mich dabei um nichts zu sorgen.« Wieder eine Umrechnung, auf möglichen Widerruf, aber wir brauchen Anhaltspunkte: der Reinertrag für beide Konzerte entspräche heute etwa 18 000 Euro.

Nicht ganz so erfreulich war die Presseresonanz. Die »Allgemeine Musikalische Zeitung« berichtete ausführlich und kritisierte scharf. »Am 21ten Febr. gab Hr. W. A. Mozart, jüngster Sohn des weltberühmten Meisters, kurz vor seinem Tode geboren, ein Konzert im Gewandhaussaal, der ganz voll war. Die hiesige politische Zeitung hatte in einem eigenen Artikel ihn zu einem Konzerte aufgefordert, wozu er doch [sowieso] hergekommen war, und im Voraus versichert, dass der Geist seines Vaters auf ihm ruhe. Das Bedenkliche solcher Prophezeiungen zeigte sich auch hier. Geist ruht gewiss auf diesem Künstler, aber ein von dem seines Vaters ganz und gar verschiedener. Das geht aus den Kompositionen beider, wenn man sie vergleicht, unverkennbar hervor; und schließt man von der Art, wie der Vater für das Pianoforte schrieb, auf die Art, wie er es spielte, so ist auch das Spiel des Sohnes von dem des Vaters gänzlich verschieden, wie das auch in jetziger Zeit, wenigstens von reisenden Virtuosen, verlangt wird. Hr. M. (...) spielte das treffliche Konzert seines Vaters aus C-dur, das – wie wenigstens die ältesten Mitglieder des Orchesters behaupteten – vor dreißig Jahren der große Mann hier selbst gespielt haben soll. Hr. M. spielte den ersten Satz gut, den zweiten etwas kalt, den dritten sehr brav, doch er zeigte, was er als Virtuos vermag, erst in seinen eigenen Kompositionen. Und eine gewisse Eigenheit des Spiels tat jener [Komposition] des Vaters hin und wieder Schaden. Hr. M. nämlich beschleunigt oder verzögert das Tempo in den Solos unaufhörlich, und dermaßen, dass man ihm nicht Unrecht täte, behauptete man, nicht drei Takte nacheinander blieben sich vollkommen gleich. Dass Kompositionen wie die seines Vaters, und besonders auch wie jenes [Klavier]Konzert, nicht so gespielt werden dürfen, das bedarf wohl keines Beweises. In seinem eigenen Konzerte aber, das aus einem großen, ernsten und kräftigen Allegro und aus einem langen, heitern, vortrefflichen Rondo besteht, zeigte er sich als wahrhaft rühmenswerter Virtuos. Ein besonderer Vorzug seines Spiels ist der nette und runde Anschlag, durch den er vorzüglich alles so deutlich und auch so wohlklingend hervorgehen lässt. Im Ausdruck ist sein Spiel mannigfaltig und anziehend. Da war denn auch der Beifall einstimmig und am rauschendsten, wo Hr. M. die hier gerühmten Vorzüge am meisten zeigte: nämlich in dem Konzert von seiner Komposition. Personen, die ihn persönlich kennengelernt haben, rühmen ihn auch als einen gebildeten, einfachen und bescheidenen Mann.«

Er, als Mozarts Sohn, sollte das C-Dur-Konzert nicht im Geist des Vaters gespielt haben …? Er reagierte erst mal auf übliche Weise: »Die Dummheiten in der musik. Zeit. haben mich nicht gerührt, denn ich bin nun wohl schon darüber hinaus, mir aus so elendem Geschwätze etwas zu machen.« Carl Maria von Weber aber, der Cousin, vermerkte kurz darauf in Dresden, dass diese Kritik den Franz Xaver »bis zur Schwermut beugte«.

EIN JAHRZEHNT nach den »Acht deutschen Liedern« erschienen »Sechs Lieder, op. 21«. Das Erscheinungsjahr 1820 lässt freilich kaum Schlüsse zu auf die Entstehungszeit der Lieder. So war das Lied »An die Bäche« bereits zu Beginn des Aufenthalts in Galizien entstanden und sogleich an Mutter Constanze geschickt worden. Opus 21 ist eher Kompilation als Zyklus. Ich vermute: zumindest ein Teil der Lieder wurde gesungen von Gräfin Josephine, höchst zurückhaltend begleitet vom Hauslehrer. Jedenfalls lässt sich dieser Schluss ziehen aus dem dezenten Instrumentalpart.

Ganz anders: »Drei Deutsche Lieder, op. 27«, im selben Jahr veröffentlicht, bei Artaria, Wien. Endlich, nach etwa zwei Dutzend Liedern, befreit FXM das Klavier von der dienenden Funktion mit Stützakkorden, Begleitlinien (bei einem fast generellen Verzicht auf Vorspiel, Zwischenspiel oder Nachspiel), nun kann sich auch der Pianist profilieren. Damit sind aus Kompositionen für Singstimme mit dezenter Begleitung veritable Duos geworden. Im zweiten der Lieder, »Finden« (nach anonymem Gedichttext), hat er ein instrumentales Zwischenspiel komponiert, eine musikalische Suchbewegung, hinführend zur Zeile: »Hab ich Dich gefunden ...« Das hätte auch Schubert, erst recht Schubert so gemacht: die Vollendung des »Klavierlieds«. Überhaupt: Hier hat Franz Xaver Mozart den Anschluss gefunden an zeitgenössische Entwicklung des Liedes.

Diese Lieder sind »der Frau Milder-Hauptmann gewidmet von W. A. Mozart (Sohn)«. Die Widmungsträgerin war eine der Salieri-Schülerinnen, die Karriere machten. FXM hörte sie in Berlin und war begeistert. Auch lernte er deren Schwester kennen, Jeanette, ebenfalls Sängerin, dazu Pianistin und Komponistin. Auch sie hat sich – neben Carl Friedrich Zelter, neben dem Klavierfabrikanten Kisting – ins Stammbuch des Reisenden eingetragen.

Fühlte sich die gefeierte Anna durch die Widmung zur Aufführung verpflichtet? Hier war jedenfalls eine professionelle Sängerin gefordert – nicht nur im koloraturartigen Melisma des zweiten der Lieder. Opus 27 könnte auf heutigen Konzertpodien gleichrangig bestehen neben Liedern von bekannten und berühmten Liedkomponisten. Mein Favorit: »Berthas Lied in der Nacht« – Vertonung eines Gedichts aus Grillparzers Schauspiel *Die Ahnfrau*.

Eigentlich hätte FXM auf dieser Stufe der Könnerschaft konsequent weiterarbeiten können, es wird aber nur noch ein einzelnes Lied folgen: »Erinnerung« – nach einem (übersetzten) Zweistropher von Lord Byron. Abschied in einem Text, Abschied von einer

Gattung, Abschied vom Komponisten, der sich zu früh aufgegeben hat. Die Schlusszeilen:

> … als mir die Hoffnung schwand auf immer,
> ward die Erinnerung Ewigkeit.

DRESDEN: hier also traf er sich mit Weber. »Der Vetter spielte uns einiges [vor] aus seiner neuen Oper, die Jägerbraut, mit der das neue Theater in Berlin eingeweiht wird. Seine Musik ist sehr schön, fleißig, charakteristisch, und ich wünsche ihr von Herzen den besten Erfolg.« *Der Freischütz* wurde denn auch eine der erfolgreichsten Opern der Musikgeschichte.

Weiter geht es zum böhmischen Kurort Teplitz. »So schlafe ich denn seit zehn Monaten endlich wieder auf vaterländischem Boden. Ich kann nicht sagen, wie angenehm mir zu Mute war, als ich wieder den gelb und schwarzen [Schlag]Baum sah. – Jetzt trennt uns keine Grenze mehr, und in ungefähr zwei Monaten bin ich wieder bei Dir.«

Nächste Station: Prag, Wohnsitz des Gymnasiallehrers Niemetschek. So wurde ein Besuch fällig; damit ergab sich die Einladung, während des Aufenthalts in Prag bei der Familie zu wohnen. (Auch Franz Xaver Süßmayr hatte eine Zeitlang bei Franz Xaver Niemetschek gewohnt.)

Wir müssen kaum dreimal raten, über wen sicherlich, höchstwahrscheinlich, ja, ganz bestimmt gesprochen wurde! Zitate aus der Biographie: »Der Blick schien unstet und zerstreut, wenn er … Wie er so vieles besonders im Bass greifen konnte … Das Unansehnliche in seinem Äußern, der kleine Wuchs … Kam nie beim Komponieren zum Klavier … Nichts regte ihn so auf wie Unruhe, Geschwätz oder Lärm bei der Musik … Sprach selten und wenig von seiner Kunst … Das Billardspiel liebte er leidenschaftlich … Mietete sich fast jedes Jahr ein Gärtchen in der Vorstadt, wo er den Sommer zubrachte … «

Und so setzte sich das fort? Erzählungen über den kleinwüchsigen Mann mit Aureole für einen kleinwüchsigen Mann ganz ohne Aureole?

VON PRAG NACH WIEN, Mitte April 1820. »Nach einer äußerst beschwerlichen, langweiligen Reise bin ich diesen Abend hier angekommen. In 11 1/2 Jahren hatte ich meine Vaterstadt nicht gesehn! – Ich ging sogleich ins Theater an der Wien, wo, eben als ich eintrat, das zweite Finale von Don Juan anging, wie zu meinem Empfang! Nach dem Theater ging ich noch trotz der Dunkelheit auf den Michaeler-Platz, mein ehemaliges Vaterhaus anzusehn, was ich gleich erkannte.«

Am nächsten Tag eine »Tour um die Wälle. An jeden Gegenstand knüpften sich Bilder der Vergangenheit, hier war ich unzählige Mal mit meiner Mutter, dort haben wir diesen, dort jenen gesprochen! Alles dies hatte mich so reich gemacht, dass ich meine Rührung kaum unterdrücken konnte«.

Später eine Fahrt nach Döbling: »Ich hatte in meiner Kindheit einige Sommer da zugebracht, von jedem Hause, jedem Strauche kamen mir Bilder der Vergangenheit in den Sinn.«

Und eine Exkursion zum Schloss Schönbrunn. »Kein Fleckchen des schönen Gartens ließ ich unbesucht, nichts war mir uninteressant, denn überall erinnerte ich mich [an] Szenen aus meinem Knabenalter.«

Belebend hier auch so etwas wie ein Genius loci? Endlich komponiert er den Mittelsatz des Klavierkonzerts, das er wiederholt präsentiert hatte auf der »Kunstreise«.

Der Nachtrag findet erfreuliche Resonanz: »Besonders machte das Andante meines Konzertes, das ich erst hier komponierte, vielen Eindruck. Meine dieser Spielart ganz entwöhnten Landsleute waren so gerührt, dass sie mich es kaum enden ließen, sondern mitten hierin [hinein?] applaudierten, eine Ehre, die einem Cembalisten beim Andante wohl selten geschieht.« Cembalist …? Antiquierte Bezeichnung für Pianist oder stand ausnahmsweise nur ein Cembalo zur Verfügung statt eines Hammerclaviers?

Und noch einmal, am 2. Mai 1820: »Ein sehr glücklicher Tag. Des Morgens kam dein lieber Brief, dann fiel mein Konzert so gut aus, als ich es nur wünschen konnte. Besonders war der Empfang rührend, es wollte des Applaudierens gar kein Ende nehmen. Darauf spielte ich mein Konzert, was sehr gefiel. Besonders machte das

Andante solche Sensation, dass man mittenhinein klatschte. Mit einem Worte, es war alles so rührend, dass sehr viele die Tränen in den Augen hatten. Auch ich muss gestehn, dass ich mein Andante besonders schön spielte. Die Einnahme hätte besser sein können.«

Was auch daran lag, dass dieses Konzert von »Mozart Sohn« wenig Interesse fand. Aus dem Bericht der Allgemeinen Musikalischen Zeitung über die »Musikalische Akademie« im k.k. Kleinen Redouten-Saal: »Der an sich nicht große Konzertsaal war sparsam besucht, weite Räume blieben noch für nicht gegenwärtige Zuhörer, und doch waren fast alle die zahlreichen Künstler dieser Hauptstadt, kostbare Stunden aufgebend, erschienen, dem zum Himmel zurückgekehrten Genius in seinem sichtbaren Sprösslinge ihre Opfer der Verehrung und Liebe darzubringen. Von den durch Beruf und hohe Kunstbildung nicht zum Kunstfach Gehörigen waren kaum 100, sage [und schreibe]: hundert Zuhörer zugegen, und dies bei einer Bevölkerung von 250000 Menschen! – Wir hatten geglaubt, dass die Künstler und Orchestermitglieder alles aufbieten würden, um dem Sohne *Mozarts* sein Unternehmen leicht und erfreulich zu machen. Herr W. A. *Mozart* Sohn genoss aber hinsichtlich des Orchesters keinen Vorzug vor anderen Konzertgebern: Niemand rechnete es sich zur Ehre an, zum Stolz, ihm behilflich zu sein, *er musste sein Orchester bezahlen.* Was soll man nun von Wiens Künstlern denken? (…) Der Konzertgeber spielte ein von ihm selbst komponiertes Konzert auf dem Pianoforte. Sein Satz ist gediegen, seine Instrumentierung effekt- und kunstreich, seine Melodien sind seines unsterblichen Vaters nicht unwert, sein Vortrag ist sehr gebildet, sein Ton singbar, seine Fertigkeit gleich in beiden Händen. Sein Spiel imponiert weniger als es befriedigt, und man wird gewahr, dass er gute Muster sich vorgesetzt. Nicht ganz so lobenswert waren die Schlussvariationen über ein russisches Thema, aber der Konzertgeber war unwohl, und manch bitteres Gefühl mag ihn, während er spielte, bestürmt haben. Wir legen auch mit Wehmut die Feder nieder.«

SIEHT DER JUNGE MOZART SEINEM VATER ÄHNLICH?, schrieb ein Besucher in eins der Konversationshefte des tauben Ludwig van Beethoven, und fügte hinzu: »Dass er bisher nicht suchte, mit Ihnen bekannt zu werden und sich Ihnen zu nähern, macht seinem Sinn keine Ehre.« Und noch einmal, Wochen später: »War Mozart nicht bei Ihnen?«

Sicherlich wurde er mehr als nur einmal dazu ermuntert in seinem Kreis, doch FXM schien sich vor einem Besuch bei Beethoven zu drücken.

MÖGLICHER GEDANKENGANG, in einem Roman artikuliert im urigen Wienerisch, das FXM nachgesagt wurde. Hier als (phonetisch wiedergegebene) Klangprobe, mit Wiener Hilfe frei entwickelt: Beethovens Erwartung eines Besuchs von Mozart Sohn, und der befürchtet, nur das Stichwort zu liefern für Ausführungen über Mozart, das würde bei einem anderen Familiennamen ganz anders laufen; Beethoven wäre dem Besucher wohl nicht unfreundlich, aber es gäbe dann längst nicht so viel zu reden. Abgesehen davon sei er kaum zu verstehn, mit seinem Rheinisch.

»Heast, dea woatat nua drof, des i mei aufwoatung mochat, oba, fastehst, oas da soon fun in Mozaat. Da Bethofn red sicha nua iban Mozat, i bring in noman nua ins hos, dos a iban Mozat ren ko. Won i Weba oda Nissn haassat oda Siasmeia meinehoibn, tatata mi am end net vualossn – won oba do, warat a e net schiach zu mia, obas gabat ne so füü zan ren. Host eam scho amoi ren keat? Dea red aso gomisch dahea, dos globst es is Englisch oda wos waas i wia di ren drausst in Bonn, a wuat allaa kost evendö vasteen wons idalienisch is oda musigalisch.«

IN EINEM ROMAN lassen sich jedoch mit leichter Hand Franz Mozart und Franz Grillparzer zusammenführen. Fest steht jedenfalls: der Berufsmusiker und der Beamte, der Dichter, sie kannten sich. Wann und wo sie sich kennenlernten, die beiden Wiener, ich weiß es nicht. Recht wahrscheinlich aber, dass sie in diesem Zeitraum zusammenkommen. Sechs Wochen verbringt Mozart in Wien – da böten sich Gelegenheiten genug zu Begegnung und Gespräch.

Und sie könnten auf ein Opernprojekt zu sprechen kommen wie »Montezuma in Berlin«? Da dürfte Grillparzer warnen: Lass dir keine Oper aufschwätzen, daraus kann eh nix Gescheites werden, schon gar nicht, wenn ein Landsmann das Libretto schreibt. Euch Musikern kann Zensur nichts anhaben, aber die Poesie, die Literatur: von Zensuramt und Geheimer Polizei niedergemacht! Wer schreibt, macht sich eh verdächtig. Der erscheint letztlich als unbelehrbarer Anhänger der Französischen Revolution, will insgeheim oder offenkundig noch immer die Aufklärung, die bekanntlich alle nur ins Unglück stürzt. Nein, wer denkt, ist kein braver, rechtschaffener Bürger, wie ihn der Kaiser haben will. Und Grillparzer könnte hier sich selbst zitieren, aus dem Tagebuch: »Unter Kaiser Franz muss jeder Dichter oder Literat, wenn nicht vernichtet, so doch verkümmert werden.« Er könnte dies frei ergänzen, variieren: So doch verbogen werden ... erniedrigt werden ... Ich habe das selbst erlebt, die Zensoren haben mir die Polizei auf den Hals gehetzt: Wohnung durchsucht, Freundeskreis aufgelöst. »Der Traum ist aus, allein die Nacht noch nicht.« Das Polizeiministerium als »Höhle, zu der viele Fußstapfen hinführen, wenige aber zurück«. Despotismus verbindet sich zwangsläufig mit Dummheit. Dummheit und Gewalt, davon werden wir beherrscht, geknebelt. Und da soll sich Literatur entfalten – unter derartigem Druck der Verhältnisse? Ich hab schon dem Beethoven ins Hefterl geschrieben, wörtlich: »Die Zensur hat mich umgebracht. Man muss nach Nordamerika reisen, um seinen Ideen freien Lauf zu lassen. Ich habe vor einiger Zeit die unangenehmste Polizeigeschichte gehabt.« Dies nur, weil ich unter Freunden sage, was ich denke. Dem »scheußlichen Stabilitätssystem« wird alles zum Opfer gebracht. Ich hätte diese »Fronfeste der Seelen« längst verlassen sollen, jetzt ist es zu spät, »mein Innres ist zerbrochen«.

Und Grillparzer spricht nun noch entschiedener über Dokumentierbares hinaus, im Roman: Anderen, glaub mir, ergeht es genauso. Nach den Karlsbader Beschlüssen, die uns den Rest der freien Luft raubten, ist es zu mehreren Selbstmorden gekommen in Kreisen derer, die Entwicklungen wach verfolgen, sie erleiden. Einer von ihnen: Friedrich (sein Familienname!), Jurist, Maler, satirischer Schriftsteller, dies vor allem mit dem *Satirischen Feldzug* gegen die Restauration – er hat sich in jenem Schreckensjahr bei

Hamburg in der Elbe ertränkt. Ah, wie viele bringen sich um in dieser Zeit! Der eine steckt den Kopf in den glühenden Herd, die andre verzehrt Honigkuchen mit Nähnadeln, der dritte wirft sich unter die Räder eines mit Steinblöcken beladenen Wagens auf einem Transport abwärts – ja, ja, einer reißt den andren mit sich hinab! So weit hat man uns gebracht, jeden Glauben an einen Weltsinn hat man uns ausgetrieben. Ja, ein Riss in unsrer Welt, und was durch den Weltriss wahrgenommen wird: das pure, das farblose, das konturlose Nichts. Keine Perspektive mehr in dieser Welt, keine weiterführende Perspektive in *jener* Welt. Was hier versagt bleibt, wird drüben nicht mehr erfüllt. Vom Diesseits enttäuscht … das Jenseits entleert …

Grillparzer könnte innehalten. Hat sich nun weit entfernt von Ausführungen, wie man sie bei ihm gewohnt ist. Setzt erneut an, Stichwort Opernlibretto. Euch Musiker lässt man gewähren, in der Musik werden keine gefährlichen Gedanken oder Regungen vermutet, Wohlklang schmeichelt dem System. (Auch hierzu wieder, in Anführungsstrichen, ein Zitat aus seinem Tagebuch: »Ist diese wohltemperierte Stimmung der neuern Musik nicht wie ein wohltemperierter Staat?«) Wer sich hingegen auf Texte einlässt, wird sogleich ins Visier gefasst. Auch dem Schubert hat man eine Oper verpatzt – Bauernfelds Libretto wurde von der Zensur verboten! Schubert, in seinem Hang zum Aussichtslosen, wollte, will sie trotzdem komponieren – für eine Bühne einer Nachwelt ohne Zensur? Da könnte auch der Franzl sagen: Warum soll ich etwas für die Nachwelt tun, die noch nichts für mich getan hat? Der Antrieb, der Impuls etwas zu schreiben, und sei es ein Libretto, kann schon geschwächt, gebrochen werden, wenn man erst mal ein Jahr oder zwei auf einen Bescheid der Zensurbehörde warten muss. Wie soll da noch Gutes zustande kommen?

Schlag dir die Montezuma-Oper aus dem Kopf, aus dem Projekt kann nichts werden, solang ein Fürst Metternich als Staatskanzler das Sagen hat, solang ein Graf Sedlnitzky Präsident der obersten Polizei- und Zensur-Hofstelle bleibt. Ein Libretto, in dem ein Herrscherhaus gestürzt wird, und sei es das preußische, erhält unweigerlich ein »Damnatur« aufs Titelblatt geschrieben, weil so ein Text den

»Staat untergräbt«. Glaub es mir, ich kenn mich aus, ich hab in der Hinsicht ein gerütteltes Maß an Erfahrung gemacht. Bleib bei Polonaisen, und seien sie »mélancoliques«. Oder schreib Walzer, und seien sie »tristes« – solang es nur beim Dreivierteltakt bleibt, in dem sich auch die Mächtigen wiegen, mit ihren Mätressen.

ZWEI ERGÄNZUNGEN: O-Ton Grillparzer. Zuerst eine generelle Anmerkung. »Kaiser Franz in seiner Engherzigkeit und Gedankensteifheit hatte beschlossen, seinen Staat von allen Neuerungen entfernt zu halten. Kurzsichtig, aber in der Nähe scharf sehend, führte er zu diesem Ende einen Polizeidruck ein, der in der neuern Geschichte kaum ein Beispiel hat.«

Und ein Satz zu seinem Kanzler: »Der Umstand, dass er allein es war, der den elenden Polizeipräsidenten Grafen Sedlnitzky stützte und hielt, reicht für sich schon hin, um allen Lobrednern Metternichs Stillschweigen aufzuerlegen.«

Grillparzer zum Thema Zensur in der *Selbstbiographie*: »Ich muss noch eine Anekdote als hierher gehörig anführen, und zwar eine Zensuranekdote. Ich fuhr mit dem Hietzinger Gesellschaftswagen von Hietzing nach Wien. Ich kam neben einem Hofrat der Zensurhofstelle zu sitzen, der mir schon früher als Polizeidirektor in Venedig während meines dortigen Aufenthaltes alle Freundlichkeiten erwiesen hatte und mir bis auf diesen Augenblick immer zugetan geblieben ist. Er begann das Gespräch mit der damals in Wien stereotypen Frage: Warum ich denn gar so wenig schriebe?

Ich erwiderte ihm: Er, als Beamter der Zensur, müsse den Grund wohl am besten wissen.

Ja, versetzte er, so seid ihr Herren! Ihr denkt euch immer die Zensur als gegen euch verschworen. Als Ihr *Ottokar* zwei Jahre liegen blieb, glaubten Sie wahrscheinlich, ein erbitterter Feind verhindere die Ausführung. Wissen Sie, wer es zurückgehalten hat? Ich, der ich, weiß Gott, Ihr Feind nicht bin.

Aber, Herr Hofrat, versetzte ich, was haben Sie denn an dem Stück Gefährliches gefunden?

Gar nichts, sagte er, aber ich dachte mir: Man kann doch nicht wissen – !

Und das sprach der Mann im Tone der wohlwollendsten Gutmütigkeit, sodass man wohl sah, der mit den Angelegenheiten der Literatur betraute Beamte habe nicht die geringste Vorstellung von literarischem Eigentum, sowie: dass die Arbeit des Dichters wenigstens ebensoviel Anspruch auf Geltung und Entgeltung habe als die des Beamten oder des Handwerkers.«

AUCH EIN BESUCH BEI ANTONIO SALIERI ist nicht dokumentiert, dürfte in jenem Zeitraum aber recht wahrscheinlich gewesen sein. Viel Freiraum für den Romanautor!

Der könnte einen sonst eher beiläufigen Besuch mit Bedeutung aufladen: FXM hat gehört, in der Branche, dass Salieri seit der Jahrhundertwende nicht mehr komponiert hat, jedenfalls nicht mehr ernsthaft: Auf seine rund vierzig Opern ist keine weitere gefolgt, er schreibt nur noch, durch sein Amt als Hofkapellmeister dazu verpflichtet, kleine geistliche Kompositionen für Gottesdienste des Kaiserhofs, tut dies mit Überzeugung – sein Dienst an der Kirche zugleich als Dienst am Hof; auch für ihn sind Thron und Altar zusammengerückt: »Diese geistlichen Stücke sind für Gott und meinen Kaiser.«

Zu gerne nun würde FXM hören, wie man lebt, wie man denkt, wie man sich fühlt, wenn man in früheren Jahren fast ständig komponiert hat, dann letztlich aufs Komponieren verzichtet – dies nicht einmal erzwungen durch schwere Krankheit oder herben Verlust, sondern freiwillig, unter einem Motto wie: Nun habe ich genug komponiert, ich ziehe einen Schlussstrich – keine Notenlinien mehr, keine Notenschlüssel, Notenwerte …

AH, MOZART, MIO MOZARTINO! Erscheint hier leibhaftig, besucht seinen alten Lehrer! Che gioia! Kommt schon mal vor, dass eine von den damals jungen, heute gereiften Damen ihre Aufwartung macht, auch einer der Herren, aber dass *du* hier erscheinst, das freut mich ganz besonders. Gibst denn gar nichts auf gewisse Gerüchte?

Darf ich so tun, als wüsste ich nicht, worauf Sie anspielen?

Capisco, il trucco mozartesco! Nun, du weißt doch – ich hätte deinen Vater ein wenig – come si dice – nun denn, ich hätte ihm ein wenig nachgeholfen, auf dem Weg ins Jenseits, scusa: die Unsterblichkeit …

Auf dieses Gerücht gibt nicht mal meine Frau Mama etwas. Sonst hätte sie mich damals nicht zu Euch in die Lehre geschickt.

È vero, hai ragione. Aber mittlerweile? Man macht sich schon mal seine Gedanken auf einer langen Reise. Und nun siehst du besagten Vorfall etwas anders?

Maestro, eigentlich hätte mein Vater eher Grund gehabt, Euch zu vergiften. Vergiften zu lassen.

Hoho, was sind das für Neuigkeiten?! Ti ascolto.

Maestro, Sie hatten damals eine Position inne, die mein Vater sich nur hat wünschen können. Die er angestrebt und nicht erreicht hat. Und Sie hatten Erfolge, große Erfolge, allein schon in Paris! Eigentlich hätte Vater Ihnen etwas ins Essen mischen sollen.

Aber das ist ein Einfall, uno scherzo, ein – come si dice – Witz von befreiender Wirkung. Ti ringrazio. Damit wäre das Thema vom Tisch. Finalmente. Obwohl, um ganz ehrlich zu sein, ausnahmsweise – manchmal sage ich mir: Antonio, du solltest dich gegen diese Gerüchte nicht so sperren, solltest sie eher ein wenig, ja, unterstützen. Könnte für dich nur förderlich sein. Sono sicuro: Da würde man vielleicht so langsam mal meine Catilina-Oper aufführen. Liegt seit Jahren in der Schublade, tacendo. Und das eine und andre Werk könnte wieder einmal erklingen. Alles unter dem Vorzeichen: Nun wollen wir mal hören, was il vecchione so komponiert hat. Wär auch mit Blick auf die Nachwelt nicht uninteressant: Ah, der hat Mozart vergiften lassen, jetzt wollen wir hören, unbedingt, was der so hinterlassen hat. Selbst, wenn man nicht an die Giftgeschichte glauben mag – un goccio veleno kann belebende Wirkung haben! Risonanza, finalmente, risonanza!

Wo Sie schon davon sprechen, Maestro Giftmischer: Wie ergeht es Ihrer Musik?

Senti, Mozartino, ich bin ein alter Mann. Ich komponier keine Opern mehr. Wenn ich so zurückschau: Kaum zu glauben, wie viele Noten unsereins für eine einzige Oper schreiben muss, Partitur, Orchesterstimmen, Sängerstimmen – Legionen von Noten, legioni! Ich hab nicht mehr die Kraft, die aufmarschieren zu lassen,

Jahr um Jahr. Man braucht dafür so verflucht viel Kraft, innere Kraft. Aber mein geplagter Körper, der nimmt mir Kraft weg, da helfen auch Kuren nichts mehr. Ich sitz nur noch hier herum und schau meine alten Sachen durch. Nicht kompositorisch, aber die Texte. Die Zensoren haben ein scharfes Auge auf alles, was geschrieben, vertont, gedruckt wird. Die glauben ganz ernsthaft an die Macht der Sprache. Nicht mehr »prima la musica e poi le parole«, eher: Prima le parole e poi la musica. Ich lass einige Libretti umschreiben: neue Titel, neue Schauplätze, neue Figuren, neue Handlung – gleiche Musik. Sonst hat man keine Chance mehr. Dunque, si fa così.

Ja, das ist mir geflüstert worden. Großes Gespräch mit Meister Grillparzer. Ich war lange unterwegs, und kaum bin ich wieder in Wien, gleich hör ich die Mechanik knarren, mit der die Falle jederzeit zuschnappen kann. Kein gutes Gefühl, schon gar nicht befreiend. Was bleibt einem da eigentlich noch zu tun? Hände in den Schoß legen?

Nein, geistliche Musik schreiben! Musik für die Kirche. Come l'ho già detto, mit geistlicher Musik findest du heutzutage am ehesten Gehör bei weltlichen Herren. Questi signori lo vogliono, capisci?

Aber geistliche Musik welcher Art noch? Una sonata da chiesa? Una cantata? Davon hat Altmeister Bach doch schon mehr als genug geschrieben. Muss ja in die Hunderte gehn, hat mir der Zelter in Berlin verraten.

Könnten auch Tausende sein, chi se na frega? Der Beethoven lässt trotzdem seinen »Christus am Ölberg« singen. Und mein kleiner dicker Schubert, der schreibt eine Missa um die andre. Also, schreib eine Kantate, dem alten Bach zum Trotz. Ich hätt da schon eine Idee, aber ich führ die nicht mehr aus.

Und warum nicht?

Ho già provato tutto: Oratorium, Offertorium, Sonata, Cantata e tutti quanti! Muss unbedingt noch etwas Großformatiges hinzukommen? Außerdem: Ich habe selbst mal einen Kantatentext übernehmen können, nein, eher übernehmen müssen, »Le Jugement dernier«; sollte von Freund Gluck vertont werden, aber dazu kam es nicht mehr, also wurde mir nahe gelegt, das selbst auszuführen. Im gerechten Ausgleich dazu geb ich jetzt auch mal einen Kantatentext weiter, wenigstens als Plan, als Skizze. Und überhaupt: Ich habe sieben Jahrzehnte auf dem Buckel, habe sieben Kinder, habe vielleicht noch sieben Jahre vor mir, wenn es gut geht, was soll ich mich da noch – come si dice – versklaven, tyrannisieren? Pläne, ah, was sind schon Pläne – ich lass die einfach liegen, rechts, links, hinter mir. Kann jeder aufgreifen – und du zuerst. Wie wärs mit einer Cantata di Pentecoste? Vedi, liegt dort im Kasten als Entwurf. Ist noch nicht ausgeschrieben, il testo, aber mein Federfuchser würd das schon richten. Flammenzungen – schweben vom Himmel herab, setzen sich auf diverse Häupter, schon versteht man mehrere Sprachen, kann gleich beginnen, in vielen Zungen zu predigen. Quindi, so eine Cantata würde haargenau in dieses Land passen mit all seinen Sprachen. Du kannst dem Kaiser einen Kranz flechten, una corona di lingue, einen geistlichen Kranz, der ihm weltlich zustatten kommt. Im Ernst, wo ich das so sage – mi fa piacere questa idea. Pentecoste …! Flammenzungen …! Der Schüler, der vormalige, macht dem Lehrer das Geschenk einer visita inaspettata, der Lehrer macht dem Schüler, dem ehemaligen, das Geschenk einer idea. Schreib eine Pfingstkantate in den Sprachen der k.u.k. Monarchie, und der Kaiser wird dir sein geneigtes Ohr schenken. Könnte sich in der und jener Hinsicht günstig für dich auswirken. Ich würd an deiner Stelle die Cantata ausführen in Form von Choral-Variationen, jede Strophe in einer anderen Sprache. Aber bitte kein pasticcio galiziano, womöglich auf Jiddisch, alles in offiziellen Landessprachen, als da sind – hoffentlich kriegt mein altgedientes Hirn das noch zusammen: Ungarisch, Polnisch, Slowenisch, e naturalmente anche l'Italiano.

Und Deutsch, nicht zu vergessen!

Attenzione, attenzione! Keine deutsche Strophe, nulla! Deutsche Strophen, deutsche Gedichte – kann man nicht vertonen! Insupportabile! Tante volte l' ho detto al Schubertone: Verton bloß keine deutschen Gedichte! Geh sparsamer um mit deinen Melodien. Und was macht er, questo matto? Vertont ausgerechnet Gedichte von eurem Goethe und widmet die mir. Briccone! Questo piccolo grasso! Lässt sich nicht von seinem Weg abbringen. Andererseits: Gut so, recht so!

Was jetzt aber die Kantate betrifft: Wirklich kein Wort in der Amtssprache? In der Sprache des Kaiserhofs? Der Sprache von Grillparzer und andren?

Ma sì, certo! Natürlich, das meiste müsste auf Deutsch sein, das allermeiste! Aber nicht in Strophen. Lass dir deutsche Rezitative schreiben, secco, als Verbindung der Strophen in den diversen Sprachen. Mozartino, che pensi: Soll ich »Luca fa presto« Bescheid geben, er soll den Text schreiben zur Cantata di Pentecoste, und du wirst die komponieren?

Na, i waaß net ...

Das will ich nicht hören, so was mag ich nicht hören! Bei so einem Namenspatron bist du doch geradezu verpflichtet, die Kantate zu komponieren. Vielleicht bewirkt die, dass den maßgebenden Herren vom Hof die Schuppen von den Ohren fallen und dass man dich hier in Wien behält, dir eine Stellung verschafft, eine angemessene, und dann: puoi accendere una candela per il Santo Francesco Xaverio. Und noch eins: Du lässt das Werk dann drucken, bei Artaria oder vielleicht wieder bei Breitkopf & Härtel, und dann will ich deinen Namen auf dem Titelblatt sehn, in nomine di Santo Francesco Xaverio, der hat es nicht nötig, verleugnet zu werden, stai dalla parte del tuo santo, mit ihm hat dein »Erdenwallen« begonnen, wie ihr Deutschen sagt, die Pfingstkantate in *seinem* Namen mit *deinem* Namen, nimm dir den Franz Xaver als Vorbild, der wollte von Indien und Japan aus sogar nach China, großer Aufbruch –

Ja, aber vor diesem großen Aufbruch hat es ihn dahingerafft ...

Jetzt bring deinen alten Lehrer nicht in Rage, mi da noia di sentire tali stupidaggini, ich will so was nicht hören, was sollen diese Abschiedsgebärden, vai, brich auf zu neuem Ufer, du bist nicht Mozart zwo, du bist kein Wiedergänger, kein Schattenmann – tritt aus dem Schatten heraus, ich beschwöre dich, setz sie alle in Verlegenheit, setz sie alle in Erstaunen, mit der Cantata di Pentecoste wirst du diese verdunkelten Köpfe erleuchten, da wird denen ein Licht aufgehn, sie werden Franz Xaver Mozart sehen in uno splendore glorioso. Stell dir vor, die Cantata wird aufgeführt in St. Stephan, in Anwesenheit des Hofes – da hast du dein Glück gemacht, Mozartino. Und man setzt dir einen Lorbeer-Kranz auf, mit Blattgold. Kannst dann Goldblatt um Goldblatt ablösen und einlösen! Jetzt schau nicht so skeptisch drein, Francesco Xaverio – wenn du endlich genug herumgezogen bist, setz dich hin und komponier das, wenn es sein muss, in Lemberg, nur mach das, hörst du, ich vertrau dir etwas an, wirf das nicht weg, weis das nicht von dir, ich beschwöre dich, ausnahmsweise. Mama mia, jetzt ring ich ja fast schon nach Luft, nach dieser langen Suada. Facciamo una passeggiata, ist sowieso meine tägliche Gewohnheit, gehen wir in den Augarten, und ich erzähl dir den neusten Witz über Bratschisten. Und dann lässt du hören, wie bisher deine Reise verlaufen ist, und vor allem, wie es dir in meinem Heimatland ergangen ist. Ah, senti l'aria fresca?

NACHSPIEL. Das Gesprächsthema, das FXM im Hinterkopf hatte, vom Romanautor souffliert, es wird nicht berührt im wahrscheinlichen Verlauf des Besuchs, wird auch nicht behandelt bei gemeinsamem Spaziergang. Salieri stellt sich unverbindlich dar als Mann, der sich seiner vielköpfigen Familie erfreut, der sein Wien liebt, der regelmäßig Spaziergänge unternimmt, Geselligkeit mit Freunden schätzt – lässt sich hier schon Erleichterung, ja Befreiung heraushören nach generellem Verzicht auf kompositorische Tätigkeit?

Nach dem Spaziergang die Überraschung: Salieri zeigt dem Besucher, dem Kollegen die Partitur eines Werkes, das erst wenige Jahre zuvor vollendet wurde: *La Follia di Spagna*, 26 Orchestervariationen, Violine und Harfe in einigen der Sequenzen als Soloinstrumente. FXM blättert, staunt, verstummt. Groß angelegtes Werk … Überraschende Variationen … Einige in durchaus neuer Tonsprache … Betrübliche Einsicht: Diese Variazioni übertreffen alles, was FXM an Variationen für Klavier geschrieben hat, mit jeweils geringem Umfang …

Da wurde ihm also eine Geschichte übermittelt vom freiwilligen Verzicht eines Komponisten auf weitere Arbeiten, und nun wird das widerlegt von solch einem Werk! Mögliche Reaktion: Da will wenigstens er selbst konsequent bleiben … Höchstens noch ein Kanon, vierstimmig, zu einem Geburtstag … Und wenn es sein muss, ein figurierter Choral für einen speziellen Gottesdienst … Sonst aber: sich aus der Verpflichtung entlassen, ständig Neues schaffen zu müssen … Heimkehren in ein Galizien geminderter Ansprüche, zunehmender Gelassenheit.

ZWEI MONATE SPIELRAUM zwischen den Reisestationen Wien (im April) und Graz (im Juni). Da könnte der Romanautor die Hauptfigur einen Abstecher unternehmen lassen nach Kremsmünster: Ort, der sich mit dem Personennamen Süßmayr verbindet.

Staunen des Reisenden über die Ausmaße der Kloster- und Stiftsanlage, überragt vom Doppelturm der Kirche und einem rätselhaften Bau gleicher Höhe, kuppelgekrönt. Nach umständlichen Verhandlungen an der Klosterpforte wird FXM von einem der Schüler (»einer unserer besten«) zu dem Bau geführt, der alle bisher gesehenen säkularen Gebäude überragt: der »Mathematische Turm«.

Der etwa 15-Jährige geleitet den Besucher zwei Stockwerke hoch. Gelegenheit für eine beiläufige Frage an den Schüler: Wo kommst her?

Aus Oberplan.

Wo soll denn das sein …?

Ganz hintn drin in Böhmen.

Aha. Hast einen tschechischen Namen?

Na, i heiß Stifter, Adalbert.

So. Dann: Alles Gute!

Der Schüler gewährt Einlass in einen Raum, in dem Dutzende präparierter Vögel verschiedenster Couleur auf Standflächen verharren. FXM wird eine Sitzgelegenheit angeboten, die, laut Stifters Auskunft, aus Elefantenknochen gefertigt wurde mit der Beckenschale als Sitzfläche, beschriftet mit der Gründungsgeschichte des Klosters; der Text gegen Abrieb geschützt. So kann FXM unbesorgt Platz nehmen. Und der Schüler »empfiehlt sich« mit kleiner, ungelenker Verbeugung.

Kurzes Aufatmen, dann stockt der Atem: Dutzende toter Augenpaare scheinen den Besucher zu beobachten. Ein großer, besonders bunter Vogel scheint ihn sogar zu fixieren: mächtiger, fast handflächenbreiter, unterarmlanger Schnabel, oben schwarz, unten gelb; das Kopfgefieder opak violett, übergehend in schimmerndes Rückenschwarz, während die Flanken des Vogels smaragdgrün leuchten; gelbe Läufe. Dem »Blick« dieses exotischen Vogels versucht sich FXM zu entziehen, indem er Aufmerksamkeit im Raum verteilt. Nun erscheint es ihm beinah tröstlich, dass zwischen den durchweg bunt befiederten Schaupräparaten auch ein Scheibenkreuz zu sehen ist und: ein Torso, offenbar römisch … eine Lanze, in einer Ecke lehnend … ein Schwert … eine Kanonenkugel, aus Stein gemeißelt: spezielle Bedeutung für die Geschichte des Hauses?

Womit das Stichwort gegeben ist für den Herrn des Hauses: der Rektor tritt ein, gefolgt vom Schüler, der einen Stuhl in den Raum stellt. Ein Wink, und Adalbert geht. Der Rektor nennt seinen Namen: Rettenbach oder Tettenbach, nicht genau zu unterscheiden.

So, der Herr Mozart befinde sich auf Durchreise und wolle, wie von der Pforte vermeldet, nähere Kenntnis erwerben über den vormaligen Schüler Süßmayr? Was berechtige und begründe das Interesse?

FXM fingiert weitläufige verwandtschaftliche Beziehungen, und zwar über den Geburtsort Schwanenstadt im Salzkammergut.

Na servus, Schwanenstadt. Dort hat der Vater den Sohn überlebt, wie sich bei der Beerdigung zeigte. Vater Franz Carl überlebt Sohn Franz Xaver – dazu mag man stehn, wie man will. Also, um unsern Süßmayr geht es. Und es wird keine Frage gestellt, einleitend oder überleitend, ob der werte Besucher wirklich und wahrhaftig der Sohn des berühmten Mozart sei, gleich: Süßmayr, Süßmayr. Das erscheint FXM als gutes Vorzeichen für ein Gelingen des Vaterwechsels. Doch sogleich fällt ein weiterer Name: Fixlmillner. Ob der Herr wenigstens über Fixlmillner Bescheid wisse, den Bruder Placidus?

FXM muss verneinen.

Na servus! Nie von Fixlmillner gehört! Sie wollen etwas über Süßmayr in Erfahrung bringen und haben nie etwas von Fixlmillner vernommen? Wo befindet sich denn Ihr fester Wohnsitz? Lemberg?

So, aha Lemberg – erklärt alles, rechtfertigt aber nicht die Unkenntnis in Bezug auf Fixlmillner. Dabei führt der Weg zum Süßmayr nur über Fixlmillner. Weil der Süßmayr inzwischen leider verblichen sei, wolle der Besucher gewiss etwas über den Geist des Verstorbenen erfahren, und der ist eindeutig und nachhaltig von Fixlmillner geprägt worden, dem Abt. Fixlmillner hat auch ihm die Welt eröffnet und erklärt. Erst wenn Sie Fixlmillner verstehen, werden Sie Süßmayr begreifen. Der ist von Fixlmillner auch in diesen Raum mit all den Lehrgegenständen geführt worden. Der Elefantenstuhl, auf dem der Herr Besucher weiterhin sitzen darf, auf dem hat der Süßmayr freilich nicht sitzen, den hat er sich nur anschaun dürfen, die Gründungsgeschichte des Klosters von der Sitzfläche ablesend. Fixlmillner hat Süßmayr hier auch eingeführt in die Vogelwelt. Hier, nur als Beispiel: der Riesenalk. Schaupräparat eines überaus seltenen Exemplars; die Riesenalks werden im Nordmeer von Seeleuten reihenweise totgeschlagen, um ihre Daunen zu gewinnen. Dürfte in Lemberg unbekannt sein, dieser schwarzweiße Riesenalk …

Darauf FXM: Von Lemberg aus sei der Ritt zu den Karpaten nicht übertrieben weit, und dort gebe es durchaus interessante Vogelarten. Hervorzuheben seien Bärtige Schwalbe, Fledermauskönig, Ziegenmelker …

So, aha, na schön. Placidus Fixlmillner hat Süßmayr nicht nur in die Vogelwelt eingeführt, auch in die Mathematik. Fixlmillner war ein herausragender Mathematiker, infolgedessen auch ein herausragender Astronom, er hat die Entfernung zwischen Erde und Sonne mit unübertrefflicher Genauigkeit berechnet: »Die Zahl wird Ihnen aber nichts sagen.« Fixlmillner hat Süßmayr zudem eingeführt in Wesen und Wechselhaftigkeit des Wetters, tagtäglich werden dazu Aufzeichnungen gemacht im Wetterkammerl hier im Turm, und dies seit Jahrzehnten. Fixlmillner hat Süßmayr selbstverständlich auch eingeführt in die Welt der Noten, er hat – nebenbei ein großartiger Orgelspieler – ein neues System der Notierung entwickelt, das sich bisher allerdings nicht durchsetzen konnte, doch die Zeit wird kommen. Übrigens hat Fixlmillner auch selbst komponiert: das Singspiel »Der Astrolog«. Näheres auch hierzu könne der Besucher anschließend in der Klosterbibliothek nachlesen in den »Acta cremifanensia a Placido Fixlmillner«. Als Astronom ist der Professor für Kirchenrecht übrigens eine anerkannte Größe, seit er den Venusdurchgang beobachtet und die Umlaufbahn des Planeten Uranus berechnet hat sowie die genaue Position von Merkur. In dieser Nacht übrigens, die klar zu werden verspricht, darf der Besucher, als Gast des Klosters, am großen Teleskop des Observatoriums auch mal einen Blick in den Sternenraum werfen.

FXM spricht Worte des Danks wie sie erwartet werden, leitet das Gespräch über auf Süßmayr. Hier fühlt sich der Rektor offenbar nicht zuständig, wird ihn an den Chor-Regenten vermitteln. Ein Kreuz schlagend, verlässt der Abt den Raum. FXM lässt den Blick ausruhen auf dem handbreiten, fast unterarmlangen Schnabel des größten unter den versammelten Exoten.

Beinah lautlos erscheint wieder der Schüler: einladende Hand- und Armbewegung, gleichsam die Präparate aus Blickfeld und Hirnraum wischend. Sich von der beschrifteten Elefantenbecken-knochensitzfläche erhebend, folgt FXM dem Jungen die Stiege hinab. Gang über den weitläufigen Klosterhof.

Da hat dein Vater aber eine gute Entscheidung getroffen, dass er dich hierher geschickt hat.

Der Vater ist seit drei Jahren tot.

Schon …? Ja, wie denn das?

Er war Leineweber. Die Engländer haben uns mit ihren Webmaschinen die Arbeit genommen. Der Vater ist dann zum Textilhandel übergegangen. Bei einer der Handelsreisen ist der Frachtkarren umgekippt, und er ist da drunter geraten.

Oh, tut mir leid. Und wer hat dich an seiner Stelle hierher geschickt?

Mein Großvater.

Und du kehrst zu ihm in die Heimat zurück, sobald dass hier fertig bist?

Naa! Nie im Lebn!

Nanu, warum so heftig?

Da hinten im Winkel, da kannst bloß eingehn. Sich recht entwickeln kannst dich bloß in der Stadt. Ich mein jetzt Wien.

So, aha? Jetzt hol mir den Regens.

Der Schüler geht voran in die Stiftskirche, und husch ist er weg, wie von einer der Säulen geschluckt. Niemand zu sehen, keiner zu hören in der Basilika, so kann FXM sich umschauen. Grabtafeln auf dem Boden, an den Wänden. Herren, mit Ritterrüstung und Helm ins Jenseits geschritten, gegen Verfall und Vergessen armiert, mit verschnörkelten Inschriften gefeiert, die Lettern zuweilen noch vergoldet: Namen, Jahreszahlen, Bibelzitate. Ob die Herrschaften ernsthaft geglaubt haben, man werde nach Jahrhunderten oder gar nach einem Jahrtausend noch ihre Namen buchstabieren, werde ihre in Stein gehauenen Gesichtszüge zu beleben versuchen? FXM sieht kommen: Irgendwann lösen sich die Steintafeln von den Wänden, bei einem eventuell doch mal stärkeren Erdbeben, kippen auf die Bild- und Schriftseite, und man wird über zertrümmerte, später zerbröckelnde Steintafeln hinwegschreiten: zweiter, endgültiger Tod.

Da, endlich: Bewegung im Raum. An einem der Beichtstühle richtet sich ein Mönch auf, nähert sich in devoter, fast kniefälliger Haltung, soweit das beim Gehen möglich ist. Er bittet um Entschuldigung, ja, Verzeihung: Wagt kaum vor die Träger eines so berühmten Namens zu treten, denn noch nie, nicht einmal zu dessen Lebzeiten, sei auf der Bühne des Stiftgymnasiums eine Oper von Mozart aufgeführt worden. Gluck ja, Salieri ja, Jomelli und Piccini ebenfalls, Wagenseil und Pasterwiz, aber keine Oper, kein Singspiel von Mozart, jenem Mozart. So bitte er schuldbewusst darum, den Namen Mozart im weiteren Verlauf des Gesprächs nicht mehr nennen zu müssen.

Durchaus einverstanden …

Wie ich höre, führt Sie der Wunsch hierher, Näheres über Süßmayr zu erfahren?

So ist es. Er war ja, wie in Musikerkreisen zu vernehmen ist, nicht nur als Schüler hier auf dem Gymnasium, er wirkte auch, stimmführend, im Chor mit, spielte mit in Ensembles. Auch nach der Schulzeit: konnte sich nie recht von Kremsmünster lösen, soll zuweilen hierher zurückgekehrt sein. Dann dürfte er wohl über seine Lage in Wien gesprochen haben, als Klavierlehrer, auch als

Instrumentalist, der zuweilen einspringen musste, für Hungerlohn. Hat er nicht geklagt, hier unter Brüdern, über das ausbleibende Echo, seine Erfolglosigkeit in Wien?

Erfolglosigkeit?! Süßmayr erfolglos?! Das könnte höchstens auf den Vater des Franz Xaver zutreffen, auf Franz Carl Süßmayr, Schulmeister und Messner in Schwanenstadt, Bass im Chor, darüber hinaus verantwortlich für die Pflege der Kirchenwäsche und das »Läuten für Todesangst«. Von dem könnte man sagen, seine Lebenswünsche hätten sich nicht erfüllt, er hätte sich deshalb dem stillen Suff ergeben. Aber der Sohn – erfolglos?! Als Schüler von Kremsmünster: erfolglos?! Er, der kein Schulgeld zahlen musste, weil er ein so braver und guter Schüler war, er, der bei Aufführungen von Opern und Singspielen stets beteiligt war, er, der hier für die Kirche komponiert hat – der sollte ohne Erfolg geblieben sein?! Unbedingt irrig! Haben Sie nichts von der Oper *Der Spiegel von Arkadien* gehört? In Wien aufgeführt? Dies nicht bloß dreimal, höchstens viermal, wie bei neuen Opern vielfach der Fall, sondern, man höre und staune, sechsundzwanzigmal in einem Monat?! Dabei siebzehnmal ausverkauft! Logen acht Tage im Voraus bestellt! Fünf Verleger boten Klavierauszüge an! Auf Straßen, in Gassen wurden Arien dieser Oper gesungen und gepfiffen, Bierhäuslmusikanten spielten sie! »Muss ich fern von Weibchen leben … Mein Mädchen blüht in voller Jugend … La, la, la, wir sind noch Bübchen … Die Milch ist gesünder, ist lauter und rein … Ach nimm den Fluch zurücke …« Die Oper wurde in zwei Theatern in Wien gespielt, an der Leopoldstadt, in der Josefstadt, und man führte sie erfolgreich, zu betonen: erfolgreich auf in Augsburg, Prag, Paris – in Paris! Und da sprechen Sie von Erfolglosigkeit?! Wir sind sehr stolz auf seinen Erfolg!

Was da als Erfolg gefeiert wird, dürfte aber eine Ausnahme gewesen sein, oder? Er hat sicherlich nur diese eine Oper komponiert. Oder vielleicht noch ein Singspiel?

Eine einzige Oper? Wie soll ich das verstehen, Herr?

Nun denn, es wird Süßmayr nachgesagt, wohl mit Recht, er hätte sehr wenig komponiert. Um nicht zu sagen: erfreulich, vorbildlich, richtungsweisend wenig!

Und mit dieser vorgefassten Meinung kommen Sie nach Krems-münster? Wollen Sie das Vorurteil bestätigt hören? Sie würden in die Knie gehn, würde ich Ihnen auch nur die Werke aufzählen, die mir gerade in den Sinn kommen. Opern, Singspiele, Orchester-werke, Offertorien, Kammermusiken – kennen Sie überhaupt eins seiner Werke?

Nun, die Sinfonia turchesca in C. Ich habe mir die Partitur ange-sehen, in Kopenhagen. Interessant, wie im einleitenden Allegro und im Finale türkisches Schlagwerk massiv zum Einsatz kommt, Schellenbaum und Rahmentrommel, türkisches Becken und Ka-melpauke – Süßmayr alla turca …

Und da haben Sie nicht gleich nach allem gegriffen, was sonst vom Süßmayr vorliegt? Wenn alles erklingen würde, gleichzeitig, was er komponiert hat, hier und in Wien, so wäre das Hauptschiff samt Nebenschiffen bis in die Nischen, bis unter das Deckenge-wölbe gefüllt mit Klängen, und alles, was die stuccatori geschaffen haben, beginnt mitzuschwingen, beginnt unter der Wucht des Ge-samtklangs womöglich abzubröckeln!

Und der Regens Chori holt aus, straff aufgerichtet, auch seine Stimme gewinnt an Volumen: Die Liebe für den König! Offer-torium Exultate justi! Die Drillinge! Quintett in C! Der Bürger-meister! Offertorium O Deus ego amo te! Die gar zu strenge Kin-derzucht! Klarinettenkonzert! Nicht mehr als sechs Schüsseln! Offertorium Ave Maria! Quintett in D! Cantata per la Nascita della Archiduchessa Carolina! Der Retter in Gefahr! Gli Uccelatori! Die Erscheinung im Tempel der Verschwiegenheit! Zwölf Menuette! Zwölf Deutsche Tänze! List und Zufall! L'Imbarazzo degli Amanti! Die väterliche Rache! Offertorium Angelus Domini! Die Liebe auf dem Lande! Missa solemnis in D! Der Marktschreier! Offertorium Lauda Sion! Die persische Sklavin! Divertimento für Streichtrio in C! Il noce di Benevento! Divertimento für Streichtrio in F! Te Deum da Franc. Sav. Siessmayr a Cygnopoli! Divertimento für Streichtrio in Es! Deutsches Requiem! Il Turco in Italia! Gradu-ale in Es! Moses oder Der Auszug aus Ägypten! Meister Schnaps! Idris und Zenide! Lied an die Freude! Die Vogelsteller! Sinfonia in Es! Soliman der Zweite! Edle Rache! Pianoforte-Konzert.

FXM findet keinen Ansatz zu einer Antwort. Die wird vom Regens auch nicht erwartet. Der will gleich mal im Archiv nachschauen, welche der Werke von Süßmayr greifbar sind. Und empfiehlt für die Zwischenzeit einen Besuch im Naturwissenschaftlichen Kabinett.

DORT LÄSST SICH FXM zwei Meteoritensteine zeigen: schwarzes, geballtes, gezacktes Eisen mit Stein oder: Stein mit Eisen, deutlich schwerer als Steine in gleicher Größe. Die faustgroßen Brocken hebt er, senkt er, gleichsam abwiegend. Woher die Weltraumsteine gekommen sein mögen, diese Frage wird vom Astronomen nicht beantwortet, stattdessen erfolgen Hinweise auf die Flugbahn, es tauchen Wörter auf wie Radiant und Hyperbel, die Meteorbahn beobachtet von N 15° W nach S 15° E, mit dem Horizont einen Winkel bildend von 55°, eine geschätzte Höhe des Erlöschens wird angegeben – das alles wirbelt an ihm vorbei mit beinah kosmischer Geschwindigkeit, sein Blick fixiert auf die Meteoritensteine. Zum ersten Mal seit Podkamien: wieder Metallgestein aus dem Weltraum, Millionen Jahre versteinert, im Eisen verdichtet. Auch hier: kompakte Notenköpfe der Sphärenmusik, herausgelöst aus einem Schwingungsraum harmonischer Schwebeklänge? Gewichtige Noten, materialisiert, einer Ewigkeitsmusik im leeren Raum? – – – Wie bitte …? Was sagten Sie …?

Ach so: Er wird eingeladen, am Abend heraufzukommen zum Observatorium – gegen zehn Uhr wird eine partielle Mondfinsternis eintreten, etwa Dreiviertel des Mondes werden von der Erde beschattet.

Karges Mahl zum Abend. Spaziergang im Klosterbereich, in dem FX Süßmayr umhergegangen sein dürfte – wie oft mit entstehender, sich skizzierender Musik im Kopf? Schließlich, zur angegebenen Stunde (der Vollmond bereits mit hereingewölbtem Erdschatten polwärts) die zehn Stockwerke hinauf und in das Observatorium. Die Kuppel einen weiten Spalt geöffnet, das Teleskop hochgeschrägt, der Haus-Astronom kauernd und murmelnd: Ja, die partielle Mondfinsternis hat begonnen, ein früher bereits hinreichend beobachtetes Phänomen, das Teleskop ist gerichtet, der Gast darf eine kurze Phase der langsamen Entwicklung wahrnehmen.

Und wie mit einem gewaltigen Herrgotts-Tritt aus dem All ist der Mond so nah an ihn herangeprallt, dass FXM zurückzuckt. Licht gleißend in weitem Sichelbereich an einem der Mondpole; der vom Erdkugelschatten abgedeckte Teil des Mondes freilich nicht unsichtbar, vom Lichtsegment her fällt Streulicht auf die gesamte Mondoberfläche. Zum ersten Mal erscheint ihm der vorher scheinbar plane Mond (»Mondscheibe«) als Rundkörper, die genarbte Gesteinsfläche nun als lichtdurchlässige Mondhaut: hauchdünnes, milchig eingefärbtes Glas, von innen dezent beleuchtet. Fast unmerklich wird die Zone des Lichtschmelzflusses am Mondpol verkleinert – wo kommt bei diesem makellosen Lichtweiß der Rothauch her, über den Restmond verteilt? Ja, Lichtweißglut wie eine Eiskappe an einem Pol in hellstem Licht, angrenzend die Kugel aus milchigweißem Glas, rot überhaucht – als würde Sahara-Sand über die Mondfläche geblasen, in gleichmäßigster Verteilung. Was hat das zu bedeuten?

Der Haus-Astronom, hinter geschlossenen Augen wieder Sehkraft sammelnd: Wiederholt beobachtetes Phänomen, besonders deutlich bei der totalen Mondfinsternis 1807. Eins der ungelösten Probleme. Deren Zahl nimmt zu, je weiter man mit verbesserten Teleskopen in den Kosmos hinausschaut, hineinschaut.

Und der Astronom bietet dem Gast an, kurz mal am Mond vorbeizublicken in den Sternenraum. Gleichzeitig schwenkt er das Teleskop ein wenig zur Seite. Sterne, wie Franz Xaver sie oft schon gesehen hat, mit »unbewaffnetem Auge«: nun Lichtpunkte, in die Augen stechend. Ja, gnadenlose Lichtweißglut, mit einem Hauch von eiskaltem Grün. Neben und zwischen den durchbohrenden Lichtpunkten: Sterne, Sterne, Sterne, wie er sie in solcher Vielzahl nie gesehen hat, und damit ein Sog hinaus ins Leere, er möchte sich festklammern am Sitz: Sternraum hinter Sternraum, ein Ende ist nicht abzusehn. Und wo ist in diesem Raum permanenter Drehungen, Rotationen ein Oben, ein Unten? Kurz schließt er die Augen, will nicht aus der – mit der Erdrotation möglicherweise gerade nach unten geöffneten – Kuppelschüssel herausfallen! Jäh das Gefühl von Bodenlosigkeit … Daseins-Schwindel … Entgleiten auf Nimmerwiedersehn …! Haltbares, ich brauche Haltbares! Zeigen Sie mir den Mond, das fast schon vertraute Gelände!

Der Astronom aber bittet um Geduld, er will, er muss nun seine Beobachtungen fortsetzen, kann den Wunsch erst erfüllen, wenn die Mondoberfläche vom Sonnenlicht wieder freigegeben wird.

Geduldig ungeduldig abgesessene Wartephase. Dann darf sich der Besucher wieder vors Okular setzen, einen Blick riskieren auf das erneut beleuchtete Mondterrain: Total vernarbte Oberfläche! Kraterloch an Kraterloch an Kraterloch! Schiere Verwüstung – wie nach einer endlosen Beschießung aus dem Weltraum. Hat der Mond abgefangen, was auf die Erde zielte? Hat sich der Mond hingehalten, alles erduldend? Flächendeckende Zertrümmerung!

Beinah benommen, mit weichen Knien, steigt er Stockwerk um Stockwerk hinunter. Aufatmend betritt er das Zimmer, in dem ein Licht, ein einziges Licht brennt, und oben ist mit Sicherheit oben, unten mit Sicherheit unten, er kann sich an die Wände lehnen, selbst die Tür, fest ins Schloss gezogen, gibt ihm Halt; dennoch eine Schlüsseldrehung, zack.

WARUM, TROTZ ALLER BETEUERUNGEN, aller wiederholten Liebeserklärungen, kehrt er in diesem Zeitraum nicht heim nach Lemberg? Schickt nur den kränkelnden Diener Martin nach Hause, mit einer Botschaft an Frau Baroni-Cavalcabò? Und verlängert die mittlerweile zwei Jahre während Reise um weitere Monate, reist nach Süden? Angst vor dem Wiedersehen mit Juszenka? Hat sie in einem der Briefe durchblicken lassen, dass sie seinen Beteuerungen nicht mehr glaubt – entwertet von allzu langer Abwesenheit?

Hier fällt es dem Biographen schwer, eine Erklärung zu finden; dringendes Desiderat wäre ein aufschlussreicher Brief der Frau in Lemberg. So steht der virtuelle Biograph vor einer Frage, auf die der virtuelle Romanautor eher eine Antwort entwickeln könnte.

Der eröffnet sogleich ein neues Kapitel im Rahmen der Gesamtkonzeption: es wird weitergeschrieben, was bereits festgeschrieben ist. Das neue Lebenskapitel könnte die Überschrift tragen: Nach dem Verlust des anderen Vaters.

Auf der Reise von Kopenhagen über Wien nach Kremsmünster hat er sich – fast im Trotz – an den neuen Familiennamen gewöhnt, sah sich bereits als Franz Xaver Süßmayr junior nach Galizien zurückkehren. Dann aber hat der Regens diesen Pulk von Werktiteln zwischen jenen Komponisten und seinen möglichen Sohn geschoben. Eine mit Kompositionstiteln von oben bis unten beschriftete Trennwand, an der FXM nicht vorbeikommt, also wendet er sich ab vom neuen Hindernis auf dem Lebensweg.

Franz Xaver wird, logische Konsequenz, so lange weiterreisen müssen, bis er wieder in die Mozart-Sohn-Form passt. Und er kann so vor Juszenka erscheinen und die alte Beziehung neu fortsetzen – falls nicht ein anderer in der für sie allzu langen Zeit dazwischengetreten ist. Franz Xaver muss sich einkreisen, muss erst wieder mit sich selbst zusammenrücken, braucht Schulterschluss mit der Lebensform, aus der er sich lösen wollte. Noch sieht er sich als Doppelgänger, zweifachen Schatten werfend. Den zweiten Schatten muss südliche Reisesonne wegbrennen, muss Südwind von seiner Seite wegwehn. Anders formuliert: Die Reisedistanz muss noch größer werden, damit er sich wieder näher kommt, wieder zu sich selbst aufrückt, nur noch *einen* Schatten wirft, so klein und schmal der auch sein mag.

FÜR EINE BIOGRAPHIE könnte ich ein anderes Erklärungsmodell entwickeln: FXM will nicht so rasch wieder in eine Situation geraten, in der von ihm erwartet wird, dass er neue Werke komponiert, endlich. Sobald er im Haus in der heutigen vul. Lesja Kurbasa sitzt, hat er alles, was ihm auf Reisen fehlte: wieder sein Instrument, wieder seinen Arbeitstisch, also könnte, müsste er eigentlich … Viele Musikfreunde, die von ihm erhoffen, ja, erwarten, und dies hartnäckig, dass er hervorbringt, was Bestand haben wird.

Die Konzerte? Nur punktuell wahrgenommen! Wer weiß schon in Salzburg, dass er in Kiew konzertiert hat? Wer erfährt in Kiew, dass er in Lemberg ein Konzert geben wird? So was spricht sich nicht herum auf derart weiten Strecken. Wie also soll eine Salzburger Zeitung über ein Konzert in Lemberg berichten? Mehr als bloß lokale Resonanz hingegen würden Kompositionen finden.

Er könnte freilich Verständnis wecken für das Ausbleiben neuer Kompositionen, wenn er von Konzerten spricht, die einem leider, leider keine Zeit, keine Kraft mehr lassen für das Komponieren, das muss man doch verstehen. Und überhaupt: auf Reisen kann man sowieso nicht komponieren. Man brauchte wenigstens schon mal einen Zwischenwohnsitz. In Wien hat es sich denn gezeigt: Kaum war er sesshaft, scheinbar, stellte sich das Andante ein zum Klavierkonzert. Hingegen: Zeit aufgeteilt zwischen Fahrten auf Karren, in Kutschen … dem Warten, dem Ausharren auf Poststationen … dem Nächtigen in vielfach elenden Gasthäusern … endlich am Zwischenziel angekommen, läuft man sich die Hacken ab, um Interessenten für Konzerte zu aktivieren – wie da noch komponieren? Er ist nicht wie einer der robusten Bachsöhne, die so abschreckend produktiv waren – konnten aber nur so viel hervorbringen, weil sie kaum gereist waren, oder? Carl Philipp Emanuel: wie viele Jahre lebte und wirkte er am Königshof zu Potsdam und Berlin; zuletzt der eine große Wechsel, nach Hamburg. Sonst aber: keine Zeit verloren auf Konzertreisen – da kann man leicht 25 oder 52 Sonaten für Klavier fabrizieren. Und der jüngere Bruder, Johann Christian? Reiste nach Italien, gut, ja, dies aber in frühen Jahren, dann zog er nach London und blieb dort. Und als Folge? Reihenweise Klavierkonzerte, jede Menge Konzertante Sinfonien, bestimmt ein Dutzend Opern! Er hingegen, Franz Xaver? Wird von keinem König, keinem Fürsten ausgehalten, kann sein Auskommen nur als Klavierlehrer, Gesangslehrer verdienen, »Geld kommt von unten«. Aber er hat keine Lust, wieder Klavierstunden zu geben oder Gesangsstunden – lieber noch ein Weilchen unterwegs bleiben, auch bei mittlerweile knappem Budget.

FXM AUF DER REISE NACH ITALIEN! Über Graz nach Triest, der österreichischen Hafenstadt an der Adria. Schon dort setzt Enttäuschung ein. »Die Küste ist kahl, unfreundlich, u. überdies ist das Meer hier von drei Seiten eingeschlossen, dass man eher glauben möchte, einen großen Teich zu sehn. Auf den Straßen sieht man nur Pöbel, dessen unerträgliches Geschrei Tag und Nacht nicht einen Augenblick aussetzt.«

»Mit dem Vapore« nach Venedig. Bettler »verfolgen uns auf jedem Schritt. Dazu kommt noch, dass diese Stadt ganz en descendenza ist. Seit einigen Jahren hat die Bevölkerung bedeutend abgenommen, und nur Zeugen einstiger Größe machen sie noch interessant«.

Weiter nach Padua. Kein Wort zur Reise über Land. Doch könnte Franz Grillparzer die Lücke schließen mit einer Sequenz aus seinem »Tagebuch auf der Reise nach Italien«. Was er zur Fahrt nach Rom notierte, dürfte auch für eine Fahrt nach Padua gegolten haben. »Schon im Venetianischen waren wir, im Vergleich mit den deutschen Posten, herrlich gefahren, aber wie man im Römischen dahinfliegt, davon hat man keine Vorstellung. Der Postillion sitzt nie auf dem Kutschsitz, sondern reitet, auch bei zwei Pferden, beständig. Von da herab setzt er mit einer kurzen Peitsche und unter fortwährendem aufmunterndem Geschrei den Tieren unaufhörlich zu, sodass wir einmal, aus Mitleid mit den Pferden und aus Besorgnis, den Wagen zu zerbrechen, den Postillion auffordern mussten, langsamer zu fahren. Immer geht's im Galopp oder wenigstens in scharfem Trab. So angenehm das übrigens für den Reisenden ist, so gereicht der Grund dieses Eilens den Postknechten eben nicht zur Ehre. Es ist nämlich nur auf das Trinkgeld abgesehen.«

Ankunft in Padua. Auch hier ruht im heißen, für FXM viel zu heißen Juli das Kulturleben, an ein Konzert ist nicht zu denken, das dürfte er aber auch kaum anders erwartet haben. Selbst private Einladungen können seine schlechte Laune nicht bessern. Bei einer Contessa gibt es bloß Wassermelonen zu essen, und so kehrt er »nach Mitternacht mit hungerndem Magen« ins Quartier zurück. Sarkastisch merkt er an: »Solche Gesellschaften kann ich auch noch geben.«

Der Missmut wächst mit weiterhin steigenden Temperaturen. »Ich fühle mich ohnedies so unzufrieden in diesem Lande, dass ich beinahe auf das Vernügen, meinen Bruder zu sehn, entsagen möchte, um desto eher wieder auf deutschem Boden zu sein. Es ist doch eine erbärmliche Wirklichkeit, die wir hier gegen den hohen Begriff, den wir uns von diesem Lande machen, austauschen. Sogar die Natur ist schöner in meinem Vaterlande, unser Grün ist lebhafter, die Gegenden schöner, das Obst schmackhafter und, was ich zuerst hätte anführen sollen, die Menschen besser. (...) Man widerriet mir, ein Konzert zu geben, und ich ging, nachdem ich mich mit einem Glas *Wasser* gestärkt (sonst wurde nichts gegeben), um Mitternacht nach Hause. (...) Oh Mutterland der Musik.«

FXM als Raunzer – jenem Italien kann er nichts abgewinnen. Mürrisch wird die Reise fortgeführt. Hitze, die ihm mehr und mehr zusetzt. Durst, Kopfschmerzen. Obendrein sind »die Wege hierzulande so langweilig, dass ich Gott danke, wenn ich einmal Mailand erreiche«. Was endlich auch geschieht, aber dort würde er am liebsten gleich wieder umkehren.

Wäre da nicht der Bruder! Aber man muss, vom Gasthof aus, erst mal dessen Adresse herausfinden. Und dann ist der Bruder nicht zu Hause! »Wir blieben bei seinen Hausleuten, die gleich nach ihm schickten, und nach einer ziemlich langen halben Stunde, die mir eine Ewigkeit dünkte, hatte ich endlich die Freude, ihn an mein Herz zu drücken. Er gab mir einen Brief von meiner Mutter. Nach ein paar Stunden mussten wir uns wieder trennen, denn ich kehrte in meinen Gasthof zurück, doch ziehe ich morgen schon zum Bruder.«

Zwanzig Jahre zuvor hatte man sich zuletzt gesehn! Carl: »Unbeschreiblich meine Gefühle am Abend unseres Wiedersehens.«

NACHTRAG ZUR PERSON: Carl ist »Beamter der k.k. staatl. Buchhaltung der Lombardei«. (Seit dem Wiener Kongress gehörte dieses Gebiet zu Österreich: »Lombardo-Venetien«.) Der mittlerweile 37-Jährige lebt im Mailänder Zentrum, in der Strada Cavalchina, nah beim Gouverneurs-Palazzo. Ein Diener, Giuseppe, eine Haushälterin, Giuseppa (»Seppa«). Ausgleich zur Bürotätigkeit findet er in der Musik – immerhin besitzt er den Flügel des Vaters. Wiederholt wird denn auch in der Wohnung musiziert, mit Freunden und Bekannten, vor Freunden und Bekannten. Insgesamt aber: Er lebt still und bescheiden (so hätte man das Single-Leben früher wohl gepriesen).

MAILAND, MILANO! Stadt des Doms, Stadt des Bruders – der wird mit Namen aufwarten, kann zu Gebäuden führen, kann auf Einzelheiten hinweisen – die sich für den Besucher bald wieder von den Namen ablösen? Via Manzoni … Archi di Porta Nuova … Via Santo Spirito … Sant'Ambrogio … Santa Maria delle Grazie …

Und der Dom …! Heller lombardischer Kalkstein … Mehr als tausend Statuen im vielfach gezackten Bergstock, ja, es sollen sogar zweitausend, dreitausend, womöglich viertausend Figuren sein – bei einem stärkeren Erdbeben müsste mächtiger Steinschlag einsetzen: Figuren und Fragmente auf dem Domplatz …

Ja, er wird hinschauen, wird anschauen, Hinweisen des Bruders folgend, aber was auch immer er zu sehen bekommt, er wird es wahrnehmen mit dem Bewusstsein, dass er all dies recht bald schon nicht mehr vor Augen hat, es auf der Heimreise bereits vergessen wird: Stabwerk und Maßwerk … Fialen, Krabben, Kreuzblumen … Gold und Email … Die Stadt mitsamt der Via Sant'Andrea, der Via della Spiga, der Brera – wird ins Vergessen absinken wie Atlantis, im Wasser der Lethe.

Wird Zeit, wieder die Spielkarten zu mischen, die Gläser zu füllen. Zu dritt am Tisch: die Brüder und Giuseppe. Nur *ein* Hund unter dem Tisch, Moretto, der andre ist in Kopenhagen ausgerissen, Constanze hatte nicht aufgepasst; herber Verlust, FXM ohne Hund. Wer gibt?

NOCH EINMAL: Was hat FXM in Italien und nun in Mailand wahrgenommen? Selbst, wenn er sich nicht durch Lektüre vorbereitet hat, selbst, wenn er nicht mit Kennerblick reiste, eher mit den Ohren als mit den Augen wahrnahm – es hätte einiges zu berichten gegeben, auch aus Mailand. Die Ausbeute für uns Leser aber bleibt kümmerlich. War die Lemberger Adressatin der Berichte nicht weiter interessiert an Architektur und Kunstgeschichte, und der Briefschreiber stellte sich darauf ein? Oder fand er nicht weiter der Erwähnung wert, was er unterwegs zu sehen bekam? Oder ist das nicht überliefert? Verschafft allein schon diese Möglichkeit dem Romanautor erneuten Spielraum? Doch auch hier braucht er Materialien.

Die könnte er bei einer (zu ihrer Zeit berühmten) Schriftstellerin finden: Fanny Lewald. Sie reiste wenige Jahrzehnte nach FXM durch ein Italien, das sich in der Zwischenzeit kaum verändert hatte. Auch sie war in Mailand.

Sie berichtet, wie sie am frühen Morgen vom Quartier aufbricht, um den berühmten Dom zu besichtigen, wie sie in der belebten Innenstadt aber immer wieder gebannt bleibt von Genrebildern – beispielsweise arbeitender Handwerker. So wird es Mittag, ehe sie, nach langem Zickzack durch die Altstadt, den Dom erreicht. Sogleich registriert sie: große Helligkeit des Bauwerks! Der Stein ist zwar nicht mehr ganz weiß, hat eine »leichte, gelblich braune Färbung«, doch der Gesamteindruck hat sich erhalten: lichtes Bauwerk! »Filigranartig leicht, in schlanken, zierlichsten Arabesken steigt der schöne Bau empor, an dem jede Statue, jedes Blättchen mit Sauberkeit gearbeitet ist, mit der man die zierlichsten Vasen von Alabaster gemacht hat.« Innen sodann: Marmor, Marmor, Marmor! Staunen, Bewunderung. Und zunehmend Irritation – der hohe Geräuschpegel! Erwachsene sprechen, Kinder schreien, Hunde bellen.

Keine Kirchenbänke im Mittelschiff, stattdessen »geflochtene Rohrstühle«. Beter, Kirchgänger mieten sie gegen minimalen Obolus, stellen sie nach Belieben auf. Dann wird aber nicht nur gebetet und gesungen, es wird geplaudert. Zwei Herren unterhalten sich über neuste Erfahrungen mit Frauen. Arbeiter, Handwerker kommen in den Dom in ihrer Arbeitskleidung, mit ihrem Handwerkszeug, legen es ab, beten mal rasch. Frauen stellen Körbe mit Einkäufen ab – und es wird zumindest ein Stoßgebet fällig. Wer sein Gebet gesprochen, wer an einem Gottesdienst teilgenommen hat, trägt den Stuhl zum Verleiher zurück – kein andrer soll ihn kostenlos nutzen dürfen. Oder gab es damals schon Pfand? Jedenfalls: ständiges Hin und Her mit Korbstühlen. Nur die Armen knien auf dem Marmorboden.

Zweiter Brennpunkt der Stadt, die Scala. Das System der Logen mit jeweils kleinem Vorraum – zum Ablegen von Garderobe, zum Empfang von Besuchern, zum Imbiss. Bei Logen ohne Besucher sind die Vorhänge zugezogen. Dies auch als Sichtschutz: die Loge als Chambre séparée.

Pro Saison stehen in der Regel nur zwei Opern auf dem Programm, en suite; diese Inszenierungen besucht man wiederholt, denn wichtig ist das Gesellschaftstreiben: wechselseitige Logenbesuche mit Begleitmusik. Entsprechend oft das dumpfe Zuschlagen von Logentüren. Unablässig wird geplaudert, gelacht. Nur beim Auftritt einer Berühmtheit hört man zu, applaudiert, unterhält sich gleich weiter.

Zwei Ergänzungen. Ein Monsignore, vormals Groß-Almosenier des napoleonischen Königs von Italien, »versammelte in der Loge seines Theaters an der Scala eine Gesellschaft von zwölf oder fünfzehn jungen Leuten«. Und dies regelmäßig. Dabei ging es hoch her.

Der dies berichtet, Stendhal, leistete gleichfalls einen Beitrag, wenn auch unfreiwillig, zur Anhebung des allgemeinen Geräuschpegels – und macht damit klar, dass Störungen nicht bloß von billigen Plätzen kamen. Er trifft sich 1817 wiederholt mit Lord Byron, dem europaweit gefeierten Dichter; in einer Loge der Mailänder Scala kommt es zu einem Disput über Poesie und Philosophie. »Ich erinnere mich, dass wir unsere Argumente derart heftig vorbrachten, dass das erboste Parkett uns oft zur Ruhe mahnte.« Da müssen die beiden Schriftsteller weit über das gewohnte Maß hinaus laut geworden sein während der Opernaufführung.

Wie das Publikum so das Orchester. Kaum Disziplin unter den Musikern, der »Musikdirektor« muss schon mal energisch werden, schlägt während der Aufführung heftig gegen den Blechschirm einer der Leuchten an der Rampe.

Große Pause. Sodann der Programmteil, der am ehesten Aufmerksamkeit findet, vor allem bei Herren: das Ballett. »Dies wird immer in der Mitte der Oper gegeben, weil jedermann die oft wiederholte Oper kennt und das männliche Publikum doch eher ermüdet, diese zu hören, als alltäglich die Reize der Tänzerinnen zu bewundern. Das hat für den Fremden, dem es darum zu tun ist, die Musik zu genießen, großen Nachteil. Das Ballett dauert lange, und die letzten Akte der Opern fangen oft erst gegen Mitternacht an. Dann wird das Haus leer, nur die eigentlichen Musikliebhaber bleiben zurück, und Sänger und Sängerinnen spielen mit jener Ermüdung, jener Schlaffheit, die den Künstler immer überfällt, wenn er vor leeren Räumen dasteht.«

Ein reisender Komponist, in einer Loge wahrscheinlich hoch droben, er könnte sich, mehr Geräusche als Klänge wahrnehmend, fragen, für wen man eigentlich komponiert, zumindest im Operngenre. Am ehesten für sich selbst, erst einmal? Wozu sonst Intensität und Perfektion, wenn das nur selten oder gar nicht wahrgenommen wird? Der Komponist als sein eigener, idealer Zuhörer?

Nebengedanken, die sich dem reisenden Komponisten in einer Loge der Mailänder Scala leicht zuschreiben ließen – als Romanautor könnte ich interpolieren, was der Briefschreiber ignoriert hat.

HA OPER, WAS SOLL MIR OPER?! Kommt mir nicht mit Opern! Verschont mich mit Opern! Was krieg ich denn da zu sehen, zu hören? Ein Mann schenkt seiner Frau eine besonders kostbare Perle, besingt sie bei der zeremoniellen Übergabe. Perla … perla … bello splendore delle perle … splendore opaco delle perle … segreto della perla … miracolo della perla … il mare nella perla … la morte nella perla … Prompt nähert sich, durch ein Hintertürchen, der alte, scheinbar vergessene Liebhaber, sogleich flackert alte Leidenschaft wieder auf: Amore … il nostro amore … amore appassionato … che domina la testa, il cuore, il corpo … Doch wieder tritt der Ehemann in Erscheinung, der Liebhaber flugs hinter die obligatorische Tapetentür, der Ehemann tut so, als hätte er das nicht bemerkt, zwingt seine Frau zu Hingabe, an der Tapetentür. Fammi sentire: chi è il padrone … fammi sentire: chi ha il potere … voglio sentire come tu sei la mia … voglio sentire come lui è lontano … Wieder wendet sich das Blättchen, der Liebhaber stößt den Ehemann hinterrücks die Kellertreppe hinunter, verschließt die Tür, das Opfer im finstren Verlies. L'oscuro … quell'oscuro … lo spiro … il respiro … l'oscuro … il respiro nell'oscuro … buio e sinistro … respiro diminuendo … silencio nell'oscuro … Das wird im Keller gesungen mit gedämpfter Stimme, wogegen die Frau lauthals Triumph erschallen lässt, der Mann im Keller verstummt, Schlussmusik übertönt ein letztes Röcheln, der Liebhaber kann aufatmen. Amore, il nostro amore, amore appassionato, nel cuore, nel tutto corpo … Doch da bricht die allzu früh triumphierende Frau zusammen.

Und es kollabiert der Wunsch, doch mal einer der diversen Anregungen zu folgen und eine Oper zu komponieren. Ich bin hinlänglich kuriert nach solch einem Opernabend. Und wenn Montezuma persönlich aufkreuzen würde: kann mich nicht in die Pflicht nehmen, nicht einmal der! Beschlossen und verkündet zu Mailand, nach Verlassen des Opernhauses.

UND WIEDER DIE BRÜDER! Reichlich Entfaltungsspielraum für diese Begegnung in einem Historischen Roman. Sicherlich wurde auch über Wolfgang Amadeus gesprochen. Carl, als der Ältere, hatte den Vater noch einige Jahre miterlebt im meist turbulenten Haushalt: Fast immer ein Logiergast und mehrere Schüler ... die Mutter studierte Sopranpartien ein, der Vater am Tasteninstrument, am Billardtisch, am Kartenspieltisch ... Besucher, also Champagner und Punsch ... zuweilen Bälle im Haus ... Dieses ständige Treiben, soweit noch miterlebt, könnte bei Carl Thomas Gegenreflexe ausgelöst haben.

Franz Xavers Vaterbild hingegen: vermittelt über Andekdoten, Berichte, Erzählungen, über Bilder, gestochen oder gemalt. Doch selbst nach Portraits konnte er sich kein genaues Bild vom Vater machen, es wurde in alter Tradierung stilisiert – ikonographischer Kodex. Die lange Nase verkürzt, Pockennarben übermalt. Und die auffällig geformten Ohrmuscheln wollte man schon gar nicht bei einem Komponisten dieses Ranges sehen. Wolfgang Amadeus Mozart wurde zur apollinischen Erscheinung. Mehr und mehr rückte in die Vergangenheit ab der auffallend kleine Mann, wibbelig, quirlig, zu diversen Späßen aufgelegt, Vormittage »verchampagnert«, vor allem mit Schikaneder, Nächte »verpunscht«. Die Vaterfigur, mit der Franz Xaver postumen Umgang pflegte, sie war quasi sediert, purgiert. Doch übermächtig das Element, das den Vater getragen hatte: Klangwogen, Klangwogen! Einmal wacht Franz Xaver auf, weil Tonflut ihn umbrandet, Musikbrecher über Deck des Schiffchens tosen, er muss sich wie Odysseus am Mast festbinden – und doch reißt es ihn mit herab!

So könnte denn eine Mailänder Verschwörung der Gebrüder Mozart erfunden werden: Wechselseitige Bestätigung in der Ablehnung von Erwartungen und Forderungen der Mutter, die bohrte, bohrt, anstiftete, anstiftet, stimulierte, stimuliert: Warum spielst du, Carl Thomas, vor deinen Freunden nicht noch mehr Musik vom Amadé? Und du, Wowi, warum komponierst so wenig und trittst so selten auf als Pianist, als Solist?

Dagegen die Brüder: Wir sind hier weit genug entfernt vom Reich der Herausforderungen und Anforderungen, die Alpenkette liegt dazwischen. Und sollte Mutter Constanze später wissen wollen, worüber die Söhne gesprochen haben in Mailand, so könnte Franz Xaver zur Antwort geben: »Mamo, duch ojca nie mieszka z nami. Żyjemy… naszym własnym życiem.« Soll sie schaun, wie sie damit zurechtkommt! In Lwów fände er damit jedenfalls Resonanz.

Naheliegend nun wohl die Frage nach Plänen: Was macht die Sinfonie?

Von welcher Sinfonie redst denn?

Na, deine Sinfonie. Die in D.

In D? Ade …

Geh, hör auf.

Hab ich auch. Hab längst schon aufgehört.

Aber mit einer Sinfonie – du, als Komponist musst doch eine Sinfonie –

Bin i narrisch? Noch eine Sinfonie für die Schublade? Für nix und wieder nix? Da geh ich lieber flanieren.

Und Franz verweist auf Schubert, den Franzl. Zwei Komponisten in Wien – beide im Schatten des übergroßen Dritten … Allein schon die Neunte – Furcht einflößend! Trotzdem, dennoch, der Schubert hat Sinfonien geschrieben, gleich mehrere bisher, und sicherlich kommen noch weitere hinzu. Aber keine einzige seiner Sinfonien hat der Schubert je zu hören bekommen. Niemand in Wien wollte Geld aufbringen für eine Aufführung. Orchestermusiker haben ihm nicht angeboten, sich kostenlos zu beteiligen. Kein Fürst Rasumowsky, der für Schubert in die Schatulle gegriffen hätte. Ja, mehrere Sinfonien, und alle nacheinander oder alle miteinander beim Bruder deponiert, und eine beim Freund Hüttenbrenner, da liegen sie stumm, stumm, stumm. Ein Wunder ist geschehn, ein negatives, das FXM sich nicht erklären kann: Der Schubert schreibt eine zweite Sinfonie, obschon von der ersten kein einziger Ton erklungen ist. Gut, da war er noch jung, 16 oder so, jugendlicher Tatendrang, schön, schreibt er halt eine zweite, schreibt eine dritte, eine vierte. Schreibt die vierte Sinfonie, wo auch die zweite und dritte noch nicht aufgeführt sind. Schreibt eine fünfte, wo die vierte noch nicht, schreibt eine sechste, wo die fünfte noch nicht, die vierte, dritte, zweite, erste noch nicht ... Für wen hat er die komponiert? Für die Freunde? Denen kann er höchstens Auszüge vorgespielt haben auf dem Klavier. Dennoch eine Sinfonie schreiben, die auf einen Stapel kommt? Und noch eine drauflegen und noch eine? Und das hab ich vor Augen und das hab ich im Ohr, und da soll ich trotzdem -? Con brio, con fuoco? Con brio am Klavier, con fuoco am Schreibpult? Aber woher soll denn das kommen, das brio und das fuoco? Bitte schön, woher? Keine Anfrage, keine Nachfrage. Also reit ich lieber in den Prater. Setz mich, demnächst wieder in Galizien, an meinen Weiher, und meine Gedanken breiten sich aus auf der Wasserfläche. Die wird für das Licht geriffelt von sanftem Ostwind, der zieht heran über Hunderte von Meilen, und es waren unterwegs nur Volkslieder und Kirchenlieder zu hören, sonst nix, sonst aber auch rein gar nix. Das gibt einem zu denken.

Also keine Hoffnung auf eine Sinfonie?

Auf diese Hoffnung kannst einen fahren lassen. Con brio! Und jetzt reden wir von was andrem, Bruderherz. »Waaßt, i suach – i suach – i suach – waaßt eh ...«

UND WER, wenn nicht einmal der Bruder, erzählt ihm die Geschichte, die bitteschön wahre Geschichte von Mozart-Vater und Mozart-Großvater, von Amadé und Leopold? Immer nur Andeutungen, bisher und bis auf weiteres, Andeutungen, die sich auch noch widersprechen. Warum legt ihm keiner einen Brief vor, von dem sich ablesen lässt, wie der Vater mit dem Sohn umging, der ein Vater wurde, von dem der Sohn Genaueres wissen will? Machte sich selbständig, der Sohn Amadé, dennoch, sein Vater, der Mozart-Großvater, redete ihm drein, aber vergeblich, zum Beispiel, was die Ehefrau betraf, hinwiederum soll der Sohn stets den Rat des Vaters ... ja, was denn nun, wie denn nur?

Das schon mal lässt sich mit Sicherheit sagen: Großvater belastete Vater nicht mit einem Riesengesamtwerk, blieb eher bei Begleitmusik. Wer aber führt schon Musik von Leopold Mozart auf? Höchstens die »Musikalische Schlittenfahrt«, mit Klingklingelingkling, eventuell noch die »Ländliche Burleske«, schrumtata – und was noch? Spielt jedenfalls kaum eine Rolle, dieses kompositorische Werk, damit: keine direkte, keine postume Belastung.

Also, wer erzählt ihm die Geschichte von Vater und Großvater? Die Geschichte, die einem hilft, die eigene Geschichte besser zu verstehen? Amadé als Sohn und er, der Franz, als Sohn dieses Sohns, der längst bei den Vätern ist, dennoch Einwirkung, Nachwirkung. Auf geht's, Carl, erzähl mir die Geschichte von Vater und Großvater.

SCHLIESSLICH ABER, doch nur im Roman: Franz Xaver erzählt Carl Thomas von einem Alptraum. Ein Mozart, wie er ihn auf Bildern nie gesehen hat, taucht auf, während er, FX, Klavier spielt. Und Mozart der Vater schreit, wie ihn nie einer hat schreien hören: »*Ein* Mozart ist genug!« Verbietet weitres Musizieren, schlägt den Deckel des Flügels zu, schließt ab, wirft den Schlüssel in ein donau-ähnliches Gewässer. Er weiß, Mozart der Vater hätte nie solch einen Satz ausgerufen, hätte ihm niemals das Klavierspielen verboten, dennoch der Traum. Und nie verhallend das Echo des vernichtenden Satzes: »*Ein* Mozart ist genug!!«

NEIN, DREIMAL NEIN, dies ist nicht die rechte Stadt, das rechte Land für ihn! Vor allem die Hitze, in diesem Juli, diesem August. Er stöhnt schreibend: »Ich war in diesen Tagen so unpässlich, dass ich zu nichts tauglich war, wenn ich nicht meinen Bruder hier hätte, würde mich nichts hier halten. Vorgestern wollte ich Dir schreiben, konnte aber wegen Kopfschmerzen nicht zwei vernünftige Worte zusammenbringen. (…) In ungefähr 3 Wochen hoffe ich Konzert zu geben. Ob ich noch weiter gegen Süden gehe, kann ich nicht bestimmen. Vielleicht noch nach Florenz, doch wohl nicht weiter. Ich segne den Augenblick, wo ich wieder Deutschland betrete.

Straßenräubereien sind hier wieder l'ordre du jour, täglich geschieht dergleichen, und selbst bei Tag.«

Solch eine Äußerung erweckt leicht den Verdacht, die schlechte Laune des Reisenden hätte sein Urteil beeinflusst, oder: hätte die Übernahme klischeehaften Geredes erleichtert. Doch der präzis hinhörende und hinblickende Schriftsteller Stendhal berichtet aus dem Mailand jener Jahre: »Diebe pflegten sich leise von hinten anzuschleichen, dem Opfer einen Fassreifen über den Kopf zu stülpen und bis zu den Armen hinunterzustoßen, um es dann in aller Gemütsruhe zu berauben.«

Nur im Stadtzentrum und zur Tageszeit konnte man sich einigermaßen sicher fühlen. So raffen sich die Gebrüder Mozart doch wohl auf zu obligatorischen Besichtigungen. Der Dom: »Er muss ungeheuer gekostet haben, kam mir aber gar nicht imposant vor, er sieht aus wie ein Aufsatz von Zucker, den wir auf unseren Tafeln haben.« Die Scala, »mit einer miserablen Oper (…). Billigerweise wurde sie auch ausgepfiffen. Das war also einer von den vielbesprochenen Kunstgenüssen Italiens! Hinaus! Hinaus! So bald wie möglich.«

HAT ER ÜBERTRIEBEN weil schlecht gelaunt, missgestimmt? Ein gut gelaunter Komponist, Felix Mendelssohn Bartholdy, über das Musikleben in Italien, am Beispiel der römischen Oper: »Ein Orchester müssen Sie sich denken wie im letzten bayerischen Dorf. Eine Sinfonie ist noch nie in Rom gespielt worden. Aber ihr Stolz ist, dass vor einigen Jahren die ›Schöpfung‹ von Haydn gegeben wurde, und dass das Orchester, wie sie sagen, sich ganz leidlich aus der Affaire gezogen habe; denn dass eine so entsetzlich schwere Musik gut gehen könne, sei wohl selbst in Deutschland nicht möglich, wo man sich auf dieses gelehrte Genre verstehe. – Ich mache dann ein Gesicht wie der heilige Nepomuk, erinnere mich, dass ich im Vaterland der Musik bin, wo alles vorhanden ist, nur keine Musiker.«

VOR DER FLUCHT IN DEN NORDEN will FXM ein Konzert geben. Die Vorbereitungen aber werden zum Hindernisrennen, gemeinsam mit dem Bruder. Die Eintrittskarten sind bereits gedruckt, es fehlt aber noch eine Sängerin. Ihm wird mitgeteilt, er solle den Auftritt der Primadonna in einer neuen Inszenierung abwarten; sei ihr Auftritt erfolgreich, so werde sie gut gelaunt sein, werde auf seine Bitte wohl eingehen. Doch die Oper fällt durch, die Sängerin gibt ihm »einen förmlichen Korb«. Weiter also die Suche nach einer Sängerin für das auch in Italien übliche Mischprogramm. Zwei der namhaft gemachten Damen sind nicht zu erreichen, zwei weitere entschuldigen sich mit privaten Einladungen. Nur noch fünf Tage bis zum angesetzten Konzerttermin. »Mein guter Bruder ärgert sich krank.« Und FXM fühlt sich elend vor Müdigkeit. Ein Sänger weist hin auf eine hübsche Sängerin, es muss aber erst bei einem anderen Sänger angefragt werden, ob er gemeinsam mit ihr auftreten will. Dieser Sänger wiederum sagt nur zu unter der Bedingung, dass ein bestimmter Bassist engagiert wird. So hat es noch keinen Zweck, ein Plakat drucken zu lassen, der Impresario muss erst die Zustimmung zum Auftritt der Sängerin geben. Der Herr ist aber so leicht nicht zu erreichen: »Ich war heute wenigstens 10-mal im Theater, ohne einen der Direktoren anzutreffen.« Abends um neun klappt es endlich, die Zustimmung zum Auftritt der Dame wird erteilt. Nun haben die Sänger allerdings noch nicht entschieden, was sie singen wollen, und bevor das nicht feststeht, können Plakate und Programmblätter noch immer nicht gedruckt werden. Nur noch drei Tage bis zum Termin! Und wie sieht es mit dem Orchester aus? Ja, die Mitglieder wollen ihn unterstützen, aber dies bitte ohne Probe, sie alle seien voll ausgelastet. Ohne eine einzige Probe – einfach vom Blatt spielen?! FXM betont, er hätte zu viel Achtung vor dem Publikum, könne »ohne Probe nicht spielen«. Und sucht der Reihe nach die Orchestermitglieder auf, erreicht bei einigen, dass sie eine halbe Stunde Probezeit zugestehen, mehr aber auf keinen Fall. Und wieder zur Sängerin, anfragen, was sie eigentlich singen will. Sie hat sich allerdings am Abend zuvor verkühlt, wird ihm später mitteilen, ob sie überhaupt auftreten dürfe. Das hieße, Plakate und Programmzettel kämen erst am Tag des Konzerts aus der Druckerei?! Er bläst alles ab. »Und, Gott sei Dank, atme nun wieder aus freier Brust. Mein armer Bruder ist untröstlich, ich aber nicht, denn ich hatte mir etwas Ähnliches erwartet.«

UND CARL THOMAS BERICHTET, was Franz Xaver sogleich begeistert: Will demnächst einen Landsitz kaufen, genauer: ein Haus mit Hof. Giuseppe kennt ein passendes Anwesen im Dorf, aus dem er stammt. Die Alte, die das Haus noch bewohnt, sie wird in absehbarer Zeit sterben, dann könnte man Haus und Grund erwerben.

Sogleich sieht sich FXM in solch einem Hof, solch einem Anwesen, und keiner in Wien oder Lemberg kennt die Anschrift: irgendwo in Italien, soll in der Umgebung von Mailand sein … Still sitzen im kleinen Hof, der ringsum abgeschirmt ist … Nur aus der Ferne: Bellen aus einem anderen Hof im Dorf … Und er geht auf und ab, geht im Kreis, wie es ihm beliebt, keiner fragt an, keiner fordert heraus, er umkreist sich selbst, während er im Kreis geht, begegnet sich selbst, während er auf und ab geht, nimmt wahr das Vergehen von Zeit, Schritt um Schritt, Zeit, die er auf sich zukommen lässt, an sich vorbeistreichen lässt, bewusst, vorsätzlich, keine Zeichen gesetzt, die werden sowieso gelöscht, irgendwann: galizische Gewissheit.

ABSCHIED! »Mein guter Bruder kann sich gar nicht darein finden, mich wieder zu verlieren! Nach 20 Jahren waren wir endlich wieder einige Wochen beisammen, und nun wir uns kennen und lieben gelernt, müssen wir uns wieder trennen.«

Und Carl im Stammbuch des Bruders: »Ebenso unbeschreiblich meine Gefühle am Abend unseres Wiedersehens wie heute am Vorabend unserer Trennung! – Der Himmel gebe, dass es nicht wieder eine zwanzigjährige Trennung sei!«

Wiederum Franz, im Brieftagebuch: »Gestern mittag habe ich meinen lieben guten Carl verlassen. Gott gebe, dass ich ihn bald, aber woanders, wiedersehe!«

AUCH AUF DER REISE DURCH NORDITALIEN, Richtung Schweiz: Viele Kutschfahrten fanden nachts statt, also haben sich kaum mal Landschaftspanoramen eröffnet, es sei denn bei Vollmond, der aber stellt sich nicht immer wunschgemäß ein. Also: Man wurde im Finstren geschaukelt, gerüttelt, gebeutelt.

Sodann die Überquerung des Splügen-Passes: hier könnte man, Lokalkenntnisse erwerbend, ausführlicher werden! »Wir brachen um 3 Uhr auf und kamen gegen 10 Uhr auf die Spitze des Berges, wo das österreichische Gebiet aufhört. Hier wurden unsere Pässe untersucht, und auf andren Pferden setzten wir die Reise fort, worauf wir gegen ein Uhr im Dorf Splügen ankamen, und auf schweizerischem Boden zu Mittag aßen. Der Splügen war von der Spitze an bis beinah an den Fuß auf dieser Seite mit hohem Schnee bedeckt, in dem wir, da es sehr jäh abwärts geht, zu Fuß bis an die Knöchel waten mussten. – Nach zwei Uhr bestiegen wir wieder unsere Rosinanten und kamen, als es schon ganz dunkel war, an die gefährliche Stelle, Via Mala genannt. Zwischen ungeheuren Fels-massen führt der Weg; gegen 500 Schuh tief zwingt sich der Rhein durch ein enges Felsenbett, und ebenso hoch türmen sich diese schroffen Gebirge, über dem Haupte. Und nun denke Dir einen schmalen, ungeebneten Weg, ohne Geländer (die scheinbare Straße wird erst gemacht, und deswegen war sie jetzt mit Steinen besät), eine dunkle Nacht, in der kaum zuzeiten ein Sternchen flimmerte. Das Beste, was wir tun konnten, war, den Pferden ihren Willen zu lassen und dicht hintereinander zu reiten, welch Letzteres uns die Finsternis sehr erschwerte, denn man konnte kaum seinen Vorder-mann sehn, und zuweilen war es glatterdings unmöglich. Unser Zug ging in folgender Ordnung: Voran ritt der Courier, ihm folgte H. Gugenberg, der mir zum Leitstern diente, welchen Dienst ich wiederum einem H. Fine, einem Sprachmeister aus Straßburg, leistete, der wenigstens den Vorteil hatte, mich gut sehn zu können, weil ich einen Schimmel ritt. Nebenher ging der Führer; be-wundernswert war die Vorsicht, mit der die Pferde jeden Schritt machten, als sähen sie ein, dass ein Fehltritt sie und den Reitern das Leben kosten müsse. Als wir auf die Brücke kamen, hieß der Führer uns absteigen, denn hier war die Gefahr doppelt, da auf bei-den Seiten, wegen der zu machenden Straße, die Bahne abge-brochen war. Jenseits der Brücke war aber die Gefahr vorüber, und wir kamen glücklich hier an.« Alles in allem: achtzehn Stunden im Sattel.

HOFFNUNGEN BEI DER ANKUNFT IN ZÜRICH. Es wird ein Benefiz-Konzert für ihn arrangiert; die Musikalische Gesellschaft stellt den Saal, übernimmt die Organisation, vermittelt begleitende Instrumentalisten, Vokalisten und den Dirigenten. »Das ist doch ein bisschen anders als in Italien!« Doch dann die herbe Enttäuschung: nur 91 Besucher! Entsprechend mager die Einnahmen.

Nein, eine Triumphreise ist das nicht. Basel: Wie gewohnt läuft er sich die Hacken ab, um Musiker zu gewinnen, Vorbestellungen in einer Liste zu sammeln. Auch gehörte damals zu den werbenden Vorbereitungen, dass man in privaten Kreisen schon mal etwas vorspielte, sich an häuslichen kammermusikalischen Darbietungen beteiligte. Was denn auch in einem Kreis der besseren Basler Gesellschaft geschieht. Der Gastgeber kauft ihm aber nur zwei Eintrittskarten ab, und »von der ganzen Gesellschaft, die mich bei ihm hörte, waren nur drei im Konzert«. Wieder ein Debakel.

AUF NACH DARMSTADT! Residenz des Großherzogs Ludwig von Hessen-Darmstadt. Allerdings auch in der Residenzstadt: Der Start war mühsam. Erst einmal musste »Mozart Sohn« dem Großherzog vorgestellt werden. Der hohe Herr geruhten zum angegebenen Zeitpunkt jedoch eine Opernprobe zu dirigieren. »Ich wurde Ihm vorgestellt, meine Begleiter hielten es aber nicht für ratsam, Ihm heute mein Anliegen vorzubringen, denn Er war nicht guter Laune, und ließ auch die Probe früher als gewöhnlich auseinandergehen. Er hat Wunden am Fuße, die Ihn heute schmerzten, und der erste Bassist ist diesen Morgen krank geworden, weswegen die Oper wohl künftigen Sonntag nicht gegeben werden wird, worüber Er sehr ärgerlich ist, weil das bei dieser Oper schon zum 3ten Mal der Fall ist. Die Oper, Il Trionfo del amore, heißt [bedeutet ihm] auch wohl nicht viel, und Er möchte sie wohl gerne vom Hals haben, da Er sie selbst ausgewählt [hat], doch [er möchte] kein Dementi geben – lauter Ursachen, die Ihn heute verdrießlich machten. Doch war Er sehr gnädig mit mir, und wusste von meinen Familienverhältnissen.«

Trotz Oper-Malaisen – das Konzert fand statt. Auch Großherzog Ludwig gehörte zum Publikum, das FXM als Pianisten feierte –

wahrscheinlich im Hoftheater, neu eröffnet im Jahr seines Aufbruchs.

»Diesen Morgen hatte ich Probe, und abends war das Konzert. Ich hatte nicht nur das Glück, dem Publikum zu gefallen, sondern auch der GH [Großherzog] war so zufrieden, dass er mir, nachdem ich das Konzert gespielt hatte, antrug, als Kapellmeister hier zu bleiben. So schmeichelhaft und vorteilhaft dieses auch für mich wäre, so bat ich mir doch Bedenkzeit bis morgen aus, weil ich ihm doch nicht geradezu Nein sagen wollte, und zum Ja konnte ich mich nicht entschließen.«

Das Gespräch am nächsten Tag fand sicherlich im Schloss statt. Die Zeit der Unterredung etwa gemessen von einer Pendule in Form einer Leier; gegossene, gravierte, vergoldete Bronze, das Zifferblatt emailliert und verglast. »Ich hatte heute einen harten Kampf zu bestehn. Der GH bot mir 1600 fl. und die Anwartschaft auf 3000 an. Hähnle suchte mich zu bereden u. sagte alles, was ich mir selber sagen musste, denn ich hätte ein gutes Gehalt, käme durch diese Anstellung endlich in die Kategorie der Kapellmeister, was doch das Einzige ist, was ich für die Zukunft zu hoffen hätte, hätte nicht viel zu tun, und daher Zeit, mich auszubilden. Kurz, alles stellte er mir vor, was ich mir selbst nicht verhehlen konnte und schlug es aus, denn ich sah Dich weinend vor mir!«

Die Chance seines Lebens! Verlockende Offerten! Erst wären es umgerechnet etwa 42 000 Euro im Jahr, sodann wird das Angebot fast verdoppelt: 78 000. Was heute einem Monatsgehalt von etwa 6500 Euro entspräche. FXM ist nun 30, kann kaum noch auf ein ähnlich lukratives Angebot hoffen, doch er lehnt ab, weil er nach Lemberg zurückkehren will und damit zu »J«, zu Josephine. Die große Liebe …!

Die große Liebe?, wird sie sich fragen. Er ist bald zwei Jahre unterwegs – und hat es mit der Rückkehr überhaupt nicht eilig. Ihr jedenfalls dauert die Tour zu lang, sie zweifelt immer entschiedener an seinen Beteuerungen, er muss die Versicherung wiederholen, dass er so bald wie möglich zu ihr eilen will, doch die Reise zieht und zieht sich hin.

Daran sind zuweilen auch äußere Umstände schuld. Schon die kurze Strecke von Darmstadt nach Mannheim: Hindernisse, typisch für damaliges Reisen. »Gestern Morgen verließ ich Darmstadt, und war auch schon vor vier am jenseitigen Ufer des Neckar, und musste mich entschließen, das schöne Mannheim vor der Nase, in einem schlechten Dorfe zu übernachten. Das anhaltend warme Wetter und der Regen hatten das Eis gelöst, die Brücke war abgetragen, das Wasser noch nicht fahrbar, und [es war] noch nicht einmal zu bestimmen, ob ich heute werde herüberkommen können. Das war wirklich eine harte Probe für meine Geduld! Diesen Morgen endlich wagten sich einige Kähne, und ich benutzte die Gelegenheit, ließ meine Sachen in einen werfen, und schwamm glücklich hinüber, ungeachtet das Wasser noch voll Eisklumpen war.«

Natürlich ist er nicht geschwommen, sondern im Ruderboot mitgenommen worden.

RÜCKBLICK AUF FXM AM RHEIN. Er könnte über den Wasserspiegel hinweggeschaut haben – das Dahinströmen bei Hochwasser noch beschleunigt, von Eisschollen zusätzlich akzentuiert, das Fließgeräusch wiederum verstärkt. Dem mochte, dem mag er sich nicht aussetzen, nicht am Rhein, nicht an Bächen, Flüsschen, Flüssen in Galizien oder im Salzkammergut, schon gar nicht, wenn Wasser hörbar aufschäumt an Steinbrocken, Felsen: das kann er nicht vertragen, diese Wahrnehmung des Verschäumens, Verstrudelns, des unaufhaltsamen Hinweg.

Denn: Wasser wird noch fließen, mit gleichem Geräusch, wenn er schon längst nicht mehr in Galizien, in Österreich, in Europa, auf der Welt ist, Wasser wird an anderen vorbeifließen, gnadenlos gleichgültig. Es mögen sich noch so viele Sonnenreflexe auf der Wasserfläche verteilen im Fließen, das kann ihn nicht bestechen, darüber schaut er hinweg. Dafür allerdings die noch intensivere Wahrnehmung des Fließgeräuschs, durchs Ohr herein, das sich dem Wasser zuwendet, zum anderen Ohr hinaus, und sein Gehirn dazwischen übersetzt das Rauschen in: Vorbei, vorbei, vorbei …

Solchen Gedanken mag er sich nicht aussetzen, meidet fließende Gewässer, braucht wieder einen galizischen Weiher: dunkle Wassermasse. Obendrauf mag es funkeln, blinken, doch bleibt der Wind aus, so wird die Wasserfläche ruhig wie die Wassertiefe. Stillstehendes, wolkenspiegelndes Gewässer. Und ganz unten: nie aufgestörte Ruhe von Jahrhunderten. Die teilt sich ihm mit, lautlos.

HINTER IHM DARMSTADT. Was hätte ihn dort erwartet? Kompositionen einstudieren, Werke dirigieren. Und selber komponieren, weil das zum Amt gehört. Hat ein Großherzog Geburtstag oder heiratet mal wieder, so wird eine Kantate fällig in größerer Besetzung – wie viele Kantaten auf Regionalherren hat allein der große Bach geschrieben, Herrschaften in Sachsen, Herren in Thüringen? Wieviele Lobhudeleien, Lobeshymnen? FXM hätte im Lauf der Dienstjahre sicherlich ebenfalls Kantatentexte vertonen müssen, Elaborate von Reimschmieden, die dem hohen Herrn verbal die Füße küssen. Ist ihm erspart geblieben, hat er sich erspart!

Und sonst? Wohl kaum eine fest angestellte Kapelle am Hof. Also: angeordnete Konzerte organisieren mit Musikern der näheren und weiterer Umgebung. Wer spielt hier passabel Horn? Wie komme ich an einen Fagottisten? Gibt es genügend Streicher unter den Juden der Umgebung?

Und immer wieder: Kompositionen, die von ihm erwartet, von ihm gefordert würden. Sich etwas abverlangen, sich etwas abtrotzen. Dabei ist längst ein Sättigungsgrad in der Welt der Musik erreicht – soll er mitwirken an einer Übersättigung?

EINE ANDERE VERSION: Er setzt auf den Joker Wien. Hofft noch immer darauf, in Wien (oder notfalls Salzburg) eine Anstellung zu finden als Dirigent an einem der Mehrsparten-Theater jener Zeit. Dies als Zentralperspektive des Berufsmusikers jener Jahre. Ein (vergleichsweise) reich dotiertes Angebot wie das in Darmstadt wird er freilich nicht mehr erhalten.

AUCH VON MANNHEIM AUS reist er nicht zielstrebig zurück nach Lemberg, nachdem er sich im Namen der Liebe (oder aus Furcht vor dem Protest der »J«) gegen das verlockende Angebot des Großherzogs entschieden hat; eher mäandert er ostwärts.

Enttäuschungen bleiben ihm nicht erspart bei der Fortsetzung der »Kunstreise«. Vom postumen Glanz des Wolfgang Amadeus Mozart fällt kaum Abglanz auf Franz Xaver Mozart. Aufmerksamkeit bleibt auf den Vater gerichtet.

Eine der Reisestationen nach Darmstadt ist Stuttgart: ein erstes Konzert schlecht besucht, ein zweites fällt »erbärmlich aus«. Aus einem Pressebericht: »Der Saal nur mittelmäßig voll.«

Ulm: FXM legt eine Subskribentenliste an, um das Risiko abschätzen zu können; nur 30 Personen tragen sich ein, das reicht nicht für ein Konzert. So tritt er nur mal als Gast auf »zwischen den Akten« einer Theateraufführung.

Weiter nach Augsburg, bei extremem Frost. Theater ließen sich kaum (oder gar nicht) heizen, so fand beim ersten Aufenthalt in dieser Stadt der Vorfahren kein Konzert statt, dafür aber eine herzerwärmende Begegnung. »Die Kälte hat über Nacht sehr zugenommen u. ich [habe] also nicht viel Lust, in der Stadt zu lustwandeln. Ich blieb den Vormittag lange zu Hause u. ging dann in die Gombart'sche Musikalienhandlung, mir ein Billett zum heutigen Liebhaberkonzert zu holen. Zu meinem Vergnügen hörte ich da, dass hier noch ein Verwandter meines Vaters, der unseren Namen trägt, lebt. Er ist Buchbinder, wie mein Urgroßvater war, und ist Bruderkind meines Großvaters. Das Buchbinderhandwerk hat sich wie hier gewöhnlich in der Familie fortgeerbt. Man hatte die Gefälligkeit, ihn holen zu lassen, und es war mir eine eigene Empfindung, einen Mozart zu sehen.«

Weiter nach München, Ende Februar. Wieder nach Augsburg, Mitte März. »Weiß vom heutigen Tage nichts zu sagen, als dass ich des Morgens München verließ u. mit Mühe diesen Abend hier ankam, denn der Weg ist schlecht u. das Wetter womöglich noch schlechter.«

Die üblichen Erledigungsgänge vor dem geplanten Konzert. »Mein erster Gang war zu Gombart, wo ich hörte, dass alles schon auf übermorgen besorgt sei u. dass ich nur noch einige Besuche zu machen habe, die ich denn glücklicherweise gleich machte u. vor 12 Uhr damit fertig wurde. Glücklicherweise, sag ich, denn um 12 Uhr kam Blitz, Hagel, Schnee, Regen und dazu ein starker Sturmwind, dass man nur mit Gefahr auf die Straße gehen konnte; auch fuhr der Blitz in einen Turm.«

Das Konzert in der Stadt der Baumeister unter den Vorfahren. Doch erbaulich fällt die Veranstaltung nicht aus. Rückreise nach München.

Von dort ein Brief an den Musikverleger Peters in Leipzig. »Sobald ich hier fertig bin, gehe ich über Salzburg (der Geburtsstadt meines Vaters) nach Wien, wo ich den Sommer zu bleiben denke; den künftigen Winter aber bringe ich in Lemberg zu. Vielleicht gelingt es mir doch einmal, eine Anstellung zu bekommen; sollte dies aber nicht der Fall sein, so mache ich in ein paar Jahren wieder eine Reise, denn wenn auch, in diesen Zeiten, der daraus entspringende Vorteil nicht sehr bedeutend ist, so ist es doch immer angenehmer als das leidige Stundengeben.«

Viel Wartezeit in München, bevor er schließlich ein Konzert geben kann. Weiterreise nach Salzburg, Mai 1821. Noch nie zuvor war der Wiener in Salzburg. Dabei wohnt dort noch die Schwester des Wolfgang Amadeus Mozart, das Nannerl.

»Nach einer langweiligen (schlechtes Wetter, schlechte Gesellschaft) zweitägigen Reise bin ich diesen Abend in der Geburtsstadt meines Vaters angekommen. Ich ließ mich, wie leicht zu denken, gleich zu meiner Tante führen, die sich sehr über meine Ankunft freute. Im Juli wird sie 70 Jahre, u. sieht noch recht gut aus, leider hatte sie vor einigen Jahren das Unglück, ihr rechtes Auge zu verlieren. Sie ist lebhaft u. erinnert sich ihres Bruders u. ihrer zusammen gemachten Reisen, obwohl seither sechzig Jahre verflossen sind. Ich konnte mich lange nicht von ihr trennen, u. statt dass ich ihr erzählen sollte, musste *sie* mir erzählen. – Heute bleibe ich noch im Gasthof, morgen aber ziehe ich in dasselbe Haus, wo meine Tante wohnt u. wo schon seit einigen Wochen ein Zimmer für mich in Bereitschaft steht.«

Anschließend: »Diesen Morgen übersiedelte ich u. blieb dann zu Hause, bis nach Tische, wo mich meine Tante zuerst in das Haus, wo mein Vater geboren war, führte. Die Nachkommen der damaligen Besitzer, einst Gespielen meines Vaters, waren bis zu Tränen gerührt, als durch meine Erscheinung ihnen so manches Bild einer glücklicheren Vergangenheit aufgefrischt wurde.«

»Wolf«, wie er auch hier in der Familie heißt, spielt der Tante schon mal was vor. Ein Konzert aber lässt sich in Salzburg nicht arrangieren: zu wenig Interesse.

HINGEGEN FINDET ÖFFENTLICHES INTERESSE, in diesem Mai 1821: der Tod des »Korsen« auf St. Helena. Berichte in österreichischen Gazetten wohl eher unter kritischen Aspekten: zwei Feldzüge gegen Napoleons Armeen, Niederlagen unter erheblichen Verlusten, zweimal der Einmarsch französischer Truppen in der Hauptstadt, das dürfte Langzeitwirkung gehabt haben, auch publizistisch. Waren kritische Darstellungen einem Zeitungsleser FXM willkommen?

SOMMER 1821 trifft Franz Xaver Mozart erneut in Wien ein, und damit: Ende der Konzertreise. Kehrt er jetzt möglichst rasch zurück nach Lemberg, zur geliebten Adressatin der Reisebriefe?

Nichts da, er bleibt in Wien bis Oktober 1822. Verlängert die Abwesenheit von Lemberg damit um beinah anderthalb Jahre. Veranschlagt war die Tour auf etwa 30 Wochen, so jedenfalls hatte er ihr geschrieben, nun sind es bereits mehr als 150 Wochen. Mehr als 70 Wochen werden noch hinzukommen. Was ist los mit Franz Xaver Mozart? Drückt er sich vor einer Auseinandersetzung mit Juszenka? Scheut er zurück vor der Intensität einer Liebesbeziehung? Will er Jusza nicht unter die Augen treten nach den letzten Enttäuschungen, Niederlagen? Oder wartet er in Wien auf ein angemessenes Angebot: endlich doch mal eine feste Stellung?

Als Biograph kann ich hier nur Fragezeichen reihen; als Romanautor müsste ich mir eine überzeugende Geschichte einfallen lassen. Am schönsten und plausibelsten: Wenn er in Wien einer anderen Frau begegnen würde – Phase einer Liebschaft, einer Leidenschaft. Doch dafür bietet die Überlieferung kein Stichwort.

Es lässt sich auch nicht von einem grandiosen Konzert in Wien berichten. Nur wieder, im August, ein Auftritt zwischen zwei Akten einer Theateraufführung, quasi als Pausenfüller. Immerhin eine (kleine) Reaktion in der Presse – mit charakterisierenden Formulierungen.

»Herr W. A. Mozart, der nach einigen Reisen durch Deutschland, Schweiz und Italien, wieder in Wien zu verbleiben und in der Musik sowohl als Tonsetzer als auch im Unterrichte zu wirken gedenkt, ließ sich unlängst im Theater an der Wien während dem Zwischenakt auf dem Fortepiano hören. Er trug ein Andante mit Rondo vor, und bewährte [bestätigte] auch hier wieder das früher von uns gefasste Urteil, dass sein Spiel durch eine gewisse Ruhe und Nettigkeit sich auszeichne, welche Vorzüge bei dem jetzt zur Mode gewordenen Bravour-Spiele nicht allemal aufzufinden sind.«

EINE GEWISSE RUHE UND NETTIGKEIT: freundliche Umschreibungen. Das Wort »Nettigkeit« finde ich auch in einer anderen Besprechung. Die Ära der Nettigkeiten auf Konzertpodien aber lief aus, das Öffentlichkeitsbild des Klaviervirtuosen wandelte sich.

Frühe Tastenspieler wirkten im Auftreten bescheiden. Seiner Kompositionstechnik entsprechend, hob ein Clementi seine Hände kaum von den Tasten ab; er gab den Rat, beim Üben eine Münze auf den Handrücken zu legen.

Das sollte sich nach wenigen Jahrzehnten ändern: Ein Beethoven hätte solch eine Münze oft ziemlich hoch geschleudert. Die damals noch recht zart gebauten Flügel aus Wien waren seiner Kompositionstechnik, seiner Spielweise, seinem Temperament kaum gewachsen: Saiten rissen, Hämmerchen verkanteten. Anton Reicha, der Beethoven bei einem Konzert die Notenblätter wendete, hatte zusätzlich viel zu tun: »Ich hüpfte hin und her, riss da eine Saite weg, lockerte dort einen Hammer, wandte eine Seite um und arbeitete schwerer als Beethoven selber.«

In diesem nach zeitgenössischen Formulierungen »titanischen Spiel« wurde, laut Czerny, bereits mehr präsent als nur Musik: »Denn abgesehen von der Schönheit und Originalität seiner Ideen und seiner unvergleichlichen Art, sie auszudrücken, lag etwas Magisches über seinem Spiel.«

Ein weiterer Zeitgenosse über Beethoven: »Sobald er sich ans Klavier setzt, versinkt die Welt um ihn. Seine Gesichtsmuskeln straffen sich, Adern schwellen an, die wilden Augen rollen noch wilder, seine Lippen zittern, und er sieht aus wie ein Zauberer, den die Dämonen, die er selber heraufbeschworen hat, besiegen.«

Dagegen scheint FXM bei seinen Konzert-Auftritten eher blass zu wirken, unscheinbar. Der Kontrast wird verstärkt durch frühe Auftritte des Franz Liszt, etwa ab 1839. Wenn der mit markantem Profil, wehendem Haar furios improvisierte oder fantasierte, so war die Wirkung groß: pathetisch-titanische Gesten, die das Publikum erschauernd konsumierte. Damen stießen Schreie aus, warfen Blumen, zuweilen sogar Juwelen, zankten sich um zerrissene Saiten, um die grünen Handschuhe, die der Meister nicht zufällig auf dem Flügel liegenließ. Wenn Liszt reiste, so, nach zeitgenössischen Berichten, »nicht wie ein König, sondern als König«. Charakteristisch sein (späterer) Ausspruch: »Le concert c'est moi.« Ein Konzertbesucher: »Seine Hände flogen über die Tasten, der Boden, auf dem mein Stuhl stand, zitterte wie eine Saite, und das ganze Publikum war eingehüllt in Musik.«

Wohin diese Entwicklung laufen wird, zeigt überdeutlich Anton Rubinstein, zwei Jahrzehnte vor dem Tod des FXM geboren. Rubinstein sah Beethoven physiognomisch frappierend ähnlich – große Vorgabe für das Publikum. Er wurde denn auch als »Herkules des Klaviers« gefeiert, als »Jupiter Tonans«, als »Michelangelo der Musik«. Es hieß, er spiele wie ein Gott, bei dem es nicht erstaune, wenn er sich wie Jupiter zeitweilig in einen Stier verwandle. Im Konzertbericht eines amerikanischen Zuhörers wird der Schwulst zur befreienden Groteske. »Mein Lieber, da war aber was gefällig! Er warf seinen rechten Flügel in die Schlacht, er warf seinen linken Flügel in die Schlacht, er warf sein Zentrum in die Schlacht, er warf seine Reserven in die Schlacht. Er eröffnete eine Kanonade: Kugeln, Granaten, Schrapnelle, Kartätschen, Minen und Pulverfässer – alle Batterien und Bomben gingen zur gleichen Zeit los. Das Haus zitterte, die Lichter tanzten, die Wände wackelten, der Himmel barst, der Boden wankte, Himmel und Erde, die ganze Schöpfung – peng! Und mit diesem Peng! erhob er sich komplett in die Luft und kam wieder runter mit seinen Knien, Fingern, Zehen, Ellbogen und seiner Nase und schlug alle Tasten des Klimperkastens auf einmal an. Ich wusste überhaupt nicht mehr, wo mir der Kopf stand.«

KAUM SITZ ICH AM KLAVIER, schon fällt ein Schatten auf die Tasten, könnte Franz Xaver sagen. Kaum will ich Noten schreiben, fällt der Schatten aufs Blatt, könnte er fortfahren. Ich müsste den Schatten wegschieben von den Linien, eh sich Noten reihen können, aber wie pack ich das an, könnte er fragen. Alles, was ich anfange zurzeit, zerbröselt, zerbröckelt von vornherein, könnte er konstatieren; ich fang an, ich brech ab; ich fang an, ich brech ab; hinter mir Angefangenes, Abgebrochenes: Tonscherben, Tonbruchstücke. Ich mag gar nicht mehr zurückschaun, mag nicht –

ALTERNATIVE VERSION der Sequenz Mozart am Rhein, bei Hochwasser mit Eisschollen: FXM an der Donau, normaler Wasserstand, kein Eis. Und er nimmt wahr das Verstreichen von Zeit, nimmt damit sich selbst wahr, intensiver als sonst … Will nicht abkürzen, nicht überspringen, nicht beschleunigen … Auf den Fluss blickend, der sich breitmacht, realisiert er, was Zeit ist, auf die er nicht einwirkt … Das Vorbeifließen eins mit dem Verstreichen von Zeit … Er versteht zum ersten Mal genauer den Sinn des Wortes »Zeitfluss«. Der ist sichtbar und unsichtbar zugleich, hörbar und unhörbar. Großes Retardieren: Stunden verlieren ihre Ränder, gehen fließend ineinander über.

Er lässt sich Zeit am Fluss, verpflichtet sich aber nicht dazu, am Fluss zu verweilen. Wird es kühl, wird es zugig, setzt er sich in einem Gasthaus an einen Tisch im Winkel, lässt ein Getränk vor sich abstellen, schaut ohne zu beobachten, hört ohne zu horchen. Zeit akzentuiert von niederklatschenden Spielkarten, heiseren Begleitrufen. Sein Hirn im Ruhezustand: erfährt, erlebt sich nun besonders deutlich als Gehirn, wird nicht von sich fortgerissen durch Gedankenbewegung, Gedankenflucht.

Und wieder: hockt am Fluss, sein Gehör bleibt frei für das Schnalzen, Schlappen, Schlippen. Mit dem Vorbeiströmen von Wasser, dem Verströmen von Zeit wird jeder Atemzug wahrgenommen als Atemzug. Und Gehirnschrunden wie geglättet in der Wahrnehmung des Vorbeiströmens, das eins wird mit dem Verstreichen von Zeit.

MEHR ALS EIN JAHR IN WIEN! Da stellt man ihm sicherlich wieder die Frage: Gehst nicht doch mal zum Beethoven?

Ja, Beethoven! Auf seine Erscheinung, seine Präsenz reagierten Zeitgenossen mit starken Reflexen. Wörter wie »Heros« und »Chaos« schienen bereits durch sein Aussehn, seine Lebensweise motiviert. Zahlreich die Beschreibungen: Haar dick, schwarz, struppig; Gesicht rot, fleischig, blatternnarbig; Statur untersetzt, kräftig; Handrücken behaart. Ein Besucher bezeichnete Beethoven als »grauen Löwen«, ein anderer fühlte sich an einen »Bären in der Höhle« erinnert, ein dritter registrierte in einer der rasch wechselnden Wohnungen des Meisters Wasserlachen auf dem Boden, ein altes, staubbedecktes Fortepiano mit Stapeln von Noten, unter dem Flügel einen nicht geleerten Nachttopf, ringsum auf Korbstühlen Kleidungsstücke, Teller mit Speiseresten.

In solchem Ambiente hörbare Kompositionsarbeit: Beethoven, der murmelnd und brummend auf- und abgeht, der stundenlang am Flügel fantasiert, beim Komponieren Wasserkühlung braucht, sich Kannen Wasser über den Kopf schüttet, sich nur flüchtig abtrocknet und gleich weiterschreibt. Kein Wunder, dass man die starken Konturen noch stärker nachzieht, dass bald das Öffentlichkeitsbild Beethovens die Erscheinung Beethoven zu überdecken beginnt: Kinn vorgeschoben, Backenknochen betont, Blicke bohrend, Haare zerwühlt – so erscheint er dem großen und kleinen Moritz als Inkarnation der c-moll-Sinfonie.

IST DOCH EIN ARMER HUND, der Beethoven, hört nix mehr, hats dauernd im Unterleib, Koliken, was weiß ich – aber was aus dem Schädel kommt, es ist ja glattweg zum Fürchten. Erst kürzlich hab ich ein neues Quartett von dem gehört, vom dicken, schnaufenden Schuppanzigh und seinen Mannen gespielt, der Schuppanzigh hat wieder mal den Takt gestampft, dass der Bühnenboden dröhnte, aber sonst kommst da nicht durch, ist ja derart kompliziert, was der Beethoven den Musikern zumutet, weißt manchmal nicht, für wen er das schreibt, aber er schreibts, er schreibts, ein Werk riesiger als das andre. Leb mal mit so einem in der selben Stadt zur selben Zeit, ich glaub, wenn ich dem in den Weg lauf, zufällig, ich mach mich klein, noch kleiner als ichs eh schon bin. Kannst froh sein, dass du nicht für immer in Wien bleibst, bis nach Lemberg reicht sein Schatten nicht, Lwów ohne Beethoven, da lernst das Neuste von ihm erst später kennen, musst nicht immer sofort in die Knie gehn, in der Zeit kannst du Luft holen.

KEIN BESUCH BEI BEETHOVEN. Und kein Kapellmeister-Posten in Wien. So verlässt FXM Oktober 1822 die Stadt.

Geschah das resignierend? Nichts mehr los in Wien …? Allgemeine Depression, auch verursacht durch ständiges Einwirken der Zensur- und Polizeibehörde …? Durch die zunehmende Isolierung der rückständigen Donau-Monarchie …? Infolgedessen: Absacken der Gesamtintensität, die auch einen Komponisten erfassen konnte? Klima der Lethargie …?

Februar 1822: Franz Schubert trifft sich mit Carl Maria von Weber, der sein Dirigat des *Freischütz* im Kärntnertor-Theater vorbereitet. Eigentlich hätte FXM hinzukommen können, immerhin war er mit Weber verwandt, da hätte sich rasch und leicht eine Verbindung herstellen können. Solch ein Dreiertreffen aber ist nicht bezeugt. Abgesehen davon: Dem Kollegen Schubert hätte FXM auch sonst schon mal in den Weg laufen können.

Im selben Jahr noch begann Schubert mit der Arbeit an der h-moll-Sinfonie, die unvollendet bleibt oder in den beiden Sätzen ihre Vollendung findet. Weiter arbeitet er an der *Wandererphantasie*, arbeitet an einer seiner großen, letzten Klaviersonaten.

Und Beethoven? Erst einmal erfüllt er, collagierend und komponierend, einen Auftrag zur Eröffnung eines neuen Theaters: *Die Weihe des Hauses*. Und beginnt, noch im Februar, mit der Arbeit an der letzten (gleichfalls zweisätzigen) Klaviersonate in c-moll mit dem atemberaubenden Variationssatz. Anno 1822 beginnt Beethoven zudem (nach langen Vorarbeiten) mit der Ausarbeitung der Neunten Sinfonie.

ALS WÄRE IN DEN VERGANGENEN JAHREN NICHTS WEITER GESCHEHEN, setzte FXM den Unterricht fort im Hause Baroni-Cavalcabò. Wieder Liedbegleitung für Hausherrin Josephine? Töchterchen Julie war inzwischen neun, also dürfte er ihr Klavierunterricht erteilt haben. Offenbar wurde er (als »Logiergast«?) ins Haus aufgenommen. Hier wurde Glanz entfaltet.

Ein Freund von Franz Schubert, der Lotto-Direktions-Adjunkt Joseph von Spaun, zu dieser Zeit nach Lemberg versetzt, er versuchte, sich in diesem »Exil« einzuigeln, wurde jedoch bald schon in das Haus Baroni eingeführt, konnte denn berichten, was dem Lemberger Ambiente des FXM größere Präsenz verleiht.

»Ich wollte in Lemberg keine Bekanntschaften machen, obwohl mich schon die Gräfin Revertera in Przemysl dringend aufgefordert hatte, mich ja bei dem Gubernialrate v. Baroni einführen zu lassen, da dessen Frau, eine geborene Gräfin Castiglioni, sehr liebenswürdig und sehr musikalisch sei, und dort wöchentlich schöne Musiken gegeben werden, welche der im Hause wohnende Sohn des großen Mozart dirigiere. Ich unterließ es aber, diesen Rat zu befolgen. – Eines Tages um die Mittagsstunde kam der mir ganz unbekannte Kreiskommissär in Przemysl zu mir und sagte mir, er sei von der Gräfin Revertera beauftragt, mich, wo ich bin, bei Baroni einzuführen. Ich sträubte mich sehr, allein es half nichts, ich wollte endlich [erst einmal] nach Hause gehen, um mich umzuziehen, allein auch das wurde nicht zugestanden, und so wurde ich beinah mit Gewalt der Frau v. Baroni vorgestellt, die mich in der ihr eigenen liebenswürdigen Weise empfing. Schon am nächsten Tag kam ihr Gatte zu mir, um mich ein- für allemal für jeden Freitag zu Mittag einzuladen, indem an diesem Tage nach Tisch musiziert wird. – Anfänglich war ich dort befangen, aber endlich wurde ich durch die Liebenswürdigkeit des genannten Hauses förmlich bezwungen, und besuchte es mit vieler Freude. Die zahlreiche Gesellschaft, aus Deutschen und Polen, Fürsten und Grafen, Generälen und Geistlichen, sowie Sängern und Sängerinnen vom Theater, die bei der Musik mitzuwirken hatten, bestehend, war eine sehr gemischte, allein die liebenswürdige Hausfrau vermittelte in anziehendster Weise, und die Diners waren durchaus heiter. Nach Tisch wurde bis in die Nacht trefflich musiziert. Die Hausfrau selbst glänzte durch Stimme und Vortrag, und von den beiden Töchtern war die 13-Jährige bereits eine wahre Virtuosin auf dem Klavier.

Mozart dirigierte und sorgte für die Auswahl klassischer Musik. Ich kann diesem Hause nie genug dankbar sein für die freundlichen Stunden, die ich fremder Exilierter dort genossen.«

Spaun und Mozart freundeten sich an.

SO GANZ VERGESSEN IST FXM in der Wiener Musikwelt noch nicht: Immerhin erreicht ihn die Aufforderung des Musikverlegers Anton Diabelli, eine Variation zu schreiben zu einem Walzer aus seiner Feder: Gemeinschaftswerk, an dem sich fast 50 Komponisten beteiligen werden, unter ihnen Czerny, Liszt, Moscheles, Schubert. Und Beethoven! Der aber macht sich selbständig mit einem grandiosen Zyklus von 33 Variationen – ein Werk für sich!

Alle anderen Teilnehmer befolgen die Vorgabe, eine Variation zu komponieren. Zwei Komponisten indes legen *zwei* Variationen vor – einer von ihnen ist Franz Xaver Mozart. Doch der Komponist und Musikverleger nimmt nur eine der beiden Variationen in die Sammlung auf.

Das wird heutzutage korrigiert: nun sind es insgesamt fast drei Minuten. Die lassen sich hören in der Interpretation von Rudolf Buchbinder, der das gesamte Diabelli-Konvolut einspielte: zwei temperamentvoll wirkende Miniaturen. Mit diesem Beitrag aber wird keine Neubelebung, kein Comeback des Komponisten FXM eingeleitet, der schweigt sich eher aus.

GROSSER WEIHER, KLEINER SEE, im Ritt von Lemberg aus zu erreichen, er könnte, sollte dem Weiher gleichen bei Podkamien, seinerzeit.

Wieder eine Schneise in einer Schilfzone. Lichtreflexe in breiter Bahn windgeriffelter Wasserfläche. Wahrnehmung breitet sich auf der Lichtfläche aus, die Lichtbahn setzt sich hinter den Augen in der Schädelschale fort, wirft Licht in den fernsten Hirnwinkel.

Intrada von Licht. Und es beginnt ein zweiter Satz der Lichtkomposition. FXM schaut hinauf zum Gefieder der Schilfhalme: sanft wiegende Lichtlanzetten, im Gleichtakt, Gleichklang. Die Brise freilich so schwach, dass kaum Rascheln entsteht, Wind nur als Hauch, die Wasserfläche riffelnd für fortgesetzte Lichteinwirkung, Lichtausbreitung.

Und Franz Xaver, nun wieder ganz in Galizien, senkt den Blick, schaut ins Wasser vor den Füßen: ein wenig Kies, ein wenig Sand. Aus der Lichtmassierung herausgezogen ein Lichtnetz, feinmaschig, zu ihm herangleitend über den Grund, sich auflösend am Ufersaum.

Nun aber kann sich die Wahrnehmung nicht wieder ausbreiten auf der Wasserfläche: ein Käfer auf dem Rücken treibend, einen Schritt entfernt vom Uferrand. Schwarzer Käfer, Länge eines Fingerglieds. Unablässig fortgesetztes Abstrampeln: will auf den Bauch, will weiterkommen, doch es bleibt bei regelmäßigen Zuckbewegungen vor allem der Hinterbeine. An ihren Enden jeweils ein Lichtpunkt: winzige Luftblase, lichtgefüllt? Oder Lichtreflex auf nassem Schwarz? Kleines Wellengeschlipp, für den Käfer wohl so etwas wie hohe See – hebt ihn, senkt ihn. Mehr vom Lufthauch als von den Beinchen bewegt, gerät der Strampelkäfer in die Nähe eines im Wasser liegenden, braungrünen Stängels, Berührung, schwupps, dreht sich der Käfer auf den Bauch, lässt erst mal den schwarz gepanzerten Rücken von der Sonne bescheinen. Kann ein Käfer Erschöpfung verspüren? Beginn der Kriechbewegung auf dem Stängel, aber nicht landwärts, sondern weiter bis zum Endpunkt des Stängels im Wasser, dort führen Suchbewegungen nicht weiter. Es scheint aber auch kein Zurück zu geben, der Käfer bleibt hängen, gehoben, gesenkt, gehoben, gesenkt vom miniaturisierten Wellengang. Das Wasser unter dem Stängel etwa eine Spanne tief, die üblichen Lichtmuster, Lichtgitter, Lichtnetze über den Boden geschleift. Der Käfer vom Stängel gelöst, wieder Strampeln im Wasser, Rücken nach oben. Berührung mit einem Blatt, das knapp unter dem Wasserspiegel treibt; der Käfer kraucht ein wenig darauf umher, das führt aber nicht weiter, ein Wasserschwapp löst ihn vom Blatt, wieder Beinzucken im Wasser, Zeit vergeht. Ob den Käfer unversehns die Kräfte verlassen können, das Beinchenzucken eingestellt? Geht er dann gleich unter, oder halten ihn seine abgespreizten Beinchen noch über Wasser? Doch da, als würde der Käfer telepathisch gelenkt: Kontakt mit einem Schilfhalm, der, vom Schilfbüschel abgeknickt, die Wasserfläche berührt. Endlich die rettende Richtung: sehr langsam, wiederholt verharrend, kriecht der Käfer die grüne Trasse schräg aufwärts, innehaltend, weiterkriechend, doch dann: vertikaler Schilfhalm, der Käfer kommt – vorerst? – nicht weiter. Verharren.

Nun kann FXM den Blick vom Käfer lösen, kann seine Wahrnehmung wieder ausbreiten auf der vom Windhauch leicht geriffelten Wasserfläche: Lichtreflexpunkte in Zufallsverteilung – das übliche Flimmern, sobald er ein wenig die Lider senkt. Lichtflimmern draußen, sich erneut fortsetzend unter der Schädelschale; Lichtflirren, das er weiter in sich einwirken lässt, kein Seitenblick mehr auf den Käfer, der wird schon weiterkommen, ist ja jetzt auf dem Trocknen. Lichtflimmern, Lichtflirren, Lichtpräsenz: galizisches Licht auf galizischem Wasser in galizischer Stunde. Nun ist Franz Xaver ganz bei sich, kann reglos verharren.

Und gleichmäßig gleiten die Lichtnetzfasern heran, die geben, durch die Wasserfläche hindurch, vor dem Verschwinden noch Licht weiter an Schilfhalme, die sich herabbeugen: an ihnen wandern Lichtpunkte entlang, Lichtpunktprozession wie von Ameisen unablässig hintereinander weg. Und an Halmen, die direkt am Wasserrand stehen, scheinen Lichttropfen herabzurinnen in gleichmäßiger Folge. Bei genauerem Hinsehn, zu dem er sich Zeit lässt, werden die Halme zu Röhrchen, hauchdünn aus grünem Glas geblasen, und Lichttropfen sinken in ihnen herab in beinah gleichmäßigem Abstand. Sinken nach unten, gleiten nach unten, schweben nach unten, werden vom Erdreich geschluckt, nein, eher von Wurzelwerk aufgesogen, und Wurzelfasern, Fäserchen lassen nachts als Saft aufsteigen, was tagsüber an Licht herabgesickert ist. Da schaut er hin, schaut er zu: Lichttropfen in Halmen herabsinkend, nun in ihn selbst hineingleitend – sammeln sich in einer Lichtmulde des Zwerchfells, breiten sich auf dem Zwerchfell aus, das Zwerchfell bald als Lichtfläche. Diese Lichtfläche sucht draußen ihre Entsprechung: Am Saum des Gewässers hat sich eine daumenbreite Schaumzone gebildet – Licht verquirlt, Licht aufgeschäumt, Lichtrand, Lichtschmelz.

Und wieder: Blick, der sich auf der Wasserfläche, Lichtfläche ausbreitet; Sonnenlicht, sich in der Lichtfläche widerspiegelnd;

Lichtfläche, sich durch die Pupillen hindurch in den Hirnraum fortsetzend. Er hat sich vollends eingestellt auf diese Ereignislosigkeit immer gleicher Wiederholungen: nur das von sanftester Windbewegung geriffelte Wasser, Licht gliedernd, nur das Lichtnetz, lautlos über den Teichboden, Seeboden gezogen, nur die Lichtpunkte, an Grashalmen entlangwandernd in endloser Prozession, nur Lichttropfen, in hellgrünem Grasglas herabsinkend, stetig, stetig, Lichttropfen, Lichttropfen, die gleichzeitig in ihn hineinrinnen, und es gewinnen die Lichtmulden, Lichtflächen an Intensität, zugleich das Licht auf angehauchtem Wasserspiegel, verdichtet im Weißglutstreifen sonnenwärts, Licht verflüssigt, Fließlicht, Flirrlicht: dem setzt er sich aus, dem hält er stand, nun spielt Zeit keine Rolle mehr.

ACH JA, so langsam könnte eigentlich mal das Abonnement der »Leipziger Allgemeinen Musikalischen Zeitung« gekündigt werden: seit Jahrzehnten bezieht er sie, Band um Band gereiht im Bücherschrank. Nachrichten aus der Musikwelt: Er konnte, er kann nachlesen, wie er rechts und links überholt wird. Nur gelegentlich ein Hinweis auf ihn, eventuell mit kleinem Bedauern, weil noch immer kein angemessner Platz für ihn gefunden ist in einem Theater. Und keine Sinekure in einer Akademie. Jedoch unablässig Nachrichten über Komponisten, die im Gespräch sind, über neue, ganz neue Werke, und dies Jahrgang um Jahrgang – die Zeitschrift sollte wirklich so langsam mal abbestellt werden, oder?

DIE ZEIT GEHT WEITER. 1826: In Kopenhagen stirbt Nissen. Also ein Kondulationsbrief an Mutter Constanze, sich verbindend mit einem Vorschlag: »Willst Du zu mir kommen, so erwarte von meiner kindlichen Liebe, dass ich alles tun werde, was zu Deiner Zufriedenheit beitragen kann. Oder wünschest Du, dass ich auf einige Zeit zu Dir komme, um Deine Geschäfte zu schlichten, so schreibe mir es unverzüglich; mit einem Worte: was immer Du zu unternehmen [ge]denkst, rechne auf Deinen Sohn Wolfgang.«

Drei Wochen später, im Mai: »Und darum, liebe Mutter, wenn Du es nicht über Dich gewinnen kannst, zu mir zu kommen (obwohl ich, die Hand aufs Herz gelegt, Dich versichern kann, dass meine Verhältnisse hier nicht von der Art sind, dass sie Deine Grundsätze beleidigen könnten), möchte ich Dir raten, nicht in Salzburg zu bleiben. Salzburg hat zwar, besonders jetzt, mehr Anziehendes für Dich als jemals, und ich fühle recht wohl, dass sowohl traurige als fröhliche Rückerinnerungen uns einen Ort teuer machen können, aber eben dieser schmerzlichen Erinnerungen wegen sähe ich es lieber, Du wähltest eine andere Stadt, und vorzüglich Wien, zu Deinem künftigen Aufenthalte. Du hast dort so viele Freunde und Verwandte, die Hönigschen würden Dich wirklich mit kindlicher Liebe aufnehmen, ich könnte Dich in jedem Jahre besuchen, und überdies sehe ich den Augenblick nicht so ferne, wo ich mich für immer dort niederzulassen [ge]denke. Auch habe ich Hoffnung, mit der Zeit meinen Bruder in unsere Vaterstadt übersetzt zu sehen. Überlege dies alles wohl, und ich glaube mich nicht zu irren, wenn ich Deinen Entschluss nach meinem Wunsche auslege.

Wenn auch Deine Geschäfte meine Anwesenheit nicht verlangen, so werde ich doch Deinem Wunsche zufolge im Laufe dieses Sommers Dich auf einige Wochen besuchen. Doch kann ich dieses nicht wohl vor halbem Juli tun, denn erstens muss ich, um die Reise so wenig kostspielig an Zeit und Geld wie möglich zu machen, die Einrichtung des Eilwagens abwarten, die nächstens erfolgen soll, und zweitens habe ich eben jetzt einen Singverein gestiftet, der darin besteht, dass wir jeden montagabends von 5 – 7 Uhr zusammenkommen, um lauter klassische Werke einzustimmen. Jedes Mitglied hat eine Einlage entrichtet und zahlt überdies einen monatlichen Beitrag, und ich kann daher nicht wohl gleich anfangs Urlaub nehmen, sondern muss das Geschäft doch wenigstens ein paar Monate geführt haben, um die gewonnenen Mitglieder nicht etwa für die Folge zu verlieren, was für mich doppelt empfindlich wäre, da dieses Unternehmen nicht nur in der Folge mir ökonomische Vorteile bietet, sondern da es auch ehrenvoll für mich ist, und mir den Weg zu einer zu hoffenden Anstellung in Wien bahnen soll.«

Ein Vierteljahr später reist er denn auch nach Salzburg. Constanze berichtet davon, in einem Beitrag zur Mozart-Biographie.

Die doppelte Witwe gab sich offensichtlich größte Mühe beim Formulieren, legte höchsten Wert auf Korrektheit: ein Brief im Kanzleistil.

»Im Jahre 1826, im August, reiste er von Lemberg, seinem dermaligen Aufenthaltsorte, auf Verlangen seiner Mutter nach Salzburg, um den Tribut seiner kindlichen Dankbarkeit gegen seinen im Monat März desselben Jahres gestorbenen zweiten Vater, den Königl. dänischen Etatsrat und Ritter des Danebrog-Ordens, Georg Nikolaus von Nissen, der die beiden noch kleinen Söhne des großen Künstlers als Vater erzogen hat, darzulegen, indem in der Universitätskirche mit Bewilligung des hochwürdigsten Fürst-Erzbischofs von Salzburg, Augustin Gruber, Seiner Majestät des Kaisers von Österreich wirklichen Geheimen Rates etc. und Primas von Deutschland, ein feierliches Seelenamt von dem hochwürdigen Domkapitular von Salzburg und k.k. Hof-Kapellan, Ignaz Schumann von Mannsegg, abgehalten wurde, und wobei Mozarts Schwanengesang, das unübertreffliche Requiem, unter der Leitung des Sohnes aufgeführt wurde. Nach allgemeinem einstimmigem Zeugnisse wurde Mozarts Requiem in Salzburg niemals so gut gehört als dieses Mal unter der Direktion von Mozarts Sohne.«

Wollte er mit dieser Aufführung für sich werben? Im selben Jahr artikulierte er einen möglichen Hintergedanken. »Ich wünsche nur, dass das liebe Salzburg [der]einst, statt eines Festungs-Kommandanten, in meiner Wenigkeit einen Kapell-Kommandanten braucht.« Doch da bestand kein Bedarf in Salzburg. So reiste er, nach etlichen Besuchen und Exkursionen, am 1. September zurück nach »Lemberg in österreichisch Galizien«.

Und schrieb Anfang Oktober einen weiteren Brief an Constanze: »Ich benutze den ersten freien Augenblick, um Dir meine glückliche Ankunft allhier zu melden. Als ich Dich, meine liebe Mutter, verlassen, war auch der einzige und schönste Zweck meiner Reise erfüllt, denn ich war ja so glücklich, Dich nach einer langen Trennung von sieben Jahren wieder zu sehen, und Dich, dem Himmel sei Dank, so wohl zu verlassen, wie ich es nur wünschen konnte. Der liebe Gott und Deine eigene Vorsicht mögen Dich mir noch lange, lange erhalten, und es bleibt mir dann nichts mehr übrig, als mich einst nicht mehr von Dir trennen zu dürfen.

Ich kam den 28ten September hier an. Ich kann Dir nicht beschreiben, wie sich alles um mich her meiner Rückkunft freute; und auch ich würde mich ganz glücklich fühlen, wenn ich Dich nicht so fern wüsste! Meine Studien mit dem alten Gallus haben schon wieder begonnen, und wenn auch alles so geht, wie ich es mit aller Wahrscheinlichkeit hoffen kann, so dürfte mir doch in ein paar Jahren das Glück werden, in Deiner Nähe leben zu können.«

GALLUS: der zweite Komponist in Lemberg, fast drei Jahrzehnte älter als FXM. Der wendet sich in einem ausführlichen Schreiben an den ehemaligen Schülerkollegen bei Salieri, den nun gefeierten Pianisten und Komponisten Ignaz Moscheles, London, und bittet ihn um Hilfe.

»Es lebt hier, seit einem Zeitraum von ungefähr 20 Jahren, der rühmlichst bekannte Komponist Johann Mederitsch, genannt Gallus. Ich zweifle nicht, dass seine klassische Musik zu Shakespeares Trauerspiele: Macbeth, Ihnen bekannt sein wird, dieses herrliche Tonstück machte überall großes Aufsehen.«

FXM weist hin auf das Œuvre des verarmten und weithin vergessenen Komponisten: »Gallus hat drei Messen ganz fertig, von denen die zwei größeren als Meisterwerke angesehen werden können, fast durchgängig im doppelten Kontrapunkt gearbeitet. Ferner gab er ein gar schönes vierstimmiges Stabat mater ganz im gebundenen Stile, und an zwanzig Quartette für Streichinstrumente.«

Es ließen sich noch mehr Werke und Titel anführen, vor allem Opern: *Arkatastor und Illiane ... Der redliche Verwalter ... Der Seefahrer ... Die Rekruten, wobei Kasperl einen lustigen Bauern und Rekruten spielt ... Der Schlosser ... Rose ... Der letzte Rausch des Säufers ...* Hinzu kommen: Sinfonien, Konzert-Ouvertüren, 4 Klavierkonzerte, ein Flötenkonzert, Klavierquintette, Streichtrios, Werke für Violine und Klavier, diverse Zwischenakt-Musiken.

»Mozart Sohn« wusste sehr genau, für wen er sich einsetzte; in seinem musikalischen Nachlass wird sich zeigen, dass »Giovanni Mederitsch« besonders reich vertreten ist: 61 Partituren, »alle von der Hand des Komponisten sehr sauber und nett geschrieben, und wohlerhalten«. Darunter drei »ganze Opern in Partitur«, »Kirchenstücke«, Kammermusiken, Klavierstücke … Dazu »ein großer Pack von ausgeschriebenen Stimmen zu seinen Quartetten für Streichinstr.«. Ein wohlsortiertes Gallus-Archiv!

Dieser Komponist (ehemaliger Kontrabass-Spieler, Kapellmeister, Klavierlehrer – auch des kleinen Franz Grillparzer) ist Opfer eines Betrugs geworden, kann von Einkünften durch sein umfangreiches Gesamtwerk nicht leben, auch nicht mehr von Klavierstunden, also der Hilferuf des solidarischen Kollegen: »Nun ist dieser 73-jährige Greis, der sich aber noch einer sehr festen Gesundheit erfreut und dessen Geist noch ebenso heiter und lebhaft wie der eines jungen Mannes ist, in eine so traurige Lage versetzt, dass *Er*, vielleicht der größte Kontrapunktist unseres Zeitalters, mit der größten Dürftigkeit zu kämpfen hat.« Und FXM fragt Moscheles, ob nicht eine Unterstützung durch englische Musikliebhaber möglich wäre, die ja auch Beethoven geholfen haben.

Johann Georg Anton Mederitsch, Künstlername Gallus – dessen Schicksal scheint FXM exemplarisch zu sein. So dürfte er sich mit dem älteren Kollegen weithin identifiziert haben: Man bietet als Dirigent und Musiklehrer sein Bestes, und es kommt nicht viel Gutes dabei heraus …

UNWETTER, das sich über den Karpaten zusammenbraut? Das heranzieht über Hänge und Ebenen? Und über der Stadt mit Hügeln und Türmen öffnen sich »die Schleusen«? Niederprasseln wie von Hagelkörnern, doch auch hier wieder: hagelkorngroße, sogar taubeneigroße Notenköpfe? Alle in Lemberg niedergeschriebenen Noten, und alle bei Aufführungen in Klangfolgen umgesetzten Noten, und alle notenfrei gespielten ruthenischen, ungarischen, polnischen, jiddischen Lieder nun doch in Noten transformiert? Infolgedessen eingeschwärzt die Straßen, die Plätze, die Gärten, schwarze Grundierung auch der Hügel am Stadtrand. Und nur Stimmen, die sich gegen diesen Niederschlag erheben, keine Musik lässt sich aufbieten gegen diesen schwarzen Niederschlag: als wären alle Saiten aus Tasten- und Streichinstrumenten herausgelöst, als wären alle Mundstücke, Rohrblatt oder Metall, von Blasinstrumenten abgelöst. Höchstens Schlaginstrumente könnten da noch ertönen.

DER ÄLTERE KOLLEGE könnte, im Roman, bei einem der fürsorglichen Besuche des jüngeren Kollegen eine Äußerung machen, die FXM nicht vergessen kann: »Sie werden nie zur ersten Garde gehören.« Könnte sodann, Erschrecken registrierend, hinzufügen: »Ich übrigens auch nicht.« Könnte auch dies abdämpfen: »Wir in Lemberg lassen uns nicht vom Ehrgeiz auffressen.« Also: Wozu ständig den Kopf hinhalten? Warum sich immer wieder der öffentlichen Kritik stellen?

In der Tat: sich nicht mehr der Kritik ausliefern mit neuen Werken? Sich mit der Feststellung begnügen, dass es zum Klavierunterricht allemal reicht? Bitteschön, wie viele gibt es – sei es in Wien, sei es in Prag –, die sich mit solcher Tätigkeit, solcher Lebensform zufriedengeben? Wie eine sanfte Mulde, in der man sich zurechtruckelt – und keine Druckstellen mehr.

Ja, warum soll er sich das noch antun?, könnte denn FXM im Roman fragen: Tage um Tage, Wochen um Wochen, Monate um Monate, Jahre um Jahre, womöglich Jahrzehnte um Jahrzehnte unter dem dräuenden Vorzeichen, gewichtige Werke hervorbringen zu müssen? Gezwungen sein, ständig, wie aus dem Nichts heraus, etwas zu erzeugen, was es in der musikalischen Welt zuvor noch nie gegeben hat? Eine noch nie in dieser Form vernommene Melodie eines Andante espressivo, eine noch nie so vernommene Melodie einer Arie? Und diese Sinfonie und jene Oper? Und die Fron des Notenschreibens bei vielfach schlechtem, das Augenlicht schädigendem Lampenlicht – blakendes Kerzenlicht, rußende Petroleumlampe. Und vorgebeugt dasitzen, mit Schmerzen im Nacken? Überhaupt, die langen Phasen, in denen er sich kränklich fühlt, ja regelrecht krank ist! Gelenkschmerzen in den Händen, den Armen. Schmerzen in der Magengrube. Woher da noch die Kraft nehmen, etwas zu erzeugen, was es zuvor nie gegeben hat auf der Welt? Ein Bauer, Landwirt, Gutsherr – jemals etwas hervorgebracht, was Bauern, Landwirte, Gutsherren nicht zuvor schon hervorgebracht haben, in der Elterngeneration, in den Generationen davor? Ein Ingenieur: Verbesserungen des Bestehenden – zuverlässiger rollende Wagen, präziser schießende Kanonen. Ein k.u.k. Beamter, in galizischer Provinz, fern von Wien: Darüber mag er gar nicht erst nachdenken. Nur *er*: dazu auserkoren, dazu verpflichtet, dazu verurteilt, dazu verdammt, neue Klaviersonaten und Streichquartette, neue Sinfonien und Opern zu komponieren? Wo doch w. a. m. schon alles hinreichend abgedeckt hat, unter wiederholter Berufung auf Joseph Haydn, der alles auch gleich vieldutzendfach hervorbrachte, Baryton-Trios, Streichquartette, Sinfonien. Ist nicht endlich mal eine Sättigung erreicht? Oder wird erreicht sein, definitiv, wenn Beethoven seine letzte Note hinschreibt und der Schubert ebenfalls? Kann die Welt nicht so langsam mal einstimmen in die ersten Worte, die der Bariton in einer der vielen Dutzend Bach-Kantaten singt: »Ich habe genug.«? Muss unablässig nachgeliefert werden? Morgens aufwachen mit dem Bewusstsein: Heute muss endlich das ausstehende Andante espressivo in Angriff genommen werden? Keine Ausreden, keine Ausflüchte: ans Klavier, ans Schreibpult! Lass dir was einfallen! Zwing dich notfalls dazu, dir etwas einfallen zu lassen. Denk an Vater Mozart, denk an Papa Haydn: Hunderte, Hunderte, Hunderte von Werken! Nachvollziehen, gefälligst nachvollziehn! Wenn man etwas hervorgebracht hat, wird gleich erwartet, dass man hervorbringt, was dem bereits Hervorgebrachten möglichst ähnlich ist, woraufhin später Hervorzubringendes sich gleichfalls nach Hervorgebrachtem richten sollte …

Doch der Druck lässt wohltuend nach in Galizien. Würde er sich noch dazu verpflichtet fühlen, Werk um Werk hervorzubringen, er dürfte sich nicht einmal an steppenheißen Sommertagen dem Auftrag, dem gesetzten und selbstgesetzten, entziehen, auch nicht im beißend kalten galizischen Winter, er müsste mit Schweiß auf der Stirn und mit Eiskristallen im (gelegentlich herangewachsenen) Bart herumlaufen und Melodien nachjagen, statt sich bei offenen Sommerfenstern aufatmend auszustrecken oder sich ins Bett zu verkriechen, weil galizische Öfen eher qualmen als wärmen. Müsste verzichten auf einen Vormittags-Zwischenschlaf, auf regulären Mittagsschlaf, nur weil ungeschriebene Noten im Hirn umherwirbeln, müsste verzichten auf ein zusätzliches Nachmittags-Nickerchen, auf einen Vorabend-Probeschlaf, sofern das den Hauptschlaf nicht verkürzt.

SO KÖNNTE ICH ALS ROMANAUTOR STILISIEREN: Der letztlich antriebsschwache Sohn eines überaus agilen und produktiven Vaters und einer zuletzt umtriebigen Mutter findet in Galizien das Ambiente, das seine Grundhaltung bestätigt, findet zu sich selbst in dieser Bestätigung, macht sie zur Lebensform.

Was auch immer an ihn herangetragen wird an Erwartungen – er reagiert gelassen. Keine große Geste der Abwehr, nur die schlichte Erklärung: »Ich habe genug.«

Lemberg: Spaziergänge zum Hohen Schloss, zum ehemaligen Jesuitengarten, zum Hohen Schloss, zum ehemaligen Jesuitengarten. Rundgänge im Gewohnten: So lassen sich Gedanken am ehesten beisammenhalten. Jedesmal die Kuppel der Dominikanerkirche, der Doppelturm der Michaelskirche ... Der Flaneur könnte eine Philosophie entwickeln: Zu rasche Schrittfolge lässt mich das Schreiten vergessen ... Zu rasche Bewegungsfolge verwischt Bewegungen, löscht sie noch in der Bewegung aus ... Im Kreis gehen, sich selbst dabei einkreisen; so komme ich am ehesten bei mir an, finde am ehesten zu mir selbst ...

Darüber verliert er nicht viele Worte. Man gewöhnt sich bald daran: FXM spricht nicht viel. Nur jeweils ein paar Sätze, die aber wirken gewichtig. Es reicht mir, was ich gesagt habe, es sollte auch euch genügen. Grundformen bedächtigen Sprechens wie bedächtigen Gehens.

Und als Komponist? Die zwei Dutzend Werke im Lauf eines Jahrdutzends: genügen mir. Ich muss nicht dauernd Noten schreiben, um zu fühlen, dass ich lebe.

Und als Interpret? Kolportierte Frage: Warum immer nur die Klavierkonzerte in C-Dur und d-moll, warum nicht auch weitere Klavierkonzerte von Mozart einstudieren? Nun, zwei Konzerte einstudiert, das genügt mir ... Ich trete ja nur selten auf als Pianist ... Außerdem gibt es meine beiden Klavierkonzerte – es müssen nicht auch gleich wieder Stücker dreißig sein.

UND SONST? Sinn für Pflanzen heranwachsen lassen, für vegetabile Lebensformen? Sprießen, Entfalten … Verharren, Verfärben, Verkrumpeln … Jedoch die Gewissheit, dass nach der Winterpause erneut Sprießen einsetzt, Entfalten, und im Sommer Verharren, und wiederum herbstliches Verfärben, Verkrumpeln. Aufgliedern, ausdehnen, auszacken, ausklappen, rausschwenken von Wuchsformen Jahr um Jahr mit der Gewissheit der Wiederholungen in den darauffolgenden Jahren. Wozu da noch ausbrechen und wohin?

So könnte ein Mozart in Galizien denken, sprechen: Ich lasse Zeit verstreichen, ganz einfach verstreichen, lasse Zeit vergehen, ohne ihr nachzuwinken. In einem Zeitstrudel, Zeitwirbel würde ich von mir weggesaugt. So aber bleibe ich in mir, gesammelt. Zwar ist die Haut zuweilen wie unterbelichtet, zwar fühlt sich das Fleisch nicht immer fest an, auch habe ich zuweilen das Gefühl, die Knochen bestehen aus bröckliger Substanz, aber selbst in dieser Form werde ich mir nicht fremd, bin ich bei mir, bleibe ich bei mir. »Ich habe genug.«

Auf diese Haltung könnte er schon mal angesprochen werden, diese Haltung könnte der »Mozart Sohn« verteidigen, in der zweiten Landessprache jenes Galizien – Sprache, die ihm zugleich Schutz bietet, weil da nicht weiter gefragt werden kann: »To znaczy, że miałem być polskim Mozartem, ale ja jestem galicyjskim Mozartem. Galicja, to moja druga matka!«

ALS ROMANAUTOR könnte ich Franz Xaver Mozart weitere Äußerungen zuschreiben: Auf *Unsterblichkeit* von Werken zu hoffen, meine Jusza, ist schiere Fiktion. Betrifft auch Bücher, die ich entleihe, zuweilen. Betrifft Bilder, die ich betrachte, im Lubomirski-Museum, am liebsten mit dir. Alles für die Unendlichkeit konzipiert? Hier an der Grenze Zentraleuropas reift Erkenntnis, entwickelt sich die galizische Perspektive: vanitas. Die alten Dichter haben recht: Verfall, Verfall, Verstummen. Ein Werk, das ich eventuell noch komponieren würde: eine Vanitas-Kantate. Und gegen Schluss verstummt, Takt für Takt, die Musik. Hörbares Nichtmehr … Überhauptnichtmehr … Definitivnichtmehr.

Gelegentlich mein Nachtspaziergang zum nächsten Hügel. Aufblicken zu den Sternen hat nichts Tröstendes – kalte Lichtpunkte perforieren die Schutzhaut des Bewusstseins, Weltraumkälte sinkt ein, die Perforierungen schließen sich nicht, Kälte, Kälte, Weltraumkälte. Und damit: schutzlos ausgesetzt dem Eindruck von Massenhaftigkeit – wo kommt bloß all die Materie her, leuchtend und beleuchtet? Materie aus Materie aus Materie? Welch ungeheure Verschwendung dort draußen, dort oben, dort unten?! Weil es ein Zuviel an Sternenstoff gibt, werden auch noch schwarze Brocken durch den Raum geschleudert? Gewimmel von Riesenbrocken, nachtschwarz im Raumschwarz?

Bleibt nur fluchtartige Umkehr, Rückkehr ins Haus, Sprung ins Bett, Decke über den Kopf gezogen.

EIGENTLICH MÜSSTE UNDENKBAR SEIN, Juszenka, ja unvorstellbar: Dass letztlich vergänglich wäre, was geschrieben, vertont, gemalt wurde. Alles nur für eine Frist präsent, und danach? Ersticken, Verstummen unter jahrhunderteschweren, jahrtausendeschweren Endmoränen von Papier, bedruckt mit Buchstaben, bedruckt mit Noten? Dantes *Commedia,* wie letztlich nie in Terzinen gereimt … Shakespeares Stücke, wie letztlich nie geschrieben und aufgeführt … Sinfonien und Sonaten Beethovens, wie letztlich nie komponiert und interpretiert … Wie sagte Chamisso? »Meine Unsterblichkeit von fünfzig Jahren.«

Beträfe auch Begleiterscheinungen! Wie viel Mühe wurde und wird darauf verwendet, Noten richtig zu stechen, Bücher wortgetreu zu setzen, Bilder angemessen zu rahmen, zu hängen, und auch noch: Bücher zu schreiben über Bücher, Bücher über Kompositionen, Bücher über Werke von Malern – alles auf Widerruf. Selbst Bücher, die Personen dem Vergessen entreißen, sie werden vergessen. Großes Verstummen, Ersticken …

Und dennoch: Ein beinah subtiler Genuss, meine Jusza, dies niederzuschreiben. Ich sitze am gewohnten Tisch, höre die Feder kratzen, hebe gelegentlich den Blick, blicklos, trinke einen weiteren Schluck Rotwein. Nein, das Hirn ist nicht entleert, verwüstet, das Blut gefriert mir nicht in den Adern.

Indem ich dies festhalte, bin ich dessen gewiss: Ich sollte nach dem Schlusspunkt der heutigen Exerzitien aufstehn, mein Bündel schnüren und so lange in galizisches Land hinauswandern, ostwärts, bis ich von der Bildfläche verschwunden bin.

NEUES AUS LEMBERG: zu dieser Zeit, 1827, wird das Ossolinski-Nationalinstitut, das »Ossolineum«, der Öffentlichkeit zugänglich gemacht, eine Stiftung des Grafen Josef Maximilian Ossolinski. Sitz der Institution: das Kloster der Karmeliterinnen, faktisch eine Ruine, für die neue Bestimmung inzwischen ausgebaut.

Das kulturelle Ereignis als Politikum: der polnische Anteil der Stadtbevölkerung wollte sich stärker profilieren. So war diese Einrichtung nicht nur Bibliothek und Museum, sie war auch Verlag und Archiv für polnische Belange, Bestrebungen.

Dennoch, das Ossolineum könnte auch für FXM attraktiv geworden sein: zur Bibliothek ein Münzkabinett, ein Kupferstichkabinett (mehr als 20000 Blätter), eine Gemäldegalerie – Canaletto, Raffael, Tintoretto.

Zehn Jahre später wird der Grundstein gelegt zum Skarbek-Theater: auch dies wird FXM noch miterleben. Höchst ambitioniertes Unternehmen des polnischen Grafen, Stifters, Bauherrn Skarbek: 1800 Sitzplätze sind vorgesehen, und das in einer Stadt von etwa 50000 Einwohnern. Auch hier: polnische Kultur soll akzentuiert werden in der galizisch-österreichischen Stadt mit deutscher Amtssprache.

Ein halbes Jahrzehnt lang wird gebaut am Gebäudekomplex mit dem stattlichen Säulenportikus. Lemberg entwickelt sich zum »Florenz des Nordens« …

DER SOHN schreitet zur Nordostecke des Marktkarrees mit dem Rathaus in der Mitte, betritt das Bandinelli-Haus durch das Prachtportal, expediert einen der zahlreichen Briefe an die Mutter.

Insgesamt viermal – nach jeweils zirka drei Jahren – besucht der Sohn die Mutter in Salzburg. Reisen (mit der Kutsche oder auf dem Pferd?) von Galizien ins Salzkammergut, von Lemberg nach Salzburg: in Luftlinie etwa 900 Kilometer. Bei den damals weithin noch mäandernden, sich jeder Geländeform anpassenden Straßen waren es etliche Kilometer mehr.

Die Waldkarpaten im Süden liegenlassend, musste der Sohn nach Krakau fahren oder reiten, von dort aus – die Beskiden, die Tatra ebenfalls linker Hand zurücklassend – südwestwärts, vorbei am Provinzstädtchen Auschwitz.

Kurzes Verharren, zumindest im Text: In diesem galizischen Grenzort wirkte sich die zentralistische Politik Wiens besonders nachteilig aus: Landwirtschaft verkümmert, Handel liegt darnieder. Einzige Einnahmequelle: Mühlen und Brennereien – in Auschwitz wird viel Schnaps gebrannt.

Weiter die Reise, Richtung Ostrau, von dort durch die Senke zwischen Sudeten und Karpaten nach Brünn und südwärts weiter nach Wien ...

Ankunft in Salzburg, herzlicher Empfang. Constanze: »Ist mein geliebter Sohn Wolfgang von Lemberg, über Wien, in meine Arme gekommen, wo ich ihn recht an mein Herz drückte.« Mutter-Sohn-Glück mit »Wolfgang, der sechs Wochen lang bei mir in Salzburg zubrachte«.

MUTTER UND SOHN im Gespräch: Wie mag sich das angehört haben? Es lässt sich davon ausgehen, dass Constanze fast unverfälscht den Tonfall des Salzkammerguts übernommen hatte, so wie Franz Xaver das Wiener Idiom betonte. Ein Gespräch zwischen den beiden wäre für Fremde, etwa aus dem Norden angereist, kaum zu verstehen, da ließe sich höchstens aufschnappen – an einem Wort hier, einem Wort da –, worum es jeweils geht. Einhören, Mithören aber würde aufs Äußerste erschwert. »Waaßt, i suach, i suach – waaßt eh ... D' jungen Leut ham kan Schenierer ... Jetzt wird ma langsam dosti ... Wü'st mi du am End vexieren? ... Reib eahm ane! ... Der is aa auf amoi furt ...«

WIEDER IN LEMBERG berichtet der Sohn der Mutter im Januar 1828, er habe sich selbst mit einer neuen Komposition überrascht. Als Anstoß: Fürst Lobkowitz, Gouverneur von Galizien, hat sich vermählt; der Erzbischof wird ihm einen festlichen Empfang bereiten, wünscht sich zu diesem Anlass eine Kantate; er kommt auf diese Idee an einem Montag, lässt sie dem stadtbekannten Musiker am Dienstag übermitteln, am Samstag soll das neue Werk bereits aufgeführt werden.

Tatsächlich, es klappt! »Ich war so glücklich, bis donnerstagabends mit meiner Arbeit fertig zu sein. Freitag wurden die Stimmen ausgeschrieben und Samstag probiert und abends mit Beifall aufgeführt. Mit weniger Eile hätte ich es wohl besser machen können; aber ich kann mir doch selbst das Zeugnis geben, dass meine Komposition mir gelungen ist und dass sie Effekt macht. Nach dieser Kantate spielte meine Schülerin, das jüngere Fräulein Baroni, das Rondo brillant in A-Dur von Hummel, und den Beschluss machte meine der Kaiserin dedizierte Kantate, die allgemein ansprach. Mir machte das Ganze viel Freude, denn es lieferte mir neuerdings den Beweis, dass ich Talent zum Komponieren habe und dass ich etwas Ausgezeichnetes zu leisten imstande sein werde, wenn ich meine ganze Zeit darauf werde verwenden können. Aber so muss ich mich gegenwärtig mit Lektionen plagen und abstumpfen. Nur zwei Jahre Herr meiner Zeit, und mein Vater sollte sich im Grabe über mich freuen!«

Wolfgang Amadeus Mozart hätte sich allerdings eher im Grabe umgedreht, wenn er die Entwicklung des Jüngsten beobachtet hätte: Galizischer Schlendrian …!

BESCHLEUNIGUNGSPHASE der biographischen Skizze. 1829 notiert Constanze im Tagebuch: »Am ersten April war ich so glücklich, Mozarts Biographie, durch mich in Leipzig bei Breitkopf und Härtel aufgelegt, sehr schön zu bekommen. Gott Lob und Dank, dass ich so weit gekommen bin.« Sie hatte das Werk nach dem Tod des dänischen Staatsrats redigiert und ergänzt: »Biographie W. A. Mozart's. Nach Originalbriefen, Sammlungen alles über ihn Geschriebenen, mit vielen neuen Beylagen, Steindrücken, Musikblättern und einem *Fac-simile*. Von Georg Nikolaus von Nissen, Königl. Dänischem wirklichen Etatsrath und Ritter vom Dannebrog-Orden etc. etc. Nach dessen Tode herausgegeben von Constanze, Wittwe von Nissen, früher Wittwe Mozart.«

Gleich noch einmal Constanzes Tagebuch: »Am 12. Juli 1829 ist mein geliebter Sohn Wolfgang von Lemberg über Wien in meine Arme gekommen, wo ich ihn recht an mein Herz drückte.«

Weiter: »Donnerstags, am 20. August, ist er mit meinen mütterlichen Segnungen mittags um 1/2 ein Uhr wieder von mir abgereist, und, über Wien, wieder seiner Bestimmung nach dem garstigen Lemberg zugeeilt.«

Sodann: »Am 30. September 1829 von Wolfgang die Nachricht erhalten, dass er alldort glücklich angekommen ist, aber leider noch nicht von seinen Augenschmerzen hergestellt ist, die er auf seiner Reise von Salzburg nach Wien bekam.«

SCHLECHTE NACHRICHTEN AUS WIEN, 1830. Als erstes: extremes Hochwasser der Donau. Dann der Beginn einer lang anhaltenden Cholera-Epidemie, die sich fortsetzt bis zum Ende des folgenden Jahres.

Kurz zur Vorgeschichte: Die Stadt beginnt, sich rasch zu verändern – die Zahl der Einwohner wächst bald über die 300 000 hinaus. Mit Folgen: Wohnraum wird knapp, Mieten steigen rasant an. Und vor allem: die Trinkwasserversorgung über die Zuleitung aus Quellgebieten reicht nicht mehr aus. »Wasserer« fahren umher mit Fässern auf Karren, verkaufen Wasser, das zum Teil aus dem fäkalisch kontaminierten Donaukanal geschöpft wird. Damit Infektionen, epidemisch: Brechdurchfall, dünnflüssiger Stuhl mit Schleimflocken (»Reiswasserstuhl«), rasch trocknen die Körper der Erkrankten aus – Nasen spitz, Wangen eingefallen, Falten vertieft; hohes Fieber; oft Lungenentzündungen zusätzlich; in etwa einem von zehn Fällen: Exitus.

Die Epidemie breitet sich aus, auch in Galizien, Constanze erhält beunruhigende Nachrichten aus dem »unglücklichen Lemberg«. Eine ihrer Briefnotizen: »An Wolfgang geschrieben und gesagt, dass ich bei denen so schlimmen Quarantainen keine Reise antreten werde.«

Erst im Oktober 1831 klingt die Seuche aus. Der Davongekommene in einem Brief an seinen früheren Klavierlehrer Streicher in Wien: »Ich kann Ihnen nicht sagen, welch große Freude Sie mir mit

Ihrem lieben Briefe vom 17. Sept. gemacht haben. Gerade um diese Zeit kamen hier die niederschlagendsten Gerüchte von den Verheerungen in Umlauf, die die abscheuliche Cholera in meiner guten Vaterstadt verursacht haben soll. Von hier kann ich Ihnen nur Erfreuliches mitteilen. Unser böser Gast scheint uns schon förmlich Lebewohl gesagt zu haben. Seit 14 Tagen hat sich kein neuer Krankheitsfall mehr gezeigt, alle Spitäler sind leer, und wir können mit Wahrscheinlichkeit hoffen, keinen zweiten Besuch zu bekommmen, da der erste länger als irgendwo [sonst] gedauert hat. Auf dem Lande ist freilich noch nicht alles vorüber, aber doch auch schon viel schwächer, und so wird wohl das Ende dieses Jahres erfreulicher für uns sein als der Anfang es war. (...) Wie oft sagte man Leute tot, die man des andern Tages wohlgemut in den Straßen gehn sah; und diese unglückseligen Übertreibungen und Lügen mögen wohl schuld an dem Tode so mancher Furchtsamen sein, denn es ist eine ausgemachte Sache, dass ein durch Furcht, Kummer oder was auch immer für [einen] Affekt aufgeregtes Gemüt stets höchst nachteilig auf den Körper wirkt und in unserer itzigen Epoche ihn am ehesten für die Cholera empfänglich macht.«

Doch die Epidemie war noch nicht völlig erloschen. Erst im September 1832 konnte Mutter Constanze aufatmen. »Ja, mein Freund, es war wohl eine große Sorge für mich, meinen geliebten, zärtlich geliebten Sohn Wolfgang in der größten Gefahr in Lemberg zu wissen, allein die gütige Vorsehung, mein gütiger Schöpfer hat ihn geschützt und mir erhalten. Auch hatte ich durch mehr als ein halbes Jahr alle 8 Tage Briefe von ihm, dem guten, lieben Sohn, und dies Jahr war ich sogar so glücklich, ihn 3 Wochen bei mir gehabt zu haben. Hätte ihn 3 [weitere] Wochen bei mir haben können, wenn ich ihn nicht überredet hätte, das Gasteiner Bad zu gebrauchen, weil er sehr übel und krank aussah; obschon er nicht bettlägerig war, musste ich doch einsehen, dass sein gutes Herz und seine Seele zuviel gelitten durch den Verlust so vieler Freunde und Bekannter, die er durch diese Krankheit verloren hatte.«

ZWEITES STICHWORT für Bedrängnisse jener Zeit, als bedrohlich empfunden auch von FXM: Die Juli-Revolution in Frankreich, 1830.

Bürgerliche Opposition und Revolte gegen die radikale Restauration durch Charles X.; er wollte die Revolution rückgängig machen, die Verhältnisse wieder herstellen, die zu eben dieser Revolution geführt hatten, was nun eine weitere Revolution auslöste; akut die »Juli-Ordonnanzen«, die bürgerliche Freiheiten noch weiter einschränkten, auch in der Presse; Barrikadenkämpfe.

Und Funken sprangen über, auch auf Polen: Der Zar, zugleich König von Polen, wurde abgesetzt; Kämpfe; erst im Herbst 1832 wurde der »Aufstand« von russischen Truppen niedergeschlagen; Polen wurde russische Provinz.

Dies alles bedrohlich in der Nähe, Ängste in Galizien: Was konnten die Folgen sein? Die erste, privat: Der Klavierlehrer hatte weniger zu tun, auch fand finanzielle Abwertung statt, Mutter Constanze musste Geld überweisen. »Bat ihn, Lemberg, eh die Gefahr noch größer wird, zu verlassen, und sagte ihm, dass ich herzlich gerne für seinen Unterhalt sorgen will, Gott gebe, dass er meinem mütterlichen Rate folgt. Herr, Dein Wille geschehe!«

Er zog sich denn für einige Zeit in den Badeort Rozubawice zurück, wartete die Entwicklung ab. Doch in k.u.k. Österreich-Ungarn blieb es ruhig. Allerdings: Aufständische, die sich in Warschau bedroht fühlten, die verfolgt wurden, sie flohen zumeist nach Lemberg und dürften frischen Wind in das Binnenklima gebracht, könnten womöglich für Unruhe gesorgt haben: demokratische Bestrebungen in dieser östlichen Stadt der Donau-Monarchie.

EINE GUTE NACHRICHT: 1834 wird FXM Kapellmeister am Lemberger Theater! Die erste feste Anstellung! Gewiss nicht so respektabel und reputierlich wie eine Kapellmeister-Stellung in Wien, aber immerhin: festes Salär. Da entfällt vorerst die fast schon übliche Reise nach Salzburg, weil es, so die Mutter, »nicht schicklich ist, sogleich Urlaub zu begehren. Nun lässt er mir die Hoffnung, dass er gewiss mit Urlaub aufs Jahr kommen wird.«

Weiterhin Lemberg. Julie Baroni beginnt zu komponieren, und er setzt sich für ihre Werke ein: Variationen für Klavier … Caprice für Klavier … Sonate für Klavier … Introduction et Rondeau für Klavier … Allegro di Bravura für Klavier …

Überraschend sodann: 1835 unternimmt der 44-Jährige mit der Familie Cavalcabò eine Reise nach Karlsbad. Im gemeinsam bezogenen Gasthaus »Zur goldenen Rose« logiert auch Chopin, braucht mit 25 offenbar schon eine Kur ... Auch Julie, mit ihren 22 Jahren?

Das Ehepaar Baroni-Cavalcabò reist ab, lässt Franz Xaver und Julie zurück. Was dann geschehen ist oder nicht – die Überlieferung schweigt. Blieb es beim Verhältnis Lehrer–Schülerin?

Von Karlsbad aus fahren Franz Xaver und Julie nach Dresden und Leipzig. Auch hier wieder: freier Entfaltungsraum für einen Romanautor! Und lockende Angebote: In Leipzig lernen sie Robert Schumann, 25, kennen. FXM darf als Gast an Treffen der »Davidsbündler« in einem Kaffeehaus teilnehmen: Vereinigung zum Kampf gegen Philister.

Schumann zu dieser Zeit in einem Brief: »Einen berühmten Namen mit einem älteren zu teilen, wie er, hat sein Schlimmes und Gutes.« Und: der junge Mozart findet »wohl leichteren Eingang, aber auch schwierigeren Ausgang«.

Drei Jahre später schreibt er Julie: »Empfehlen Sie mich Hrn. Mozart; ich schreibe dies nicht ohne Bewegung, wie Sie sich wohl denken können. Sagen Sie ihm, dass ich seiner so oft und gern gedacht hätte.« Wiederum ein Jahr später widmet er Julie sein Opus 20.

IM JAHRE 1838 zieht FXM wieder nach Wien. Dort lässt sich auch das Ehepaar Baroni-Cavalcabò nieder; er ist mittlerweile 80, sie 50. Franz Xaver, 47, wird auch hier ins Haus aufgenommen, in der Grünangergasse.

Julie dürfte mittlerweile verheiratet sein oder steht kurz vor der Heirat mit einem hohen Juristen, dem Appellationsrat Wilhelm Weber Edler von Webenau. Die Meisterschülerin hat in den Jahren seit der Reise mit Franz Xaver weiterhin komponiert, vor allem Lieder nach Vorlagen von Heine, Mathisson, Uhland: »Schöne Wiege meiner Leiden ... Schnür dein Bündel denn zum Wandern ... Sinnend stand er da, am Sprudel ...« Dazu ein Capriccio für Klavier, eine Caprice für Klavier, eine Fantasie für Klavier. Es werden weitere

Klavierstücke und Lieder folgen, insgesamt aber wird das Werkvolumen geringer bleiben als das ihres Lehrers, ihres Begleiters – und ihres Freundes?

In Wien nun: Ménage à trois gereifter Persönlichkeiten? Oder war dem pensionierten Gubernialrat privat alles gleichgültig? Details über die Form des Zusammenlebens sind nicht überliefert. Freie Setzungen werden wieder einmal möglich – der Spielraum bleibt groß!

Die Freundschaft oder Beziehung zwischen Franz Xaver und Josephine bleibt kein Geheimnis, die Familie nimmt Anteil. Constanze bezeichnet Frau Baroni als ihre »so liebe Freundin«. In einem Briefschluss heißt es: »Herzliches von mir der ganzen Baroni'schen Familie.«

Und Carl in Mailand gerät ins Schwärmen: »Seine unvergleichliche, mit allen Vorzügen des Geistes und des Herzens hochbegabte Freundin.« Und, noch einmal: »Ich war ohnehin schon für diese *Unvergleichliche* von der ehrerbietigsten Anhänglichkeit durchdrungen.«

SALZBURG: das Mozarteum wird gegründet und Mutter Constanze zieht ihre Fäden, oder, eher zu ihr passend: setzt alle Hebel in Bewegung, doch Wolfgang Amadeus Mozart der Jüngere wird nicht zum Direktor ernannt, stattdessen Alois Taux.

Gelegentlich findet auch eine Ehrung statt. Doch im Licht steht dann der Vater; der Sohn bleibt im Streulicht. 1841 ein Festbankett im Wiener Casino, an dieser Gedenkfeier für Mozart selig nehmen etwa 140 Künstler und Kunstfreunde teil, Grillparzer improvisiert einen gereimten Trinkspruch, der Sohn setzt die Zeilen spontan in Musik um, ein Sänger trägt die Vertonung vor, riesiger Beifall. Doch Beifall rauscht meistens an Franz Xaver Mozart vorbei. Durchbruch, anhaltender Erfolg bleiben aus. Dies fordert er allerdings auch nicht weiter heraus durch neue Kompositionen – einmal abgesehen von Variatiönchen.

In Salzburg wird dem Vater ein Denkmal gesetzt: das erste Künstlerdenkmal Österreichs. Seit 1839 befindet sich das in Planung, die Ausführung hat begonnen, jedoch stellen sich Verzögerungen ein: Bei vorbereitenden Erdarbeiten wird ein römisches Mosaik entdeckt, Archäologen intervenieren. Mutter Constanze, mittlerweile 77, schlägt vor, die Gelder für das Denkmal nun lieber einzubringen in eine Musikschule unter Leitung ihres Sohnes; das Komitee des Salzburger Mozarteums geht darauf nicht ein.

1842 der Tod der achtzigjährigen Constanze. In ihrem Testament, als erster Posten: »Zu gleichen Universalerben setze ich die Söhne Carl und Wolfgang ein, für diese meine beiden Söhne bestimme ich noch insbesondere 6 silberne Löffel, 6 Gabeln und 5 schwere Löffel, der 6. ist aus Unachtsamkeit in den Abtritt geschüttet worden, wo man ihn nicht haben kann.«

Franz Xaver wiederum ernennt Josephine Baroni-Cavalcabò zu seiner Universalerbin. »Ich erkläre durch diese meine eigenhändige Schrift und Namens-Unterfertigung, dass Frau von Baroni-Cavalcabò, geborene Gräfin Castiglione, Gattin des pensionierten k.k. galizischen Gubernial-Rates von Baroni-Cavalcabò, im Falle meines Todes meine einzige und Universal-Erbin sei und dass es daher mein ausdrücklicher Wille ist, dass (ihr) alles, wie es sich vorfindet, *ohne Ausnahme*, überliefert werde. Wolfgang Amadeus Mozart.«

FRANZ XAVER MOZART ist, wie sein Bruder (oder Halbbruder) Carl, Ehrengast, als im selben Jahr das Mozart-Denkmal enthüllt wird. Eine junge Frau stand hinter dem »samtenen Fauteuil«, auf dem die Brüder saßen, »unendlich bewegt«. Franz Xaver »weinte fast die ganze Zeit hindurch«.

Er hatte für diesen Anlass einen Festchor collagiert, basierend auf Musikzitaten des Gefeierten, kombiniert mit neuem Text: Kontrafaktur.

Zum Festakt ein Festkonzert; auf dem Programm das »Konzert d-moll für das Pianoforte, vorgetragen von W. A. Mozart Sohn«. Zu diesem wohl berühmtesten Konzert Mozarts schrieb FXM Kadenzen. Publikum und Presse reagierten höflich, aber nicht eben begeistert. Zentraler Satz einer der Besprechungen: »Mozart ist ein solider Klavierspieler, der bei mehr Energie im Vortrag ausgezeichnet zu nennen sein würde.«

ALLMÄHLICH wird einigen Herrschaften bewusst, dass der gefeierte Mozart einen ebenfalls komponierenden Sohn hat. Die Congregazione ed Accademia Santa Cecilia, Rom, verleiht ihm den Titel eines »Maestro Compositore onorario«; der König von Frankreich schickt, als Dank für eine Widmung, eine »wertvolle Busennadel«; der Großherzog von Toskana lässt eine Ehrenmedaille übersenden. FXM als europaweit anerkannter Komponist? Es dokumentiert sich eher Verlegenheit, schlechtes Gewissen – ihm rasch noch etwas zukommen lassen, bevor es zu spät ist!

FXM ORGANISIERT Konzerte im Hause. Während der Wintermonate finden sie jeden Dienstagabend statt. Es dominiert die Gattung Streichquartett; die ersten Musiker der Stadt schließen sich hier zusammen. Etwa 50 bis 60 Gäste finden sich ein; als Abschluss jeweils ein Abendessen, zumindest für die unmittelbar Beteiligten. Aufgeführt werden Quartette von Haydn und Beethoven – hier aber bleibt es beim frühen Zyklus des Opus 18; mittlere und späte Streichquartette werden ausgespart. Selbstverständlich werden Quartette, Quintette von Wolfgang Amadeus Mozart gespielt, sogar das Sextett *Ein musikalischer Spaß*.

DOCH NUN WIRD ES ERNST: Im Winter 1843 auf 44 wird er sehr krank: mysteriöse »Magenverhärtung«. Ärzte können offenbar nicht helfen, alle Hoffnung wird auf eine Kur in Karlsbad gesetzt. Der 18-jährige Lieblingsschüler Ernst Pauer begleitet und umsorgt ihn. (Sein Vater, Pastor Pauer, hatte sich in Wien bereits ins Stammbuch des Reisenden eingetragen.) Man findet Unterkunft im Hause des Karlsbader Musikdirektors Josef Labitzky, eines bekannten Walzer-Komponisten. Der Schüler sorgt für den Meister, begleitet ihn zum Mineralwasser-Brunnen, holt für den Bettlägrigen Heilwasser, das nicht heilen, nicht einmal helfen kann.

Der Redakteur des »Karlsbader Badeblatts«: »Mozart und sein Schüler Pauer waren im Hause Labitzkys gern gesehene Gäste. Pauer spielte häufig vierhändige Klaviersonaten mit Labitzkys Tochter Josefine; Mozart stellte sich dann zum Klavier und korrigierte dann und wann das Spiel.

Mozart fiel damals in Karlsbad ob seiner eigentümlichen Kleidertracht auf. Er trug stets einen dunkelgrünen Tuchrock, hatte selten ein anderes Schuhwerk als Gummischuhe an.

Seine Gesichtsfarbe war vollkommen gelb, was umso mehr bemerkbar war, als Mozart dunkelbraunes Kopf- und Barthaar hatte. Er war von mittlerer Körpergröße.

Trotz seines leidenden Zustandes war Mozart ungemein leutselig, namentlich liebte er Kinder. Er sprach den Wiener Dialekt in urgemütlicher Weise.

Mozart soll hier in einem öffentlichen Konzert einmal gespielt und den vierzehnjährigen Violinkünstler Ferdinand Laub auf dem Klavier begleitet haben; sonst spielte er wenig und dies nur zu Hause, wo ihm ein Klavier zur Verfügung stand, das aber sehr häufig gestimmt werden musste.

Hingegen veranstaltete sein Begleiter und Schüler Ernst Pauer im Sächsischen Saale ein gut besuchtes Klavierkonzert, dem Mozart in seiner gewohnten Kleidung beiwohnte und dadurch Aufsehen erregte.«

Der Sonderling wird zum Schwerkranken, zum Moribunden. Eher aus Verlegenheit werden von einem Wundarzt und dessen Gehilfen Klistiere gesetzt, insgesamt fünfzehnmal. Die Rechnungen von Arzt, Apotheker, Hotel blieben erhalten; sie zeigen: Die damals wiederholten Klagen über die Teuerung waren durchaus berechtigt.

Und so dürfte denn Streicher, »Fabricant du Pianoforte de la Con. Imperiale Royale«, Verständnis gehabt haben für den Brief des sechzigjährigen Carl Mozart aus Mailand. »Meine gegenwärtigen finanziellen Verhältnisse benehmen mir jede Möglichkeit, auch nur die geringste, nicht strikt zu meinem unentbehrlichen Unterhalt erforderlichen Ausgaben zu unternehmen; doch selbst, wofern mir die Mittel zu Gebote stünden, würden teils die Reise in so weite Entfernung, teils die Vorkehrungen zu derselben (bei den interminablen Umständlichkeiten, um Erlaubnis zu erwirken) einen so großen Zeitaufwand erfordern, dass ich Gefahr liefe, in Karlsbad erst zu einem Zeitpunkt einzutreffen, den ich mich nicht näher wage zu bezeichnen und dessen bloße Andeutung mich in heftiges Weinen ausbrechen macht!«

Doch er weiß schon: Josephine Baroni-Cavalcabò ist nach Karlsbad gereist. Sie wird den Freund begleiten bis zum Tod.

EIN KREBSGESCHWÜR wächst heran, in der Bauchhöhle, Krebs, für den Franz Xaver keinen Namen hat: eine Verhärtung, deutlich spürbar.

Ja, es wächst in ihm heran, er kann es ertasten: Verhärtung, und die saugt Kräfte an. Er weiß, niemand wird die Geschwulst aus ihm entfernen können – soll er abwarten, bis eine leblose Hülle zurückbleibt um den tödlich harten Kern? Soll er den Weg hin zu diesem Zeitpunkt nicht abkürzen? Und selbst bestimmen, wann es mit ihm zu Ende geht, dies auf angemessene Weise? Sein Tod als Bild, das sich einprägen wird? Dies als letztes Werk so gestalten, dass sich Erinnerungen zumindest von Musikfreunden, Musikern daran festmachen können? Himmelsspiegel, beinah kreisrund, Himmelsauge, das sich abends sehr langsam schließt, sich morgens nur sehr langsam öffnet? Ja, er sollte nach Podkamien reisen, zu seinem Weiher, und es erwartet ihn Stille, die zur Totenstille wird.

Er könnte vom Schreiner des Orts ein Floß bauen lassen, so groß, so klein, dass es ihn allein trägt. Und das wird festgemacht am Steg mit der Bank. Ein paarmal wird er auf die Wasserfläche hinausstaken, dann hinauspaddeln. Einmal, zweimal könnte ihn Graf Baworowski beim Angeln beobachten: der Gast nach gelassenen Paddelschlägen reglos. Ja, der »polnische Mozart« findet Ruhe dort draußen.

An einem frühen Abend geht er wieder zum Weiher; im Schilf liegen gesammelte Steinbrocken versteckt, die sich zusammenschnüren lassen: Seilgeflecht mit freien Seil-Enden. Er wird die Steinpacken auf die gebündelten Stämme legen, in einer Stunde, in der er sicher sein kann, dass der Graf nicht am Weiher sitzt, angelnd. Wird vom Steg aus losstaken, wird weiterpaddeln, wird innehalten in der Mitte des Weihers, wird die gebündelten Steinbrocken an Schultern und Hüfte verzurren, wird warten, bis der Wasserspiegel völlig glatt ist, Stunde des aufflammenden Schilfgürtels, Stunde, in der Insekten spurlos auf der Wasserfläche aufsetzen, gleich wieder abhebend zu Flugbögen, die zum Wasserspiegel zurückführen, den sie nicht trüben. Sobald die Stille fast zur Totenstille wird, lässt er sich, steinbrockenschwer, vom Floß ins Wasser gleiten. Die Nacht über wird er unentdeckt bleiben am Grund des Weihers.

Erst am nächsten oder übernächsten Tag könnte Baworowski, mit der Angel an den Teich tretend, das leer treibende Floß sehen; herbeigerufene Helfer werden mit Stangen den Weiherboden absuchen, werden tauchen, den Leichnam hervorholen und ins Trockne betten.

Und vielleicht wird man später zu diesem Weiher reiten, fahren, wandern, um auf die Wasserfläche zu blicken, die sich über Franz Xaver Mozart geschlossen hat, zuletzt spurlos. Tod im Karauschenweiher, Karasiego Stawu. Totenstille über dem Weiher. Die Totenstille ein paar Monate später von Eis besiegelt; das Weiherauge geschlossen, kein Baumstamm, kein Schilfhalm mehr gespiegelt; Eis-Besiegelung. Und man kann, in hartem galizischem Winter, über sein Wassergrab hinweggehen auf der Eisfläche, auf der womöglich, bis zum Frühjahr, ein Kreuz aufgestellt wird, ungefähr am Punkt, an dem das Floß nicht mehr weitergepaddelt wurde. Wunsch-Koordinaten seines Todes »in aller Stille«.

ABMAGERUNG, VERFALL, TOD IN KARLSBAD. Pauer holt den Verstorbenen aus dem Bett, legt ihn auf den Boden, bevor er den Arzt ruft: So soll der Tarif für die letzte Diagnose geringer sein.

Eine Leichenfrau wäscht ihn, legt ihm die letzte Kleidung an, hält Totenwache. Er wird in einen »schwarz polierten« Sarg gelegt.

Am 1. August, nachmittags 3 Uhr, findet in Karlsbad die Beisetzung statt. Der Redakteur des Badblatts: »Zehn Musiker der Kurkapelle trugen ihn zu Grabe. Dem Sarge folgten Ernst Pauer, Josef Labitzky, seine treue Freundin Baroni-Cavalcabò, welche gleichzeitig mit Mozart in Karlsbad anwesend war und mit der er viel verkehrte, der Karlsbader Musik-Verein, welcher am offenen Grabe einen Choral sang, sowie zahlreiche Einheimische wie Kurgäste.« Der Karlsbader Musikverein führt, gegen angemessene Honorierung, das Requiem auf.

Benedictus Dominus, Deus Israel,
quia visitavit et fecit redemptionem plebi suae …
Gepriesen sei der Herr, der Gott Israels!
Denn er hat sein Volk besucht und es erlöst ….

Es finden Gedenkfeiern statt in Salzburg und in Wien; auch dort wird das Requiem zur Aufführung gebracht. Eine Gedenkfeier zudem in Lemberg.

Et erexit cornu salutatis nobis
in domo David pueri sui …
Er hat uns einen starken Retter erweckt
im Hause seines Knechtes David …
I wzbudził dla nas moc zbwacza
w domu swego sługi Dawida …

Der Leichnam wird nach Wien überführt. Beisetzung unter dem Namen »Wolfgang Amadeus Mozart«. Bei der Beerdigungsfeier in St. Andreas wird ebenfalls das Requiem aufgeführt. So ist bei den Gedenkfeiern, Totenfeiern auf jeden Fall Musik des leiblichen Vaters zu hören.

Sicut locutus est per os sanctorum,
qui a saculo sunt, prophetarum eius …

Josephine Baroni-Cavalcabò stiftet das Grabdenkmal.

Anhang

Festspiel für Rothäute

Auf die vier Irokesen in England machte mich aufmerksam ein Beitrag in der englischen Zeitschrift *History today*, die mein Vater abonniert hatte: *Four Indian Kings*. Schon der Titel weckte Neugier, und rasch sah ich im knappgehaltenen Beitrag das Ferment für eine Erzählung größeren Umfangs.

Jahre später entdeckte ich, dass dieser Vorgang so einmalig nicht war. Beispielsweise wurde von einem der Schiffe der kleinen Flottille des Captain Cook ein Insulaner der Südsee mitgenommen nach England, um ihn zu konfrontieren mit den Segnungen englischer Zivilisation und den Errungenschaften englischer Kultur. Er sollte nach der Rückkehr anderen Inselbewohnern erzählen von der Grandeur der Engländer, die sich in seinem Gebiet auszudehnen wünschten, ohne dabei auf Widerspruch oder Widerstand zu stoßen. Vorherrschaft der Kolonisatoren auch stimmungsmäßig stabilisiert. In der gelegentlichen Vernetzung der drei Texte dieses Buchs taucht der Insulaner Omeia im Versuch über Franz Xaver Mozart auf (wiederum mit einem »Link« zu den beiden Inuit, die von Grönland nach Dänemark gebracht worden waren).

Meine Erzählung war 1974 erschienen; ich lege sie in revidierter Fassung vor.

Hoffmanns-Tropfen für Goethe

Im Jahre 1985 erschien im Insel Verlag, als Originalausgabe, das Taschenbuch *Flaschenpost für Goethe*. Vier Briefe, an den Herrn Geheimrat gerichtet. In den ersten drei Schreiben ging es dem Absender primär um Goethe: Seinerzeit hatte der Verlagsbuchhändler einen Nachdruck, sprich: Raubdruck, hergestellt und vertrieben von *Werthers Leiden*; nun versucht er dem Dichter zu erklären, weshalb er vom neuerschienenen Roman *Die Wahlverwandtschaften* keinen Raubdruck herstellen will, artikuliert Vorbehalte, Bedenken, Kritik.

Textprobe: »Ihre Romangestalten, so sehe ich das, bewegen sich wie Figuren eines Glockenspiels – in festen Schienen. Macht es bei der einen Figurendrehung bim, macht es bei der anderen Figurendrehung bam. Hat die eine Figur auf der linken Seite Kopfweh, bim, so hat die Figur, die sie liebt, auf der rechten Seite Kopfweh, bam. Spielt Eduard mit Ottilie ein Flöten-Klavier-Duo, so packt der Hauptmann eine Geige aus und spielt mit Charlotte ein Geigen-Klavier-Duo. Macht A beim Schreiben gegen seine gewohnte Sauberkeit einen Tintenklecks, so vergisst C, gegen alle Gewohnheit, seine Uhr aufzuziehen. Hilft der eine Mann der einen Frau beim Herabsteigen am Hügelhang, freut sich dabei über die körperliche Berührung, so hilft der andere Mann der anderen Frau beim

Aussteigen aus einem Ruderboot, freut sich dabei über die körperliche Berührung …

Sie haben dezidiert ein strenges erzählerisches Arrangement geschaffen für Ihre Figuren, für ihre Zwangsverwandtschaften, wollten hier nichts drapieren, nichts mit Retuschen zurücknehmen. Dieses sehr strenge Kunstprodukt unterscheidet sich aufs äußerste von all den wildwuchernden Romanen, die zur Zeit geschrieben und gelesen werden – diese tagebuchähnlichen Erzählungen, weitschweifigen Briefromane, tollen und mehr als tollen Räuberpistolen. Inmitten dieses oft kunstlosen Gewuchers haben Sie einen kleinen, sehr überschaubaren, geometrisch strengen (französischen) Kunstgarten angelegt, und wenn ich rufen würde: Es lebe der Englische Garten! oder: Es lebe der Urwald!, so müsste das ohne Echo bleiben. In diesem so exakt ausgezirkelten System müssen sich Kopfschmerz rechts und Kopfschmerz links entsprechen – Sie hätten diese sehr direkte Symbolik auch abmildern können, zu einem schmerzhaften Ziehen rechts und einem dumpfen Druck links, aber Sie haben es so deutlich gewollt, damit bewusst bleibt: Hier ist arrangiert worden, hier wird nicht Natur imitiert.«

Es wird in den Schreiben nicht nur der Roman erörtert, es wird auch erzählt, aus Lüneburg vor allem. Ich habe diesen ersten drei Briefen des Bändchens ein paar Auszüge entnommen, habe die Erörterungen über Goethes Werk jedoch aufgegeben. So bleibt allein die Konstellation des vierten Briefs: Der Verlagsbuchhändler schlägt Goethe vor, eine Textauswahl zusammenzustellen und mit einem ausführlichen Vorwort einzuleiten, und zwar über einen Autor, den Goethe strikt ablehnte: E.T.A. Hoffmann. Ein entschieden neuer Ansatz nun, deshalb auch ein veränderter Titel für den Text, der zu gut zwei Dritteln neu geschrieben ist. Aus dem weithin diskursiven frühen Büchlein wurde ein Erzähltext.

Biographie? Briefroman? Biographischer Briefroman? Romanhafte Biographie in Briefform? Einige begleitende Werkreflexionen.

Ein Biograph schreibt einen Text, der durch neuentdeckte Dokumente, durch neue Interpretation zumindest relativiert werden kann; damit wäre das Stichwort gegeben für eine eventuelle Neufassung. Aussagen, die der Biograph riskiert, könnten Antwort finden in Gegenaussagen oder in veränderten, einschränkenden oder erweiternden Aussagen.

Das ist bei einer Romanfigur anders: Ob sie ein Autor nach einem Vorbild entwickelt oder in literarischer Urzeugung – es liegt beim Autor, wie er sie im Text präsent werden lässt. Mit fortgesetztem Schreiben setzt sich Differenzierung fort, es kann aber nicht geschehen, dass »Fremdtexte« zu einer erheblichen Revision der Darstellung herausfordern. Es können sich nur noch Interpretationen einer Figur ändern, Interpretationen durch Dritte. Eine Romanfigur hingegen bleibt festgeschrieben, so, wie der Autor sie angelegt hat, wie es sich im Prozess des Schreibens entwickelt. Vieles entsteht spontan erst im Schreibprozess, ist nicht Umsetzung vorgegebener »Gedanken«, wie es so oft heißt.

Die Figur einer Biographie hingegen kann Widerstand leisten. Etwa durch die Entwicklung eines Image oder durch entschiedene Diskretion. Überraschungen bleiben möglich – durch neue Aussagen, neue Dokumente, neue Interpretationsmuster. Das ist bei einer Romanfigur kaum möglich – es sei denn, die Konzeption ist nicht stimmig. Oder ein wesentliches Detail passt nicht. Fundamentale Überraschungen aber sind da nicht möglich, es können keine relevanten Dokumente entdeckt werden, die zu neuer Darstellung herausfordern. Der Autor kann eine Romanfigur von außen her formen, von innen her motivieren, disponieren. Eine historische Figur eines biographischen Textes aber kann der Entwicklung eines Erklärungsmodells genauso viel Widerstand leisten wie eine Person der näheren und nächsten Umgebung: Die Erfahrung, dass man an eine andere Person nicht herankommt ... dass etwas rätselhaft oder verschleiert bleibt ... dass man sich etwas nicht erklären kann ... dass man mehr über einen Umstand in Erfahrung bringen möchte ... dass man gern Einblick hätte in ... etwas herausfinden möchte über ... Ja, eine biographische Figur leistet Widerstand, und das wird zur Herausforderung.

Ein Mozart in Galizien

Einen Historischen Roman schreiben, das heißt doch wohl, wie der Blick in Buchhandlungen zeigt: einen Roman über eine bekannte, eine möglichst berühmte Person einer vergangenen Epoche schreiben. Feldherren und Herrscher wie Hannibal oder Caesar ... Königinnen wie Maria Stuart oder Marie Luise ... Schriftstellerinnen wie George Sand oder Germaine de Staël ... Maler wie Rembrandt oder Caravaggio ... Komponisten wie Beethoven oder Schubert ... Bei berühmten Feldherren und Herrschern stellen sich mit den Namen sogleich Assoziationen ein: Hannibal und die Überquerung der Alpen mit Elefanten ... Caesar und die Iden des März ... Bei berühmten Malern: zumindest assoziative Bildvorstellungen ... Bei berühmten Frauen wie der Stuart: Assoziationen an Liebe, Leidenschaft, Leiden und Tod ... Bei Schubert zumindest die *Winterreise*, bei Beethoven »die Neunte« – und weitere Klang-Echos, ja Musiksequenzen. Alles bereits Vorgaben für die Lektüre eines Historischen Romans über eine Persönlichkeit der Vergangenheit.

Hingegen Franz Xaver Mozart?! Bei ihm wären erst mal Erklärungen fällig. Nur wenige wissen, dass es einen Mozartsohn mit diesen überraschenden Vornamen gegeben hat. Wissen noch weniger, dass er komponiert hat. Und nur in seltenen Ausnahmen (auch unter Musikwissenschaftlern!) hat man eine genauere Vorstellung davon, was er komponiert hat. Generell: Die Hauptfigur des Romans wäre ein Komponist, doch die öffentliche Resonanz auf diesen Komponisten ist äußerst gering. Es lässt sich in der Leserschaft also keine Resonanz voraussetzen oder erwarten auf Erwähnungen überlieferter und eingespielter Werke. Keine Klang-Echos, keine biographischen Assoziationen. Eine gleichsam hinter dem Horizont verschwundene Figur. Ein Name, der weithin nichts sagt. Würde ich, für gerechten Ausgleich sorgend, einen Historischen Roman über ihn schreiben, wie wäre die Rezeption? Ein Roman über Wolfgang Amadeus Mozart und ein Roman über Franz Xaver Mozart, beide bei gleichem Bekanntheitsgrad des Verfassers: gleiche Chancen auf dem Buchmarkt?

Ein Roman über eine Randerscheinung der Geschichte wird Nischenprodukt bleiben. Entsprechende Rückmeldungen an den Verlag, entsprechend gering angesetzt die Erstauflage, entsprechend gering der Werbeaufwand, denn auch Anzeigen könnten kaum Resonanz wecken bei einem Namen, der ohne Resonanz bleibt. Ähnlich wäre es bei einer Biographie über Franz Xaver Mozart. Für viele Rezensenten wäre das fremde Materie, so was umgeht man denn lieber. Die wahrscheinliche Folge: die Zahl der Einladungen des Autors zu Lesungen bliebe gering, das Publikum würde eher mit Achselzucken reagieren. Der Roman geriete, ironisch formuliert, in einen sich selbst nährenden Schrumpfungsprozess. Schon vier oder sechs Wochen nach der Auslieferung könnte die Zahl der Remittenten ansteigen, womöglich sprunghaft. Die halbjährlichen Abrechnungen des Verlags mit dem Autor würden auch in einem anderen Sinne zur Abrechnung.

Ein Buch über eine Randfigur der Geschichte dürfte Randerscheinung bleiben auf dem Büchermarkt. Es könnte ebenso rasch wieder vom Markt zurückgezogen werden wie fast alle bisherigen CDs mit Kompositionen von Franz Xaver Mozart. Drum hat es auch wenig Sinn, hier eine kleine Diskographie zu erstellen – bis das Buch erscheint, werden solche Titel durchweg nicht mehr lieferbar sein. So bleibt der Komponist für die meisten Leser stumm. Zwar habe ich im »Klassik-Forum« des Westdeutschen Rundfunks eine zweieinhalbstündige Sendung initiiert und moderiert, in der ich ausschließlich Musik von Franz Xaver Mozart vorstellte, aber ich vermute, auch so etwas »versendet« sich, wie es im Funkjargon heißt.

Ein paar Literaturangaben. Wegweisend: Walter Hummel, *WA. Mozarts Söhne*. Kassel/Basel 1956. Mit wichtigen Ergänzungen: die Edition *Reisetagebuch 1819-1821*, herausgegeben und kommentiert von Rudolph Angermüller.

Was dazu beiträgt, Lebensumstände und Zeithintergrund zu erhellen, stammt aus diversesten Quellen. Als Beispiel: Volkmar Braunbehrens, *Salieri*. Ein Musiker im Schatten Mozarts. München 1989. Oder: Grillparzers sämtliche Werke in sechzehn Bänden. Berlin–Leipzig, 1909. Und, aktueller: Ania Klijanienko, *Lemberg entdecken*. Berlin 2005. Zuletzt: *Lemberg*. Eine Reise nach Europa. Berlin 2007.

Mit Franz Xaver Mozart beschäftige ich mich in diesem Versuch nicht zum ersten Mal. Bereits 1991 ließ ich ihn (indirekt) auftauchen in einem »radiophonen Festspiel«, das eigentlich Wolfgang Amadeus galt, termingerecht. Ich ließ einen Zweiten Grauen Boten zur Sprache kommen in buntem Figurenreigen: »Franz Xaver Mozart wurde im selben Jahr geboren, in dem Wolfgang Amadé Mozart starb. Zum Jubiläum des zweihundertsten Todestages von Wolfgang Amadé Mozart kommt damit der zweihundertste Geburtstag von Franz Xaver. Ich überbringe den Auftrag, ein Wort-Requiem zu schreiben auf Franz Xaver Mozart.« Und so weiter. Schon in diesem Hörspiel prallte der Sohn auf eine Chinesische Klangmauer von Vatermusik. Die war allerdings anders konstruiert als im Buchtext, sie bestand nur aus der Regieanweisung, diverse Mozart-Musikproduktio-

nen so oft aufeinanderzukopieren, dass eine schier undurchdringliche Klang-
masse entsteht in stereophoner Breite – Segment der Klangmauer. In die meißeln
dann Baumeister-Vorfahren der Familie Mozart Klangfenster hinein für Musik
dieses Sohnes: kleine Klangproben, ehe die Klangmauer sich wieder schließt –
und erneut muss ich ein Klangfenster hineingeschlagen werden. Für diese Konzeption habe ich nun ein Textpendant entwickelt: Eine Klangmauer wird ablesbar
an einer Massierung von Titeln und Bezeichnungen.

Kurzer Blick in die fünf Nachlasskisten des Franz Xaver Mozart, die, der testa-
mentarischen Verfügung entsprechend, von der Gräfin dem »Dom-Musik-Ver-
ein und Mozarteum« in Salzburg überstellt werden.

Erst einmal »Reliquien«: achtzig Briefe, im Original, von Leopold Mozart,
einhundertsechzig Briefe von Wolfgang Amadeus Mozart, eigenhändige Ent-
würfe zu diversen Werken. Sodann Portraits: Gemälde von Großeltern in Augsburg; Zeichnungen von Leopold Mozart und seiner Nichte; ein Ölgemälde von
Nissen; dazu, oft reproduziert: »Ein großes Ölgemälde, die *Familie Mozart* dar-
stellend, auf welchem *Leopold Mozart*, sein berühmter Sohn *Wolfgang Amadeus*
und seine Tochter *Marianne* in fast Lebensgröße, mit entsprechender Ähnlichkeit nach der Natur abgebildet, erscheinen. Als Zugabe erblickt man das Portrait
der Mutter der beiden Letzteren, an der Wand hängend.«

Hauptposten in der Auflistung: handschriftliche und »gestochene« (also: gedruckte) Kompositionen. Der größte Anteil, selbstverständlich: Werke von
Wolfgang Amadeus Mozart. Ein halbes Dutzend Opern; Messen, Streichquin-
tette, Violinkonzerte, Hornkonzerte, Stücke für Klavier, die Konzertante Sinfonie für Violine, Viola und Orchester, und: die Transkription des Klarinetten-
konzerts für Viola und Orchester (hinreißend schönes Äquivalent, leider nie auf
Konzertpodien gespielt, doch es gibt eine Einspielung auf CD). Zuletzt, unter
Position 19: »Sämtliche Clavier-Werke Mozarts in 32 Bänden«.

Von Gluck: vier Opern. Johann Sebastian Bach: Kunst der Fuge, Wohltem-
periertes Clavier, sieben weitere Positionen – Werke in kammermusikalischer
Besetzung. Carl Philipp Emanuel Bach: 7 Foliobände mit Klaviersonaten. Von
Bonifazio Asioli: ein Band italienischer Arien mit Klavier-Begleitung. Beethoven: das Oratorium *Christus am Ölberge* und sieben Hefte Klaviermusik.
Insgesamt: Werke von mehr als einem halben Hundert verschiedenster Komponisten!

Ein weiterer Posten, der Rückschlüsse zulässt auf den Besitzer: Die »Leipziger Allgemeine Musikalische Zeitung«, 46 Jahre lang abonniert, komplett erhal-
tene Jahrgänge. Zusätzlich, ab 1834: Die »Neue Leipziger musikalische Zeitschrift«, samt 16 Heften musikalischer Beilagen. Sodann: »Caecilia«, eine weitere Musik-Zeitschrift. Zusätzliche Informationsquellen über das Musikleben
seiner Zeit: »Gaßners Zeitschrift für Deutschlands Musikvereine«, 9 Hefte; die
»Wiener musikalische Zeitschrift«, vier Jahrgänge ab 1817; der »Wiener musikalische Anzeiger«, 12 Bände. Hat er das alles gelesen? Dann muss er umfassend
informiert gewesen sein.

Die Hinterlassenschaft an Möbelstücken und Kleidungsstücken wird nur gering eingeschätzt: Gesamtwert etwa 80 Gulden, was rund 2000 Euro entsprechen dürfte. Dabei wird man das Tasteninstrument freilich nicht mitberechnet haben.

Von emotionaler Bedeutung: ein Büschel »Haare Mozarts« samt eigenhändigem Zertifikat der Gräfin: »Ich bestätige hiermit, dass die beiliegenden Haare wirklich des großen Mozarts Haare sind – welche ich im Nachlasse seines Sohnes gefunden, welcher im Jahre 1844 in Karlsbad gestorben, – nach dem Tode des Letzteren wurde die Hälfte dieser Haare von mir an Carl Mozart (in Mailand), des großen Mozart älteren Sohn, gesendet, und die übrigen blieben bei mir, von denen ich einen Teil Herrn von Zack, als wahrem Kenner und Verehrer des unsterblichen Meisters, mit Vergnügen überlasse.«

Eine weitere Anmerkung, die über den Zeitrahmen des Buchs (im Buch) hinausführt: die überraschend reiche Erbschaft des Carl Thomas Mozart, Mailand.

Der ältere Bruder wurde, offenbar erst nach Franz Xavers Tod, zum reichen Mann: Tantiemen von Aufführungen der einen und anderen Oper seines Vaters in Paris. Zukunftsweisende Regelung: Dieses Opernhaus zahlte, vorerst als einziges in Europa, Werkhonorare und Tantiemen, die auch an Erben gingen oder, wie man heute wohl eher sagen würde: an Rechtsnachfolger. Schon wenige Aufführungen vor vollem Haus konnten 4000 bis 5000 Livres einspielen, das wären etwa anderthalbtausend Gulden, was wiederum, umgerechnet, in der Kaufkraft rund 40000 Euro entspräche. Das Testament des lombardischen Beamten eröffnet den Blick in eine wahre Schatzkammer! Sein Vermögen war angelegt vor allem in Aktien der österreichischen Nationalbank und in Obligationen der k.k. Universalkasse der Staatsschulden – überschlägig berechnet komme ich auf etwa 9000 Gulden; bei günstigem »Cours« wären das mehr als 230000 Euro. Davon hätte der verarmende, auf finanzielle Unterstützung angewiesene Franz Xaver nur träumen können!

In seinem beamtenhaft penibel ausgearbeiteten Testament wird Carl auch die Universalerbin des Bruders bedenken: »Giuseppina« Baroni-Cavalcabò erhält Aktien der österreichischen Nationalbank, zusätzlich 3000 österreichische Lire. Ein respektabler Betrag; das zeigt sich auch ohne Umrechnung: Das große Dorfhaus mit ummauertem Garten, von Carl in höherem Alter erworben, kostet 4500 österreichische Lire.

Die Gräfin erhält auch einen Anteil am Silberschatz des Carl Thomas: »Sechs vollständige Essbestecke mit Schöpflöffel, sechs große Löffel und sechs Kaffeelöffelchen aus Silber – die mit einem Brillanten und kleinen Perlen und Rubinen besetzte Brustnadel – die Nadelbüchse aus Feingold – die Tabakdose in länglicher Form aus minderem Gold, die beiden Ringe, einer davon glatt, von meinem verstorbenen Bruder stammend, und der andere mit einem gravierten Karneol, und zwei Öllämpchenständer aus Silber mit Leuchtschnäbeln und silbernen Untertässchen.«

Dieter Kühn
Ich Wolkenstein
Biographie
Band 13334

Dieter Kühns berühmtes Buch über Oswald von Wolkenstein, den Tiroler Ritter und Abenteurer, Handels- und Welt-
reisenden, den Dichter, Komponisten und Sänger an der
Wende vom Spätmittelalter zur Frühen Neuzeit, ist beides:
durch wissenschaftliche Forschungen abgesichert und voll
sprühender Phantasie. Oswald von Wolkenstein (1377–1445),
der neben Wolfram von Eschenbach und Walther von der
Vogelweide als bedeutendster deutscher Autor des Mittel-
alters gilt, wird aus den verschiedensten Blickwinkeln beleuchtet und inmitten seiner Lebensumstände als Haudegen,
Frauenheld und Künstler geschildert.

Dieter Kühns Biographie mit zahlreichen eigenen Wolken-
stein-Übertragungen bildet den vierten Band des hochge-
lobten »Mittelalter-Quartetts« – ein Lesevergnügen, belehr-
rend und unterhaltend, Abenteuer- wie Kulturgeschichte.

Fischer Taschenbuch Verlag

fi 13334 / 1

Dieter Kühn
Frau Merian!
Eine Lebensgeschichte
Band 15694

Die Lebensgeschichte einer selbstbewussten Frau, die Natur-
kundlerin, Malerin und wagemutige Reisende war. Dieter
Kühn portraitiert Maria Sibylla Merian und entfaltet zugleich
das lebendige Panorama einer Epoche.

»Mit seiner romanhaften Biographie hat
Kühn ein in jeder Hinsicht herausragendes Werk
vorgelegt, das Maßstäbe setzt.«
Deutsche Welle

»Was macht dieses Buch so sympathisch?
Es ist Kühns fabelhafte Kunst, die Dinge so plausibel
und persönlich, so bescheiden und begeisternd, so humor-
voll und heiter vor dem Leser auszubreiten.«
Münchner Merkur

Fischer Taschenbuch Verlag

Dieter Kühn
Portraitstudien schwarz auf weiß
Band 15050

Ein einzigartiges historisches Lesebuch. Dieter Kühn beleuchtet das Leben von Künstlern, Naturwissenschaftlern und Politikern vom Ende des 18. Jahrhunderts bis zur Gegenwart. Von Fouché über Gauß, Musil, Schillings, Goerdeler bis hin zu Albert Speer. Er erzählt aus der öffentlichen Biographie Josephine Bakers und portraitiert zum ersten Mal Annemarie Böll, die so aktive, selbstbewußte Frau an der Seite des Nobelpreisträgers.

»Kühn ist einer *der* Biografen
der deutschsprachigen Gegenwartsliteratur.«
Der Standard

Fischer Taschenbuch Verlag

fi 15050 / 2